Ruth Fleuchaus / René C. G. Arnold (Hrsg.)

Weinmarketing

Ruth Fleuchaus
René C. G. Arnold (Hrsg.)

Weinmarketing

Kundenwünsche erforschen,
Zielgruppen identifizieren,
innovative Produkte entwickeln

Bibliografische Information der Deutschen Nationalbibliothek
Die Deutsche Nationalbibliothek verzeichnet diese Publikation in der
Deutschen Nationalbibliografie; detaillierte bibliografische Daten sind im Internet über
<http://dnb.d-nb.de> abrufbar.

1. Auflage 2011
Nachdruck 2011

Alle Rechte vorbehalten
© Gabler Verlag | Springer Fachmedien Wiesbaden GmbH 2011

Lektorat: Manuela Eckstein | Jutta Hinrichsen

Gabler Verlag ist eine Marke von Springer Fachmedien.
Springer Fachmedien ist Teil der Fachverlagsgruppe Springer Science+Business Media.
www.gabler.de

Das Werk einschließlich aller seiner Teile ist urheberrechtlich geschützt. Jede Verwertung außerhalb der engen Grenzen des Urheberrechtsgesetzes ist ohne Zustimmung des Verlags unzulässig und strafbar. Das gilt insbesondere für Vervielfältigungen, Übersetzungen, Mikroverfilmungen und die Einspeicherung und Verarbeitung in elektronischen Systemen.

Die Wiedergabe von Gebrauchsnamen, Handelsnamen, Warenbezeichnungen usw. in diesem Werk berechtigt auch ohne besondere Kennzeichnung nicht zu der Annahme, dass solche Namen im Sinne der Warenzeichen- und Markenschutz-Gesetzgebung als frei zu betrachten wären und daher von jedermann benutzt werden dürften.

Umschlaggestaltung: KünkelLopka Medienentwicklung, Heidelberg
Gedruckt auf säurefreiem und chlorfrei gebleichtem Papier
Printed in Germany

ISBN 978-3-8349-1848-2

Vorwort

Die Weinbranche zeichnet sich durch eine äußerst starke Produktorientierung aus. Die Verbesserung der Weinqualität stand und steht zumeist immer noch im Mittelpunkt der Bemühungen. Die Zeiten, in denen Qualität als Wettbewerbsvorteil ausreiche, sind aber schon lange vorbei; nicht nur in der Weinwirtschaft, sondern in allen von Sättigung und Übersättigung gekennzeichneten Märkten. Grundsätzlich ist der technische Standard in der Weinbranche heute in der Regel soweit ausgereift, dass es kaum noch wirklich schlechte Weine zu kaufen geben sollte. Durch die ausgeprägte Produktorientierung besteht darüber hinaus im Weinbereich eine starke Asymmetrie zwischen dem Wissen und der Wahrnehmung des Kunden verglichen mit dem der Weinerzeuger. Mit der bisher üblichen produktorientierten Kommunikation ist das Gros der Verbraucher überfordert und nicht ansprechbar. Und auch wenn die gute Qualität des Produktes das feste Fundament des betrieblichen Erfolges darstellt, gilt es heute mehr denn je, weitere Ansatzpunkte aus der Klaviatur des Marketings für die Marktbearbeitung zu finden. Den Kunden dabei in den Mittelpunkt des betrieblichen Bemühens stellen, dazu möchte dieses Buch aufrufen.

In der internationalen Weinwirtschaft, insbesondere angetrieben durch die Arbeitsweisen der Länder der „Neuen Weinwelt", werden Marketing und Kundenorientierung inzwischen groß geschrieben. Deutschland hinkt in diesen Punkten immer noch hinterher. Gut ausgebildete Marketingfachleute, die von den Hochschulen des Landes kommen, bringen die Branche voran; in der Summe gesehen sind es jedoch immer noch zu wenige, die ihr marketingspezifisches Wissen in die Branche tragen. Weiterbildung im Bereich Marketing findet in den Betrieben zu wenig statt. Regionale und überregionale Fachzeitschriften und Publikationen veröffentlichen zwar regelmäßig Artikel zum Thema Marketing, doch fehlt es an einem aktuellen und umfassenden Fachbuch, das den neusten Stand der nationalen und internationalen Forschung zusammenfasst und für die Weinbranche nutzbar macht. Dies haben wir uns zum Anlass genommen, führende Forscher und Praktiker zusammen zu bringen. Ein einzigartiger Mix von Autoren hat zu diesem Sammelband beigetragen.

Der Leser wird anhand des üblichen Marketingprozesses im Weingut durch die verschiedenen Bereiche des Weinmarketings geführt. Konkret gliedert sich das Buch „Weinmarketing: Forschung für die Praxis" in sechs Bereiche:

- Konsumentenverhalten
- Marktforschung
- Marken
- Verpackungsdesign
- Kommunikation
- Vertrieb
- Qualität, Nachhaltigkeit und Controlling

Jeder dieser Teile verbindet die aktuellsten Erkenntnisse der Forschung mit Beispielen aus der Praxis. Im ersten Teil geht es darum dem Leser einen möglichst breiten Überblick über den aktuellen Stand der Forschung im Weinmarketing zu geben. Im Kapitel Marktforschung werden die Einsatzmöglichkeiten der Instrumente der Marktforschung erläutert. Aufgrund der besonderen Wichtigkeit der geschmacklichen Eigenschaften des Weines widmet sich ein eigenes Kapitel der sensorischen Marktforschung und ihren Einsatzmöglichkeiten in der Weinwirtschaft.

Um Produkte erfolgreich zu machen, müssen sie nicht nur den geschmacklichen Grundbedürfnissen der Konsumenten entsprechen; Die Weine müssen vielmehr auch emotional ansprechen, begeistern und die Kunden langfristig an den Betrieb binden. Das wichtigste Instrument hierzu ist der Aufbau und die Pflege von Marken. Marken geben dem Produkt seine Identität und schaffen so die Basis für Kundenloyalität. In der Weinbranche werden Marken immer noch kritisch gesehen. Oftmals setzt man sie mit billigen Weinen im Supermarkt gleich. Auch Brancheninsider und Fachleute tendieren dazu, Markenweine mit dem Stigma von billig und Masse zu verbinden. Der erste Beitrag im dritten Teil des Buches geht kritisch mit solchen Vorurteilen um und will für ein neues Verständnis von Marken in der Weinbranche eintreten. Der darauf folgende Beitrag unterstreicht die Wichtigkeit von Marken in der Weinbranche, indem er drei Fallstudien international erfolgreicher Weinmarken zusammenstellt und deren Erfolge analysiert.

Werbung als wichtiger Baustein im Rahmen der Kommunikationspolitik ist durch die hohe Fragmentierung der Weinbranche, die von zahllosen Klein- und Kleinstbetrieben dominiert wird, nur sehr bedingt, wenn überhaupt möglich. Zumeist sind die finanziellen Mittel einfach nicht vorhanden. Deshalb muss in vielen Fällen das Etikett oder vielmehr die Ausstattung des Weines die Kommunikationsarbeit übernehmen. So beschäftigt sich der vierte Teil des Buches explizit mit der Produktausstattung und ihrer Wirkung auf den Konsumenten. Die Ausstattung ist die deutlichste Ausformung der Marke. Wein ist zwar ein beratungsintensives Produkt, das dazu noch überdurchschnittlich oft im Vergleich mit anderen Produkten direkt beim Erzeuger persönlich gekauft wird. In der Weinbranche ergibt sich daraus immer noch die Fehleinschätzung, dass die Verpackung keine besonders große Rolle spielt; Die direkte Beratung beim Winzer oder beim Fachhandel gilt als kommunikative Überzeugungsleistung. Sicherlich ist diese persönliche Komponente insbesondere im Premiumbereich nicht zu unterschätzen; allerdings muss darauf hingewiesen werden, dass der Berater weder mit am Esstisch sitzt noch bei der Geschenkübergabe anwesend sein kann. Spätestens dann muss der Wein und seine Ausstattung für sich und noch wichtiger für den Gastgeber bzw. Schenkenden sprechen. In der Tat sagen Verpackungen mehr aus als nur den Text mit den produktspezifischen Informationen wie Rebsorte, Herkunft oder Jahrgang. Sie geben beispielsweise Aufschluss über Positionierung und Ausgestaltung der Marke, das Preisniveau und die Herkunft des Weins. Diese Feststellung zieht sich wie ein roter Faden durch die drei Beiträge zur Ausstattungsgestaltung und ihrer Wirkung.

Auch wenn nur eine relativ geringe Anzahl von Weingütern Werbekampagnen finanzieren kann, findet sich doch vor allem in Fachzeitschriften und special interest Publikationen Werbung für Weinbauländer, Weinregionen, Weingüter oder auch einzelne Weine bzw. Weinmarken. Im Kapitel Kommunikation beschäftigen sich die Autoren der Beiträge damit, wie man die Botschaft in Form von Werbeanzeigen dem Konsumenten nahe bringen kann. Als besonders interessant erweist sich bei der Zusammenstellung dieses Kapitels der Kontrast zwischen der eher abstrakt-theoretischen Perspektive des ersten Beitrags und der klar an der Wirksamkeit der Werbeanzeige also praxisnah ausgerichteten Sicht des zweiten Beitrags. Ergänzend dazu wird in einer eigenen Abhandlung auf die neuen Möglichkeiten des Social Media Marketing aufmerksam gemacht.

Ein eigenes Kapitel widmet sich den verschiedenen Möglichkeiten des Verkaufs. Im Speziellen untersuchen die Autoren den immer wichtiger werdenden Weinverkauf im Internet. Ergänzend werden die eher klassischen Bereiche des Vertriebs über die Kanäle Gastronomie und Direktvermarktung beleuchtet, insbesondere im Zusammenhang mit dem sehr potenzialträchtigen und bisher nur in Ansätzen genutzten Vermarktungsweg in Kombination mit touristischen Aktivitäten. Im diesem Teil wird der Darstellung des Betriebs nach außen eine besondere Stellung eingeräumt sowie dem Weinerzeuger neue Wege neben dem Ab-Hof-Verkauf nahe gebracht.

Im abschließenden Kapitel geht es um die im Hintergrund stattfindenden Prozesse des Weinmarketings. Beginnend mit zwei Beispielen zu Qualitätsmanagementsystemen in Griechenland und Österreich stellt der letzte Teil des Buches ebenso das Konzept des nachhaltigen Wirtschaftens und der Corporate Social Responsibility sowie die Kostenseite des Weinbaubetriebs dar.

Zum Schluss sei noch darauf hingewiesen, dass um auch internationale Autoren mit einzubeziehen, drei der Beiträge von René Arnold aus dem Englischen übersetzt wurden. Es handelt sich dabei um die Beiträge von Saunders, Drosinos et al. sowie Cyr. Unser Dank gilt in erster Linie allen Autoren, die zu diesem Buch beigetragen haben. Ebenso möchten wir dem Gabler Verlag und hier insbesondere Frau Eckstein und Frau Hinrichsen für die Unterstützung bei der Umsetzung des Sammelbands danken. Darüber hinaus danken wir Frau Formanek für die finalen Korrekturen.

Prof. Dr. Ruth Fleuchaus				René Arnold, Dipl.-Betriebswirt (FH)

Inhaltsverzeichnis

Vorwort V

Die Autoren XI

Prolog 1

1 Weinkonsumentenverhalten – Der aktuelle Stand der Forschung und Ausblick 3
Prof. Dr. habil. Ulrich R. Orth, Christian-Albrechts-Universität zu Kiel
René Arnold, Diplombetriebswirt (FH), University of Edinburgh

Marktforschung und Konsumentenverhalten 35

2 Überblick zu Methoden der Marktforschung 37
Dr. Simone Müller, Ehrenberg-Bass Institute for Marketing Science, CS Research

3 Sensorische Konsumentenforschung für modernes Weinmarketing 75
Dr. Martin Kern, SAM – Sensory and Marketing International
Dr. Simone Müller, Ehrenberg-Bass Institute for Marketing Science, CS Research

4 Marktforschung – kritischer Erfolgsfaktor für das Weinmarketing 103
Wilhelm Lerner, Wine-Networks

5 Ein Überblick zu Segmentierungsansätzen im Weinmarketing 119
René C.G. Arnold, Diplombetriebswirt (FH), University of Edinburgh
Prof. Dr. Ruth Fleuchaus, Hochschule Heilbronn

Zielgruppengerechte Marken 145

6 Ein Plädoyer für die Marke in der Weinwirtschaft 147
Prof. Dr. Ruth Fleuchaus; Hochschule Heilbronn

7 Weinmarken der Alten und der Neuen Welt – Drei Fallstudien 161
Prof. Dr. Pierre Mora, Bordeaux Ecole de Management

Verpackungsdesign als Schlüssel zum Kunden 179

8 Zielgruppengerechte Verpackungsgestaltung 181
Prof. Dr. habil. Ulrich R. Orth; Christian-Albrechts-Universität zu Kiel

9 Wein-Verpackungs-Design praktisch und erfolgreich umsetzen 197
Dr. Franz-Josef Vollherbst, VollherbstDruck
Heinz Urben, VollherbstDruck

10 Verpackungsdesign und Preiskommunikation 217
Isabel Lupold, MSc, Christian-Albrechts-Universität zu Kiel

11 Die Botschaften internationaler Weinwerbung 237
Roger Saunders, University of Warwick

12 Wie funktioniert Weinkommunikation? ... Und wie nicht? 267
Dr. Ulrich Lachmann, Lachmann Werbeberatung Hamburg
René C.G. Arnold, Diplombetriebswirt (FH), University of Edinburgh

13 Die neuen Medien effizient für Wein nutzen – Social Networking & Co 289
Antonio De Mitri, va bene communications GmbH

Vertriebskanäle und Marketingpotenzial: Zielgruppen richtig nutzen 317

14 Wine on the Web – Online-Weinhandel 319
Prof. Dr. Grégory Bressolles, Bordeaux Ecole de Management
Prof. Dr. François Durrieu, Bordeaux Ecole de Management
Prof. Dr. Gerald Lang, Bordeaux Ecole de Management

15 Welche Weine braucht die Gastronomie? 339
Sabine Ernest-Hahn, Wein-Consulting

16 Weinmarketing und Kulturtourismus 351
Kornelia Doren, FH Chur
H. Juergen Kagelmann, FH Chur
Noelene Orsolini, FH Chur

Qualität, Nachhaltigkeit und Controlling als Garanten des Erfolgs 361

17 Einführung eines Qualitäts-Management-Systems im Weingut 363
Prof. Dr. Eleftherios H. Drosinos, Agricultural University of Athens
Maria Gialtaki, Agricultural University of Athens
C. Metaxopoulos, Agricultural University of Athens

18 Qualitätssicherung und Qualitätsmanagement in einer Weinregion 383
Prof. Dr.Siegfried Pöchtrager, Universität für Bodenkultur Wien
Stefan Grossauer, Universität für Bodenkultur Wien

19 Nachhaltigkeit im Weingut. Nachhaltigkeit im Marketing 399
Prof. Dr. Armin R. Gemmrich, Hochschule Heilbronn
Ellen Bezner, B.A., Hochschule Heilbronn

20 Kostenstrukturen im Weingut 419
Dr. Donald Cyr, Brock University

Die Autoren

Arnold, René C.G.
University of Edinburgh

Bezner, Ellen
Hochschule Heilbronn

Bressolles, Grégory
Bordeaux Ecole de Management

Cyr, Donald
Brock University

De Mitri, Antonio
va bene communications GmbH

Doren, Kornelia
Fachhochschule Chur

Drosinos, Eleftherios H.
Agricultural University of Athens

Durrieu, François
Bordeaux Ecole de Management

Ernest-Hahn, Sabine
Wein-Consulting

Fleuchaus, Ruth
Hochschule Heilbronn

Gemmrich, Armin R.
Hochschule Heilbronn

Gialtaki, Maria
Agricultural University of Athens

Grossauer, Stefan
Universität für Bodenkultur Wien

Kagelmann, H. Juergen
Fachhochschule Chur

Kern, Martin
SAM – Sensory and Marketing International

Lachmann, Ulrich
Lachmann Werbeberatung Hamburg

Lang, Gerald
Bordeaux Ecole de Management

Lerner, Wilhelm
Wine-Networks

Lupold, Isabel
Christian-Albrechts-Universität zu Kiel

Metaxopoulos, C.
Agricultural University of Athens

Mora, Pierre
Bordeaux Ecole de Management

Müller, Simone
Ehrenberg-Bass Institute for Marketing Science, CS Research

Orsolini, Noelene
Fachhochschule Chur

Orth, Ulrich R.
Christian-Albrechts-Universität zu Kiel

Pöchtrager, Siegfried
Universität für Bodenkultur Wien

Saunders, Roger
University of Warwick

Urben, Heinz
Vollherbst Druck

Vollherbst, Franz-Josef
Vollherbst Druck

Prolog

1 Weinkonsumentenverhalten – Der aktuelle Stand der Forschung und Ausblick

Prof. Dr. habil. Ulrich R. Orth, Christian-Albrechts-Universität zu Kiel

René Arnold, Diplombetriebswirt (FH), University of Edinburgh

Inhalt

1.1	Vorbemerkung	5
1.2	Forschung zum Verbraucherverhalten bei Wein	5
1.3	Bedürfnisse und Motive von Weinkäufern	6
1.4	Wahrnehmung von Angeboten durch Verbraucher	9
1.5	Individuelle Unterschiede, Käuferpersönlichkeit und Verhalten	14
1.6	Gesellschaftliche und kulturelle Hintergründe	19
1.7	Methodische Fortschritte	23
1.8	Ausblick	25
	Literatur	27

1.1 Vorbemerkung

Wissenschaftlich fundierte Untersuchungen zum Verhalten von Weinkonsumenten sind bislang eher selten, was wohl auch daran liegt, dass viele Unternehmen der Weinwirtschaft noch immer mehr produkt- als marktorientiert agieren (Hussain, Cholette und Castaldi 2007). Die damit einhergehende Konzentration der Anstrengungen auf Weinbau und Kellereiwirtschaft ist nicht auf bestimmte Regionen oder Länder begrenzt, sondern – wie sich an der geringen Berücksichtigung von Verbraucherbedürfnissen und -interessen weltweit erkennen lässt – international eher die Regel als die Ausnahme (Sharp 1991). Anlass zur Hoffnung auf vermehrte Anstrengungen, Einsichten in das Weinkäuferverhalten zu gewinnen, gibt die in jüngerer Zeit steigende Zahl von Unternehmen, die ihre Aktivitäten stärker auf Kunden ausrichten. Ausschlaggebend für deren Erfolg sind jedoch theoretisch fundierte und praktisch umsetzbare Einsichten über Bestimmungsgründe und Kontexte des Verhaltens von Weinkonsumenten.

1.2 Forschung zum Verbraucherverhalten bei Wein

International erscheinen regelmäßig qualitativ hochwertige Veröffentlichungen zu unterschiedlichen Aspekten des Weinverbraucherverhaltens. Neben reinen (nicht weinspezifischen) Marketingzeitschriften publiziert insbesondere das einschlägig positionierte International Journal of Wine Business Research theoretisch fundierte Studien von gleichzeitig hoher praktischer Relevanz. Autoren sind Fachleute von Hochschulen, Forschungseinrichtungen und Unternehmensberatungen vor allem in Australien und Nordamerika. Zahlreiche Beiträge stammen aber auch aus Europa.

Die auf den ersten Blick homogene Disziplin "Weinverbraucherverhalten" zeigt sich dabei zersplittert und gliedert sich in eine Vielzahl von möglichen Untersuchungsschwerpunkten. Dieser Prolog stellt einige dieser internationalen Forschungsschwerpunkte vor, wobei sich die Auswahl an Themen von besonderer praktischer Relevanz orientiert und an der internationalen Anerkennung der Arbeiten als herausragend und wegweisend auf ihrem Gebiet. Der Überblick ist somit naturgemäß unvollständig und soll in erster Linie Kontexte, innovative Untersuchungsmethoden und beispielhafte Lösungsansätze verdeutlichen. Der Prolog beschreibt so den aktuellen Stand der internationalen Spitzenforschung zum besseren Verständnis und Einordnung der folgenden Beiträge.

Forschung zum Verbraucherverhalten bei Wein umfasst grundsätzlich solche Studien, die ermitteln, wie Menschen Entscheidungen über den Einsatz ihrer Ressourcen (Zeit, Geld, geistige Anstrengung) in Bezug auf Wein und verwandte Angebote treffen. Weinverbraucherverhalten schließt damit insbesondere solche Verhaltensweisen ein, die bei Konsumenten zu beobachten sind, wenn sie Wein suchen, erwerben, nutzen, beurteilen oder entsorgen; einschließlich der Dienstleistungen, die sie hierbei erwarten. Dieser Prolog legt dabei einen Schwerpunkt auf die Endverbraucher (im Gegensatz zu den Geschäftskunden).

1.3 Bedürfnisse und Motive von Weinkäufern

Motive für den Kauf von Wein haben eine ausgesprochen dynamische Natur und unterliegen einem ständigen Wandel als Reaktion auf Erfahrungen und Erlebnisse der Verbraucher (Charters und Pettigrew 2008). Deren Bedürfnisse und Ziele wachsen und verändern sich in Abhängigkeit individueller physiologischer Zustände, Umgebungen, sozialer Kontakte und Interaktionen, sowie von Eindrücken und Erfahrungen. Wesentliche Gründe für die ausgesprochen vielfältigen Aktivitäten, die Verbraucher zur Befriedigung ihrer Bedürfnisse entwickeln liegen in (1) Unterschieden in der Wahrnehmung von Angeboten, (2) Unterschieden in Verbraucherpersönlichkeiten und -befindlichkeiten und (3) Unterschieden in sozialen und kulturellen Kontexten. Im Anschluss an einige begriffliche Abgrenzungen gliedern sich die weiteren Unterkapitel entsprechend dieser Einteilung.

Frühe Studien des Weinverbraucherverhaltens konzentrierten sich auf die kognitiven ("rationalen") Motive des Weinerwerbs durch Untersuchungen der Bedeutung von Produktattributen (z.B. "Herkunft", "Rebsorte", "Preis") sowie deren präferierter Ausprägungen (z.B. "Deutschland", "Bacchus", "3,99 Euro"). Solche kognitiven Ansätze sind noch heute verbreitet. Im Bezug auf den Konsumenten finden diese Ansätze zum Beispiel Anwendung in Studien zu Merkmalen, die der Befriedigung des Käuferbestrebens nach Abwechslung dienen, sowie zur Voraussage des Erfolges innovativer Produktmerkmale. Ebenso sind kognitiv geprägte Vorgehensweisen sinnvoll, wenn Forscher verbesserte Untersuchungsmethoden entwickeln oder frühere Ergebnisse auf andere soziale oder kulturellen Umgebungen übertragen (Krystallis, Fotopoupos und Zotos 2006; Perrouty, d'Hauteville und Lockshin 2006).

Ausgehend von der Erkenntnis, dass Verbraucher Angebote präferieren, die zu ihrer Persönlichkeit passen (z.B. ein unkomplizierter Wein für einen Abend zu zweit oder ein anspruchsvoller Wein für eine Einladung beim Vorgesetzten) hat sich in jüngerer Zeit das Konzept der Markenpersönlichkeit (Aaker 1997) als aussagekräftig erwiesen. Verbraucherforscher verwenden das Konzept, da es ausgesprochen gut erklärt, wie Konsumenten Marken nutzen, um ihre Individualität auszudrücken (Belk 1988; Elliott und Wattanasuwan 1998; Fournier 1998). Aktuelle Studien speziell zu Wein belegen, dass das Konzept der Markenpersönlichkeit Kaufabsichten zum Teil besser erklärt als die bisher verwendeten Produktmerkmale (Orth und Malkewitz 2008). Beispielhaft wird dies in **Abbildung 1.1** auf der folgenden Seite illustriert.

Bedürfnisse und Motive von Weinkäufern

Abbildung 1.1　Markenpersönlichkeit Moselland

Persönlichkeits-Dimension	Marke	Mittel
Aufrichtig	3,01	3,01
Spannend	3,50	3,04
Kompetent	2,98	3,16
Kultiviert	3,06	3,01
Rustikal	2,50	2,34
Kaufabsicht	=	.52 aufrichtig .45 Erinnerungen

Neben Produktmerkmalen und Markenpersönlichkeit stellt ein dritter Ansatz den von Verbrauchern in Wein gesuchten Nutzen in den Vordergrund. Dieser Nutzen gliedert sich ursprünglich in vier Kategorien (Orth 2005): funktionaler Nutzen (Qualität), Preis-Leistungsverhältnis, emotionaler Nutzen (Wohlfühlen) und sozialer Nutzen (gesellschaftliche Akzeptanz). Später kamen weitere Kategorien wie umweltbezogener Nutzen (Schonung der natürlichen Umwelt), altruistischer Nutzen (Unterstützung kleiner Weinbauunternehmen im Familienbesitz) und gesundheitsbezogener Nutzen hinzu. Dieser nutzenbezogene Ansatz erklärt ebenfalls einen großen Teil der Verbraucherpräferenzen über unterschiedliche Weinkaufanlässe hinweg (Orth und Kahle 2008): Entscheidend für die Wahl als Geschenk sind eine hohe Qualität und ein niedriges Preis-Leistungsverhältnis (hoher Preis bei angemessener Qualität). Beim Kauf von Wein für sich selbst legen Konsumenten besonderen Wert auf einen hohen emotionalen Nutzen; um Gäste zu bewirten wählen sie besonders modische oder bekannte Weine (hoher sozialer Nutzen). Dies wird in **Abbildung 1.2** anschaulich gemacht. Erst seit relativ kurzer Zeit berücksichtigen Marketingforscher zusätzlich zu Kognitionen auch affektive Faktoren in ihren Modellen zur Erklärung des Käuferverhaltens (Orth und Kahle 2008). Insbesondere Emotionen (synonym: Gefühle) und Stimmungen sowie deren Einfluss auf individuelle Informationsverarbeitungsprozesse, Problemlösungsstrategien und die situationsbezogene Entscheidungsfindung stehen dabei im Mittelpunkt des Interesses. Im Unterschied zu kurzfristig auftretenden und teilweise sehr intensiven Emotionen sind Stimmungen milder, umfassender und halten länger an (Isen 1984). Außerdem haben Emotionen in der Regel eine klar zuordenbare Ursache, während Stimmungen oft kein unmittelbarer Anlass zugrunde liegt.

Abbildung 1.2   Nutzenmodell zur Erklärung des Weinkaufverhaltens

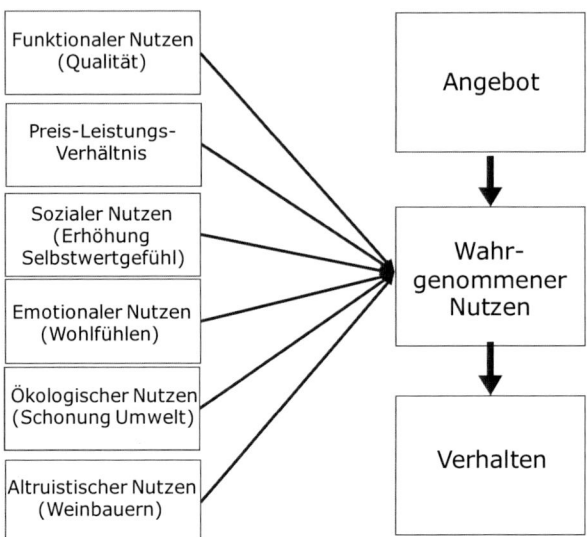

Die Rolle affektiver Faktoren im Weinkonsumentenverhalten ist noch wenig erforscht. In einer Untersuchung des Kaufverhaltens sogenannter „Millenials" berichten Nowak, Thach und Olsen (2006), dass positive Käuferemotionen während des Besuches von Vinotheken den Wert dort verkosteter Weinmarken (gemessen als positive Assoziationen und Präferenz) deutlich erhöhen. Dieser starke und positive Einfluss von Affekt tritt auch dann auf, wenn kognitive Faktoren wie Qualitätsurteile und Preiswahrnehmung zusätzlich zur Erklärung des Kaufverhaltens herangezogen werden. In einer Folgestudie zeigen Orth, Limon und Rose (2009), dass sich Verbraucher emotional stärker an einen Wein binden, wenn sie sich während des Besuchs des Weingutes wohlfühlen, freudig erregt und insgesamt zufrieden sind. Eine starke emotionale Bindung führt dann wiederum zu einer größeren Loyalität (Wiederkaufrate) und sogar zur Akzeptanz höherer Preise (**Abbildung 1.3**).

Abbildung 1.3   Kognitive und affektive Folgen des Vinothekenbesuchs

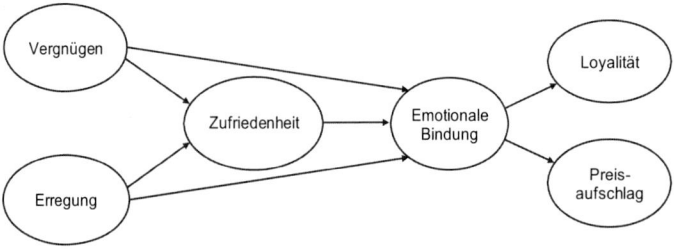

Eine verwandte Forschungsrichtung ist dem Einfluss von Verkaufsumgebungen auf das Weinkäuferverhalten gewidmet. Eine Vielzahl nicht weinspezifischer Studien belegt, dass viele der Merkmale, die eine komplexe Verkaufsumgebung ausmachen (z.B. Hintergrundmusik, Beleuchtung oder Düfte), das Kundenverhalten direkt oder indirekt beeinflussen (Michon et al. 2006; Turley und Milliman 2000). Einige Arbeiten beziehen sich auch direkt auf das Verhalten von Weinkäufern. Ein Experiment zum Einfluss der Beleuchtung (Areni und Kim 1994) belegt zum Beispiel, dass Kunden bei heller Beleuchtung in einem Weinfachgeschäft das Angebot genauer und länger untersuchen als bei gedämpfter Beleuchtung. Der Umsatz ist hiervon jedoch nicht beeinflusst.

Ein zweites Experiment im gleichen Laden zeigt, dass die Ausgaben pro Kunde bei klassischer Hintergrundmusik höher liegen als bei zeitgemäßer Musik (Top 40). Eine nähere Untersuchung der Ursachen ergibt Hinweise, dass die Anzahl der gekauften Flaschen gleich bleibt, die Kunden jedoch Angebote mit einem höheren Preis pro Flasche wählen (Areni und Kim 1994). Über einen weiteren Einfluss der Musikart berichten North, Hargreaves und McKendrick (1999), die Supermarktkunden über einen längeren Zeitraum hinweg mit typisch deutscher bzw. französischer Hintergrundmusik beschallten. An den Tagen mit deutscher Musik stieg der Absatz deutscher Weine während an Tagen mit französischer Musik mehr französische Weine verkauft wurden. Auf die Ethik solcher Maßnahmen gehen die Forscher nicht ein.

Ebenfalls in einem Experiment untersuchten Orth und Bourrain (2005) den Einfluss von Umgebungsdüften. Im Mittelpunkt der Studie steht dabei die Vermutung, dass angenehme Düfte in einer Verkaufsumgebung das explorative Kaufverhalten fördern. Die Ergebnisse belegen, dass Kunden sowohl ein größeres Risiko in Kauf nehmen (z.B. durch die Wahl neuer oder unbekannter Weine, oder Rebsorten), als auch mehr Abwechslung suchen (z.B. durch einen Wechsel bisher präferierter Weine) wenn die Umgebung angenehm nach frisch gemähtem Gras, Früchten oder Kräutern duftet. Diese Düfte rufen offenbar angenehme Erinnerungen hervor, die explorative Aktivitäten in Form von Erkundungskäufen fördern. Auch hier stellt sich die Frage, inwieweit eine kommerzielle Nutzung dieser Erkenntnisse ethisch vertretbar ist.

1.4 Wahrnehmung von Angeboten durch Verbraucher

„Wahrnehmung" beschreibt wie Konsumenten die Welt um sich herum sehen. So können beispielsweise zwei Menschen auf identische Stimuli (z.B. ein Regal mit Weinflaschen in einem Ladengeschäft) unter gleichen Bedingungen treffen. Ihre Wahrnehmung muss deshalb jedoch nicht zwingend die gleiche sein. Kurz gefasst beschreibt „Wahrnehmung" den Prozeß, durch den ein Mensch Stimuli auswählt, organisiert und interpretiert, um sich ein verständliches Bild von seiner Umgebung zu machen. Ein Stimulus ist dabei jede Einheit eines Reizes, der einen der menschlichen Sinne anspricht, im Marketing also zum Beispiel Preise, Qualitätszeichen, Verpackungen und Markennamen.

Die Wahrnehmung von Preisen durch Verbraucher – als hoch, niedrig oder fair – hat einen erheblichen Einfluss auf das weitere Verhalten einschließlich nachfolgende Qualitätsurteile, Kaufabsicht und Zufriedenheit. Zahlreiche Untersuchungen belegen die wichtige Rolle der Preiswahrnehmung auch für Wein. Übereinstimmung herrscht aber lediglich bei der Erkenntnis, dass der Einfluss des wahrgenommenen Preises auf das Käuferverhalten grundsätzlich von einer Reihe weiterer Faktoren abhängt, wie zum Beispiel dem Kaufanlass, der Existenz unabhängiger Prüf- oder Qualitätssiegel, der Herkunft oder der Marke (Alimova, Lillywhite und Hurd 2008; Aqueveque 2008; Jarvis, Rungie und Lockshin 2007; Lockshin und Rhodus 1993; Orth und Kahle 2008; Orth und Krška 2001).

Der Einzelhandel ist vor allem daran interessiert, wie Konsumenten Preise einer Einkaufsstätte im Vergleich zu anderen wahrnehmen. Dieses Interesse hat sich im Zuge des Fortschritts der Internettechnologie noch verstärkt. Verbraucher können heutzutage selbst über große Distanzen und Anzahl von Angeboten Preise schnell und einfach miteinander vergleichen, um dann den günstigsten Anbieter auszuwählen. Überraschenderweise führen solche Überschneidungen im Angebot jedoch nicht automatisch zur Wahl des Anbieters mit dem niedrigsten Preis (Gourville und Moon 2004). Stattdessen erlauben Angebotsüberschneidungen dem Weinfachhandel, seine Preise als besonders fair zu kommunizieren und somit eine vorteilhaftere Preiswahrnehmung zu erzielen, als im Falle nicht oder nur schwer vergleichbarer Angebote.

Eine besondere Rolle im Kaufverhalten spielen Erwartungen eines Preises, die Verbraucher formen bevor ihnen tatsächliche Preisinformationen zur Verfügung stehen (Niedrich, Sharma und Wedell 2001). Bei Wein tragen vor allem visuelle Elemente der Verpackung zur Bildung von Preiserwartungen bei. So beeinflussen die Harmonie (oder der Kontrastreichtum) einer Weinverpackung, ihre Typizität sowie ihr Informationsgehalt Qualitäts- und Attraktivitätsurteile, die ihrerseits wiederum die Höhe des erwarteten Preises bestimmen (Orth, Campana und Malkewitz 2009). Harmonische, typische und informationsreiche Verpackungen führen zur Erwartung höherer Qualität und höherer Preise, während kontrastreiche, ungewöhnliche und schlichte Verpackungen zwar als attraktiver wahrgenommen, aber mit niedrigeren Qualitäten und Preisen assoziiert werden.

Das damit angesprochene Thema der Qualitätswahrnehmung ist für Wein ebenso gut untersucht wie die Preiswahrnehmung. Unbestritten ist, dass Verbraucher die Qualität eines Produktes auf Basis einer Reihe produktbezogener Eigenschaften beurteilen. Diese Eigenschaften lassen sich grundsätzlich als extrinsisch oder intrinsisch einteilen und beeinflussen als einzelnes Merkmal oder im Verbund mit anderen die Wahrnehmung der Qualität als niedrig bis hoch. Einflussfaktoren auf die Qualitätswahrnehmung reichen von Markennamen, Symbolen, Preisen, Etiketten und Herkunftsbezeichnungen bis hin zu Auszeichnungen und Siegeln.

Eine Vielzahl von Studien zeigt, dass Verbraucher Preise zur Bildung eines Qualitätsurteils heranziehen (Lockshin und Rhodus 1993; Orth und Krska 2001; Sánchez und Gil 1998). Sogar die Geschmackswahrnehmung unterliegt dem Einfluss des Preises; identische Weinproben mit unterschiedlichen Preisen ausgezeichnet führen zu signifikanten Unterschieden im Konsumentenurteil zu Qualität und Geschmack (Gierl 1995). Weiterhin leiten Verbraucher Qualitätsurteile zu Wein auch aus Etiketten und den darauf angebotenen Informationen ab (Masson, Aurier und d'Hauteville 2008; Veale 2008). Erfahrenere und stärker mit Wein involvierte Verbraucher (Weinkenner) nutzen vor allem die Etiketten auf der Flaschenrückseite, um sich ein Qualitätsurteil zu bilden (Charters, Lockshin & Unwin 1999). Dabei sind sie weniger an technischen Beschreibungen interessiert und mehr an sensorischen Hinweisen zu Aromen und Geschmacksnoten (Barber, Almanza und Donovan 2006; Chaney 2000; Charters et al. 1999; Shaw, Keeghan und Hall 1999). Die teilweise großen Diskrepanzen zwischen dem Fachjargon der Weinexperten, der sich auf den meisten Etiketten findet, und den Erfahrungen der Konsumenten, wenn sie den Wein selbst verkosten, stellt ein erhebliches Hindernis für eine stärkere Nutzung von Etiketten als Basis für Qualitätsurteile dar (Charters et al.1999; Lawless 1984). Für hoch wie auch niedrig involvierte Konsumenten ergeben sich hier neue Möglichkeiten durch das so genannte Tagging von Etiketten mit Q-R Codes, die es ermöglichen zusätzliche Informationen aus dem Internet zu erhalten. Ausführlichere Informationen dieses neuen Trends finden sich im Kapitel zur Verpackungsgestaltung in diesem Band (Vollherbst & Urben).

Ebenso nutzen Verbraucher die Herkunft eines Weins, um daraus auf die Qualität zu schließen (Johnson und Bruwer 2007). Dabei verwenden sie sowohl Angaben zur Herkunft der für die Herstellung verwendeten Trauben, als auch Informationen zum Standort des Weingutes (Orth, McGarry Wolf und Dodd 2005). Analog zu den für unterschiedliche Preise nachgewiesenen Effekten ändern sie sogar ihr Geschmacksurteil bei unterschiedlichen Beschreibungen der Weinherkunft (d'Hauteville, Fornerino und Perrouty 2007).

Müssen Verbraucher eine Entscheidung treffen, welchen Wein sie kaufen sollen, und sind sie sich unsicher, welche Konsequenzen ihre Entscheidung hat, nehmen sie das mit einer Kaufentscheidung verbundene Risiko wahr. Dimensionen riskanter Kaufentscheidungen sind Unsicherheit und Konsequenz, beide sind bereits Gegenstand von Untersuchungen zum Weinkäuferverhalten (Aqueveque 2006; Mitchell und Greatorex 1989).

Verbraucher scheuen häufig davor zurück, Angebote wahrzunehmen, die sie als riskant empfinden. Hierzu zählt nicht nur die Wahl neuer und unbekannter Rebsorten, Herkünfte oder Weinarten, sondern auch der Wechsel innerhalb bekannter Angebote (z.B. von einem Wein eines Anbieters zu einem anderen) und die Suche nach zusätzlichen Informationen, die ihre Kaufentscheidung unterstützen. Die Inkaufnahme von Risiko beinhaltet nach Raju (1980) somit jegliches Verbraucherverhalten, das sich in der Wahl innovativer und unbekannter Alternativen ausdrückt. Dieses Verhalten hat generell eine Veränderung der Umgebungsreize in Richtung eines optimalen Niveaus zum Ziel. Es ist nicht auf eine Reizminderung (Risikovermeidung) beschränkt, sondern beinhaltet auch Erkundungsverhalten und Abwechslungssuche zur Reizerhöhung. Weiterhin hängt das Risikoverhalten von der Konsumentenpersönlichkeit sowie von kurzfristig schwankenden Konsumentenstimmungen ab (Baumgartner & Steenkamp 1996).

Wie bereits ausgeführt, ergab eine Untersuchung zu den Nutzungsmöglichkeiten von Umgebungsdüften im Einzelhandel, dass das Einbringen angenehmer Düfte das explorative Verbraucherverhalten stimuliert (Orth & Bourrain 2008). Zwar wird die in der Persönlichkeit des Verbrauchers liegende Risikoneigung von Umgebungsdüften nicht beeinflusst, diese verbessern jedoch aktuelle Stimmungen und tragen so dazu bei, dass der Einfluss der Stimmung gegenüber der Persönlichkeit zunimmt, sodass Kunden beim Kauf von Wein auch ein höheres Risiko eingehen. Ist der Umgebungsduft neutral, bestimmt in erster Linie die Persönlichkeit (z.B. eine risikoscheue Natur) das explorative Kaufverhalten.

Eine zweite Risikoart liegt in der sozialen Umgebung des Weinkaufs bzw. des Weinkonsums begründet. Das von Weinverbrauchern wahrgenommene Risiko variiert hierbei je nach anwesenden Personen (Aqueveque 2006). So variieren zum Beispiel Weinkäufer in der Wahl der Weinausstattungen je nach wahrgenommenem sozialen Risiko (Billigung oder Missbilligung durch Dritte) (Campbell & Goodstein 2001). Beurteilten sie das Risiko als hoch (z.B. wenn der Wein für die Bewirtung von Gästen oder als Geschenk gekauft wurde), wählten sie eher die typischen Verpackungen (leicht grün getönte Rieslingflasche); stuften sie das Risiko als eher gering ein (Kauf eines Weins für den Eigenkonsum am Abend), stieg ihre Bereitschaft, eine ungewöhnliche dreieckige Flasche aus schwarzem Glas zu wählen.

Verbraucher erwerben Produkte nicht nur wegen deren funktionellen Nutzen (z.B. Förderung der Gesundheit, Genuss), sondern häufig auch wegen einer symbolischen Nutzenkomponente (Aaker 1997; Belk 1988; Elliott & Wattanasuwan 1998). Zur Erfassung und Beschreibung solcher Nutzen hat sich das Konzept der Markenpersönlichkeit etabliert. Insbesondere im Weinmarketing gewinnt dieses Konzept an Bedeutung, da gerade Einsteiger und wenig involvierte Käufer technische Informationen (z.B. Herkunft, Rebsorte, Weinstil) wie Marken wahrnehmen und ihre Kaufentscheidungen darauf gründen (Hamlin & Watson 1997; Murray & Demick 2006). Das Konzept der Markenpersönlichkeit erlangt so eine Relevanz über die vorher diskutierte hinaus, indem Konsumenten die Markenwahrnehmung als Basis für eine emotionale Bindung heranziehen und Marken zu Stützen des persönlichen Selbstkonzeptes werden (Thomson et al. 2005). Da sich Konsumenten in der Regel an positive Persönlichkeiten binden, um von den damit assoziierten positiven Gefühlen zu profitieren, überrascht es nicht, dass sich Weinkäufer eher an Marken mit eindeutig aufrichtigem, niveauvollen, kompetenten, bodenständigen oder aufregendem Profil binden, als an unscharf oder fragwürdig wahrgenommene Marken (Orth, Limon & Rose 2009).

In einer Fortführung des Markenpersönlichkeitskonzeptes stößt zunehmend auch der Wert einer Marke auf Interesse (Keller 2003). So tragen starke Marken über den reinen Produktnutzen hinaus zur Profitabilität eines Unternehmens bei. Eine gängige Definition des Markenwertes aus Verbrauchersicht beinhaltet deshalb alle Verbindlichkeiten und Guthaben, die mit einer Marke assoziiert werden und die den Wert der Marke aus Sicht von Käufern und Inhabern reduzieren oder erhöhen (Aaker 1996).

Den Wert von Weinmarken belegen eine Reihe von Studien, die untersuchen, wie dieser Wert durch regionale Tourismusstrategien, proaktive Umweltschutzmaßnahmen eines Unternehmens oder Maßnahmen der Marketingkommunikation erhöht werden kann

(Lockshin & Spawton 2001; Nowak & Washburn 2002; Reid 2002). Insbesondere Premiummarken haben oft einen höheren Wert als Marken mit gutem Preis-Leistungsverhältnis und bessere Überlebenschancen auf wettbewerbsintensiven Märkten (Wilcox, Laverie & Kolysenikova 2008). Da jedoch der Bekanntheitsgrad einer Marke einen noch stärkeren Einfluss auf ihre Überlebenswahrscheinlichkeit hat als das Qualitätsniveau, ist das Marketing gut beraten, sich zunächst auf die Bekanntmachung der Marke zu konzentrieren anstatt die Qualitätsposition zu forcieren.

Eine Vielzahl von Studien hat sich in der Vergangenheit mit dem Einfluss der Herkunft auf das Weinkäuferverhalten befasst. Herkunftsland, Region, Appellation oder Lage sind bei Wein nicht zuletzt wegen der hierzu vorhandenen vielfältigen gesetzlichen Regelungen von besonderer Bedeutung. Auch Verbraucher erkennen die besonders enge Verbindung zwischen den Bedingungen am Erzeugungsort und wesentlichen Produktmerkmalen wie Qualität oder Stil (Orth et al. 2005). Aus anderen Untersuchungen geht hervor, dass Verbraucher positivere Einstellungen gegenüber einheimischen Herkünften haben (Kolyesnikova, Dodd & Duhan 2008; Martinez-Carrasco, Brugarolas & Martinez-Poveda 2005; Torrisi, Stefani, & Seghieri 2006) und dass Veränderungen der Herkunftsangabe sogar zu Unterschieden in der Geschmacksbeurteilung identischer Weine führen (d'Hauteville et al. 2007). Trotz der Vielzahl zu Herkunftseffekten durchgeführten Studien existieren jedoch noch erhebliche Widersprüche in den gefundenen Ergebnissen. Es wird angenommen, dass diese Widersprüche auf Unterschiede in den methodischen Ansätzen (z.B. Berücksichtigung weniger oder vielfältiger Einflussfaktoren, Verwendung beschreibender oder sensorischer Stimuli), in den betrachteten Stichproben (z.B. kultureller Hintergrund), sowie nicht berücksichtigten individuellen Einflussfaktoren (z.B. die ethnozentrische Orientierung einer Person) zurück gehen (Peterson & Jolibert 1995). Auf die besondere Rolle persönlicher und individueller Merkmale im Weinkonsumentenverhalten wird im weiteren Verlauf dieses Prologs näher eingegangen.

Wie der Preis oder die Herkunftsangabe übt auch die Verpackung einen wesentlichen Einfluss auf das Kaufverhalten aus. Für andere Konsumgüter als Wein haben Konsumentenforscher in einer Vielzahl von Studien belegt, dass extrinsische Merkmale einer Verpackung wie Logo, Schriftart, Farben, Proportionen oder Silhouette Konsumentenwahrnehmung von Produkten und Marken beeinflussen (Folkes & Matta 2004; Garber, Hyatt & Starr 2000; Henderson & Cote 1998; Henderson, Giese & Cote 2004; Raghubir & Greenleaf 2006; Yang & Raghubir 2005). Auch in der Weinwirtschaft fließen jährlich Millionen in die Gestaltung von Verpackungen. Besondere Bedeutung erhält diese dadurch, dass Verpackungen insbesondere für kleine und mittelständische Betriebe das einzige Mittel zur Kommunikation mit Kunden sind, da solche finanzschwächeren Betriebe über keine Mittel für Werbung oder andere Marketingkommunikationsmittel verfügen.

In einer wegweisenden Studie wiesen Orth und Malkewitz (2008a) spezifische Zusammenhänge zwischen dem Verpackungsdesign und der Wahrnehmung von Wein- und Parfummarken nach. Sie zeigten, dass fünf ganzheitliche Typen von Verpackungen existieren, die sich nicht nur in einzelnen Elementen unterscheiden, sondern auch ganz entscheidend in der Wahrnehmung von Verbrauchern. Ausgehend von dem zuvor vorgestellten

Konzept der Markenpersönlichkeit empfahlen die Forscher, für eine gezielte Steuerung der Markenwahrnehmung zunächst einen der gefundenen Typen auszuwählen und eine Verpackung robust, kontrastreich, natürlich, zart, oder unauffällig zu gestalten. Dabei bietet sich für aufrichtige Marken ein natürliches Design an, für aufregende Marken ein kontrastreiches Design, für kompetente Marken zarte oder zerbrechlich wirkende Verpackungen, für anspruchsvolle Marken ein natürliches oder zartes Design und für rustikale Marken ein kontrastreiches oder massives Design (Orth und Malkewitz 2008a).

Unabhängig vom Stimulus (Verpackung, Werbeanzeige etc.) nutzen Verbraucher grundsätzlich zwei parallele Wege, um sich eine Meinung zu bilden. Diese Wege sind als zentrale und periphere Route der Informationsverarbeitung bekannt (Petty & Cacioppo 1986; Eagly & Chaiken 1993). Die periphere Route geht dabei auf leicht zugängliche Reize zurück (z.B. attraktive Modelle in der Werbung oder ein gutes Gefühl) und ist in der Regel mit geringem Aufwand für die Verbraucher verbunden. Im Gegensatz hierzu betreiben die Verbraucher in der zentralen Route erheblich mehr Aufwand, widmen den einzelnen Argumenten mehr Aufmerksamkeit, wägen Für und Wider sorgfältig gegeneinander ab und entscheiden eher „vom Kopf her". Entscheidend für das Überwiegen der einen oder anderen Route ist das Involvement des Verbrauchers mit der Entscheidung (Eagly & Chaiken 1993; Petty & Cacioppo 1986). Involvement bezeichnet dabei die Bedeutung, die eine Person der entsprechenden Entscheidung zumisst bzw. die Menge mentaler Ressourcen, die sie hierfür einsetzen will. Sehr aktuell belegt hierzu eine deutsche Studie, dass die beiden Routen auch bei der Konsumentenreaktion auf Weinverpackungen entscheidend sind. In der zentralen Route ziehen vor allem stärker mit Wein involvierte Konsumenten Designmerkmale heran, um sich ein Urteil zur Weinqualität zu formen. In der peripheren Route bilden sich vor allem stärker mit Design involvierte Verbraucher ein Urteil zur Attraktivität der Verpackung, was ebenfalls ihre Kaufabsicht beeinflusst (Orth, Malkewitz & Campana 2009).

1.5 Individuelle Unterschiede, Käuferpersönlichkeit und Verhalten

Die Erforschung des Einflusses persönlichkeitsrelevanter Merkmale auf das Kaufverhalten spielte lange Zeit nur eine Nebenrolle in Untersuchungen zum Käuferverhalten. Die Zahl entsprechender Studien ist klein. Wenn Aspekte der Konsumentenpersönlichkeit überhaupt untersucht werden, dann meist, um der großen Zahl bereits existierender Messbatterien noch eine weitere Skala hinzuzufügen. So beschäftigt man sich beispielsweise mit der Messung einer kleinen Facette menschlicher Persönlichkeit. oder der Rolle eines spezifischen Persönlichkeitsmerkmals als Moderator einer sehr eng definierten Beziehung (Baumgartner 2002). Ähnliches gilt für Studien zur Persönlichkeit von Weinkäufern, obwohl ein besseres Verständnis von Individuen in ihrer Rolle als Käufer und Konsumenten von Wein eigentlich eine Kernaufgabe der Forschung sein sollte. Im Unterschied zu sich schnell verändernden Zuständen (wie z.B. Emotionen) sind solche Persönlichkeitsmerkmale längerfristig stabil und ändern sich im Zeitablauf nicht oder nur sehr langsam. Sie haben damit weitreichendere und größere Bedeutung. Die folgenden Abschnitte geben einen Überblick über ausgewählte und wichtige Persönlichkeitsmerkmale und deren Einfluss auf das Weinkaufverhalten.

Das bereits kurz angesprochene Involvement basiert auf der Annahme, dass Kaufentscheidungen für Konsumenten grundsätzlich im Grad der persönlichen Relevanz variieren können (Petty & Cacioppo 1986). Kaufsituationen mit hohem Involvement sind demzufolge dadurch gekennzeichnet, dass sie für die entsprechende Person eine große Bedeutung haben und durch umfangreiche Informationsverarbeitung und aufwändige Problemlösungen gekennzeichnet sind. Kaufentscheidungssituationen mit geringem Involvement dagegen haben für den Konsumenten nur geringe Relevanz und ein geringes wahrgenommenes Risiko und verursachen deshalb keine aufwändige Informationsverarbeitung oder Problemlösungen. Wie das bereits im vorherigen Abschnitt vorgestellte Beispiel verdeutlicht, leiten stärker involvierte Weinkäufer vor allem Qualitätsvermutungen aus dem Design von Weinverpackungen ab, während schwach involvierte Personen eher ästhetische Kriterien anwenden (Orth, Campana & Malkewitz 2009). Stärker involvierte Konsumenten messen außerdem allen denkbaren Merkmalen eines Weins (z.B. Herkunft, Rebsorte, Jahrgang, etc.) eine größere Bedeutung zu als schwächer involvierte Verbraucher (Quester & Smart 1998).

Eng verknüpft mit dem Involvement einer Person ist die Expertise oder das Weinwissen von Konsumenten (Goldsmith & d'Hauteville 1998). In der Regel verfügen hierbei stärker mit Wein involvierte Konsumenten über ein größeres Wissen als weniger involvierte Konsumenten. Solche Unterschiede im fachspezifischen Wissen sind wichtig, da zum Beispiel Novizen auf andere Weinmarketingreize reagieren als Konsumenten mit umfangreicherem Weinwissen (Barber, Ismail & Dodd 2008). Selbst die Grundsatzentscheidung, Wein oder lieber ein anderes Getränk zu konsumieren sowie die Informationsquellen, die bei dieser Entscheidung eine Rolle spielen hängen eng mit dem Involvement und Fachwissen zusammen (Dodd, Laverie, Wilcox & Duhan 2005). Weniger kundige Verbraucher nutzen vor allem unpersönliche Weininformationsquellen (z.B. Weinführer, Rezensionen und Werbung) während fachkundigere Verbraucher persönliche Quellen wie Familie, Freunde und Verkaufspersonal bevorzugen. Die Berücksichtigung unterschiedlichen Involvements und unterschiedlicher Vorbildung der Verbraucher erhöht zudem auch deutlich die Aussagekraft von Studien zu Herkunftseffekten (Perrouty et al. 2006). So wächst die Bedeutung der Herkunftsregion für die Auswahl eines Weines bei stärker involvierten und besser informierten Verbrauchern deutlich und „Experten" legten im Unterschied zu „Laien" einen deutlich größeren Wert auf bestimmte Herkünfte. Ähnliche Ergebnisse fand Veale (2008), als sie das Weinwissen von Konsumenten in Beziehung zu den äußeren Merkmalen eines Weins untersuchte.

Menschliches Verhalten, das auf eine Veränderung von Umgebungsreizen abzielt wird allgemein als exploratorisches Verhalten oder – soweit es in der Persönlichkeit eines Menschen liegt – als explorative Tendenz bezeichnet (Raju 1980). Exploratives Käuferverhalten kommt in drei Formen zum Ausdruck (Baumgartner & Steenkamp 1996): (1) Die persönliche Risikoneigung beschreibt Verhaltensweisen, die sich auf die Wahl unbekannter und mit einem Risiko behafteten Alternativen beziehen. (2) Die in der Natur eines Menschen liegende Tendenz zur Abwechslungssuche kommt im Wechsel zwischen bekannten Angebotsalternativen zum Ausdruck sowie in einer Abneigung gegen Gewohnheitskäufe. (3) Neugierde kommt zum Ausdruck, wenn Menschen aktiv nach kaufrelevanten Informationen suchen, mit anderen kommunizieren oder einkaufen. Obwohl das explorative Kaufverhalten von Konsumenten auch von kurzfristig schwankenden Zuständen beeinflusst ist (z.B. der Gegenwart Dritter oder von Stimmungen), übt die individuelle Persönlichkeit eines Konsumenten einen ganz erheblichen Einfluss aus (Roberti, Storch & Bravata 2003). So zeigen Orth und Bourrain (2008), dass die Persönlichkeit von Weinkäufern, deren Risikoneigung, Abwechslungssuche und Neugierde bestimmt, was sich wiederum in der Bedeutung von Weinmerkmalen in der Präferenzbildung niederschlug. Risikoneigung war hierbei eng mit der Bedeutung der Etikettenfarbe verknüpft, Abwechslungssuche mit der Bedeutung der Rebsorte und Neugierde mit der Bedeutung des Etikettentextes (Orth & Bourrain 2005).

Die Anwesenheit anderer Konsumenten kann Kunden kritisch in ihrer Kaufentscheidung beeinflussen. In einer solchen Situation tritt der Gedanke an den Eindruck, den Dritte durch die Kaufentscheidung über die Persönlichkeit des Käufers gewinnen, in den Vordergrund. Hieraus resultieren häufig Abweichungen vom normalen Kaufverhalten (Aaker 1999; Batra, Homer & Kahle 2001). Ein erheblicher Anteil von Unterschieden im Ausmaß solcher Verhaltensveränderungen lässt sich erklären, wenn man die individuelle Empfänglichkeit einer Person gegenüber dem Einfluss Dritter berücksichtigt (Bearden, Netemeyer & Teel 1989). Diese Empfänglichkeit entspricht dem Bedürfnis einer Person, das eigene Bild in den Augen Dritter durch den Kauf und Gebrauch von bestimmten Produkten und Marken zu verbessern. Ein solches Verhalten schließt die Bereitschaft, Erwartungen anderer durch Käufe zu bestätigen ebenso ein wie die Tendenz, andere in ihrem Informations- und Kaufverhalten nachzuahmen oder Informationen zu bevorzugten Angeboten Dritter einzuholen.

Auch Weinkäufer achten darauf, was andere von ihnen denken und ändern ihr Kaufverhalten in Abhängigkeit von anwesenden oder betroffenen Gruppen (Quester & Smart 1998). Die Empfänglichkeit einer Person gegenüber dem Einfluss solcher Referenzgruppen beeinflusst nicht nur, welchem Nutzen diese Person in Wein sucht, sondern mittelbar auch ihre Markenwahl (Orth & Kahle 2008). Dies betrifft insbesondere solche Nutzenskomponenten, die sich auf die Selbstdarstellung des Käufers beziehen, zum Beispiel wie anspruchsvoll, modisch, oder billig ein Wein ist. Sind Dritte, wie Freunde oder Kollegen, anwesend, tendieren Konsumenten zu höherer Qualität und prestigeträchtigeren Marken. Für sich selbst hingegen legen sie größeren Wert auf ein günstiges Preis-Leistungsverhältnis, emotionale Bindungen oder gesundheitsfördernde Eigenschaften. Das Ausmaß der Nachfrageänderungen wiederum variiert mit der Empfänglichkeit gegenüber Referenzgruppeneinflüssen.

Nicht nur Reaktionen auf die Gegenwart anderer Verbraucher, sondern auch auf die Anwesenheit von Verkaufspersonal ist Gegenstand aktueller Untersuchungen. Die Vermutung liegt nahe, dass Konsumentenverhalten aus Dankbarkeit für freundliche Beratung oder aus einem Gefühl moralischer Verpflichtung heraus beeinflussbar ist (Goei & Boster 2005). Dankbarkeit stellt dabei eine positive affektive Reaktion auf das Erhalten eines Zusatznutzens oder Gefallens dar (Emmons & McCullough 2003). Ein Gefühl der Verpflichtung stellt dagegen einen negativen, meist unangenehmen Zustand dar, der auf moralische Normen zurückgeht und eher zu vermeiden ist (Greenberg & Shapiro 1971). Sowohl Gefühle der Dankbarkeit als auch der Verpflichtung erklären einen erheblichen Teil des Kaufverhaltens von Besuchern in Probierstuben (Kolyesnikova et al. 2008). Wegen des vergleichsweise stärkeren Einflusses von Dankbarkeit sollte Verkaufspersonal darin geschult werden, Besuchern einen über das erwartete Niveau hinausgehenden Service zu bieten, um so ein Gefühl der Dankbarkeit herzustellen, was sich wiederum in erhöhten Absätzen widerspiegelt. Fühlen sich Kunden dagegen eher zum Kauf verpflichtet, kann das zwar kurzfristig die Umsätze erhöhen, andererseits jedoch auch Kunden von einem Wiederkauf abhalten oder sie sogar veranlassen, sich gegenüber anderen negativ über den Besuch zu äußern (Kolyesnikova et al. 2008).

Ungeachtet der beachtlichen Anzahl von Untersuchungen zu Herkunftseffekten besteht noch erheblicher Klärungsbedarf, warum Konsumenten manche Herkünfte bevorzugen und andere ablehnen. Deutlich verbesserte Vorhersagen konnten in jüngerer Zeit durch die Berücksichtigung des Ethnozentrismus auf Verbraucherseite gemacht werden (Shankarmahesh 2006). Ethnozentrismus gibt dabei die Ansicht eines Konsumenten wieder, wie angemessen es ist, Produkte aus einem anderen Land zu kaufen (Shimp & Sharma 1987). Aus der Soziologie kommend erfasst das Konzept den Zwiespalt, die eigene ethnische (oder nationale) Gruppe für überlegen zu halten. Sehr ethnozentrische Konsumenten könnten etwa der Meinung sein, der Kauf importierter Weine schade der heimischen Wirtschaft und führe zu erhöhter Arbeitslosigkeit. Mehrere empirische Untersuchen belegen diese Vermutung und zeigen, dass Verbraucher dazu neigen, Weine der Heimatregion zu bevorzugen. Ein entsprechender ethnozentrischer Einfluss wurde zum Beispiel bei Verbrauchern in Australien (Brown & O'Cass, 2006), Spanien (Martinez-Carrasco et al. 2005) und Texas (Kolyesnikova et al. 2008) nachgewiesen.

Insgesamt ist das Interesse an Untersuchungen zur Konsumentenpersönlichkeit in der jüngeren Vergangenheit deutlich gewachsen, nicht zuletzt aufgrund wegweisender Arbeiten zu den fünf grundlegenden Dimensionen menschlicher Persönlichkeit, die als „Big 5" bekannt wurden (Goldberg 1992). Eine große Bandbreite von Konsumentenverhaltensweisen lässt sich auf Variationen innerhalb der Dimensionen emotionale Stabilität (Neurotizismus), Extraversion, Aufgeschlossenheit, Umgänglichkeit und Gewissenhaftigkeit) zurückführen (Paunonen & Ashton 2001). Besondere Relevanz für das Weinmarketing erlangen diese Persönlichkeitsmerkmale durch ihre enge Verknüpfung mit demografischen Merkmalen und ihren Einfluss auf die Tendenz von Verbrauchern, mehr oder weniger loyal zu sein (Lucas, Grob, Eunkook & Shao 2000). Zwar kommen Konsumenten im Lauf ihres Lebens mit Tausenden von Produkten und Marken in Kontakt, eine enge gefühlsmäßige Bindung entwickeln sie jedoch nur zu einem sehr kleinen Teil davon. Speziell für Wein zeigen Orth, Limon und Rose (2010), dass es in erheblichem Maß von der Persönlichkeit des Verbrauchers abhängt, ob bzw. an welche Angebote sich Konsumenten binden. Insbesondere Konsumenten mit eher extrovertierten, aufgeschlossenen, umgänglichen und gewissenhaften Persönlichkeiten binden sich stärker während neurotische, introvertierte, und verschlossene Menschen sich weniger binden.

Einen weiteren erheblichen Teil des Konsumentenverhaltens bestimmt das Bestreben von Verbrauchern, ihr Selbstbild zu stützen oder auszubauen. So beurteilen sie Konsumgüter, Marken, aber auch ganze Einkaufsstätten nach deren Ähnlichkeit mit dem Selbstbild, das Konsumenten von sich haben (Herbst, Gaertner & Insko 2003). Nachdem die Rolle der Markenpersönlichkeit in diesem Prozess bereits vorher diskutiert wurde, soll an dieser Stelle auf die Bedeutung des Selbstbilds für die Einkaufsstättenwahl eingegangen werden. Vor die Wahl gestellt, bevorzugen Konsumenten grundsätzlich solche Einkaufsstätten, deren Image dem eigenen Selbstbild entspricht (Pan & Zinkhan 2006). Ein bewährtes Konzept zur systematischen Erfassung und Kategorisierung des Images von Einkaufsstätten stellt die Ladenpersönlichkeit dar (Babin, Chebat & Robicheaux 2006; d'Astous & Levesque 2003). Die Wahrnehmung von Ladenpersönlichkeiten aus Verbrauchersicht ist im Weinmarketing besonders relevant, da spezialisierte Weinläden, Vinotheken, Probierstuben und andere Einkaufsstätten symbolischen, abstrakten und identitätsfördernden Nutzen bieten, der über den rein funktionalen Nutzen der dort angebotenen Produkte und Dienstleistungen hinausgeht. Entwicklung und Kontrolle einer unverwechselbaren Ladenpersönlichkeit nehmen so eine Schlüsselrolle im Weinmarketing ein, indem sie die Voraussetzungen für eine vorteilhafte Positionierung des Angebotes und den Aufbau eines loyalen Kundenstammes schaffen (Grewal, Levy & Lehman 2004).

Auch Weinkäufer ziehen eine Reihe von Ladeneigenschaften heran, um sich einen Gesamteindruck und ein gedankliches Bild von der Positionierung einer Einkaufsstätte zu machen. In erster Linie sind das ihre Wahrnehmung des Verkaufspersonals, aber auch die Leichtigkeit (oder Schwierigkeit), sich innerhalb des Ladens zu orientieren sowie die Zugänglichkeit von Etiketten und Preisen (Lockshin & Kahrimanis 1998). Verbraucher nehmen bei diesen Merkmalen große Unterschiede zwischen einzelnen Einkaufsstätten wahr und lassen sich bei der Wahl ihrer bevorzugten Einkaufsstätten stark von ihren Eindrücken leiten.

Auch das Innenraumdesign trägt erheblich zur Wahrnehmung einer bestimmten Ladenpersönlichkeit bei (Orth, Heinrich & Malkewitz 2009). Jeder der fünf Grundtypen (im Folgenden kursiv) ist mit einer charakteristischen Ladenpersönlichkeit verknüpft. *Minimalistische Hüllen* werden als unangenehm wahrgenommen, *Komplexe Hüllen* als enthusiastisch, authentisch und solide, *Gemäßigte Hüllen* als wenig anspruchsvoll, authentisch oder solide, *Reduzierte Designs* als enthusiastisch und anspruchsvoll und *Gehaltvolle Designs* als wenig enthusiastisch und unangenehm. Die Verwurzelung der einzelnen Typen in konkreten Designfaktoren und -elementen erlaubt es, je nach angestrebter Ladenpersönlichkeit das Innenraumdesign gezielt zur Steuerung der Wahrnehmung aus Verbrauchersicht einzusetzen.

1.6 Gesellschaftliche und kulturelle Hintergründe

Verbraucher konsumieren Wein nur selten alleine; viel häufiger ist der Konsum von Wein eine Gruppenaktivität mit Schwerpunkt auf zwischenmenschlichem Austausch. Weinkonsum ist daher nicht Selbstzweck, sondern ein Mittel für vielfältige Erfahrungen, Einsichten und Unterhaltung, durch die sich Verbraucher gegenseitig beeindrucken, Beziehungen knüpfen, sozialen Status entwickeln, zu sich selbst finden oder einfach nur „spielen" (Groves, Charters & Reynolds 2000).

Die bereits zitierten Untersuchungen zum Einfluss von Referenzgruppen belegen, dass die Gegenwart anderer das Verhalten von Konsumenten beeinflusst, insbesondere wenn das Ergebnis beobachtbar ist (Aaker 1999). Verhaltensrelevante Referenzgruppen für Weinkonsumenten sind vor allem Lebenspartner, Familienmitglieder, Freunde und Kollegen aber auch Sommeliers und Verkaufspersonal (Dewald 2008; Orth & Kahle 2008; Quester & Smart 1998; Ritchie 2007). Bei einer Vielzahl von Gelegenheiten ist Wein ein wesentlicher Bestandteil des gesellschaftlichen Rahmens, der über den reinen Konsum hinausgeht (Berni, Begalli & Capitello 2005; Dubow 1992; Hall, Shaw & Doole 1997; Pettigrew & Charters 2006). Die Gegenwart anderer verändert in solchen Fällen nicht nur die Zusammensetzung konsumrelevanter Gruppen, sondern beeinflusst auch direkt, welche Merkmale für die Weinwahl relevant sind und bestimmt somit letztendlich auch die Auswahl von Weinen (Orth & Kahle 2008).

Wie Medina (2001) zeigt, gilt dies nicht nur für Erwachsene, sondern auch für Heranwachsende in Spanien, wo Wein ein Hauptbestandteil des öffentlichen Lebens und der Kultur männlicher Jugendlicher ist. In diesem Lebensabschnitt demarkiert der Weinkonsum im Freundeskreis den Übergang ins Erwachsenenalter. In dieser Kultur ist Wein ein wesentlicher Bestandteil der sozialen Identität eines Konsumenten, und zwar als ein Getränk des täglichen Bedarfs und weniger als ein alkoholisches Getränk, das zu besonderen Gelegenheiten konsumiert wird.

Besondere Bedeutung erlangt der gesellschaftliche und symbolische Nutzen von Wein bei der Verwendung als Geschenk. Schenkende und Beschenkte unterscheiden sich dabei oft erheblich in der Wahl von Geschenken (Teigen, Olsen & Solas 2005). Während Schenkende exklusive, aber kleinere Geschenke präferieren, bevorzugen Beschenkte weniger luxuriöse, aber nützlichere Geschenke. Schenkende ziehen Gutscheine Bargeld vor und sorgen sich um den richtigen Zeitpunkt, während Beschenkte Geldgeschenke bevorzugen und auch leichte Verspätungen nicht übelnehmen. Diese Unterschiede lassen sich nicht durch Verzerrungen in der Selbst- und Anderenwahrnehmung erklären, sondern gehen auf abweichende situative Einschätzungen zurück (Teigen et al. 2005).

Der klassische Marketinggedanke hat in der Regel den Anspruch, weltweit zu gelten und überträgt Herangehensweisen und Forschungsergebnisse, die in einem Land wie den USA gewonnen wurden auf andere Länder, jedoch meist ohne hierbei deren besondere kulturelle Eigenheiten zu berücksichtigen. Diese Vorgehensweise steht im Wiederspruch zur Handlungsweise großer multinationaler Unternehmen der Weinwirtschaft (wie etwa

Constellation, Brown-Forsyth oder E.&J.Gallo), die diese pauschale Herangehensweise nicht unterstützen, sondern sich vielmehr an lokale Gegebenheiten anpassen und die kulturellen Besonderheiten der Zielmärkte respektieren. Eine jüngere Richtung der Marketingforschung hat damit begonnen, universell gültige Prinzipien des Konsumentenverhaltens zu identifizieren, die über kulturelle Grenzen hinweg Gültigkeit haben (Dawar & Parker 1994). Diese Herangehensweise stellt Kulturen und nicht Nationalstaaten in den Vordergrund und erlaubt so deutlich verbesserte Erklärungen des Konsumentenverhaltens, das heißt der Austauschbeziehungen zwischen Personen (Käufer, Anbieter) und Angeboten (Produkte, Marken) vor unterschiedlichen kulturellen Hintergründen (Usunier & Lee 2009).

Wein ist traditionell ein über nationale und kulturelle Grenzen hinweg gehandeltes Gut und ursprünglich eine Domaine der „Alten Welt". Die wachsende Bedeutung der „Neuen Welt" hat diesen Austausch noch verstärkt indem ein erheblicher Anteil der in Amerika, Afrika oder Australien erzeugten Weine in andere Länder exportiert wird. Dort entdecken mehr und mehr Konsumenten Wein als interessantes Konsumgut und entwickeln ihre eigene Kultur des Kaufens und Genießens. Obwohl diese Praxis Wein zu einem globalen Produkt macht, existieren je nach kulturellem Hintergrund der Konsumenten erhebliche Unterschiede im Kaufverhalten, in den Anforderungen an Kommunikation und Marketing.

Diese Unterschiede haben im vergangenen Jahrzehnt auch das Interesse der Marketingforschung geweckt. Entsprechende Untersuchungen umspannen ein weites Feld und reichen von qualitativen Analysen des Weinkonsumentenverhaltens in China (Liu & Murphy 2007) bis zu multinationalen Vergleichen der Motive des Weinkonsums (Hall, Shaw & Doole 1997). Einen Schwerpunkt stellen hierbei der Markt China und das Verhalten dortiger Konsumenten dar. Das Fehlen einer lokalen Weinkultur und die zunächst geringe einheimische Produktion stellen Herausforderung und Chance zugleich für Marketing und Markenmanagement ausländischer Unternehmen dar (Jenster & Yiting 2008; Liu & Murphy 2008). Vor allem psycholinguistische Unterschiede in der Art, wie Verbraucher mit dem Konsum von Wein umgehen und welche Informationsverarbeitungstrategien sie hierbei anwenden machen ein Umdenken im Absatz erforderlich (Guo & Meng 2008).

Andere kulturelle Unterschiede liegen im Kontext des Weinkonsums. Eine Untersuchung der dem Weinkonsum zugrundeliegenden Motive von Verbrauchern in Australien, Italien, Griechenland und Deutschland ergab einige Gemeinsamkeiten, aber auch vielfältige Unterschiede (Hall et al. 1997). Gemeinsamkeiten bestehen in der Aufwertung von Mahlzeiten, Unterschiede in der gesellschaftlichen Funktion sowie bei introspektiven und oenophilen Motiven.

Obwohl viele Unterschiede im Weinkonsumentenverhalten auf unterschiedliche kulturelle Hintergründe von Verbrauchern zurückgehen, sind manche Verhaltensweisen universell gültig, so zum Beispiel die Rolle des Involvement (Aurifeille, Quester, Lockshin & Spawton 2002). So zeigt eine gemeinsame Segmentierung kulturell unterschiedlicher Märkte, dass Verbrauchergruppen mit gleichem Involvement in den einzelnen Kulturen zwar unterschiedliche Größe haben, jedoch ähnliches Verhalten beim Konsum von Wein zeigen. Zu einem vergleichbaren Ergebnis kommt eine Langzeitstudie, die belegt, dass sich die Verhaltensmuster von Weinkonsumenten in Europa über einen Zeitraum von 55 Jahren in vieler Hinsicht angenähert haben (Smith & Mitry 2007). Insbesondere historische Unterschiede im Weinkonsum zwischen Nord- und Südeuropa verschwinden zunehmend.

Trotz eines verbesserten Verständnisses des Einflusses kultureller Eigenschaften auf das Weinverbraucherverhaltens zu dem diese und andere Studien beigetragen haben, leidet die Mehrzahl interkultureller Untersuchungen unter einer Reihe von Schwächen. Diese bestehen in erster Linie in der oft nur beschreibenden Darstellung von Unterschieden zwischen zwei Ländern, der Verwendung nicht repräsentativer Stichproben, fragwürdiger kultureller Äquivalenz von Messskalen und Erhebungsmethoden und mangelnder Berücksichtigung der Frage welche kulturspezifische Eigenschaft Verhaltensunterschiede verursacht. Die Überwindung dieser Schwächen, insbesondere die Abgrenzung universell vorhandener von kulturabhängigen Verhaltensmustern stellt eine wesentliche Herausforderung für ein besseres Verständnis kultureller Unterschiede im Weinkaufverhalten dar.

Persönliche Werte charakterisieren dauerhaft stabile Ansichten einer Person, welches Verhalten wichtig ist; als Prinzipien dienen sie der individuellen Orientierung und Lebensausrichtung (Schwartz 1992). Geformt werden persönliche Werte und Wertesysteme durch die gesellschaftliche Umgebung, insbesondere Familie und Kultur; sie üben dadurch einen wesentlichen Einfluss auf das Verhalten von Menschen in ihrer Rolle als Konsumenten aus (Batra et al. 2001). Auf Konsumenten bezogen ist eine Einteilung persönlicher Werte in drei Gruppen üblich: Interne Werte, externe Werte und hedonische Werte (Kahle, Beatty & Homer 1986). Der Begriff interne Werte (Selbstverwirklichung etc.) kennzeichnet Werte, zu deren Erreichen eine Person selbst beitragen kann, während die Erfüllung externer Werte außerhalb der Kontrolle der Person liegt (z.B. Akzeptanz in der Gruppe). Hedonische Werte beinhalten Vergnügen und Stimulierung der Sinne.

Wie bereits erwähnt beeinflussen persönliche Werte unter anderem den in Wein gesuchten Nutzen und somit die Markenwahl (Orth & Kahle 2008). Eine externe Werteorientierung fördert die Betonung von Qualität und Prestige und hemmt die Nachfrage von günstigem Preis-Leistungsverhältnis. Eine interne Werteorientierung fördert die Suche nach günstigem Preis-Leistungsverhältnis und emotionalem Nutzen und eine hedonische Orientierung fördert die Suche nach preisgünstigen Marken. Eine wesentliche Frage hierbei ist, wie Verbraucher auf die durch eine Weinmarke vermittelten Werte schließen. Die Verpackung (Ausstattung) spielt hierbei eine zentrale Rolle, indem Verbraucher aus Verpackungsdetails auf Werte schließen und hieraus dann ihre Kaufabsicht entwickeln (Limon, Kahle & Orth 2009). Dieser Prozess ist grundsätzlich über verschiedene Kulturen hinweg stabil, führt jedoch in verschiedenen Kulturkreisen zu unterschiedlichen Ergebnissen, da individuelle Wertesysteme eng mit dem kulturellen Hintergrund einer Person verknüpft sind. Diese Forschungsergebnisse unterstreichen noch einmal die Bedeutung der Verpackung als Kommunikationsinstrument im Weinmarketing, heben aber auch die Rolle persönlicher Werte als kulturspezifische Determinanten des Kaufverhaltens hervor. Über den Zusammenhang zwischen Werten und Kaufverhalten hinaus deuten neuere Ergebnisse darauf hin, dass persönliche Werte indirekt sogar die Geschmackswahrnehmung von Wein beeinflussen. Eine Übereinstimmung mit dem symbolischen Nutzen von Wein führt zu einer positiveren Beurteilung von Geschmack und Aroma und somit zu positiveren Einstellungen gegenüber dem Wein, während Abweichungen den entgegengesetzten Effekt haben (Allen, Gupta & Monnier 2008).

Eine besondere Form gesellschaftlichen Einflusses auf das Weinkauf- und Weinkonsumverhalten stellt die Nutzung von Fürsprechern dar. Seit der wegweisenden Werbestudie von Friedman, Termini und Washington (1976) sind nur wenige Untersuchungen zum Einfluss von Fürsprechern auf das Weinkaufverhalten bekannt. So führte zum Beispiel die Fürsprache von Experten, Persönlichkeiten des öffentlichen Lebens oder typischen Verbrauchern zu einer vorteilhaften Beurteilung von Geschmack und einer stärkeren Kaufabsicht bei Sangria, ohne jedoch die Preiserwartungen in die Höhe zu treiben (Fireworker & Friedman 1977). Gleichwertige Befürwortung durch Unternehmensangehörige hatte dagegen keinen Effekt, und auch die Art der Fürsprecher machte keinen Unterschied.

Im Zentrum der Aufmerksamkeit der Weinvermarktung steht gegenwärtig eine weitere Art von Fürsprechern, nämlich Weinkritiker (z.B. Robert Parker). Vor allem Anbieter hochpreisiger Weine messen deren Urteilen erhebliche Bedeutung zu und betrachten lobende Aussagen als Schlüssel für einen erfolgreichen Absatz von Luxusmarken (Beverland 2004). Die den Ratings und Punktebewertungen zugemessene Bedeutung ist teilweise so enorm, dass manche Weingüter nicht nur zugeben, sondern sogar damit werben, speziell auf den Geschmack bestimmter Kritiker zugeschnittene Weine anzubieten (Taplin 2006).

Ähnlich bedeutend ist die Fürsprache (positiv oder negativ) durch Verbraucher, wenn sich diese lobend oder kritisch in direkter Kommunikation miteinander, in Internetforen oder sozialen Netzwerken (z.B. Facebook oder Xing) äußern (Christy & Penn 1994; Dodd 1999; McGarry Wolf, Esparza & Foster 2006). Ein wesentlicher Nachteil solcher Fürsprache aus Sicht der Weinwirtschaft ist die Tatsache, dass die Möglichkeiten zur Einflussnahme begrenzt sind. Angesichts der großen Vielfalt und Komplexität der Weinkategorie besteht ein erhebliches Risiko, dass falsch informierte oder verunsicherte Verbraucher irreführende Urteile weiterverbreiten (Drummond & Rule 2005).

Nicht zuletzt stellen auch Sommeliers und anderes geschultes Verkaufspersonal eine wichtige Fürsprecherkategorie dar. Obwohl viele gute Restaurants keine speziell ausgebildeten Sommeliers beschäftigen, selbst wenn sie eine überdurchschnittlich gut sortierte Weinauswahl anbieten, gibt es Hinweise, dass sich der Einsatz eigener Sommeliers rechnet, da mehr Gästegruppen Wein bestellen und die Durchschnittsausgaben pro Gruppe höher liegen (Dewald 2008). Ähnlich positive Effekte in Form höheren Weinabsatzes treten auf, wenn Restaurants ihr Personal weiterbilden, mehr Weinwissen vermitteln oder sie im Verkaufen und der Kundenorientierung schulen (Granucci, Huffman & Couch 1994). Langfristig erzielen Häuser mit Weinfachpersonal deutlich höhere Umsätze als Wettbewerber ohne qualifizierte und geschulte Kräfte (Manske & Cordua 2005).

1.7 Methodische Fortschritte

Als Nutznießer vor allem von Weiterentwicklungen in der allgemeinen Marketing-, Konsumenten- und psychologischen Forschung hat auch die Erforschung des Weinkonsumentenverhaltens in den letzten Jahren erhebliche methodische Fortschritte gemacht. Die folgenden Abschnitte geben einen kurzen Überblick über besonders herausragende Ansätze zur verbesserten Messung, Nutzbarmachung und Integration von Informationen für Entscheider im Weinmarketing.

Zahlreiche Untersuchungen zum Konsumentenverhalten enthalten Befragungen mit Ratingskalen zur Messung der Verbraucherpräferenzen für ausgewählte Weinmerkmale. Trotz ihrer weiten Verbreitung sind solche Skalen nicht unproblematisch im Hinblick auf Untersuchungsdesign, Analyse und Interpretation der Ergebnisse. Zur Lösung einiger damit verbundener Probleme entwickelten Louviere und Woodworth (1983) die Methode des „Best-Worst" im paarweisen Vergleich. Diese Methode fordert Studienteilnehmer auf, für ausgewählte Merkmalskombinationen jeweils eine beste Alternative (höchste Präferenz, "best") und eine schlechteste Alternative (geringste Präferenz, "worst") zu identifizieren. Diese paarweisen Vergleiche erlauben dann die Berechnung von Nutzwerten und relativen Vorzüglichkeiten von Alternativen. Zwar überwindet dieser Ansatz einige Nachteile herkömmlicher skalenbasierter Messungen, bringt jedoch andere Nachteile mit sich, insbesondere die Schwierigkeit, eine Vielzahl von Merkmalen in einem einzelnen Verfahren zu erheben ohne Teilnehmer durch die schnell wachsende Zahl von Kombinationen zu langweilen. Das International Journal of Wine Business Research widmet dem Thema eine Sonderausgabe mit einer Vielzahl praktischer Anwendungsbeispiele (Cohen 2009). Wie bei der Auswahl aller Messansätze sind auch bei der Anwendung der Best-Worst-Methode je nach den Untersuchungszielen grundsätzlich Vor- und Nachteile sorgfältig gegeneinander abzuwägen.

Eine weitere methodische Verbesserung stellt die Polarisation (auch bekannt als revealed preference data analysis) dar. Sie ist besonders geeignet, über die gängigen umfangreichen Statistiken großer Paneldatensätze hinaus das Kaufverhalten von Konsumenten zu beschreiben. Diese Statistiken beziehen sich in der Regel nur auf Markennamen und lassen andere, möglicherweise wichtige Produktattribute aus. Mehrere jüngere Anwendungen der Polarisationsmethode integrieren Daten über Kunden, Angebote und Weinkäufe und entwickeln Modelle zur Beschreibung und Vorhersage von Kundenloyalität, die verschiedene Weinmerkmale einschließlich von Preisen und Markennamen beinhalten (Jarvis, Rungie & Lockshin 2006; Jarvis et al. 2007). Das Ergebnis ist ein leicht verständlicher Maßstab der Wechselbereitschaft bzw. Loyalität für jedes einzelne Merkmal und jede Merkmalsausprägung. Hervorzuheben ist die Fähigkeit der Methode, Entscheidungen zur Neukundengewinnung und Bestandskundenbindung durch detaillierte und praxisrelevante Informationen zu unterstützen.

Untersuchungen zum Konsumentenverhalten verwenden regelmäßig Stimuli mit bestimmten Merkmalen (z.B. Preis) und messen Unterschiede in den Verbraucherreaktionen, die auf Veränderungen von Merkmalsausprägungen zurückgehen. Analysen finden so auf

Ebene einzelner Merkmale und einzelner Kunden statt. Die Realitätsnähe dieser Methode wird angezweifelt, da zum Beispiel in Einkaufsstätten in der Regel eine Vielzahl von Angeboten (z.b. Weinflaschen als komplexe Kombinationen vielfältiger Merkmalsausprägungen) einer Vielzahl von Konsumenten gegenübersteht (z.B. Marktsegmente). Aus diesem Grund stellen neuere Ansätze aggregierte Eigenschaften ganzheitlich betrachteter Stimuli den aggregierten Urteilen von Konsumenten gegenüber (Henderson & Cote 1998; Henderson et al. 2004). Entsprechende Analysen finden so auf Ebene vollständiger Angebote (z.B. Weinflaschen) statt und nicht auf der Ebene einzelner Merkmale oder Konsumenten.

Eine erste Anwendung dieser Methode untersucht Verbraucherreaktionen auf das Design von Weinverpackungen (Orth & Malkewitz 2008). Das Verknüpfen aggregierter Urteile von Designexperten zu den visuellen Eigenschaften (z.b. Symmetrie) und aggregierter Verbraucherurteile zu den Markeneindrücken (z.B. Kompetenz) jeweils zu bestimmten Verpackungen erlaubt Rückschlüsse, welche Designeigenschaften die Wahrnehmung einzelner Dimensionen der Markenpersönlichkeit bestimmen. Der besondere Nutzen so einer Vorgehensweise liegt in der Verknüpfung von Expertenurteilen (zum Design) und Verbrauchereindrücken (zur Marke) auf Basis einzelner Stimuli wie sie zum Beispiel in Regalen miteinander konkurrieren. Erste Anwendungen dieser ganzheitlichen Herangehensweise existieren zum Design von Weinverpackungen sowie zur Gestaltung von Verkaufsräumen (Orth & Malkewitz 2008; Orth, Heinrich & Malkewitz 2009).

Das in den letzten Jahren zunehmend bekannt gewordene Neuromarketing versucht, Marketingfragen aus Sicht und mit Methoden der Hirnforschung zu lösen (Hubert & Kenning 2008). Mit Hilfe fortgeschrittener Methoden aus der Neurologie versuchen Forscher, einen direkteren Einblick in die den Kaufentscheidungsprozessen zugrunde liegenden neuronalen Vorgänge zu erhalten. Die noch junge Disziplin hat auch bereits erste Studien zum Verhalten von Weinkonsumenten hervorgebracht. In einem sensorischen Experiment präsentierten Plassmann, O'Doherty, Shiv & Rangel (2006) Studienteilnehmern drei verschiedene Cabernet Sauvignons zu fünf unterschiedlichen Preisen. Die Verwendung konventioneller Verhaltensmaßstäbe in Verbindung mit Kernspinaufnahmen des menschlichen Gehirns deutet darauf hin, dass der Preis die Geschmackswahrnehmung unabhängig von den sensorischen Eindrücken direkt beeinflusst. Da die für die sensorische Beurteilung zuständigen Gehirnregionen von der Manipulation nicht betroffen waren, schlussfolgerten die Forscher, dass die durch den Preis geweckten Erwartungen die tatsächlichen sensorischen Eindrücke überlagern, ähnlich dem Placeboeffekt bei Medikamenten.

Die Tatsache, dass Verbraucheransichten zu den Eigenschaften eines neuen Produkts einen wesentlichen Einfluss auf Einstellungen und Verhalten haben, ist in der Verbraucherforschung bereits lange bekannt (Fishbein & Middlestadt 1995). Wesentliche Quellen zur Bildung entsprechender Meinungen sind Marketingkommunikation und Verkostung (Wright & Lynch 1995). Die Marketingforschung konzentrierte sich weitgehend auf Studien der Marketingkommunikation wie Werbung, persönlicher Verkauf oder Markenmanagement, ohne mögliche Querverbindungen mit der Sensorik zu suchen. Diese Perspektive vernachlässigt die Tatsache, dass die Erfahrung eines Produktes mit allen Sinnen besonders überzeugend ist, da (1) sensorische Eindrücke selbst-erzeugt und damit besonders glaubwürdig sind, (2) eigene Erfahrungen mitreißender sind als alle Versuche, Konsumenten etwas zu beizubringen, da sie eigeninitiiert sind und somit besser erinnert werden, und (3) das Bewusstsein eigener Vorlieben und Abneigungen es Verbrauchern erlaubt, ihre bevorzugte Geschmacksrichtung zu wählen, was wiederum zu höherer Zufriedenheit und Wiederkaufsabsicht führt (Hoch 2002).

Nur wenige Untersuchungen integrieren Aspekte der Marketingkommunikation und der Sensorik (Orth & De Marchi 2007). Pettigrew und Charters (2008) zeigen wie Verkostungen als projizierende Methode für ein grundsätzlich besseres Verständnis der komplexen Vorgänge beim Kauf und Konsum von Wein zu nutzen ist. Allen et al. (2008) zeigen, dass eine sorgfältige Abstimmung der Markenbotschaft auf die persönlichen Werte der Zielgruppe sich positiv auf deren Geschmackswahrnehmung auswirkt. Masson, Aurier und d'Hauteville (2008) zeigen, dass Hinweise auf den (niedrigen) Alkoholgehalt eines Weines zu Erwartungen einer niedrigen Qualität führen, die sich jedoch bei einer Blindverkostung als nicht gerechtfertigt erweisen. Ähnliche Effekte in Form durch Verkostung nicht bestätigter Erwartungen treten auf, wenn Verbraucher unterschiedliche Informationen zur Herkunft eines Weins erhalten (d'Hauteville, Fornerino & Perrouty 2007). Ohne Zweifel kann so eine Integration von Sensorik und Marketingkommunikation deutlich verbesserte Erklärungen des Weinkosumentenverhaltens liefern, als die bisher verbreitete oftmals strikte Trennung der Studien nach Disziplinen.

1.8 Ausblick

Dieser Prolog hat einen weiten Rahmen gespannt, um den Lesern eine bessere Einordung der folgenden Kapitel zu ermöglichen. Trotzdem konnte er die große Zahl höchst vielfältiger Phänomene, die sich aus dem Zusammenspiel von aktueller Verbraucherbefindlichkeit und -persönlichkeit, Kontext und Wein ergeben höchstens andeutungsweise aufzeigen. Leser werden mit Sicherheit weitere wichtige Forschungsgebiete zum Weinverbraucherverhalten und verwandten Gebieten finden, die an dieser Stelle aus Platzgründen nicht erwähnt werden konnten. Einige sollen im Folgenden kurz genannt werden.

Eines dieser Gebiete ist der Spontankonsum einschließlich des Impulskaufverhaltens. Sowohl Akademiker als auch Praktiker sind sich der potenziellen Bedeutung ungeplanter und spontan getätigter Käufe bewusst, trotzdem ist nur wenig bekannt, welche Faktoren (Kaufumgebung, Personal, Kontext etc.) Impulskäufe von Wein beeinflussen (Baumeister 2002). Allgemeine Marketingstudien legen nahe, dass eine hohe Kundendichte in einer Kaufumgebung und freundliches Verkaufspersonal Spontankäufe fördern (Mattila & Wirtz 2008). Zukünftige Arbeiten sollten diese und andere Faktoren näher untersuchen, um praktische Hinweise zur Förderung von Spontankäufen bei Wein zu erarbeiten.

Ein anderes noch relativ wenig untersuchtes Gebiet betrifft weitere Details des Einflusses gesellschaftlicher und geschlechtsspezifischer Faktoren auf das Weinkaufverhalten. Erste Ergebnisse aus England weisen darauf hin, dass dort hergebrachte Geschlechterrollen noch eine bedeutende Rolle spielen. Obwohl Frauen eindeutig den größten Anteil an Wein kaufen, beschränkt sich dies meist auf Wein für den Alltag, der zusammen mit Gütern des täglichen Bedarfs erworben wird. Die weiblichen Teilnehmer in Ritchies Studie grenzen diesen vom „ernsthaften" Weineinkauf, den zumeist Männer in Spezialgeschäften oder online tätigen, klar ab (Ritchie 2007). Besonders Erfolg versprechend erscheinen hier Untersuchungen, die Verbraucher über ihre Rollen in Gesellschaft, Geschlecht und Kultur charakterisieren (z.B. Groves, Charters & Reynolds 2000). Auch wenn dies eine erhebliche Herausforderung darstellt, tragen solche Studien erheblich zu einem besseren Verständnis des Verhaltens von Verbrauchern bei, wenn diese Wein kaufen oder konsumieren. Dies wiederum versetzt Absatzmittler in die Lage, dies zu einer genussvolleren Erfahrung zu machen, indem sie ihre Weine zu besseren Mitteln sozialer und spielerischer Interaktion oder Integration machen.

Eng verwandt mit Untersuchungen zur Kultur des Weinkonsums sind Studien, die über die ausschließliche Betrachtung von Wein hinausgehen. Insbesondere Studien zu der Frage, welche Gerichte zu bestimmten Weinen oder Weinarten passen und somit die Frage nach Wechselwirkungen zwischen dem Angebot an Gerichten und der Nachfrage nach Wein finden zunehmend Aufmerksamkeit (Bode 1992; Olsen, Nowak & Clarke 2002; Pettigrew & Charters 2006). Nicht nur genießt eine erhebliche Anzahl von Verbrauchern Wein in Kombination mit Nahrungsmitteln, Wein als Begleiter zu Imbissen oder Mahlzeiten ist auch ein wesentlicher Bestandteil des gesellschaftlichen Rahmens einer Weinkultur (Berni et al. 2005; Pettigrew & Charters 2006). Zwar berichten mehrere Untersuchungen über sensorische Wechselwirkungen ausgewählter Kombinationen von Wein mit Lebensmitteln (King & Cliff 2005; Nygren et al. 2001; Nygren, Gustafsson & Johansson 2002), entsprechende Forschungsarbeiten zum Konsumentenverhalten als Reaktion auf Kombinationen liegen jedoch nicht vor.

Wie zu Wechselwirkungen zwischen Wein und Nahrungsmitteln besteht auch zu dem Themenkomplex Wein und Tourismus noch erheblicher Forschungsbedarf (Brown & Getz 2005; Kolyesnikova & Dodd 2008; Telfer 2001; Wargenau & Che 2006). Eine ausführliche Betrachtung kann an dieser Stelle nicht erfolgen; grundsätzlich sind aber zahlreiche bisher beschriebenen Themen übertragbar, wenn Konsumenten in ihrer dualen Rolle als Weinkäufer und Touristen gesehen werden.

Wie eingangs ausgeführt behandelt dieser Prolog eine Vielzahl von Themen und bleibt daher von Natur aus unvollständig. Das Bekanntwerden verbesserter und neu entwickelter Forschungsansätze wird zweifellos zukünftige Aktualisierungen, Überarbeitungen und Ergänzungen notwendig machen. Die Autoren hoffen, dass der Beitrag in seiner gegenwärtigen Form den Leser trotzdem unterhält und Interesse an der weiteren Erforschung des Weinkonsumentenverhaltens weckt. Im Idealfall tragen sie dann selbst zur Weiterentwicklung der Disziplin durch ihre eigene Tätigkeit in Lehre, Forschung und Beratung bei. Das Studium des Weinkonsumentenverhaltens ist in der Tat ein interdisziplinäres Feld, dessen Vorstellung uns selbst viel Freude bereitet. Des Weiteren hoffen wir, dass der Praktiker in diesem Prolog Quellen finden konnte, die eine speziellere Auseinandersetzung mit einzelnen Teilgebieten des Verbraucherverhaltens im Weinbereich möglich machen.

Literatur

[1] Aaker D. A. (1996). Measuring Brand Equity across Products and Markets. California *Management Review, 38*(3), 102-20.
[2] Aaker J. L. (1997). Dimensions of Brand Personality. *Journal of Marketing Research, 34*(3), 347-356.
[3] Aaker J. L. (1999). The Malleable Self: The Role of Self-Expression in Persuasion. *Journal of Marketing Research, 36*(February), 45-57.
[4] Ailawadi K.L., & Keller K.L. (2004). Understanding Retail Branding: Conceptual Insights and Research Priorities. *Journal of Retailing, 80*(4), 331-342.
[5] Alimova N., Lillywhite J.M., Hurd B.H., & Hadjigeorgalis E. (2008). High Desert Wine: A Discrete Choice Analysis of Consumer Preferences. *Journal of Food Products Marketing, 14*(1), 1-10.
[6] Allen M.W., Gupta R., & Monnier A. (2008). The Interactive Effect of Cultural Symbols and Human Values on Taste Evaluation. *Journal of Consumer Research, 35*(2), 294-308.
[7] Aqueveque C. (2006). Extrinsic cues and perceived risk: the influence of consumption situation. *Journal of Consumer Marketing, 23*(5), 237-247.
[8] Aqueveque C. (2008). The effect of extrinsic cues on imported wine evaluations: an experimental approach. *Journal of Food Products Marketing, 14*(3), 33-47.
[9] Areni C.S., & Kim D. (1994). The influence of in-store lighting on consumers' examination of merchandise in a wine store. *International Journal of Research in Marketing, 11*(2), 117-125.
[10] Aurifeille J.M., Quester P.G., Lockshin L., & Spawton T. (2002). Global vs international involvement-based segmentation. *International Marketing Review, 19*(4), 369-386.
[11] Babin, B.J., Chebat J.C., & Robicheaux R. (2006). The mind and emotion of the 21st century shopper. *Journal of Business Research, 59*(12), 1279-1280.
[12] Barber N., Almanza B.A., & Donovan J.R. (2006). Motivational factors of gender, income and age on selecting a bottle of wine. *International Journal of Wine Marketing, 18*(3), 218-232.
[13] Barber, N., Ismail, J., & Dodd, T. (2008). Purchase Attributes of Wine Consumers with Low Involvement. *Journal of Food Products Marketing, 14*(1), 69-86.
[14] Batra R., Homer P.M., & Kahle L.R. (2001). Values, Susceptibility to Normative Influence, and Attribute Importance Weights: A Nomological Analysis. *Journal of Consumer Psychology, 11*(2), 115-128.
[15] Baumeister R.F. (2002). Yielding to Temptation: Self-Control Failure, Impulsive Purchasing, and Consumer Behavior. *Journal of Consumer Research, 28*(4), 670-676.
[16] Baumgartner H. (2002). Toward a Personality of the Consumer. *Journal of Consumer Research, 29*(2), 286-292.
[17] Baumgartner H., & Steenkamp J.B.E.M. (1996). Exploratory Consumer Buying Behavior: Conceptualization and Measurement. *International Journal of Research in Marketing, 13*(2), 121-137.
[18] Bearden W.O., Netemeyer R.G., & Teel J.E. (1989). Measurement of Consumer Susceptibility to Interpersonal Influence. *Journal of Consumer Research, 15*(4), 473-481.
[19] Belk R.W. (1988). Possessions and the Extended Self. *Journal of Consumer Research, 15*(2), 139-160.
[20] Berni P., Begalli D., & Capitello R. (2005). An Occasion-Based Segmentation Approach to the Wine Market in Denmark. *Journal of International Food and Agribusiness Marketing, 17*(1), 117-145.
[21] Beverland M. (2004). Uncovering "theories-in-use": building luxury wine brands. *European Journal of Marketing, 38*(3-4), 446-466.
[22] Beverland M., & Lockshin L. (2003). A Longitudinal Study of Customers' Desired Value Change in Business-to-Business Markets. *Industrial Marketing Management, 32*(8), 653-666.
[23] Bloch P.H. (1995). Seeking the ideal form: Product design and consumer response. *Journal of Marketing, 59*(3), 16-29.
[24] Bloch P.H., Brunel F.F., & Arnold T.J. (2003). Individual Differences in the Centrality of Visual Product Aesthetics: Concept and Measurement. *Journal of Consumer Research, 29*(4), 551-565.
[25] Bode W. K. H. (1992). The Marriage of Food and Wine. *International Journal of Wine Marketing, 4*(2), 15-20.

[26] Bosnjak M., Bratko D., Galesic M., & Tuten T. (2007). Consumer Personality and Individual Differences Revitalizing a Temporarily Abandoned Field. *Journal of Business Research, 60*(6), 587-589.
[27] Boudreaux C.A., & Palmer S.E. (2007). A charming little Cabernet – Effects of wine label design on purchase intent and brand personality. *International Journal of Wine Business Research, 19*(3), 170-186.
[28] Brown G., & Getz D. (2005). Linking Wine Preferences to the Choice of Wine Tourism Destinations. *Journal of Travel Research, 43*(3), 266-276.
[29] Brown, U., & O'Cass, A. (2006). Foreign Wine Consumption in Australia: The Influence of Consumer Perceptions to Foreign Cultures on Wine Choice. *Journal of Food Product Marketing, 12*(2), 15-26.
[30] Campbell M.C., & Goodstein R.C. (2001). The Moderating Effect of Perceived Risk on Consumers' Evaluations of Product Incongruity: Preference for the Norm. *Journal of Consumer Research, 28*(3), 439-449.
[31] Carpenter P.A., & Miyake A. (1995). Language Comprehension: Sentence and Discourse Processing. *Annual Review of Psychology, 46*(1), 91-120.
[32] Chaney I.M. (2000). External search effort for wine. *International Journal of Wine Marketing, 12*(2), 5-21.
[33] Charters S., Lockshin L., & Unwin T. (1999). Consumer Responses to Wine Bottle Back Labels. *Journal of Wine Research, 10*(3), 183-195.
[34] Charters S., & Pettigrew S. (2008). Why Do People Drink Wine? A Consumer-Focused Exploration. *Journal of Food Products Marketing, 14*(3), 13-32.
[35] Christy R., & Penn J. (1994). Marketing in the Face of Increasing Competition and Falling Demand: A Study of the Responses of Wine Producers in Sainte-Foy, Bordeaux. *International Journal of Wine Marketing, 6*(1), 20-34.
[36] Cialdini R.B., & Goldstein N.J. (2004). Social Influence: Compliance and Conformity. *Annual Review of Psychology, 55*(1), 591-621.
[37] Cohen E. (2009). Applying Best Worst Scaling to Wine Marketing. *International Journal of Wine Business Research, 21*(1), 1-9.
[38] Dawar N., & Parker P. (1994). Marketing Universals: Consumers' Use of Brand Name, Price, Physical Appearance, and Retailer Reputation as Signals of Product Quality. *Journal of Marketing, 58*(2), 81-95.
[39] Dewald B.W.A. (2008). The Role of the Sommeliers and Their Influence on U.S.A. Restaurant Wine Sales. *International Journal of Wine Business Research, 20*(2), 111-123.
[40] d'Hauteville F., Fornerino M., & Perrouty J.P. (2007). Disconfirmation of taste as a measure of region of origin equity: an experimental study on five French wine regions. *International Journal of Wine Business Research, 19*(1), 33-48.
[41] Dodd T.H. (1999). Attracting Repeat Customers to Wineries. *International Journal of Wine Marketing, 11*(2), 18-28.
[42] Dodd T.H., Laverie D.A., Wilcox J.F., & Duhan D.F. (2005). Differential effects of experience, subjective knowledge, and objective knowledge on sources of information used in consumer wine purchasing. *Journal of Hospitality and Tourism Research, 29*(1), 3-19.
[43] Drummond G., & Rule G. (2005). Consumer confusion in the UK wine industry. *Journal of Wine Research, 16*(1), 55-65.
[44] Dubow J.S. (1992). Occasion-based vs. user-based benefit segmentation: A case study. *Journal of Advertising Research, 32*(2), 11-18.
[45] Eagly A.H., & Chaiken S. (1993). *The Psychology of Attitudes.* Orlando, FL: Harcourt Brace Jovanovich College Publishers.
[46] Elliott R.L., & Wattanasuwan K. (1998). Brands as Symbolic Resources for the Construction of Identity. *International Journal of Advertising, 17*(2), 131-144.
[47] Emmons R.A., & McCullough M.E. (2003). Counting Blessings versus Burdens: An Experimental Investigation of Gratitude and Subjective Well-being in Daily Life. *Journal of Personality and Social Psychology, 84*(2), 377-389.
[48] Fireworker R.B., & Friedman H.H. (1977). The Effects of Endorsements on Product Evaluation. *Decision Sciences, 8*(3), 576-583.

[49] Fishbein M., & Middlestadt S. (1995). Noncognitive Effects on Attitude Formation and Change: Fact or Artifact? *Journal of Consumer Psychology*, 4(2), 181-202.
[50] Folkes V., & Matta S. (2004). The Effect of Package Shape on Consumers' Judgments of Product Volume: Attention as a Mental Contaminant. *Journal of Consumer Research*, 31(2), 390-401.
[51] Fournier S. (1998). Consumers and Their Brands: Developing Relationship Theory in Consumer Research. *Journal of Consumer Research*, 24(4), 343-373.
[52] Friedman H.H., Termini S., & Washington R. (1976). The effectiveness of advertisements utilizing four types of endorsers. *Journal of Advertising*, 5(3), 22-24.
[53] Garber L.L., Hyatt E.M., & Starr R.G. (2000). The Effects of Food Color on Perceived Flavor. *Journal of Marketing Theory and Practice*, 8(4), 59-72.
[54] Goei R., & Boster F.J. (2005). The Roles of Obligation and Gratitude in Explaining the Effect of Favors on Compliance. *Communication Monographs*, 72(3), 284-300.
[55] Goldberg L.R. (1992). The Development of Markers for the Big-Five Factor Structure. *Psychological Assessment*, 4(1), 26-42.
[56] Goldsmith R.E., & d'Hauteville F. (1998). Heavy wine consumption empirical and theoretical perspectives. *British Food Journal*, 100(4), 184-190.
[57] Gourville J.T., & Moon Y. (2004). Managing Price Expectations through Product Overlap. *Journal of Retailing*, 80(1), 23-35.
[58] Granucci P.R., Huffman V.L., & Couch A.S. (1994). Effects of Wine Training on Restaurant Sales of Wine. *International Journal of Wine Marketing*, 6(3), 11-19.
[59] Greenberg M. S., & Shapiro S.P. (1971). Indebtedness: An Adverse Aspect of Asking for and Receiving Help. *Sociometry*, 34(2), 290-301.
[60] Grewal D., Levy M., & Lehmann D.R. (2004). Retail Branding and Loyalty: An Overview. *Journal of Retailing*, 80(4), ix-xii.
[61] Gross M.J., & Brown G. (2006). Tourism Experiences in a Lifestyle Destination Setting: The Roles of Involvement and Place Attachment. *Journal of Business Research*, 59(6), 696-700.
[62] Groves R., Charters S., & Reynolds C. (2000). Imbibing, Inscribing, Integrating and Imparting: A Taxonomy of Wine Consumption Practices. *Journal of Wine Research*, 11(3), 209-222.
[63] Guo, Liang, & Xiangyu Meng (2008), Consumer knowledge and its consequences: an international comparison. *International Journal of Consumer Studies*, 32(3), 260-268.
[64] Hall J., Shaw M., & Doole I. (1997). Cross-cultural Analysis of Wine Consumption Motivations. *International Journal of Wine Marketing*, 9(2), 83 – 92.
[65] Hamlin R.P., & Watson V. (1997). The Role of the Appellation in Wine Marketing – Does the New Zealand Wine Industry Know What It's Getting?. *International Journal of Wine Marketing*, 9(2/3), 52-69.
[66] Henderson P.W., & Cote J.A. (1998). Guidelines for Selecting or Modifying Logos. *Journal of Marketing*, 62(2), 14-30.
[67] Henderson P.W., Giese J.L., & Cote J.A. (2004). Impression Management Using Typeface Design. *Journal of Marketing*, 68(4), 60-72.
[68] Herbst K.C., Gaertner L., & Insko C.A. (2003). My Head Says Yes but My Heart Says No: Cognitive and Affective Attraction as a Function of Similarity to the Ideal Self. *Journal of Personality and Social Psychology*, 84(6), 1206-1219.
[69] Hoch S.J. (2002). Product Experience is Seductive. *Journal of Consumer Research* 29(3), 448-454.
[70] Hubert M., & Kenning P. (2008). A current overview of consumer neuroscience. *Journal of Consumer Behaviour*, 7(4/5), 272-292.
[71] Hussain M., Cholette S., & Castaldi R.M. (2007). An analysis of globalization forces in the wine industry: implications and recommendation for wineries. *Journal of Global Marketing*, 21(2), 33-47.
[72] Isen A.M. (1984). Toward Understanding the Role of Affect in Cognition. In: Wyer R., & Srull T.K., eds, *Handbook of Social Cognition*, Hillsdale, NJ: Erlbaum, 179-236.
[73] Janiszewski C., van Osselaer S.M.J. (2000). A connectionist model of brand-quality associations. *Journal of Marketing Research*, 37(3), 331-350.
[74] Jarvis W., Rungie C., Goodman S., & Lockshin L. (2006). Using Polarisation to Identify Variations in Behavioural Loyalty to Price Tiers. *Journal of Product and Brand Management*, 15(4-5), 257-264.

[75] Jarvis W., Rungie C., & Lockshin L. (2007). The polarisation method for mergering data files and analysing loyalty to product attributes, prices and brand in revealed preference. *International Journal of Market Research, 49*(4), 489-513.
[76] Johnson R. B., & Bruwer J. (2007). The Balancing Act between Regionality and American Viticultural Areas (AVAs). *Journal of Wine Research, 18*(3), 163-172.
[77] Jenster P., & Yiting C. (2008). Dragon wine: developments in the Chinese wine industry. *International Journal of Wine Business Research, 20*(3), 244-259.
[78] Kahle L.R., Beatty S.E., & Homer P.M. (1986). Alternative Measurement Approaches to Consumer Values: The List of Values (LOV) and Values and Lifestyles (VALS). *Journal of Consumer Research, 13*(3), 405-409.
[79] Keller K.L. (2003). Strategic brand management: building, measuring, and managing brand equity, 2nd ed., Prentice Hall, Upper Saddle River.
[80] Kimchi R., & Navon D. (2000). Relative judgment seems to be the key: Revisiting the Beck effect. *Journal of Experimental Psychology / Human Perception & Performance, 26*(2), 789-805.
[81] King M., Cliff M. (2005). Evaluation of ideal wine and cheese pairs using a deviation-from-Ideal Scale with food and wine experts. *Journal of Food Quality, 28*(3), 245-256.
[82] Kirmani A., & Shiv B. (1998). Effects of source congruity on brand attitudes and beliefs: the moderating role of issue-relevant elaboration. *Journal of Consumer Psychology, 7*(1), 25-47.
[83] Kolyesnikova N., & Dodd T.H. (2008). Effects of winery visitor group size on gratitude and obligation. *Journal of Travel Research, 47*(1), 104-112.
[84] Kolyesnikova N., Dodd T.H., & Duhan D.F. (2008). Consumer attitudes towards local wines in an emerging region: a segmentation approach. *International Journal of Wine Business Research, 20*(4), 321-334.
[85] Krystallis A., Fotopoulos C., & Zotos Y. (2006). Organic consumers' profile and their willingness to pay (WTP) for selected organic food products in Greece. *Journal of International Consumer Marketing, 19*(1), 81-106.
[86] Kumar V., & Shah D. (2004). Building and Sustaining Profitable Customer Loyalty for the 21st Century. *Journal of Retailing, 80*(4), 317-330.
[87] Lawless H.T. (1984). Flavor Description of White Wine by "Expert" and Nonexpert Wine Consumers. *Journal of Food Science, 49*(1), 120-123.
[88] Liu F., & Murphy J. (2007). A qualitative study of Chinese wine consumption and purchasing: implications for Australian wines. *International Journal of Wine Business Research, 19*(2), 98-113.
[89] Lockshin L., & Kahrimanis P. (1998). Consumer evaluation of retail wine stores. *Journal of Wine Research – Journal of the Institute of Masters of Wine, 9*(3), 173-185.
[90] Lockshin L., & Rhodus W.T. (1993). The effect of price and oak flavor on perceived wine quality. *International Journal of Wine Marketing, 5*(2), 13-25.
[91] Lockshin L., & Spawton A.L. (2001). Using involvement and brand equity to develop a wine tourism strategy. *International Journal of Wine Marketing, 13*(1), 72-81.
[92] Louviere J.J., & Islam T. (2008). A comparison of importance weights and willingness-to-pay measures derived from choice-based conjoint, constant sum scales and Best-Worst scaling. *Journal of Business Research, 61*(9), 903-911.
[93] Louviere J.J. & Woodworth G.G. (1983). Design and Analysis of Simulated Consumer Choice Allocation Experiments: an Approach Based on Aggregate Data. *Journal of Marketing Research, 20*(4), 350-367.
[94] Lucas R.E., Diener E., Grob A., M. Eunkook S., & Shao L. (2000). Cross-cultural evidence for the fundamental features of extraversion. *Journal of Personality and Social Psychology, 79*(3), 452-468.
[95] Macintosh G., & Lockshin L.S. (1997). Retail relationships and store loyalty: a multi-level perspective. *International Journal of Research in Marketing, 14*(5), 487-497.
[96] Manske M., & Cordua G. (2005). Understanding the sommelier effect. *International Journal of Contemporary Hospitality Management, 17*(6/7), 569-576.
[97] Martinez-Carrasco L., Brugarolas M., & Martinez-Poveda A. (2005). Quality wines and wines protected by a Designation of Origin: identifying their consumption determinants. *Journal of Wine Research, 16*(3), 213-232.

[98] Masson J., Aurier P., & d'Hauteville F. (2008). Effects of non-sensory cues on perceived quality: the case of low-alcohol wine. *International Journal of Wine Business Research, 20*(3), 215-229.
[99] Mattila A.S., & Wirtz J. (2008). The role of store environmental stimulation and social factors on impulse purchasing. *Journal of Services Marketing, 22*(7), 562-567.
[100] McAlexander J.H., Schouten J.W., & Koenig H.F. (2002). Building brand community. *Journal of Marketing, 66*(1), 38-54.
[101] McGarry Wolf M., Esparza R., & Foster B. (2006). Acceptance of a tasting room in a downtown location as a marketing vehicle for a local wine region. *Journal of Food Distribution Research, 37*(1), 175-181.
[102] Medina F.X. (2001). Wine is not alcohol. Patterns of socialization and wine and alcohol consumption among children and youngsters in the Basque Diaspora. *Anthropology of Food,* 0 (April 2001 – Traditions et identités alimentaires locales), online publication: http://aof.revues.org/document1010.html.
[103] Michon R., Chebat J.C., & Turley L.W. (2005). Mall atmospherics: the interaction effects of the mall environment on shopping behavior. *Journal of Business Research, 58*(5), 576-583.
[104] Mitchell R., & Hall C.M. (2004). The post-visit consumer behaviour of New Zealand winery visitors. *Journal of Wine Research, 15*(1), 39-49.
[105] Mitchell V.W., & Greatorex M. (1989). Risk reducing strategies used in the purchase of wine in the UK. *European Journal of Marketing, 23*(9), 31-46.
[106] Murray A., & Demick D. (2006). Wine retailing in Ireland: the diffusion of innovation. *International Journal of Wine Marketing, 18*(3), 204-217.
[107] Niedrich R.W., Sharma S., & Wedell D.H. (2001). Reference price and price perceptions: a comparison of alternative models. *Journal of Consumer Research, 28*(3), 339-354.
[108] North A.C., Hargreaves D.J., & McKendrick J. (1999). The influence of in-store music on wine selections. *Journal of Applied Psychology, 84*(2), 271-276.
[109] Nowak L.I., & Newton S.K. (2006). Using the tasting room experience to create loyal customers. *International Journal of Wine Marketing, 18*(3), 157-165.
[110] Nowak L., Thach L., & Olsen J. (2006). Wowing the Millennials: creating brand equity in the wine industry. *Journal of Product and Brand Management, 15*(4/5), 316-323.
[111] Nowak L.I., & Washburn J.H. (2002). Building brand equity: consumer reactions to proactive environmental policies by the winery". *International Journal of Wine Marketing, 14*(3), 5-19.
[112] Nygren I.T., Gustafsson I.B., Haglund A., Johansson L., & Noble A.C. (2001). Flavor changes produced by wine and food interactions: Chardonnay wine and Hollandaise sauce. *Journal of Sensory Studies, 16*(5), 461-470.
[113] Nygren I.T., Gustafsson I.B., & Johansson L. (2002). Perceived flavour changes in white wine after tasting blue mould cheese. *Food Service Technology, 2*(4), 163-171.
[114] Oliver R.L. (1999). Whence consumer loyalty? *Journal of Marketing, 63*(4), 33-44.
[115] Olsen J.E., Nowak L., & Clarke T.K. (2002). Country of origin effects and complimentary marketing channels: is Mexican wine more enjoyable when served with Mexican food? *International Journal of Wine Marketing, 14*(1), 23-33.
[116] Orth U.R. (2005). Consumer personality and other factors in situational brand choice variation. *Journal of Brand Management, 13*(2), 115-133.
[117] Orth U., & Bourrain A. (2005). Ambient scent and consumer exploratory behaviour: A causal analysis. *Journal of Wine Research – Journal of the Institute of Masters of Wine, 16*(2), 137-151.
[118] Orth U.R., & Bourrain A. (2008). The influence of nostalgic memories on consumer exploratory tendencies: echoes from scents past. *Journal of Retailing and Consumer Services, 15*(4), 277-287.
[119] Orth U.R., Campana D., & Malkewitz K. (2009). Formation of consumer price expectation based on package design: attractive and quality routes. *Journal of Marketing Theory and Practice,* in print.
[120] Orth U.R., & De Marchi R. (2007). Understanding the relations between functional, symbolic, and experiential brand beliefs, product experiential attributes, and product schema: advertising-trial interactions revisited. *Journal of Marketing Theory and Practice, 15*(3), 219-233.
[121] Orth U.R., Heinrich F., & Malkewitz K. (2009). Interior design and store personality. *Journal of Retailing,* in print.

[122] Orth U.R., & Kahle L. (2008). Intrapersonal variation in consumer susceptibility to normative influence: toward a better understanding of brand choice decisions. *Journal of Social Psychology, 148*(4), 423-447.
[123] Orth U.R., & Krška P. (2001). Quality signals in wine marketing: the role of exhibition awards. *International Food and Agribusiness Management Review, 4*(4), 385-397.
[124] Orth U.R., Limon Y., & Rose G. (2009), Store-evoked affect, personalities, and consumer emotional attachments to brands. *Journal of Retailing*, in print.
[125] Orth U.R., & Malkewitz K. (2008a). Holistic package design and consumer brand impressions. *Journal of Marketing, 72*(3), 64-81.
[126] Orth U.R., & Malkewitz K. (2008b). Good from far but far from good: effects of visual fluency on impressions of package design. In: McGill A.L., Shavitt S., eds., *Advances in Consumer Research*, 36, Duluth, MN: Association for Consumer Research.
[127] Orth U.R., McGarry Wolf M., & Dodds T.H. (2005). Dimensions of wine region equity and their impact on consumer preferences. *Journal of Product and Brand Management, 14*(2), 88-97.
[128] Pan F.C., Su S.J., & Chiang C.C. (2008). Dual attractiveness of winery: atmospheric cues on purchasing. *International Journal of Wine Business Research, 20*(2), 95-110.
[129] Pan Y., & Zinkhan G.M. (2006). Determinants of retail patronage: a meta-analytical perspective. *Journal of Retailing, 82*(3), 229-243.
[130] Paunonen S.V., Ashton M.C. (2001). Big five factors and facets and the prediction of behavior. *Journal of Personality and Social Psychology, 81*(3), 524-539.
[131] Perrouty J.P., d'Hauteville F., & Lockshin L. (2006). The influence of wine attributes on region of origin equity: an analysis of the moderating effect of consumer's perceived expertise. *Agribusiness, 22*(3), 323-341.
[132] Peterson R.A., & Jolibert A.J.P. (1995). A meta-analysis of country-of-origin effects. *Journal of International Business Studies, 26*(4), 883-900.
[133] Pettigrew S., & Charters S. (2006). Consumers' expectations of food and alcohol pairing. *British Food Journal, 108*(3), 169-180.
[134] Pettigrew S., & Charters S. (2008). Tasting as a projective technique. *Qualitative Market Research: An International Journal, 11*(3), 331-343.
[135] Petty R.E., & Cacioppo J.T. (1986). *Communication and persuasion: central and peripheral routes to attitude change*, New York, Springer.
[136] Plassmann H., O'Doherty J., Shiv B., & Rangel A. (2006). Marketing actions can modulate neural representations of experienced pleasantness. *Proceedings of the National Academy of the United States of America, 105*(3), 1050-1054.
[137] Quester P.G., & Smart J. (1998). The influence of consumption situation and product involvement over consumers' use of product attributes. *Journal of Consumer Marketing, 15*(3), 220-238.
[138] Quinton S., & Harridge-March S. (2003). On-Line Wine – Strategic or Tactical? *International Journal of Wine Marketing, 15*(1), 34 – 43.
[139] Raghubir P., & Greenleaf E.A. (2006). Ratios in proportion: what should the shape of the Package Be? *Journal of Marketing, 70*(2), 95-107.
[140] Raju P.S. (1980). Optimum stimulation level: its relationship to personality, demographics, and exploratory behavior. *Journal of Consumer Research, 7*(3), 272-282.
[141] Reid M. (2002). Building strong brands through the management of integrated marketing communications. *International Journal of Wine Marketing, 14*(3), 37-52.
[142] Ritchie C.H. (2007). Beyond drinking: the role of wine in the life of UK consumer. *International Journal of Consumer Studies, 31*(5), 534-540.
[143] Roberti J.W., Storch E.A., & Bravata E.A. (2003). Further psychometric support for the sensation seeking scale. *Journal of Personality Assessment, 81*(3), 291-292.
[144] Robins R.W., Caspi A., & Moffitt T.E. (2000). Two personalities, one relationship: both partners' personality traits shape the quality of their relationship. *Journal of Personality and Social Psychology, 79*(2), 251-259.
[145] Rocchi B., & Stefani G. (2006). Consumers' perception of wine packaging: a case study. *International Journal of Wine Marketing, 18*(1), 33-44.

[146] Rundle-Thiele S. (2005). Elaborating customer loyalty: exploring loyalty to wine retailers. *Journal of Retailing and Consumer Services, 12*(5), 333-344.
[147] Sánchez M., & Gil J.M. (1998). Consumer preferences for wine attributes in different retail stores: a conjoint approach. *International Journal of Wine Marketing, 10*(1), 25-38.
[148] Schroeder J.E. (1996). An analysis of the consumer susceptibility to Interpersonal Influence Scale. *Journal of Social Behavior and Personality, 11*(3), 585-599.
[149] Schwarz N. (2004). Metacognitive experiences in consumer judgment and decision making. *Journal of Consumer Psychology, 14*(4), 332-348.
[150] Schwartz S.H. (1992). Universals in the content and structure of values: theoretical advances and empirical tests in 20 Countries. In: Zanna M.P., editor, *Advances in Experimental Social Psychology*, 25, Orlando, FL: Academic Press.
[151] Seifert L.S. (1992). Experimental aesthetics: implications for aesthetic education of Naïve Art Observers. *Journal of Psychology, 126*(1), 73-78.
[152] Shankarmahesh M.N. (2006). Consumer ethnocentrism: an integrative review of its antecedents and consequences. *International Marketing Review, 23*(2), 146-172.
[153] Sharp B. (1991). Marketing orientation: more than just customer focus. *International Journal of Wine Marketing, 3*(1), 20-25.
[154] Shaw M., Keeghan P., & Hall J. (1999). Consumers judge wine by its label, study shows. *Australian and New Zealand Wine Industry Journal, 14*(1), 84-87.
[155] Shimp T., & Sharma S. (1987). Consumer Ethnocentrism: Construction and Validation of the CETSCALE. *Journal of Marketing Research, 24*(3), 280-289.
[156] Smith D., & Mitry D. (2007). Cultural Convergence: Consumer Behavioral Changes in the European Wine Market. *Journal of Wine Research, 18*(2), 107-113.
[157] Taplin I.M. (2006). Competitive pressures and strategic repositioning in the California premium wine industry. *International Journal of Wine Marketing, 18*(1), 61-70.
[158] Teas R. K., Agarwal S. (2000). The effects of extrinsic product cues on consumers' perceptions of quality, sacrifice, and value. *Journal of the Academy of Marketing Science, 28*(2), 278-290.
[159] Teigen K.H., Olsen M.V.G., Solas O.E. (2005). Giver-receiver asymmetries in gift preferences. *British Journal of Social Psychology, 44*(1), 125-144.
[160] Telfer D.J. (2001). Strategic alliances along the Niagara Wine Route. *Tourism Management, 22*(1), 21-30.
[161] Thomson M., MacInnis D.J., & Park C.W. (2005). The Ties That Bind: Measuring the Strength of Consumers' Emotional Attachments to Brands. *Journal of Consumer Psychology, 15*(1), 77-91.
[162] Torrisi F., Stefani G., & Seghieri C. (2006). Use of scanner data to analyze the table wine demand in the Italian major retailing. *Agribusiness, 22*(3), 391-403.
[163] Turley L.W., & Milliman R.E. (2000). Atmospheric effects on shopping behavior: a review of experimental evidence. *Journal of Business Research, 49*(2), 193-211.
[164] Usunier J.C., & Lee J.A. (2009). *Marketing Across Cultures*, 5th edition, Harlow: Prentice Hall.
[165] Veale R. (2008). Sensing or knowing? Investigating the influence of knowledge and self-confidence on consumer beliefs regarding the effect of extrinsic cues on wine quality. *International Journal of Wine Business Research, 20*(4), 352-366.
[166] Wargenau A., & Che D. (2006). Wine tourism development and marketing strategies in Southwest Michigan. *International Journal of Wine Marketing, 18*(1), 45-60.
[167] Wilcox J. B., Laverie D. A., Kolyesnikova N., Duhan D. F., & Dodd T. H. (2008). Facets of brand equity and brand survival: a lungitudinal examination. *International Journal of Wine Business Research, 20*(3), 202-214.
[168] Wright A.A., & Lynch J.C. (1995). Communication effects of advertising versus direct experience when both search and experience attributes are present. *Journal of Consumer Research, 21*(4), 708-18.
[169] Yang S., & Raghubir P. (2005). Can bottles speak volumes? The effect of package shape on how much to buy. *Journal of Retailing, 81*(4), 269-281.

Marktforschung und
Konsumentenverhalten

2 Überblick zu Methoden der Marktforschung

Dr. Simone Müller, Ehrenberg-Bass Institute for Marketing Science, CS Research

Inhalt

2.1	Einleitung	39
2.1.1	Einordnung von Marktforschungsmethoden	39
2.1.1.1	Entscheidungen vor dem Kauf	39
2.1.1.2	Entscheidungen beim Kauf	40
2.1.1.3	Was bei der Auswahl der Forschungsmethode zu beachten ist	40
2.2	Qualitative Interviews	42
2.3	Direkte quantitative Befragungen	44
2.3.1	Probleme mit bewussten Falschangaben	46
2.3.2	Unterschätzter Einfluss unbewusster Einflüsse	48
2.3.3	Unterschätzung visueller Eigenschaften – Weinausstattung	48
2.3.4	Problematische Frage nach Gefallen oder Kaufbereitschaft von Produkten	49
2.3.5	Zusammenfassung	50
2.4	Beobachtung des Kaufverhaltens	50
2.4.1	Beobachtung der Konsumenten im Geschäft	50
2.4.2	Typische Laufwege und Verweilzeiten	51
2.4.3	Entscheidungszeit am Regal, Anzahl der erwogenen Alternativen	51
2.4.4	Eyetracking	52
2.5	Experimentelle Simulation der Weinauswahl	54
2.5.1	Test ganzheitlicher Weinkonzepte	55
2.5.2	Test von mehreren Eigenschaften	56
2.5.3	Test des Effekts von Werbekommunikation	60
2.6	Analyse von Verkaufsdaten	63
2.6.1	Aggregierte Verkaufsdaten	64
2.6.2	Aggregierte Verbraucherpaneldaten	65
2.6.3	Individuelle Transaktionsdaten	66
2.7	Empfehlungen für die Praxis	67
2.7.1	Selbstvermarkter und regionaler Vertrieb	68
2.7.2	Unternehmen mit überregionaler Distribution im LEH	68
2.7.3	International operierende Unternehmen	69
2.8	Forschungskooperationen	70
	Literatur	71

2.1 Einleitung

Wer ist der Konsument meiner Weine und was erwartet er von meinem Produkt? Wo kauft er meinen Wein, wie verhält er sich beim Weinkauf und anhand welcher Eigenschaften orientiert er sich dabei? Gute Marktforschung ist in der Lage, verlässliche Antworten auf diese und andere Fragen zu liefern und bildet die Ausgangsbasis für eine erfolgreiche Marketingstrategie. Der Werkzeugkasten der Marktforschung umfasst dabei verschiedene Instrumente, die je nach Fragestellung Stärken und Schwächen aufweisen. Dieses Kapitel gibt einen Überblick über verschiedene Marktforschungsmethoden, die für das Weinmarketing von speziellem Interesse sind, und diskutiert deren Stärken und Schwächen sowie empfohlene Einsatzbereiche. Besonderer Wert wird dabei auf neuere Entwicklungen in der Marktforschung gelegt, die in der Lage sind, unbewusste Einflussfaktoren zu identifizieren und zuverlässige Voraussagen für das reale Kaufverhalten von Weinkonsumenten zu treffen.

2.1.1 Einordnung von Marktforschungsmethoden

Die Wahl der optimalen Marktforschungsmethode richtet sich hauptsächlich nach den Fragen, die von dem konkreten Marktforschungsprojekt beantwortet werden sollen. Zu Beginn des Kapitels soll deshalb ein einführender Überblick über verschiedene Marktforschungsmethoden gegeben werden, die unterschiedliche Stärken und Schwächen für verschiedene Fragestellungen der Erforschung des Kaufverhaltens bei Wein aufweisen.

Der Wahlvorgang beim Weinkauf lässt sich grob in zwei Phasen einteilen: Entscheidungen vor dem Einkauf und die Auswahlentscheidung im Geschäft (siehe **Abbildung 2.1**).

2.1.1.1 Entscheidungen vor dem Kauf

Zu den Entscheidungen vor dem Einkauf gehören die Frage, zu welchem Anlass der Wein gekauft werden soll (z.B. alltäglicher oder besonderer Anlass, siehe Hall et al., 2001), welche Produktleistungen und gewünschten Eigenschaften er für den **Kaufanlass** aufweisen soll (z.B. Weinart, Preisklasse, Geschmacksrichtung etc., siehe Hall et al. 2001) und in welcher **Einkaufsstätte** ein Wein für diese Anforderungen erworben werden kann.

Diese Vorabentscheidungen der Konsumenten haben zwar einen beträchtlichen Einfluss auf das später beobachtbare Kaufverhalten, sie entziehen sich jedoch meist einer direkten Beobachtung. Marktforscher sind deshalb auf Auskünfte der Konsumenten in Form von **qualitativen Interviews** oder **quantitativen Umfragen** angewiesen, um die Vorabentscheidungen zu verstehen und potenziell zu beeinflussen. Verkaufsdaten wie das GfK-Panel enthalten zwar individuelle Informationen zum relativen Anteil verschiedener Einkaufstätten, erlauben jedoch keine Aussage über die Gründe und Anlässe der Entscheidung für oder gegen eine bestimmte Einkaufsstätte. Der Einfluss des Anlasses auf die Kaufentscheidung kann in **experimentellen Simulationen** der Weinauswahl bestimmt werden, in denen die Teilnehmer gebeten werden, Wein für einen bestimmten Anlass auszuwählen. Unterschiede zwischen Teilnehmern, die unterschiedliche Instruktionen zum Kaufanlass erhalten haben, erlauben Rückschluss auf den Einfluss des Kaufanlasses auf die Kaufentscheidung. Solche Experimente haben zum Beispiel bestätigt, dass Konsumenten für besondere Kaufanlässe (Geschenk oder Essen mit besonderen Gästen) höheren Wert auf die Marke legen und weniger preissensibel sind(Mueller, Lockshin, & Hackmann, 2007).

2.1.1.2 Entscheidungen beim Kauf

Ist der Konsument einmal im Geschäft, orientiert er sich anhand von **Produktangebot** und potenziellen **Kommunikationsmitteln** wie Wegweisern oder Regalbeschriftungen, bevor er aus den erwogenen Alternativen eine Auswahl trifft. Die Gesamtheit aller beobachtbaren Weinkäufe (Gesamtabsatz) setzt sich dabei aus Erst- und Wiederholungskäufen zusammen. Idealerweise erfüllt ein gekaufter Wein die für den Anlass an ihn gestellten Anforderungen und wird vom Konsument in das Repertoire regelmäßig gekaufter Weine aufgenommen. Für den Marktforscher kann es hier von Bedeutung sein, zu verstehen, woran sich der Konsument orientiert und welche Kriterien gegeneinander abgewogen werden und die Kaufentscheidung letztlich beeinflussen.

Für die Analyse der Auswahlentscheidung im Geschäft steht dem Marktforscher eine **Vielzahl von Methoden zur Verfügung** (siehe Abbildung 2.1). Neben dem qualitativen Interview und der quantitativen Umfrage kann er Konsumenten bei der Auswahl im Geschäft beobachten oder die Auswahl unter experimentellen Bedingungen simulieren. Weiterhin erlaubt das Kassenprotokoll (Scanner Data) oder detaillierte Paneldaten (GfK oder AC Nielsen) Aufschlüsse über die Eigenschaften von Wein mit hohem oder niedrigem Verkaufserfolg.

2.1.1.3 Was bei der Auswahl der Forschungsmethode zu beachten ist

Bei der Auswahl der Forschungsmethode ist jedoch zu beachten, dass vor allem die direkte quantitative Befragung von Konsumenten teilweise ungültige Ergebnisse liefern kann, die dann Fehlentscheidungen in der Marketingstrategie nach sich ziehen würden. Diese eingeschränkte Eignung ist durch die in Klammern gesetzten Kreuze in **Abbildung 2.1** reflektiert.

> Eine zuverlässige Methode muss in der Lage sein, unbewusste Entscheidungsprozesse zu erfassen, Anreize für den Konsumenten setzen, sein tatsächliches Verhalten zu offenbaren und Verhaltensalternativen (z.B. Wahl eines anderen Produkts oder Nichtkauf) zu berücksichtigen.

Abbildung 2.1 Empfohlene Marktforschungsmethoden für den Entscheidungsprozess beim Weinkauf

	Qualitatives Interview	Quantitative Umfrage	Beobachtung im Geschäft	Experimentelle Simulation der Weinauswahl	Analyse von Verkaufsdaten
Entscheidungen vor der Wahl der Einkaufsstätte					
Einkaufsanlass	x	x			
Erwünschte Produktleistungen	x	(x)			
Wahl der Einkaufsstätte	x	x			x
Auswahlentscheidung im Geschäft					
Orientierungs- und Auswahlverhalten	x	(x)	x		
Auswahlkriterien und relative Bedeutung von Eigenschaften	x	(x)	(x)	x	x
Resultierende Erst- und Wiederholungskäufe			x	x	x

x – geeignete Methode

(x) – bedingt geeignete Methode, Gefahr von ungültigen Schlüssen

Die fünf Marktforschungsmethoden aus **Abbildung 2.1** werden in den folgenden Unterkapiteln anhand von Beispielen aus der Weinbranche näher beschrieben. Der Umfang des Kapitels erlaubt jedoch nur eine **erste Einführung**, für weitere Details wird auf vertiefende Literatur verwiesen.

Da ein Großteil der Marktforschungsmethoden Expertenwissen erfordert, werden diese nur von größeren Unternehmen mit eigenen Marktforschungsspezialisten selbständig eingesetzt werden können. Kleineren Unternehmen soll mit diesem Überblick der Horizont über das Machbare und derzeit von der Konkurrenz sowie vom Handel eingesetzte Instrumentarium erweitert werden, das dann gezielt und gut informiert von Marktforschungsunternehmen nachgefragt werden kann. Das letzte Unterkapitel geht noch einmal gezielt auf die **Anwendbarkeit der Methoden** für kleine und große Unternehmen ein.

2.2 Qualitative Interviews

Qualitative Marktforschungsmethoden umfassen ein breites Spektrum an konkreten Befragungsformen – vom individuellen Tiefeninterview über die Gruppendiskussion zur rekonstruierenden Beschreibung einer Einkaufssituation[1]. Der große Vorteil qualitativer Befragungen liegt in der **Offenheit der Ausdrucksmöglichkeit** der Teilnehmer, die nicht durch Skalen oder vorgefertigte Antwortmöglichkeiten eingeengt ist. Diese Freiheit ist jedoch gleichzeitig auch ein Nachteil, da Interviews aufgezeichnet, transkribiert, objektiv interpretiert und kodiert werden müssen, um sie über mehrere Befragte zusammenfassen zu können.

Durch die Rückfragemöglichkeit des Interviewleiters eignen sich qualitative Interviews insbesondere zum ausführlichen Diskurs und **Verstehen komplexer Zusammenhänge**. Während quantitative Befragungen sich oft auf einzelne Aspekte konzentrieren müssen, ermöglichen es qualitative Interviews, den **Produktgebrauch im Kontext der Alltags- und Lebenswelt des Verbrauchers** zu verstehen. Ein Beispiel dafür ist die Studie von Charters und Pettigrew (2008), die Motive für den Weinkonsum näher untersucht hat. Im Ergebnis waren symbolische Motive (sozialer Kontext in einer Gruppe von Weinkonsumenten, Lifestyle) sowie Erlebnismotive wie Freude, Genuss, Vergnügen von höchster Bedeutung. Als weitere Faktoren spielten die Ästhetik des Weinkonsums sowie persönliche Erinnerungen an vorherige Weinerlebnisse eine Rolle. Im internationalen Rahmen haben Lönneker et al. (2008) mit qualitativen Methoden Veränderungen in Trends und Konsumverhalten von Lebensmitteln allgemein und Wein im speziellen untersucht.

Qualitative Studien werden oft als **erste Stufe eines Marktforschungsprojektes** eingesetzt, um aus einer Vielzahl von Meinungen und authentischen Ausdrucksformen der Interviewteilnehmer Fragen für eine darauf folgende quantitative Befragung zu entwickeln. Sie

---

[1] Folgende Fachbücher widmen sich detailliert qualitativen Marktforschungsmethoden: Buber und Holzmüller (2007), Nader und Balzer (2007).

kommen aber auch zum Einsatz, um Ergebnisse von quantitativen Befragungen durch Interviews zu verifizieren und besser zu verstehen.

Die Güte qualitativer Interviews hängt entscheidend vom **Moderator oder Interviewleiter** ab, dessen notwendige Qualifikation oft unterschätzt wird. Bei unzureichender Erfahrung besteht die Gefahr der subjektiven Beeinflussung der Teilnehmer durch den Interviewleiter oder durch dominante Gruppenmitglieder, die die resultierende Meinung stark verzerren können. Nur ein erfahrener Moderator ist in der Lage, die Gruppendynamik zu neutralisieren und eine Vielzahl unterschiedlicher Meinungen und Motive aufzudecken, ohne diese zu beeinflussen. Eine psychologische Ausbildung ist insbesondere für psychologische Wirkungsforschung, Tiefeninterviews und projektive Methoden erforderlich, die **unbewusste Sichtweisen**, Motivationen, Bedürfnisse und Entscheidungsprozesse aufdecken können, welche den alltäglichen Umgang der Verbraucher mit Konsumgütern und Medienangeboten maßgeblich bestimmen[2]. Unbewusste Bedürfnisse und Motive sind den meisten Verbrauchern selbst verborgen und können deshalb nicht in quantitativen Befragungen erfasst werden. Im Gegensatz zu rein rationalen Argumenten können unbewusste Bedürfnisse besonders erfolgreich durch darauf abgestimmte Kommunikation und Werbung angesprochen werden und entscheiden oft über Erfolg oder Misserfolg einer Werbekampagne.[3]

Um während des Interviews die für den Kauf und Konsum von Wein **relevanten Assoziationen** zu erzeugen, wird in Fokusgruppen teilweise auch Wein serviert und konsumiert. Hierbei steht jedoch die Diskussion von subjektiven Wahrnehmungen, Ansichten und Images viel stärker im Vordergrund als eine direkte Beurteilung der sensorischen Qualität des Weins. Um Emotionen der Teilnehmer besser messen zu können, wird oft auch mit relevantem **Bildmaterial** gearbeitet, aus dem die Probanden diejenigen Bilder auswählen, die ihre Wahrnehmung und Assoziationen am besten beschreiben. Psychologisch geschulte Marktforscher sind dann in der Lage, die bewussten und unbewussten Inhalte dieser Bilder in Bezug auf Wein zu interpretieren und Schlussfolgerungen für die Marketingstragegie des Unternehmens zu ziehen (King & Meiselmann, 2010).

Beispielsweise setzte Charters (2009) Verkostung von Champagner und Projektion von Bildern und Werbesequenzen ein, um die Wahrnehmungen und Ansichten der Konsumenten bezüglich Champagner in Fokusgruppen zu erforschen. Diese Methode ermöglichte ihm, die ambivalente Haltung der Konsumenten zu Champagner zu verdeutlichen, mit hohem symbolischem und sozialen Ansehen von Luxus sowie hedonischem Wert des „Sich-etwas-gönnens" auf der einen Seite, aber unterschiedlicher Meinung über den Geschmack und das Verhältnis zwischen Preis und Produktleistung.

---

[2] Siehe z.B. morphologischer Ansatz in Grünewald (2004).
[3] Scheier und Held (2008) geben einen einfach verständlichen Überblick über neuere Erkenntnisse des Neuromarketing zur Wirkung von Werbung und Kommunikation.

Die Vorteile von qualitativen Befragungen müssen mit potenziellen **Nachteilen** abgewogen werden. Sie sind relativ zeit- und kostenaufwendig. Es fallen Kosten für die Rekrutierung, die Anfahrts- und Zeitentschädigung der Teilnehmer sowie die Anmietung von Interviewräumen und erfahrenen Moderatoren an. Zudem können qualitative Interviews eine große Vielfalt von Meinungen hervorbringen, die jedoch aufgrund der kleinen Stichprobe keine quantitativen Rückschlüsse über ihre relative Verbreitung in der Gesamtbevölkerung zulassen. Für diese Fragestellungen ist die **Kombination von qualitativen Interviews mit späteren quantitativen Befragungen** empfehlenswert.

2.3 Direkte quantitative Befragungen

Quantitative Umfragen, in denen die Befragten Antworten auf einzelne Fragen geben, sind ein vielfältiges und das am meisten benutzte Marktforschungsinstrument. Ihr Umfang kann von einer kleinen lokalen Stichprobe aus Besuchern eines Weinguts oder Weinladens bis zu umfassenden, national repräsentativen Stichproben aller Weinkonsumenten eines Landes oder mehrerer Länder reichen. Die Versatilität quantitativer Befragungen wird auch in der Vielzahl von einsetzbaren Medien und Befragungsformen deutlich, die in folgender Übersicht kurz angerissen werden.[4]

- **Persönliche Befragungen** werden vor allem dann eingesetzt, wenn die Stichprobe repräsentativ für Konsumenten an einem bestimmten Ort (z.B. Kunden eines bestimmten Weinladens oder Besucher einer Weinregion) sein soll oder die aktuellen Motive und Beweggründe während oder nach einer bestimmten Tätigkeit (z.B. dem Kauf von Wein) von Interesse sind. Der persönliche Kontakt mit dem Befragten kann das Ergebnis unter Umständen durch sozial erwünschte Antworten verzerren. Ein Vorteil ist jedoch, dass überprüft werden kann, wer den Fragebogen ausfüllt oder beantwortet.

- **Briefbefragungen** waren in der Vergangenheit oft das Mittel der Wahl, um Zufallsstichproben repräsentativ für eine bestimmte Grundgesamtheit zu erzielen. Dazu werden Adressen zufällig aus Listen der Grundgesamtheit (z.B. Kundenstamm eines Unternehmens, Wählerlisten einer Gemeinde) gezogen. Der Nachteil von Briefbefragungen liegt in der geringen Rücklaufquote (oft deutlich unter 20%) und in den Kosten zur Aussendung und Rücksendung der Fragebögen. Unter Umständen müssen Antworten manuell als Daten erfasst werden, was mit Eingabefehlern verbunden ist.

- **Telefonbefragungen** werden ähnlich wie schriftliche Befragungen für repräsentative Stichproben verwendet, die auf umfassenden Telefonverzeichnissen (Kundenstamm oder Telefondatenbanken) beruhen, aus denen zufällig Befragte kontaktiert werden. Mit der zunehmenden Verbreitung von Mobiltelefonen, dem Rückgang von Festnetzanschlüssen sowie international üblichen Schutzlisten von Konsumenten, die nicht telefonisch für Marktforschung kontaktiert werden wollen, ist diese Repräsentativität je-

---

[4] Ausführliche Darstellungen finden sich in Herrmann, Homburg, Klarmann (2007) und Kuß (2007).

doch zunehmend eingeschränkt. Befragungen über das Telefon sollten relativ kurz sein und können keine grafischen Elemente enthalten. Ein Vorteil ist die potenzielle Mischung aus qualitativen (offenen) und quantitativen (geschlossenen) Antworten.

■ Eine Befragungsform, die sich in den letzten Jahren zunehmend durchgesetzt hat, ist die **Onlinebefragung**. International ist eine Reihe professioneller Online-Panel-Anbieter entstanden, die Datenbanken von Konsumenten aktiv managen, die bereit sind, an Marktforschung teilzunehmen. Diese Panels können heute pro Land mehrere Hunderttausend Teilnehmer umfassen, die durch die starke Verbreitung des Internets in allen Bevölkerungsgruppen repräsentative Grundgesamtheiten abbilden können (Yeager & Krosnick, 2009; Knowledge Network, 2010).

Mitglieder des Panels werden vom Panel-Anbieter zu Onlinebefragungen eingeladen. Falls der Befragte die Qualifikationskriterien erfüllt (Screening-Fragen, z.B. regelmäßiger Weinkonsum, Mindestalter etc.) und den Fragebogen vollständig absolviert, erhält er eine monetäre Entschädigung, die je nach Länge der Befragung einige Cents bis wenige Euro beträgt. Der Marktforscher kann vorab Kriterien für die **Zusammensetzung der Stichprobe** spezifizieren (z.B. Alter, Geschlecht, regionale Verteilung, Einkommen) und zahlt für vollständige Befragungen. Der Preis pro vollständiger Befragung ist von der Inzidenz (relative Häufigkeit des gesuchten Verbrauchertyps) abhängig. Die gewünschte Stichprobengröße kann meist innerhalb von Tagen oder wenigen Wochen exakt geliefert werden und der Marktforscher muss sich keine Gedanken mehr über den Rücklauf und notwendige Nachfass- und Erinnerungsaktionen machen. Neben Online-Panels eignen sich auch E-Mail-Listen aus dem Kundenstamm eines Unternehmens als Grundgesamtheit.

Für den Marktforscher eröffnen Onlinebefragungen eine neue Welt mit vielfältigen Möglichkeiten. Er kann Befragte je nach vorherigen Antworten gezielt zu individuellen Fragen leiten, was in schriftlichen Befragungen nur mit komplizierten Verweisen möglich ist. Grafische Materialien wie Weinetiketten oder Weinregalsimulationen können ohne zusätzliche Druckkosten in hoher Qualität dargestellt werden. Nicht zu vernachlässigen ist auch, dass alle Antworten direkt als Daten vorliegen und keine Übertragungsfehler bei der Eingabe vorkommen können. Vergleichende Studien mit traditionellen Befragungsformen sowie zur Qualität der Daten haben gezeigt, dass Onlinebefragungen eine vollwertige Alternative zu bisherigen Befragungsformen darstellen, die für den Marktforscher eine **Reihe von Vorteilen** bringt.

Direkte Befragungen eignen sich insbesondere zur Messung von Einstellungen sowie Assoziationen und von Verhalten, die der Verbraucher gut erinnern kann und die ihm bewusst sind. In der Regel ist es empfehlenswert, psychografische oder Lifestyle-Variablen zu erfassen, um mögliche Verbrauchersegmente lokalisieren und gezielt ansprechen zu können. Eine begrenzte Auswahl von Fragestellungen, die für direkte Befragungen geeignet sind und valide Ergebnisse erzielen, werden auf der folgenden Seite aufgelistet.

■ **Einkaufs- und Konsumverhalten**

- Kenntnis von Produkten und bisheriger Kauf (Ja – Nein)
- Abruf erinnerter Einkäufe zu verschiedenen Kaufanlässen (z.B. Beschreibung der letzten drei Weinkäufe: Was wo zu welchem Preis und Anlass gekauft)
- Trink- und Einkaufshäufigkeit von verschiedenen Produkten (Getränke allgemein, Weinsorten, Rebsorten etc.)
- Nutzung von Einkaufsstätten (Weingut, Fachhandel, LEH, Discounter)
- Besuch von Weinregionen

■ **Einstellungen und Assoziationen**

- Marken- oder Herstellerimages, Markenpersönlichkeit
- Image von Herkunftsregionen oder -ländern oder Rebsorten
- Bewertung des Gefallens von Produkten oder von Produktkonzepten
- Assoziationen mit Produkten
- Allgemeine Einstellungen zu relevanten Fragestellungen

■ **Psychografische und Lifestyle-Variablen**

- Interesse für Wein (Involviertheit)
- Subjektives Weinwissen
- Risikoaversion oder Innovativität
- Interesse am Weintourismus
- Lebenswerte (z.B. Schwartz Values)

■ **Soziodemografische Eigenschaften**

- Alter, Geschlecht, Einkommen, Kinder
- Wohnort (Stadt, Land)

Bei der Verwendung der direkten Befragung muss sehr sorgfältig darauf geachtet werden, Verzerrungen oder Unzuverlässigkeit zu vermeiden. Diese können auf zwei wesentliche Gründe zurückgeführt werden:

Bewusste Falschangaben

Aufgrund sozialer Normen gibt der Befragte bewusst nicht an, was er wirklich tut oder denkt.

Unbewusste Effekte

Der Befragte kennt die tatsächliche Antwort auf die Frage selbst nicht, da er sich der Einflüsse oder seiner Entscheidungen nicht vollständig bewusst ist.

2.3.1 Probleme mit bewussten Falschangaben

Sozialer Druck oder Aufrechterhaltung eines positiven eigenen Selbstbildes sind Gründe dafür, dass Befragte in direkten Befragungen bewusst falsche Angaben machen. So geben viele Verbraucher in der Befragung eine **höhere Zahlungsbereitschaft** an, als sie in der Realität bereit wären zu zahlen. Dies kann zum einen daran liegen, dass sie sich für zu geringe Preise schämen oder einfach generöser sind, als sie dies bei einer aktuellen Zahlung wären. Da Konsumenten bei diesen konsequenzlosen Angaben ihrer Zahlungsbereitschaft nicht tatsächlich in die Tasche greifen müssen, nennt man Ihre Angaben auch „billiges Geschwätz" („cheap talk", siehe z.B. Lusk 2003).

Alternative Ansätze wie Auktionen versuchen, **Anreize für wahrhafte Angaben** zu setzen. Dabei erhalten Befragte zu Beginn ein Ausgangsbudget und geben dann Gebote für Produkte ab, die sie im Falle eines Erfolgs tatsächlich bezahlen müssen (Lusk & Hudson, 2004; Lusk & Shogren, 2008). Dieser Ansatz berücksichtigt auch, dass Konsumenten eventuell bessere Verwendungen für ihr Geld haben und ein Produkt vielleicht gar nicht kaufen möchten, sie können das Budget dann behalten. Solche Auktionen kommen im Ergebnis fast ausschließlich zu geringen Zahlungsbereitschaften. Die in einer direkten Befragung ohne Anreiz angegebene Preisbereitschaft für einen Wein hat deshalb nur selten Vorhersagewert für das, was Konsumenten tatsächlich zahlen werden und ist oft zu hoch. Weinunternehmen würden auf dieser Basis falsche Entscheidungen der Produkteinführung treffen, wenn der tatsächliche Absatz zum kalkulierten Marktpreis beträchtlich unter dem vorhergesagten liegt.

Fragen, für die eine **sozial akzeptierte Norm** besteht, die jedoch oft nur von wenigen eingehalten wird, führen auch zu bewusst falschen Angaben der Befragten. So ist es gesellschaftlich anerkannt und akzeptiert, sich umweltfreundlich zu verhalten oder sich gesund zu ernähren. In der Realität sind jedoch nur wenige Verbraucher in der Lage, diesen Normen in allen Lagen des Alltags zu folgen. Um sein schlechtes Gewissen zu beruhigen und seine eigene Selbstwahrnehmung aufrecht zu erhalten, wird hier oft ein positiveres Bild von sich selbst angegeben, das dem tatsächlichen Verhalten nicht oder nur teilweise entspricht.

So haben Forscher in den Niederlanden (Köster, 2003) in einem Experiment einen Snack in verschiedenen Betriebskantinen angeboten und dessen Verkauf registriert. Einmal war er als „neuer Snack" deklariert und das andere Mal als „gesunder Snack". Als die Kantinennutzer in einem Fragebogen angeben sollten, wie oft sie beide Riegel gekauft haben, waren die Angaben für den „gesunden Snack" um 100% höher als der tatsächliche Verkauf, während der Verkauf des „neuen Snacks" nur um 10% überschätzt wurde. Soziale Normen der gesunden Ernährung haben hier einen hohen Einfluss auf das Antwortverhalten der ausgeübt. Dieses Bespiel zeigt, wie stark **irreführende Ergebnisse** direkte Befragungen hervorbringen können. In der neueren Konsumentenforschung wird deshalb zunehmend auf indirekte Methoden zurückgegriffen.[5] Später in diesem Beitrag wird eine Form davon, nämlich die Kaufsimulation, näher erläutern.

---

[5] Sehr gute Überblicke zu indirekten Methoden in der Lebensmittel- und Getränkeforschung sowie die psychologischen Hintergründe für das Scheitern direkter Methoden befinden sich in Köster (2003) und Köster (2009)

2.3.2 Unterschätzter Einfluss unbewusster Einflüsse

Direkte Befragungen nehmen an, dass der Konsument sich den Gründen und Einflüssen auf seine Entscheidungen vollständig bewusst ist, sich an diese erinnern und in Befragungen angeben kann. Neuere Erkenntnisse der Konsumentenforschung, die auf fundierten psychologischen Befunden sowie Erkenntnissen des Neuromarketing beruhen, zeigen jedoch, dass die große **Mehrheit unserer Entscheidungen unbewusst ablaufen**.[6] Wir reagieren oft automatisch auf bestimmte Reize und nur ein Bruchteil der uns umgebenden Informationen und Einflüsse wird tatsächlich kognitiv verarbeitet. Die eigentlichen, wahren Gründe unserer Entscheidungen sind uns damit selbst fast immer unzugänglich und können deshalb auch in Befragungen nicht angegeben werden. Auch wenn unsere Introspektion die tatsächlichen Gründe unseres Verhaltens nicht erfassen kann, so haben wir eine eigene Auffassung oder Theorie über uns selbst (Metakognition), was unsere Entscheidung nach unserer Meinung beeinflusst. Es ist diese verzerrte Selbstwahrnehmung von ihrem Verhalten, die Konsumenten in direkten Befragungen angeben, die von dem tatsächlichen in der Regel stark abweicht. Das fehlende menschliche Bewusstsein von der Existenz sowie der unbewussten Wirkung von bestimmten Reizen und Stimuli macht es uns unmöglich, diese in unsere Selbstwahrnehmung und unser Selbstverständnis zu integrieren.[7]

2.3.3 Unterschätzung visueller Eigenschaften - Weinausstattung

Vor allem visuelle Eigenschaften, aber auch Gerüche üben auf uns eine automatische Aktivierung aus, deren Existenz und oft auch Wirkung uns nicht bewusst ist.[8] **Verbraucher unterschätzen deshalb grundsätzlich deren Einfluss**, wenn sie die relative Bedeutung von Produkteigenschaften auf ihre Entscheidung angeben sollen. Fragt man z.B. Weinkonsumenten direkt nach der Bedeutung des Etiketts oder der Weinverpackung auf ihr Einkaufsverhalten, so wird dies als sehr unbedeutend angegeben (Mueller et al., 2007, Szolnoki, 2007). Konsumenten nehmen an, dass objektive Eigenschaften wie Marke, Rebsorte, Herkunftsregion oder Medaillen ihre Entscheidung am Regal am stärksten beeinflussen.

Fragt man dagegen Konsumenten nicht direkt, sondern lässt sie an Experimenten teilnehmen, in denen die visuellen Ausstattungselemente von realen oder grafisch dargestellten Weinen ihren unbewussten Einfluss auf die Wahlentscheidung auswirken können,

---

[6] Detaillierte Informationen finden sich u.a. in Dijksterhuis et al. (2005), Dijksterhuis & Smith (2005) und Fitzsimons et al. (2002).

[7] Das populärwissenschaftliche Buch „Blink" von Michael Gladwell (2007) verdeutlicht dies anhand vielfältiger Beispiele, einschließlich Kaufverhalten und Partnerwahl.

[8] Siehe dazu u.a. Breitmeyer et al. (2004).

dann erweist sich die Ausstattung von Wein als eine der bedeutendsten Eigenschaften überhaupt (Mueller, Lockshin und Louviere, 2010). Während in der direkten Befragung Konsumenten in ihrer „verzerrten" Selbstwahrnehmung übereinstimmen, dass Verpackung unbedeutend sei, so zeigen sich in der indirekten Methode der experimentellen Auswahl aus dem Regal, dass sich Konsumenten in der Stärke des Einflusses unterscheiden und auch unterschiedliche Ausstattungen bevorzugen.

> Fragt man also Konsumenten direkt mit Beurteilungsskalen oder Gewichtungsskalen nach der relativen Bedeutung von Produkteigenschaften, dann erhält man mit hoher Wahrscheinlichkeit Ergebnisse, die nicht dem tatsächlichen Kaufverhalten entsprechen und zu falschen Unternehmensentscheidungen führen würden. Der Grund dafür liegt nicht in der Absicht der Verbraucher, den Marktforscher irrezuführen, sondern in ihrer Unfähigkeit, die tatsächlichen, da meist unbewussten, Einflüsse wahrzunehmen und zu reflektieren.

2.3.4 Problematische Frage nach Gefallen oder Kaufbereitschaft von Produkten

Ein weiteres Problem direkter Befragungen ist der Einsatz von Fragen nach der Kaufbereitschaft oder dem Gefallen von einzelnen Produkten, wofür häufig Punktskalen verwendet werden (z.B. -3 gefällt mir überhaupt nicht bis +3 gefällt mir sehr). Obwohl diese Fragetypen sehr häufig eingesetzt werden, haben führende Marktforscher wiederholt festgestellt, dass diese Antworten auf diese Fragen **keine Vorhersagekraft für tatsächliche Käufe und spätere Marktanteile** haben (Chandon, 2005). Das heißt, die Tatsache, dass ein Produkt in einer Befragung gefällt oder eine hohe Kaufbereitschaft angegeben wird, ist kein verlässlicher Indikator für einen späteren Verkaufserfolg.

Der Grund für die Unfähigkeit zur validen Verhaltensvorhersage von Fragen nach Gefallen oder Kaufabsicht liegt darin, dass Verbraucher dabei gezwungen werden, einzelne Produkte separat zu beurteilen. Dieser Vorgang ist aber absolut untypisch für ihr reales Auswahlverhalten, wo sie Produkte nicht einzeln bewerten, sondern ein Produkt aus einer Menge von Alternativprodukten auswählen. Bei dieser **Auswahl aus einer Alternativenmenge** werden sie gezwungen, Kompromisse zu finden (trade-off) und vorteilhafte Eigenschaften (z.B. eine anerkannte Marke oder Region) gegen unvorteilhafte Eigenschaften (z.B. ein hoher Preis) abzuwägen. Nur aus diesem Gegeneinanderabwägen von Produkten mit unterschiedlichen Eigenschaften lassen sich zuverlässige Wahrscheinlichkeiten für deren Auswahl und potenzielle Marktanteile vorhersagen. Aus diesen Auswahlexperimenten können auch zuverlässige Zahlungsbereitschaften für einzelne Eigenschaften abgeleitet werden. An anderer Stelle wird hierauf noch deutlicher und im Detail eingegangen Bei ihrer Auswahl ist es auch möglich, dass Konsumenten zu dem Schluss kommen, dass ihnen **keine der Alternativen zusagt** und sie überhaupt nicht oder lieber woanders kaufen wollen. Auch diese alternative Verwendungsmöglichkeit ihres Budgets wird von direkten Fragen nach Gefallen oder Kaufabsicht nicht berücksichtigt, wodurch der Erfolg von Produkten in direkten Befragungen tendenziell überschätzt wird.

2.3.5 Zusammenfassung

Insgesamt ist die direkte quantitative Befragung eine **weit verbreitete und versatile Marktforschungsmethode**, die sich für eine große Bandbreite von Fragestellungen eignet. Bei ihrem Einsatz ist jedoch eine Reihe von starken **Einschränkungen** zu beachten. Dazu gehören die Gefahr unwahrer Angaben, sozial erwünschter Antworten, die Unfähigkeit von Konsumenten, unbewusste Einflusse zu erfassen und die Tendenz für stark überschätze Zahlungsbereitschaften und Kaufwahrscheinlichkeiten. Die Vorhersagefähigkeit und Ergebnisgüte direkter quantitativer Befragungen für diese Fragestellungen wird in der Praxis nach wie vor überschätzt, was potenziell gefährliche Auswirkungen für die Umsetzung der ungültigen Ergebnisse im Unternehmen hat.

Es muss beachtet werden, dass sich Konsumenten immer bemühen, auf jede Frage des Marktforschers eine Antwort zu geben, unabhängig davon ob sie das überhaupt können oder nicht. Ihre Antwort ist dann für den Marktforscher wertlos, wenn die Fähigkeit der Konsumenten, das tatsächliche Verhalten zu reflektieren, eingeschränkt ist oder starke Normen sozial erwünschte Aussagen wahrscheinlich machen. Dies ist häufiger der Fall als oft angenommen. So muss der Marktforscher stets hinterfragen, ob Konsumenten überhaupt in der Lage sind, eine wahrheitsgemäße und realistische Antwort auf eine Frage zu geben. Der Marktforscher muss dem Konsumenten durch die **Wahl alternativ geeigneter Befragungsmethoden** behilflich sein, sein tatsächliches Verhalten mit indirekten anreizkompatiblen Methoden zu offenbaren anstatt durch unvollständige Wahrnehmung verzerrte Reflektionen und Erinnerungen seines Verhaltens direkt anzugeben.

Die folgenden drei Abschnitte stellen eine Auswahl indirekter Methoden für die Weinmarktforschung vor: die Beobachtung des Kaufverhaltens, experimentelle Simulation der Weinauswahl und die Analyse von Verkaufsdaten.

2.4 Beobachtung des Kaufverhaltens

Eine Form der indirekten Marktforschung ist die Beobachtung des Konsumenten während seiner Kaufentscheidung. Dieser Ansatz unterliegt in Deutschland ethischen Richtlinien, um die Privatsphäre des Konsumenten zu schützen. So muss Verbrauchern angezeigt werden, dass sie im Geschäft gefilmt werden könnten. Generell können zwei Ansätze unterschieden werden: der erste ist die Beobachtung des Verhaltens von Konsumenten beim Einkauf „von außen" und die zweite neuere Methode ist das Eyetracking, bei der der Marktforscher den Einkauf praktisch mit den Augen des Konsumenten verfolgen kann.

2.4.1 Beobachtung der Konsumenten im Geschäft

Auch wenn dabei die inneren Entscheidungsvorgänge des Konsumenten verborgen bleiben, ist es sehr aufschlussreich, von außen zu beobachten, wie sich der Konsumenten bei seiner Wahlentscheidung verhält und sich im Geschäft bewegt. Diese Methode wird besonders von Lebensmitteleinzelhändlern seit Jahren erfolgreich bei der **Gestaltung des Geschäftsinnenraumes** und der **Anordnung der Regale** angewandt, um die Verweildauer der Konsumenten im Geschäft zu verlängern, den Umsatz zu steigern und die Wahrscheinlichkeit von Impulskäufen zu erhöhen. Typische Fragestellungen, die mit Beobachtungen beantwortet werden sind: Welche typischen Laufwege nehmen Konsumenten im Geschäft? Wie lange verweilen sie an welchem Ort? Wie lange nehmen sie sich am Regal Zeit für ihre Auswahl und Entscheidung? Wie viele Produktalternativen werden näher betrachtet?

2.4.2 Typische Laufwege und Verweilzeiten

Die typischen Laufwege und Verweilzeiten können auf der einen Seite sehr stark durch die Ladengestaltung beeinflusst werden und hängen zum anderen vom Besuchsziel des Konsumenten ab. Auf Basis der Beobachtung von Konsumenten kann die Anordnung optimiert und der Effekt von Veränderungen objektiv überprüft werden. Im Weinfachhandel in den USA wurde zum Beispiel nach Analyse des Einkaufsverhalten eher gering involvierter Konsumenten entschieden, Wein für den schnellen Einkauf in den Regalen für den Basisbedarf in der Nähe des Eingangs anzubieten. Diese Verbraucher zeigten eine geringere Wahrscheinlichkeit für einen Einkauf und späteren Wiederholungskauf, wenn sie viel Zeit für die Suche in Regalen im hinteren Ladenbereich aufwenden mussten. Ein weiteres Ergebnis, das aus Beobachtungsforschung hervorgegangen ist, ist die **Positionierung des Verkostungsbereiches** im hinteren Ladenteil, um interessierte und weininvolvierte Konsumenten auf dem Weg dahin durch ein möglichst umfangreiches und gut präsentiertes Angebot zu locken und zum Einkauf zu bewegen. Im Kassenbereich hat sich dagegen die Platzierung von Lebensmitteln wie Schokolade bewährt, die zum Impulskauf einladen.

Der Lebensmitteleinzelhandel in den UK und USA hat die Beobachtung der Laufwege und Verweilzeiten durch den Einbau von **RFID-Chips in Einkaufswägen**, die jederzeit per Funk die Position des Wagens im Geschäft erfassen, schon wieder einen Schritt weitergetrieben (Slettemeås, 2009). Mit Treuekarten, mit denen sich der Kunde beim Check-out identifiziert und durch die auch das persönliche Profil des Käufers und seiner Familie hinterlegt ist (erfasst im Anmeldeantrag), können so individuelle Einkaufsprofile erstellt werden (was wann und wo in den Wagen gelegt und wie lange bei der Auswahl verweilt wird). Diese werden nicht nur verwendet, um Kunden individuell mit speziellen Angeboten und Kupons anzusprechen, sondern auch, um die Produktanordnung im Geschäft zu optimieren.

2.4.3 Entscheidungszeit am Regal, Anzahl der erwogenen Alternativen

Beobachtungen im Geschäft erlauben eine objektive Einschätzung der Entscheidungszeit am Regal. Mit diesem Ansatz wurde die durchschnittliche Entscheidungszeit beim Einkauf ermittelt, die für australische Weinkonsumenten 45 Sekunden beträgt und je nach Stärke des Interesses für Wein variiert (EBI, 2007). Während wenig involvierte Konsumenten ihre Entscheidung in 10 Sekunden getroffen haben, gibt es auch stark weininvolvierte Konsumenten, für die das lange Stöbern im Weinregal und Entdecken von neuen Produkten Teil ihres Einkaufserlebnisses ist. Diesen unterschiedlichen Bedürfnissen muss mit verschiedenen **Informationsstrategien** Rechnung getragen werden.

Die empfundene Einfachheit der Entscheidung kann durch intuitive Anordnung der Weine und hilfreiche **Informationen am Regal** beeinflusst werden (Mueller, Lockshin, Louviere, Leigh, & Francis, 2009). Auch hier ist wieder zwischen Konsumenten mit unterschiedlichem Weininteresse zu unterscheiden. Auf der einen Seite wollen wenig involvierte Weinkonsumenten eine möglichst einfache, schnelle und sichere Weinwahl treffen, da sie den Kauf von Wein als etwas Kompliziertes und Risikoreiches empfinden und durch ein zu detailliert präsentiertes Angebot leicht überfordert werden. Angaben oder Anordnung nach Geschmacksprofil und Kombinationsmöglichkeiten mit Speisen wird von dieser Gruppe besonders geschätzt (Mueller, Lockshin, Saltman, & Blandford, 2010). Weininteressierte Konsumenten bevorzugen es dagegen, eine Vielzahl von Informationen zur Region, zum Hersteller, zu Auszeichnungen, Medaillen und Punktbewertungen zur Verfügung zu haben.

Eine Reihe von Weingütern hat Erkenntnisse aus der Beobachtung des Verhaltens im Geschäft erfolgreich bei der Gestaltung der Verkaufsräume angewendet, um die Wahrscheinlichkeit eines Einkaufs beim Besuch des Weinguts und auch den durchschnittlichen Wert pro Einkauf zu steigern.[9]

2.4.4 Eyetracking

Während der Marktforscher in der Beobachtung auf die Aussicht des Konsumenten beschränkt ist, so erlaubt ihm die neueste Entwicklung des mobilen Eyetracking (Verfolgung der Augen) den Einkauf faktisch mit den Augen des Konsumenten zu sehen. Der Konsument trägt dazu eine Brille, an deren Bügel eine Miniaturkamera befestigt ist, die zum einen die Umgebung als auch mit Hilfe eines Spiegels in der Brille die Pupillen des Konsumenten filmt (siehe **Abbildung 2.2**). Die relativ kleine Kontrolleinheit, die in der Handtasche getragen oder umgehangen werden kann, zeichnet auf und versorgt die Kamera mit Strom. Nach einer kurzen Eingewöhnungszeit haben sich Probanden schnell an die Ausrüstung gewöhnt, wodurch der mögliche Einfluss auf ihr Verhalten minimal bleibt.

Das Prinzip des Eyetracking beruht darauf, Fixationen der Pupille (Informationsaufnahme) und Saccaden (Bewegung der visuellen Aufmerksamkeit auf einen neuen Punkt) zu unterscheiden, aufzuzeichnen und mit der Umgebung abzugleichen (was wird gesehen). Daraus entsteht ein Bewegungsbild, das zum einen die **Abfolge der Blickpunkte** und zum anderen die **Verweildauer auf jedem Blickpunkt** beinhaltet. Der Forscher erhält dadurch

---

[9] Siehe z.B. Mitchell (2005).

Aufschluss darüber, was und in welcher Reihenfolge die Aufmerksamkeit des Probanden auf sich zieht, ohne ihn dabei zu beeinflussen. Diese Methode, mit der der Proband nicht selbst als Übersetzer seiner Wahrnehmung fungieren muss, sondern direkt physiophysikalisch gemessen wird, was die Aufmerksamkeit des Konsumenten erhält, erlaubt dem Forscher einen direkten, unverzerrten Einblick in die Informationsaufnahme des Konsumenten. Dies ist auch der entscheidende Vorteil von Eyetracking gegenüber Verbalprotokollen, in denen der Proband verbal formulieren soll, was er in jedem Moment sieht und denkt, eine Aufgabe, die faktisch unmöglich ist und nachweislich das Verhalten der Probanden beeinflusst.

Abbildung 2.2   Ausrüstung für mobiles Eyetracking[10]

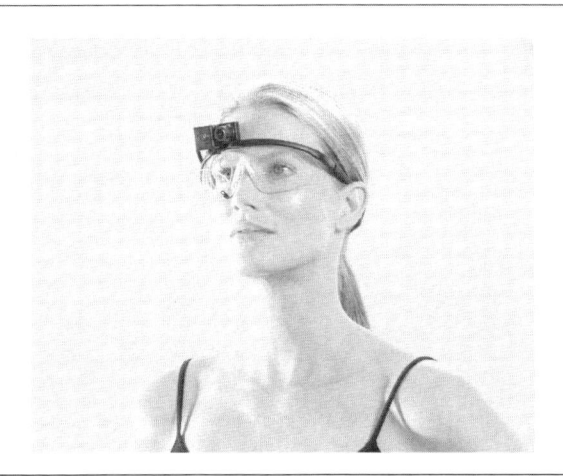

Der **Einsatzbereich von Eyetracking** ist extrem vielfältig und erstreckt sich vom Testen von Anzeigen und Werbung, Testen von Internetseiten und Testen von Verpackungen und Ausstattungen bis hin zur Verfolgung der Aufmerksamkeit beim Fahren und bei der Bedienung von Maschinen, aber auch zur Entwicklung von Hilfestellungen bei Leseschwächen usw.[11] Ein wachsender Anwendungsbereich von Eyetracking ist der Einsatz im Einkaufsbereich, zum Beispiel um diejenigen Informationen herauszukristallisieren, die die Aufmerksamkeit des Konsumenten finden und anhand derer er sich im Geschäft, am Regal und am Produkt tatsächlich orientiert, oder den Einfluss von Ort und Anzahl der Platzierungen im Regal auf die Wahrnehmung besser zu verstehen.[12] Ein weiterer Anwen-

---

[10] Das Foto wurde freundlicherweise von Peter Brawn von Eyetracker.com, Sydney (Australien) zur Verfügung gestellt.

[11] Umfangreiche Überblicke finden sich in Wedel & Pieters (2007), Wedel & Pieters (2008) sowie Radach, Hyona & Deubel (2003). Eine Reihe von Beispielvideos können auf http://eyetracker.com.au/examples/shopping/ eingesehen werden.

[12] Siehe z.B. Chandon et al. (2009), Orquin (2010).

dungsbereich beschäftigt sich mit dem optimalen Design von Einkaufsstätten (Meyers-Levy & Zhu, 2007).

Während Eyetracking hilft zu verstehen, was der Konsument sieht, so erlaubt die Kombination von Eyetracking und **psycho-physischer Messung** von Herzfrequenz, Hautleitwiderstand, Muskelbewegung bis zu Gehirnwellen, darüber hinaus zusätzliche Einblicke in die **Emotionen und Gefühle** der Probanden zu erhalten (was sieht er und wie fühlt er sich dabei). Obwohl bisher noch nicht mobil, sondern nur stationär im Labor verwendet, geben diese Messungen Hinweise, wann ein Proband positiv oder negativ aufgeregt, aufmerksam oder gelangweilt ist. Sie werden bisher im Marketing vor allem zum Pre-Test von Werbung eingesetzt, deren Kosten den Einsatz dieser umfassenden und fortgeschrittenen Methoden rechtfertigt.

2.5 Experimentelle Simulation der Weinauswahl

Das Ziel von Auswahlexperimenten (Discrete Choice Experiments) ist es, so nahe und realistisch wie möglich **am tatsächlichen Kaufverhalten des Konsumenten anzusetzen**. In der Realität wählt der Konsument ein Produkt aus einer Menge von Alternativprodukten aus. Wie bereits in 1.1.3.2 erläutert, wägt er bei dieser Auswahl wünschenswerte Eigenschaften (z.B. Reputation des Erzeugers, Marke, Region) gegen weniger wünschenswerte Eigenschaften (z.B. hoher Preis) gegeneinander ab. Je nach seinen individuellen Präferenzen wählt der Konsument das Produkt aus, das für den gegebenen Anlass in der Summe der Eigenschaften seinen Wünschen am nächsten kommt. In der **Kompromissfindung zwischen den Alternativen** muss der Konsument beispielsweise abwägen, ob ihm ein namhafter Produzent oder eine Prämierungsmedaille einen entsprechend höheren Preis Wert ist oder ober er für einen geringeren Preis auf einen weniger bekannten Produzenten ohne Prämierung zurückgreift. Obwohl ihm ersterer Wein vielleicht besser gefällt (er dem Wein eine höhere Bewertung geben würde), kann der höhere Preis ausschlaggebend für die Wahl einer anderen Alternative mit geringerem Preis sein. Auswahlexperimente messen somit direkt, **was der Konsument am Regal tun würde**, anstatt mit der Kaufentscheidung kaum zusammenhängende Konstrukte wie Gefallen oder Kaufabsichten von einzelnen Produkten abzufragen.

Auswahlexperimente haben ihren Ursprung in der Ökonomie (1970er Jahre) und werden mittlerweile seit mehr als 30 Jahren erfolgreich auch in der Marktforschung angewandt. Sie sind eine Weiterentwicklung der Conjoint-Analyse und haben diese aus der Marktforschungspraxis fast vollständig verdrängt (Orme, 2010). Ein wichtiger Grund dafür ist die Fähigkeit von Auswahlexperimenten, dass tatsächliche Marktergebnis und Marktanteile erfolgreich vorherzusagen und dem Unternehmen somit **valide und zuverlässige Ergebnisse** für die Entscheidungsfindung zu liefern.[13] Ein zweiter Grund ist die Möglichkeit, mit

---

[13] Für einen detaillierten Überblick: Louviere, Hensher & Swait (2000); Lockshin & Mueller (2010).

neuerer Grafiksoftware und Onlinebefragungen, preiswert vollkommen realistische Produktregale mit visuellen Produkten darzustellen und damit auch den Verbrauchern **unbewusste Effekte der Weinausstattung** integrieren zu können. Abbildung 2.2, Abbildung 2.3 und Abbildung 2.4 zeigen Beispiele solcher visueller Regalsimulationen. Im Folgenden sollen drei Einsatzmöglichkeiten für Auswahlexperimente in der Weinmarktforschung vorgestellt werden: 1) der Test von ganzheitlichen Weinkonzepten, 2) der Test mehrerer unabhängiger Eigenschaften von Wein und 3) der Test von Werbung.

2.5.1 Test ganzheitlicher Weinkonzepte

Dies ist die einfachste Variante von Auswahltests, die sich insbesondere für den Test von wenigen Produkt- oder Ausstattungskonzepten in der Endphase der Produktneuentwicklung eignet. Das Ziel der Untersuchung ist es, den **Erfolg für den Erstkauf eines neuen Produktes** oder eines existierenden Produktes in einem neuen Markt relativ zur existierenden Konkurrenz zu testen. Mit diesem Test erhält das Unternehmen eine zuverlässige **Schätzung des Absatzpotenzials** seines Produktes zum avisierten Verkaufspreis, wenn es neben seinen Konkurrenzprodukten im Regal steht. Ist dieser Test erfolgreich, dann kann das Ergebnis bei der Verhandlung über eine Neulistung sowie die Aushandlung der Listungsgelder mit dem LEH eingesetzt werden.

Abbildung 2.3   Choice-Experiment zum Test ganzheitlicher Produktkonzepte

Entscheiden sich im Auswahltest nur sehr wenige Konsumenten für das eigene Produkt, dann ist dies ein Indikator für eine notwendige Überarbeitung des Konzepts oder der Preisstrategie, um zu vermeiden, dass viel Geld in eine Neulistung mit geringen Erfolgschancen investiert wird. Es kann in diesem Test auch überprüft werden, wer die „Heavy-User" des Produkts sind, um diese gezielt durch Kommunikation oder Platzierung anzusprechen.

Für die Durchführung des Tests wählt der Marktforscher neben den neuen Testprodukten eine Reihe von Konkurrenzprodukten im Zielmarkt aus (z.B. eine Reihe von Rotweinen verschiedener Umsatzstärke, Herkunft, Marken und Preise, die im LEH gelistet sind, wenn das zu testende Produkt ein Rotwein für den Absatz im LEH ist). Gut lesbare Fotos aller ausgewählten Weine und deren Preise werden dann entsprechend einem statistischen Design in Regalen platziert, aus denen der Proband gebeten wird, wiederholt den Wein zu wählen, den er am wahrscheinlichsten kaufen würde, oder anzugeben, wenn er keinen der angebotenen Weine kaufen würde (siehe **Abbildung 2.3**). Aus der wiederholten Auswahl der Probanden können **Vorhersagen für den Marktanteil** der Weine abgeleitet werden.

Bisherige Auswahlexperimente von ganzheitlichen Weinkonzepten haben eine außergewöhnlich **hohe Vorhersagekraft für reale Marktanteile** bewiesen. So waren die vorhergesagten Marktanteile eines Online-Experiments mit 21 Weinen im Einzugsbereich von Sydney sehr stark ($r=0,76$) korreliert mit den tatsächlichen Marktanteilen, aufgezeichnet von AC Nielsen. Wurde der unterschiedlich starken Distribution der 21 Weine Rechnung getragen (Anteil der Geschäfte, in denen sie erhältlich sind), dann erlaubte das Auswahlexperiment eine fast punktgenaue Vorhersage für den tatsächlich beobachteten Marktanteil ($r=0,93$) (Mueller et al., 2010).

Sind Gesamtvorhersagen der Marktanteile für einen bestimmten Markt ausreichend, dann ist eine **Stichprobe** von mindestens 300 regelmäßigen Weinkonsumenten, die repräsentativ für den Zielmarkt sind, empfehlenswert. Sollen aus dem Auswahlverhalten unterschiedliche **Segmente** abgeleitet und charakterisiert werden, empfiehlt sich eine höhere Stichprobe von mindestens 700 bis 800 Probanden, um eine relativ genaue Vorhersage der Größe dieser Segmente in der Grundgesamtheit aller Weinkonsumenten zu gewährleisten.

Direktvermarkter mit eigenen Verkaufsräumen können Auswahlexperimente kleineren Umfangs auch anhand physischer Produkte mit ihren Kunden direkt im Geschäft durchführen. Dies ist z.B. an der Verkostungstheke oder im Kassenbereich möglich. Es muss dabei jedoch beachtet werden, dass diese Ergebnisse von lokalen Kunden nicht repräsentativ für andere Regionen und andere Verkaufskanäle sind. Die Präferenzen dieser Kunden sind durch Onlinebefragungen mit Regalsimulationen, die die relevanten Konkurrenzprodukte beinhalten, relativ einfach zu ermitteln.

2.5.2 Test von mehreren Eigenschaften

In dieser zweiten Stufe von Auswahlexperimenten werden nicht ganzheitliche Konzepte getestet, sondern das Ziel ist es, den **Beitrag einzelner Eigenschaften und Eigenschafts-**

ausprägungen auf das Wahlverhalten der Konsumenten zu quantifizieren. So kann zum Beispiel getestet werden, welchen Effekt ein Bio-Logo oder eine Prämierungsmedaille auf verschiedene Konsumentensegmente hat.

Das statistische und grafische Design dieser Experimente ist um einiges aufwendiger als für den Test ganzheitlicher Produkte, da alle zu untersuchenden Eigenschaften frei miteinander kombiniert werden müssen und das Gesamtdesign (die Zahl aller zu beantwortenden Regalkombinationen) wegen seines Umfangs auf mehrere Probanden aufgeteilt werden muss. Für umfangreiche Fragestellungen müssen dabei oft mehr als 1.000 grafische Weinkonzepte generiert werden (z.B. Experiment in **Abbildung 2.6**), was nur von professionellen Anbietern bewältigt werden kann. Im Folgenden wird eine Reihe von geeigneten Fragestellungen für diese Marktforschungsmethode aufgelistet.

■ **Produktneuentwicklung**

Für die ersten Schritte der Produktneuentwicklung kann es wichtig sein, verschiedene potenzielle Markennamen, Ausstattungstypen, Kennzeichnungen und Verkaufspreise in einem Auswahlexperiment zu testen, um die Kombination zu finden, die die höchste Akzeptanz der Konsumenten findet.

Regalsimulationen können auch in Verbindung mit sensorischen Tests (siehe Kapitel von Kern und Müller in diesem Buch) eingesetzt werden, um das Zusammenspiel von Verpackung und sensorischen Produktprofilen besser zu verstehen.[14]

■ **Management von Markenportfolios**

Für größere Produzenten, die ein Portfolio an Marken verschiedener Ausstattungen, Marken, Rebsorten und Regionen haben, kann ein Auswahlexperiment mit anschließender Segmentierung der Probanden nach ihren Auswahlkriterien[15] wertvollen Aufschluss geben über segmentspezifische Produktoptimierung (welcher Wein in welcher Ausstattung und zu welchem Preis wird von welchem Segment bevorzugt) und Zielgruppenansprache bzw. Targeting (über welche Vertriebskanäle sollten diese Weine vertrieben werden).

■ **Quantifizierung des Einflusses von Regalinformationen auf das Kaufverhalten**

Da viele Konsumenten den Kauf von Wein als schwierig und risikoreich empfinden, können zusätzliche Informationen die Auswahl erleichtern. Aus Sicht des Einzelhändlers stellt sich dabei die Frage, welche Informationen am effektivsten zur Ansprache des Konsumenten geeignet sind. So hat ein Auswahlexperiment in den USA (siehe Abbildung 2.4) gezeigt, dass Medaillen, sensorische Beschreibungen des Weins, Bewertungen von Weinexperten (Parker und Wine Spectator) sowie Empfehlungen des Ladeninhabers erfolgreich die Wahl eines Weins beeinflussen können. Diese Studie für

---

[14] Für ein Beispiel siehe Mueller, Osidacz, Francis & Lockshin (2010).
[15] Train (2003). Wedel und Kamakura (1999).

die australische Weinindustrie (Lockshin et al., 2010) hat den Weinproduzenten die relative Wertschätzung einer Information in US-Dollar angeben können, wodurch Weingüter objektiv die Kosten, ihren Wein für einen Wettbewerb oder eine Expertenverkostung anzustellen, gegen den Nutzen des höheren Absatzes im Geschäft abschätzen können. Diese Informationen erlauben ihnen auch zu entscheiden, ob die Kosten dem LEH spezielle Aufsteller mit sensorischen Informationen zur Verfügung zu stellen, durch den Ertrag eines höheren Absatzes gerechtfertigt sind.

Abbildung 2.4   Choice Experiment zum Test des Einflusses von Regalinformationen

Optimierung von Weinlisten in Restaurants

Ähnlich wie für Weinregale stehen Restaurantbetreiber oft vor der Frage, wie eine Weinkarte sortiert sein muss, um den wertmäßigen Absatz zu optimieren und wie viele und welche Informationen angegeben werden sollen, um dem Gast die Auswahl zu erleichtern und zu verhindern, dass er aus Unsicherheit gar keinen Wein bestellt. Entsprechende Auswahlexperimente, die eine Weinkarte simulieren (siehe Abbildung 1.4), haben u.a. gezeigt, dass eine Sortierung nach dem Weinstil anstatt dem Preis den Umsatz je bestelltem Glas um bis zu 30 Cent steigern kann (Corsi et al., 2010). Die gleiche Studie hat auch Informationen wie sensorische Beschreibung, Speisempfehlungen und Medaillen oder Auszeichnungen als erfolgreiche Mittel zur Beeinflussung der Weinwahl identifiziert und ihren monetären Wert ermittelt.

Experimentelle Simulation der Weinauswahl

Abbildung 2.5 Auswahlexperiment zum Effekt von Informationen auf Weinkarten

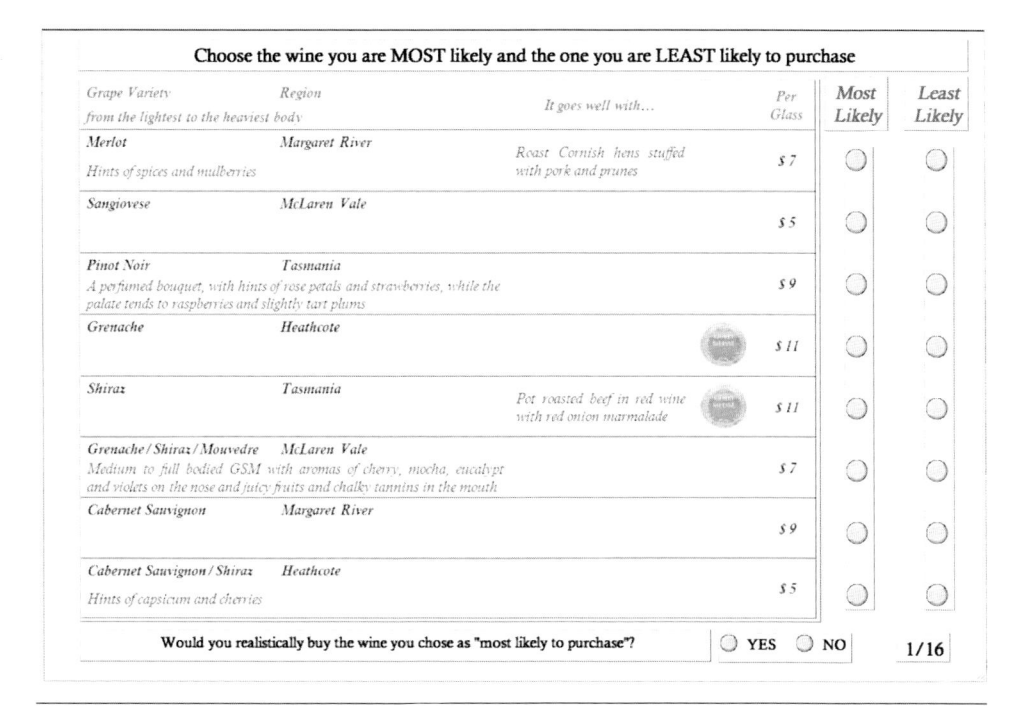

Grape Variety from the lightest to the heaviest body	Region	It goes well with...	Per Glass	Most Likely	Least Likely
Merlot Hints of spices and mulberries	Margaret River	Roast Cornish hens stuffed with pork and prunes	$7	○	○
Sangiovese	McLaren Vale		$5	○	○
Pinot Noir A perfumed bouquet, with hints of rose petals and strawberries, while the palate tends to raspberries and slightly tart plums	Tasmania		$9	○	○
Grenache	Heathcote		$11	○	○
Shiraz	Tasmania	Pot roasted beef in red wine with red onion marmalade	$11	○	○
Grenache / Shiraz / Mouvedre Medium to full bodied GSM with aromas of cherry, mocha, eucalypt and violets on the nose and juicy fruits and chalky tannins in the mouth	McLaren Vale		$7	○	○
Cabernet Sauvignon	Margaret River		$9	○	○
Cabernet Sauvignon / Shiraz Hints of capsicum and cherries	Heathcote		$5	○	○

Would you realistically buy the wine you chose as "most likely to purchase"? ○ YES ○ NO 1/16

■ **Quantifizierung der Zahlungsbereitschaft für Umweltkennzeichen**

Verbraucher geben oft erstaunlich hohe Zahlungsbereitschaften für die Kennzeichnung von Umwelteigenschaften wie „Bio" in direkten Befragungen an, die sich in der Praxis als stark überhöht erweisen. Wie schon dargestellt, unterliegen diese direkten Angaben der Verzerrung durch soziale Normen des Umweltbewusstseins und der Unfähigkeit von Verbrauchern valide Zahlungsbereitschaften ohne entsprechende Anreize anzugeben. Auswahlexperimente sind in der Lage, valide Teilzahlungsbereitschaften für Bio-Siegel, „ökologischer Weinbau" und andere Umweltzeichen zu ermitteln, in denen der Verbraucher gezwungen wird, Kompromisse zu finden und positive gegen negative Eigenschaften abzuwägen. Dabei zeigt sich dann, ob einem Konsumenten ein Umweltsiegel tatsächlich mehr Wert ist als eine angesehenere Herkunft oder Marke mit höherer Reputation.

Abbildung 2.6 Experiment zum Einfluss von Umweltzeichen auf die Weinauswahl

Abbildung 2.6 zeigt ein Beispiel für ein solches Experiment, in dem eine sehr hohe Anzahl von Weineigenschaften variiert und getestet wurde: Marken & Ausstattungen, Herkunftsregionen, Herkunftsbezeichnungen, Rebsorten, Medaillen, Preise, sensorische Informationen und Umweltgütesiegel. Im Ergebnis war die Studie (Remaud, Mueller, & Chabin, 2010) nicht nur in der Lage, den monetären Wert der Umweltsiegel valide zu bestimmen, sondern auch diejenigen Weinkonsumenten zu charakterisieren, die in ihrer Auswahl auf diese Umweltzeichen reagierten. Da diese Segmente anhand ihres Verhaltens (Auswahl von Wein) und nicht ihrer soziodemografischen Eigenschaften gebildet werden, sind sie wesentlich robuster und stabiler als andere Segmentierungsarten und erlauben den Herstellern eine realistischere Einschätzung über die relative Größe und ihr Targeting (Remaud, Mueller, Lockshin & Chvyl, 2007; Mueller & Remaud, 2010).

2.5.3 Test des Effekts von Werbekommunikation

Ein weiterer Anwendungsbereich von Auswahlexperimenten ist die Messung des relativen Effekts von Werbekommunikation auf das Auswahlverhalten von Weinverbrauchern. Das Ziel ist es dabei, aus mehreren Entwürfen diejenige Kommunikation herauszufinden, die den höchsten Absatzsteigerungseffekt hat. Damit weicht diese Methode von anderen Bewertungsansätzen ab, wie z.B. das Gefallen von Werbekommunikationen zu messen, für die kein direkter Zusammenhang mit ihrer tatsächlichen Wirkung festgestellt werden konnte.

Bevor Probanden Wein aus simulierten Weinregalen wählen, werden verschiedenen Gruppen, die nach dem Zufallsprinzip ausgewählt werden, unterschiedliche Werbetexte oder Videos gezeigt. Der Vergleich der anschließenden Regalauswahl zwischen den Gruppen, die verschiedene Werbung gesehen haben, erlaubt Rückschlüsse über deren relative Wirkung.

Abbildung 2.7   Test des Einflusses von Werbekommunikation auf die Weinauswahl

Australia Leads the World in Innovative Wine Making

... a focus on research and innovation in order to produce top quality wines with a minimum of labour.

Australia is a large country with a small population, who love their wine. Australians drink over five gallons of wine per person, while the US consumes only three gallons per adult. This thirst for wine in an unpopulated country has resulted in a focus on research and innovation in order to produce top quality wines with a minimum of labour.

With only 4% of the world's vineyards, Australian wine scientists produce over 20% of the world's research papers on grape growing and wine making. Many innovative practices were first developed in Australia. The bag-in-box or wine cask was developed in Australia in the 1960s to maintain wine quality in larger packages. Today bag-in-box offers a reduced environmental footprint compared to bottles due to lower weight and complete recyclability.

Australia also developed the first mechanical harvesters and pruners to compensate for the low availability of labor. More recently a new method of applying water to vineyards, partial root zone drying, has led to a 30% reduction in the amount of water necessary to produce quality wines in irrigated areas. Australian wine makers have not been afraid to try new blends, such as Cabernet/Shiraz, to provide exciting new tastes for wine consumers. This innovative spirit is helping Australia gain a reputation far exceeding its actual wine production.

Wine Review · May 2009

Beispiel für den Test einer nationalen Weinstrategie

Im Rahmen der überarbeiteten australischen Weinstrategie „Directions to 2025" war umstritten, ob Australien sich gegenüber den Konsumenten als Anbieter regionaler Weine (Nachahmen des Ansatzes der „alten" Weinwelt) oder als eigenständiger Innovator in der Weinbereitung positionieren soll. Vor einem Auswahlexperiment wurden Weinkonsumenten in den USA entweder ein Zeitschriftenartikel zur Regionalbezogenheit australischer Weine, zu Australien als Weininnovator (siehe **Abbildung 2.7** oder als Kontrolle ein Artikel zu den USA als größtem Importmarkt der Welt zu lesen gegeben (Lockshin et al., 2010).

Wie erwartet führte der letzte Artikel zu einer höheren Wahl von einheimischen US-Weinen, während beide Artikel über Australien die anschließende Auswahl australischer Weine signifikant steigerte. Über alle Konsumenten war der Innovationsartikel dabei insgesamt doppelt so erfolgreich, die Auswahl australischer Weine zu stimulieren, wie der Artikel zur Regionalität. Insbesondere für das Segment von Hochpreiskonsumenten, die unterdurchschnittlich oft australischen Wein kaufen, war diese Kommunikationsstrategie die effektivere von beiden. Dieses Beispiel zeigt, wie große Unternehmen und zentrale Vermarktungsorganisationen die Effektivität ihrer Kommunikationsstrategien effektiv und valide testen können, bevor hohe Kosten in deren Distribution investiert werden.

Zusammenfassend kann festgestellt werden, dass Auswahlexperimente ein Marktforschungsinstrument mit besonders hoher Validität der Ergebnisse ist, das Konsumenten, wie bei der tatsächlichen Kaufentscheidung, verschiedene Alternativen und den Nichtkauf zur Auswahl anbietet. Auswahlexperimente haben einen breiten Anwendungsbereich und sind durch Onlinebefragungen mit visueller Darstellung kosteneffektiv und weit verbreitet geworden.

Sie eignen sich insbesondere für den Test von neuen Produkten und die Quantifizierung des Erfolgs und der Zahlungsbereitschaft für Eigenschaften, für die noch keine verlässlichen Verkaufszahlen vorliegen. Die Kosten eines validen Erfolgstests durch Auswahlexperimente sind um ein vielfaches geringer als die Kosten einer erfolglosen Produkteinführung, die heute die große Mehrheit aller Produktneueinführungen ausmachen. Ähnliches gilt für Werbekommunikation und deren Wirkung auf das Kaufverhalten der Konsumenten. Es ist sinnvoller den relativen Effekt verschiedener Alternativen in einem Auswahlexperiment zu testen, bevor hohe Ausgaben in deren mediale Verbreitung getätigt werden.

2.6 Analyse von Verkaufsdaten

Um zu analysieren, was der Konsument kauft und welche Eigenschaften er stark oder wenig nachgefragt, ist es sehr nahe liegend, seine tatsächlichen Käufe auszuwerten.[16] In den letzten 15-20 Jahren hat durch den umfassenden Einsatz von Scannerkassen und Kundenkarten im Einzelhandel eine **Revolution in der Verfügbarkeit von Verkaufsdaten** für die Marktforschung stattgefunden. Für deren Auswertung sind Marktforscher heute auf die Hilfe von Informationsverarbeitungsspezialisten angewiesen, die die anfallenden Datenmengen effektiv und effizient verwalten, modellieren und analysieren.

Der entscheidende Vorteil von tatsächlichen Verkaufsdaten ist ihre **hohe Validität oder Glaubwürdigkeit**. Sie repräsentieren Transaktionen, für die der Konsument tatsächlich Teile seines Budgets aufgewendet und bezahlt hat und sind nicht durch verzerrte Angaben oder andere Probleme direkter Befragungen (siehe 1.1.3.1) belastet. Während tatsächliche Verkaufsdaten für den Marktforscher sehr nützlich und wertvoll sind, besteht ihr potenzieller Nachteil darin, dass sie für den Weinproduzenten ohne Direktabsatz oft nicht einfach und frei verfügbar. Verfügt das Unternehmen über Absatzdaten, so erfordern diese Aufwand und Expertise in regelmäßiger Pflege, Analyse und Auswertung, um für ein Unternehmen von Nutzen zu sein.

Generell können Transaktionsdaten auf zwei Wegen erfasst werden: entweder direkt beim **Verkauf im Geschäft** (Kassensystem) oder durch **Aufzeichnungen des Konsumenten** nach dem Einkauf (Konsumentenpanels). Bezüglich ihrer Detailliertheit können außerdem zwei Datenniveaus unterschieden werden: Verkaufsdaten, die über alle Konsumenten eines Geschäfts oder Marktes **aggregiert** sind, sowie Verkaufsdaten, die eine **individuelle Identifizierung** einzelner Konsumenten zulassen. Aus der Kombination beider Kriterien ergeben sich vier konkrete Ausprägungen von Transaktionsdaten, die in **Tabelle 2.1** als Überblick dargestellt werden.

Welche **relative Bedeutung** haben diese verschiedenen Verkaufsdaten in der deutschen Weinbranche? Über 80 Prozent des Weinvolumens auf dem deutschen Weinmarkt wird über Einzelhändler (Discounter, Supermärkte, Fachhandel) vertrieben und nur ein knappes Fünftel der Menge wird direkt vom Winzer oder der Winzergenossenschaft abgesetzt (DWI, 2010). Während Direktvermarkter den Vorteil des direkten Kontakts und der direkten Datenhoheit über ihren Absatz haben , ist die Mehrheit der mittleren und großen Produzenten auf kostenpflichtige Scannerdaten oder Verbraucherpanels großer Marktforschungsunternehmen angewiesen.

---

[16] So hat eine Studie von Mueller und Szolnoki (2010) basierend auf US-Scannerdaten den relativen Preisauf- oder -abschlägen von Weinausstattungsalternativen ermittelt, was Unternehmen ermöglicht, ihre Ausstattung für bestimmte Preissegmente zu optimieren.

Tabelle 2.1   Überblick über verschiedene Arten von Transaktionsdaten

	Erfasst beim Verkäufer	Erfasst beim Konsumenten
Zusammengefasst über alle Konsumenten des Marktes	TNS- und AC Nielsen-Transaktionsdaten (Scannerdaten)	GfK-Haushaltspanel; für Wein ausgewertet von FA Geisenheim im Auftrag des Deutschen Weininstitutes
Individuelle Konsumenten identifizierbar	Verkaufsdaten mit individueller Kundennummer oder Kundenkarte z.B. Direktvermarkter, Versandhandel, Filialfachhändler (Jacques' Weindepot)	GfK Haushaltspanel: individuelle Daten nicht frei verfügbar, erfordert kundenspezifische Auswertung durch GfK

2.6.1 Aggregierte Verkaufsdaten

Verkaufsdaten fallen in erster Linie bei jedem **Einzelhändler** in Form von täglichen, wöchentlichen und monatlichen **Umsatzprotokollen** der Scannerdaten an. Diese Verkaufsdaten können einerseits individuell für jeden Händler und Handelsstandort ausgewertet werden. Dies hat vor allem Bedeutung für Direktvermarkter, die damit über die Entwicklung ihres Absatzes und dessen Zusammensetzung direkt informiert sind.

Für die Weinproduzenten, die regional und überregional durch den Lebensmitteleinzelhandel absetzen, sind Verkaufsdaten von einzelnen Händlern nicht nur nicht zugänglich sondern auch von eingeschränktem Nutzen, da sie nur einen Bruchteil des Marktes reflektieren. Diese Lücke wird von großen Marktforschungsunternehmen wie TNS und AC Nielsen gefüllt, die **Scannerdaten** von einzelnen Händlern aufkaufen, über alle Händler aggregieren und für jedes Produkt (SKU – stock keeping unit) aufbereiten und den Produzenten zum Kauf anbieten. Diese Daten erlauben Einsicht in die Entwicklung des aggregierten Absatzes und Umsatzes der Produkte über einen bestimmten Zeitraum (meistens vier Wochen) und bestimmte geografisch abgegrenzte Gebiete. Überregional tätige Unternehmen kaufen diese Daten für die Überwachung des Absatzerfolges ihrer Marken relativ zu ihren Wettbewerbern.

Die **Aussagekraft und Repräsentativität** dieser Daten hängt im entscheidenden Maße von der Anzahl der kooperierenden Händler ab, die ihre Daten dem Marktforschungsinstitut zur Verfügung stellen. Aus Erfahrung der Autorin sind Scannerdaten in Deutschland durch ihre geringere Abdeckung von Einkaufsstätten weniger aussagefähig als in anderen internationalen Märkten. Da die über alle Konsumenten aggregierten Verkaufszahlen faktisch **anonym** sind, erlauben sie auch keine Rückschlüsse, ob Veränderungen auf alle Verbraucher oder nur bestimmte Verbrauchergruppen zurückzuführen sind.

2.6.2 Aggregierte Verbraucherpaneldaten

Verbraucherpanels stellen quasi die andere Seite der gleichen Medaille dar. Hier wird nicht der Weinabsatz beim Händler, sondern alle Einkäufe einer **repräsentativen Stichprobe von Verbrauchern** erfasst. Von besonderer Bedeutung in Deutschland ist hier das langjährige GfK-Haushaltspanel, welches Mitte 2009 auf 30.000 Haushalte, repräsentativ für Deutschland, aufgestockt wurde. Diese Haushalte berichten über alle ihre Einkäufe in Form von schriftlichen oder elektronischen Einkaufstagebüchern.[17] Die Einkäufe der repräsentativen Stichprobe werden mittels Gewichtung auf die Gesamtpopulation Deutschlands hochgerechnet.

Ein wesentlicher Vorteil von individuellen Einkaufsprotokollen besteht darin, dass **Unterschiede zwischen verschiedenen Haushaltstypen** und Regionen aufgezeichnet und berücksichtigt werden können. Außerdem kann ausgewertet werden, welche verschiedenen Produktarten zusammen von bestimmten Haushalten über- oder unterproportional gekauft werden. Diese Information ist besonders wertvoll für das Targeting von Haushalten (wer mein Produkt kauft, kauft tendenziell auch das Produkt X). Neueste Daten (deutsches Single-Source-Panel im Umfang von 9.000 Konsumenten) erlauben auch Informationen zum individuellen **Medienkonsum** (on- und offline) von Haushalten, woraus sich für die Produzenten Empfehlung für die optimale Schaltung von Werbekommunikation abgeleitet werden können.

Nachteile von Verbraucherpanels sind einerseits der notwendige Verlass auf die vollständige Angabe aller Einkäufe und die genaue Identifikation aller Artikel durch die teilnehmenden Haushalte. Hier hat es in der Vergangenheit im Weinbereich vor allem Probleme mit der Abdeckung von Direkteinkäufen gegeben, die nach Umstellung in der Erfassungsmethode im GfK-Haushaltspanel seit 2004 unterrepräsentiert sind.[18] Obwohl das deutsche Verbraucherpanel heute mit 30.000 Haushalten das umfangreichste seiner Art in Europa ist, hängt die Gewichtung bei der Hochrechnung für die Gesamtbevölkerung von mehr als 80 Millionen Deutschen immer noch von soziodemografischen Merkmalen ab, die nur ein eingeschränkter Indikator für Verhaltensunterschiede sind. Wie in 1.1.6.3 dargestellt wird, sind heutige Kundendatenbanken der großen Einzelhändler wesentlich umfangreicher und genauer, jedoch wiederum auf Einkäufe bei einem bestimmten Händler beschränkt.

Das Fachgebiet BM der Forschungsanstalt Geisenheim wertet die vom GfK-Haushaltspanel angebotenen **aggregierten Weinkäufe** im Auftrag des DWI aus und veröffentlicht diese vierteljährlich in den **Mafo-Briefen**, die ab 2010 nur noch online zugänglich sind.[19] Die Mafo-Briefe geben regelmäßigen Überblick über den deutschen Gesamtabsatz und -umsatz von Wein, aufgeteilt u.a. nach Weinarten, Qualitätsstufen, Rebsorten, Herkunfts-

---

[17] http://www.gfk.com/gfk-living/methoden/haushaltspanel/index.de.html
[18] Für Details siehe Mafo-Brief 1/2006 S. 1-9, Forschungsanstalt Geisenheim, Fachgebiet BM.
[19] www.weinoekonomie-geisenheim.de

ländern, Anbaugebieten, Einkaufsstätten, Flaschengrößen und Preisbereichen. Um das Problem der eingeschränkten Abdeckung durch Direktvermarkter zu überwinden, ergänzt die FA Geisenheim Daten aus dem GfK-Haushaltspanel mit Ergebnissen aus eigenen repräsentativen Erhebungen.

2.6.3 Individuelle Transaktionsdaten

Mitte der 1990er wurde eine Wende im Machtgefüge und der Informationshoheit zwischen den Einzelhändlern, Marktforschungsunternehmen und Produzenten eingeläutet. Mit der internationalen Einführung von **Kunden- oder Treuekarten**, die Konsumenten Rabatte für ihre Einkäufe versprechen, gingen die großen Einzelhändler dazu über, selbst individualisierte Daten über die Einkäufe ihrer Kunden zu sammeln. Bei der Aufnahme erheben die Beitrittsformulare detaillierte Hintergrundinformationen zu den sozio- und geodemografischen Eigenschaften und zum Lifestyle ihrer Kunden. Bei jedem Einkauf identifizieren sich die Käufer mit ihrer Treuekarte, um sich Gratifikationen gutschreiben zu lassen (i.d.R. entspricht der Wert ca. 1% des Umsatzes). Damit erlauben sie den Händlern, folgende wichtige Informationen zu verknüpfen und vernetzen:

- **Wer** kauft
- **Was**
- zusammen mit welchen anderen Produkten (**Kontext**)
- **Wann** (Saisonalität, Tageszeit, bei welcher Marketingaktion)
- **Wo** (in welchem konkreten Geschäft)?

Der einzige noch fehlende Aspekt ist die Beantwortung der Frage „Warum?", die von komplementären Methoden der Marktforschung beantwortet werden muss.

Aus ihrer Einkaufshistorie lassen sich individuelle Profile jedes Konsumenten erstellen und bestimmten **Segmenten** zuordnen. Das britische Unternehmen Dunnhumby,[20] Betreiber des Treuekarten-Programms (mehr als 15 Mio. Teilnehmer) des größten britischen Einzel- und gleichzeitig Weinhändlers Tesco, spricht hier auch von einem genetischen Code jedes Käufers, den er durch seine Einkäufe offenbart. Dieser kann genutzt werden, um **Kunden spezifisch für ihre Wünsche und Bedürfnisse gezielt anzusprechen**. So versendet Kroger in den USA basierend auf der Auswertung von Transaktionsdaten individualisierte Kuponhefte, die eine wesentliche höhere Einlösungsrate haben als die sonst per Streusendung verteilten allgemeinen Kupons. Die individuellen Einkaufsdaten erlauben es den Einzelhändlern auch, einzuschätzen welche Marketingmaßnahmen sich in welchem Segment in welcher Höhe im Umsatz niederschlagen (**Promotion Tracking**), um sich die für jedes Segment effektivsten Medien und Methoden zu konzentrieren. Die gleichen Methoden des Data Mining werden heute auch in Deutschland von Versand- oder

---

[20] www.dunnhumby.com

Onlinehändlern wie Hawesko, Filialhändlern wie Jacques' Weindepot oder Kaufhaus-Feinkostabteilung eingesetzt, wo sich Kunden mit ihrer Kundennummer identifizieren.

Die nächste Generation von Treuekarten wird zurzeit in den USA und Großbritannien eingeführt, wo ein RFID-Chip (Radio Frequency Identification) in Einkaufswägen oder den Treuekarten den örtlichen **Einkaufsverlauf und die Verweilzeiten** im Geschäft nachvollziehbar macht. Damit wird die Aussagekraft der individuellen Verkaufsdaten um den Aspekt der Beobachtung im Geschäft erweitert, woraus sich bedeutende Einsichten ergeben. So kann die **Positionierung und Co-Positionierung** von Produkten im Geschäft weiter optimiert werden (wie verkauft sich Rotwein neben der Pastasauce platziert im Vergleich zu einer Positionierung neben dem Fleischkühlregal).

Während in der Vergangenheit Produzenten Marktforschung in Auftrag gaben, um mit deren Erkenntnisse eine Listung im Einzelhandel zu erreichen, ihre Produkte zu verbessern oder zu repositionieren, so sind jetzt die **Einzelhändler Besitzer und Anbieter für Verkaufsdaten**, die sie den Produzenten gegen Entgelt zur Verfügung stellen. So weiß Tesco aus der Transaktionshistorie, welche Eigenschaften die Käufer von australischem und chilenischem Rotwein in Großbritannien unterscheiden und wie beide Konsumentengruppen am besten angesprochen werden können.[21] Diese Informationen sind für beide konkurrierenden Weinhersteller von hohem Wert und werden vom Einzelhändler sowohl bei Listungsverhandlungen mit Markenanbietern als auch bei der selbständigen Einführung von Eigenmarken genutzt, die ihn unabhängig von Markenanbietern macht.

Dieses Beispiel verdeutlicht, wie die Informationshoheit die **Machtbalance weiter zu Gunsten des Handels** verschoben hat. Für die Weinbranche in Deutschland ist dies eine besondere Herausforderung, da sie eine der am stärksten fragmentierten Zulieferbranchen des Einzelhandels ist. Der Handel ist dagegen so stark konzentriert, dass sich die hohen Anschaffungskosten der Informationsgewinnungs- und -auswertungstechnologie einfacher amortisieren. Individualisierte Informationsdaten werden in Zukunft eine noch größere Rolle in der Marktforschung spielen, vor allem dann, wenn individuelle Kundenprofile aus mehreren Datensätzen einfacher verknüpft werden können (Data Mining). Während der Kunde für den Handel heute beinahe schon gläsern ist, hat die Weinbranche hier noch sehr viel nachzuholen, um im Wettbewerb um die relevanten Informationen mitzuhalten.

2.7 Empfehlungen für die Praxis

Das Kapitel schließt mit einer Auswahl an Empfehlungen für den Einsatz der Marktforschung in den unterschiedlichen Betriebstypen der Weinbranche ab.

---

[21] Fearne (2008), Dunnhumby Academy of Consumer Research, Kent Business School.

2.7.1 Selbstvermarkter und regionaler Vertrieb

Stärke:

Direkter Kontakt zu den Kunden und individuelle Kundendaten mit Bestellhistorie

Schwäche:

Aufgrund der Größe nur eingeschränkte Marketingspezialisierung

Für Selbstvermarkter empfiehlt es sich, ihren wesentlichen Vorteil – die direkte Nähe zum Kunden sowie die **Kundendatenbank** effektiv auszunutzen. Dazu gehört die Pflege der Kundendatenbank, Beobachtung von Veränderungen im Bestellverhalten sowie

- Beobachtung von Veränderungen in der Nachfrage nach Rebsorten oder Preisklassen und Reaktion im Weinanbau und eventuellem Zukauf von Wein
- Verfolgung, wann ein Kunde das letzte Mal bestellt hat und inaktiv wird – gezielte Angebote zur Erinnerung und Auffrischung der Kundenbeziehung
- Abfrage wie Kunden auf das eigene Angebot aufmerksam geworden sind, um die Strategien für Kommunikation und Kundenakquise auf die effektivsten Kanäle zu konzentrieren

Bei der heutigen weiten Verbreitung von Internet und E-Mail kann die eigene Kundendatenbank auch für Marktforschung in Form von Onlinebefragungen genutzt werden, die oft kostengünstiger ist, als Briefbefragungen. Diese können ein gezieltes Mittel zur Kundenbindung darstellen. Einfache sensorische und Ausstattungstests können direkt in den Verkaufsräumen durchgeführt werden. Für spezielle Projekte, wie Ausstattungsveränderungen, Gestaltung von Kommunikationsmaterial oder Internetseite sowie die Umgestaltung der eigenen Verkaufsstelle, empfiehlt es sich mit **lokalen Marktforschungsanbietern** und Agenturen zusammenzuarbeiten, die über Expertenwissen in diesem Gebiet verfügen. Eine Möglichkeit kann hier auch die Zusammenarbeit mit Praktikanten oder Studenten der Weinwirtschaft (Heilbronn, Geisenheim, Neustadt) sein, die angewandte Projekte für ihre Bachelor- oder Masterarbeit durchführen müssen und methodisch von ihren Betreuern beraten werden können.

2.7.2 Unternehmen mit überregionaler Distribution im LEH

Stärke:

Betriebsgröße erlaubt eigene(n) Marketingspezialisten

Schwäche:

Kunde ist nicht direkt bekannt, da wesentlicher Teil des Vertriebs über den Handel erfolgt

Mittelgroße Unternehmen mit überregionaler Handelsdistribution nehmen eine schwierige Zwischenposition ein: Zum Großteil ihrer Kunden haben sie keinen direkten Kontakt mehr, sind aber oft zu klein, um Marktdaten zuzukaufen oder große überregionale Marktforschungsprojekte zu unternehmen. Im Vergleich zu den Direktvermarktern verfügen diese Betriebe jedoch schon über kleine Marketingabteilungen, die Grundlagen der Marktforschung abdecken können.

Wie bei Direktvermarktern kann der eigene Direktvertrieb als Indikator für Kundenbedürfnisse verwendet werden. Es muss jedoch darauf geachtet werden, dass diese Ergebnisse nicht problemlos auf Gesamtdeutschland verallgemeinerbar sind. Ein sehr extremes Beispiel sind **regionale Präferenzunterschiede** und Vorlieben wie die der Württemberger für Lemberger, die nicht auf andere Regionen übertragen werden können. Eine Möglichkeit, hochinvolvierte überregionale Kunden direkt anzusprechen und mehr über ihre Präferenzen zu erfahren, ist der Internetverkauf, über den auch Informationen zusätzlich zur Präsenz im Handel angeboten werden können. Für grundlegende Entscheidungen empfiehlt es sich jedoch, Untersuchungen in den relevanten Absatzgebieten mit Konsumenten durchzuführen, die repräsentativ für die eigene Zielgruppe sind.

Empfehlenswert ist die **Kooperation mit kleineren Handelspartnern** oder Fachhändlern in anderen Regionen, die ihre Erkenntnisse aus dem lokalen Kundengespräch und der Beobachtung im Geschäft mit dem Vertreter des Weinguts teilen und diskutieren. In einem solchen Verhältnis können auch spezielle Vermarktungs- und Verkostungsaktionen zum gegenteiligen Vorteil vereinbart oder Tests von neuen Produkten durchgeführt werden. Für die **Marktbeobachtung** kann das eigene Verkaufsteam geschult werden, dass bei seinen nationalen Verkaufsgesprächen gleichzeitig die eigene Positionierung relativ zu den Wettbewerbern überwacht. Für Sortimentsänderungen oder Produktneueinführungen empfiehlt sich die Zusammenarbeit der unternehmenseigenen Marketingabteilung mit spezialisierten Anbietern für Markt- und Sensorikforschung, die bei Bedarf Untersuchungen in ausgewählten geografischen Schlüsselgebieten durchführen können.

2.7.3 International operierende Unternehmen

Stärke:

Eigene Marktforschungsabteilung, Datenkauf

Schwäche:

Kein direkter Kontakt zum Kunden, da Hauptabsatz über große Handelsketten

Unternehmen, die ihren Hauptumsatz über die großen deutschen Handelsketten und internationale Distributeure machen, werden in der Regel das gesamte Repertoire der hier vorgestellten Marktforschungsmethoden anwenden oder zukaufen. Führende internationale Unternehmen dieser Größenordnung haben eine eigene Marktforschungs- und Sensorikabteilung und beziehen regelmäßig aktuelle Markt- und Verkaufsdaten von großen Marktforschungsunternehmen.

Im Gegensatz zu den Direktvermarktern haben sie oft so gut wie keinen direkten Kundenkontakt mehr und müssen in den halbjährlichen Listungs- und Preisverhandlungsrunden mit den großen deutschen Handelsketten bestehen. Das Ziel ist es dabei, Marktforschung nicht nur zur Produktoptimierung, sondern auch als Hebel in Verhandlungen mit dem Handel einzusetzen. Ihre Produkte müssen deshalb nicht nur die Endkunden sondern auch die Handelseinkäufer überzeugen, was nicht notwendigerweise das Gleiche bedeutet. Valide Marktforschungsergebnisse vorzuweisen, kann hier ein entscheidender Verhandlungsvorteil sein.

Das Ziel der Marktforschung muss es dabei sein, nicht nur Produkte mit einem hohen Erstkauf zu generieren, sondern die teuer erkämpfte Listung mit hoher Wiederkaufsrate zu verteidigen und rentabel zu gestalten. Da mindestens vier von fünf neu im Handel eingeführten Produkten nicht die erwarteten Verkäufe generieren und nach einem Jahr wieder ausgelistet sind, ist es empfehlenswert, Produkte, ihre Kommunikation und Positionierung vor der Produkteinführung auf Herz und Nieren durch Konsumenten testen zu lassen. Hier sollte insbesondere auf den Einsatz tiefenpsychologisch-qualitiver Forschung für die Produktentwicklung und indirekter Methoden für Markttests geachtet werden, die möglichst nahe am tatsächlichen Entscheidungsverhalten des Konsumenten ansetzen und ihn nicht in ihren Ansprüchen überfordern und damit verzerrte Ergebnisse produzieren. Auswahlsimulationen eignen sich hier besonders, um sowohl die Ausstattung als auch Kommunikation des eigenen Produktes relativ zu Wettbewerbsprodukten zu testen und zu optimieren.

2.8 Forschungskooperationen

Um die starke Fragmentierung der Weinbranche in Deutschland zu kompensieren, wäre eine geografisch übergreifende Kooperation der auf verschiedene Anbaugebiete und Bundesländer verteilten Institutionen der Weinmarketingforschung und -lehre wünschenswert, um Größennachteile auszugleichen. Obwohl damit regionalen Besonderheiten Rechnung getragen werden kann, ist es fraglich, ober der Nachteil der kleinteiligen Weinwirtschaft gegenüber einem stark konzentrierten Handel durch viele kleine, paritätisch auf Bundesländer aufgeteilte Forschungseinheiten ausgeglichen werden kann. Deutschland hat im internationalen Vergleich nur eine mittelgroße Gesamtrebfläche und bereits dadurch Nachteile im Exportmarketing von Wein. Relativ zu den deutschen Mitbewerbern, wo in den letzten Jahren verstärkt überregionale Kooperationen beobachtbar sind, ist hier eher mehr als weniger Kooperation und Zusammenarbeit empfehlenswert. In der derzeitigen juristisch unsicheren Situation des deutschen Weinfonds sind hier jedoch kurzfristig keine Änderungen möglich.

Ein internationales Beispiel für zentrale Forschungsprojekte und überregionale Kooperation ist die australische Grape and Wine Research and Development Corporation (GWRDC), die sich aus erntebasierten Abgaben aus der Weinbranche finanziert und zum gleichen Anteil vom Staat bezuschusst wird. Die GWRDC hat in den letzten Jahren neben dem langfristigen Fokus auf Rebzucht, Weinbau und Önologie gezielt in die Erforschung von

Marktforschungsmethoden und Konsumentenpräferenzen im Heimatmarkt und in Exportmärkten investiert, deren Ergebnisse der gesamten australischen Weinwirtschaft zur Verfügung gestellt wurden.[1] Die Australian Wine and Brand Corporation (AWBC) hat eine vergleichbare Funktion zum DWI und beauftragt regelmäßig internationale Marktforschungsunternehmen mit der Messung der Bekanntheit und des Images australischer Weine insgesamt und ausgewählter Weinregionen auf den wichtigsten internationalen Absatzmärkten. Insbesondere beim Entwurf der neuen Absatzstrategie „Directions to 2025" mit der Teilstrategie der „Regional Heroes" wurde hier auch auf externe Marktforschungsexpertise gesetzt.

Auch in der alten Weinwelt hat es vor allem in Frankreich ein langsames Umdenken gegeben, wo Unternehmen, Gebietskörperschaften (Interprofesions) und Forschungseinrichtungen gemeinsam Finanzierung bei der EU beantragen, um den eigenen Markt sowie die wichtigsten Exportmärkte mit modernen Marktforschungsmethoden zu erforschen. Ein weiteres Beispiel ist die britische Dunnhumby Academy an der Kent Business School, die mit Förderung durch einen Agrarentwicklungs-Fonds kleinen Produzenten kostenlos von Tesco zur Verfügung gestellte Transaktionsdaten auswertet. In Fallstudien werden Forschungsergebnisse sowie aktuelle Trends im Konsumentenverhalten sowie Verbraucherprofile und -segmente für regionale Anbieter für die Vermarktung zugänglich gemacht.[2]

Das Ziel dieses Kapitel war es, einen aktuellen deutschsprachigen Überblick zu den neueren Methoden der Konsumentenforschung für das Weinmarketing mit Verweisen zu ausführlicheren Informationen zur Verfügung zu stellen. Damit sollen zum einen Weinunternehmen, aber auch deutschen Forschungseinrichtungen Anregungen für konkrete Projekte sowie überregionale Forschungskooperationen gegeben werden.

Literatur

[1] Breitmeyer, B. G., Ogmen, H., & Chen, J. (2004). Unconscious priming by color and form: Different processes and levels. *Consciousness and Cognition, 13*, 138-157.
[2] Buber, R., & Holzmüller, H. M. (2007). *Qualitative Marktforschung*. Wiesbaden: Gabler Verlag.
[3] Chandon, P., Morwitz, V., & Reinartz, W. J. (2005). Do intentions really predict behaviour? Self-generated validity effects in survey research. *Journal of Marketing, 69*, 1-14.
[4] Chandon, P., Wesley Hutchinson, J., Bradlow, E. T., & Young, S. H. (2009). Does in-store marketing work? Effects of the number and position of shelf facings on brand attention and evaluation at the point of purchase. *Journal of Marketing, 73*, 1-17.
[5] Charters, S., Fountain, J., & Fish, N. (2009). You felt like lingering …: Experiencing "real" service at the winery tasting room. *Journal of Travel Research, 10*, 122-134.
[6] Charters, S., & Pettigrew, S. (2008). Why do people drink wine? A consumer focused exploration. *Journal of Food Products Marketing, 14*(3), 13-32.
[7] Corsi, A.M., Mueller, S., & Lockshin, L. (2010). How does item order and other information impact wine menu choice? *Proceedings of 5th International Academy of Wine Business Research Conference* 8-10 February 2010, Auckland (NZ).

---

[1] www.winepreferences.com

[2] Who buys my food: http://www.kent.ac.uk/kbs/applied-research/vcr/defra/resources.html

[8] Dijksterhuis, A., & Smith, P. K. (2005). What Do We Do Unconsciously? And How? *Journal of Consumer Psychology, 15*, 225-229.
[9] Dijksterhuis, A., P. K., Smith, R. B., Van Baaren, D. H., & Wigboldus, J. (2005). The Unconscious Consumer: Effects of Environment on Consumer Behavior. *Journal of Consumer Psychology, 15*, 193-202.
[10] DWI (2010). *Deutscher Wein Statistik*. Deutsches Weininstitut.
[11] EBI Ehrenberg-Bass Institute for Marketing Science (2007). *Understanding wine shoppers' purchase decision process and behaviour in store.* unpublished research report, Adelaide, University of South Australia.
[12] Fearne, A. (2008). *In pursuit of sustainable consumption: insights from supermarket loyalty data*. Presentation at University of South Australia, 1 May 2008.
[13] Fitzsimons, G. J., Hutchinson, J. W., Williams, P., Alba, J. W., Chartrand, T. L., Huber, J., Kardes, F. R., Menon, G., Raghubir, P., Russo, J. E., Shiv, B., & Tavassoli, N. T. (2002). Non-Conscious Influences on Consumer Choice. *Marketing Letters, 13*, 269-279.
[14] Gladwell, M. (2007). *Blink: The power of thinking without thinking*. Back Bay Books.
[15] Grünewald, S. (2004). Die Marke auf der Couch – die morphologische Analyse von Markenpersönlichkeiten. In Schimansky, A. (Hrsg.), *Der Wert der Marke*. München: Vahlen Verlag, 125-142.
[16] Hall, J., O'Mahony, & B., Lockshin, L. (2001). Wine attributes and consumption occasions: An investigation of consumer perceptions. *Wine Industry Journal, 16*(6), 109-114.
[17] Herrmann, A., Homburg, C., & Klarmann, M. (2007). *Handbuch Marktforschung: Methoden, Anwendungen, Praxisbeispiele*, 3. Auflage, Wiesbaden: Gabler Verlag.
[18] King, S. C., & Meiselman, H. L. (2010). Development of a method to measure consumer emotions associated with foods. *Food Quality and Preference, 21*(2), 168-177.
[19] Knowledge Network (2010). *The decision maker's guide to online research* 2009-2010.
[20] Köster, E. P. (2003). The psychology of food choice: some often encountered fallacies. *Food Quality and Preference, 14*, 259-373.
[21] Köster, E. P. (2009). Diversity in the determinants of food choice: a psychological perspective. *Food Quality and Preference, 20*, 70-82.
[22] Kuß, A. (2007). *Marktforschung: Grundlagen der Datenerhebung und Datenanalyse*. Wiesbaden: Gabler Verlag.
[23] Lönneker, J., Buggert, S., & Juchem, K. (2008). *Intimate and intimidating – Understanding trends and patterns in food and eating culture*. ESOMAR publications.
[24] Lockshin, L., & Mueller, S. (2010). Pricing for new product development. In MacFie, H. & Jaeger, S. (eds.) *Consumer driven innovation in food and personal products*, Woodhead Publishing, Cambridge, 303-331.
[25] Lockshin, L., Mueller, S., Louviere, J., Francis, L., & Osidacz, P. (2010). *Determining the relative importance to wine consumers of sensory and non-sensory attributes on liking and choice: A cross-cultural study*. Final report to Grape and Wine Research & Development Corporation, Australia, University of South Australia.
[26] Lockshin, L., Mueller, S., Louviere, J., Francis, L., & Osidacz, P. (2009). Development of a new method to measure how consumers choose wine. *The Australian and New Zealand Wine Industry Journal, 24*(2), 35-40.
[27] Louviere, J. J., Hensher, D. A. & Swait, J. D. (2000*). Stated Choice Methods: Analysis and Application*, Cambridge: Cambridge University Press.
[28] Lusk, J. (2003). Effects of cheap talk on consumer willingness-to-pay for golden rice. *American Journal of Agricultural Economics, 85*(4), 840-856.
[29] Lusk, J., & Hudson, D. (2004). Willingness-to-pay estimates and their relevance to agribusiness decision making. *Review of Agricultural Economics, 26*(2), 152-169.
[30] Lusk, J. L., & Shogren, J. F. (2008). *Experimental auctions: Methods and applications in economics and marketing research, Quantitative methods for applied economics and business research*. Cambridge: Cambridge University Press.
[31] Meyers-Levy, J., & Zhu, R. (2007). Perhaps the store made you purchase it: Towards and understanding of structural aspects of indoor shopping environments. In Wedel, M. und Pieters (eds.),

Visual Marketing: From attention to action, Marketing and consumer psychology series, Psychology Press.
[32] Mitchell, R. (2005). Are you in the wine experience business? Hillebrand is ..., Case Study, Wine and Food Tourism Marketing, University of Otago, New Zealand.
[33] Mueller, S., Lockshin, L., & Louviere, L. (2010). What you see may not be what you get: Asking consumers what matters may not reflect what they choose. *Marketing Letters*, published Online First.
[34] Mueller, S., Lockshin, L., Saltman, Y., & Blanford, J. (2010). Message on a bottle: The relative influence of wine back label information on wine choice. *Food Quality and Preference*, 21(1), 22-32.
[35] Mueller, S., Lockshin, L., Louviere, J., Francis, L., & Osidacz, P. (2009). How does shelf information influence consumers' wine choice?. *The Australian and New Zealand Wine Industry Journal*, 24(3), 50-56.
[36] Mueller, S., Lockshin, L., Louviere, J. & Hackmann, D. (2007). Do respondents use extra information provided in online Best-Worst choice experiments? *Proceedings of the Australian and New Zealand Marketing Academy*, Dunedin (NZ), 3486-3493.
[37] Mueller, S., Osidacz, P., Francis, I. L., & Lockshin, L. (2010). Combining discrete choice and informed sensory testing to determine consumer response to extrinsic and intrinsic wine attributes. *Food Quality and Preference*, under review.
[38] Mueller, S., & Remaud, H. (2010). *Are Australian wine consumers becoming more environmentally conscious? Robustness of latent preference segments over time.* Proceedings of 5th International Academy of Wine Business Research Conference 8-10 February 2010, Auckland (NZ.)
[39] Mueller, S., & Szolnoki, G. (2010). *Wine packaging and labelling – do they impact market price? A hedonic price analysis of US scanner data.* Proceedings of 5th International Academy of Wine Business Research Conference 8-10 February 2010, Auckland (NZ).
[40] Naderer, G., & Balzer, E. (2007). *Qualitative Marktforschung – Grundlagen, Methoden und Anwendung.* Wiesbaden: Gabler Verlag.
[41] Orme, B. (2010). *Conjoint-analysis usage.* Sawtooth Newsletter Vol. 2 2010.
[42] Orquin, J. (2010). *Consumer attention to health cues on diary product packaging.* Presentation at MAPP workshop Innovative Methods in Consumer Research, 4-5 Mai 2010, Middelfart, Denmark.
[43] Radach, R., Hyona, J., & Deubel, H. (2003). *The mind's eye: cognitive and applied aspects of eye movement research.* North Holland Publ.
[44] Remaud, H., Chabin, Y., & Mueller, S. (2010). *Do consumers value sustainable wine claims?.* Proceedings of the Conference of the International World Wine Organisation *(OIV)*, 20-27 June, Tbilisi, Georgia.
[45] Remaud, H., Mueller, S., Chvyl, P., & Lockshin, L. (2008). *Do Australian wine consumers value organic wine?.* Proceedings of 4th International Conference of the Academy of Wine Business Research, Siena, 17-19 July, 2008.
[46] Scheier, C., & Held, D. (2008). *Wie Werbung wirkt: Erkenntnisse des Neuromarketing.* München: Haufe Verlag.
[47] Slettemeås, D. (2009). RFID – the "Next Step" in consumer-product relations or Orwellian nightmare?. *Journal of Consumer Policy*, 32, 219-244.
[48] Train, K.E. (2003). *Discrete choice methods with simulation.* Cambridge University Press.
[49] Wedel, M., & Pieters (2007). *Visual Marketing: From attention to action*, Marketing and consumer psychology series. Psychology Press.
[50] Wedel, M., & Kamakura, W. A. (1999). *Market segmentation: conceptual and methodological foundations.* Boston: Kluwer Academic.
[51] Wedel, M., & Pieters, R. (2008). *Eye tracking for visual marketing.* Now Publishers Inc.
[52] Yeager, D. S., & Krosnick (2009). Comparing the accuracy of RDD telephone surveys and internet surveys conducted with probability and non-probability samples. Research report Stanford University.

3 Sensorische Konsumentenforschung für modernes Weinmarketing

Dr. Martin Kern, SAM – Sensory and Marketing International

Dr. Simone Müller, Ehrenberg-Bass Institute for Marketing Science, CS Research

Inhalt

3.1	Einleitung	77
3.1.1	Zum Selbstverständnis der Sensorik	78
3.1.1.1	Definition der Sensorik und der Sinneswahrnehmung	78
3.1.1.2	Der Mensch als Messinstrument	80
3.1.1.3	Objektive und subjektive bzw. hedonische Sensorik	81
3.2	Unterschiedsmessungen	82
3.2.1	Produktprofile: Deskriptive Verfahren der Sensorik	83
3.3	Akzeptanz: Messen, was dem Konsumenten schmeckt	88
3.3.1	Central Location Test	88
3.3.2	Die Akzeptanzmessung beim Konsumenten	90
3.3.3	Messung der Produktleistung	93
3.3.4	Produktoptimierung: Ermittlung der Ursachen für Beliebtheit	95
3.4	Empfehlungen für die Praxis	98
3.4.1	Empfehlungen Betriebe mit regionaler Distribution	98
3.4.2	Empfehlungen für Betriebe mit überregionaler Distribution im LEH	99
3.4.3	Empfehlungen für Global operierende Unternehmen	99
3.5	Schlussbemerkung	99
	Literatur	101

3.1 Einleitung

Einer der wesentlichen Grundpfeiler erfolgreicher Weine ist ihre Sensorik: Schmeckt der Wein seinem Käufer nicht, so wird dieser ihn nicht wieder kaufen. Ein Wein hingegen, der im Moment des Konsums überzeugt, gewinnt die Aufmerksamkeit des Konsumenten und schafft Raum für ein wirksames und auch nachhaltig erfolgreiches Marketing, den Aufbau von Markenwerten und Vertrauen. Dies wird besonders wichtig, wenn es um die Vermarktung von Wein im Lebensmitteleinzelhandel (LEH) geht, wo sich ein Produkt ohne Beratung als eines unter vielen verkaufen muss. Sensorische Konsumentenforschung beschäftigt sich mit der Beantwortung der für das Marketing so wichtigen Frage: Wie müssen Weine beschaffen sein, damit der Konsument diesen nach dem Erstkauf treu bleibt und sie in sein Repertoire regelmäßig wieder gekaufter Weine aufnimmt?

Dem fachlichen Inhalt dieses Kapitels sollen fünf wichtige Grundsätze vorangestellt werden, welche zum Verständnis der Bedeutung sensorischer Konsumentenforschung unerlässlich sind:

Qualität ist, was dem Konsumenten schmeckt

Ein Wein, der von allen Oenologen und Sommeliers hochgelobt wird, aber nur wenigen Konsumenten schmeckt, bleibt einer kleinen Nische vorbehalten. Die Qualität von mengenmäßig und wirtschaftlich relevanten Weinen wird über den Verkaufserfolg vom Konsumenten definiert. Er bestimmt, vor allem über seine Wiederkaufsentscheidung, was bei ihm auf den Tisch kommt.

Die sensorische Wahrnehmung des Konsumenten ist verlässlich

Der Konsument kann über seine Sinneswahrnehmung verlässlich beurteilen, wie sehr er ein Produkt „mag": Er ist zuverlässig dazu in der Lage, seine allgemeine Meinung zu einem spezifischen Produkt, z.B. Wein, anzugeben (schmeckt oder schmeckt nicht).

Der Konsument hat keine Sprache für seine Sinneswahrnehmung

Das menschliche Wahrnehmungssystem ist nicht dafür geschaffen, dass wir in Worte fassen, was wir mit den Sinnen wahrnehmen. Diese Fähigkeit muss, wenn sie gefordert wird, erst erlernt und regelmäßig trainiert werden.

Präferenzen sind nicht zu begründen

Es ist dem Menschen nicht möglich zu begründen, warum ihm etwas schmeckt oder nicht. Das liegt daran, dass unsere sinnliche Wahrnehmung über den Instinkt gesteuert wird – und sich der Vernunft entzieht. Daher kann man Konsumenten auch nicht danach fragen, warum ihnen etwas schmeckt oder nicht. Um an die Gründe für sensorische Akzeptanz zu gelangen, bedarf es daher einer spezifischen Vorgehensweise.

> **Konsummuster sind stabil**
>
> Konsumenten haben ein relativ stabiles Konsummuster: Sensorische Präferenzen und Entscheidungsmuster werden allgemein in den ersten Lebensjahren und in der Jugend ausgebildet. Für Wein, der in der Regel zum ersten Mal im Jugendalter konsumiert wird, reicht diese Orientierungsphase bis ins frühe Erwachsenenalter. Wer Domkellerstolz trinkt, der wechselt nicht zu Chateau Margaux und umgekehrt auch nicht. Zugegeben ist das Konsummuster wandelbar und vom Konsumanlass abhängig, doch die meisten Verhaltens- und Konsummuster gelten mehr oder weniger ein Leben lang.

Was bedeutet das nun für die Praxis? Möchte man einen Wein erzeugen, der seiner Zielgruppe von Konsumenten schmeckt (sie soll diesen Wein schließlich wieder kaufen wollen), so sollte man wissen, was sie besonders gern mag – idealerweise, bevor man mit der Erzeugung beginnt. Denn wenn der Wein im Regal steht und vom Konsumenten nicht wieder gekauft wird, dann ist es für Korrekturen zu spät und die bis dahin unternommene Investition in den Markt vergeben.

Genau hier setzt sensorische Konsumentenforschung an. Sie ermöglicht, dass die subjektive Akzeptanz einer Zielgruppe schon im Moment der Erzeugung und Charaktergebung von Wein integriert werden kann. Produkte treten damit den Vermarktungsprozess mit einem größeren Erfolgspotenzial an. Sensorische Konsumentenforschung klärt die Frage: Was schmeckt dem Konsumenten? Wie genau muss ein Wein schmecken, um ihn in einem bestimmten Distributionskanal (z.B. dem Lebensmitteleinzelhandel) an eine bestimmte Zielgruppe erfolgreich zu vermarkten? Was sind die Treiber für sensorische Akzeptanz und Wiederkauf?

Dieses Kapitel soll einen Überblick zu den theoretischen Hintergründen geben, aufzeigen, welche methodischen Vorgehensweisen es gibt und was beachtet werden muss, um valide, also gültige Daten aus Konsumentenbefragungen zu bekommen.

3.1.1 Zum Selbstverständnis der Sensorik

3.1.1.1 Definition der Sensorik und der Sinneswahrnehmung

Die Sensorik ist eine wissenschaftliche Disziplin, welche sich mit der Wahrnehmung von Produkten durch den Menschen auseinandersetzt. Diese Wahrnehmung erfolgt ausschließlich mit den Sinnen, über welche die Produkteigenschaften in ihrer Intensität und Interaktion wahrnehmbar werden. Daher ist die Funktionsweise und vor allem die Besonderheit der sinnlichen Wahrnehmung des Menschen integraler Bestandteil der Sensorik.

Es werden die folgenden Sinne unterschieden:[1]

Hören
Der Mensch nimmt Schallwellen über akustische Rezeptoren in einem Frequenzbereich zwischen 16 und 20.000 Hertz wahr und kann dadurch Ton, Klang und Geräusch hören.

Sehen
Das Auge differenziert in Hell, Dunkel und Farbe. Die Wahrnehmung erfolgt über optische Rezeptoren für elektromagnetische Strahlungen im sichtbaren Bereich zwischen 350 und 800 Nanometer.

Riechen
Das Riechen erfolgt über Chemorezeptoren, welche die mit der Luft vermengten Moleküle wahrnehmen. Die Geruchswahrnehmung erfolgt über zwei Wege: Zum einen nasal als externe Geruchswahrnehmung und zum anderen retronasal über den Rachenraum. Ein Großteil des Geschmackseindruckes beim Essen und Trinken beruht auf retronasaler Wahrnehmung, also Riechen.

Schmecken
Über Chemorezeptoren auf der Zunge und im Rachenraum differenziert der Mensch süß, sauer, salzig, bitter und umami (herzhaft). Die Differenzierungsmöglichkeiten über das reine Schmecken sind im Vergleich zum Riechen sehr begrenzt.

Fühlen
Das Fühlen wird weiter differenziert in einen Temperatursinn (Wärme und Kälte), einen Hautsinn (Druck und Berührung), einen kinästhetischen Sinn (Körperlage) und einen Schmerzsinn.

Die Sinneswahrnehmung erfolgt dabei nach dem in **Abbildung 3.1** dargestellten Schema:

Abbildung 3.1 Sinneswahrnehmung des Menschen (schematisch)

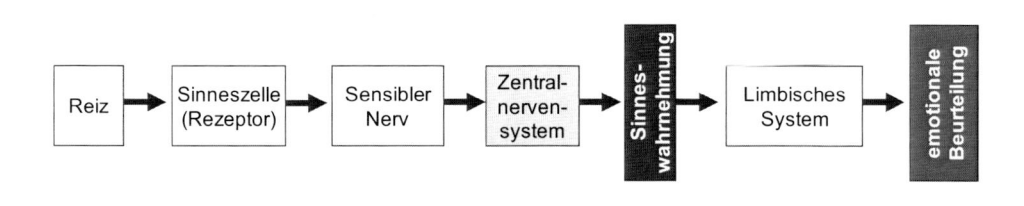

Reiz → Sinneszelle (Rezeptor) → Sensibler Nerv → Zentralnervensystem → **Sinneswahrnehmung** → Limbisches System → **emotionale Beurteilung**

Entscheidend bei der Sinneswahrnehmung des Menschen ist, dass diese immer über das limbische System im Gehirn geleitet wird, bevor die Sinneswahrnehmung bewusst wird.

---

[1] Für ausführliche Details siehe Busch-Stockfisch (2009), Band 1, Kapitel 1.2, S. 1-14 und Lawless und Heymann (1998), S. 28ff.

Das limbische System ist ein evolutionär früher Teil unseres Gehirns, der zwar unterbewusst, aber in sehr starkem Maße an unseren Emotionen und Motivationen beteiligt ist. Dazu gehören besonders sinnliche Freude durch Essen und sexuelle Lust, oder Aggressionen aus Angst oder Wut und andere mehr. Dieser vom limbischen System verantwortete instinktive Teil der menschlichen Empfindung ist ein wichtiger Bestandteil der Überlebenssicherung. Das limbische System verknüpft die sinnlich wahrgenommenen Intensitäten mit bisherigen Erfahrungen und Werten und belädt diese subjektiv und emotional. Unsere Sinne haben also keinen Selbstzweck, sondern sind in enger Verbindung mit dem limbischen System für den Menschen überlebensnotwendig. Ihre evolutionär frühe Entstehung macht sie jedoch der erst später entstandenen rationalen und objektiven Selbstanalyse des Menschen nur schwer zugänglich.

3.1.1.2 Der Mensch als Messinstrument

Die Sensorik setzt den Menschen als Messinstrument ein, um Produkte zu charakterisieren und zu beurteilen. Diese Vorgehensweise hat den großen Vorteil, dass Messinstrument, Beurteilungssystem und Zweckbestimmung deckungsgleich sind. Der Mensch charakterisiert und beurteilt, was für den Menschen gemacht ist. Die Leistungsfähigkeit des menschlichen Wahrnehmungssystems ist allen anderen Messmethoden überlegen: Was der Mensch bei einer Verkostung innerhalb von Sekundenbruchteilen erkennt, gelingt über eine chemisch-physikalische Analytik, wenn überhaupt, nur mit einem erheblich größeren Aufwand. Die Sensorik differenziert drei Vorgehensweisen für die Beantwortung grundsätzlich unterschiedlicher Fragestellungen.

> Die drei grundsätzlich verschiedenen Vorgehensweisen der Sensorik:
>
> 1. Diskriminationstests = Frage nach Produktunterschieden
>
> „Ist ein Unterschied zwischen zwei (oder mehreren) Weinen sensorisch festzustellen?" Diese Frage stellt sich dann, wenn z.B. neue kellerwirtschaftliche Verfahren oder Behandlungen (andere Traubenpressung, neue Klärverfahren, alternative Behandlung der Weine etc.) zur Anwendung kommen und sichergestellt werden muss, dass der Weintyp unverändert bleibt. Als Methoden kommen hier paarweiser Vergleichstest, Duo-Trio-Test und Dreieckstest in Frage.
>
> 2. Quantitative deskriptive Analyse = Frage nach der Produktcharakterisierung
>
> "Wie können Weine hinsichtlich ihrer sensorisch wahrnehmbaren Produkteigenschaften beschrieben und in ihrer Intensität quantifiziert werden, und in welchen Produkteigenschaften unterscheiden sich demzufolge verschiedene Weine wie sehr untereinander?" Das zu beantworten spielt eine wichtige Rolle, wenn es darum geht, ein bestimmtes Marktsegment sensorisch zu verstehen oder die Ursachen für die Akzeptanz zu ermitteln. Die Methode der Wahl ist die quantitative deskriptive Analyse (QDA).

3. **Beliebtheits- oder Akzeptanztest = Frage nach der Produktakzeptanz durch den Konsumenten**

"Wie beurteilt der Konsument die Weine? Welche Erwartung hat der Konsument an den Geschmack des Weines beim Kauf?" Für das Weinmarketing ist die möglichst positive Beantwortung dieser Frage eine wesentliche Voraussetzung für den Erfolg. Die Messung der Akzeptanz erfolgt idealerweise als Central Location Test. In diesem werden die psychologischen und physiologischen Besonderheiten der sensorischen Wahrnehmung des Menschen berücksichtigt und deren Einflussnahme auf das Urteil reduziert (z.B. durch einheitliche Probendarbietung, unbeeinflusste Verkostung, etc.). Dieses Verfahren wird im weiteren Verlauf dieses Beitrags ausführlicher vorgestellt.

3.1.1.3 Objektive und subjektive bzw. hedonische Sensorik

Der Wahrnehmungsprozess des Menschen führt, wie in 3.1.1.1 dargestellt, zwangsläufig zu einer subjektiven und emotionalen Beurteilung von allem, was wir mit unseren Sinnen wahrnehmen. Diese Beurteilung erfolgt unterbewusst und täglich unzählige Male bei der Konfrontation mit unterschiedlichsten Produkten.

Befragt man Konsumenten nach ihrem sensorischen Urteil über ein Produkt, so ist das Ergebnis ein hedonisches Urteil (griechisch né hedoné = Lust, Freude), das den subjektiven Grad der Beliebtheit des Produkts beim Konsumenten wiedergibt. Jeder Konsument gibt zuverlässig Auskunft darüber, wie sehr er ein Produkt mag. Die Ermittlung der Akzeptanz bzw. der allgemeinen Beliebtheit von Produkten ist daher subjektive, hedonische Sensorik.

Schwieriger wird es, wenn nicht das subjektive Urteil gefragt ist, sondern die objektive Charakterisierung von Produkten durch ihre sensorischen Produkteigenschaften und deren Intensität – in anderen Worten: welches sensorische Profil ein Wein hat. Diese Aufgabenstellung entspricht nicht dem natürlichen Prozess der Sinneswahrnehmung des Menschen. Dazu bedarf es einer Personengruppe, welche in der Lage ist, Produkte in ihren sensorisch wahrnehmbaren Eigenschaften objektiv zu beschreiben und deren Intensitäten zu messen. Diese Gruppe wird als „deskriptives" oder beschreibendes Panel bezeichnet (Kapitel 3.2.1).

Um ein aussagekräftiges deskriptives Panel aufstellen zu können, bedarf es einer ausreichenden sensorischen Sensibilität der Teilnehmer. Des Weiteren ist eine sprachliche Kreativität erforderlich, um die festgestellten Sinneseindrücke mit Worten zu beschreiben und zu definieren. Nur etwa 30% der Bevölkerung eignen sich für diese Aufgabe – daher steht zu Beginn des Aufbaus eines deskriptiven Panels die Auswahl geeigneter Panelisten.

Die eigentliche Messung von objektiv wahrnehmbaren Intensitäten erfordert eine Lösung der emotionalen Ladung (mag ich oder mag ich nicht) von der Sinneswahrnehmung und eine Konzentration auf die wahrgenommene Intensität eines Sinneseindrucks. Dies muss vom Panelisten in Schulungen erlernt und regelmäßig trainiert werden.

Hinzu kommt, dass hinsichtlich der Produkteigenschaft Klarheit darüber vorliegen muss, was mit einem Begriff genau gemeint ist. Zeichnet sich ein Wein z.B. durch einen „blumigen Geruch" aus, so ist erforderlich, diesen Begriff genau zu präzisieren, da Menschen über einen blumigen Geruch unterschiedliche Vorstellungen haben. Es bedarf daher einer Übung bzw. eines Trainings, um Produkteigenschaften zu definieren und innerhalb einer Produktkategorie Einigkeit im Panel herzustellen. Ist ein Panel einmal trainiert und eingeübt, funktioniert es als menschliches Messinstrument für sensorische Eindrücke, welches die Intensität der sensorischen Eigenschaften (nicht das Gefallen) von Produkten misst.

Zusammenfassend differenziert die Sensorik zwei Arten von Konsumenten: Den ungeschulten bzw. naiven Konsumenten, welcher Produkte hedonisch und subjektiv danach beurteilt, welche Beliebtheit sie bei ihm generieren (Messung der Akzeptanz). Dem gegenüber steht der geschulte Konsument (Panelist), welcher Produkte sensorisch objektiv mit seinem sinnlichen Wahrnehmungssystems beschreibt. Er ist sensorisch sensibel und wurde in der Fähigkeit trainiert, Intensitäten sensorischer Wahrnehmungen zu messen und seine Sinneswahrnehmung von emotionalen Empfindungen zu trennen und zu beschreiben.

> Der **ungeschulte, naive Konsument** kann Produkte nur subjektiv nach seiner Beliebtheit bewerten, aber deren Eigenschaften mit seinen Sinnen nicht objektiv messen. Der **geschulte Panelist** kann dagegen objektiv die Intensitäten von Produkteigenschaften messen. Er nimmt Produkte aber nicht mehr in der gleichen Weise wahr wie der ungeschulte Konsument und sollte daher nicht zur Beliebtheitsmessung von Produkten eingesetzt werden (siehe **Abbildung 3.2**).

3.2 Unterschiedsmessungen

Für eine Vielzahl von Fragestellungen ist es ausreichend festzustellen, ob zwischen zwei Produkten (Weinen) ein Unterschied wahrnehmbar ist oder nicht. Zum Beispiel die Frage, ob ein neues Behandlungsmittel, das bestimmte Vorteile aufweist (z.B. besser einsetzbar ist), einen sensorisch anderen Wein als das bisherige Behandlungsmittel zur Folge hat.

Diese Frage wird am besten über einen Dreieckstest beantwortet: Der Konsument erhält drei Proben, von denen zwei identisch sind und eine abweicht. Es gilt, die abweichende Probe zu erkennen. Über statistische Analyse der Ergebnisse kann festgestellt werden, ob der von den Konsumenten angegebene Unterschied zufällig ist oder vom Zufall ausgeschlossen werden kann. Für die Befragung von naiven Konsumenten bzw. Verbrauchern ist eine Stichprobe von mindestens 60 Konsumenten erforderlich. Mit der Befragung zum Unterschied kann auch gleichzeitig die Präferenz abgefragt werden. Andere, ebenfalls einsetzbare Unterschiedsmessungen sind paarweiser Vergleichstest und Duo-Trio-Test.[2]

---

[2] Ausführliche Darstellungen finden sich in Busch-Stockfisch (2009), Band 1, Kapitel II; Meilgaard, Civille und Carr (2007), S. 63ff.; Stone und Sidel (2004), S. 145ff.

Abbildung 3.2   Der Mensch als Messinstrument: Objektive und subjektive bzw. hedonische Sensorik

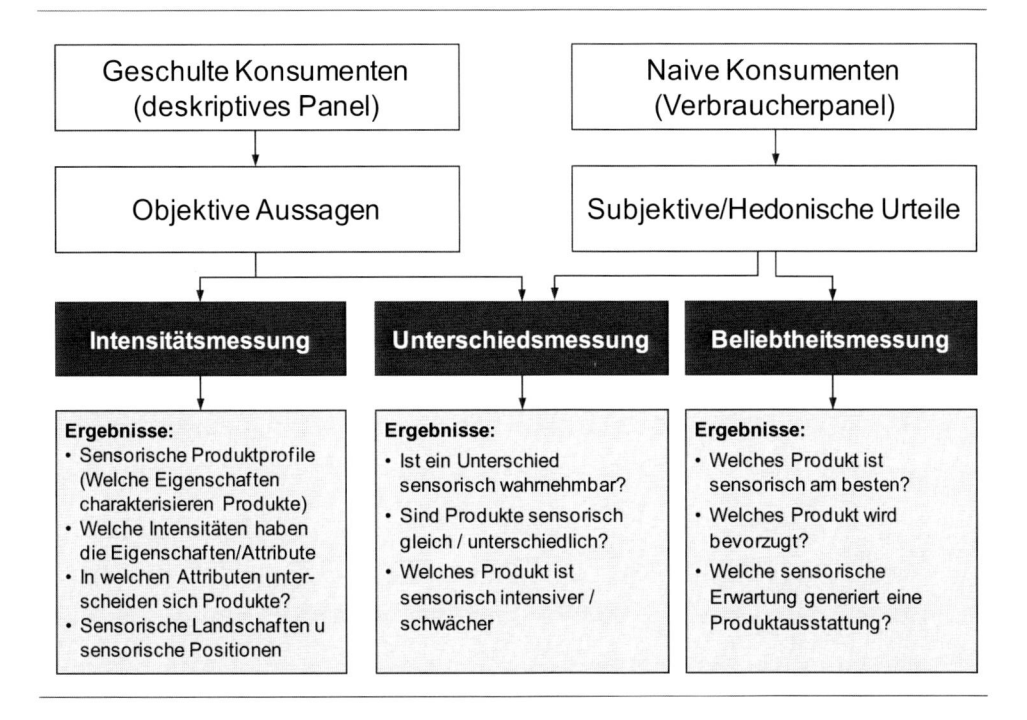

Geschulte Konsumenten (deskriptives Panel)	Naive Konsumenten (Verbraucherpanel)
Objektive Aussagen	Subjektive/Hedonische Urteile

Intensitätsmessung	**Unterschiedsmessung**	**Beliebtheitsmessung**
Ergebnisse: • Sensorische Produktprofile (Welche Eigenschaften charakterisieren Produkte) • Welche Intensitäten haben die Eigenschaften/Attribute • In welchen Attributen unterscheiden sich Produkte? • Sensorische Landschaften u sensorische Positionen	Ergebnisse: • Ist ein Unterschied sensorisch wahrnehmbar? • Sind Produkte sensorisch gleich / unterschiedlich? • Welches Produkt ist sensorisch intensiver / schwächer	Ergebnisse: • Welches Produkt ist sensorisch am besten? • Welches Produkt wird bevorzugt? • Welche sensorische Erwartung generiert eine Produktausstattung?

3.2.1   Produktprofile: Deskriptive Verfahren der Sensorik

Die Erstellung von sensorischen Produktprofilen ist heute gängige Praxis für eine große Zahl von internationalen Unternehmen wie Nestlé, Unilever, Kraft und viele andere mehr.

| Welchen Beitrag leisten sensorische Produktprofile für modernes Weinmarketing?

■ Sensorische Produktprofile sind die einzige objektive Bezugsgröße in der Sensorik, welche Rückschlüsse auf die Ursachen der Akzeptanzbewertung durch Konsumenten zulässt.

■ Sie ermöglichen, wenn sie regelmäßig erstellt werden, eine kontinuierliche Qualitätsüberprüfung und sind ein wertvolles Instrument zur Messung und Erhaltung der Markenstilistik.

■ Mit der Erstellung von sensorischen Profilen wird eine konsumentenorientierte, sensorische Weinsprache entwickelt. Es wird die Frage beantwortet, wie die Eigenschaften eines Weins in Konsumentensprache beschrieben werden können. Diese Sprache kann dann verwendet werden, um die interne Kommunikation zu verbessern: Den Önologen der Weinerzeugung und den Verantwortlichen des Marketing wird damit eine

einheitliche Sprache für die Weinbeschreibung und zur Verwendung im Marketing zur Verfügung gestellt.

- Sensorische Profile erschließen Wissen über die sensorische Position der eigenen Weine im Vergleich zum relevanten Wettbewerb

Die Erstellung von sensorischen Profilen erfolgt mittels deskriptiver Analyse und einem geschulten Panel. Folgender Voraussetzungen bedarf es zur Erstellung von sensorischen Profilen:

| Räumliche Anforderungen

- Gruppendiskussionsraum zur Schulung
- Einzeltestplätze zur Produktmessung (siehe **Abbildung 3.3**: Sensorikkabine)
- Nicht notwendig, aber sehr hilfreich: Automatisierte Datenerhebungsmöglichkeit (spezielle Software, Computerarbeitsplätze, die über Server miteinander verbunden sind)

| Personelle Anforderungen

- Ausreichende Anzahl von geeigneten, geschulten und auf die Produktkategorie trainierten Panellisten (10-12 Teilnehmer), die periodisch auf Leistungsfähigkeit und Messgenauigkeit überprüft werden (Panelperformance)
- Panelleiter mit sensorischer Ausbildung und Fähigkeit zur Moderation des Panels

| Betriebliche Voraussetzung

- Verankerung der Sensorik im Unternehmen (Produktentwicklung, Qualitätssicherung, Marketing)[3]
- Regelmäßige Profilerstellung: Es sollten im Schnitt sechs Profile pro Monat erstellt werden, damit die Panellisten in Übung bleiben und die Räumlichkeiten sinnvoll genutzt werden.
- Möglichkeit der statistischen Auswertung

---

[3] Siehe auch Busch-Stockfisch (2009), Band 2, Kapitel V.

Abbildung 3.3   Sensorik-Kabine

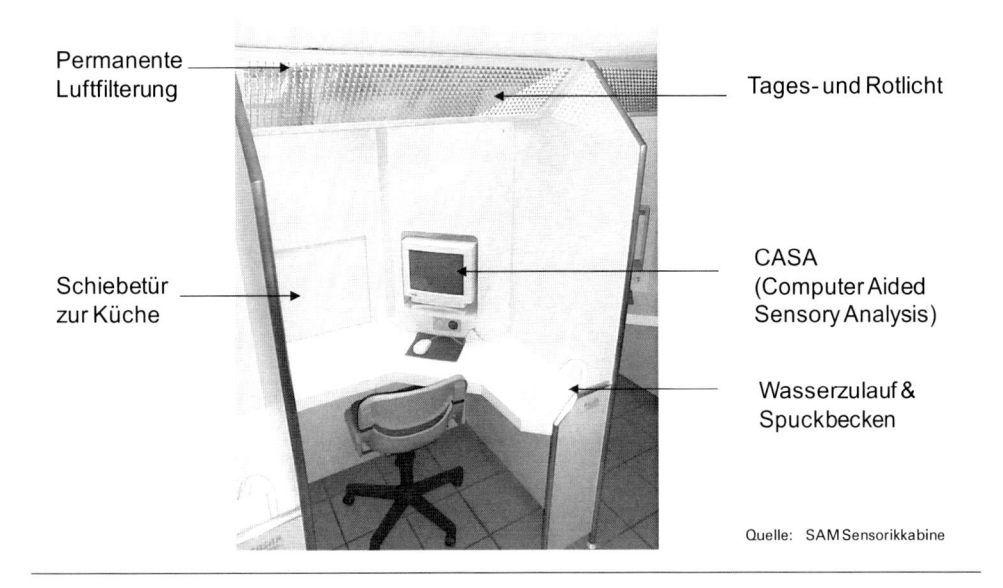

Permanente Luftfilterung

Schiebetür zur Küche

Tages- und Rotlicht

CASA (Computer Aided Sensory Analysis)

Wasserzulauf & Spuckbecken

Quelle: SAM Sensorikkabine

In der nachfolgenden Abbildung 4 sind drei sensorische Rotweinprofile als Spinnennetzgraphik dargestellt. Jeder Strahl steht für eine Produkteigenschaft, deren Intensität im Mittelpunkt am geringsten und am äußeren Ende am intensivsten ist. Die aufgeführten Produkteigenschaften sind getrennt nach den sensorischen Dimensionen Aussehen, Geruch, Geschmack, Mundgefühl und Nachgeschmack, wie in der Legende angegeben. Die drei Rotweine unterscheiden sich signifikant in 30 Produkteigenschaften. Besonders deutlich treten diese bei den mit Pfeilen markierten Eigenschaften „Aussehen Rot", „Geschmack Süß", Geschmack Schwarze Früchte" zu Tage. Schon an der Form der Linien wird erkennbar, wie unterschiedlich die Weine sind.

Die oben erklärte Art der Darstellung von sensorischen Profilen hat zum Nachteil, dass sehr viele Informationen in einer Graphik enthalten sind. Hinzu kommt, dass nicht alle dargestellten Produkteigenschaften voneinander unabhängig sind – so gibt es einen Zusammenhang zwischen den Attributen „Geruch Holzig" und „Geschmack Holzig" oder zwischen „Mundgefühl Adstringierend" und „Mundgefühl Belegend". Um diese sensorische Gesamtinformation übersichtlicher darzustellen und Abhängigkeiten untereinander zu berücksichtigen, verarbeitet man daher die Daten sensorischer Profile rechnerisch mittels einer sogenannten Hauptkomponentenanalyse und stellt die Ergebnisse graphisch in einem zweidimensionalen Koordinatensystem dar (Biplot).

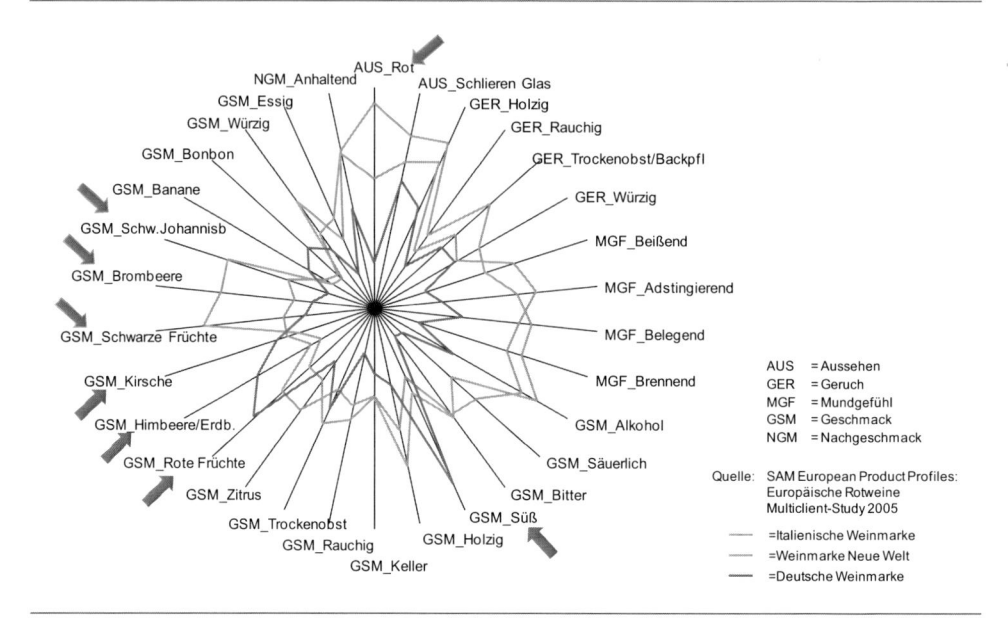

Abbildung 3.4 Sensorische Profile von drei verschiedenen Rotweinen

AUS = Aussehen
GER = Geruch
MGF = Mundgefühl
GSM = Geschmack
NGM = Nachgeschmack

Quelle: SAM European Product Profiles: Europäische Rotweine Multiclient-Study 2005

——— = Italienische Weinmarke
——— = Weinmarke Neue Welt
——— = Deutsche Weinmarke

In einem solchen Biplot wird den Produkteigenschaften durch ihre Beziehung untereinander ein genau definierter Platz zugewiesen. So entsteht eine sensorische Landschaft, in der jedes Areal für bestimmte sensorische Produkteigenschaften steht. Voneinander abhängige, also miteinander korrelierende Eigenschaften, liegen dicht beieinander, wogegen unabhängige Eigenschaften räumlich voneinander getrennt sind. Dadurch entsteht auch ein logisch nachvollziehbarer Aufbau der sensorischen Landschaft. In dieser werden nun die Produkte aufgrund der Eigenschaften, durch die sie besonders charakterisiert sind, positioniert. Auf diese Weise entsteht eine Abbildung, bei der aus den Positionen des jeweilig betrachteten Produkts auf den ersten Blick dessen prägende Eigenschaften erkannt werden können, weshalb diese Darstellungsweise auch als „Sensory Mapping" bezeichnet wird.

Abbildung 3.5 zeigt das Sensory Mapping für 12 deutsche Spätburgunder-Rotweine. Die jeweiligen Produkteigenschaften in den dazu gehörenden sensorischen Dimensionen sind in grau wiedergegeben. Die Landschaft wird durch mehrere, sich gegenüberliegende Produkteigenschaften leicht verständlich: Beginnt man horizontal und folgt im Uhrzeigersinn, so liegen sich jeweils gegenüber: 1) süßlich (links) und säuerlich (rechts), 2) bräunlich (links oben) und schwarze Johannisbeere, rote Beeren, dunkle Beeren, bläulich (rechts unten), sowie 3) würzig, holzig (oben rechts) und fruchtig (unten links). Des Weiteren sind Eigenschaften, welche in den untersuchten Weinen oft zusammen auftreten, in der Landschaft nahe beieinander liegend, wodurch sich der schon erwähnte logische Aufbau der Quadranten ergibt: Oben rechts überwiegen die Produkteigenschaften holzig, würzig, brennend, bitter und säuerlich. Unten rechts überwiegen adstringierend, austrocknend, pelzig, dunkle Beeren und schwarze Johannisbeere. Unten links dominieren fruchtig, blumig und süßlich als Produkteigenschaften und im linken oberen Quadranten dominieren die Produkteigenschaften rote Beeren und bräunlich.

Abbildung 3.5   Sensorische Landschaft Spätburgunder-Rotwein

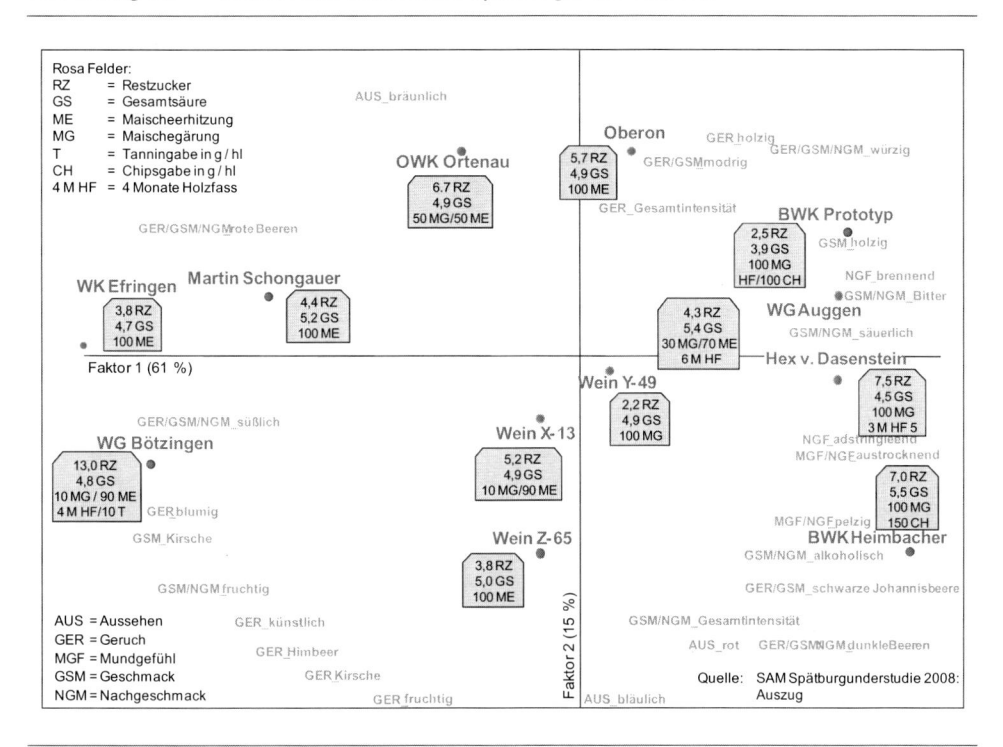

In diesem Beispiel gewinnt man damit ein Gesamtverständnis über den Markt von Spätburgundern aus sensorischer Sicht. Es gilt dabei, dass sehr nahe beieinander liegende Weine sehr ähnlich und daher aus sensorischer Sicht untereinander austauschbar sind, wogegen weit auseinanderliegende Weine durch ein sehr unterschiedliches sensorisches Profil charakterisiert sind. Wie aus Abbildung 5 erkennbar wird, liegen die maischevergorenen Weine (MG) mehr in den rechten Quadranten, während die durch Maischeerhitzung (ME) gewonnenen Weine in den linken Quadranten liegen. Es wird deutlich erkennbar, dass das Gärverfahren maßgeblich den Weintyp des Spätburgunders bestimmt.

Anhand dieses Beispiels wird ersichtlich, wie klar die deskriptive Analyse Möglichkeiten der konkreten Weinbereitung im Hinblick auf eine mögliche Gestaltung sensorischer Eigenschaften des Endproduktes aufzeigen kann.

3.3 Akzeptanz: Messen, was dem Konsumenten schmeckt

Während sich die beiden vorangegangen Methoden mit Fragenstellungen zu objektiven Unterschieden zwischen Produkten beschäftigen, wird nun die Frage behandelt, wie die subjektive Akzeptanz durch den Endverbraucher gemessen werden kann.

Der Vorteil bzw. besondere Nutzen dieser Vorgehensweise ist offensichtlich: Wer könnte besser beurteilen, ob ein Produkt gut genug ist als die Zielgruppe selbst? Das macht Konsumentensensorik so wertvoll und attraktiv: Der zu erwartende Erfolg eines Produktes kann vor der Lancierung überprüft werden.

Bevor detaillierte Fragen, die mit der Akzeptanzmessung beantwortet werden können, vorgestellt und anhand von Beispielen diskutiert werden, sollen technische Voraussetzungen und Rahmenbedingungen für eine erfolgreiche und aussagekräftige sensorische Konsumentenbefragung skizziert werden.

3.3.1 Central Location Test

Die Beurteilung von Produkten bzw. Weinen durch den Konsumenten (Beliebtheitsmessung) erfolgt in der Regel als Akzeptanzmessung nach der Central Location Test (CLT)-Methodik. Die Namensgebung ist von der Anforderung abgeleitet, dass sich die Befragung an zentral zugänglichen Örtlichkeiten befinden soll. Des Weiteren sollen die Produkte in einer neutralen und klimatisierten Umgebung beurteilt werden. Die Konsumenten werden dafür zu Verkostungssitzungen eingeladen. Die Dauer einer Verkostungssitzung richtet sich nach der Anzahl der Produkte und sollte zwischen einer halben Stunde bis zu einer Stunde betragen. Um Ergebnisse zu erhalten, die auf die Marktgegebenheiten übertragbar sind, muss folgendes beachtet werden:

■ Rekrutierung der richtigen Zielgruppe

Will man einen deutschen Rotwein entwickeln, der im Lebensmitteleinzelhandel gut vermarktbar ist, so ist darauf zu achten, dass man Konsumenten befragt, die deutschen Rotwein bevorzugen und darüber hinaus ihren Bedarf an deutschem Rotwein aus dem Lebensmitteleinzelhandel decken – und nicht nur allgemein Weintrinker. Den erhobenen Konsumentenurteilen ist nach erfolgter Befragung nicht mehr anzusehen, wie gut ihr innerer Wert für die Zielgruppe ist.

- Ausschluss von Konsumenten, die das Ergebnis beeinflussen können

Dazu gehören vor allem Konsumenten, die vom Fach sind[4], sowie Konsumenten, die in ihrer sensorischen Wahrnehmung beeinträchtigt sind (Krankheiten, Erkältung) oder, wie bereits erwähnt, das entsprechende Produkt nicht konsumieren.

- Vermeidung von Überforderung und Ermüdung

Die Beurteilung der Weine soll so erfolgen, dass eine gegenseitige Beeinflussung der Weine weitgehend ausgeschlossen werden kann. Bei Sitzungen von einer Stunde sind maximal sechs Weine beurteilbar. Zwischen den einzelnen Produkten muss eine ausreichende Neutralisierungsphase berücksichtigt werden. Dies wird am besten mit einer Pause von wenigen Minuten zwischen den Weinen erzielt, zu der Wasser und Brot gereicht wird.

- Ausreichende Stichprobengröße

Um ein Ergebnis zu bekommen, das auf Marktgegebenheiten übertragbar ist, bedarf es einer Mindestanzahl von Konsumenten: Für die Beantwortung einer Einzelfrage sind 60 Konsumenten ausreichend, vorausgesetzt, die Stichprobe ist gut definiert und rekrutiert. Sollen mehrere Fragestellungen beantwortet werden und auch eine Struktur der Konsumenten nach Untergruppen analysiert werden, so bedarf es einer Stichprobengröße von mindestens 120 Konsumenten.[5]

- Hedonische Fragestellungen zur Akzeptanz

Wie einleitend dargestellt, ist der Konsument nicht in der Lage, sein Akzeptanzurteil zu begründen. Die Fragen an den Konsumenten sollten sich daher auf hedonische Fragen beschränken (wie beliebt ist das Produkt insgesamt oder ein einzelnes Kriterium, wie z.B. Aussehen, Geruch, etc.) . Eine Begründungsfrage sollte nicht gestellt werden. Zu viele Fragen können den Konsumenten ermüden oder überfordern und beeinflussen das Ergebnis negativ. Empfohlen sind 10 – 12 Fragen pro Produkt.

Es sollten auch nur solche Kriterien abgefragt werden, die dem Konsumenten verständlich und von ihm eindeutig beurteilbar sind (z.B. das Gefallen der Farbe, des Geschmacks, der Süßegrad, etc.). Die Beurteilung einer Alterungsnote oder eines Fehltons kann der Konsument nicht leisten, da diese Begriffe für ihn nicht klar sind. Da Konsumenten immer eine Antwort geben, auch dann, wenn sie das Gefragte gar nicht kennen, ist die Auswertung einer solchen Frage sehr kritisch zu sehen.

- Standardisierte und einheitliche Testbedingungen

Um einer externen Beeinflussung zu entgehen, bedient sich die Konsumentensensorik neutraler, gut belüfteter Räume, in denen äußere Umständen ausgeschlossen sind. Solche

---

[4] Mueller et al. (2008) zeigen, wie stark die Rekrutierung von wenigen Mitarbeitern eines Weininstituts in eine Konsumentenstichprobe die Ergebnisse für Akzeptanz für Rotwein verzerrt.

[5] Eine ausführliche Abhandlung befindet sich in MacFie et al. (1989).

Testbedingungen (Central-Location-Testräume) entsprechen zwar nicht einer realen, biotischen Situation, die ermittelten Unterschiede in der Beurteilung sind jedoch eindeutig auf das Produkt und seinen Beurteiler und nicht auf andere externe Faktoren zurückzuführen. Dies ist einer der ganz wesentlichen Gründe, weshalb bei Home-Use-Tests die Ergebnisse weniger klar und zuverlässig sind und daher größere Stichproben notwendig sind.

■ Vermeidung von Positionseffekten:

Bei der Beurteilung mehrerer Produkte in einer Sitzung besteht die Gefahr, dass die Beurteilung eines einzelnen Produkts durch das jeweils vorangehende Produkt beeinflusst wird. Um diesen Effekt sicher zu eliminieren, kommt ein sogenanntes balanciertes Testdesign zur Anwendung: Es gewährleistet, dass eine gegenseitige Beeinflussung der Produkte über alle Befragten hinweg ausgeglichen wird. Dies geschieht dadurch, dass jeder Teilnehmer die Produkte in einer individuellen Reihenfolge erhält, jedes Produkt gleich oft an jeder möglichen Position serviert wird und zudem alle Kombinationen von aufeinander folgenden Produktpaaren gleich oft verwendet werden.[6] Ferner erfolgt eine dreistellige Kodierung der Produkte für deren möglichst neutrale Darbietung.

Die aufgezählten Rahmenbedingungen für Akzeptanztests machen deutlich, dass deren Erfolg und Zuverlässigkeit in hohem Maße von der rekrutierten Stichprobe sowie von der Erfahrung, der Präzision und der Umsicht des „sensorischen" Personals abhängig ist. Die Erhebung von validem Datenmaterial ist selbst bei Produkten mit einfacher Zubereitung wie Wein nicht mittels ungeschultem Personal möglich und hat demzufolge auch ihren Preis. Dem einmal erhobenen Zahlenmaterial ist nicht mehr anzusehen, auf welche Weise es gewonnen wurde und welche Qualität ihm innewohnt. Daher kann nur dazu geraten werden, die Rekrutierung der Konsumentenstichprobe und die Testbedingungen präzise zu definieren und idealerweise selbst an einer der Sitzungen teilzunehmen.

3.3.2 Die Akzeptanzmessung beim Konsumenten

Mit der Akzeptanzmessung können eine ganze Reihe sehr wichtiger und grundlegender Fragen der Weinvermarktung beantwortet werden. Die wichtigsten sind folgende:

■ Wie werden verschiedene Weine vom Konsumenten beurteilt?

■ Wie ist die Beurteilung der Weine für verschiedene Akzeptanzkriterien wie Geruch, Geschmack, Mundgefühl, Nachgeschmack?

■ Welche Ansatzpunkte für Verbesserungen gibt es?

Dabei ist das undifferenzierte Gesamturteil (die allgemeine Beliebtheit) des Konsumenten von ausschlaggebender Bedeutung. Die Beurteilung der allgemeinen Beliebtheit eines Produkts schließt alle untergeordneten Akzeptanzkriterien (siehe **Abbildung 3.6**) mit ein

---

[6] Eine ausführliche Abhandlung befindet sich in MacFie et al. (1989).

Akzeptanz: Messen, was dem Konsumenten schmeckt

und wird üblicherweise mit einer 9-Punkte-Skala erfasst. Der Mittelwert über alle Einzelurteile einer bestimmten Zielgruppe sollte bei Wein zwischen 6,6 bis 6,7 oder höher liegen: Ab diesem Wert kann ein Wein als vom Konsumenten mit „sehr gut" beurteilt angesehen werden.

Abbildung 3.6   Gesamturteil und Akzeptanzkriterien

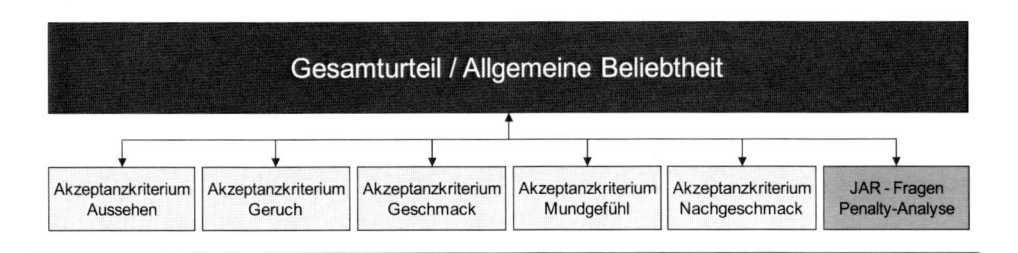

```
┌─────────────────────────────────────────────────────────────────┐
│              Gesamturteil / Allgemeine Beliebtheit              │
└─────────────────────────────────────────────────────────────────┘
    ↑           ↑           ↑           ↑           ↑           ↑
┌─────────┬─────────┬─────────┬─────────┬─────────┬─────────┐
│Akzeptanz│Akzeptanz│Akzeptanz│Akzeptanz│Akzeptanz│JAR-Fragen│
│kriterium│kriterium│kriterium│kriterium│kriterium│Penalty- │
│Aussehen │ Geruch  │Geschmack│Mundgefühl│Nachgeschmack│Analyse │
└─────────┴─────────┴─────────┴─────────┴─────────┴─────────┘
```

Erstaunlicherweise erfüllen diese Mindestanforderung an einen guten Wein im Sinne des Konsumenten nur sehr wenige Produkte im Markt. In einer Studie konnte nur für 2 von insgesamt 12 untersuchten Weinen ein guter Akzeptanzwert festgestellt werden, wie die Abbildung 3.7 zeigt.

Abbildung 3.7   Gesamturteil für zwölft internationale Rotweinmarken (Quelle: SAM Auftragsstudie Wein 2007: Auszug verblindet)

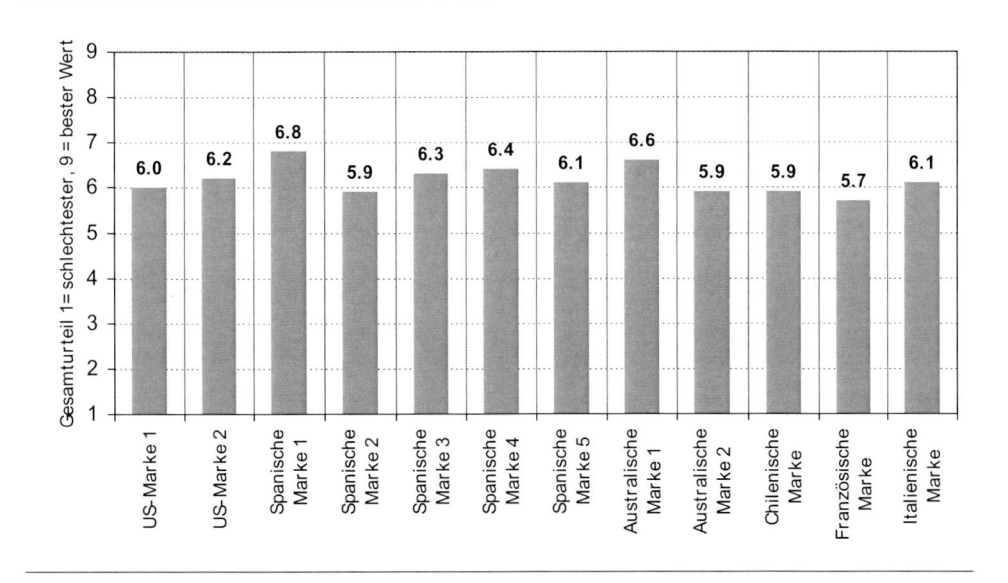

Marke	Gesamturteil
US-Marke 1	6.0
US-Marke 2	6.2
Spanische Marke 1	6.8
Spanische Marke 2	5.9
Spanische Marke 3	6.3
Spanische Marke 4	6.4
Spanische Marke 5	6.1
Australische Marke 1	6.6
Australische Marke 2	5.9
Chilenische Marke	5.9
Französische Marke	5.7
Italienische Marke	6.1

(Gesamturteil 1 = schlechtester, 9 = bester Wert)

Es ist dabei jedoch wichtig, die Häufigkeitsverteilung der einzelnen Gesamturteile zu betrachten. Oftmals zeigt sich, dass Weine von einem Teil der Konsumenten einheitlich als besonders gut und von einem anderen Teil einheitlich weit weniger gut beurteilt werden. Eine genauere Analyse dieses Phänomens identifiziert sensorische Konsumentenuntergruppen, sogenannte sensorische Cluster.

In einem solchen Fall stehen hinter einem durchschnittlichen Wert für eine Gesamtbeurteilung eines Weins zwei (oder mehrere) Cluster bzw. Konsumentenuntergruppen mit unterschiedlicher Beurteilung: Ein Cluster mit hoher Akzeptanz und eines, welches das gleiche Produkt weniger gut beurteilt oder ablehnt. Ein Produkt mit solchen Eigenschaften nennt man „polarisierend". **Abbildung 3.8** zeigt diese Verhältnisse, wie sie für eine sehr erfolgreiche australische Weinmarke gegeben sind: Der Wein wird von 62% der Konsumenten außerordentlich gut beurteilt, wogegen er von 38% der Konsumenten abgelehnt wird.

Die Analyse nach Clustern zeigt also, dass die Marktchancen eines solchen Weins für ein Teilsegment als sehr gut zu beurteilen sind. Allein aufgrund des Mittelwertes über die Gesamtstichprobe ist diese Segmentierung der Konsumenten nicht erkennbar. Würde man diese unterschiedliche Beurteilung nicht berücksichtigen, würde man irrtümlich auf eine moderate Beliebtheit und geringes Marktpotenzial für die Gesamtstichprobe schließen.

Abbildung 3.8   Mittelwerte für das Gesamturteil eines polarisierenden Weins über zwei Cluster (Quelle: SAM Auftragsstudie Wein 2007: Auszug)

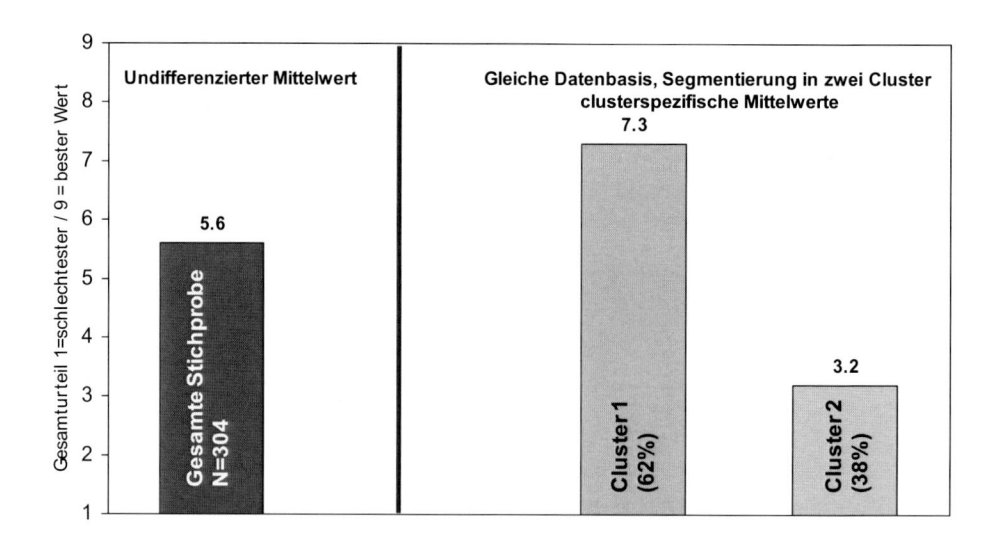

Neben der Gesamtakzeptanz geben die Abfrage von Akzeptanzkriterien wie Aussehen, Geruch etc. zusätzliche Auskunft darüber, wo ein Produkt seine besonderen Stärken bzw.

Schwächen besitzt. Dies wird vor allem dann wichtig, wenn das Gesamturteil unter dem geforderten Akzeptanzwert bleibt. Mit Hilfe der Akzeptanzkriterien ist z.B. erkennbar, dass ein unzureichendes Gesamturteil auf eine Schwäche im Geruch zurückzuführen ist.

Eine besondere Stellung unter den Akzeptanzfragen hat die Just-about-right-Frage (Deutsch: Frage nach dem „gerade richtig"). Mit dieser Art von Fragen können spezielle Akzeptanzkriterien auf ihre ideale Intensität abgefragt werden. Den Zusammenhang gibt **Abbildung 3.9** wieder. Beantwortet die Mehrzahl der Konsumentenzielgruppe, dass der Wein „zu süß" ist, so kann daraus ein Handlungsbedarf für dieses Kriterium abgeleitet werden. Eine weitergehende Auswertung dieser Frage erfolgt über die sogenannte Penalty-Analyse, die in diesem Beitrag nicht weiter ausgeführt wird.[7]

Abbildung 3.9 Just about Right – Frage (JaR) am Beispiel Süße

Frage: Wie beurteilen Sie den Wein hinsichtlich seiner Süße?

Antwortmöglichkeiten und prozentuale Verteilung der Antworten

- o Viel zu wenig süß ⎱ 28%
- o Etwas zu wenig süß ⎰
- o **Gerade richtig** — 14%
- o Etwas zu süß ⎱ 58%
- o Viel zu süß ⎰

Ergebnisinterpretation: Der beurteilte Wein ist eindeutig zu süß.

3.3.3 Messung der Produktleistung

In der bisherigen Betrachtungsweise wurde das Produkt einzig und allein blind verkostet und die Beurteilung ohne Kenntnis der Marke durchgeführt. Tatsache ist jedoch, dass die Marke bzw. bei Wein die Flaschenausstattung mit allen Kriterien (Design, Marke, Sorte, Herkunft etc.) einen erheblichen Einfluss auf die Beurteilung des Weines selbst hat.[8]

Um diesen Einfluss herauszufinden wird auf gleiche Weise wie bei der Akzeptanzmessung vorgegangen, allerdings bekommt der Konsument zunächst das Produkt nur in seiner verkaufsfertigen Form (Flaschenausstattung wie sie im Regal steht) zu sehen. Diese

---

[7] Ausführliche Beschreibung der Penalty-Analyse in Busch-Stockfisch (2009), Band 1, Kapitel IV, 2.4, S. 43 ff.
[8] Einen ausführlichen Überblick dazu geben Mueller et al. (2009). Siehe auch Szolnoki (2007).

muss er beurteilen, seine aufgrund des Produktes gegebene Erwartung wiedergeben und gegebenenfalls auch die Kaufwahrscheinlichkeit angeben. Erst nach der Beantwortung dieser Fragen bekommt der Konsument das Produkt selbst, das dann in Gegenwart der Verpackung verkostet und beurteilt wird.

Soll das Produkt zudem auch blind beurteilt werden, so sollte zwischen der Beurteilung „blind" und „branded" mindestens ein Tag liegen (sogenannte „wash-out period"). Dies ist erforderlich, um eine wirklich unabhängige Beurteilung der Produkte in Gegenwart der Marke bzw. Verpackung zu gewährleisten. Zu vermeiden ist eine Sitzung, bei der sowohl „blind" als auch „branded" beurteilt wird, da bei dieser der Effekt der Marke nicht mehr sauber gemessen werden kann. Der Konsument erinnert sich in diesem Fall zu sehr an die blind verkosteten Produkte und beurteilt „branded" dann beeinflusst vom Niveau seiner Blind-Beurteilung.

Da alle Messungen mit der gleichen Skala erfolgen, lassen sich durch den Vergleich der verschiedenen Messwerte eine ganze Reihe marketingrelevanter Fragen beantworten:

- Gefällt die Flaschenausstattung der Zielgruppe ausreichend gut?
- Generiert die Flaschenausstattung eine ausreichend hohe Produkterwartung beim Konsumenten? Erst mit dieser kommt es zu einem entsprechenden Kaufimpuls.
- Wie stark ist die Marke bzw. Flaschenausstattung? Welchen positiven Einfluss auf die Weinbeurteilung leistet sie?
- Wird die Produkterwartung durch den Wein selbst erfüllt, enttäuscht der Wein oder schmeckt er besser als erwartet?

Es können auch mehrere Weine in Gegenwart der gleichen Ausstattung verkostet werden. Auf diese Weise lässt sich herausfinden, welcher Wein am besten zur Ausstattung passt. Die Gesamtzusammenhänge für die Produktleistung zeigt **Abbildung 3.10**.

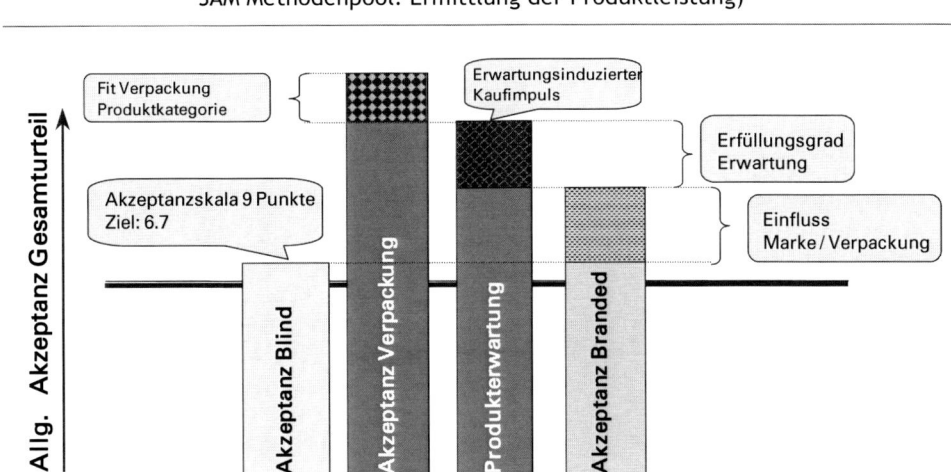

Abbildung 3.10 Gesamtzusammenhang bei der Ermittlung der Produktleistung (Quelle: SAM Methodenpool: Ermittlung der Produktleistung)

3.3.4 Produktoptimierung: Ermittlung der Ursachen für Beliebtheit

Es wurde eingangs festgestellt, dass es dem Menschen nicht möglich ist zu begründen, warum ihm etwas schmeckt oder nicht. Demzufolge kann der Konsument auch nicht direkt nach den Ursachen für seine subjektive Beliebtheit befragt werden. Seine Antworten wären rational begründet, sie würden den weitaus wichtigeren, unterbewussten und instinktgesteuerten Teil unberücksichtigt lassen. Infolgedessen führen Ableitungen aus direkten Befragungen zu Schlussfolgerungen, welche den wahren, im Unterbewusstsein des Verbrauchers verborgenen Sachverhalt nicht wiedergeben.

Um die Frage nach den Ursachen für die sensorische Beliebtheit von Produkten präzise zu beantworten, muss daher ein anderer Weg als die direkte Befragung des Konsumenten gewählt werden. Dieser Weg wird durch das Verfahren der Produktoptimierung beschrieben. Dazu bedarf es für die relevanten Produkte sowohl der sensorischen Profile als auch deren Akzeptanzwerte.

Das Verfahren der Produktoptimierung untersucht die kausalen Zusammenhänge zwischen Produkteigenschaften und Akzeptanz. Es trägt dabei der Tatsache Rechnung, dass nicht alle Produkteigenschaften in gleichem Maß für die Akzeptanz eines Produktes oder Weines verantwortlich sind. Entscheidend ist, diejenigen Produkteigenschaften zu ermitteln, die für die Akzeptanz des Konsumenten relevant sind. Dies gelingt mittels statistischer Analyse. Hierzu werden zunächst die Intensitäten der Produkteigenschaften aus der sensorischen Profilierung mit den Daten der Konsumentenakzeptanz verknüpft.

Abbildung 3.11 Verknüpfung des Attributs „Weinig im Geruch" mit der Produktakzeptanz am Beispiel Sekt (Quelle: Auftragsstudie Produktoptimierung Sekt 1993, mit Genehmigung des Auftraggebers, Teilweise verblindet)

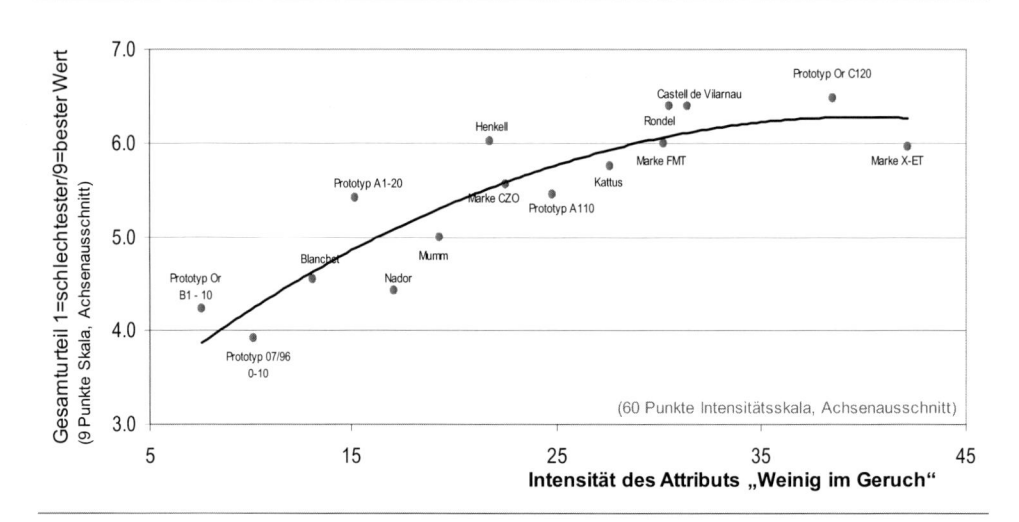

Das Verknüpfen der Produkteigenschaften mit den Akzeptanzdaten gibt Aufschluss über die intensitätsabhängige Wirkung einer Produkteigenschaft auf das Gesamturteil. Im einfachsten Fall ist diese Wirkung linear positiv und bedeutet eine zunehmende Akzeptanz mit zunehmender Intensität der Eigenschaft; häufiger und typisch ist jedoch ein komplexer Zusammenhang. Auch einem Konsumenten, der restsüße Weine mag, wird ein immer weiter zunehmender Zuckergehalt im Wein irgendwann zu viel, d.h. es gibt ein Optimum für die Süße, bei deren Überschreitung die Akzeptanz wieder abnimmt.

Abbildung 3.11 zeigt eine solche Verknüpfung am Beispiel Sekt, bei der keine lineare Abhängigkeit zwischen Akzeptanz und Intensität der Eigenschaft „Weinig im Geruch" besteht. Der Zusammenhang zwischen Beliebtheit und Intensität ist zwar am Anfang positiv, ab dem Erreichen eines Optimums sinkt die Akzeptanz jedoch mit zunehmender Intensität der Produkteigenschaft. Um die Ursachen für die Verbraucherakzeptanz der einzelnen Produkte präzise zu ermitteln, bedarf es der tieferen Analyse der verknüpften Datensätze „objektive sensorische Produktprofile" und „hedonische Produktbeurteilung der Zielgruppe". Dazu werden multivariate statistische Methoden wie Regressionsverfahren, neuronale Netze und andere angewendet. Der komplexe analytische Weg hat zum Ziel, die Ursachen für sensorische Konsumentenakzeptanz zu klären und aufzuzeigen, wie ein verbraucher- und zielgruppenorientiertes, sensorisch optimales Produkt aussieht.[9]

---

[9] Siehe z.B. Meullenet (2007); Kern et al. (2006); Kern et al. (2007)

Der Prozess der Modellierung im Rahmen der Produktoptimierung PROP® identifiziert dabei die Attribute im sensorischen Profil, welche aufgrund ihres Einflusses bzw. ihrer Hebelwirkung auf die Akzeptanz von besonderer Wichtigkeit sind, als sogenannte Akzeptanztreiber. Dabei werden Attribute, die zwischen den Produkten keine Unterschiede zeigen sowie miteinander stark korrelierende Attribute systematisch ausgeschlossen. Das vollständige Modell mit wenigen wichtigen Attributen wird als sensorisches Idealprofil dargestellt. Es stellt die Summe aller signifikant auf die Akzeptanz Einfluss nehmenden sensorischen Produkteigenschaften dar.

Am Ende einer Produktoptimierung steht für jedes der betrachteten Teilsegmente ein Idealprofil mit den relevanten Akzeptanztreibern als Modell der Konsumentenakzeptanz. Abbildung 12 zeigt ein solches Modell am Beispiel Sekt.

Abbildung 3.12 Idealprofil anhand der Konsumentenakzeptanz am Beispiel Sekt (Quelle: Auftragsstudie Produktoptimierung Sekt 1993, mit Genehmigung des Auftraggebers, teilweise verblindet)

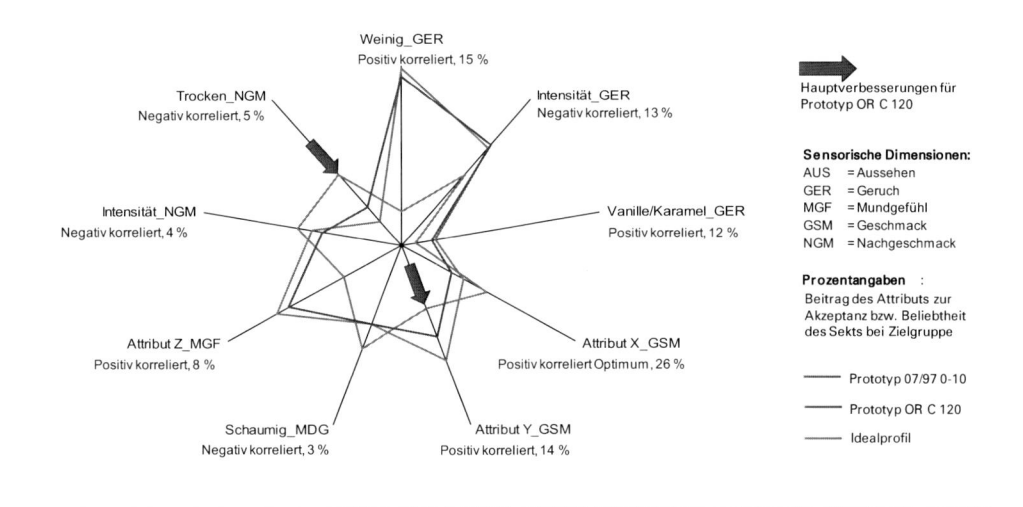

Die Abbildung beinhaltet zwei wichtige Grundaussagen:

1. Es wird erkennbar, welche Produkteigenschaften maßgeblich für die Beliebtheit eines Produkts beim Konsumenten verantwortlich sind.

Im betrachteten Fall handelt es sich um eine Produktoptimierung von Sekt aus dem Jahr 1993. Die Eigenschaft „Weinig im Geruch" verantwortet im betrachteten Fall 15% der Beliebtheit und ist damit weniger wichtig als die Eigenschaft X im Geschmack, die 26% der Beliebtheit verantwortet. Beide Eigenschaften sind positiv korreliert, mit zunehmender Intensität des Attributs nimmt auch die Akzeptanz zu.

2. Der Vergleich zwischen Idealprofil und kommerziellen Produkten oder Prototypen lässt vorhandene Defizite erkennen und quantifizieren.

Der Prototyp OR C 120 hat eine ohnehin gute Beliebtheit von 6.5, die aber noch weiter erhöht werden kann, indem die sensorische Produkteigenschaft Y in ihrer Intensität noch etwas erhöht wird, wogegen „Trocken im Nachgeschmack" in seiner Intensität noch etwas zu vermindern ist.

Das Idealprofil gibt somit der Produktentwicklung eine klare Optimierungsachse im Hinblick auf die sensorische Akzeptanz vor: Durch Kenntnis der wenigen, aber wichtigen Akzeptanztreiber, ihrer Funktion und ihres Beitrags zur Beliebtheit eines Produktes ist es möglich, alle Produktionsprozesse auf die Erzielung einer möglichst hohen Beliebtheit bei der relevanten Zielgruppe auszurichten.

3.4 Empfehlungen für die Praxis

Die aufgezeigten Wege und Methoden sensorischer Konsumentenforschung sind sicher nicht im gleichen Maß für jedes Unternehmen anwendbar. Die Einbeziehung des Konsumenten ist jedoch für die sensorische Charakterisierung der Weine eine zu wichtige Erfolgsgröße für das Marketing, um sie unberücksichtigt zu lassen. Sie sollte auch nicht alleine dem Zufall der Natur oder dem verantwortlichen Oenologen überlassen werden. Sensorische Konsumentenforschung kann zumindest in Teilbereichen mit den eigenen Kunden durchgeführt werden. Dafür sind lediglich einige Kenntnisse zur Durchführung sensorischer Tests sowie eine gute Organisation notwendig. Einige Empfehlungen zum Abschluss dieses Kapitels.

3.4.1 Empfehlungen Betriebe mit regionaler Distribution

In einer solchen Betriebsstruktur sind meist gut eingerichtete Verkostungsräume vorhanden. Diese können problemlos auch als Testraum für Konsumenten genutzt und so Kunden in die aktuelle Entwicklungs- und Marketingarbeit integriert werden. Die Kunden des Unternehmens dienen dann als Konsumenten für die Datenerhebung. Folgende Erhebungen können mit Kunden im eigenen Testraum durchgeführt werden:

- Akzeptanz „Blind" für verschiedene Weine innerhalb einer Weinart oder Sorte.
- Akzeptanz „Blind" eigener Weine gegenüber vergleichbaren Wettbewerbsweinen.
- Unterschiedstest zwischen verschiedenen Entwicklungsvarianten, neuen Verfahren, Technologievergleiche etc.
- Erfassung wichtiger Konsumentenansichten, die für den eigenen Vertrieb relevant sind.
- Ermittlung der Produktleistung, insbesondere bei neuen Ausstattungen.

Dabei sollten folgende Eckpunkte beachtet werden: Gut gelüfteter Raum, Weinverkostung bei gleicher Trinktemperatur, einheitliche Verkostungsgläser, ausreichende Fallzahl (mindestens 60 Konsumenten bei einer Fragestellung, bei mehreren Fragestellungen mindestens 120 Konsumenten).

3.4.2 Empfehlungen für Betriebe mit überregionaler Distribution im LEH

Wenn eine überregionale Distribution gegeben ist, sollte sich das Marketing bewusst sein, wo es mit seinen wichtigsten Produkten im Wettbewerbsumfeld steht. Für solche Unternehmen empfiehlt sich: Die Nutzung unternehmensinterner Verkostungsräume mit Kunden für Unterschiedstests zwischen verschiedenen Entwicklungsvarianten, neuen Verfahren, Technologievergleiche, etc.

Für die Erhebung von Akzeptanzdaten ist die Nutzung der eigenen Räumlichkeiten deshalb nicht geeignet, weil die befragte Konsumentengruppe zu begrenzt auf regionale Teilnehmer wäre – eine Repräsentativität der befragten Stichprobe wäre nicht gegeben. Daher empfiehlt sich die Beauftragung eines Marktforschungsunternehmens für folgende Fragestellungen:

- Akzeptanzmessung mit einer repräsentativen Stichprobe von 120 Konsumenten mit den wichtigsten Weinen und der wichtigsten Wettbewerber in 3-jährigem Turnus
- Ermittlung der Produktleistung für neue Ausstattungen und Weintypen
- Produktoptimierung und Erstellung von Produktprofilen mit den wichtigsten Wettbewerbern für die wichtigen Marken

3.4.3 Empfehlungen für Global operierende Unternehmen

Für global operierende Unternehmen mit einem umfangreichen Marken- und Produktportfolio lohnt sich in der Regel der Aufbau einer eigenen Sensorikabteilung. Zu den Aufgaben einer solchen Abteilung gehören die regelmäßige Erstellung von Produktprofilen sowie die Messung der Akzeptanz der wichtigen Marken bei den relevanten Zielgruppen im Vergleich zum Wettbewerb. Eine solche Abteilung hat positive Auswirkungen auf den Absatz und macht sich innerhalb weniger Jahre bezahlt.

3.5 Schlussbemerkung

Gerade auf dem deutschen Markt ist der Wettbewerb in der Produktkategorie Wein sehr groß. Schon der Weg ins Regal ist angesichts dieses Wettbewerbs und einer zerfaserten Nachfragestruktur auf Handelsseite schwierig. Doch ein echter Erfolg ist damit, dass der Wein im Regal steht, noch lange nicht erreicht. Erzielt der Wein bei seinen Konsumenten keinen wiederholten Kauf, dann stockt der Abverkauf, der Artikel verliert seine Listung bald wieder und alle bis dahin geleisteten Aufwendungen waren umsonst. Das ist einer der Gründe, weshalb die Floprate im LEH bei Wein mit 80% mit am höchsten ist. Es kann daher festgestellt werden, dass innerhalb der sicher wichtigen und ernstzunehmenden handelsorientierten Vertriebsanstrengung die notwendige Berücksichtigung der Präferenzen der Zielgruppe oft zu kurz kommt.

Der Konsument sieht sich heute am Weinregal einer Vielzahl von hochprofessionell vermarkteten Produkten gegenüber. Die Konsequenz daraus ist, dass es immer schwieriger wird, beim Konsumenten alleine mit Ausstattung, Erlebniswelten, Auslobungen und Werteversprechen Markenvertrauen aufzubauen und Nachhaltigkeit im Kaufverhalten zu erzielen. Unter solchen Umständen wird das Produkt selbst und seine Überzeugungskraft im Moment des Konsums wichtiger.

Denn trotz aller Schnelllebigkeit unserer Zeit lässt sich der Konsummoment am Ende nur wenig kürzen – und mit einem Wein, der sich einer großen Beliebtheit erfreut, weil er einfach schmeckt, gelingt es, den Konsumenten nachhaltig und authentisch zu gewinnen. Noch besser wird es, wenn die Erwartungen, die durch Werbung, Ausstattung, Preis etc. erzeugt wurden, durch eine vom Konsumenten als sehr gut befundene und dazu passende Sensorik erfüllt werden. Durch eine solche Übereinstimmung von äußerer Erlebniswelt und innerem Produktkern wird die Summe aller Marketingmaßnahmen wirklich effizient, denn was nützen alle Vermarktungsanstrengungen, wenn der Wein den Konsumenten am Ende nicht schmeckt und sie enttäuscht. Leider ist das im aktuellen Weinangebot im mengenmäßig wichtigsten Segment von 2 bis 5 Euro noch viel zu häufig der Fall.

Für effizientes Weinmarketing gewinnt also der Moment des Produktkonsums zunehmend an Einfluss. Sensorische Konsumentenforschung widmet sich dieser entscheidenden Phase und zielt auf unvergessliche Produkterfahrungen, um damit Markentreue zu erzeugen und Wiederkaufsraten zu steigern: Denn Wiederkauf erzeugt Regalrotation und ohne diese überlebt kein Wein im Handelsregal.

Literatur

[1] Box, G.E.P., Hunter, W.G., & Hunter, J.S. (1978). *Statistics for Experimenters: An Introduction to Design, Data Analysis, and Model Building*. New York: John Wiley & Sons.

[2] Busch-Stockfisch, M. (Hrsg) (2009). *Praxishandbuch. Sensorik in der Produktentwicklung und Qualitätssicherung. Loseblattsammlung*. Hamburg: Behrs Verlag.

[3] Gacula, M.C. (2005). *Design and Analysis of Sensory Optimization*. New York: John Wiley & Sons.

[4] Hough, G., Wakeling, I., Mucci, A., Chambers I..E., Gallardo, I..M., Alves, L.R. (2006). Number of consumers necessary for sensory acceptability tests. *Food Quality and Preference, 17*(6), 522-526.

[5] Kern, M.: (2007): *Das Unbeschreibbare fassbar machen: So sichert Sensory Marketing nachhaltig Markterfolg*. Marketing-Journal, Ausgabe 3, S. 20-27.

[6] Kern M., & Tamagni P. (2007). Gute Marketer arbeiten mit allen Sinnen. *Absatzwirtschaft online*, www.absatzwirtschaft.de, 25. Januar 2007

[7] Kern M., Tamagni P., & Henneberg S. (2006): Sensory Marketing: Der richtige Saft für jeden Geschmack. *Flüssiges Obst*, Ausgabe 12, 618-622.

[8] Lawless, H.T., & Heymann, H. (1998). *Sensory Evaluation of Food: Principles and Practices*, New York: Springer.

[9] Macfie, H.J., Bratchell, N., Greenhoff, K., & Vallis, L.V. (1989). Designs to balance the effect of order of presentation and first-order carry-over effects in hall tests. *Journal of Sensory Studies, 4*(2), 129-148.

[10] Meilgaard, M.C., Civille, G.V., & Carr, B.T. (2007). *Sensory Evaluation Techniques (4th edition)*. Boca Raton: CRC Press Taylor & Francis Group.

[11] Meullenet, J., & Xiong, R. (2007). *Multivariate and probabilistic analyses of sensory science problems*. Array Ames, Iowa: Blackwell.

[12] Moskowitz, H.R., Beckley, J., & Resurreccion, A.V.A. (2006). *Sensory and Consumer Research. Food Product Design and Development*, New York: Wiley-Blackwell.

[13] Mueller, S., Francis, L., & Lockshin, L. (2008). The relationship between wine liking, subjective and objective wine knowledge: Does it matter who is in your 'consumer' sample? *Proceedings of 4th International Conference of the Academy of Wine Business Research*, Siena, 17-19 July, 2008.

[14] Mueller, S., Osidacz, P., Francis, L., & Lockshin, L. (2009). The relative importance of sensory and non-sensory product characteristics: Combining discrete choice and informed sensory testing. *8th Pangborn Sensory Science Symposium*, Florence, 26-30 July 2009.

[15] Scharf, A. (2000). *Sensorische Produktforschung im Innovationsprozess*. Stuttgart: Schäffer-Poeschel Verlag.

[16] Stone, H., & Sidel, J.L. (2004). *Sensory Evaluation Practices*. San Diego: Academic Press.

[17] Szolnoki, G. (2007). *Die Messung des Einflusses der äußeren Produktgestaltung auf die Kaufbereitschaft: Dargestellt am Beispiel Weißwein*. Geisenheim: Geisenheimer Berichte.

4 Marktforschung – kritischer Erfolgsfaktor für das Weinmarketing

Wilhelm Lerner, Wine-Networks

Inhalt

4.1	Einführung	105
4.2	Bedeutung von Consumer Insights für das Weinmarketing	106
4.3	Aktuelle Ansätze in der Marktforschung für das Weinmarketing	108
4.4	Ausgewählte Fallstudien aus der Marktforschungspraxis	110
4.4.1	Eine regionale Wachstumsstrategie und Kommunikationskampagne	110
4.4.2	Wechsel zu neuem Verschluss für führende Weinmarke in England	112
4.4.3	Multikanalstrategie im deutschen Lebensmitteleinzelhandel	113
4.4.4	Marken-Check für eine Premium-Weinmarke in Deutschland	115
4.4.5	Ausstattungsoptimierung mit Online-Regaltest	116
4.5	Diskussion und Schlussfolgerungen für die Weinbranche	118

4.1 Einführung

Nielsen erfasst über Scanner ca. 35.000 Weinartikel im deutschen Lebensmitteleinzelhandel. Nach rund drei Minuten trifft der Verbraucher seine Kaufentscheidung vor dem Weinregal. Das Weinmarketing ist gefordert, dem Verbraucher Orientierung zu geben.

Das Produkt Wein, wie auch viele andere Getränke, bietet leider nur begrenzte Ansatzpunkte, nachhaltig alleinstellende Merkmale herauszuarbeiten. Das Weinmarketing muss sich deshalb im Wettbewerb mit anderen, strategischen Mitteln differenzieren.

Tiefe und intime Kenntnisse der geheimen, meist unausgesprochenen Wünsche der Verbraucher sind der zentraler strategische Ansatzpunkt hinter einer Reihe von Erfolgsbeispielen der Wein- und Sektbranche (wie z.B. Rotkäppchen oder Yellow Tail).

Das Vorgehen folgt in der Regel einem einfachen Strickmuster:

> Segmentierung
>
> Welche Endverbraucherzielgruppe steht im Fokus?
>
> Insights
>
> Welche Motivatoren treiben das Verhalten der Zielgruppe?
>
> Positionierung
>
> Welche Markenwelt und welche Geschichten begeistern den Verbraucher?
>
> Geschäftsmodell
>
> Welches Geschäftsdesign unterstützt die Markenwelt optimal?
>
> Living the Brand
>
> Wie kann die Marke an allen Kontaktpunkten mit dem Verbraucher zum Leben erweckt werden?
>
> Relationship
>
> Wie machen wir Kunden zu Freunden und Multiplikatoren?

Mit empirischen Daten konnten wir nachweisen, dass die Markt- und Konsumentenorientierung im Marketing deutscher Weinhersteller insgesamt nur schwach ausgeprägt ist. Nachholbedarf besteht hier insbesondere bei Winzergenossenschaften und Weingütern. Die fehlende Ausrichtung an den Anforderungen der Endverbraucher führt zu einer vergleichsweise geringen Wertschöpfung im Weinmarketing. Deshalb erstaunt es nicht, dass in der Schlacht am Weinmarkt die Angebote immer ähnlicher, qualitativ gleichwertiger und somit immer austauschbarer werden.

Dieser Beitrag geht vertiefend auf die „Mutter aller Erfolge" im Weinmarketing, die „Consumer Insights" ein und beleuchtet drei zentrale Aspekte:

- Beurteilung der heutigen Bedeutung von Consumer Insights für das Weinmarketing auf Basis von empirischen Studien in der Weinindustrie
- Kurzüberblick über aktuelle Ansätze in der Marktforschung für die Weinbranche
- Ausgewählte Fallstudien aus der Marktforschungspraxis in der Weinbranche
- Diskussion und Fazit für Unternehmen in der Weinbranche

4.2 Bedeutung von Consumer Insights für das Weinmarketing

Der Beitrag des Weinmarketing zur Wertschöpfung kann anhand des Markenwertes gemessen werden. Für die Messung des Markenwertes („Brand Equity Index") aus Sicht der Endverbraucher zieht Wine-Networks fünf Kriterien heran:

> Awareness
>
> Anteil der Verbraucher, die eine Marke kennen
>
> Consideration
>
> Anteil der Verbraucher, die eine Marke sympathisch finden
>
> Trial
>
> Anteil der Verbraucher die eine Marke in den letzten drei Monaten gekauft haben
>
> Loyalty
>
> Anteil der Verbraucher, die eine Marke in den letzten drei Monaten gekauft haben und planen, sie auch in Zukunft zu kaufen
>
> Advocacy
>
> Anteil der Verbraucher, die eine Marke weiter empfehlen

Der Vergleich des „Brand Equity Index" für 29 führende Marken in Deutschland und 35 Weinmarken in England zeigt Schwächen in der Wertschöpfung des Weinmarketings in Deutschland auf. Von maximal 100 erreichbaren Index-Punkten erreichen die führenden Marken in England im Durchschnitt 35 Punkte. Die führenden deutschen Marken erreichen im Vergleich nur 20 von 100 Punkten (siehe **Tabelle 4.1**).

Die Brand Equity ist bei den deutschen Marken insbesondere bei den Image-Indikatoren „Awareness", „Consideration" und „Trial" gering.

Tabelle 4.1   Brand Equity-Vergleich Deutschland vs. England

	Deutschland	England
Awareness	16 Punkte	40 Punkte
Consideration	16 Punkte	43 Punkte
Trial	16 Punkte	27 Punkte
Loyalty	27 Punkte	33 Punkte
Advocacy	27 Punkte	33 Punkte

Die Analyse legt Schwächen in der Markt-, Marketing- und Verbraucherorientierung im deutschen Weinmarketing nahe. Eine schriftliche Befragung von 74 Weinherstellern in Deutschland im Jahre 2009 stützt diese Hypothesen.

Die Marktbearbeitung der deutschen Weinhersteller ist stark auf den Vertrieb und Handel ausgerichtet und vernachlässigt den Endverbraucher und das Marketing. Der Durchschnitt der teilnehmenden Markenartikelhersteller räumt dem Vertrieb und der Verkaufsförderung ein Gewicht von 54% ein. Marketing und Kommunikation haben ein Gewicht von 27%, das Sortiment 17% und die Kundenbindung 4%. Noch ausgeprägter sind die Schwachstellen bei der konsumentenbasierten Entwicklung von Konzepten (siehe **Abbildung 4.1**).

Markenartikelhersteller bewerten die Bedeutung der konsumentenbasierten Entwicklung zwar hoch (4,7 von maximal 5,0 Punkten), aber die Umsetzung ist noch nicht abgeschlossen. Winzergenossenschaften und Weingüter bewerten die Bedeutung als gering (2,4 bzw. 1,7 von maximal 5,0 Punkten). Sie haben den Einsatz einer konsumentenbasierten Entwicklung von Konzepten im Durchschnitt über alle teilnehmenden Betriebe geplant, aber sind noch nicht in der Umsetzung begriffen.

Zusammenfassend ist festzuhalten, dass die Markt- und Konsumentenorientierung im Marketing deutscher Weinhersteller insgesamt nur schwach ausgeprägt ist. Nachholbedarf besteht hier insbesondere bei Winzergenossenschaften und Weingütern.

Die fehlende Ausrichtung an den Anforderungen der Endverbraucher führt zu einer vergleichsweise geringen Wertschöpfung im Weinmarketing. Hier besteht ein Optimierungspotenzial für die deutschen Weinhersteller, das mittel- bis langfristig die Wettbewerbs- und Ertragskraft der Betriebe nachhaltig steigern sollte.

Abbildung 4.1 Stand konsumentenbasierte Entwicklung von Konzepten in der Weinwirtschaft

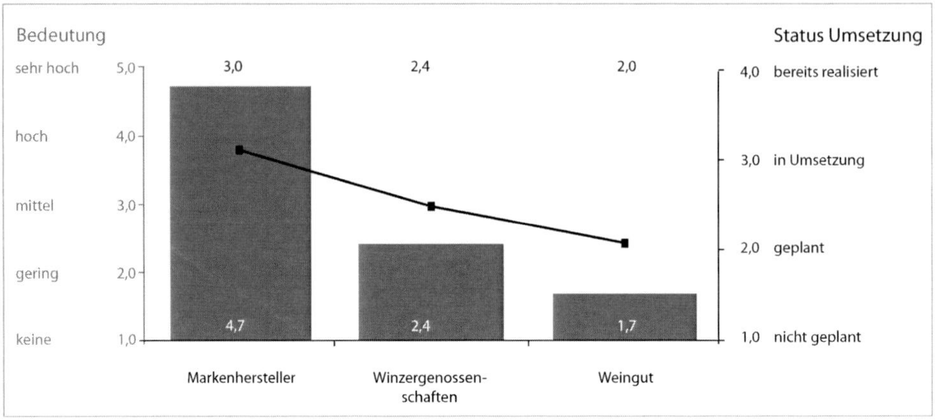

Quelle: Wine-Networks Studie „Was planen Weinvermarkter im Marketing und Vertrieb" Januar - April 2009; * z.B. Marken-, Produkt-, Ausstattungskonzepte

4.3 Aktuelle Ansätze in der Marktforschung für das Weinmarketing

Zielsetzung der Marktforschung ist die Generierung von Insights in fünf Bereichen:

Consumer Insights

Nutzungsverhalten und Einstellung von Verbrauchern

Shopper Insights

Kaufverhalten der Verbraucher

Handelsinsights

Kaufverhalten des Handels

Markenpositionierung

Markenpräferenzen und deren Ursachen

Produktoptimierung

Produkt-/Ausstattungspräferenzen und deren Ursachen

Neben traditionellen Marktforschungsansätzen (Schriftliche Befragung, telefonische Befragung und Gruppendiskussionen) hat sich die Online-Marktforschung für die Weinbranche als kostengünstiger und schneller Marktforschungsansatz etabliert.

Vinitrac ist ein Beispiel für einen Online-Marktforschungsansatz, der seit 2002 eingesetzt wird. Es handelt sich dabei um eine repräsentative Onlinebefragung von 1.000 Weinkonsumenten je Land. Ergebnisse dieses Fragebogens sind für 15 Länder weltweit verfügbar (Australien, Belgien, Brasilien, Kanada, Dänemark, Finnland, Deutschland, Irland, Japan, Niederlande, Norwegen, Schweden, Schweiz, UK, USA sowie Pilotstudien in Russland und China). Es finden zwei bis vier Befragungswellen pro Jahr in Deutschland statt. Weltweit sind es regelmäßig zwei Befragungswellen, immer im März und September.

Der Standardfragenkatalog liefert detaillierte Erkenntnisse zu den häufigsten Fragen der Weinbranche und ermöglicht Trendanalysen, die nicht durch AC Nielsen oder GFK-Panels bereitgestellt werden (siehe **Abbildung 4.2**). Ergänzend können Unternehmen in den regelmäßigen Wellen spezifische Fragen in den Fragebogen aufnehmen, deren Ergebnisse ausschließlich den Auftraggebern berichtet werden.

Abbildung 4.2   Standardfragenbereiche in Vinitrac Umfragen

Soziodemographie	Konsumverhalten	Einstellungen
■ Wohnort	■ Weinkonsum: Häufigkeit	■ Typologie
■ Alter	■ Weinsorten (inkl. Sekt, Cava etc.): getrunken	■ Interesse
■ Geschlecht	■ Weinfarbe: Präferenz	■ Kaufentscheidende Faktoren (Produkt)
■ Lebensphase	■ Rebsorten: getrunken und Präferenz	■ Verschlüsse
■ Einkommen	■ Weinmarken: getrunken und Präferenz	
■ Beschäftigung	■ Weinanbauland: getrunkrn, Präferenz, „liking", Preis-Leistungs-Verhältnis	
■ Interessen	■ Einkaufsort: genutzt und Präferenz	
	■ Handelsunternehmen: genutzt und Präferenz	
	■ Trinkanlässe zu Hause: Häufigkeit und Preis pro Flasche	
	■ Trinkanlässe im Restaurant: Häufigkeit und Preis pro Flasche	

Quelle: Wine-Networks Vinitrac Online Marktforschungsansatz

Mit Vinitrac steht den Unternehmen ein weltweit verfügbarer Ansatz zur Verfügung, schnell, kostengünstig und maßgeschneidert neue Einblicke in das Verhalten von Endverbrauchern zu gewinnen. Neben standardisierten Auswertungen (z.B. Länder-Report, Kategorie-Report und Marken-Check) können kundenspezifische Untersuchungen (z.B. Positionierung von Ländern, Regionen und Marken, Segmentierung von Endverbrauchern, Akzeptanztest von Ausstattungen) durchgeführt werden.

4.4 Ausgewählte Fallstudien aus der Marktforschungspraxis

Im Folgenden wird vertiefend auf fünf Fallstudien aus der Marktforschungspraxis eingegangen. Die Fallstudien illustrieren im Einzelnen die Aufgabenstellung, Vorgehensweise und ausgewählte Ergebnisse der erarbeiteten Ergebnisse.

4.4.1 Eine regionale Wachstumsstrategie und Kommunikationskampagne

Eine Endverbraucherbefragung war Ausgangspunkt für die Entwicklung einer Wachstumsstrategie und Kommunikationskampagne für eine führende Weinbauregion.

Die Befragung sollte vier zentrale Fragestellungen beantworten:

- Wie sind die Weine aus der Region bei deutschen Verbrauchern hinsichtlich Bekanntheit, Einstellung, Konsumverhalten und Einkaufsverhalten positioniert?
- Wie sind die Weine aus der Region in den Zielsegmenten Stammverwender ("Loyalist"), Gelegenheitsverwender ("Trialist") und Aufgeschlossene Nichttrinker ("Liker") positioniert?
- Welches Profil haben die Zielgruppen „Loyalist", „Trialist" und „Liker" hinsichtlich Soziodemografie, Einstellungen, Einkaufsverhalten und Konsumverhalten von Wein?
- Welche strategischen Ansatzpunkte für eine Wachstumsstrategie und Kommunikationskampagne können aus den Erkenntnissen abgeleitet werden?

Die Erhebung der Daten erfolgte im Rahmen einer kundenspezifischen Onlinebefragung. Es wurden 1000 Endverbraucher befragt. Die Konzeption der Befragung wurde innerhalb von drei Wochen abgeschlossen. Die Erhebung der Daten erfolgte innerhalb von zwei Wochen. Sechs Wochen nach Auftragsvergabe wurde der Endbericht präsentiert.

Zentraler Ausgangspunkt für die Entwicklung einer Empfehlung war die Auswertung der Ergebnisse in den Zielsegmenten Stammverwender („Loyalist"), Gelegenheits-Verwender („Trialist") und aufgeschlossene Nichttrinker („Liker"). **Abbildung 4.3** gibt einen beispielhaften Überblick über die Anteile der drei Zielsegmente für ausgewählte Weinbauländer in Deutschland.

Die differenzierte Auswertung nach Zielgruppen machte deutlich, dass die untersuchte Weinbauregion nur bei Stammverwendern („Loyalists") eine gute Wettbewerbsposition besitzt. Um die restlichen Zielgruppen zu erschließen sind Bekanntheit und Image zu verbessern.

Ausgewählte Fallstudien aus der Marktforschungspraxis

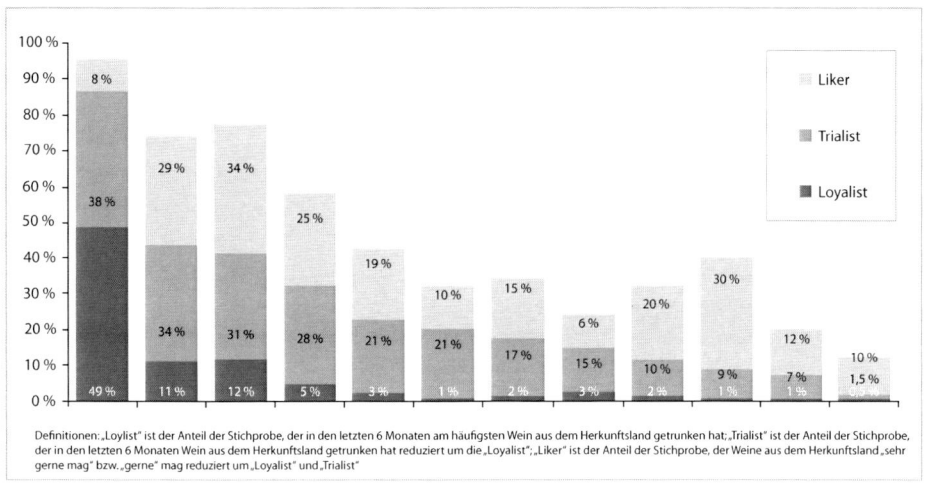

Abbildung 4.3 Konsumentengruppen nach Herkunftsländern

Definitionen: „Loylist" ist der Anteil der Stichprobe, der in den letzten 6 Monaten am häufigsten Wein aus dem Herkunftsland getrunken hat; „Trialist" ist der Anteil der Stichprobe, der in den letzten 6 Monaten Wein aus dem Herkunftsland getrunken hat reduziert um die „Loylist"; „Liker" ist der Anteil der Stichprobe, der Weine aus dem Herkunftsland „sehr gerne mag" bzw. „gerne" mag reduziert um „Loyalist" und „Trialist"

Quelle: Wine-Networks Vinitrac Deutschland; n=1004

Die untersuchte Weinbauregion war in der Zielgruppe Gelegenheitsverwender („Trialist") nur in zwei von sechs kritischen Imagedimensionen aus Sicht der Verbraucher gleichauf mit dem stärksten Wettbewerber und Marktführer. In den restlichen Dimensionen bestand erheblicher Abstand und Verbesserungsbedarf (siehe **Abbildung 4.4** nächste Seite).

Für die strategische Ausrichtung der Weinbauregion wurden die drei Zielgruppen im Detail hinsichtlich Soziodemografie, Einstellungen, Einkaufsverhalten und Konsumpotenzial beschrieben und bewertet. Die Potenzialbetrachtung in Verbindung mit der besseren Wettbewerbsposition gab den Ausschlag für die Fokussierung der Wachstumsstrategie und Kommunikationskampagne auf die Zielgruppe „Trialists".

Loyalist:	380 Mio. Konsumanlässe	47% Ausschöpfung
Trialist:	1200 Mio. Konsumanlässe	18% Ausschöpfung
Liker:	660 Mio. Konsumanlässe	15% Ausschöpfung

Zur strategischen Ausgestaltung wurden den Zielgruppen spezifische Rollen zugeordnet:

| Loyalist: | Halten des Marktanteils; Nutzung als Multiplikator |
| Trialist: | Marktanteil ausbauen; Entwicklung zu Loyalist |

Die Umsetzung der Strategie konnte die Marktanteile bei den „Trialists" über eine Zeitraum von drei Jahren gezielt ausbauen und die Wettbewerbsposition der Region insgesamt stärken.

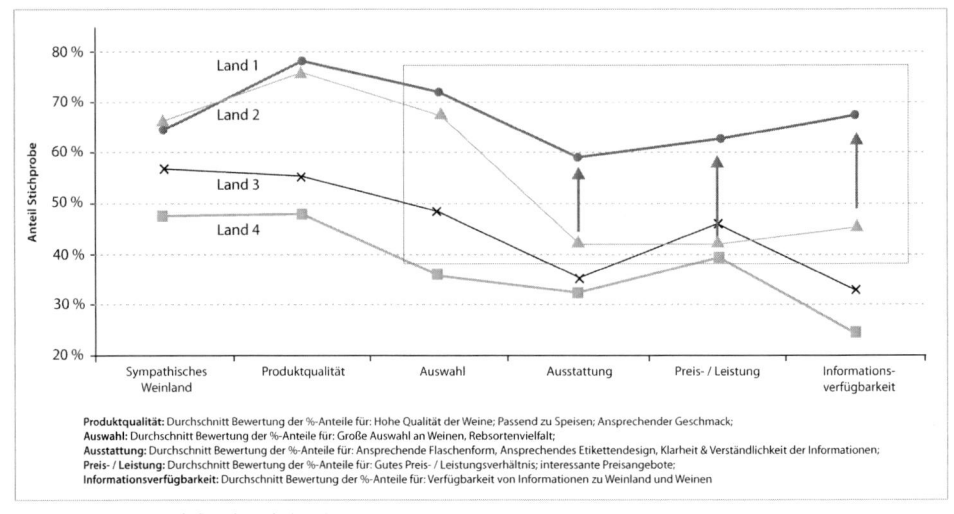

Abbildung 4.4 Image verschiedener Erzeugerländer

[Diagramm: Anteil Stichprobe (20%–80%) für Land 1, Land 2, Land 3, Land 4 über die Kategorien: Sympathisches Weinland, Produktqualität, Auswahl, Ausstattung, Preis- / Leistung, Informationsverfügbarkeit]

Produktqualität: Durchschnitt Bewertung der %-Anteile für: Hohe Qualität der Weine; Passend zu Speisen; Ansprechender Geschmack;
Auswahl: Durchschnitt Bewertung der %-Anteile für: Große Auswahl an Weinen, Rebsortenvielfalt;
Ausstattung: Durchschnitt Bewertung der %-Anteile für: Ansprechende Flaschenform, Ansprechendes Etikettendesign, Klarheit & Verständlichkeit der Informationen;
Preis- / Leistung: Durchschnitt Bewertung der %-Anteile für: Gutes Preis- / Leistungsverhältnis; interessante Preisangebote;
Informationsverfügbarkeit: Durchschnitt Bewertung der %-Anteile für: Verfügbarkeit von Informationen zu Weinland und Weinen

Quelle: Wine-Networks Vinitrac Deutschland; n=1004

4.4.2 Wechsel zu neuem Verschluss für führende Weinmarke in England

Ein Endverbraucher-Tracking war Grundlage für die Entscheidung für einen Wechsel zu Schraubverschlüssen für eine führende Weinmarke in England. Das Tracking der Endverbraucherakzeptanz sollte eine zentrale Fragestellung beantworten:

■ Wann soll die Ausstattung auf einen Schraubverschluss umgestellt werden?

Die Erhebung der Daten erfolgte im Rahmen einer jährlichen Onlinebefragung. Es wurden 1.000 Endverbraucher je Welle befragt. In die Befragung wurden kundenspezifische Fragen zur Akzeptanz von bestehenden und neuen Verschlüssen eingefügt.

Das Tracking der Akzeptanz erlaubte es, den „Tipping Point" für die Akzeptanz von Schraubverschlüssen gezielt zu ermitteln. Nach einer vergleichsweise langsamen Steigerung der Akzeptanz von 2002 bis 2003 erfolgte 2004 eine deutliche Zunahme. Zu diesem Zeitpunkt wurde die Umstellung auf Schraubverschlüsse entschieden und umgesetzt. Die Akzeptanz der verschiedenen Verschlussarten ist in **Abbildung 4.5** dargestellt.

Mit der frühzeitigen Umstellung auf Schraubverschluss konnte der Anspruch der Marke als Markt- und Innovationsführer in UK gefestigt werden. Die Endverbraucher-basierte Argumentation für die Umstellung erleichterte die Durchsetzung der Entscheidung im Handel. Mit dem optimalen Timing der Umstellung konnten Marktanteile im harten Wettbewerb gewonnen werden.

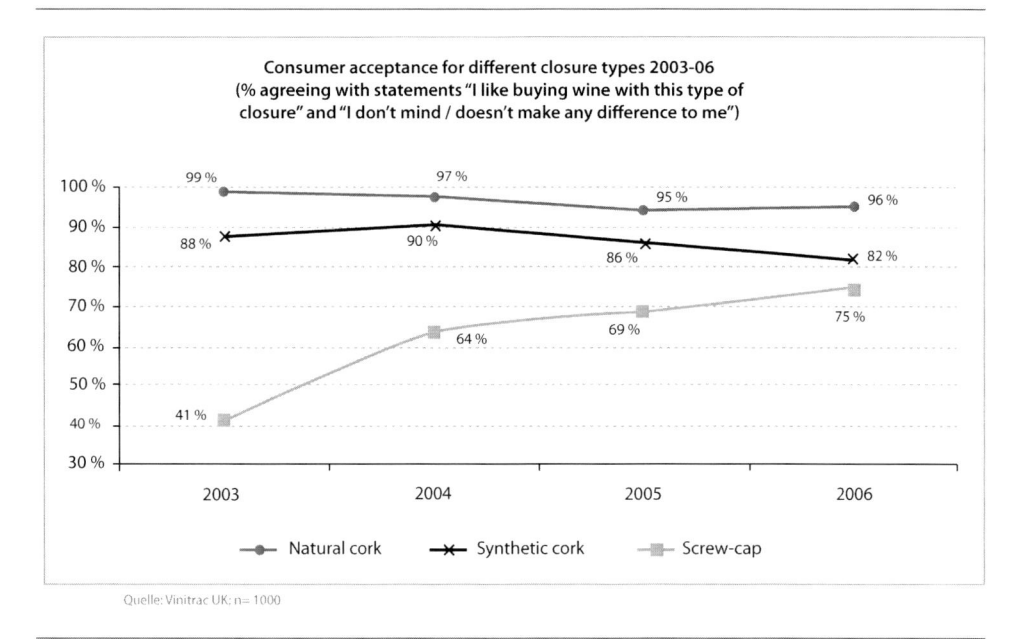

Abbildung 4.5 Akzeptanz für verschiedene Weinverschlüsse in UK

Consumer acceptance for different closure types 2003-06
(% agreeing with statements "I like buying wine with this type of closure" and "I don't mind / doesn't make any difference to me")

Jahr	Natural cork	Synthetic cork	Screw-cap
2003	99 %	88 %	41 %
2004	97 %	90 %	64 %
2005	95 %	86 %	69 %
2006	96 %	82 %	75 %

Quelle: Vinitrac UK; n= 1000

4.4.3 Multikanalstrategie im deutschen Lebensmitteleinzelhandel

Eine Endverbraucherbefragung war Ausgangspunkt für die Entwicklung einer Multikanalstrategie im deutschen Einzelhandel. Die Befragung sollte drei zentrale Fragestellungen beantworten:

- Wie sind die Absatzkanäle hinsichtlich Bekanntheit, Einstellung, Konsumverhalten und Einkaufsverhalten insgesamt positioniert?
- Welches Profil haben Stammverwender der Absatzkanäle?
- Welche strategischen Ansatzpunkte für eine Multikanalstrategie können aus den Consumer Insights abgeleitet werden?

Die Erhebung der Daten erfolgte im Rahmen einer Onlinebefragung. Es wurden 1000 Endverbraucher befragt. Die Konzeption der Befragung wurde innerhalb von einer Woche abgeschlossen. Die Erhebung der Daten erfolgte innerhalb von zwei Wochen. Vier Wochen nach Auftragsvergabe wurde der Endbericht präsentiert.

Als Basis wurde die Absatzkanalpräferenz der Endverbraucher in Deutschland und die Wechselbereitschaft sowie das Wechselverhalten zwischen den verschiedenen Absatzkanälen erhoben. Die Analyse machte deutlich, dass zwei Endverbrauchersegmente zu unterscheiden sind:

- Endverbraucher mit Schwerpunkt Discount, Verbrauchermarkt/SB-Warenhaus und Supermarkt
- Endverbraucher mit einem breiten Nutzerprofil von Absatzkanälen

Abbildung 4.6 illustriert diese Segmentierung. Stammverwender von Discount, Verbrauchermarkt/SB-Warenhaus und Supermarkt kaufen zusätzlich fast ausschließlich in modernen Absatzkanälen. Dagegen kaufen Stammverwender im Weinfachhandel, Weingut, Internet oder Versandhandel in vielen verschiedenen Kanälen ein.

Abbildung 4.6 Absatzkanalpräferenz deutscher Konsumenten

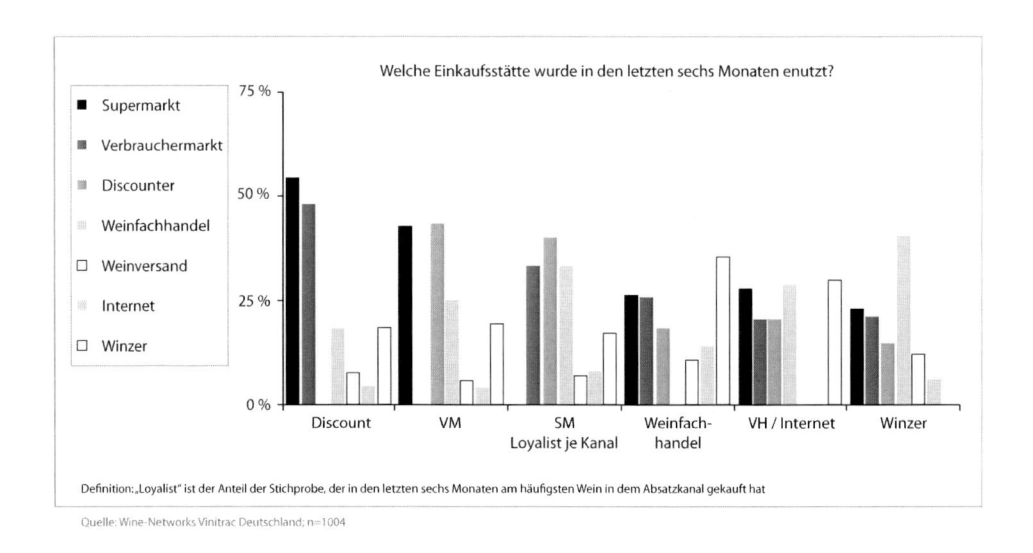

Welche Einkaufsstätte wurde in den letzten sechs Monaten enutzt?

Legende: Supermarkt, Verbrauchermarkt, Discounter, Weinfachhandel, Weinversand, Internet, Winzer

Loyalist je Kanal: Discount, VM, SM, Weinfachhandel, VH / Internet, Winzer

Definition: „Loyalist" ist der Anteil der Stichprobe, der in den letzten sechs Monaten am häufigsten Wein in dem Absatzkanal gekauft hat

Quelle: Wine-Networks Vinitrac Deutschland; n=1004

Die vertiefende Untersuchung der Stammverwenderprofile bestätigte die Segmentierung:

- Konsumintensität der Nutzer moderner Absatzkanäle ist niedriger
- Ausgabebereitschaft der Nutzer moderner Absatzkanäle ist niedriger
- Das Interesse an Wein der Nutzer moderner Absatzkanäle ist geringer

Gleichzeitig wurde deutlich dass die Unterschiede zwischen den Stammverwendern im Discount, Verbrauchermarkt/SB-Warenhaus und Supermarkt vergleichsweise gering sind. Als Beispiel ist in **Abbildung 4.7** die Bedeutung der kaufentscheidenden Faktoren für diese Zielgruppe dargestellt.

Die Ergebnisse der Untersuchung waren entscheidend für die Auswahl der Absatzkanäle für das Markenportfolio des Kunden in Deutschland. Marken wurden entweder in modernen oder in klassischen Absatzkanälen positioniert.

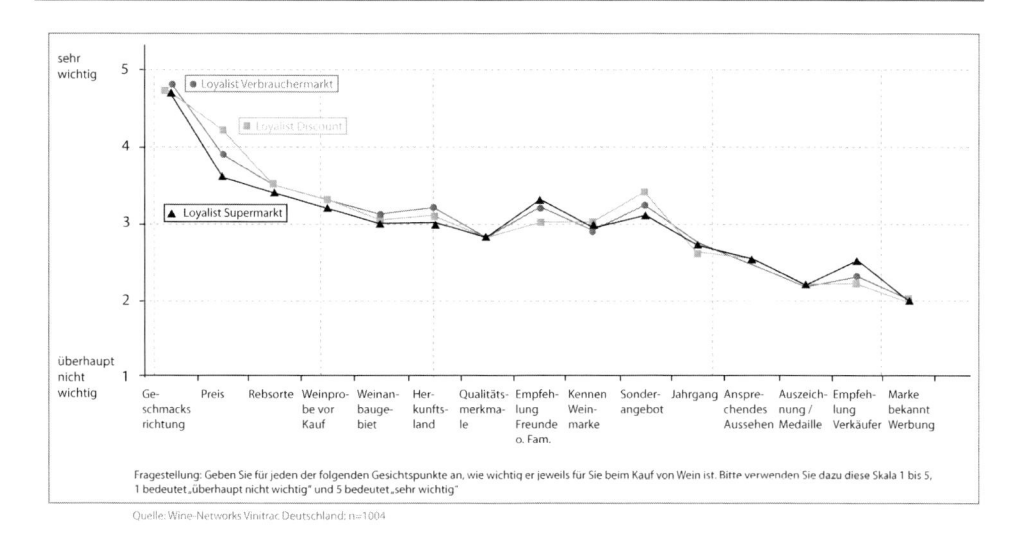

Abbildung 4.7 Bedeutung kaufentscheidender Faktoren für Loyalist Großflächen

Fragestellung: Geben Sie für jeden der folgenden Gesichtspunkte an, wie wichtig er jeweils für Sie beim Kauf von Wein ist. Bitte verwenden Sie dazu diese Skala 1 bis 5, 1 bedeutet „überhaupt nicht wichtig" und 5 bedeutet „sehr wichtig".

Quelle: Wine-Networks Vinitrac Deutschland; n=1004

4.4.4 Marken-Check für eine Premium-Weinmarke in Deutschland

Eine Endverbraucherbefragung war Ausgangspunkt für die Entwicklung einer Markenstrategie für eine Premium-Weinmarke in Deutschland. Die Befragung sollte zwei zentrale Fragestellungen beantworten:

- Wie ist die Marke hinsichtlich Awareness, Consideration, Trial, Loyalty und Recommendation positioniert?
- Welche strategischen Ansatzpunkte für eine Markenstrategie können aus den Consumer Insights abgeleitet werden?

Die Auswertung der Daten erfolgte auf Basis von Endverbraucherbefragungsdaten zu 29 Weinmarken im deutschen Markt. Zwei Tage nach Auftragsvergabe wurde die Analyse zur Verfügung gestellt. Die Datenauswertung konzentrierte sich auf Marken mit einem Preis von 5,- bis 10,- Euro pro 0,75l Flasche. Die untersuchte Marke wurde gegen die Kennzahlen von Marken in der gleichen Preisklasse und der Benchmark – einem „Virtual Star" – verglichen. Der „Virtual Star" stellt die Kombination der jeweils besten Werte von Marken in der gleichen Preisklasse je Kriterium dar. In **Abbildung 4.8** auf der folgenden Seite ist ein Auszug der Ergebnisse dargestellt.

Die untersuchte Marke schneidet in allen Kriterien schlechter ab als vergleichbare Premium-Marken in Deutschland. Insbesondere der signifikante Abstand zum „Virtual Star" zeigt dabei Verbesserungspotenzial auf. Insbesondere die niedrige gestützte Bekanntheit („Awareness") der Marke ist durch geeignete Maßnahmen zu verbessern.

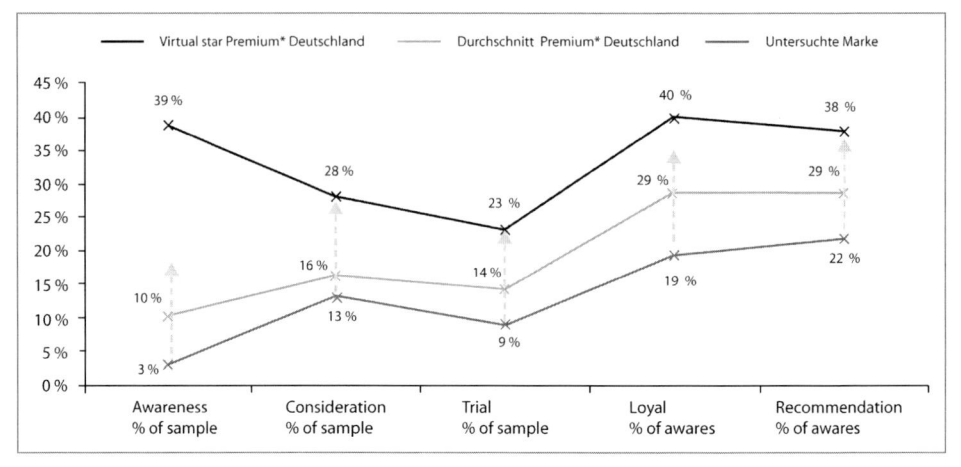

Abbildung 4.8 Marken-Health Check Deutschland

Quelle: Wine-Networks Vinitrac Deutschland; n=1004; Premium: Weine in Preiskategorie 5,- bis 1,- € pro 0,75 l

4.4.5 Ausstattungsoptimierung mit Online-Regaltest

Ein Online-Regaltest bietet eine schnelle und kostengünstige Möglichkeit zur Überprüfung der Akzeptanz neuer Weinausstattungen. Für die Onlinebefragung wird ein virtuelles Regal mit relevanten Wettbewerbsausstattungen entwickelt. Hierfür werden die Ausstattungen der Wettbewerber und die neue sowie bestehende Ausstattung fotografiert und digitalisiert. Die eine Hälfte der befragten Endverbraucher bekommt ein virtuelles Regal mit der bestehenden Ausstattung zur Auswahl. Die andere Hälfte erhält die neue Ausstattungsvariante. Alternativ können auch mehrere verschiedene Ausstattungsvarianten getestet werden. **Abbildung 4.9** und **Abbildung 4.10** zeigen ein Beispiel für ein virtuelles Weinregal. Die befragten Endverbraucher erhalten ein Einkaufsbudget und werden aufgefordert, im virtuellen Regal einzukaufen:

- Der Endverbraucher kann ein Produkt aus dem Regal nehmen und das Frontetikett näher betrachten
- Der Endverbraucher kann das Rückenetikett im Detail lesen
- Der Endverbraucher kann eine beliebige Menge an Flaschen im Rahmen seines Einkaufsbudgets kaufen

Ausgewählte Fallstudien aus der Marktforschungspraxis

Abbildung 4.9 Vinitrac Online Shelf Test – Regalauswahl

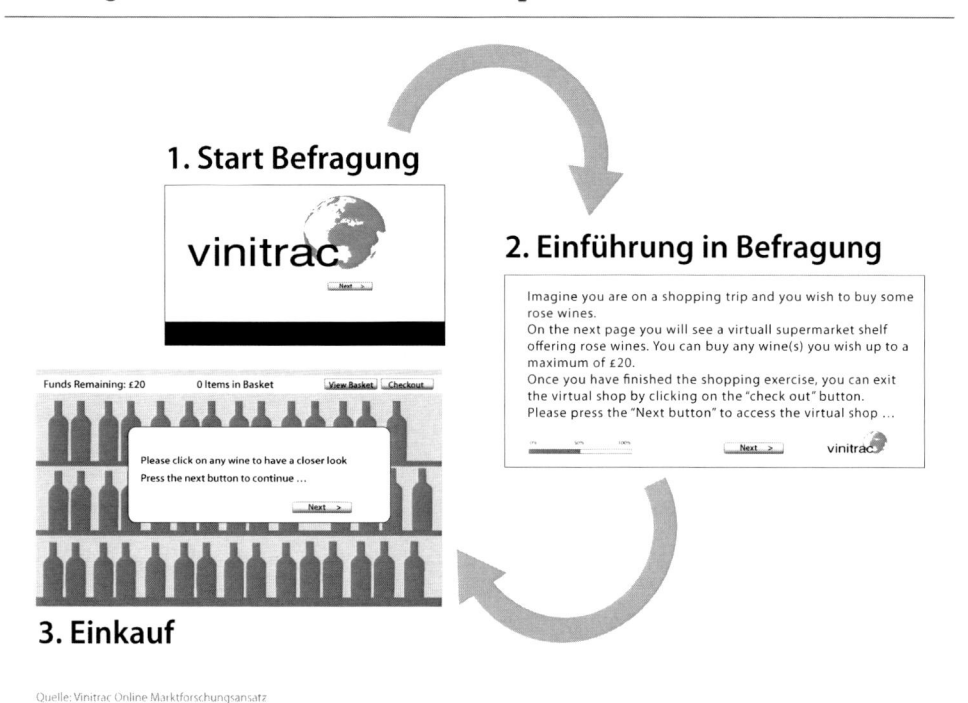

1. **Start Befragung**
2. **Einführung in Befragung**

   Imagine you are on a shopping trip and you wish to buy some rose wines.
   On the next page you will see a virtuall supermarket shelf offering rose wines. You can buy any wine(s) you wish up to a maximum of £20.
   Once you have finished the shopping exercise, you can exit the virtual shop by clicking on the "check out" button.
   Please press the "Next button" to access the virtual shop ...

3. **Einkauf**

   Please click on any wine to have a closer look
   Press the next button to continue ...

Quelle: Vinitrac Online Marktforschungsansatz

Abbildung 4.10 Vinitrac Online Shelf Test – Rückenetikett

1. **Wird Produkt aus dem Regal genommen?**

   Click here to view the back label of the bottle
   Select the number of bottles you wish to buy

2. **Wird das Rückenetikett gelesen?**

Die Standardauswertung eines Regaltests analysiert drei zentrale Kennzahlen für die untersuchten Ausstattungen:

- **Consideration:** Wie oft wurde eine Ausstattung aus dem Regal genommen?
- **Interest:** Wie oft wurde das Rückenetikett gelesen?
- **Marktanteil:** Welchen Marktanteil (Wert / Menge) haben die untersuchten Ausstattungen?

Ein Online-Regaltest bietet eine kostengünstige und schnelle Möglichkeit, die Entscheidung für die Auswahl neuer Ausstattungen bei Endverbrauchern zu testen. Die Erkenntnisse können dann auch als Argumentationshilfe in Verhandlungen mit dem Einzelhandel genutzt werden.

4.5 Diskussion und Schlussfolgerungen für die Weinbranche

Die Marktbearbeitung der deutschen Weinhersteller ist stark auf Vertrieb und Handel ausgerichtet und vernachlässigt den Endverbraucher und das Marketing. Die fehlende Ausrichtung an den Anforderungen der Endverbraucher führt zu einer vergleichsweise geringen Wertschöpfung im Weinmarketing. In einer komplexen Kategorie mit über 35.000 Artikeln im Weinregal werden Angebote und Konzepte qualitativ gleichwertiger und somit immer austauschbarer.

Ursachen für diese Situation sind sicherlich vielfältig. Die historisch starke Orientierung am Produkt und der Erzeugung von Weinen sind ebenso zu erwähnen wie die fehlende kritische Größe von Betrieben in Consumer Insights zu investieren. Hinzu kommt zusätzlich die Tatsache, dass der deutsche Handel nur geringen Wert auf Endverbraucher relevante Argumente legt und Konditionen in den Mittelpunkt der Verhandlungen mit den Herstellern stellt.

Zielsetzung für die Unternehmen muss es sein, neben der starken Handels- und Vertriebsorientierung in der Weinvermarktung auch den Endverbraucher mit seinen Anforderungen in das Zentrum zu stellen.

Die Fallbeispiele machen deutlich, dass der Einsatz von Marktforschung viele Erkenntnisse bringt. Aktuelle Onlinemarktforschungs-Ansätze reduzieren die Kosten deutlich und bieten für Weinhersteller eine schnelle und einfache Möglichkeit, Marketingentscheidungen besser mit Consumer Insights zu unterstützen.

5 Ein Überblick zu Segmentierungsansätzen im Weinmarketing

René C.G. Arnold, Diplombetriebswirt (FH), University of Edinburgh

Prof. Dr. Ruth Fleuchaus, Hochschule Heilbronn

Inhalt

5.1	Einleitung	121
5.2	Soziodemografische Ansätze zur Segmentierung in der Weinwirtschaft	122
5.3	Verhaltensbezogene Segmentierung in der Weinwirtschaft	123
5.4	Segmentierung anhand von (Konsum-)Anlässen in der Weinwirtschaft	125
5.5	Segmentierung nach Lifestyle-Variablen	129
5.6	Segmentierung nach Involvement	130
5.7	Diskussion und Fazit	132
	Literatur	142

5.1 Einleitung

Jeder Kunde ist anders. Das sagt man gerne und oft. Sicherlich sind Kundenwünsche sehr individuell. Produkte sind es in der Regel jedoch nicht. Der Geschmack oder die Ausstattung eines Weins werden jedoch immer ein Kompromiss zu Gunsten einer Gruppe von Konsumenten sein. Dieser Beitrag befasst sich mit Wegen, solche Gruppen von Konsumenten zu identifizieren, also den Markt in verschiedene Segmente zu unterteilen. Die Segmentierung von Konsumenten basiert auf einer einfachen Grundidee: *Konsumenten, die eine bestimmte Anzahl von Eigenschaften teilen, haben ein ähnliches Konsumverhalten.* Konkret kann dies bedeuten, dass z.B. Konsumenten, die sich in der gleichen Altersgruppe befinden, ähnliche Präferenzen haben, was den Geschmack oder das Aussehen von Wein angeht. Die Annahme eines ähnlichen Konsumverhaltens legt ebenfalls Ähnlichkeiten im Medienkonsum der betrachteten Konsumentengruppe nahe. Das bedeutet, dass Winzer mit gewisser Sicherheit die richtigen Medienkanäle auswählen können, um die gewählte Gruppe von Konsumenten gezielt anzusprechen. Im Falle einer bestimmten Altersgruppe könnte dies z.B. für junge Konsumenten das Internet mit seinen zahlreichen Sozialplattformen sein.

Die grundsätzliche Annahme, dass Konsumenten in mehr Eigenschaften und Konsumgewohnheiten übereinstimmen als nur denen, die man z.B. in der Marktforschung direkt beobachten kann, geht maßgeblich auf einen Artikel von W. R. Smith (1956) zurück. Seit diesem grundlegenden Artikel haben sich die Marketingforschung und damit auch die Kundensegmentierung deutlich weiterentwickelt. Auch und gerade im Feld der Weinmarketingforschung sind über die vergangenen zwanzig Jahre hinweg eine Vielzahl von Ansätzen zur Segmentierung von Konsumenten durchgeführt worden.

In Deutschland haben insbesondere die Sinus-Studie und die daraus resultierenden Sinus-Milieus (Fleuchaus, 1995; Pinkert, 2007) die Segmentierung in der Weinbranche entscheidend beeinflusst. Im Wesentlichen konzentriert sich die deutsche Weinbranche mit ihren Produkten auf die vier Hauptgruppen, die aus dieser Studie hervorgingen:

- Traditioneller Mainstream
- Moderner Mainstream
- Traditionelle Gehobene
- Moderne Gehobene

Da diese vier Gruppen, ihre Lebenswelten und möglichen Marketingmaßnahmen für Winzer weithin bekannt gemacht und veröffentlicht wurden (z.B. Blankenhorn, 2002; Seidemann, 2000), soll an dieser Stelle nicht weiter auf sie eingegangen werden. Vielmehr möchte dieser Beitrag die Aufmerksamkeit auf die internationale Forschung und alternative Ansätze zur Kundensegmentierung lenken. Bestehende Forschungsansätze sollen präsentiert und Überschneidungen aufgezeigt werden. Es werden dabei konkrete Vor- und Nachteile sowie Handlungsmöglichkeiten für die einzelnen Winzer dargestellt. Der Beitrag gliedert sich in erster Linie nach den übergreifenden Kategorien von Segmentierungsvariablen. Die Ansätze werden hierbei nach ihrer jeweiligen Komplexität geordnet.

5.2 Soziodemografische Ansätze zur Segmentierung in der Weinwirtschaft

Soziodemografischen Ansätzen liegen einfach zu erfassende persönliche Variablen wie Alter, Geschlecht oder Einkommen zugrunde. Aufgrund dieser Einfachheit erfreut sich die Gruppe von soziodemografischen Ansätzen zur Segmentierung nicht nur in der Weinbranche großer Beliebtheit. So bilden soziodemografische Daten zumeist die Grundlage bei Marktbetrachtungen wie sie z.B. bei AC Nielsen oder der Gesellschaft für Konsumforschung (GfK) üblich sind. Sie lassen sich auf praktisch alle Arten von Produkten oder Kaufanlässen übertragen, ohne dabei an Aussagekraft zu verlieren. International wird das Alter des Konsumenten oft in Form von Generationenzugehörigkeit ausgedrückt. Es gibt die Generationen Y (oft auch Millenials genannt, geboren zwischen 1977 und 2000) und X (die zwischen 1965 und 1976 geborenen), die Baby Boomer (zwischen 1946 und 1964 geboren) und die sogenannten Best Ager (oft auch Silver Consumers genannt und über 65 Jahre alt). Die Grenzen sind hier fließend. Bisweilen werden sie in den veröffentlichten Studien nicht einheitlich gesetzt und sind somit nur schwer nachvollziehbar. Dennoch ist es interessant, sich mit diesem Ansatz und den gewonnenen Ergebnissen auseinanderzusetzen.

Für die Weinwirtschaft sind vor allem die Konsumenten am unteren Ende der Skala, also die Millenials, interessant. Diese Gruppe stellt die zukünftigen Weintrinker dar und bisher fällt es schwer, sie für Wein zu begeistern, da sie wesentlich lieber andere alkoholische Getränke konsumieren. Thach und Olsen (2006) heben für den US-Markt heraus, dass junge Erwachsene Wein und die noble Aura, die ihn oft umgibt und von Weinproduzenten gerne betont wird, eher abschreckend als anziehend finden. Ähnliche Ergebnisse finden sich in Treloar et al. (Treloar, Hall, & Mitchell, 2004) im Bezug auf das Weintourismusverhalten von jungen Konsumenten. Es zeigt sich aus den Studien, dass sowohl die Ansprache als auch das transportierte Image angepasst werden sollten, um diese Gruppe erfolgreich anzusprechen. McGarry Wolf et al. (McGarry Wolf, Carpenter, & Qenani-Petrela, 2005) zeigen in ihrem Vergleich von mehreren Generationen, dass insbesondere junge Konsumenten – also die Generation Y – Wert auf ein gutes Preis-Leistungsverhältnis legen, wobei es ihnen weniger um Premiumqualität oder ein spezielles Markenimage geht. Sie legen ebenfalls keinen besonderen Wert auf die verwendeten Produktionsmethoden (z.B. Ausbauverfahren) und unterscheiden sich so vor allem von der Generation X, die in der Studie von McGarry Wolf et al. (2005) am meisten Wert auf den Premiumcharakter des Weins legt und weniger auf den Preis achtet. Mit den Konsumenten am anderen Ende der Skala, also den Best Agern hat sich, soweit es den Autoren bekannt ist, noch keine wissenschaftliche Studie im Weinbereich eingehend beschäftigt. Dieser Umstand ist frappant, da diese Gruppe über große zeitliche wie auch finanzielle Spielräume verfügt und oft die wichtigste Gruppe von Konsumenten, die direkt beim Winzer kauft, darstellt.

Obwohl gezeigt werden konnte, dass sich durchaus bestimmte Verhaltensformen mit den einzelnen Altersstufen beziehungsweise Generationen verknüpfen lassen, so kann diese Art der Segmentierung doch nur sehr oberflächliche Informationen liefern. Gleiches gilt für die Segmentierung nach verwandten Variablen wie Einkommen oder Wohnort. Auf letztere soll an dieser Stelle nicht eingegangen werden, da sie in der Weinmarketingforschung bisher nur eine untergeordnete Rolle spielen. Ebenso ist die Grundlage des soziodemografischen Ansatzes zu hinterfragen. Es kann nicht schlüssig erklärt werden, wie und warum die einzelnen Altersstufen zustande kommen. Die Einteilung in Generationen mag hierbei noch der sehr willkürlichen Einteilung in Zehnjahresschritte überlegen sein. Es bleibt nichtsdestotrotz die Frage bestehen, warum sich jemand, der ein oder zwei Jahre später geboren ist, grundlegend anders verhalten sollte als ein etwas früher geborener Mensch.

Die Vorteile der soziodemografischen Segmentierung für den einzelnen Winzer zeigen sich hauptsächlich im intuitiven Umgang mit dieser Methode. Konsumenten lassen sich innerhalb von wenigen Augenblicken aufgrund ihres Alters in Kategorien einteilen. Dieses Wissen ermöglicht es, die für diese Gruppe relevanten Produkteigenschaften im Kundenkontakt herauszustellen. So würde man jungen Konsumenten basierend auf den dargestellten Erkenntnissen vor allem das gute Preis-Leistungs-Verhältnis des Weins und sein Image nahebringen, während man ältere Konsumenten besser mit den Produktionsmethoden und dem Prestige des Weins überzeugen kann. Das Alter oder vielmehr die Altersverteilung des Kundenstammes spielt ebenso eine tragende Rolle für die Bewertung der Marketingstrategie des Betriebes. Stellt die avisierte Zielgruppe tatsächlich die größte Gruppe von Konsumenten in der Kartei dar? Wie verteilt sich das Alter der Kunden? Rücken genug (relativ) junge Kunden nach, um den Umsatz langfristig zu sichern? Zur Beantwortung dieser grundsätzlichen Fragen reichen die soeben diskutierten Ansätze aus, will man jedoch mehr über Konsumenten erfahren und aussagekräftigere Gruppen definieren, die es zudem ermöglichen, gezieltere Marketingmaßnahmen durchzuführen, so sind andere Segmentierungsansätze vorzuziehen, die im Folgenden näher besprochen werden sollen.

5.3 Verhaltensbezogene Segmentierung in der Weinwirtschaft

Obwohl sich verhaltensbezogene Segmentierung insbesondere im Fall von Kauf- oder Konsumfrequenz die Einfachheit der Datenerhebung und -Analyse mit demografischen bzw. geografischen Ansätzen teilt, so konzentriert sich diese Methode konkreter auf den individuellen Konsumenten. Innerhalb dieses Segmentierungsansatzes finden sich ebenfalls komplexere Herangehensweisen. Als Beispiel soll an dieser Stelle Preference Mapping herangezogen werden. Hierbei wird versucht, individuelle Wein-Geschmackspräferenzen möglichst genau abzubilden, um Gruppenprofile und „ideale" Produkte abzuleiten.

Grundsätzlich ist die Einteilung der Konsumenten anhand ihrer Kauf- oder Konsumfrequenz aus zwei Gründen interessant. Zum einen ist bekannt, dass sich im Normalfall etwa 80% des Umsatzes aus 20% der Kunden ergeben. Diese sogenannte Pareto-Regel konnte auch schon im Weinbereich nachgewiesen werden (Habel, Rungie, Lockshin & Spawton, 2003). Der Winzer sollte also sehr genau wissen, wer seine wichtigsten Kunden sind und diese mit besonderer Sorgfalt behandeln. Andererseits konzentriert sich die Forschung zumeist darauf, Zusammenhänge zwischen Konsumfrequenz und Involvement mit dem Produkt Wein aufzuzeigen. Grundsätzlich geht man davon aus, dass mit steigendem Konsum auch das Wissen und Interesse am Wein zunehmen. Es ist jedoch gefährlich einen solchen Zusammenhang in dieser Einfachheit zu akzeptieren. So zeigt z.B. d'Hauteville (2003) eine Konsumentengruppe, die zwar viel Wein trinkt, dies aber aus reiner Tradition heraus tut und nicht, weil sie besonders an Wein interessiert ist. Ebenso kann Alkoholismus als Ursache eines hohen Weinkonsums nicht ausgeschlossen werden. Dem Winzer, der seine Kunden so segmentieren möchte, sei deshalb empfohlen, eher nach dem Flaschenbestand im Keller zu fragen, da dieser eindeutigeren Aufschluss über das Weininteresse des betreffenden Konsumenten gibt als die reine Konsumfrequenz oder Kaufmenge.

Allein durch die Menge, die er konsumiert bzw. lagert kann man schon relativ viel über den Konsumenten erfahren. Ein anderer verhaltensbasierter Segmentierungsansatz setzt sich dagegen eher damit auseinander, was der Konsument trinkt. Preference Mapping erlaubt durch Geschmackstests einen tieferen Blick in die Präferenzen des Konsumenten. Diese Methode will sich vor allem von qualitativen Methoden wie Interviews oder Gruppendiskussionen abgrenzen, da diese in Bezug auf Ergebnisgenauigkeit und Verallgemeinerungsfähigkeit schnell an ihre Grenzen stoßen. Insbesondere die geringe Anzahl an Teilnehmern und der spezielle Kontext erschweren eine Generalisierung der Ergebnisse (Bastian, Bruwer, Alant, & Li, 2005; Charters & Pettigrew, 2006). Ähnliche Probleme ergeben sich beim Erfragen von geschmacklichen Eindrücken mit Hilfe von standardisierten Fragebögen. Hier steht die Generalisierbarkeit zwar nicht grundsätzlich im Widerspruch zur verwendeten Methode; die Sprache, die in den Fragebögen auf Expertenrat hin verwendet wird, hat unter Umständen aber nur wenig damit zu tun, wie Konsumenten ihre Geschmackseindrücke verstehen oder artikulieren.

Preference Mapping kann diese Probleme überwinden, indem es multidimensionale Daten eines Experten-Panels mit einfachen hedonistischen Bewertungen von Konsumenten (z.B. Skalen 1= schmeckt gar nicht bis 10= schmeckt sehr gut) kombiniert und so Präferenzen relativ sicher identifizieren kann (Greenhof & MacFie, 1999). Es ist somit möglich, ein individuelles Geschmacksprofil für jeden Konsumenten zu erstellen (Norris & Lee, 2002). In anderen Bereichen der Lebensmittelindustrie wird diese Methode schon länger mit großem Erfolg eingesetzt (Carr, Craig-Petsinger, & Hadlich, 2001; Caspia, Coggins, Schilling, Yoon, & White, 2006; Saguy & Moskowitz, 1999). Ebenso lassen sich auf diese Weise Gruppen von Konsumenten herausarbeiten, die homogene Geschmackspräferenzen aufweisen (Lesschaeve & Findlay, 2004). Es können also bestimmte Geschmackssegmente identifiziert werden. Darauf aufbauend können dann gezielt Produkte entwickelt werden, die zu den Bedürfnissen der jeweiligen (Ziel-)Gruppe passen. Die Methode des Preference Mapping teilt selbstverständlich manche Limitationen mit anderen Instrumenten der Konsumentensegmentierung:

- Preference Mapping kann sicher nicht alle Fragen in nur einer Studie beantworten.
- Um verlässliche Ergebnisse zu produzieren, müssen solche Studien in regelmäßigen Abständen wiederholt werden (Lesschaeve, Norris, & Lee, 2001).

Diese Methode hat jedoch den Vorteil, dass sie auch das Benchmarking von Weinen gegeneinander ermöglicht und leicht zu interpretierende grafische Ergebnisdarstellungen erlaubt. Darüber hinaus kann diese Methode Einsichten in die Sprache eröffnen, die Experten wie auch Konsumenten verwenden, um Weine zu beschreiben. Solche Erkenntnisse können langfristig für ein besseres Verständnis von Konsumenten und bessere Kommunikation innerhalb von Unternehmen z.B. zwischen Marketing und Keller sorgen (Howe, 2000). Nachteilig für den Winzer ist indessen zu sehen, dass diese Methode ein geschultes Panel erfordert und praktisch nur von externen Dienstleistern durchgeführt werden kann.

Obwohl verhaltensbasierte Ansätze schon relativ genaue Aussagen über den einzelnen Konsumenten zulassen und es ermöglichen, aussagekräftige Gruppierungen vorzunehmen, bewegen sie sich außerhalb des Konsumanlasses. Letzterer entscheidet aber über die Beweggründe und den Kontext des Weinkonsums. Der Anlass kann das tatsächliche Konsumverhalten nachhaltig beeinflussen und dafür sorgen, dass der Konsument sich völlig anders verhält als dies seine verhaltensbasierte Basis-Segmentierung vermuten ließe.

5.4 Segmentierung anhand von (Konsum-)Anlässen in der Weinwirtschaft

Um nicht nur die individuellen Eigenschaften des Konsumenten zur Bildung von homogenen Gruppen heranzuziehen, sondern auch den Kontext, in dem der Konsum stattfindet, zu würdigen, bieten sich anlassbezogene Segmentierungsansätze an. In der Tat kann der Konsumanlass das Verhalten von Konsumenten entscheidend beeinflussen. So weisen Campbell und Goodstein (2001) nach, dass Konsumenten sich deutlich risikoaverser verhalten, wenn der Wein für einen wichtigen Konsumanlass gekauft wird. Ein anlassbasierter Ansatz erlaubt es, konkrete Produkteigenschaften, Konsumentenverhalten und Konsumanlass miteinander zu verknüpfen. Neben der grundsätzlichen Verknüpfung von Anlass, Konsument und Produkt können ebenfalls wichtige Einsichten in die unterliegenden Motivationen den Anlass betreffend erlangt werden (Salles, 2003). Die Grundsteine für diese Art von Segmentierung wurden von Belk (1974) gelegt. Danach wurde der Ansatz der anlassbezogenen Segmentierung hauptsächlich von Hornik (1982), Bonner (1985) und Lai (1991) weiterentwickelt. Der erste Bezug auf diesen Ansatz im Weinbereich findet sich bei Gluckman (1986). Basierend auf einem umfangreichen Literaturrückblick entwickelt er eine rudimentäre anlassbezogene Segmentierung des britischen Weinmarktes. Er unterscheidet:

> Spezielle Anlässe
>
> Feiern, Dinner Partys oder auch Restaurantbesuche
>
> Informelle (zwanglose) Anlässe
>
> Abendessen zu Hause, das Glas zum Relaxen am Abend oder auch das Trinken bei zwanglosen Anlässen um (leicht) betrunken zu werden.

Tabelle 5.1 Vergleich von Konsumenten- vs. Anlass-Clustern mit dazugehörigen Bedürfnissstrukturen (Quelle: Dubow (1992), in: *Journal of Advertising Research*, 2/1992, S. 15)

User-Based Cluster		Occasion-Based Clusters	
The Wine Itself	35% of Users	Social	35% of Volume
Taste; Food; Mild	Aroma/bouquet; Hearty; Refreshing	Sociable; Share; Celebrate	Friendly; Have fun; Acceptable
Introspective	22% of Users	Introspective	24% of Volume
Relax; Sleep; Lonely	Feel good; Depressed	Treat; Thirst; Sleep; Relax	No hurry; Feel good; Easy serve
Semi-Temperate	17% of Users	Semi-Temperate	17% of Volume
Light; Natural; Healthy; Low calorie	Low alcohol; Less Filling; Watch weight	Mild; Low Alcohol; Low Calorie	Light; Less filling; Watch weight
Social	12% of Users	Food Enhancement	12% of Volume
Familiar; Sociable; Acceptable	Celebrate; Friendly	Food	
Image Conscious	6% of Users	Oenophilic	10% of Volume
Stylish; Choosing	Distinctive	Choosing	Aroma/bouquet

Vier Jahre später separiert Gluckman (1990) den letztgenannten Punkt und formuliert aus ihm eine eigene Kategorie. Wiederum zwei Jahre später präsentiert Dubow (1992) die bisher wohl einflussreichste Studie im Weinbereich, die die anlassbezogene Segmentierung verwendet. Dubow (1992) hebt insbesondere die Vorteile dieses Ansatzes für kleine und mittlere Unternehmen (KMUs) hervor, die vor allem in der deutschen Weinbranche weit verbreitet sind.

■ Die anlassbezogene Segmentierung ist technisch sehr einfach umsetzbar und unterscheidet sich somit von vielen anderen komplizierteren Ansätzen, die hier vorgestellt werden (z.B. Preference Mapping).

■ Die Methode eröffnet die Möglichkeit, die Kommunikation und das Marken-Image auf die eigentlichen Verwendungszwecke der Kunden abzustimmen und so auf schon vorhandenen Meinungen aufzubauen.

Dubow (1992) betont ebenfalls, dass trotz ihrer relativ geringen Ausbreitung in der Marketingliteratur zu diesem Zeitpunkt die anlassbasierte Segmentierung zum gewöhnlichen Repertoire der großen Produzenten von Fast Moving Consumer Goods (FMCG) gehört. Da überrascht es wenig, dass seine Daten aus einer Studie von Coca-Cola stammen. Sein Artikel zeichnet sich vor allem dadurch aus, dass er direkt konsumentenbasierte Segmentierung mit anlassbezogener Segmentierung anhand von Daten aus einer Studie vergleicht. Wie **Tabelle 5.1** zeigt, führen die verschiedenen Ansätze zu deutlich unterschiedlichen Ergebnissen trotz der Verwendung desselben Datenmaterials.

Eine neuere Studie, die ebenfalls anlassbezogene Segmentierung auf Wein anwendet, wurde von Berni et al. (Berni, Begalli, & Capitello, 2005) in Dänemark durchgeführt. Berni et al. (2005) verfolgen hierbei einen etwas anderen Ansatz, indem sie nicht nur Anlässe erfragen, sondern ebenso persönliche Variablen, Einstellungen zum Wein sowie Präferenzen mit in die Studie einbeziehen. Dies ermöglicht es ihnen, zu jedem der identifizierten Anlässe Untergruppierungen von Konsumenten bilden zu können. Ihre Unterscheidung von Anlässen ist jedoch deutlich weniger differenziert als die von Dubow (1992). Berni et al. (2005) begnügen sich damit, zwei Hauptanlässe des Weinkonsums zu unterscheiden:

■ Wein, der zum Essen getrunken wird

■ Wein, der außerhalb des Essens getrunken wird

Sie verwenden eine Zufallsstichprobe von 207 Konsumenten aus einer dänischen Stadt. Beide Anlässe – zum oder außerhalb des Essens – schlüsseln sie weiter in drei Ausprägungen auf: (1) zuhause; (2) mit Freunden; und (3) im Restaurant. Diese Erhebung führt letztendlich zu sechs Charakterisierungen von Konsumanlässen und damit verknüpften Personen sowie Einstellungen. Für jeden der beiden Hauptanlässe entstehen so jeweils drei Spektren, die über die verschiedenen Ausprägungen und relevanten persönlichen und Präferenzvariablen Auskunft geben. Es kann gezeigt werden, dass Konsumenten Produktattribute innerhalb ihrer Auswahlkriterien in Abhängigkeit vom Anlass unterschiedlich gewichten. Ebenfalls zeigt die Studie von Berni et al. (2005), dass sich innerhalb der beiden identifizierten Hauptanlässe nochmals genauere Unterteilungen treffen lassen, die genauere Auskunft über tiefer liegende Beweggründe geben können. Die Forscher dieser Studie legen Wert darauf, dass keine der Variablen für sich genommen es ermöglicht hätte, die Konsumenten sinnvoll zu gruppieren. Nur als Ganzes konnten die genannten Einsichten gewonnen werden (**Abbildung 5.1** und **Abbildung 5.2**).

Abbildung 5.1 Konsumentensegmente für den Anlass „Wein, der zum Essen getrunken wird" (Berni et al. (2005), S. 140)

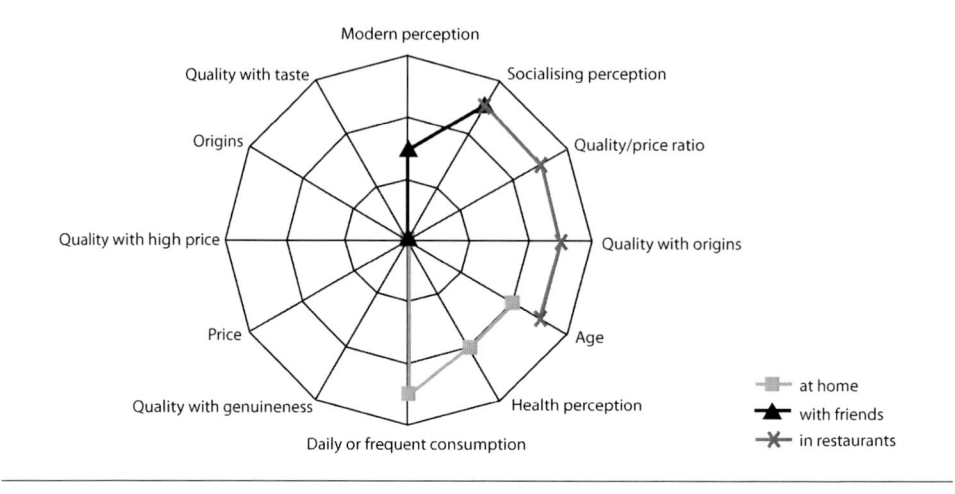

Abbildung 5.2 Konsumentensegmente für den Anlass „Wein, der außerhalb des Essens getrunken wird" (Berni et al. (2005), S. 141)

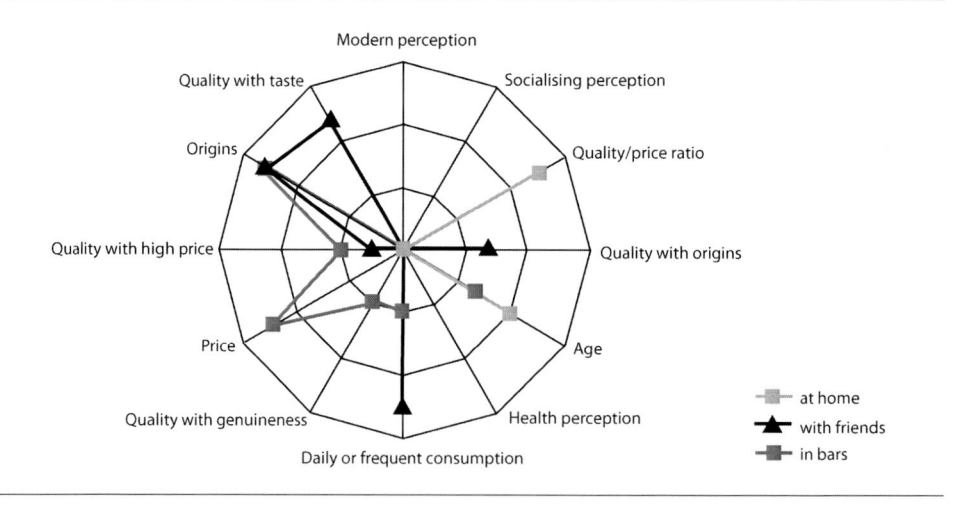

De Luca und Pencos (2006) Ergebnisse einer qualitativen Studie mit Gruppendiskussionen verleihen den eben aufgezeigten Ergebnissen noch mehr Gewicht. Sie können zeigen, dass Konsumenten sich tatsächlich zuerst den Anlass, für den der Wein bestimmt sein soll, überlegen, wenn sie ihre Auswahl treffen. Ausgehend vom Konsumanlass entscheiden sie über die Farbe des Weins und den Preisrahmen. Laut Orth (2006) richtet sich ebenfalls die Markenwahl nach dem Konsumanlass. Er kann zeigen, dass Konsumenten darüber hinaus die Personen, die dem Anlass beiwohnen, sowie die wahrgenommenen Nutzen der Marke mit in Betracht ziehen, wenn sie ihre Kaufentscheidung treffen.

Obwohl die Segmentierung nach Konsumanlässen insbesondere im Hinblick auf die Kommunikation von Markenpositionen große Anreize bietet, kann sie nur im Zusammenhang mit weiteren Informationen über den Konsumenten wirklich tiefere Einblicke in das Konsumentenverhalten und damit Anhaltspunkte für mögliche sinnvolle Einteilungen der Konsumenten produzieren. Für Winzer eröffnet sich hier vor allem eine Möglichkeit zur qualitativen Informationssammlung während des Kundengesprächs. Sie sollten bewusst Fragen stellen, für welche Konsumanlässe ihre Weine verwendet werden. Aus den Erzählungen lassen sich so einerseits mögliche Positionierungsstrategien ableiten, andererseits ergeben sich u.U. subtilere Hinweise darauf, was die Konsumenten vom Wein halten. Daneben kann die gleiche Frage ebenfalls im Rahmen einer Kundenbefragung interessante und quantifizierbare Ergebnisse erbringen. Insgesamt zeichnet sich diese Methode zur Segmentierung durch Einfachheit in der Durchführung sowie hohes Erkenntnisniveau insbesondere im Zusammenhang mit anderen Daten aus der Kundendatei aus.

5.5 Segmentierung nach Lifestyle-Variablen

Bisher wurden in diesem Beitrag sowohl einfache soziodemografische und verhaltensbasierte Ansätze als auch kontextorientierte Möglichkeiten der Segmentierung behandelt. Obwohl beide grundlegenden Ansätze für sich genommen schon zahlreiche Aussagen über verschiedene Konsumentengruppen ermöglichen, lassen sie nur wenige Rückschlüsse auf stabile unterliegende Verhaltensmuster zu. Hierfür sind insbesondere Segmentierungen aufgrund von Lifestyle-Variablen, Wertesystemen oder Involvement, die im Weinbereich eng verknüpft zu sein scheinen, geeignet. Diese ermöglichen es, langfristig relativ stabile Gruppierungen von Konsumenten zusammenzustellen. Die genannten Ansätze sollen im Folgenden näher diskutiert werden. Es soll ebenso versucht werden, Gemeinsamkeiten der bisher durchgeführten Studien aufzuzeigen und so eine Anzahl von Konsumentengrundtypen herauszuarbeiten, die sich unabhängig von kulturellem Hintergrund und Herkunft ähnlich darstellen. Hierzu dient **Tabelle 5.2**. Sie fasst die veröffentlichten Segmentierungsstudien zusammenfassen und verweist auf Ähnlichkeiten der gefundenen Segmente mit der grundlegenden Segmentierung von Spawton (1991), deren Segmente von Hall und Winchester (1999) empirisch weitgehend nachgewiesen werden konnten.

Die Segmentierung nach Lifestyle und Wertvorstellungen eröffnet tiefere Einsichten in das Mindset des Konsumenten. Neben der grundlegenden Unterscheidung in Luxus- und Alltagsweintrinker, beschreibt Spawton (1991) basierend auf einer Präsentation von McKinna (1987) vier unterschiedliche Segmente von Weinkonsumenten. Diese vier Typen werden in **Tabelle 5.2** zusammengefasst. Drei der vier theoretisch entwickelten Segmente konnten von Hall und Winchester (1999) auch empirisch für den australischen Markt nachgewiesen werden. Ebenfalls basierend auf einem Life-Style Ansatz teilen Fulconis und Viviani (Fulconis & Viviani, 2006) rumänische Konsumenten in vier unterschiedliche Segmente ein. Die Segmente sind denen von Spawton (1991) sehr ähnlich. Wo Spawton zwischen Luxus- und Alltagsweintrinkern unterscheidet, sortieren Fulconis und Viviani (2006) ihre zwei Hauptgruppen nach Konsumenten, die an den intrinsischen Eigenschaften von Wein interessiert sind und solchen, die daran kein Interesse zeigen. Obwohl diese Art der Segmentierung für den einzelnen Winzer nur schwer ohne externe Hilfestellung zu bewerkstelligen ist, sollten sich Weinproduzenten und Vermarkter doch mit ihr auseinandersetzen, da viele publizierte Kundensegmentierungen genau auf diesen Grundlagen aufbauen und so besser verstanden und genutzt werden können.

5.6 Segmentierung nach Involvement

Involvement, also der Stellenwert, den der Konsument dem Produkt Wein in seinem Leben beimisst, ist eine starke und zuverlässige Segmentierungsvariable. Die meisten Studien, die Involvement zur Segmentierung verwenden, nutzen jedoch nicht die volle Stärke des von Krugman (1965) ursprünglich als Kontinuum entwickelten Messinstruments. Allzu oft beschränken sich Wissenschaftler unabhängig vom Zusammenhang auf niedriges und hohes Involvement, ohne Zwischenstufen zuzulassen. Ebenso spricht man gerne von typischen Hoch-Involvement-Produkten bzw. Niedrig-Involvement-Produkten. Auch diese Vereinfachung geht an der Realität vorbei, da Involvement immer vom Konsument, dem Anlass und dem Produkt zugleich abhängt. Letztlich entscheidet der einzelne Konsument, welche Produkte für ihn oder sie relevant sind und welche nicht (Bloch, 1986). Wein kann also ebenso ein Hoch-Involvement-Produkt sein wie ein Niedrig-Involvement-Produkt, je nach Konsument und Anlass. Während manche Konsumenten langfristig hoch involviert sind, beschränkt sich dieser Zustand bei anderen Konsumenten auf sehr kleine Zeitfenster z.B. wenn ein wichtiges Essen oder ein Geburtstag ansteht. Die allermeisten Konsumenten zeigen Wein gegenüber ein geringes Involvement und verwenden somit wenig Zeit und Anstrengung auf die Auswahl des Produkts.

Lockshin et al. (Lockshin, Spawton, & Macintosh, 1997) versuchen das Problem der aufgezwängten Zweiteilung zu lösen, indem sie für ihre Weininvolvementskala drei Typen von Involvement kombinieren: Produktinvolvement (Goldsmith & Emmert, 1991); Markenentscheidungsinvolvement (Mittal, 1988) und Einkaufsinvolvement (Slama & Tashchian, 1985). Lockshin et al.'s (1997) Studie wurde in vier Arten von Weineinkaufsstätten durchgeführt, die man in Australien vorfindet. Es gelang anhand der drei Arten von Involvement, insgesamt fünf Konsumentengruppen zu identifizieren, die in der **Tabelle 5.2** dargestellt werden.

Lockshin et al. (Lockshin, Quester, & Spawton, 2001) verwenden vier Jahre später die gleiche Messkala, um eine involvementbasierte, international vergleichende Segmentierung zu erstellen. Sie vergleichen Stichproben von 192 australischen und 65 französischen Konsumenten (N= 257) und finden in beiden Ländern homogene Gruppen von niedrig bzw. hoch involvierten Konsumenten, die sich in ihrem Verhalten sehr ähnlich sind. Lockshin et al. (2001) können damit zeigen, dass Involvement als Segmentierungsvariable unabhängig von der Nationalität zuverlässig funktioniert. Während hoch involvierte Konsumenten immer mehr über Wein lernen wollen und sich viele Gedanken über ihre Weinauswahl machen, zeigen niedrig involvierte Konsumenten weniger Interesse. Sie vertrauen mehr auf das Personal der entsprechenden Einkaufsstätte und die dortige Beratung.

Aurifeille et al. (Aurifeille, Quester, Lockshin, & Spawton, 2002) verwenden eine leicht veränderte Skala, um ebenfalls die identifizierbaren Konsumentengruppen in Frankreich und Australien miteinander zu vergleichen. Ihre Stichprobe ist größer als die von Lockshin et al. (2001); sie befragen 313 Australier und 118 Franzosen (N= 431). Ihre Studie untermauert den einheitlichen Einfluss von Involvement über Ländergrenzen hinweg. Es können fünf Gruppen pro Land identifiziert werden. Vier der jeweiligen Gruppen zeigen in beiden Märkten das gleiche Verhalten. Nur eine unterscheidet sich signifikant von Land zu Land. Alle Gruppen werden in **Tabelle 5.2** beschrieben.

Quester und Smart (1998) verfolgen einen anderen Ansatz, indem sie Produktinvolvement und demografische Indikatoren sowie die Relevanz einzelner Attribute beim Weinkauf miteinander verknüpfen. Mit ihrer Studie können sie zeigen, dass Involvement mit zunehmendem Alter tendenziell ansteigt. Es werden hingegen keine Unterschiede zwischen den Geschlechtern gefunden. Im Einkaufsverhalten zeigte sich eine Segmentierung nach Involvement als deutlich zuverlässiger und homogener als eine Segmentierung nach demografischen Variablen. Hoch Involvierte legten besonderen Wert auf die Herkunft eines Weines, während niedrig involvierte Konsumenten bestimmte Rebsorten bevorzugen. Diese Studie stellt also die Wichtigkeit der Segmentierung nach Involvement besonders heraus.

In einer neueren Studie befassen sich Santos et al. (Santos, Blanco, & Fernández, 2006) eingehender mit der Wichtigkeit der Herkunft und benutzen das Involvement mit einer bestimmten Weinregion als Segmentierungsvariable. Sie nutzen eine explorativ-qualitative Vorstudie zur Konstruktion eines Fragebogens, den sie anhand einer Stichprobe von 400 spanischen Großstadtbewohnern über 18 Jahren, die Wein aus besagter Weinregion trinken, auswerten. Die Ergebnisse weisen drei Gruppen von Konsumenten aus: niedrig, mittel und hoch mit der Region involvierte Konsumenten. Die niedrig involvierte Gruppe (53,2%) legt mehr Wert auf den Preis der Flasche als alle anderen Gruppen und es interessiert sie wenig, ob der Wein, den sie konsumieren, ein AO-Label (AO: Appellation Origin) trägt oder nicht. Der moderat involvierte Konsumententyp (32%) verbindet generell positive Assoziationen mit einem AO-Label. Interessanterweise vertraut diese Gruppe von Konsumenten dem AO-Zertifikat am stärksten. Obwohl sie nur (sehr) begrenztes Wissen über die Bestimmungen und Hintergründe des Labels haben, zeigen sie doch relativ hohes Interesse an Weinen und AO's. Sie kaufen eher Weine aus bekannten als unbekannten AOs und genießen diese gerne mit Freunden oder der Familie. Die Konsumenten, die in die Gruppe der mit der Region hoch Involvierten fallen, machen nur 14,5% der gesamten Stichprobe aus. Ihre Wertvorstellungen sind sehr stark auf sich selbst bezogen. Sie vertrauen hauptsächlich ihrem eigenen Urteil. Diese Konsumenten geben sich entsprechend viel Mühe mit der Informationsbeschaffung vor dem Einkauf und trinken AO-zertifizierte Weine auch zu alltäglichen Gelegenheiten.

D'Hauteville (2003) präsentiert, basierend auf Datenmaterial aus einer europäischen Verbraucherstudie, eine in fünf Schritte gestaffelte Abstufung von Involvement-Zuständen, die von sehr niedrig bis sehr hoch reichen. Die entstehenden fünf Gruppen beschreibt er als fünf unterschiedliche Konsumententypen (**Tabelle 5.2**).

Weinwissen korreliert stark mit Produktinvolvement und kann ebenfalls zur Segmentierung dienen. Mitchell und Hall (2001) zeigen, dass Konsumenten, die unterschiedlich gutes Weinwissen haben, sich auch in anderen Variablen signifikant unterscheiden. Sie definieren insgesamt drei Gruppen: (1) weit Fortgeschrittene, (2) Fortgeschrittene und (3) Anfänger. Zusammen mit selbst zugeschriebenem Weinwissen steigen auch alle anderen wichtigen Variablen des Kaufverhaltens wie Konsumfrequenz und Preis pro Flasche. Hussain et al. (Hussain, Castaldi, & Cholette, 2006) präsentieren durchaus vergleichbare Ergebnisse. Sie formen fünf Konsumentengruppen, die von „ahnungslos" bis „Experte" reichen. Sie finden heraus, dass das jeweilige Weinwissen tatsächlich die wesentliche Determinante für das restliche Verhalten darstellt und wie bei Mitchell und Hall (2001) Konsumfrequenz und Preis mit steigendem Wissen ansteigen. Diese Ergebnisse sollten Weingüter anregen, viel Wert auf die Weiterbildung ihrer Kunden zu legen. Je besser sich diese auskennen, desto öfter kaufen sie Wein und geben pro Einkauf mehr Geld aus. Sicherlich ist diese Art der Segmentierung im Vergleich zu weiter entwickelten Methoden, die zuvor bezüglich des Involvements vorgestellt wurden, nicht ganz so tiefgreifend. Die Einteilung der Konsumenten nach ihrem Weinwissen hat aber den entscheidenden Vorteil, dass sie auch für kleine Weingüter ohne größeren Aufwand zu leisten ist. So kann eine erste Einschätzung jeden Käufers schon direkt an der Kellertür durch wenige, subtile, aber gezielte Fragen getroffen werden. Dies setzt selbstverständlich entsprechend gut geschultes Personal voraus. Ausführlichere Segmentierungsstudien anhand von Involvement sind ohne externe Expertise praktisch nicht durchführbar. Trotzdem sollten sich Winzer der Aussagekraft dieser kundenspezifischen Variable bewusst sein und sie zu nutzen wissen.

5.7 Diskussion und Fazit

Dieser Beitrag hat die verschiedenen Segmentierungsansätze, die bisher in der Weinmarketingliteratur verfügbar sind, zusammengefasst, diskutiert und verglichen. Soziodemografische Segmentierungsansätze sind zwar einfach durchzuführen und auch für den kleinen Winzer anhand seiner Kundenkartei machbar, die Kundengruppen, die aus diesen Ansätzen entstehen, können sich jedoch nicht einer gewissen Willkürlichkeit entziehen. Abgesehen vom Überblick über den Kundenstamm und grundsätzlichen Positionierungsstrategien sind sie deshalb nur von bedingtem Nutzen. Verhaltensbasierte Segmentierungsansätze beziehen sich direkt auf individuelles Verhalten wie z.B. Konsumfrequenz oder auch sensorische Präferenzen. Sie lassen jedoch kaum Rückschlüsse auf die darunter liegenden Gründe zu. Somit können sich in solchen Gruppierungen von Konsumenten starke Kontexteffekte verbergen. Es muss also hinterfragt werden, inwiefern die gefundenen Gruppen langfristig stabil und kontextunabhängig sind. Aktiv auf dem Kontext aufbauende, also anlassgebundene Segmentierungen können diese Informationslücke schließen. Obwohl die so gewonnenen Informationen für die Kommunikation und Positionierung einer Weinmarke genutzt werden können, fällt es schwer, sie auf die einzelne Person zu beziehen. Lifestyle- und Involvement-basierte Ansätze, die im letzten Teil des Beitrags behandelt wurden, geben hier wesentlich tiefere Einblicke und sind langfristig stabiler. Sie ermöglichen somit eine gezielte Kommunikationsstrategie, um die Marke zu entwickeln. Die Kommunikationsinhalte sind besonders effektiv, da sie auf die unterliegenden Beweggründe zum Weinkauf abzielen. Darüber hinaus können durch diese Ansätze der Kundenservice auf dem Weingut maßgeschneidert werden. Die bisher identifizierten Gruppen werden in **Tabelle 5.2** zusammengefasst und jeweils kurz beschrieben.

Die Vielzahl der Studien und Gruppen macht es auf den ersten Blick schwer, grundlegende Zusammenhänge zu erkennen. Durch die Integration der verschiedenen Ergebnisse in dieser Studie können die Ergebnisse jedoch auf fünf Grundtypen von Konsumenten heruntergebrochen werden. Bei näherer Betrachtung der Gruppen fällt auf, dass sie große Ähnlichkeiten zu den ursprünglich von Spawton (1991) konzipierten vier Weinkonsumentengruppen aufweisen. Nachdem Hall und Winchester (1999) drei der vier Gruppen empirisch nachweisen konnten und eine zusätzliche Gruppe (das Enjoyment-Segment) identifizierten, wurde dieses ebenfalls in die Analyse mit einbezogen. In der Tabelle wurden die Gruppen, die jeweils als ähnlich zu den fünf Grundgruppen, die aus Spawton (1991) bzw. Hall und Winchester (1999) stammen, wie folgt markiert:

- Connoisseurs = **CON**
- Aspirational Drinkers = **ASPI**
- Beverage Wine Drinkers = **BEV**
- New Wine Drinkers = **NEW**
- Enjoyment Drinkers = **ENJ**

Spawtons (1991) New Wine Drinkers, also die „neuen Weintrinker", zeichnen sich neben ihrem geringen Involvement mit Wein und ihrem geringen Weinwissen insbesondere durch ihr junges Alter, ihren hohen Außer-Haus-Konsum sowie ihre unklaren Präferenzen aus. Sie ähneln damit sehr den Millenials, die im ersten Teil dieses Beitrags besprochen wurden. Dieses Segment, das als einziges der vier ursprünglichen Segmente nicht von Hall und Winchester (1999) empirisch nachgewiesen werden konnte, scheint zu speziell auf einen demografischen Hintergrund der Konsumenten zugeschnitten zu sein. Hall und Winchester (1999) konnten jedoch ein ähnliches Segment finden, die Enjoyment Drinkers. Hauptsächlich unterscheiden sich diese von Spawtons New Drinkers durch die offene Altersstruktur. Dieses Segment findet sich ebenso in drei weiteren Segmentierungsstudien, die auf Lifestyle oder Involvement-Daten aufbauen. Es gibt also konkrete Hinweise darauf, dass es über Ländergrenzen hinweg eine Gruppe von Weinkonsumenten gibt, denen es beim Weingenuss vor allem auf die Sozialisation mit anderen ankommt. Der Wein spielt hierbei nur die Nebenrolle. Es werden demnach vor allem starke, emotionale Marken nachgefragt. Ebenso findet ein großer Anteil des Konsums in dieser Gruppe außerhalb der eigenen vier Wände statt. Weinproduzenten sollten diese Gruppe dadurch ansprechen, dass sie ihre Weine mit klaren Konsumkontexten verknüpfen. Ebenso kann eine klare Positionierung als Begleiter zu bestimmten Gerichten dieser Gruppe von Konsumenten helfen, eine Entscheidung zu treffen. Sehr viel deutlicher zeigt sich die Aufteilung eines Großteils der Konsumenten in Connoisseurs, Aspirational Drinkers und Beverage Drinkers. Fast alle der hier aufgeführten Studien beinhalten Gruppen von Konsumenten, die diesen drei ursprünglichen Segmenten sehr ähnlich sind.

Beverage Drinker können hauptsächlich als Konsumenten beschrieben werden, die zwar unter Umständen relativ viel Wein trinken, aber äußerst wenig Interesse zeigen. Sie vertrauen einer kleinen Anzahl von zuverlässigen Marken. Für den Weinproduzent ist es also wichtig, diese Konsumenten für seine Marke zu gewinnen und an sich zu binden. Hierbei spielen vor allem der Preis und die Bekanntheit der Marke eine Rolle. Diese Käufer sind preissensitiv und kennen sich nur sehr wenig mit Wein aus. Es handelt sich für sie um ein einfaches Konsumprodukt, mit dem sie sich nicht weiter beschäftigen möchten. Die Stärke der Marke definiert sich somit also eher aus der Kontaktfrequenz (Ubiquität) als aus den inneren Werten. Da diese Konsumenten ebenso risikoavers sind, sollte die Markenstrategie eher traditionelle Werte in den Vordergrund stellen ohne dabei abgehoben zu wirken.

Der Aspirational Drinker hingegen sucht gerade dieses Gefühl des erlesenen Weins. Dieser Konsumententyp legt viel Wert auf die Außenwirkung des Weins, den er trinkt. Ähnlich wie dies bei Zigaretten schon nachgewiesen wurde (Wakefield, Morley, Horan, & Cummings, 2002), hat Wein für ihn eine Art Badge-Funktion. Das bedeutet, er konsumiert ihn um dabei von anderen gesehen zu werden und so sein eigenes Image über das des Weins zu definieren. Für Weingüter bedeutet dies, Weine möglichst bekannt zu machen. Es ist z.B. wichtig, gute Bewertungen in Weinführern zu bekommen, Medaillen auf die Flaschen zu bringen, in den Topbetrieben der Gastronomie gelistet zu sein. All das hilft diesem Konsumententyp sich sein Image aufbauen zu können, ohne sich jedoch eingehend mit dem Wein als solches auseinandersetzen zu müssen.

Genau dieses enge Auseinandersetzen mit dem Produkt und seiner Entstehung sucht der Connoisseur. Für diesen Konsumententyp sind Auszeichnungen und Bewertungen zwar auch relevant, aber ihm geht es um mehr. Er möchte genau wissen, wie der Wein hergestellt wird. Die kleinen und feinen Unterschiede im Terroir und im Ausbau interessieren ihn. Weintrinken und Weinwissen sind Teil der Persönlichkeit des Connoisseurs, Teil seiner Identität. Für Weinproduzenten heißt dies, bei solchen Konsumenten auf eine möglichst individuelle Ansprache zu achten, ihre Meinung wertzuschätzen und sie mit relevanten, sonst nur wenig bekannten Informationen zu versorgen.

Sicherlich sind die hier herausgearbeiteten vier Grundtypen nur relativ vage umrissen und jeder Weinproduzent ist gut beraten seine eigenen Kunden durch geeignete Marktforschungsmethoden genauer einzuteilen. Als grundsätzlicher Anhaltspunkt zur allgemeinen Positionierung und Abschätzung des Marktpotenzials scheinen die vier Grundtypen jedoch auch über Länder- und Kulturgrenzen hinweg brauchbar zu sein. Weinproduzenten sollten sich also bei ihren strategischen Marketingmaßnahmen diese vier Grundtypen vor Augen führen und entscheiden, wo sie sich und ihre Marken positionieren wollen.

Tabelle 5.2   Übersichtstabelle

Quelle	McGarry Wolf et al. (2005)	Sánchez/ Gil (1997)
Ansatz	Demografisch (Generationen)	Demografisch/geografisch
Stichprobe	416	496 (198 pro Region)
Land	USA	Spanien
Cluster 1	**Gen. Y:** Suchen gutes Preis-Leistungs-Verhältnis; präferieren Weine der Neuen Welt (NZ und AUS)	**Navarra 1:** Alter: >40; leben in größeren Familien; Herkunft ist das wichtigste Entscheidungskriterium
Cluster 2	**Gen. X:** Suchen Premium-Qualitäten; Marken sind wichtig für die Auswahl; präferieren franz. und ital. Weine	**Navarra 2:** Alter: <40; leben in größeren Familien; überdurchschnittliches Einkommen; Herkunft und Jahrgang sind wichtig für die Auswahl
Cluster 3	**Gen. Baby Boomer:** Suchen gutes Preis-Leistungs-Verhältnis; Marken sind wichtig für die Auswahl; präferieren franz. Weine	**Navarra 3:** Alter: kein Trend, aber eher jünger; Single- oder Paarhaushalt ohne Kinder; Preis wichtig für die Auswahl
Cluster 4		**Aragon 1:** Alter: <40; durchschnittliches Einkommen; nutzen Herkunft, Jahrgang und Preis für die Weinauswahl; Herkunft ist am wichtigsten
Cluster 5		**Aragon 2:** Alter: >40; überdurchschnittliches Einkommen; Preis weniger wichtig; Herkunft am wichtigsten für die Weinauswahl
Kommentare:	Alle drei Gruppen trinken kalifornische Weine am liebsten. Gen. = Generation	

Quelle	Thomas/ Pickering (2003)	Moulton et al. (2001)
Ansatz	Verhaltensbasiert (Konsum)	Verhaltensbasiert (Konsum)
Stichprobe	320	k.A.
Land	Neuseeland	USA
Cluster 1	**Light Consumers (57%):** 4 Fl. pro Monat; Durchschnittspreis: 15 NZ$; Haupteinkaufsstätte: Supermarkt	**Non-Drinkers (42,5%):** Konsumenten, die gar keinen Alkohol bzw. gar keinen Wein trinken
Cluster 2	**Medium Consumers (33%):** 12,7 Fl. pro Monat; ; Durchschnittspreis: 16,87 NZ$; Haupteinkaufsstätte: Getränkehandel, Supermarkt, Versand	**Marginal Drinkers (42%):** trinken sehr wenig und selten Wein, bevorzugen Bier
Cluster 3	**Heavy Consumers (10%):** 28,6 Fl. pro Monat; Durchschnittspreis: 17,87 NZ$; männliche Mehrheit; Haupteinkaufsstätten: Getränkehandel und Weingüter	**Simple Wine Drinkers (1,7 % der Bevölkerung/15% der Weintrinker):** zumeist ältere Konsumenten, die nicht am Produkt Wein interessiert sind (**BEV**)
Cluster 4		**Aspirants (5,2 % der Bevölkerung/45% der Weintrinker):** Interesse an Wein und Weinwissen; probieren gerne neue Weine und Weinstile aus
Cluster 5		**Connoisseurs (0,6% der Bevölkerung./5% der Weintrinker):** Großes Interesse an und Involvement mit Wein; kaufen gerne teure Weine (**CON**)
Kommentare	NZ$ = New Zealand Dollar (Währung in Neuseeland)	Cholettte/Castaldi (2005) erweitern diese Segmentierung, indem sie die Gruppen mit den von Frederick (2004) festgestellten Preispunkten verbinden.

Quelle	Casini et al. (2006)	Spawton (1991)
Ansatz	Verhaltensbasiert	Lifestylebasiert
Stichprobe	400	Nicht empirisch
Land	Italien	k.A.
Cluster 1	**Weiblich-desinteressierte Konsumenten:** nicht an Wein interessiert; kauft nur für den Partner ein; preisorientiert	**Connoisseurs:** Großes Weinwissen; kaufen Premium-Weine; sehen Wein als Hobby; kaufen in Spezialläden und Weingütern
Cluster 2	**Habituelle Konsumenten:** männliche Mehrheit; niedriger Preis; klare Präferenz für eine bestimmte Marke **(BEV)**	**Aspirational Drinkers:** sehen vor allem die sozialen Aspekte des Weintrinkens; suchen nach Trendmarken; risikoavers; von Meinungsmachern beeinflussbar
Cluster 3	**Selbstverwirklichungsorientierte Konsumenten:** Interesse an Wein; mehr Aufwand für die Auswahl; Preis ist am wichtigsten für die Auswahl	**Beverage Wine Consumers:** wenig Wertschätzung für Wein; loyal zu einem bestimmten Weinstil; nicht experimentierfreudig; wollen sichere Marken; preissensitiv
Cluster 4	**Qualifizierte Konsumenten:** sehen sich als Experten; benutzen viele Attribute zur Auswahl; wollen den Wein zuerst probieren **(CON)**	**New Wine Drinkers:** junge Konsumenten; keine klaren Präferenzen entwickelt; trinken oft im Außer-Haus-Konsum um zu sozialisieren; benutzen Heuristiken (oft Preis)
Kommentare	Es werden keine Angaben zur Größe der einzelnen Gruppen gemacht.	Referenz für die Einordnung der anderen Ansätze

Quelle	Hall/ Winchester (1999)	Fulconis/Viviani (2006)
Ansatz	Lifestylebasiert	Lifestylebasiert
Stichprobe	k.A.	179
Land	Australien	Rumänien
Cluster 1	Drei der von Spawton (1991) entwickelten Segmente konnten empirisch bestätigt werden: **Connoisseurs; Aspirational Drinkers; Beverage Wine Consumers.**	**S1 (Evocation power of wine):** Nutzen Heuristiken, vornehmlich Herkunft; Anlässe: Essen; traditionelle Werte; hauptsächlich männlich mit hohem Einkommen
Cluster 2	**Enjoyment Segment:** interessiert an „easy-to-drink"-Weinen, v.a. um zu entspannen	**S2 (Wine is an index of social level):** Nutzen Heuristiken, meistens Preis und POS; Anlässe: Formales Essen; Mittelschichtfamilien (in Städten); interessiert an den sozialen Konsequenzen der Weinauswahl **(ASPI)**
Cluster 3		**S3 (Interested in the various aspects of quality):** Benutzen viele Informationen; anlassungebunden; reiche Paare; hedonistisches Wertesystem **(CON)**
Cluster 4		**S4 (Interested in the best means to obtain a specific quality):** Nutzen Heuristiken basierend auf Werbung; formelle Anlässe; Paare mit eher geringen Einkommen; sie suchen nach ein bestimmten Geschmacksbild **(ENJ)**
Kommentare	Referenz für die Einordnung der anderen Ansätze	

Quelle	Bruwer et al. (2002)	Hofmeister-Tóth and Totth (2003)
Ansatz	Lifestylebasiert	Wertebasiert
Stichprobe	k.A.	k.A.
Land	k.A.	Ungarn
Cluster 1	**Enjoyment-oriented wine drinkers:** (14%): 25-54; w; 50%<40k $; >∅; 1.6; 11.07 $; hauptsächlich Außer-Haus-Konsum; spaßorientiert; Variety-Seekers **(ENJ)**	**Safety seekers (35 %):** Frauen mittl. Alters; durchschn. Einkommen; wenig Bildung; Werte: Sicherheit, Familie, Freundschaft; geringer Konsum; geringe Preise
Cluster 2	**Fashion/image-oriented Wine drinkers:** (19%): 18-44; m und w; ~50k $; >>∅; 0.9; 13.50 $; Imageorientiert; wenig Weinwissen; Markenorientiert **(ASPI)**	**Self-fulfilment-oriented (29 %):** Männer mittleren Alters; gut ausgebildet; Werte: Selbstaktualisierung, sehr imageorientiert, Interesse an Wein **(ASPI)**
Cluster 3	**Ritual-oriented conspicuous wine enthusiasts:** (18%): <35; m; > 70k $; >>∅; 1.8; 18.29$; Wein-Connoisseurs; hohes Involvement; "Variety Seekers" **(CON)**	**Hedonists (26 %):** Gebildet; hohes Einkommen; junge Singles; Werte: Life-Style und Vergnügen; hohes Weinwissen; hohe Zahlungsbereitschaft **(CON)**
Cluster 4	**Purposeful Inconspicuous Premium Wine Drinkers:** (25%): 35-54; mehr m; 36%>100k$; >>∅;; 1.4; 17.11 $; Nicht Imageorientiert; viel Außer-Haus-Konsum; niedriges Involv.	**Indifferent people (10 %):** ältere Männer; wenig Bildung und Geld; kaum soziale Werte; unmotiviert; präferieren Bier; Wein nur zu niedrigsten Preisen **(BEV)**
Cluster 5	**Basic Wine Drinkers:** (24%): 45+; w; 42%<40k $; ∅; 0.6; 10.67 $; niedriges Involvement; Wein ist generell uninteressant; sehr geringer (oft zufälliger) Konsum; Markenorientiert	
Kommentare	Abk. für Alter; Geschlecht; Einkommen; Ausbildung; Konsum in Fl. Pro Woche; Preis pro Fl.	

Quelle	Aurifeille et al. (2002)	Lockshin et al. (1997)
Ansatz	Involvement-basiert	Involvement-basiert
Stichprobe	Australien: 313; Frankreich: 118	347
Land	Australien und Frankreich	Australien
Cluster 1	C1 (AU: 27%; FR: 26,5%): Größte Gruppe; zahlen durchschn. Preise für Wein und zeigen relativ niedriges Wein-Involvement; durchschn. Marken-Involvement; hohes Einkaufs-Involv.	**Choosy buyers (33%):** Positiv auf allen drei Involvement Skalen; überdurchschn. Einkommen; kaufen hochpreisige Weine; kaufen in Spezialläden; vertrauen dem Fachpersonal; wollen mehr über Wein lernen **(CON)**
Cluster 2	C2 (AU: 17,9%; FR: 14,2%): Geringster Durchschnittspreis; relativ hohes Einkaufs-Involvement	**Brand-conscious/hate to shop (22%):** Nur Marken- und Produktinvolvement; Einkommen und Einkaufsverhalten ähnlich wie C1; weniger Konsum; nicht an Marketing-Maßnahmen interessiert
Cluster 3	C3 (AU: 5,3%; FR: 15%): Höchster Durchschnittspreis; relativ hoch auf allen drei Involvement Skalen (Produkt-, Marken-, Einkaufsinvolvement)	**Uninvolved shoppers (12%):** Nur Einkaufs-Involvement vorhanden; geringstes Einkommen der fünf Cluster; kaufen geringe Mengen zu niedrigen Preisen; reagieren auf Preis-Promotions (VKF-Maßnahmen)
Cluster 4	C4 (AU: 25,5%; FR: 21.2%): Zweithöchster Durchschnittspreis; Involvement ähnlich wie Cluster 3, aber geringerer Effekt	**Interested shoppers (26%):** Produkt- und Einkaufs-Involvement; Kein Markeninvolve-ment; durchschn. Einkommen; kaufen günstigere Weine in Spezialläden; richtige Ansprache könnte sie in C1 bringen
Cluster 5	C5 (AU: 24,2%; FR: 23%): Zweitniedrigster Durchschnittspreis; hohes Einkaufs-Involvement	**Lazy involved shoppers (7%):** Hohes Produktinvolvement; kaufen jedoch nur günstige Weine; höchste Konsummenge; wenig Reaktion auf Marketing **(BEV)**

Source	D'Hauteville (2003)
Ansatz	Involvement in Verbindung mit demografischen und Konsumdaten
Stichprobe	k.A.
Land	Frankreich
Cluster 1	**Hedonistic and involved occasional consumers (20,8%):** Zweithöchste Konsumfrequenz; Interesse an Wein; überzeugt von positivem gesundheitlichen Effekt; Wein ist ein sozialer Wert und stark verbunden mit Essen/ sozialen Anlässen; gut verdienend und sozial offen; mehrheitlich männlich; Alter: 36-55 (**ASPI** bzw. **CON**)
Cluster 2	**Non-Consumers (25%):** Lehnen Wein komplett ab; mehrheitlich Frauen und junge Leute (<25); kommen aus Mittelschicht-Haushalten; konservativ
Cluster 3	**Daily/die-hard Drinkers (16,6%):** traditionelle Ansichten – kein Essen ohne Wein; geringes Involvement; kein Interesse oder Spaß an Wein; Wein ist ein günstiges Produkt des täglichen Bedarfs; leben in bescheidenen Bedingungen; ältere Männer >45 (**BEV**)
Cluster 4	**Uninvolved occasional Drinkers (19,8%):** Gewöhnlich jüngere Frauen; mögen den Geschmack von Wein; präferieren aber andere Getränke; Wein assoziiert mit sozialer Integration und Hedonismus; Begleiter zur Sozialisierung und zum Ausgehen; kein gesteigertes Interesse am Produkt (**ENJ**)
Cluster 5	**Drinkers by Tradition (18,5%):** legen wenig Wert auf Wein; mehrheitlich Männer über 56; eher bescheidene Verhältnisse; konservativ; Weinkultur war Teil ihrer Erziehung; Sie selbst haben aber kein Interesse an Wein (**BEV**)

Literatur

[1] Aurifeille, J.-M., Quester, P. G., Lockshin, L., & Spawton, T. (2002). Global vs international involvement-based segmentation. *International Marketing Review, 19*(4), 369-386.
[2] Bastian, S., Bruwer, J., Alant, K., & Li, E. (2005). Wine Marketing: Wine consumers and makers: are they speaking the same language? *The Australian & New Zealand Grapegrower & Winemaker*(no. 496), 80-84.
[3] Belk, R. W. (1974). An Exploratory Assessment of Situational Effects in Buyer Behavior. *Journal of Marketing Research, 11*(2), 156-163.
[4] Berni, P., Begalli, D., & Capitello, R. (2005). An Occasion-Based Segmentation Approach to the Wine Market in Denmark. *Journal of International Food and Agribusiness Marketing, 17*(1), 117-145.
[5] Blankenhorn, D. (2002). *Entwicklung einer Methode zur sensorischen Qualitätsbeschreibung von Wein durch Verbraucher – Marktsegmentierung auf Basis gemessener Geschmackspräferenzen* (Vol. 47). Gießen/Geisenheim: Langer.
[6] Bloch, P. H. (1986). The Product Enthusiast: Implications for Marketing Strategy. *journal of Consumer Marketing, 3*(3), 51-62.
[7] Bonner, P. G. (1985). Considerations for situational research. *Advances in Consumer Research, 12*, 368-373.
[8] Campbell, M. C., & Goodstein, R. C. (2001). The Moderating Effect of Perceived Risk on Consumers' Evaluations of Product Incongruity: Preference for the Norm. *Journal of Consumer Research, 28*(3), 439-449.
[9] Carr, B. T., Craig-Petsinger, D., & Hadlich, S. (2001). A case study in relating sensory descriptive data to product concept fit and consumer vocabulary. *Food Quality and Preference, 12*(5-7), 407-412.
[10] Caspia, E. L., Coggins, P. C., Schilling, M. W., Yoon, Y., & White, C. H. (2006). The Relationship between Consumer Acceptability and Descriptive Sensory Attributes in Chaddar Cheese. *Journal of Sensory Studies, 21*(1), 112-127.
[11] Charters, S., & Pettigrew, S. (2006). Product involvement and the evaluation of wine quality. *Qualitative Market Research: An International Journal, 9*(2), 181-193.
[12] D'Hauteville, F. (2003). *The Mediating Role of Involvement and Values on Wine Consumption Frequency in France.* Paper presented at the International Colloquium in Wine Marketing. from http://www.unisa.edu.au/winemarketing/conferences/docs/File027.pdf
[13] de Luca, P., & Penco, P. (2006). *The Role of Packaging in Marketing Communication: An Explorative Study of the Italian Wine Business.* Paper presented at the 3rd International Wine Business Research Conference.
[14] Dubow, J. S. (1992). Occasion-based vs. user-based benefit segmentation: A case study. *Journal of Advertising Research, 32*(2), 11-18.
[15] Fleuchaus, R. (1995). *Marktsegmentierung als Basis strategischer Marketingplanung einer Weinbauregion.* Frankfurt (Main): DLG-Verlag.
[16] Fulconis, F., & Viviani, J.-L. (2006). *Segmentation of the Romanian wine market: An exploratory study.* Paper presented at the 3rd International Wine Business and Marketing Research Conference.
[17] Gluckman, R. L. (1986). A Consumer Approach to Branded Wines. *European Journal of Marketing, 20*(6), 21-55.
[18] Gluckman, R. L. (1990). A Consumer Approach to Branded Wines. *European Journal of Marketing, 24*(4), 27-46.
[19] Goldsmith, R. E., & Emmert, J. (1991). Measuring Product Category Involvement: a Multitrait-Multimethod Study. *Journal of Business Research, 23*(4), 363-371.
[20] Greenhof, K., & MacFie, H. J. H. (1999). Preference Mapping in Practice. In H. J. H. MacFie & D. M. H. Thomson (Eds.), *Measurement of Food Preferences* (pp. 138-166). Gaithersburg: Aspen.
[21] Habel, C., Rungie, C., Lockshin, L., & Spawton, T. (2003). *The Pareto Effect (80:20 rule) in Consumption of Liquor: A Preliminary Discussion.* Paper presented at the First Wine Marketing Colloquium.

[22] Hall, J., & Winchester, M. (1999). An Empirical Confirmation of Segments in the Australian Wine Market. *International Journal of Wine Marketing, 11*(1), 19-35.
[23] Hornik, J. (1982). Situational Effect on the Consumption of Time. *Journal of Marketing, 46*(4), 44-55.
[24] Howe, P. A. (2000). *What Sensory Consultants can do for the Wine Industry*. Paper at the 50th ASEV.
[25] Hussain, M., Castaldi, R., & Cholette, S. (2006). *Determinants of wine consumption of U.S. consumers: an econometric model*. Paper presented at the 3rd International Wine Business and Marketing Research Conference.
[26] Krugman, H. E. (1965). The Impact of Television Advertising – Learning without Involvement. *Public Opinion Quarterly, 29*(3), 349-356.
[27] Lai, A. W. (1991). Consumption Situation and Product Knowledge in the Adoption of a New Product. *European Journal of Marketing, 25*(10), 55-67.
[28] Lesschaeve, I., & Findlay, C. (2004). *Development of a Wine Style guided by Research*. Paper presented at the Twelfth Australian Wine Industry Technical Conference.
[29] Lesschaeve, I., Norris, L. N., & Lee, T. H. (2001). *Defining and targeting consumer preferences*. Paper presented at the 11th Australian Wine Industry Technical Conference.
[30] Lockshin, L., Quester, P., & Spawton, T. (2001). Segmentation by Involvement or Nationality for Global Retailing: A Cross-national Comparative Study of Wine Shopping Behaviours. *Journal of Wine Research – Journal of the Institute of Masters of Wine, 12*(3), 223-237.
[31] Lockshin, L., Spawton, A. L., & Macintosh, G. (1997). Using product, brand and purchasing involvement for retail segmentation. *Journal of Retailing and Consumer Services, 4*(3), 171-183.
[32] McGarry Wolf, M., Carpenter, S., & Qenani-Petrela, E. (2005). A Comparison of X,Y, and Boomer Generation Wine consumer in California. *Journal of Food Distribution Research, 36*(1), 186-191.
[33] McKinna, D. (1987). *Developing marketing strategies for wines*. Paper presented at the Conference Grapes and Wine – The Business End.
[34] Mitchell, R. D., & Hall, C. M. (2001). Self-ascribed wine knowledge and the wine behaviour o New Zealand winery visitors. *Australian and New Zealand Wine Industry Journal, 16*(6), 115-122.
[35] Mittal, B. (1988). The role of affective choice mode in the consumer purchase of expensive products. *Journal of Economic Psychology, 9*(4), 499-524.
[36] Norris, L., & Lee, T. (2002). *How do Flavour and Quality of a Wine Relate?* Paper at the MW Conference. 10-11-2006, from http://www.mastersofwine.org/Resources/CoursePDF/Session3-4.pdf
[37] Orth, U. (2006). *Different brands for different occasions – Drivers of consumer public and private choices*. Paper presented at the 3rd International Wine Business and Marketing Research Conference.
[38] Pinkert, S. (2007). *Weinmilieus – Kleine Soziologie des Weintrinkens* (3rd ed.). Berlin: Lit-Verlag.
[39] Quester, P., & Smart, J. (1998). The influence of consumption situation and product involvement over consumers' use of product attribute. *Journal of Consumer Marketing, 15*(3), 220-238.
[40] Saguy, I. S., & Moskowitz, H. R. (1999). Integrating the consumer into new product development. *Food Technology, 53*(8), 68-73.
[41] Salles, J.-C. (2003). Comment rendre une segmentation opérationnelle ? De la description à l'explication des comportements de consommation. *Décisions Marketing, 10*(no. 32), 45-53.
[42] Santos, C. R., Blanco, M. C., & Fernández, A. G. (2006). Segmenting wine consumers according to their involvement with appellations of origin. *Brand Management, 13*(4/5), 300-312.
[43] Seidemann, J. S. (2000). *Marktanalyse zum Einfluß der Qualität auf Preise und Absatzmengen im Flaschenweinmarkt in Deutschland* (Vol. 43). Gießen/Geisenheim: Langer.
[44] Slama, M. E., & Tashchian, A. (1985). Selected socioeconomic and demographic characteristics associated with purchasing involvement. *Journal of Marketing, 49*(1), 72-82.
[45] Smith, W. R. (1956). Product Differentiation and Market Segmentation as Alternative Marketing Strategies. *Journal of Marketing, 21*(1), 3-8.
[46] Spawton, T. (1991). Development in the Global Alcoholic Drinks Industry and its Implications for the Future Marketing of Wine. *European Journal of Marketing, 25*(3), 47-54.
[47] Thach, E. C., & Olsen, J. E. (2006). Market segment analysis to target young adult wine drinkers. *Agribusiness, 22*(3), 307-322.

[48] Treloar, P., Hall, C. M., & Mitchell, R. (2004). *Wine Tourism and the Generation Y Market: Any Possibilities?* Paper presented at the CAUTHE Conference.

[49] Wakefield, M., Morley, C., Horan, J. K., & Cummings, K. M. (2002). The cigarette pack as image: new evidence from tobacco industry documents. *Tobacco Control, 11*(Suppl. I), 73-80.

Zielgruppengerechte Marken

6 Ein Plädoyer für die Marke in der Weinwirtschaft

Prof. Dr. Ruth Fleuchaus; Hochschule Heilbronn

Inhalt

6.1	Einleitung	149
6.2	Die Bedeutung von Marken	149
6.3	Definitionen von Marke	152
6.3.1	Rechtliche Definition	152
6.3.2	Die Definition von Marke aus Sicht der Forschung	152
6.3.3	Die Definition von Marke aus Sicht der Konsumenten	153
6.3.4	Die Definition von Marke in der Weinwirtschaft	154
6.4	Von der Markenidentität über die Positionierung zum Markenimage	156
6.5	Fazit	158
	Literatur	160

6.1 Einleitung

Marke und Markenmanagement sind gegenwärtig die zentralen Themen im Marketing. Immer enger werdende Märkte, steigender Konkurrenzdruck und ein Zustand der Informations- und Reizüberflutung beim Verbraucher zwingen Unternehmen dazu, sich über eine spezifische Positionierung und Markierung vom Wettbewerb abzuheben. Deshalb sind Markenaufbau und Markenführung zentrale Aufgabengebiete von Unternehmen. Ausgehend von den klassischen Markenartikeln im Konsumgüterbereich hat die Markenführung auch bei Dienstleistungen, bei Investitionsgütern und sogar im öffentlichen und kulturellen Bereich Einzug gehalten. Jeder will und muss einfach unverwechselbar sein.

Doch trotz dieser unumstrittenen Bedeutung der Marke wird das Thema in der Weinbranche immer noch kontrovers diskutiert. Es ist wenig verständlich, warum dies so ist. Denn gerade die Kennzeichen des Weinmarktes sollten Unternehmen und Institutionen dazu zwingen, sich durch eine klare Positionierung und Markierung vom Wettbewerb abzuheben. Kaum eine andere Branche ist in so ausgeprägter Form gekennzeichnet von Überproduktion, internationalem Wettbewerbsdruck sowie Verdrängung durch Substitutionsprodukte in Folge veränderter Lebensgewohnheiten. Die überwältigende Marktmacht des Handels setzt kleine und mittelständische Unternehmen stark unter Druck. Hinzu kommt ein nicht über- und durchschaubares Angebot am Markt. Diese Situation fordert das Thema Marke geradezu heraus. Denn nur Marken können in einer Flut austauschbarer Produkte wirkliche Wettbewerbsvorteile schaffen und sowohl den Handel als auch Kunden an sich binden. Dennoch wird die Bedeutung der „Markierung" von Produkten, Unternehmen, Dienstleistungen oder auch geografischer Herkünfte in der Branche diskutiert, als ob Marke eine überwindbare Modeerscheinung wäre.

Dieser Beitrag will mit existierenden Vorurteilen und Überzeugungen aufräumen und für eine neue Sichtweise von Marken in der Weinbranche eintreten. Um dies zu erreichen, soll gezeigt werden, welche Bedeutung und welchen Nutzen eine starke Marke hat. Der Beitrag bietet eine Definition für Marken im Weinbereich, da klassische Markenmodelle und -Definitionen hier nur bedingt greifen. Des Weiteren wird auf die Entwicklung und Führung einer Marke im Weinbereich eingegangen. Die Vision einer übergreifenden Markenstruktur für die deutsche Weinwirtschaft wird entwickelt.

6.2 Die Bedeutung von Marken

Die Prägung durch Marken beginnt schon früh. Schon Drei- und Vierjährige sind eng mit Marken und deren Symbolen vertraut. Das Markenlogo von Milka erreicht einen Bekanntheitswert von 68 Prozent; Coca-Cola liegt bei 64 Prozent (Melzer-Lena & Barlovic, 1999). Esch (2004) berichtet von einem Malwettbewerb, bei dem etwa ein Drittel der teilnehmenden bayrischen Kinder die Kühe auf Alpenwiesen lila statt weiß oder braun malte.

Mit dem Alter, aber vor allem mit zunehmender Konsumerfahrung und Einbindung in die Gesellschaft verstärkt sich die Bedeutung von Marken weiter. Marken sind prinzipiell Kommunikationsmittel. Oftmals wird hier zu kurz ausschließlich an die Kommunikation vom Unternehmen zum Konsument gedacht. Bei starken Marken geht es jedoch auch und gerade um die Kommunikation von Konsument zu Konsument. Die Marke erfüllt den Wunsch des Konsumenten nach Identifikation. Sie ermöglicht es ihm oder ihr, sich einer bestimmten Gruppe zugehörig zu fühlen bzw. eigene Einstellungen und Werte öffentlich zu machen.

Auf einer abstrakten Ebene schaffen Marken so Orientierung im Alltag. Für das operative Marketing viel entscheidender ist hingegen die konkrete Orientierung, die Marken am Regal bieten. Konsumenten verlassen sich oft blind auf ihre Marken. Der Mensch lebt nach Gewohnheiten, die Sicherheit geben, Entscheidungsdruck abbauen und damit helfen, das Leben leichter zu machen. Die Marke baut auf diesen Automatismus im Menschen und der Mensch braucht die Marke, um sich das Leben zu erleichtern. Würde jede Kaufentscheidung eine echte Entscheidung voraussehen, wären wir alle heillos überfordert. Wenn ein Kunde am Ort des Verkaufs beim Griff ins Regal nicht mehr nachdenken muss, sondern automatisch mit „gehirnloser Routine" ein markiertes Produkt kauft, dann ist dies der Erfolg der Marke. Bei entsprechend hoher Kontaktfrequenz insbesondere durch werbliche Kommunikation wird die Marke im Kopf verankert, selbst wenn der Konsument diese spezielle Produktgruppe gar nicht oder selten benutzt. Sollte er oder sie dann doch mal ein solches Produkt benötigen, ist die Wahrscheinlichkeit deutlich höher, dass die schon bekannte und unbewusst wiedererkannte Marke gekauft wird. Doch auch bei der bewussten Wahrnehmung spielt die Marke eine entscheidende Rolle. Sie hat für viele Konsumenten räferenzprägende Funktionen, insbesondere bei vergleichbaren und austauschbaren Produkten. Die Ergebnisse von Produktbewertungen unter voller Information, also wenn der Konsument weiß, um welche Marke es sich handelt, stimmen mit denen ohne solche Information, also Blindtests, nur selten überein. Meist wird das Produkt einer bekannten und beliebten Marke wesentlich besser eingeschätzt, wenn die Markenzugehörigkeit zuvor bekannt gemacht wurde, als bei entsprechender Blinddarbietung. Es handelt sich hierbei um einen sogenannten „Halo-Effekt" oder „Heiligenschein-Effekt", der in **Abbildung 6.1** illustriert wird. Durch das gute Image einer Marke werden automatisch auch einzelne Produkteigenschaften besser eingeschätzt. Besonders starke Marken entwickeln sich zum Gattungsnamen. Aspirin als Synonym für Kopfschmerztabletten, Kaba für Trinkkakao, Tempo für Papiertaschentücher usw. Auch in der Weinbranche sind Gattungsnamen nicht unbekannt, auch wenn sie sich oft eher aus der Konsumentenwahrnehmung als aus einer klaren und gewollten Markendefinition heraus ergeben. Ein gutes Beispiel hierfür ist Prosecco. Eigentlich eine Rebsortenbezeichnung, wird der Name beim Konsument eher als Gattungsname für Perlwein jeder Art verwendet. Bezeichnend für das Markenverständnis gerade auch der deutschen Weinbranche ist, dass viele Erzeuger auf diese Wahrnehmung aufgebaut haben und sich gerade so dicht wie erlaubt an den Begriff Prosecco als „Marke" für ihre Perlweine anschmiegten. Letztlich handelt es sich dabei um eine Me-too-Strategie, die kurzfristig zwar Gewinne verspricht, langfristig jedoch der Kernmarke schadet. Es ist wesentlich geschickter und langfristig ertragreicher, eine eigene echte Marke für Perlwein aufzubauen.

Abbildung 6.1 Vergleich der Ergebnisse eines Blindtests mit denen eines offenen Tests – Diet Pepsi vs. Diet Coke
(Quelle: De Chernatony & McDonald, 1992: 9)

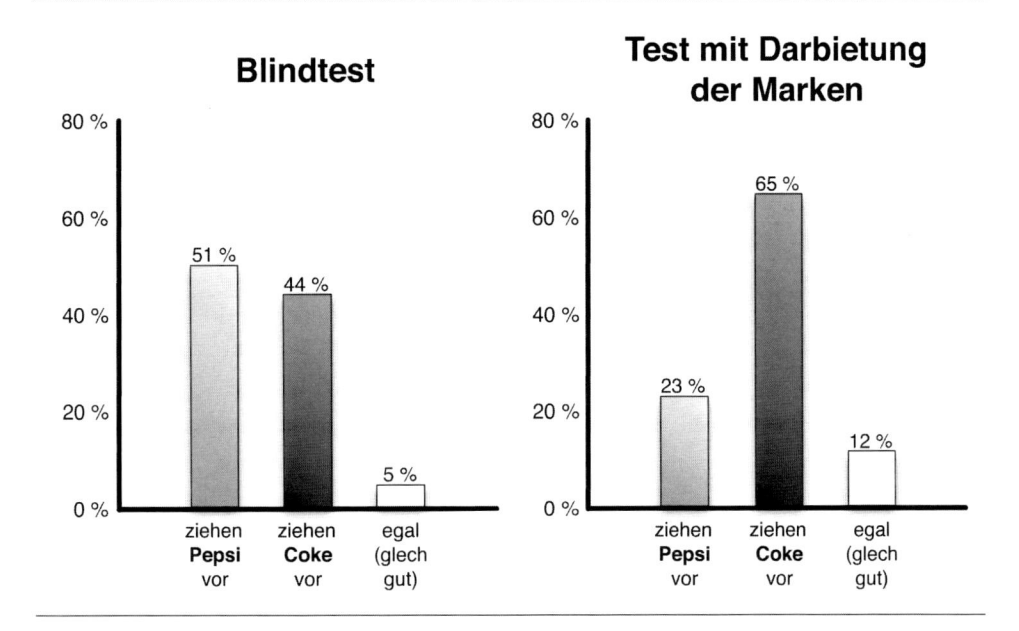

Blindtest
- ziehen **Pepsi** vor: 51 %
- ziehen **Coke** vor: 44 %
- egal (glech gut): 5 %

Test mit Darbietung der Marken
- ziehen **Pepsi** vor: 23 %
- ziehen **Coke** vor: 65 %
- egal (glech gut): 12 %

Neben ihrer Bedeutung als Symbol sowie als Orientierungshilfe für den Konsumenten, haben Marken aber ebenso auch handfeste Auswirkungen auf das Unternehmen und seine Wettbewerbsposition. Eine starke Marke differenziert sich nachhaltig im Wettbewerb und verleiht dem Unternehmen Stärke in der Verhandlung mit Handelspartnern. Bei weltweit bekannten Marken wie Nike oder Coca-Cola drückt sich die Stärke der Marke direkt in der Unternehmensbilanz aus. Bei Nike summiert sich der Wert der Marke auf etwa 90 Prozent des Unternehmenswerts (Scheier & Held, 2008). Coca-Cola gilt gemeinhin als die teuerste Marke der Welt und wird derzeit auf einen Wert von 68 Mrd. US$ geschätzt (Interbrand 2010).

Zusammenfassend schützen starke Marken Unternehmen in zweierlei Hinsicht. Einerseits erhöhen sie deren Verhandlungsmacht bei den Jahresgesprächen mit dem Einzelhandel. Ein Handelsunternehmen ohne starke Marken ist kaum vorstellbar. Sogar Marks & Spencer in Großbritannien hat nach 80 Jahren seine reine Eigenmarkenstrategie aufgegeben und verkauft nun auch Herstellermarken. Darüber hinaus bieten starke Marken beispielsweise eine ideale Plattform für neue Produkte, wie die erfolgreiche Einführung der Sparte Wein unter der bekannten Sektmarke Rotkäppchen gezeigt hat. Starke Marken haben einen größeren Preisspielraum und schützen auch in schwierigen Zeiten, wie bei klimabedingten Schwankungen und bei Überproduktion, vor Preisverfall. Denn nicht allein der Markt macht den Preis, sondern vor allem die Kraft der Marke. Die Bedeutung und die zahlreichen Vorteile von Marken für Konsumenten wie auch für Unternehmen werden demnach in Forschung und Praxis ernst genommen. Es ist nur schwer nachvollziehbar, warum sich die Unternehmen der Weinwirtschaft immer noch so strikt gegen Marken stellen. Dies mag zumindest zum Teil mit einem falschen Verständnis von Marken zusammenhängen. Deshalb wird sich dieser Beitrag nun näher mit der Definition von Marken im Allgemeinen befassen und eine neue Sicht auf Marken in der Weinwirtschaft zur Diskussion stellen.

6.3 Definitionen von Marke

6.3.1 Rechtliche Definition

Bevor man sich eingehender mit Definitionen von Marken aus Sicht der Forschung und des Konsumenten auseinandersetzt, sollte man sich zuerst den rechtlichen Rahmen vor Augen führen. Die juristische Schutzfähigkeit einer Marke ist in der globalisierten Welt von zunehmender Bedeutung. Deshalb ist es unerlässlich zu wissen, was das Recht als Marke anerkennt und was sich schützen lässt. Die heutige Rechtsauffassung von Marken und deren Schutzfähigkeit ist vielschichtig. Das harmonisierte deutsche Markengesetz vom 25.10.1994 und die EU-Gemeinschaftsmarkenverordnung EG Nr. 40/94 vom 20.12.1993 fassen den Begriff der Marke sehr weit. Rechtlich gesehen können als Marke „alle Zeichen, insbesondere Wörter einschließlich Personennamen, Abbildungen, Buchstaben, Zahlen, Hörzeichen, dreidimensionale Gestaltungen einschließlich der Form einer Ware oder ihrer Verpackung sowie sonstiger Aufmachungen einschließlich Farben und Farbzusammenstellungen geschützt werden, die geeignet sind, Waren oder Dienstleistungen eines Unternehmens von denjenigen anderer Unternehmen zu unterscheiden." (Ströbele & Hacker, 2009: § 3 Abs. 1 MarkenG).

6.3.2 Die Definition von Marke aus Sicht der Forschung

Die noch absatzwirtschaftlich geprägte, frühe Markenidee setzte die Marke gleich mit einem physischen Kennzeichen – zumeist ein Schriftzug oder ein Logo –, das die Herkunft des Artikels einwandfrei identifizierbar macht. Ebenfalls waren gleichbleibende oder verbesserte Qualität sowie insbesondere Ubiquität, also Überall-Verfügbarkeit, Teile des ursprünglichen Markenkonzepts (Domizlaff, 1939). Zahlreiche andere Stimmen sprachen sich dafür aus, ebenfalls hochfrequente Verbraucherwerbung mit in die Definition von Marke aufzunehmen. Mit zunehmendem Einfluss des Marketingkonzept in der Forschung wie auch der Wirtschaft hat sich diese enge Definition deutlich geöffnet. Marken werden heute vielmehr über ihre Differenzierungsstärke und ihren Symbolwert definiert. Marken müssen eigenständig sein und das Produkt, das die Marke verkörpert, individualisieren, also vielschichtig von der Konkurrenz abheben. Nichtsdestotrotz sollte man nicht vergessen, dass Marken das Produkt in der Produktkategorie auch homogenisieren müssen. Eine Marke muss immer beweisen, dass sie auch ein echtes Mitglied der Produktgruppe ist (Karmasin, 2004). Speziell für das Produkt Wein scheint der letztgenannte Aspekt von großer Relevanz zu sein. Wein ist kein Getränk wie Coca-Cola, das industriell produziert wird. Für den Verbraucher ist eine gewisse landwirtschaftliche Idealvorstellung prägend, wenn es darum geht zu beurteilen, ob es sich um einen „echten" Wein handelt (Arnold, 2009). Unabhängig von Produktionsmenge und kellerwirtschaftlichen Methoden zeigen Winzer, Weinkellereien und große internationale Produzenten in ihrer werblichen Kommunikation gerne Weinberge und die Weinlese, um diese Natürlichkeit zu unterstreichen und die von Karmasin (2004) betonte Homogenisierung herzustellen. Dieser Idealtypus läuft einem der klassischen Kriterien der Marke, nämlich der Ubiquität zuwider, da diese fast zwangsläufig eine industrie-ähnliche Produktion des Produkts voraussetzt. Beverland (2003, 2004) zeigt, dass Ultra-Premium-Marken in der Weinwirtschaft ebenfalls die Maßgabe der gleichbleibenden Qualität brechen müssen, um anerkannt zu werden. Ein wirklicher, echter und großer Wein lebt gerade von seinen Jahrgangsschwankungen und eben nicht von einem immer gleichen Geschmacksbild. Andererseits sucht der Konsument von niedrigpreisigen Weinen und Weinmarken einen verlässlichen Geschmack, unabhängig von der genannten Idealvorstellung der romantischen und naturbelassenen Weinerzeugung. Doch bevor hier konkreter auf Marken im Weinbereich eingegangen wird, soll zunächst die allgemeine Definition von Marken aus Konsumentensicht näher beleuchtet werden.

6.3.3 Die Definition von Marke aus Sicht der Konsumenten

Um den Einfluss von Marken verstehen zu können, muss man Marke vor allem aus Sicht des Konsumenten betrachten. Eine Marke hat dann Bestand, wenn sie ein positives, relevantes und unverwechselbares Image beim Konsument aufbauen kann, mit dem sich dieser identifiziert und damit seine Werthaltung und seinen Lebensstil zum Ausdruck bringt. Demzufolge ist eine Marke aus Konsumentensicht zutreffend wie folgt beschreibbar: „Marken sind Vorstellungsbilder in den Köpfen der Konsumenten, die eine Identifikations- und Differenzierungsfunktion übernehmen und das Wahlverhalten prägen." (Esch, 2004: 23). Eine Marke hat damit ein Gesicht wie ein Mensch. Marken treten uns also mit ihren Gesichtern gegenüber; mit Bildern, die vom Produkt, der Verpackung, der Kommunikation oder Werbung und von unseren bildlichen Assoziationen geprägt sind. Und genau wie beim Menschen gibt uns das Markengesicht die Möglichkeit, eine Marke zu identifizieren, mit ihr vertraut zu werden, sie wiederzuerkennen und uns an sie zu erinnern. Schaffung eines Markenbildes bedeutet also, ein inneres Bild von der Marke in den Köpfen der Konsumenten zu etablieren. Marken haben Gesichter, Marken haben Persönlichkeit.

Es überrascht also wenig, dass sich auch die Markenforschung psychologischer Erkenntnisse der Persönlichkeitsstruktur bedient. Am bekanntesten unter den Markenpersönlichkeitsansätzen ist der von Aaker (1997). Sie wendet die sogenannten Big Five der Persönlichkeitsmerkmale auf verschiedenste Marken an. Eine Anwendung und ausführlichere Erläuterung dieses Ansatzes findet sich sowohl im Prolog dieses Bandes als auch im Beitrag von Orth zur Verpackungsgestaltung. Aus der Persönlichkeit von Marken ergibt sich, dass Konsumenten ebenfalls Beziehungen zu Marken aufbauen können. Diese Beziehungen können flüchtig, aber natürlich auch lang anhaltend und intensiv sein. Insbesondere interessant und im Weinbereich bisher wenig beachtet sind die Brand Tribes, also die Gruppen von Kunden, die sich am engsten um die Marke scharen, sie zum Kult erheben und sich über die Marke aktiv austauschen. Im Weinbereich kann man solche Brand Tribes auf verschiedenen Ebenen beobachten. Diese reichen von sehr elitären Vereinigungen wie der „Confrérie des Chevaliers du Tastevin", einer Bruderschaft, die sich den Weinen des Burgund verschrieben hat, bis zu den Mitgliedern des weingut-eigenen Wein-Clubs oder auch der Facebook-Fangemeinde eines Weins oder eines Weinguts. Trotz des unterschiedlichen Grades an Organisation und Nähe zur Marke haben diese Konsumenten einen ganz besonderen Einfluss auf die Marke. Sie formen einerseits durch die Organisation ihrer Gruppe, andererseits aber auch durch ihre konkreten Taten das Bild der Marke mit. „Normale" Konsumenten nehmen, wenn auch in geringerem Ausmaß, ebenfalls an der so genannten Co-Kreation des Markenbildes teil. Speziell im Weinbereich sollte der Einfluss dieser Co-Kreation nicht unterschätzt werden. Es wird zur Marke, was der Konsument zur Marke macht. Viele Konsumenten verstehen z.B. Pinot Grigio nicht als Rebsorte, sondern vielmehr als Marke. Ähnlich verhält es sich mit dem schon zuvor genannten Prosecco.

6.3.4 Die Definition von Marke in der Weinwirtschaft

Wie aus den beiden letzten Abschnitten zu erkennen ist, bewegen sich Marken in der Weinwirtschaft oft weit jenseits der klassischen und selbst der modernen Definition von Marke. Erstens hängt die Wahrnehmung der einzelnen Marke deutlich stärker als bei anderen Produkten von der Wahrnehmung der Region und des Landes ab. Darüber hinaus kann nicht ganz klar sein, was genau der Konsument als die Marke wahrnimmt. Es kann die tatsächliche Marke, also der Name des Weinguts oder des Weins sein, aber ebenso die Rebsorte, die Region oder die Weinart. Aus der formellen Perspektive heraus betrachtet ist interessant, dass Aspekte der heute gängigen Markendefinition entweder nicht erfüllt werden können oder ihre Erfüllung sogar dem Ansehen der Marke schadet. Doch wie kann man Marken für die Weinwirtschaft sinnvoll definieren?

Bisher herrscht eine äußerst begrenzte, negativ geprägte Definition von Marken in der Weinbranche vor. Kennzeichnend für diese Definition ist ein jahrgangsunabhängiges Geschmacksprofil, das möglichst viele Konsumenten ansprechen und auf die allermeisten Konsumgelegenheiten anwendbar sein soll. Bezeichnend für diese Weine sind Rückenetikettentexte wie zum Beispiel „Passt zu hellem und dunklem Fleisch, Fisch, Pasta und Pizza sowie als Begleiter in geselliger Runde." Seltener sind gemeinhin als Markenweine verstandene Produkte konkret auf eine bestimmte Zielgruppe oder Gelegenheit maßgeschneidert. Man kann hier zum Beispiel an spezielle Spargelweine oder auch Weine für das Grillen mit Freunden denken. Brancheninsider und Weinkenner bezeichnen solche Weine gerne als „Coca-Cola"-Weine. Im Gegensatz zu den allermeisten anderen Produktkategorien sind Weine, die dieser fast schon dogmatischen Idee von Markenwein entsprechen, im unteren Preissegment zu finden. Insofern unterscheidet sich die Weinwirtschaft von den meisten anderen Produktkategorien, in denen Markenprodukte zumeist im mittleren bis oberen Preissegment angesiedelt sind.

Wie zuvor gezeigt, geht es bei Marke in erster Linie darum, einem Produkt Identität zu verleihen. Diese Zielsetzung ist unabhängig vom Preis oder der Ausbreitung des Weins. Der Konsument muss den Wein eindeutig erkennen und eine Bindung mit ihm eingehen können. Für die Definition von Marken in der Weinwirtschaft muss man sich also zuvorderst die Zielrichtung des Weingutes bzw. des Produktes vergegenwärtigen. Die Definition von Marke muss sich ebenfalls an dieser Zielrichtung orientieren. Marken können zwar nach zahlreichen Aspekten ausgerichtet werden, es sollen an dieser Stelle aber nur die klar abgrenzbaren Endpunkte eines möglichen Kontinuums, nämlich Standard-Wein-Marken und Luxus-Wein-Marken, besprochen werden. Marken, die sich zwischen diesen Extremen positionieren, müssen sich trotzdem tendenziell in die eine oder andere Richtung orientieren um erfolgreich zu sein. Insofern sind die hier zur Diskussion gestellten Definitionen auch für solche Marken von Belang, die nicht direkt in eines der beiden grob abgegrenzten Felder fallen.

> Definition von Standard-Wein-Marken
>
> Als Standard-Wein-Marken können Markenweine beschrieben werden, die sich im unteren bis mittleren Preissegment bewegen und im Lebensmitteleinzelhandel, in Weinhandels- oder Restaurantketten verkauft werden. Der Name, das Logo und die Bilder, mit denen die Marke kommuniziert wird, übernehmen maßgeblich die identitätsstiftende Funktion. Ebenso zeichnen sich diese Marken durch ein gleich bleibendes Geschmacksbild mit geringen bis keinen Jahrgangsschwankungen aus.
>
> Definition von Luxus-Wein-Marken
>
> Als Luxus-Wein-Marken können Markenweine beschrieben werden, die sich im gehobenen und sehr hohen Preissegment bewegen und hauptsächlich direkt durch das Weingut vertrieben werden, entweder über den Verkaufsraum oder über Subskriptionslisten. Sie sind u. U. ebenfalls in der höchsten Liga der Weinfachgeschäfte oder Gastronomie zu finden. Die Seltenheit und die Schwierigkeit, sie zu erwerben, zeichnen diese Marken aus. Die Identität von Luxus-Wein-Marken ist deutlich weniger abhängig vom Namen des Weins oder des Weinguts. Sie geht vielmehr von der Geschichte des Weingutes, der Authentizität des Weins und nicht zuletzt von der Persönlichkeit des Schöpfers des Weines aus. Die persönliche Erfahrung des Konsumenten beim Einkauf hat einen großen Anteil an der Markenidentität. Ebenso leben diese Marken von einem ausgeprägten, charakteristischen Geschmacksbild, das bewusst die Gegebenheiten des speziellen Jahrgangs sowie des Terroirs widerspiegelt.

Die konkrete Ausgestaltung der Markenidentität hängt selbstverständlich von der grundsätzlichen Marketing-Strategie des Weingutes, der Genossenschaft oder der Kellerei ab. Der folgende Abschnitt beschäftigt sich näher mit der Markenidentität sowie der Entwicklung und Führung von Weinmarken.

6.4 Von der Markenidentität über die Positionierung zum Markenimage

Wie entsteht eine Marke? In der Theorie beginnt die Entstehung einer Marke mit einer langfristigen strategischen Vision, die zu einer einheitlichen Positionierung führt und durch die Marke kommuniziert wird. Beispiele wie das Palliser-Weingut in Neuseeland zeigen, dass ein strategiegesteuertes Konzept durchaus als Best-Practice-Modell angesehen werden kann. Die Führung des Weingutes trat mit der klaren Zielsetzung an, den besten Pinot Noir der Welt zu produzieren und es wurde alles dafür getan, dieses Ziel zu erreichen. Dieser produktorientierten Strategie stellte man bei Palliser jedoch von Anfang auch die passende Marke und Markenführung an die Seite. Da für ausgedehnte Marketingkampagnen nicht genügend Finanzmittel vorhanden waren, baute man auf positive Bewertungen von Weinkritikern oder den Gewinn von Medaillen. Darüber hinaus wurden starke Co-Branding-Partner gefunden (z.B. Airlines oder Großveranstaltungen wie Wimbledon) und Marketinginitiativen mit anderen Weingütern aus der gleichen Region in Neuseeland gestartet (Beverland & Lockshin, 2005).

In der Realität entstehen die allermeisten Marken aber eher unbewusst. Denn obwohl sich Weingüter und Genossenschaft oft und gerne gegen „Markenweine" stellen, schaffen sie doch mit jeder Benennung, egal ob es um den gesamten Betrieb, eine Weinlinie oder einen einzelnen Wein geht, eine Marke. Es verhält sich hier ähnlich wie bei der Werbung: Man kann nicht nicht wirken (Watzlawick, Bavelas, & Jackson, 1969). Ebenso gut kann man keinen Wein kennzeichnen, ohne damit zumindest implizit eine Marke zu schaffen. Die Frage ist also weniger, ob man Markenweine in seinem Portfolio haben möchte, sondern vielmehr, ob man sich aktiv um diese kümmern möchte. Konkret bedeutet das, das Bild der Marke aktiv zu steuern, anstatt die Konsumentenwahrnehmung eher zum Teil zufälligen Umweltbedingungen zu überlassen. Genau hier setzen die folgenden Punkte an. Sie sollen aufzeigen, wie man neue Marken entwickelt und wie man den Marken, die man implizit führt, am besten zum Erfolg verhilft.

Unabhängig davon, ob man nun eine neue Marke entwickelt oder aber eine bestehende Marke führt, die Grundlage ist immer die Markenidentität,lso die Positionierung, die das Unternehmen der Marke durch ihren Namen, ihr Logo, das werbliche und kommunikative Umfeld und nicht zuletzt das Auftreten des Service-Personals verleiht. Während man bei einer neuen Marke die Positionierung innerhalb der Positionierung des Unternehmens relativ frei wählen kann, sollte man bei der Fortführung bzw. Umgestaltung einer bestehenden Marke immer zuerst herausfinden, was der Konsument von der Marke denkt, also wie die Marke wahrgenommen wird. Eine Positionierungsstrategie, die zu weit von der bestehenden Wahrnehmung entfernt ist, kann nicht funktionieren. Konsumenten müssen behutsam von einer bestehenden Wahrnehmung zu der angestrebten Positionierung hingeführt werden. Die Positionierungseigenschaften müssen dabei den Bedürfnissen der Konsumenten entsprechen und sich so von der Konkurrenz unterscheiden, dass der Konsument ein eigenständiges und unverwechselbares Profil von der Marke gewinnt. Es zählt also die Unique Selling Proposition (USP), in der Konsumenten die für ihr Kaufverhalten relevanten Eigenschaften wiederfinden müssen. Ausschlaggebend ist also zum Teil die subjektive Wahrnehmung des Konsumenten. Sie wird auch Markenimage genannt.

Während die Markenidentität also das Selbstbild einer Marke darstellt, das aktiv vom Unternehmen gestaltet werden kann, ist das Markenimage das Fremdbild, bei welchem die Marke mit den Augen der relevanten Zielgruppen betrachtet wird. Das Markenimage hängt demnach direkt von der Co-Kreation der Konsumenten ab. Die Basis für diese Co-Kreation schafft jedoch immer der Marketing-Mix des Unternehmens. Das Markenimage ist dabei wesentlich detailreicher und ausgedehnter als die Markenidentität. Man ist deshalb gut beraten, das Markenimage, also das, was die Konsumenten aus den Signalen des Unternehmens machen, immer im Auge zu behalten. Um sich strukturierte Gedanken zu den entscheidenden Merkmalen einer Marke machen zu können, eignen sich sogenannte Markensteuerräder sehr gut. Grundsätzlich ähneln sich diese Steuerräder unabhängig vom Autor. Zumeist wird die Unterscheidung zwischen einer Seite der Außen-Orientierung und einer Seite der Innen-Orientierung getroffen. An dieser Stelle soll das ICON-Markensteuerrad näher betrachtet werden, da es sich hier um ein weithin akzeptiertes und einfach anwendbares Modell handelt.

Abbildung 6.2   ICON Markensteuerrad (Quelle: Esch, 2004: S: 96)

Die Kompetenz der Marke bezieht sich auf den Kern der Marke. Wie alt ist die Marke? Was ist ihre Geschichte? Was ist ihre Herkunft? Innerhalb der hier aufgezeigten Definitionen ist bei der Standard-Wein-Marke darauf zu achten, von Anfang an eine schlüssige Positionierung der Marke zu entwickeln. Bei existierenden Marken in diesem Segment ist die bisherige Positionierung und insbesondere die vorhandene Kundenwahrnehmung zu beachten. Für Luxus-Wein-Marken kommt es noch entscheidender auf die Kompetenz an, da sich diese gerade für Ultra-Premium-Wein zu großen Teilen aus der Geschichte, der Erfahrung und der Herkunft des Weingutes ergibt. Der Markennutzen zeigt dem Konsumenten konkrete An- und Verwendungsmöglichkeiten auf. Im Weinbereich können dies für Standard-Wein-Marken vor allem emotionale Inhalte sein, aber ebenso anlassbezogene Ausrichtungen der Marke, beispielsweise als Spargelwein. Bei Luxus-Wein-Marken sollten hier der Statusnutzen sowie der Genuss des Trinkens im Vordergrund stehen. Für die Innen-Orientierung zählen Marken-Tonalität und Marken-Bild. Die Marken-Tonalität spiegelt den Kern der Emotionen der Marke wieder. Sowohl für Standard-Wein-Marken als auch für Luxus-Wein-Marken sind Emotionen von zentraler Bedeutung. Bei ersteren stehen jedoch klar Spaß und gelebte Lebensfreude im Vordergrund, während der Luxuseindruck vor allem durch Distinguiertheit und Authentizität entsteht. Zum Marken-Bild zählen alle sichtbaren Eindrücke, die die Marke hinterlässt. Das Kommunizierte muss immer im Einklang mit den anderen Teilen des Steuerrads sein. Von besonderer Bedeutung sind hierbei der **Markenname** und das **Markenlogo**. Sie prägen den Auftritt der Marke nachhaltig. Esch (2005) befasst sich genauer mit diesen beiden Punkten. Insbesondere stellt er heraus, dass Markennamen sich eindeutig von der Konkurrenz abheben müssen. Sie müssen eigenständig sein. Merkfähigkeit, juristische Schutzfähigkeit und sprachlich-kulturelle Eignung müssen ebenso gegeben sein. Dem Markenlogo kommt für die Merkfähigkeit besondere Bedeutung zu, da der visuelle Eindruck nachhaltig die Erinnerung unterstützt und die Wiedererkennung erleichtert. Beide Elemente der Marke müssen sorgfältig aufeinander sowie auf die angestrebte Positionierung abgestimmt werden. In der Weinbranche liegt hier noch viel Potenzial. Zu oft wird noch auf eher generische Bildinhalte und Namen zurückgegriffen, die nur wenig Differenzierungspotenzial tragen.

6.5 Fazit

Der Beitrag hat einen Definitionsrahmen für Marken im Weinbereich eröffnet und zur Diskussion gestellt. Es wurden Anleitungen zur Markengestaltung und -Führung gegeben. Zum Schluss soll nun noch eine übergreifende Vision von Marke in der Weinwirtschaft aufgestellt werden.

Marken sind auch für die Weinbranche entscheidend, das zeigen nicht zuletzt die starken Marken der Champagnerhäuser. Diese sind weltbekannt, erzielen hohe Margen und erzeugen Druck auf den Handel. Doch es wäre falsch, Marken im Weinbereich nur auf die großen Erzeuger und Handelsketten zu reduzieren. Gerade auch die kleinen und mittleren Betriebe profitieren ungemein von dem neuen Markenverständnis, für das hier Partei ergriffen wurde. Gerade für diese Unternehmen ist es aber nicht nur ihre eigene Marke, die zählt, sondern auch der Markenauftritt ihrer Region und international gesehen die des Herkunftslandes. Insofern gilt es für eine gemeinsame deutsche Weinmarkenstrategie einzutreten, die sich durch alle Regionen zieht und vom einzelnen Winzer aufgegriffen werden kann. Ausgehend von Markenmodellen bildet das Land dabei die so genannte Dachmarke, an der sich der Rest orientiert. Auf der nächsten Ebene folgt der einheitliche Auftritt der Region, in den sich der Winzer mit seinen Marken einbettet. Sicherlich verlangt ein solches Modell Kompromisse. Aber nur so kann der Erfolg deutschen Weines auch international gesichert werden!

Abbildung 6.3 Wein-Marken-Vision für Deutschland

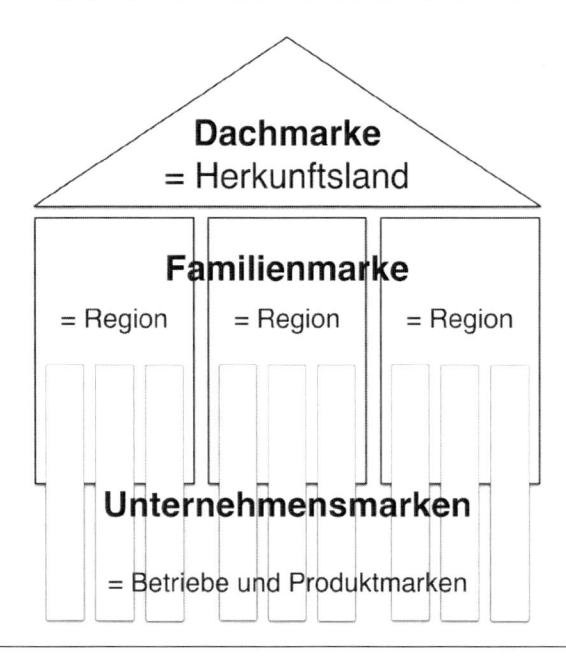

Dachmarke
= Herkunftsland

Familienmarke
= Region   = Region   = Region

Unternehmensmarken
= Betriebe und Produktmarken

Literatur

[1] Aaker, J. L. (1997). Dimensions of Brand Personality. *Journal of Marketing Research, 34*(3), 347-356.
[2] Arnold, R. C. G. (2009). *How a Good Wine should look – Wine Packaging Design Perceptions of Low and High Involvement Consumers.* Paper presented at the Bacchus Goes Green – Interdisciplinary Conference.
[3] Beverland, M. (2003). *Building Icon Wine Brands Exploring the Systemic Nature of Luxury Wines.* Paper presented at the International Colloquium in Wine Marketing. from http://www.unisa.edu.au/winemarketing/conferences/docs/File007.pdf
[4] Beverland, M. (2004). Uncovering "theories-in-use": building luxury wine brands. *European Journal of Marketing, 38*(3-4), 446-466.
[5] Beverland, M., & Lockshin, L. (2005). Crafting a Niche in a Crowded Market: The Case of Palliser Estate Wines of Martinsborough (New Zealand). In T. Dalgic (Ed.), *Handbook of Niche Marketing – Principles and Practice* (pp. 159-190). Binghampton: Haworth Press.
[6] Domizlaff, H. (1939). *Die Gewinnung des √ðffentlichen Vertrauens : ein Lehrbuch der Markentechnik.* Hamburg [u.a.]: Hanseatische Verlagsanst.
[7] Esch, F.-R. (2004). *Strategie und Technik der Markenführung.* München: Vahlen.
[8] Esch, F.-R. (2005). *Moderne Markenführung – Grundlagen, Innovative Ansätze, Praktische Umsetzung.* Wiesbaden: Gabler.
[9] Karmasin, H. (2004). *Produkte als Botschaften.* Frankfurt; Wien: Wirtschaftsverlag Carl Ueberreuter.
[10] Melzer-Lena, B., & Barlovic, I. (1999). Starke Jugendmarken leben ihre eigene Welt vor. *Markenartikel, 61*(5), 24-35.
[11] Scheier, C., & Held, D. (2008). *Was Marken erfolgreich macht – Neuropsychologie in der Markenführung.* München: Haufe-Lexware.
[12] Ströbele, P., & Hacker, D. (2009). *Markengesetz: Kommentar.* Köln: Heymanns.
[13] Watzlawick, P., Bavelas, J. B., & Jackson, D. D. (1969). *Menschliche Kommunikation – Formen, Störungen, Paradoxien.* Bern Huber.

7 Weinmarken der Alten und der Neuen Welt – Drei Fallstudien

Prof. Dr. Pierre Mora, Bordeaux Ecole de Management

Inhalt

7.1	Die Effizienz von Weinmarken	163
7.1.1	Drei große Chancen für Weinmarken	163
7.1.2	Standardisierung oder Differenzierung?	165
7.1.3	Ein neuer Weg zur Marke	168
7.2	Drei Fallstudien	169
7.2.1	Yellow Tail	169
7.2.1.1	Die Ursprünge aus einer Familie heraus	169
7.2.1.2	Präzise Markt-Segmentierung	170
7.2.1.3	Verbindungen zu wichtigen Distributeuren	170
7.2.2	Concha y Toro (Chile)	171
7.2.2.1	Gründe für diesen Erfolg	172
7.2.2.2	Ein erfolgreicher Marketing-Mix	173
7.2.3	Mouton Cadet (Frankreich)	174
7.2.3.1	Vorhandene Markenbekanntheit	174
7.2.3.2	Mouton Cadets Expansion	175
7.2.3.3	Marktforschung	175
7.2.3.4	Die Stützpfeiler des Marketing Mixes	176
7.2.3.5	Partnerschaften mit etablierten lokalen Operatoren	177
7.3	Die Zukunft der Markenweine	177
	Literatur	178

7.1 Die Effizienz von Weinmarken

Sind Marken ein effizientes Mittel um Wein zu verkaufen? Diese Frage mag merkwürdig erscheinen in einer Zeit, in der Markenprodukte das internationale Gesicht des Handels prägen. Jedoch muss festgestellt werden, dass eine Weinmarke sehr spezielle Eigenschaften hat, die aus der Natur des Produkts hervorgehen. Abhängig vom Markt und dem Wissen des Konsumenten können Weinmarken den Kaufentscheidungsprozess unterschiedlich beeinflussen. Traditionell setzt man Marken mit Qualität, vor allem konsistenter Qualität bei einem gegebenen Preis gleich. Die Effizienz von Weinmarken ist aber unter Beschuss geraten, speziell in Ländern, die die eben genannten Funktionen durch strenge Appellationsrichtlinien (z.B. AOC in Frankreich) erfüllen.

Der vorliegende Artikel beginnt mit einem Blick auf die traditionellen Beiträge und Limitationen des Markenansatzes für Unternehmen wie für Konsumenten, bevor er theoretische Grundlagen anhand von drei ausgesuchten Fallbeispielen diskutiert.

7.1.1 Drei große Chancen für Weinmarken

Bevor man sich mit dem Kern der Marke und ihrem Stellenwert für Wein auseinandersetzt, ist es wichtig, eine häufig geäußerte Behauptung zu überprüfen, nämlich dass die Zukunft der Weinindustrie in der Globalisierung zu suchen ist. Yoram Wind und Susan Douglas, zwei Forscher an der Wharton Universität in Pennsylvania und der Universität von New York und somit aus dem Mutterland der Globalisierung, den USA, haben eine kritische Analyse der Grenzen des Phänomens Globalisierung durchgeführt. Die meisten Studien in diesem Gebiet betonen, wie Globalisierung Unternehmen und Konsumenten hilft. Erstere profitieren von verbesserter Logistik, Zugriff auf größere Märkte, mehr Profitabilität, kommerziellen Synergien und der Möglichkeit, sich auf ganz bestimmte, weitgehend homogene Märkte zu konzentrieren. Konsumenten andererseits haben einfacheren Zugriff auf viele neue Produkte. Durch den Einfluss eines internationalen Medienapparats werden ihr Lebensstil, Wertesystem und Verhalten beeinflusst. Konsumenten erwarten Produkte, die von weit her kommen und ihnen das Gefühl der Zugehörigkeit zu einer neuen, internationalen sozialen Schicht vermitteln, einer Schicht, die sich lossagt von nationalen Abhängigkeiten. Heute bedeutet jung sein, sich einer gleichaltrigen Person auf der anderen Seite der Welt näher zu fühlen als dem eigenen Nachbarn, der vielleicht nur zehn Jahre älter ist.

In den 1980er Jahren spezifizierte Theodore Levitt zusammen mit Saatchi und Saatchi (einer führenden Werbeagentur) die Notwendigkeit des Etablierens von globalen Produkten und Marken. Wahrscheinlich basierte diese Ausrichtung auf erfolgreichen Beispielen der Zeit, wie Coca-Cola, Lvi-Strauss oder Marlboro, die zeigten, dass dies der richtige Weg war. Andere Autoren und Forscher stimmten mit dieser Meinung überein, solange die Marketingstrategien sich der jeweiligen lokalen Struktur anpassten. Wind und Douglas schränken die Allgemeingültigkeit der Gleichung „Globalisierung = positiv" ein. Sie betrachteten hierzu hauptsächlich drei relevante Dimensionen:

Die Homogenisierung von globalen Bedürfnissen

Nicht alle Marktbereiche sind vergleichbar. Während manche Produktkategorien einen relativ hohen Grad an globaler Vereinheitlichung aufweisen, wie z.B. Automobile, Textilien und Tourismus, entziehen sich andere der Standardisierung.

Den Autoren Wind und Douglas zufolge ist dies z.B. der Fall bei bestimmten Sportarten, kulinarischen Vorlieben, literarischen Geschmäckern und Architektur. Hinzu kommen Faktoren wie Natur, Kultur, Geschichte und lokale Marktstrukturen. Standardisierte Produkte durchdringen Märkte weniger leicht und sind deshalb für Unternehmen weniger profitabel. Wein muss in diese letztere Kategorie von Produkten gezählt werden. Selbst in einer Zeit, in der man sich auf „easy to drink"-Weine konzentriert, also Weine, die sich ausschließlich durch die verwendete Rebsorte oder ihren international bekannten Namen und den damit verbundenen Geschmack (z.B. fruchtig oder holzig) definieren, so ist doch klar, dass mit steigendem Wissen der Konsumenten auch die Lust auf neue Erfahrungen und die Experimentierfreude steigen. Man weiß sehr genau, was einen erwartet, wenn man eine Dose Cola öffnet. Für Wein trifft dies jedoch nicht zu. Jede Flasche kann verschieden sein. Maßgeblich hierfür ist nicht zuletzt die wetterabhängige Jahrgangsschwankung. Somit ist es für Wein nicht möglich, exakt dieselbe zuverlässige Qualität und ein identisches Geschmacksbild zu bieten, wie man es von internationalen repräsentativen Marken in anderen Bereichen gewohnt ist.

Die universelle Präferenz für niedrige Preise (solange ein Mindestmaß an Qualität gewährleistet bleibt)

Diese Idee, die es immer noch empirisch zu beweisen gilt, musste lange als Begründung für das unternehmerische Streben nach Globalisierung, gesteigerter Produktivität und letztlich preislicher Konkurrenzfähigkeit herhalten. Obwohl ein niedrigerer Preis bei gleich bleibendem Nutzen einen offensichtlichen Vorteil für den Konsumenten bringt, entziehen sich einige Sektoren dieser Logik. Zuvorderst ist hier der Luxussektor zu nennen, bei dem es mehr um Image als um Preise geht. Eine andere Logik ist ebenfalls im Spiel, wenn es um neue Technologien oder einige Bereiche der Agrarwirtschaft, z.B. um landestypische Spezialitäten geht. Ein niedriger Preis passt ganz eindeutig nicht zu edlen Grand Cru-Weinen. In der Tat sehen nur wenige Beobachter einen Nachteil in den oftmals höheren Preisen, die für französischen Wein im Vergleich zu den Weinen anderer Länder aufgerufen werden, insbesondere wenn sich der zu zahlende Zuschlag hauptsächlich aus dem Bekanntheitsgrad französischer Weine erklärt. In der Tat könnte eine zu aggressive Preispositionierung zu Problemen führen, denn vor allem für wenig bewanderte Konsumenten ist ein mittlerer oder niedriger Preis zumindest für (Luxus-)Lebensmittel immer noch gleichbedeutend mit niedriger Qualität. Diese Dissonanz beeinflusst Konsumenten stark in ihrem Einkaufsverhalten.

Economies of Scale in den Bereichen Produktion und Marketing:

Internationalisierungsstrategien basieren oftmals auf der Hoffnung auf größere Märkte, die es leichter machen, Kosten zu decken. Weinmarken stellen hier keine Ausnahme dar. Aufgrund der Struktur der Weinbranche könnte eine solche Strategie von besonders großem Vorteil sein. Die Branche ist fragmentiert wie nur wenige andere vergleichbare Sektoren. Für Wein, der zu großen Teilen von seiner Herkunft lebt, bedeutet das Rennen um immer mehr Produktionskapazität jedoch einen direkten Effekt auf die Identität des Produkts. Des Weiteren wird die offensichtliche Verlockung, die international aufgestellte Marketingbudgets und Markenportfolios bieten, durch die landesspezifischen Regularien teilweise zunichte gemacht. Selbst in Ländern mit traditionell bedeutender Weinkultur, wie z.B. Frankreich, werden die Kommunikationsmöglichkeiten für alkoholische Getränke stark eingeschränkt. Eine international völlig standardisierte Marketingrichtlinie für eine bestimmte Weinmarke scheint somit in den meisten lokalen Märkten utopisch zu sein. Die Idee der Economies of Scale ist somit im Weinbereich nur bedingt nutzbar, da man einerseits die Identität des Produkts wahren und andererseits die Kommunikationsmaßnahmen auf die jeweilige Landessituation anpassen muss.

7.1.2 Standardisierung oder Differenzierung?

Wind und Douglas kamen somit zu der Schlussfolgerung, dass es keine generellen Regeln für die Globalisierung gibt. Stattdessen geben sie dem Marketingverantwortlichen insgesamt acht Produktmarketing-Variablen an die Hand, die es bei allen Globalisierungsmaßnahmen zu beachten gilt.

Positionierung

Die Positionierung eines Unternehmens kann nur im Vergleich zur direkten Konkurrenz analysiert werden und bezeichnet die Position, die ein Unternehmen oder eine Marke relativ zu den Mitbewerbern innehält oder anstrebt. Folgt eine Firma dem Extrem der totalen Standardisierung, so muss auch die Positionierung international einheitlich gewählt werden. Beim Wein ist dies nicht so einfach. Als Beispiel kann man hier den Bordeaux Supérieur heranziehen, der in Frankreich als eine eher generische Appellation positioniert ist, in anderen Ländern aber als Top-of-the-Range-Wein angepriesen wird, was eine andere Preisskala impliziert.

Produkt

Das Produkt definiert sich als ein Bündel von intrinsischen und extrinsischen Komponenten, das der Käufer im Austausch gegen (zumeist) finanzielle Mittel erwirbt. Handelt es sich um ein Industrieprodukt, so kann sichergestellt werden, dass diese Komponenten immer exakt die gleichen sind, und sei es nur aus Sicherheits- oder Garantiegründen. Diese zweite Variable ist jedoch ebenfalls nur bedingt auf Wein anwendbar. Einerseits müssen die schon erwähnten Jahrgangs- und Produktionsschwankungen betrachtet werden. Andererseits müssen Weine, um international erfolgreich zu sein, oftmals an das Geschmacksbild des jeweiligen Exportlandes angepasst werden. So kann und wird beispielsweise i.d.R. der Eichenholzanteil eines Weins vor dem Export manipuliert.

Marke

Ein Unternehmen legt großen Wert darauf, alle visuellen Elemente sowie Werbeslogans in Einklang zu bringen. Dies ist auch der Fall für Weinmarken, die in verschiedenen Ländern verkauft werden und die gleiche Ausstattung verwenden. Die besten Beispiele für eine solche, relativ starke Standardisierung von Marketingkommunikation stammen wohl aus der Neuen Welt. Betrachtet man nun die Marktanteile dieser Markenweine in den einzelnen Ländern, so fällt auf, dass der Erfolg dieser Marken insbesondere in Europa stark schwankt. Hier drängt sich nun die Frage auf, ob eine weltweit standardisierte Markenstrategie wirklich zielführend sein kann. Zumindest für den anglophonen und asiatischen Raum kann diese Frage mit Ja beantwortet werden, denn was alle diese Länder gemeinsam haben, ist ihr Mangel an verbreitetem Weinwissen in der Bevölkerung. Sollte diese Annahme der Realität entsprechen, könnte die positive Entwicklung von Markenweinen in diesen Ländern in erster Linie als Zeichen für noch unreife Märkte gewertet werden. Markenweine könnten demnach mit steigendem Weinwissen der Bevölkerung langfristig an Bedeutung verlieren.

Verpackungsgestaltung/Ausstattung

Die Verpackung formt einen großen Teil der Beziehung des Konsumenten zum Produkt. Das Produkt selbst wird in den seltensten Fällen vor dem Kauf direkt gesehen oder berührt. Dies gilt für Wein genauso wie für andere Produkte. Die Verpackung erhält somit gesteigerte Bedeutung. Sie übermittelt das Image der Marke/der Firma/des Weinguts, informiert den Käufer und macht Werbung für das Produkt. Standardweinflaschen mit 75cl waren lange die Norm. Dies beginnt sich jedoch zu ändern, heutzutage gibt es Verpackungen in allen möglichen Arten, Kleinstflaschen (187ml), Bag in Box (BIB) oder auch Metalldosen, um nur einige zu nennen. Auch bei den Verschlüssen hat sich einiges getan, traditionelle Naturkorken werden zusehends durch synthetische Korken, Schraub- oder Glasverschlüsse ersetzt. Dies erlaubt eine neue Vielfalt im Regal. Hinzu kommt noch die Debatte über verschiedene Möglichkeiten des Etikettendesigns. Etiketten waren jedoch schon immer stark unterschiedlich, vor allem im internationalen Kontext, wo verschiedene Gesetze oftmals unterschiedliche Etikettendesigns notwendig machen. Zusammenfassend scheint der Trend bei Verpackungen also eher in Richtung (internationale) Differenzierung als in Richtung Standardisierung zu gehen.

Preis

Einige halten gleiche Preise in allen Märkten für durchsetzbar. Diese Auffassung kann aber nicht auf die Weinbranche angewendet werden. Französische Produzenten beobachten, dass ihre Produkte in Auslandsmärkten bis zum dreifachen des heimischen Preises kosten. Steuern, Transportkosten und Zwischenhändler führen zu diesen Preiserhöhungen. Eine Strategie der lokalen Positionierung (also die erste Strategie, die von Wind und Douglas propagiert wird) würde hier ein deutlich geschickteres Vorgehen voraussetzen.

Werbung und Public Relations

Generell wird die Agrarwirtschaft inklusive der Weinwirtschaft von starken kulturellen Unterschieden geprägt. Es gibt keinen international einheitlichen Geschmack, was die meisten Sponsoren in diesem Bereich dazu bringt, ihre Werbebudgets lokal zu verteilen. Wieder einmal weicht hier der britische Markt eindeutig vom Rest Europas ab. In Großbritannien sind nicht zuletzt durch die Kraft der internationalen Marken nationale Werbekampagnen auch für Wein eher die Regel als die Ausnahme. Werbung für französischen Wein (aber auch für andere europäische Herkunftsländer) wird oft nur auf der Verbundebene durchgeführt, d.h. für eine bestimmte Appellation, eine Region oder gleich das ganze Land und nicht nur für eine bestimmte Firma oder eine ganz bestimmte Weinmarke. Hinzu kommt, dass Werbung und Public Relations bisher nur bedingt von europäischen Wettbewerbern genutzt werden. Nur ein oder zwei französische Produzenten sind groß genug, um eigene Kampagnen aufstellen zu können und im internationalen Wettbewerb mitzuhalten. Champagner besitzt in dieser Beziehung natürlich eine Sonderstellung.

VKF-Maßnahmen

Kurzfristige Preissenkungen oder andere Aktionen, die den Verkauf kurzfristig antreiben sollen, sind in Frankreich sehr gut angenommen worden. Besonders auffällig sind hier die sogenannten Weinmessen, die im Handel zumeist im Herbst durchgeführt werden. Außerhalb von Frankreich scheinen sich diese Aktionen auf Weine aus Australien und Südafrika zu konzentrieren. Bedenkt man die gesteigerte Marktmacht der Supermarktketten, lässt sich jedoch nicht eindeutig klären, inwiefern dieser Umstand die Theorie einheitlicher internationaler VKF-Maßnahmen untermauert oder eher widerlegt. In den meisten sind die Lieferanten eher gezwungen, an solchen Aktionen teilzunehmen, als dass sie es aus freiem Willen heraus beförderten.

Distribution

Der Vertrieb von Wein wird über verschiedene Online- bzw. traditionelle Kanäle gestaltet. Die Distribution unterscheidet sich stark in ihrem Erfolg und den Marketingmaßnahmen, die ergriffen werden bzw. gestattet sind. In Kontinentaleuropa sind die Unterschiede weniger extrem als zum Beispiel in Skandinavien, wo der Handel mit Wein durch ein staatliches Monopol kontrolliert wird. In vielen Teilen Asiens existieren bisher nur schlecht oder gar nicht etablierte Distributionsnetzwerke. Global gesehen sind in diesen Bereichen lokale Distributeure deutlich im Vorteil gegenüber internationalen, also zumeist ausländischen, Produzenten, was zwangsläufig zu sehr unterschiedlichen Beziehungen zwischen Handel und Produzenten führt. Standardisierung wird so erschwert.

Zusammenfassend bleibt festzuhalten, dass Wind und Douglas' Acht-Punkte-Matrix größtenteils der Idee von (totaler) Standardisierung in der Weinbranche widerspricht. Die dargestellten Unterschiede und Beschränkungen, die sich in den einzelnen landesspezifischen Regulierungen und Kulturen finden, verhindern im Zusammenspiel mit der Unveränderlichkeit von angestammten Marktpositionen eine letztendliche Globalisierung der Weinbranche. In letzter Zeit haben viele Zusammenschlüsse in der internationalen Weinwelt zu neuen Superlativen bei der Größe von Weinproduzenten geführt. Man kann dies als ein Zeichen der Globalisierung werten. Da diese Zusammenschlüsse aber zumeist in den USA stattgefunden haben, deren Produzenten es immer noch schwer haben, auf dem europäischen Markt – mit Ausnahme von Großbritannien – Fuß zu fassen, muss man die Behauptung wahrer Globalisierung jedoch in Frage stellen.

Dennoch gehen Wind und Douglas zu weit, wenn sie Globalisierung als einen reinen Mythos bezeichnen. Es bleibt an dieser Stelle festzuhalten, dass alle Bereiche der (europäischen und insbesondere der französischen) Weinbranche erst auf ihre Fähigkeit zur Globalisierung geprüft werden sollten. Weinwirtschaftsgurus, die einfach die Globalisierung, also die Standardisierung aller Bereiche fordern, sind hier wenig hilfreich. Unter solchem blinden Aktionismus würden in erster die Winzer leiden. Der erste Schritt sollte immer sein, die Stärken der Marke in den Vordergrund zu bringen.

7.1.3　Ein neuer Weg zur Marke

Jean Noël Kapferer, wahrscheinlich Frankreichs führender Markenmanagement-Spezialist, erklärt die Schwierigkeiten, welchen sich Marken heute stellen müssen, in vier Punkten:

- Die meisten Marken machen kein wirkliches, eindeutiges Versprechen mehr und wenn sie es tun, halten sie es oftmals nicht ein.
- Marken sind eine notwendige, aber nicht hinreichende Bedingung für Erfolg.
- Bei der Analyse von Marken sollten stets ökonomische Rahmenbedingungen sowie das eigentliche Geschäftsmodell in Betracht gezogen werden. Der heutige Wettbewerb findet mehr zwischen Geschäftsmodellen als zwischen Marken statt.
- Die Konsumenten in den meisten entwickelten Ländern brauchen die Dinge, die sie konsumieren, nicht mehr wirklich und könnten auch ohne sie gut auskommen. Markenhersteller müssen deshalb Produkte entwickeln, die unersetzlich erscheinen.

Doch was genau hat dies alles mit dem Weinsektor zu tun? Zum ersten Punkt ist zu bemerken, dass starke Marken auch im Bereich von Wein mehr Aufmerksamkeit auf sich ziehen. Im Bezug auf den zweiten Punkt werden die im Folgenden besprochenen drei Fallstudien klar aufzeigen, dass Marken tatsächlich nur eine notwendige, aber keine hinreichende Bedingung für Erfolg sind, solange sie nicht von einer authentischen Geschichte unterstützt werden. Der dritte Punkt zu Geschäftsmodellen ist insbesondere für den Fall Yellow Tail relevant, die sich einem glasklaren Mengenansatz verschrieben haben und somit den weitgehend monopolisierten Massenmarkt der USA erobern konnten. Concha y Toro und Mouton Cadet werden zeigen, dass Marken zu einer wahrgenommenen Unersetzlichkeit von Produkten beitragen können, selbst wenn diese nicht wirklich notwendig sind, und sei es nur weil sie Konsumenten helfen, ihre Weinkeller interessanter zu gestalten, indem sie z.B. mit neuen Rebsorten (Carmenere) aufwarten oder spezielle französische Cuvées anbieten.

7.2 Drei Fallstudien

Um den Erfolg verschiedener Weinmarken aufzuzeigen, konzentrieren wir uns auf drei Fallstudien, die sich in erster Linie durch ihre Herkunft (Australien, Chile, Frankreich), ihre Herangehensweise und ihre Rolle im Markt unterscheiden.

7.2.1 Yellow Tail

Yellow Tail scheint das perfekte Modell der globalen Entwicklung einer Weinmarke sein. Dies legt zumindest die breite Meinung nahe, vor allem in Australien. Der Grundgedanke hier ist, dass Australiens Aufstieg in der Weinwelt die Benchmark für alle anderen Länder ist. Patriotismus außen vor gelassen, steht außer Frage, dass Yellow Tail eine ausgezeichnete Fallstudie für den Unterricht abgibt. Das Tier, das grelle gelb-schwarze Etikett und der Name, der in Klammern geschrieben wird, heben die australische Identität des Produktes hervor und haben grundsätzlich wenig mit Wein zu tun.

7.2.1.1 Die Ursprünge aus einer Familie heraus

Die Geschichte von Yellow Tail ist eng mit der Familie Casellas verbunden. Diese kam in den 1950er Jahren aus Italien nach Australien und brachte ihre Tradition der Weinherstellung, die sie schon mehreren Generationen pflegte, mit sich. Die Marke Yellow Tail wurde ursprünglich in den frühen 2000ern geboren. Es handelte sich um eine Zeit, die von Überkapazitäten in der Weinbranche geprägt war, in der aber gleichzeitig zu beobachten war, dass viele Konsumenten Wein schätzen lernten, vor allem als Alternative zu Bier und Spirituosen. Yellow Tails hauptsächlicher Erfolg konzentriert sich auf die USA, wo der Wein seine Eignung für den Export bewiesen hat. Dies ist umso eindrucksvoller wenn man bedenkt, dass der amerikanische Markt allein schon 6.000 einheimische und ausländische Weinmarken beherbergt. In den Jahren 2000 bis 2002 erschien Yellow Tail auf der Bildfläche als eine Marke, die dem amerikanischen Konsumenten bislang völlig fremd war. Die Australier machten sich die Fragmentierung des amerikanischen Weinmarktes zu Nutze: In den USA werden 95 % aller existierenden Weinmarken auf unter 100.000 Kisten Umsatz pro Jahr geschätzt. Es wurde ebenfalls ermittelt, dass im Jahr 2006 nur etwa 20 Weingüter mehr als 2 Mio. Kisten verkaufen konnten, was bedeutet, dass sich rund 40% des Gesamtumsatzes (260 Mio. Kisten) auf wenige Firmen verteilten.

Bedeutet dies, dass sich der Erfolg aus den Wurzeln des Unternehmens erklärt? Sicherlich hat Yellow Tail nur wenig mit einem traditionellen Weingut zu tun. Das eigentliche Weingut begann mit 16 Hektar und misst auch heute kaum mehr als 200 Hektar. Ein winziges Stück Land im Vergleich zur Größe Australiens. Kaum ein Konsument macht sich bewusst, dass der größte Teil der verwendeten Trauben gar nicht vom ursprünglichen Yellow Tail-Weingut in Riverina stammt, sondern vielmehr von verschiedensten Weingütern aus Südost-Australien zugekauft wird. Am Ende der 1990er Jahre wollte Casella das ursprüngliche Weingut seiner Eltern erweitern. Sein erster Schritt war jedoch nicht, geeignetes Land zu finden, sondern vielmehr Marketingspezialisten von Australiens führender

Import-Export-Firma anzuheuern. Nach ein paar anfänglichen Fehlern erkannte man schnell, dass man sich ganz klar von der Konkurrenz absetzen musste, um Erfolg zu haben.

7.2.1.2 Präzise Markt-Segmentierung

Eine Marktstudie identifizierte ein Segment von amerikanischen Konsumenten, die eine klare Präferenz für Weine zeigten, die nach Eichenholz und Vanille schmeckten. Der Zielpreis sollte bei etwa 6$ bis 7$ liegen, knapp über dem üblichen Massenmarktpreis. Als diese Positionierung einmal definiert war, mussten nur noch die restlichen Elemente des Marketing-Mixes passend dazu entwickelt werden, insbesondere wurde Wert auf die Distribution und die Kommunikation gelegt. Die grundlegendste Entscheidung war, sich auf typische australische Dinge zu beschränken und die klare Differenzierung von der existierenden Konkurrenz in den Vordergrund zu stellen. Ebenso wichtig waren die Allianzen, die mit wichtigen Teilnehmern im amerikanischen Markt geschlossen werden konnten. Beispielhaft ist die Beteiligung zu nennen, die Yellow Tail mit W.J. Deutsch & Sons, einem der größten US-Weinimporteure und Spezialisten für große Marken, einging. Diese Beteiligung verschaffte Yellow Tail direkten Zugang zu 40 Bundesstaaten.

Die Dinge spitzten sich schnell zu. Die australischen Unternehmer hatten erwartet, bis 2001 25.000 Kisten zu verkaufen, konnten aber die neunfache Menge absetzen. Überrascht von ihrem eigenen Erfolg fanden sie sich in einer Situation wieder, in der sie dringend Wein einfliegen mussten, und das zu hohen Kosten. Ebenfalls begannen ihre Anlagen an die Kapazitätsgrenze zu stoßen, sie konnten nicht genug Wein produzieren. Dies zwang sie, sich auf dem Fassmarkt mit Wein auszustatten, was schwer auf der Marge, die auf etwa 0,75$ pro Flasche geschätzt wird, lastete. Es waren keine profitablen Zeiten, doch das Ziel war ohnehin, zuerst den Markt einzunehmen, ohne Rücksicht auf die Kosten. Innerhalb weniger Jahre jedoch trug die Strategie Früchte. Yellow Tail entwickelte sich von 200.000 Kisten im Jahr 2001 zu 2,2 Mio. Kisten allein im US-Markt im Jahr 2003. Der größte Teil des Cash-Flows wurde in mehr und größere Produktionsanlagen reinvestiert. Es wurden allein 2,5 Mio. Dollar ausgegeben, um das Jahresziel 2004 von 4 Mio. Kisten zu erreichen.

7.2.1.3 Verbindungen zu wichtigen Distributeuren

Yellow Tail kann in jeder Hinsicht als eine industrielle Marke begriffen werden. Angefangen bei der Wertschöpfungskette und der Produktion bis hin zur Kommunikation und der massiven Präsenz in allen Arten von Einkaufsstätten. Die Führung konzentriert sich wie bei allen Massenprodukten hauptsächlich darauf, den Nachschub zu gewährleisten und eine klare, konsistente Position zu erreichen. Dies lässt sich leicht an der Strategie von CostCo, einem der wichtigsten Vertriebspartner von Yellow Tail in den USA, zeigen. Bei CostCo konzentriert man sich auf niedrige Preise und große Mengen, Großmarktatmosphäre regiert hier das Bild. Die Kette besitzt 380 Märkte in den USA, sowie andere in Kanada, Mexiko und Großbritannien. Das Sortiment ähnelt dem eines Discounters. Dies schränkt Konsumenten, die sonst lange Zeit in der Weinabteilung zubringen um sich umzuschauen, stark ein. Es gibt kaum Personal in den Märkten, das Beratung leisten könnte.

Seit einigen Jahren hat sich das Wachstum von Yellow Tail im einstelligen Prozentbereich eingependelt. Das Phänomen Yellow Tail ist gekennzeichnet von zwei Aspekten, die Anfang der 2000er zusammenspielten: Einerseits die Freiheit der australischen Weinwirtschaft, die nicht unter den strengen und umfangreichen Regelwerken ihrer europäischen Konkurrenten zu leiden hatte. Andererseits die amerikanischen Konsumenten, die zwar Interesse an Wein hatten, aber noch nicht über sehr viel Produktwissen verfügten. Sie suchten einen einfachen Wein, der konstante Qualität bot, sich klar von der Konkurrenz abhob und leicht im Regal wiederzufinden war.

Die Amerikaner waren jedoch bei Weitem nicht die einzigen, die diesen Ansatz schätzten. So ist Yellow Tail im harten britischen Markt, der als besonders markenaffin gilt, praktisch immer unter den Top-5-Weinmarken zu finden, zusammen mit Gallo, Hardy's, Concha y Toro und Mondavi. Dabei schlägt Yellow Tail regelmäßig seine australischen Konkurrenten Jacob's Creek und Lindemans. Dies mag der Grund dafür sein, dass Frankreich, nachdem es jahrelang den britischen Markt dominiert hatte, nun von Australien auf Platz zwei der größten Importnationen für Wein (bezogen auf die Menge) verdrängt wurde.

Die Frage für die Zukunft bleibt, ob langfristige Folgen des Klimawandels wie Trockenheit und steigende Transportkosten nicht den Wettbewerbsvorteil von globalen Marken wie Yellow Tail zunichte machen und ihr Überleben erschweren. Konsumenten werden zusehends umweltbewusster und lehnen Produkte ab, die viele tausend Kilometer transportiert wurden, bevor sie ins Regal kommen. Dies könnte ebenfalls die Vorherrschaft des eben beschriebenen Geschäftsmodells gefährden.

7.2.2 Concha y Toro (Chile)

Der folgende Fall beschreibt Penetration und folgenden Aufstieg einer chilenischen Weinmarke im britischen Markt. Wie schon im Fall von Yellow Tail bemerkt ist der britische der am härtesten umkämpfte Markt Europas. Die folgende Fallstudie bezieht sich hauptsächlich auf die ersten Jahre des neuen Jahrtausends. Zwischen 2000 und 2004 stiegen Concha y Toro's Absatzzahlen um 257% in der Menge, verglichen mit „nur" 72% Wachstum für die anderen chilenischen Produzenten. Wertmäßig konnte Concha y Toro in der gleichen Zeit um 226% wachsen, verglichen mit 44% für den Rest der chilenischen Produzenten.

Der Wettkampf unter den chilenischen Produzenten ist hart. Unter sich machen die führenden sieben Produzenten 58% aller Weinexporte im Jahr 2004 aus. Innerhalb dieser Gruppe hat sich Concha y Toro sukzessive an die Spitze bewegt. Concha y Toro hat einen Marktanteil von 16% aller chilenischen Weinproduzenten, die in Großbritannien vertreten sind. Sie stehen auch mit ihrem Umsatz an der Spitze: 22,6 Mio. $ im Vergleich zu 19,7 Mio. $ für Con Sur und 15,7 Mio. $ für San Pedro. Ein Großteil dieses Erfolgs ist auf Concha y Toros führende Marke Casillero del Diablo" zurückzuführen. Sie kann in verschiedene Rebsorten unterteilt werden, deren Erfolg in **Abbildung 7.1** auf der folgenden Seite näher beleuchtet wird.

Tabelle 7.1   Absatzzahlen für Concha y Toro 2000 vs. 2004

Angaben in 9l Kisten	2000	2004
Concha y Toro	306	1,098
San Pedro	530	1,187
Cono Sur	334	1,047
Errazuriz	191	246
La Rosa	243	212
Terramater	-	135
Valdivieso	210	245

Abbildung 7.1   Absatzentwicklung Casillero del Diablo nach Rebsorten

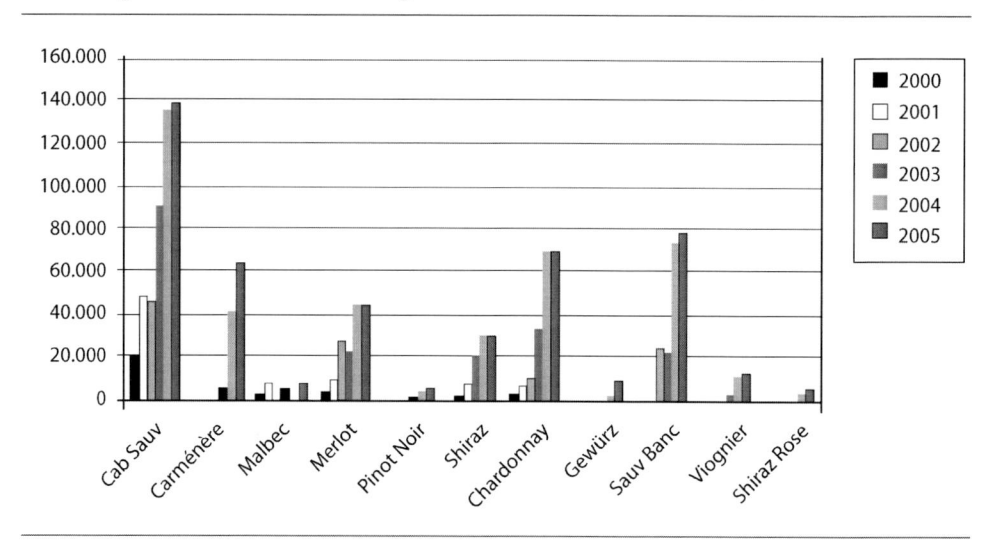

7.2.2.1   Gründe für diesen Erfolg

Nach der Aussage von Cristiàn Lopez, Brand Manager für Großbritannien, gibt es mehrere Gründe für diesen Erfolg:

> **Produkt-Portfolio**
>
> Concha y Toro vermarktet ein Portfolio von zehn Produkten, die das gesamte Spektrum von Bedürfnissen im Weinbereich abdecken sollen. Preislich bewegen sie sich zwischen

3,99£ (Frontera) und 19,99£ (Don Melchior). Dies ermöglicht der Marke eine wirkungsvolle Präsenz in allen Bereichen des britischen Marktes, was Concha y Toro als Zeichen von Markt- und Markenführerschaft versteht.

Differenzierungsmaßnahmen - Concha y Toro unterscheidet seine drei im Supermarkt erhältlichen Weinlinien sehr klar

Frontera (3,99£ bis 4,99£) und **Sunrise** (4,99£) zeichnen sich durch einfache Ausstattung, erschwingliche Preise und das Versprechen von fruchtigem Geschmack aus.

Casillero del Diablo (4,99£ bis 5,99£) ist Concha y Toros signifikantestes Produkt. Es steht für die erfolgreiche Etablierung des Slogans „Devilishly Good Wine from Chile". Ein Image, das sich leicht einprägt.

Trio (5,99£ bis 6,99£)zielt auf den gehobenen Markt der Weinkenner ab und wird aus drei Rebsorten gemischt, die man sonst in dieser Art nur selten findet (Cabernet franc, Carmenere und Pinot Grigio).

Alle anderen Produkte richten sich direkt an den Fachhandel und Weinkenner.

Da Concha y Toro seit 2001 regelmäßig Marktstudien durchführt, ist die Firma mit den Erwartungen und dem Verhalten von britischen Konsumenten vertraut. Dies ermöglicht, Konsumentensegmente direkt anzusprechen und den Erfolg von Kommunikationsmaßnahmen zu messen.

7.2.2.2   Ein erfolgreicher Marketing-Mix

Cristiàn Lopez ist überzeugt, dass der ideale Marketing-Mix wie eine gute Cuvée aus einer feinen Mischung hervorgeht. Marktforschung und umfangreiche Analysen haben Concha y Toro gelehrt, dass chilenische Weine ihr billiges und leicht naives Image überwinden müssen. Der Durchschnittspreis für Concha y Toro-Weine im britischen Markt beträgt derzeit 4,68£ (3,68£ im Off-Trade) und auch VKF-Maßnahmen beschneiden die Preise nie um mehr als 20%. Beides untermauert die Lektion, dass Weine, die aus Südamerika kommen, eine klare Differenzierung benötigen, um zu überleben und erfolgreich zu sein. Zwei Hebel wirken in dem gerade diskutierten Zusammenhang besonders gut:

Diversität

Allein zwölf verschiedene Rebsorten sind unter dem Dach der Marke „Casillero del Diablo" verfügbar, was die Produktplatte deutlich reichhaltiger macht als bei vergleichbaren Weinmarken.

Authentizität

Carmenere ist eine Rebsorte, die außerhalb Chiles kaum verwendet wird. Im Jahr 2005 zielte Concha y Toro alle seine Kommunikationsaktivitäten auf der London Wine Fair genau darauf ab. Man wollte beweisen, dass man auch und gerade aus der noch relativ unbekannten autochtonen Rebsorte Weine von Weltklasse herstellen kann.

Darüber hinaus hat Concha y Toro über die letzten Jahre hinweg mit verschiedenen Distributeuren zusammengearbeitet. Obwohl der Vertrieb nur langsam anlief, führte die konstante Präsenz einer Vertriebsmannschaft letztendlich zum Erfolg. Nur so konnte man zudem ständig die Lagerbestände, Bestellmengen und Regalpräsenz im Auge behalten. Heute liegt die Priorität im Vertrieb darauf, Casillero del Diablo Benchmark-Status im internationalen Universum der großen Markenweine zu verschaffen. Daher sind jetzt die einmal eingerichteten Strukturen einer ineinandergreifenden Wertschöpfungs- und Vertriebskette, die von Marktanalysen (auch für die Wiederverkäufer), Werbeetats und PR-Maßnahmen unterstützt werden, von großer Wichtigkeit.

Nicht zuletzt legt Cristiàn Lopez größten Wert auf die Motivation und den Teamgeist jedes einzelnen Vertriebsmitarbeiters. Es hat Jahre gedauert, bis Concha y Toro dort war, wo sie heute nicht nur im britischen Markt sind, und jeder muss sich bewusst machen, dass Erfolg nicht irreversibel ist.

7.2.3 Mouton Cadet (Frankreich)

Als eine der meistverbreiteten französischen Weinmarken im Ausland ist Mouton Cadet Mitglied des sehr kleinen Klubs von wirklich internationalen Weinmarken. Die Mitgliedschaft wird in der Regel durch zwei Faktoren „erlangt": Einerseits Verkaufszahlen von mindestens 10 Mio. Flaschen pro Jahr und andererseits die Verfügbarkeit in mindestens 50 Ländern. Mit rund 12 Mio. Flaschen, die in etwa 150 Ländern weltweit verkauft werden, scheint es wenig zu geben, was man den Leuten von Mouton Cadet über Exportmärkte noch beibringen müsste.

7.2.3.1 Vorhandene Markenbekanntheit

Die Marke trägt den Namen des Hauses von Philippe de Rothschild und bewegt sich in zwei sehr unterschiedlichen Welten: Grand-Cru-Weine (Mouton de Rothschild) gehören genauso zum Programm wie die hier im Fokus stehenden Markenweine. Mit geschätzten 200 Mio. € Gewinn gehört das Haus Mouton Rothschild, das von Paulliac aus operiert, zu den führenden Betrieben in Bordeaux. Der Grand-Cru-Wein Mouton de Rothschild kann einerseits als ein Pionier modernen Marketings im Luxussegment gesehen werden, andererseits zeichnet er sich aber auch durch seine Schlüsselrolle bei der Bewahrung der lokalen Weinregionen aus. In Frankreich sind hier als weitere Beispiele insbesondere Médoc und Languedoc zu nennen. In Chile, wo Mouton Rothschild mit Alma Viva eine Partnerschaft mit Concha y Toro unterhält, engagiert man sich aber ebenso.

Die Markenweine des Hauses spiegeln die Regionen der Topweine wider. Mouton Cadet kommt aus Bordeaux, „Escudo Rojo" aus Chile, kürzlich wurde „Caradbas" eingeführt, eine Cuvée aus der französischen Languedoc-Region, die hauptsächlich in der Gastronomie vermarktet wird. Cuvées stellen einen der hauptsächlichen Differenzierungspunkte für das Unternehmen auf dem internationalen Markt dar. Mouton Rothschild vermeidet es so, sich auf dem ohnehin schon überfüllten Gebiet der Rebsortenweine, die hauptsächlich aus den Ländern der Neuen Welt stammen, zu tummeln und vertraut lieber auf das tradierte Wissen und die Vorliebe (nicht nur) der Franzosen für Cuvées. Die Bekanntheit der Muttermarke hilft hierbei ebenfalls bei der Differenzierung von der Konkurrenz und ermöglicht es, weit schneller zu expandieren als unbekanntere Marken mit weniger Geschichte und Aura es könnten. Zum Beispiel hat es Escudo Rojo in weniger als fünf Jahren geschafft, schon mehr als 13% zum Gesamtumsatz beizutragen. Er wird in den USA für etwa15$ und in Europa für etwa 10€ verkauft. Trotz des relativ hohen Preises ist er als chilenischer Wein sehr erfolgreich und ist auch in schwierige Märkte schon erfolgreich eingedrungen.

Mouton Cadet lebt vor allem von der Konsistenz in der Markenführung, setzt aber auch gezielt auf das Begleiten der Geschmackspräferenz des Konsumenten während dieser mehr über Wein lernt und seinen Gaumen schult. Diese Angleichung wird durch den Anteil von Merlot-Trauben an der Cuvée erreicht. So können mehr oder weniger fruchtigere bzw. breitere Weine erzeugt werden. Das Siegel von Baron Philippe de Rothschild komplettiert den Baukasten der Markendifferenzierung.

7.2.3.2 Mouton Cadets Expansion

Gegründet im Jahr 1930 war die Marke Baron Rothschild zuerst ein Einstiegsprodukt für die typische Pariser Klientel. Der Erfolg des Produkts stellte sich schnell ein und die Nachfrage nach größeren Mengen zwang das Unternehmen, sich zuerst Land in anderen Gebieten des Médoc und dann auch der weiteren Bordeaux-Region zu suchen. Praktisch alle Ländereien, solange sie noch die Kennzeichnung als AOC zuließen, waren interessant. Der internationale Erfolg der Marke begann mit einem Besuch des Barons in den USA und wurde von verschiedenen Sponsoring-Maßnahmen für Sport- und Kulturveranstaltungen auch in Übersee unterstützt. Im Lauf der Jahre wurden z.B. die olympischen Winterspiele in Calgary, die Lancôme Trophy, das Filmfestival von Cannes und das Monte Carlo Tennis Masters unterstützt.

Heute werden 75% der mehr als 12 Mio. Flaschen exportiert, was die gewöhnliche Verteilung französischer Weine umkehrt. Unter den 150 Ländern, in denen Mouton Cadet verkauft wird, konzentrieren sich etwa 80% der gesamten Exportmenge auf etwa 12 Kernländer. Diese schließen die USA, Frankreich, Kanada, Großbritannien, Dänemark, Schweiz, Deutschland und Japan mit ein. Insgesamt 350 Winzer aus der gesamten Bordeauxregion liefern die Trauben für den Wein, deren Qualität ständig sorgfältig kontrolliert wird. Enge Partnerschaften zwischen Lieferanten und dem zentralen Abnehmer stellen dabei die Zufriedenheit und Verdienst aller Teilnehmer sicher. Der Hauptteil der Produktion stammt aus Côtes de Blaye, Côtes de Bourg, Bordeaux und Bordeaux Supérieur, Côtes de Franc, Côte de Castillon, Entre Deux Mers, Premières Côtes and Sainte Foy de Bordeaux. Eine Partnerschaft wird jeweils auf drei Jahre vertraglich abgesichert, während dieser Zeit stellt Mouton Rothschild technische Anlagen und Beratung zur Verfügung.

7.2.3.3 Marktforschung

Das Unternehmen hat sehr präzise Kenntnisse über den Mouton Cadet-Kunden. Da Mouton Cadet aber eine breite Masse von Kunden in einer Vielzahl von verschiedenen Märkten anspricht, fällt es relativ schwer, ein kurzes, eindeutiges Profil zu verfassen. Grundsätzlich lässt sich aber sagen, dass die normale Zielgruppe des Produkts etwa 35 bis 45 Jahre alt ist. Es gibt kaum eine geschlechtsspezifische Ausrichtung, dafür aber ein klar umrissenes soziodemografisches Segment. Man kann die Kunden von Mouton Cadet am besten als „Modern Dandies" beschreiben. Sie bewegen sich im professionellen Umfeld, haben ein relativ hohes Einkommen und mögen es, sich zu präsentieren.

Das Ziel von Mouton Cadet – wie auch der Mitbewerber – ist es, den Kernmarkt zu verjüngen. Ein möglicher Weg dies zu erreichen ist es, neue, junge Konsumenten für die Marke zu gewinnen. Hierfür wurde insbesondere der Rosé- in das Portfolio aufgenommen. Ist die Markenloyalität erreicht, wird versucht, die neugewonnenen (jungen) Kunden sukzessive an den roten Mouton Cadet, also das Kernprodukt, heranzuführen. Um die Komplexität dieser Aufgabe zu verstehen, sollte man sich bewusst machen, dass Mouton Cadet auf internationalen Märkten an deutlich höheren Preispunkten angesiedelt ist als in Frankreich oder Deutschland. Das bedeutet, dass Kunden, die Mouton Cadet trinken, oft nur Erfahrungen mit Weinen anderer, gewöhnlich niedrigerer Preispunkte haben. Normalerweise handelt es sich um einen zwei oder dreistufigen Prozess, der den Kunden zur Marke Mouton Cadet führt. Es beginnt gewöhnlich mit dem Trinken französischer Weine und bewegt sich dann erst auf die Region Bordeaux zu. Grundsätzlich kann man daher bei internationalen Konsumenten, die Mouton Cadet probieren, davon ausgehen, dass sie ein gewisses Maß an Erfahrung mit und Wissen über Wein haben.

7.2.3.4 Die Stützpfeiler des Marketing Mixes

Um mit den Konsumenten zu kommunizieren, beschränkt Mouton Cadet sich auf bestimmte Absatzkanäle. Im Speziellen sind hier Restaurants und andere Flagship-Positionierungen zu nennen. Dabei versucht Mouton Cadet, in seiner Kommunikation immer sehr sensibel vorzugehen. Es geht darum, an die Vorstellungskraft und Werte der Leute zu appellieren. Die grundlegende Idee, die man hierbei verfolgt ist, dass Erfolg letztendlich durch das Schaffen von Nähe und Präferenz erreicht wird. Es scheint, dass ein großer Anteil von Mouton Cadets Wettbewerb von Substitutionsprodukten wie Sodas, Champagner und sogar Bier herrührt. Das Problem ist, dass diese Rivalen zumeist deutlich größere Marketingbudgets besitzen. Für eine Firma, die sich in der Preisnische von 8€ pro Flasche positioniert hat, ist es schwierig, z.B. mit Champagnerproduzenten zu konkurrieren. Gerade einmal 10% des jährlichen Werbebudgets ergeben sich aus Mouton Cadets Nische, während sich im Champagnerbereich die Werbeausgaben auf immerhin 20% des jährlichen Gesamtbudgets belaufen. Anzeigen in der Presse und Eventsponsoring sind die zwei traditionellen Kommunikationsmittel, die Mouton Cadet nutzt. Eine aktuelle Kampagne setzt auf das Thema Reise und Expeditionen. Hierzu wurde im Jahr 2008 ein internationaler Fotowettbewerb veranstaltet, der zum Ziel hatte, eine Flasche Mouton Cadet in einer möglichst exotischen und ungewöhnlichen Landschaft zu platzieren. Es sollte eine Reminiszenz an die Forscher der 1930er Jahre sein, die, obwohl auf einem Berg inmitten der Savanne gefangen, es immer noch schafften, eine Flasche Grand-Cru-Wein geliefert zu bekommen. Eine Flasche Mouton Cadet unter diesen Umständen zu öffnen bedeutet, die ‚daring to do'-Art von Philippe de Rothschild zu leben.

Als Pionier und wegweisende Kraft in der Weinbranche hat Mouton Cadet das Image eines Produkts, das gleichzeitig ehrwürdig ist und doch ein junges Publikum anspricht z.B. durch den Rosé. Daher auch die neue Signatur „inherit audacity". Nichtsdestotrotz handelt es sich um einen Wein, der für jedermann erschwinglich sein soll, was der Grund dafür ist, dass die Preispositionierung so flexibel ist und von Land zu Land variiert. In Frankreich kostet Mouton Cadet etwa 8,50€, in Amerika etwa 7,99$ und in Großbritannien etwa 6,99£. Diese Preisgestaltung ist notwendig, um die Erschwinglichkeit des Produkts zu gewährleisten.

7.2.3.5 Partnerschaften mit etablierten lokalen Operatoren

Der Weltmarktführer in der Weinindustrie, Constellation Brands, hat Mondavi erworben und wurde ein Partner von Mouton Rothschild. Opus One, die nicht nur aus dem Film ‚Sideways' bekannte Marke, ist ein Jointventure der beiden Unternehmen. Darüber hinaus ist Constellation auch und gerade der alleinige Distributeur für Mouton Cadet in Amerika. Dies war großer Glücksfall für Mouton Cadet, da Constellation als globaler Weingigant, der auch eine starke Präsenz bei Bieren und Spirituosen hat und weltweit einen Umsatz von 5 Mrd. € erzielt, sehr viel für die Marke bewegen kann und Zugang zu vielen bisher unerschlossenen Märkten hat. Mit mehr als 200 Marken und 8.000 Mitarbeitern besitzt die Gruppe enormes Wissen im Bereich Markenführung, das sich in einer starken Point-of-Sale-Präsenz widerspiegelt.

Constellation Brands ist hier nur ein Beispiel unter vielen, bei denen es Mouton Cadet versteht, Allianzen mit starken lokalen Partnern zu schließen. Andere Beispiele finden sich auch in den wichtigen Zukunftsmärkten Japan und Russland.

7.3 Die Zukunft der Markenweine

Wie wird die Zukunft von Markenweinen aussehen? Die Antwort auf diese Frage hängt in erster Linie von zwei langfristigen Entwicklungen ab, nämlich dem Konsumentenverhalten und den verschiedenen Vertriebskanälen.

In diesem Zusammenhang beherrschte lange die Idee unser Denken, dass sich das Konsumentenverhalten weltweit sukzessive vereinheitlicht. Im Licht der derzeitigen Krise und auch der eben aufgezeigten Fallbeispiele wird jedoch klar, dass dies nicht der Fall ist. Die Diversität zwischen den Kulturen wird sich nicht so schnell auflösen. Dies gilt insbesondere für Produkte, die wie Wein integrativer Bestandteil der (Ess-)Kultur des jeweiligen Landes sind. Bezüglich der Vertriebskanäle wissen wir, dass mächtige Akteure wie Tesco, CostCo, Lidl oder Carrefour speziell starke Markenweine suchen. Die Entwicklung solcher Marken wird jedoch durch das geringe Differenzierungspotenzial eingeschränkt. Deshalb muss die starke Marke der Zukunft jeden Konsumenten der Zielgruppe möglichst individuell ansprechen. Dies kann nur durch Diversifizierung geschehen, es geht darum, Land, Geschichte und Geschichten, Jahrgänge, Winzer und viele andere Faktoren aktiv in die Marke mit einzubinden. Diese Geschichte wird die richtigen Worte finden müssen, die richtigen Akteure und die richtigen Aktionen, um es dem Konsumenten zu ermöglichen, eine Beziehung zu dieser Marke aufzubauen. In der Tat kann die Marke als Katalysator für Emotionen dienen – ein Umstand den andere Bereiche wie Luxusgüter, Kosmetik oder Mode schon lange erkannt haben und an dem das Weinmarketing noch arbeiten muss. Die Arbeit hört hier jedoch nicht auf! Es geht darum, dem Konsumenten ein Zugehörigkeitsgefühl zu vermitteln. Wenn andere Differenzierungsmaßnahmen wie Preis oder Distribution nicht mehr greifen, müssen Weinmarkenhersteller neue Wege zur Segmentierung finden. Eine Marke, die eine echte Geschichte verkörpert, stellt hier eine Lösungsmöglichkeit dar.

Literatur

[1] Beaujanot, A., & Lockshin, L. (2003). The importance of market orientation in developing buyer-seller relationships in the export market: the link towards relationship marketing. *International Wine Colloquium, Adelaide, July, CD-ROM,*
[2] Czellar S. (2002). Capital de marque : concepts, construits et mesures, *Cahier de recherche, section des Hautes Etudes Commerciales, Université de Genève.*
[3] Davis S, & Dunn M, (2002). *Building the brand driven business: Operationalize your brand to drive profitable growth.* San Fransisco, CA: Josseys Bass.
[4] De Chernatony L. (1999). Brand management through narrowing the gap between brand identity and brand reputation. *Journal of Marketing Management, 15*(1-3), 157-179.
[5] Duncan J. , & Moriarty S. (1997). *Driving brand value.* New York: Mc Graw Hill.
[6] Hankinson R., & Hankinson J. (1999). Managing successful brands: an empiric study which compares the corporate culture of companies managing the world's top 100 brands with those managing outsider brands. *Journal of Marketing Management, 15*(1-3), 135-155.
[7] Heberden T. (2001). Brand value management. The Achilles heel of many risk management systems. *Risk Management Bulletin*
[8] Ind N. (1997). *The corporate brand.* New York: NY University Press.
[9] Kapferer J.N., & Thoenig, J.-C. (1989). *La Marque: moteur de la compétitivité des entreprises et de la croissance de l'économie.* New York : Mc Graw Hill.
[10] Kapferer J.N. (2001). *Les marques, capital de l'entreprise : Créer et développer des marques fortes.* Paris: Edition Organisation.
[11] Kapferer J.N. (2006). *FAQ: La marque en questions.* Paris: Editions Dunod
[12] Perouty, J.P.., d'Hauteville F., & Lockshin L. (2004). Impact des interactions entre marques et regions d'origin sur la valeur perçue d'un vin: proposition de prise en compte de l'expertise perçue du consommateur. *XXth congres de l'Association Française de Marketing, Saint Malo, May. (Proceedings on CD-ROM)*
[13] Lockshin L., Spawton A.L., & Macintosh G. (1997), Using Product, Brand, and Purchasing Involvement for Retail Segmentation. *Journal of Retailing and Consumer Services, 4*(3), 171-183.
[14] Thach, L., & Matz, T. (2004). *Wine: A global business.* Largo, FL: Miranda Press.
[15] Passeboit DlJ., & Viot, C. (2006). Marques de vin et vins de marque, clarification des concepts, perception et impact pour le consommateur. *CREGO Agri Montpellier.*
[16] Ricks, D. (1983). *Big Business Blunders,* Homewood, IL: Dow Jones Irwin.
[17] Ternisien, M. (2006). *Audit de la marque.* Paris: Dunod
[18] Trout, J. (2001). *Big brands, big troubles: Lessons learned the hard way.* Chichester: Wiley.
[19] Ward, S., Light, L., & Goldstine, J. (1999). What High Tech Managers need to know about brands. *Harvard Business Review, 77*(July-August), 85-95.
[20] Wind, Y., Douglas, S. (1986). Le mythe de la globalisation. *Recherche et Application Marketing, 1*(3), 5-26.

Verpackungsdesign als Schlüssel zum Kunden

8 Zielgruppengerechte Verpackungsgestaltung

Prof. Dr. habil. Ulrich R. Orth; Christian-Albrechts-Universität zu Kiel

Inhalt

8.1	Einleitung	183
8.2	Verpackungen als Kommunikationsmittel	183
8.3	Verpackungsbasierte Kognitionen	188
8.4	Verpackungen und Affekt	191
8.5	Metakognitionen: Prozess statt Inhalt	192
8.6	Fazit: Zielgruppengerechtes Verpackungsdesign	194
	Glossar	195
	Literatur	195

8.1 Einleitung

Verpackungen sind unverzichtbar, um Wein vom Herstellungs- zum Verkaufs- und von dort zum Verbrauchsort zu transportieren, zu lagern oder vor schädlichen Umwelteinflüssen zu schützen. Nach allgemeiner Definition ist eine Verpackung eine „vollständige oder teilweise, nach dem Verpackungsprozess feste, relativ leicht zu beseitigende Umhüllung zum Zwecke des Inhalts- und Umweltschutzes, der Lagerungs-, Transport-, Verkaufs- und Verwendungserleichterung" (Koppelmann 1996, S.22). Zudem übernehmen Verpackungen eine wichtige Informations- und Kommunikationsfunktion (manchmal auch „Ausstattung" genannt). Der vorliegende Beitrag geht ausschließlich auf diese beiden Funktionen von Weinverpackungen ein. Die folgenden Ausführungen beziehen sich in erster Linie auf Weinflaschen, lassen sich jedoch auch auf andere Verpackungsformen wie bag-in-box, Dosen oder Tetrapack übertragen.

8.2 Verpackungen als Kommunikationsmittel

Besonders in Fällen, in denen Kunden sich selbst bedienen, also kein Verkaufs- oder Beratungspersonal anwesend ist, kommt der Verpackung eine entscheidende Rolle zu. Kunden beurteilen dabei Verpackungen im Vergleich zu anderen Medien der Marketingkommunikation (wie etwa der Werbung oder dem persönlichen Verkauf) als deutlich seriöser; mit einem Informationswert von 84% schreiben sie ihr sogar von allen unternehmerisch nutzbaren Medien die mit Abstand höchste Glaubwürdigkeit zu (Heise, 2005). Als „stiller Verkäufer" übernimmt die Verpackung die Vermittlung von Informationen und Eindrücken zum angebotenen Wein. Sie ist genau zu dem Zeitpunkt präsent, an dem der Kunde seine Kaufentscheidung trifft; sie wirkt auf alle Interessenten und sie erhält die ungeteilte Aufmerksamkeit der Kunden, die auf der Verpackung nach näheren Informationen zum Wein suchen. Im Vergleich zur klassischen Werbung ist das Verpackungsdesign außerdem relativ kostengünstig und kann somit auch von kleineren Unternehmen effektiv genutzt werden.

Neben gesetzlich vorgeschriebenen Angaben zu Herkunft, Qualitätsstufe, Jahrgang und ähnlichem spielt die Sensorik, also die sinnesbezogenen Eindrücke, die eine Verpackung vermittelt, eine wichtige Rolle. In erster Linie sind dies von einer Verpackung vermittelte visuelle Reize, also der ganzheitliche optische Eindruck (z.B. „elegant" oder „ungewöhnlich") oder die Wahrnehmung einzelner besonders auffälliger Details (z.B. ein asymmetrisches Etikett, eine ungewöhnliche Oberflächenstruktur oder eine besondere Silhouette). Neben der visuellen Wahrnehmung spielt jedoch auch die Haptik (fühlbare Reize) einer Verpackung eine wichtige Rolle. Beispiele finden sich in der Verwendung besonders dickwandiger und damit schwerer Flaschen, rauer Oberflächentexturen oder zum Anfassen verleitender Formen. Innovative Verpackungsformen versuchen selbst den Geruchssinn mit einzubeziehen, wie das Anbringen sogenannter Scratch-and-Sniff-Plättchen zur besseren Vermittlung des Weinaromas zeigt. Die folgenden Ausführungen beschränken sich auf die visuellen Eigenschaften von Weinverpackungen.

Tabelle 8.1 Visuelle Designfaktoren und -elemente von Weinverpackungen (Orth & Malkewitz 2008)

Faktor	Element	Beschreibung	Faktorladung
Natürlichkeit	Farbschema	Natürlich – nicht natürlich	.89
	Schrifttyp	Organisch – geometrisch	-.86
	Flaschenfarbe	Natürlich – nicht natürlich	-.78
	Naturbilder	Wenig – sehr präsent	.77
	Landschaftsbilder	Wenig – sehr präsent	.67
	Pflanzenbilder	Wenig – sehr präsent	.65
	Weinbilder	Wenig – sehr präsent	.54
Harmonie	Bildkontrast	Niedrig – hoch	-.85
	Schriftart	Uneinheitlich – einheitlich	.78
	Farbschema	Unharmonisch – harmonisch	.69
	Bildauflösung	Niedrig – hoch	.65
	Markennamekontrast	Niedrig – hoch	-.62
Detailliertheit	Etikettenstruktur	Niedrig – hoch	.81
	Bilddetails	Niedrig – hoch	.80
	Schriftart	Schmucklos – verschnörkelt	.70
	Etikettendetail	Niedrig – hoch	.70
	Textmenge	Niedrig – hoch	.68
	Anzahl Etiketten	Eines – viele	.66
	Etikett	Schmucklos – verschnörkelt	.66
	Etikettenform	Rund – eckig	.65
Größe	Etikettengröße	Klein – groß	.89
	Logogröße	Klein – groß	.89
	Bildgröße	Klein – groß	.77
	Etikettenumfang	Klein – groß	.76
	Etikettenorientierung	Horizontal – vertikal	.69
Symmetrie	Etikettensymmetrie	Asymmetrisch – symmetrisch	.82
	Flaschensymmetrie	Asymmetrisch – symmetrisch	.75
	Bildsymmetrie	Gewöhnlich – ungewöhnlich	-.75
	Material	Gewöhnlich – ungewöhnlich	-.66
	Flaschenfarbe	Gewöhnlich – ungewöhnlich	-.60
Kompression	Etikettenposition	Niedrig – hoch	.82
	Logoposition	Niedrig – hoch	.78
	Flaschenhals	Kurz – lang	-.71
	Schriftart	Komprimiert – gedehnt	.63

Verspieltheit	Flaschenlippe	Wenig – sehr präsent	.84
	Schrift	Wenig – sehr verspielt	.80
	Flaschenrelief	Wenig – sehr präsent	.80
	Medaillen	Wenig – sehr präsent	.73
	Verzierungen	Wenig – sehr präsent	.66
	Halsetikett	Wenig – sehr präsent	.66
	Verschluss	Wenig – sehr präsent	.65
	Kapsel	Wenig – sehr präsent	.64
	Rebsorte	Wenig – sehr present	.57
Gewicht	Gewicht der Schrift	Niedrig – hoch	.75
	Flaschengewicht	Niedrig – hoch	.75
	Flaschenumfang	Klein – groß	.66
	Flaschenseiten	Gerade – rund	.63
	Flaschenkörper	Kurz – lang	-.61

Gemeinsam ist allen gestalterischen Maßnahmen, dass sie das Design von Weinverpackungen gezielt einsetzen, um eine vorteilhafte Wahrnehmung auf Kundenseite zu erreichen. Auf Verpackungsseite umfasst das Design dabei visuelle (und in geringerem Umfang auch haptische und olfaktorische) Faktoren, denen auf der Wahrnehmungsseite zunächst kognitive und affektive Reaktionen gegenüberstehen. Kognitionen entsprechen – einfach ausgedrückt – den Gedanken, die sich Kunden bezogen auf eine Weinverpackung machen (z.B. „ungewöhnlich", „elegant" oder „aufregend"); Affekt umfasst Emotionen und Gefühle (z.B. Überraschung, Neugier oder Irritation). **Abbildung 8.1 s**tellt diese Zusammenhänge dar und verdeutlicht die weitere Effektkette über die Bildung interner Einstellungen der Kunden bis hin zum beobachtbaren Kaufverhalten.

Abbildung 8.1 Wirkung von Weinverpackungen

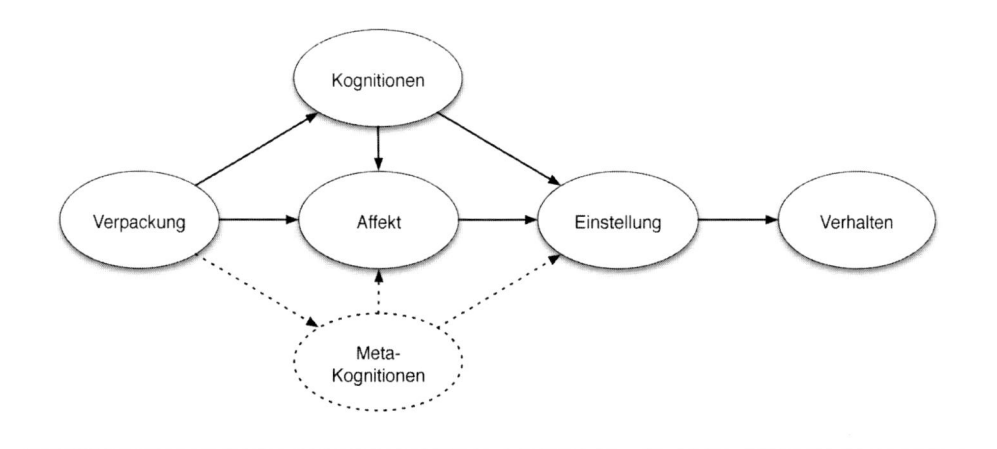

Tabelle 8.2 Ganzheitliche Typen von Verpackungsdesigns und zugrundeliegende Designfaktoren (Orth & Malkewitz 2008)

Designfaktor	Grundtyp				
	Massiv	*Kontrastreich*	*Natürlich*	*Zart*	*Unauffällig*
Natürlichkeit	gering	gering	hoch	gering	gering
Harmonie	mittel	gering	hoch	gering	mittel
Detailliertheit	gering	mittel	hoch	hoch	gering
Größe	hoch	mittel	mittel	gering	mittel
Symmetrie	mittel	mittel	hoch	mittel	hoch
Kompression	hoch	hoch	mittel	gering	mittel
Schnörkel	gering	gering	hoch	hoch	mittel
Gewicht	hoch	mittel	mittel	gering	mittel
Beispiele					

Um Verpackungsdesign gezielt als Kommunikationsmittel nutzen zu können, stellt sich zunächst die Frage, welche Elemente hierfür zur Verfügung stehen. In anderen Worten, auf welche Designelemente greifen Designer zurück, um unterschiedliche Weinverpackungen zu kreieren? **Abbildung 8.1** gibt einen Überblick über diesen Baukasten, basierend auf einer Befragung von mehreren Hundert professionellen Kreativen. Die Übersicht gliedert sich nach übergeordneten Faktoren (Gruppen einzelner Designelemente) die Designer nutzen, um bestimmte Eigenschaften einer Verpackung zu ändern. So ändern Designer zum Beispiel die Harmonie einer Verpackung, indem sie Kontraste verstärken oder mindern oder indem sie Farben verwenden, die mehr oder weniger gut miteinander harmonieren. Die in **Tabelle 8.1** aufgeführten Faktorladungen geben an, wie stark ein Element zu einem Faktor beiträgt (auf einer Skala von 0 bis ±1).

Betrachtet man alle im Markt vorhandenen Verpackungsvarianten, lassen sich anhand von Unterschieden und Gemeinsamkeiten in diesen Designeigenschaften fünf Grundtypen des Verpackungsdesigns bei Wein identifizieren (siehe auch **Tabelle 8.2**):

Robuste Verpackungsdesigns besitzen massive Logos, große Flächen, starke Kontraste, fette aber schlichte Schriftarten, gedrungene Silhouetten, sehr präsente Abbildungen, lebendige Farben, wenig Details und wenig Produktinformation. *Kontrastreiche* Verpackungen sind charakterisiert durch Designfaktoren, die bewusst mit traditionellen Regeln brechen, durch starke Kontraste in Farben und Proportionen, ungewöhnliche Umsetzungen, bunte Farben, streng geometrische und schwere Schriftarten, eine starke Präsenz von Abbildungen mit wenig Bezug zum Produkt, langgezogene Silhouetten mit niedrigem Schwerpunkt und die besondere Betonung sonst wenig beachteter Details. *Natürliche* Verpackungsdesigns stellen die größte Gruppe dar. Entsprechende Verpackungen sind sehr detailliert, teilweise verspielt, mit natürlichen Farbschemata und Schriftarten, die organisch und verschnörkelt sind, Abbildungen ganz im traditionellen Stil (Reben, Weinberge, Weingüter) und einer starken Präsenz üblicher Designelemente und Qualitätszeichen. *Zarte* Verpackungsdesigns sind charakterisiert durch gedämpfte Farben, schlanke Formen und Proportionen, große Mengen unauffälligen Texts, wenige und schwache Abbildungen und gedämpfte Farbschemata bis hin zu monochromen Darstellungen. *Unauffällige* Verpackungen, der fünfte Typ, sind durch einen generellen Mangel an Auffälligkeiten charakterisiert. Dazu tragen geringe Kontraste (Logos, Farben, Abbildungen), gedämpfte Farben, gering auflösende Abbildungen, kleine, schlichte Etiketten mit matten Oberflächen, wenig Text in zarten Schriftarten und ein Mangel an Details jeder Art bei.

Die bisher vorgestellten Designtypen, -faktoren und -elemente verdeutlichen die Handlungsmöglichkeiten, die einem Unternehmen zur Gestaltung von Weinverpackungen grundsätzlich zur Verfügung stehen. Auf die Frage, welche Reaktionen bestimmte Weinverpackungen auf Kundenseite auslösen, gehen die folgenden Abschnitte ein.

8.3 Verpackungsbasierte Kognitionen

Macht der Wein in einer natürlichen Verpackung einen kompetenten Eindruck? Wirkt er in einer natürlichen Verpackung authentischer als in einem kontrastreichen Design? Finden Kunden Wein in zarten Verpackungen anspruchsvoll, bodenständig oder aufregend?

Von vielen „ernsthaften" Weinbaubetrieben oft noch unbemerkt oder ignoriert, hat sich im Marketing die Einsicht durchgesetzt, dass Kunden ihre Wahl nicht nur nach klassischen Produkteigenschaften treffen. Zwar spielen Rebsorte, Herkunft, Qualitätsstufe und andere Eigenschaften beim Kauf von Wein weiterhin eine Rolle. Darüber hinaus nehmen jedoch auch die Identität oder Persönlichkeit einer Marke einen erheblichen Einfluss auf die Kaufentscheidung. Kunden unterscheiden dabei nicht zwischen „echten" Marken (z.B. Yellow Tail), markenähnlichen Angeboten einzelner Betriebe (z.B. Kremers' Winzerhof) oder ganzer Regionen (z.B. Frankenwein), sondern leiten aus Schlüsselreizen wie der Verpackung menschliche Eigenschaften ab (Beverland, 2004). Entscheidend für Kauf oder Nichtkauf des Weins ist dann, wie kompetent, aufrichtig oder niveauvoll ein Wein wahrgenommen wird oder wie rustikal oder aufregend er erscheint. Diese Kognitionen erklären bis zu 50% der Kaufentscheidungen für oder gegen einen bestimmten Wein, bei Laien (im Gegensatz zu Weinexperten) steigt dieser Wert sogar auf über 70% (Orth & Malkewitz, 2008). Letztlich wählen Verbraucher damit Angebote, die zu ihnen passen, das heißt, deren Persönlichkeit ihrem gewünschten Selbstbild entspricht. **Tabelle 8.3** zeigt Beispiele wie ausgewählte Weine aus Kundensicht wahrgenommen werden.

Wie aber beeinflusst das Verpackungsdesign nun die Wahrnehmung von Markenpersönlichkeit oder andere Kognitionen der Kunden zum angebotenen Wein? Aktuelle Forschungsergebnisse belegen systematische Unterschiede in der Wahrnehmung der von Designern identifizierten fünf ganzheitlichen Verpackungskategorien (Orth & Malkewitz, 2008). Jeder Grundtyp ruft ganz bestimmte und unverwechselbare Verbraucherreaktionen im Sinne unterschiedlicher Markeneindrücke hervor (siehe auch **Tabelle 8.4**).

Robuste Designs erzeugen Assoziationen mit aufregenden Weinen. Sie werden jedoch gleichzeitig als weniger kompetent und anspruchsvoll wahrgenommen. Konsumentenurteile zu Aufrichtigkeit und Bodenständigkeit sind Durchschnitt. Weiterhin werden Weine in robusten Verpackungen als qualitativ geringwertig, eher billig, wenig gesundheitsfördernd, stilvoll und elegant gesehen.

Verpackungsdesigns des *kontrastreichen* Typs werden ebenfalls mit aufregenden Weinen assoziiert; auch sie erscheinen weniger kompetent und anspruchsvoll und nur durchschnittlich aufrichtig. Im Unterschied zu Robusten Designs werden kontrastreiche Verpackungen jedoch als bodenständiger angesehen. Verbraucher nehmen so verpackte Weine außerdem als qualitativ geringwertiger, eher maskulin und billig wahr.

Tabelle 8.3   Kundenwahrnehmung ausgewählter Weinverpackungen (N = 327)

Eindruck	Mittelwert	Niedrig	Hoch
Aufrichtigkeit	3.01		
Aufregung	3.04		
Kompetenz	3.16		
Anspruchsvoll	3.01		
Bodenständig	2.34		

Natürliche Verpackungsdesigns erzeugen Eindrücke hoher Aufrichtigkeit, Kompetenz und eines hohen Anspruchsniveaus. Gleichzeitig werden so verpackte Weine als weniger aufregend und durchschnittlich bodenständig gesehen. Verbraucher nehmen sie außerdem als qualitativ höherwertig, feminin, gesund, nicht billig, aber von gutem Preis-Leistungs-Verhältnis wahr und verbinden angenehme Erinnerungen mit ihnen.

Tabelle 8.4 Verpackungsdesigntypen und die Wahrnehmung darin verpackter Weine durch Kunden (Orth & Malkewitz 2008)

Eindruck	*Verpackungsdesigntyp*				
	Massiv	Kontrastreich	Natürlich	Zart	Unauffällig
Aufrichtig	mittel	mittel	hoch	mittel	gering
Aufregend	hoch	hoch	gering	gering	gering
Kompetent	gering	gering	hoch	hoch	mittel
Niveauvoll	gering	gering	hoch	hoch	mittel
Bodenständig	mittel	hoch	mittel	gering	gering
Qualität	gering	gering	hoch	hoch	mittel
Kommerziell	gering	mittel	mittel	mittel	hoch
Billig	hoch	hoch	gering	gering	mittel
Feminin	mittel	gering	mittel	hoch	mittel
Angenehm	mittel	mittel	hoch	mittel	gering
Gesund	gering	mittel	hoch	mittel	mittel
Stilvoll	gering	mittel	mittel	hoch	mittel
Preiswert	mittel	mittel	hoch	mittel	gering

Zarte Verpackungsdesigns lassen Weine sehr kompetent und niveauvoll erscheinen. Verbraucherurteile zu den Eindrücken aufrichtig, aufregend und rustikal sind eher Durchschnitt. Zarte Verpackungen kommunizieren aber qualitativ hochwertige, stilvolle, elegante und definitiv nicht billige Weine.

Der letzte Typ, *unauffällige* Designs, wird als wenig aufrichtig, wenig aufregend und wenig bodenständig wahrgenommen. Verbraucherurteile zu Kompetenz und Anspruchsniveau sind nur Durchschnitt. Die Weine werden außerdem eher großen Konzernen zugeordnet und nicht kleinen oder Familienunternehmen. Nach Meinung der Verbraucher bieten so verpackte Weine kein gutes Preis-Leistungs-Verhältnis und rufen keine angenehmen Erinnerungen hervor. Aus diesen eindeutigen Zusammenhängen lassen sich unmittelbar Hinweise für die Gestaltung von Weinverpackungen ableiten. Eine entsprechende Übersicht findet sich am Ende dieses Kapitels.

8.4 Verpackungen und Affekt

Motive für den Kauf von Wein gehen nicht nur auf bewusste Urteile zurück (die vorstehend behandelten Kognitionen), sondern haben auch affektive Komponenten. So kaufen Verbraucher Wein (und andere Produkte) auch und gerade wegen damit verbundener positiver Gefühle, aus einer momentanen Stimmung heraus oder einfach weil die Verpackung sie anspricht.

Der Attraktivität bzw. Ästhetik einer Verpackung kann dabei erhebliches Gewicht im Kaufentscheidungsprozess zukommen (Orth, Malkewitz & Campana, 2010). Manche Kunden legen einen besonderen Wert auf ästhetisch ansprechende Verpackungen und bevorzugen attraktive Varianten, insbesondere wenn Qualität und Preis ansonsten gleich sind, da der Anblick oder Besitz solcher Objekte positive Emotionen auslöst (Creusen & Schoormans, 2005). In solchen Fällen sind die Käufer sogar bereit, einen höheren Preis in Kauf zu nehmen.

Hinsichtlich der näheren Umstände solcher affektiv motivierten Kaufentscheidungen belegen neuere Untersuchungen, dass zwei Faktoren die Bedeutung von Affekt beim Weinkauf beeinflussen: das Involvement des Käufers mit Wein sowie sein ästhetisches Empfinden. Hoch involvierte Weinliebhaber und -experten leiten aus dem äußeren Erscheinungsbild einer Weinverpackung Hinweise zur Qualität des Weines ab, stützen ihre Entscheidung auf dieses Qualitätsurteil und lassen sich weniger von Emotionen beeinflussen. Ästhetisch empfindsame und weniger mit Wein involvierte Kunden dagegen verarbeiten Weinverpackungen nicht primär über diese Qualitätsroute, sondern über eine parallele, affektive Route. In deren Zentrum steht die Ästhetik der Verpackung, die wiederum die Kaufabsicht beeinflusst. **Abbildung 8.2** verdeutlicht die Zusammenhänge.

Besonders erwähnenswert ist die Verknüpfung beider Routen über den Einfluss der Ästhetik auf die wahrgenommene Qualität. Eine Vielzahl von Untersuchungen zum Konsumentenverhalten belegt einen entsprechenden positiven Einfluss nach dem Motto "what is beautiful is good" bzw. dem sogenannten Attraktivitäts-Stereotypen (Kamins, 1990). Für Wein verbinden aber nur wenig involvierte Kunden und Ästheten attraktive Verpackungen mit hoher Qualität. Weinliebhaber und Experten schlussfolgern aus einer attraktiven Verpackung einen eher minderwertigen Wein (Orth, Malkewitz & Campana, 2010).

Bemerkenswert ist weiterhin, dass – wie schon die zuvor beschriebenen Kognitionen inklusive dem Qualitätsurteil – auch affektive Kundenreaktionen (Ästhetik) auf konkrete Designeigenschaften zurückgehen. Dies sind die Natürlichkeit (im Sinne von Repräsentativität) der Verpackung, ihre Detailliertheit und Harmonie. Während diese drei Designfaktoren die wahrgenommene Qualität positiv beeinflussen, empfinden Kunden Verpackungen als ästhetischer, wenn diese eher ungewöhnlich, weniger detailliert oder kontrastreich statt harmonisch sind.

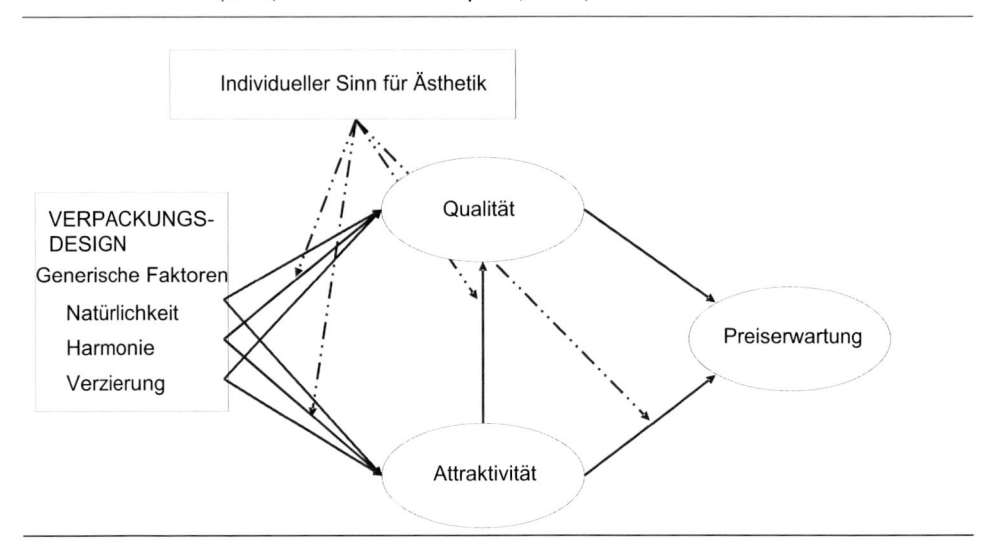

Abbildung 8.2   Qualitäts- und Ästhetikroute der Wirkung von Weinverpackungen
(Orth, Malkewitz & Campana, 2010)

Auch diese Erkenntnisse unterstützen eine gezielte Nutzung des Designs von Weinverpackungen, um ausgewählte Kundensegmente affektiv anzusprechen. Bevor der letzte Abschnitt des Kapitels entsprechende Handlungsempfehlungen zusammenfasst, geht der folgende Abschnitt noch auf die Rolle von Metakognitionen ein.

8.5   Metakognitionen: Prozess statt Inhalt

Der Begriff der „Wahrnehmung" beschreibt, wie Menschen die Welt um sich herum sehen und organisieren. So können zwei Konsumenten unter gleichen Bedingungen auf einen identischen Reiz treffen (z.B. eine Weinverpackung), aber zu unterschiedlichen Urteilen gelangen. Wie der erste Abschnitt dieses Kapitels verdeutlichte, bilden Kunden ihr Urteil basierend auf den visuellen Designelementen der Verpackung. Entsprechende Kognitionen beeinflussen dann das Kaufverhalten. Dieses hängt jedoch nicht nur von den vorstehend behandelten Kognitionen und affektiven Reaktionen ab, sondern zusätzlich von einer dritten Größe, den sogenannten Metakognitionen. Im Unterschied zu Qualitätsurteilen oder Eindrücken zur Markenpersönlichkeit sind Metakognitionen nicht auf den Gegenstand der Beurteilung bezogen (z.B. eine Weinverpackung), sondern auf den Beurteilungsprozess: Lässt sich ein Qualitätsurteil oder anderer Eindruck leicht, schnell und präzise aus der Verpackung ableiten, führt das zu hoher Fluenz und damit automatisch zu einem höheren Gefallen des Weins. Ist die Formung von Eindrücken dagegen schwierig, langwierig und ungenau, ist die entsprechende Verpackung disfluent und der Wein gefällt weniger. **Abbildung 8.3** verdeutlicht die zugrundeliegenden Zusammenhänge.

Abbildung 8.3 Die Rolle von Metakognitionen bei der Ableitung von Bedeutung aus Weinverpackungen (Orth und Malkewitz, 2010)

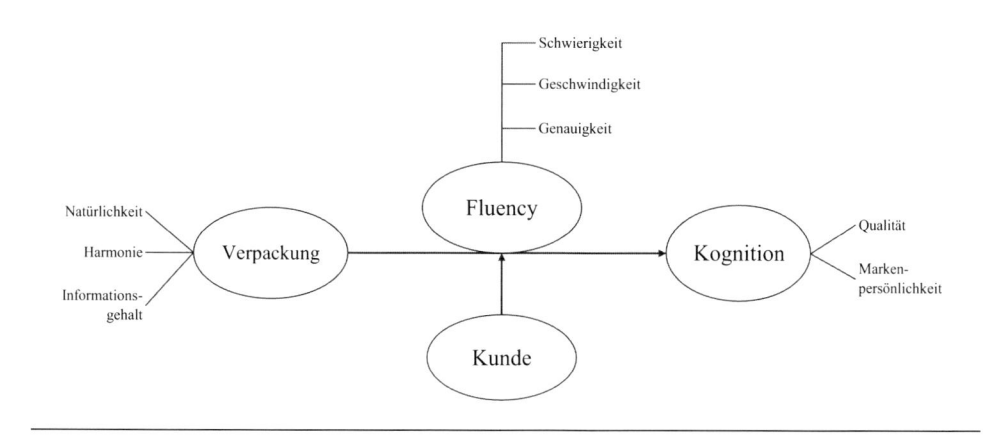

Wie zuvor schon Kognitionen und Affekt lassen sich auch Metakognitionen auf wenige Designeigenschaften zurückführen. So sind natürliche, harmonische und detailarme Verpackungen prinzipiell fluenter als untypische, kontrastreiche oder sehr detaillierte Varianten. Diese Eigenschaften sprechen eigentlich für eine vermehrte praktische Nutzung entsprechender Weinverpackungen. Dem gegenüber stehen jedoch Unterschiede in der Fähigkeit eines Designs, Eindrücke zu Qualität oder Markenpersönlichkeit konstant über unterschiedliche Entfernungen hinweg zu vermitteln. Im Extremfall erscheint ein Wein aufgrund seiner Verpackung aus größerer Entfernung betrachtet als qualitativ minderwertig und wird daher von potenziellen Kunden ignoriert, während der Eindruck aus näherer Distanz betrachtet ein völlig anderer ist. Natürliche und kontrastreiche Verpackungen sind in dieser Hinsicht stabiler in der Vermittlung von Eindrücken, während diese bei kontrastreichen und untypischen Verpackungen größeren Schwankungen unterliegen.

Neben der Verpackung selbst beeinflussen jedoch auch persönliche Eigenschaften des Betrachters die Fluenz (und damit das Gefallen einer Weinverpackung). Dies gilt insbesondere für den bereits erwähnten individuell unterschiedlichen Sinn für Ästhetik. So führt die größere Erfahrung und ausgeprägtere Fähigkeit ästhetisch begabter Konsumenten dazu, dass sie kaufrelevante Eindrücke schneller und zuverlässiger aus Verpackungen ableiten können. Eine Konsequenz aus der unterschiedlichen Verteilung visueller Fähigkeiten in Kundensegmenten ist eine breitere bzw. schmalere Streuung von Kognitionen je nach betrachtetem Verpackungstyp. Grundsätzlich streuen Eindrücke zu Qualität und Markenpersönlichkeit weniger, wenn sie aus harmonischen und natürlichen Designs geformt werden und mehr, wenn sie auf untypischen und kontrastreichen Verpackungen basieren. Der folgende Abschnitt geht auf Schlussfolgerungen im Sinne eines zielgruppengerechten Verpackungsdesigns ein.

8.6 Fazit: Zielgruppengerechtes Verpackungsdesign

Welche Konsequenzen lassen sich nun aus den vorgestellten Studien für das Weinmarketing und das Design von Weinverpackungen ableiten? Kurz gesagt können sowohl die Kundengewinnung als auch die Kundenbindung durch ein zielgerichtetes und ganzheitliches Verpackungsdesign verbessert werden.

Unter anderem eröffnen die beschriebenen Zusammenhänge neue Möglichkeiten hinsichtlich einer gezielten Produktpositionierung. So ist es beispielsweise möglich, durch ein dem tatsächlichen Produkt entsprechendes Design den Wein klar und unverwechselbar im Markt zu positionieren. Ein weiterer wichtiger Aspekt ist die Verbesserung des ersten Eindrucks von Verpackungen und damit der ersten Beurteilung von Weinen über die räumliche Distanz, vor allem bei Designtypen, die bei Betrachtung aus der Nähe an Stabilität verlieren.

Die Vorgehensweise zur systematischen Nutzung von Verpackungsdesign für die gezielte Ansprache attraktiver Zielgruppen sollte wie folgt erfolgen: Wichtig ist, dass die erfolgreiche Nutzung von Design bereits im Vorfeld mit Überlegungen zur Zielgruppenauswahl beginnt. Die zentrale Frage lautet: „Wer soll den Wein kaufen?". Mögliche Zielgruppen können zum Beispiel Besucher eines Restaurants der gehobenen Kategorie in einer ausländischen Großstadt sein oder Kunden eines Einkaufscenters mit großer Weinabteilung inklusive Beratung; vielleicht auch Familien mit Kindern, die in Mainfranken einen Wanderurlaub verbringen, eine Ferienwohnung mieten und direkt im Weingut einkaufen. Die Persönlichkeiten der Verbraucher in diesen drei Beispielgruppen variieren natürlich.

Ist die Zielgruppe identifiziert, kann die jeweils passende Markenpersönlichkeit des Weins festgelegt werden. Unterstützt wird diese Profilbildung durch eine Definition über die Dimensionen aufrichtig, anspruchsvoll, kompetent, aufregend und rustikal. Dann erst können die Ergebnisse der hier vorgestellten Untersuchungen genutzt werden, um aus der angestrebten Markenpersönlichkeit das geeignete Verpackungsdesign abzuleiten. Soll beispielsweise eine kompetente Markenpersönlichkeit vermittelt werden, empfiehlt sich die Verwendung eines natürlichen oder eines zarten Verpackungsdesigns. Aus der Charakterisierung natürlicher Designs durch gedämpfte Farben, schlanke Formen und Proportionen, große Mengen unauffälligen Texts, wenige und schwache Abbildungen und gedämpfte Farbschemata ergibt sich dann der kreative Freiraum zur Umsetzung.

Sinnvollerweise sollte eine Verpackung vor ihrer endgültigen Verwendung darauf getestet werden, ob sie tatsächlich die gewünschten Eindrücke vermittelt. Ob sich Verbraucher letztendlich zum Kauf entschließen, hängt dann wiederum von der Genauigkeit der eingangs beschriebenen Zielgruppendefinition ab. Nur wenn diese sorgfältig ausgewählt wurde und eine dazu passende Weinpersönlichkeit konzipiert wurde, kann das Verpackungsdesign auch „Überzeugungsarbeit" leisten. Aber das ist schließlich das Grundprinzip markt- bzw. kundenorientierter Unternehmensführung.

Glossar

Affekt

Spontane, intensive Gefühlsäußerung, die eher kurzfristig und wenig kontrollierbar ist (z.B. Freude, Angst, Eifersucht). Arten von Affekt sind kurzfristig auftretende aber intensive Gefühle/Emotionen, sowie längerfristig stabile aber weniger intensive Stimmungen. Ein Affekt ist nicht zielgerichtet, da intuitiv, aber handlungsorientiert.

Fluenz

Subjektive Leichtigkeit der Wahrnehmung und Verarbeitung von z.B. visuellen Reizen wie Verpackungen. Die Fluenz eines Designs hat Auswirkungen auf Präferenz, Kaufbereitschaft und Ästhetik.

Kognition

Überbegriff für alle Prozesse des Wahrnehmens, Erkennens, Denkens, Lernens, Erinnerns sowie Bewertens und Beurteilens. Kognitionen sind zu unterscheiden von den Emotionen und der Konation, der zielgerichteten Handlungsabsicht. Im Hinblick auf das psychologisch nicht teilbare Verhalten ist eine strenge Trennung zwischen Kognition, Emotion und Konation nicht möglich.

Metakognition

Beurteilung der eigenen kognitiven Prozesse, das Wissen über das eigene Wissen.

Literatur

[1] Beverland, M. (2004). Uncovering "Theories-in-use": Building Luxury Wine Brands. *European Journal of Marketing, 38*(3-4), 446-466.
[2] Creusen, M. & Schoormans, J. (2005). The Different Roles of Product Appearance in Consumer Choice. *Journal of Product Innovation Management,* 22(1), 63-81.
[3] Heise, J. (2005). Praxisbezogene Erfolgsfaktoren des Packagings, in: Gaiser, B., Linxweiler, R., Brucker, V. (Hrsg.). *Praxiorientierte Markenführung,* Wiesbaden: Verlag Kohlhammer.
[4] Koppelmann, U. (1996). *Produktmarketing – Entscheidungsgrundlage für Produktmanager.* Berlin: Springer Verlag.
[5] Orth, U.R., & Malkewitz, K. (2008). Holistic Package Design and Consumer Brand Impressions. *Journal of Marketing,* 72(3), 64-81.
[6] Orth, U.R., & Malkewitz, K. (2010). When Consumers form Judgments Easily and Speedily but not Accurately: Relationships between Design Factors and Fluency Parameters. *Journal of the Academy of Marketing Science,* in press.
[7] Orth, U.R., Campana, D., & Malkewitz, K. (2010). Formation of Consumer Price Expectation Based on Package Design: Attractive and Quality Routes. *Journal of Marketing Theory and Practice,* in press.

9 Wein-Verpackungs-Design praktisch und erfolgreich umsetzen

Dr. Franz-Josef Vollherbst, VollherbstDruck

Heinz Urben, VollherbstDruck

Inhalt

9.1	Wein-Design – elementares Instrument des Weinmarketings	199
9.2	Relevanz der Etiketten-Ausstattung im Wein-Verpackungs-Design	200
9.3	Wein-Design als Spezialdisziplin des Verpackungs-Designs	202
9.4	Kommunikationskriterien als Basis für die Etikettengestaltung	203
9.5	Design-Entwicklung im Dialog	212
9.6	Vom Design zum Etikett	215
9.7	Mit Weindesign zum Erfolg	216

9.1 Wein-Design – elementares Instrument des Weinmarketings

Das Auge kauft mit – das Auge trinkt mit – es ist Empfänger von Botschaften, die Emotion, Motivation und Entscheidungen auslösen. Im Wettbewerb um den Konsumenten spielt Verpackungs-Design eine entscheidende Rolle. Es ist allenthalben die Rede vom „Wettbewerb der Verpackungen". Dieser Wettbewerb um den Konsumenten findet zunehmend im anonymen Selbstbedienungs-Regal statt. Dort muss das Produkt für sich selbst werben, sich selbst verkaufen. Damit übernimmt die gezielt gestaltete Verpackung die wichtige Funktion der visuellen Kommunikation im Produktmarketing. Wesentliche Aufgabe des Verpackungs-Designs ist dabei, Markenidentität und Anziehungskraft zu vermitteln.

Design ist Produktsprache. So lautet eine treffende Definition aus der Kommunikationswissenschaft. Gestaltung also, die für das Produkt spricht. Im Wortsinn „an-sprechende" Gestaltung. Sie vermittelt Qualität, Wert und Herkunft eines Produktes, bindet Kunden und kommuniziert. Verpackungsdesign ist somit Marketing im Sinne der Schaffung von Produktidentität, Produktauszeichnung und Produktkommunikation mit dem Ziel nachhaltiger Absatzförderung.

Die Angebotsbreite im Konsumgüterbereich nimmt täglich zu. Der Wettbewerb wird zunehmend international. Die Welt verändert sich schneller denn je. Die reale Welt wird von der virtuellen Welt überlagert. Design-Stile entwickeln sich und beeinflussen sich gegenseitig. Zeitgeist und Lifestyle bestimmen Erwartungen, Vorlieben und Verhalten der Konsumenten. In diesem Umfeld ist Verpackungs-Design eine permanente Herausforderung. Dies ist zum einen von maßgeblicher Bedeutung bei der Schaffung neuer Produktgestaltungen und macht zum anderen deutlich, dass es unerlässlich ist, bestehendes Design und Markenidentität ständig zu überprüfen. Verpackungs-Design für Wein im Speziellen muss die bisher dargelegten Aspekte ebenso berücksichtigen wie die spezifischen Gegebenheiten der „Welt des Weines". Gerade das spezifische Umfeld des Kulturgutes Wein unterscheidet die Aufgabe für den Wein-Verpackungs-Designer erheblich von dem anderer Konsumgüter. Für die weiteren Betrachtungen wird hier Wein-Verpackungs-Design begrifflich konkretisiert und enger abgegrenzt. Denn im weitesten Sinne umfasst dieser Begriff die Gestaltung folgender Elemente:

- Etiketten
- Flaschenanhänger
- Kapsel
- Flaschenverschluss
- Flasche
- Transport- und Präsentationsverpackung
- Paletten-Design

Obwohl sich der folgende Beitrag in der Hauptsache mit der Gestaltung von Etiketten auseinandersetzt, sei hier dennoch kurz auf die Bedeutung des Designs für die anderen Elemente der Weinverpackung eingegangen. Diese erfüllen zwar vorwiegend die herkömmliche Funktionen von Verpackungen wie Sicherstellung der Transportfähigkeit und den Schutz des Produkts. Sie übernehmen jedoch durch entsprechendes Design zunehmend auch die Funktion der Werbung für das Produkt und die der Attraktion im ursprünglichen Wortsinn: der Anziehungskraft. So werden Transportmittel also auch zu kommunizierenden Botschaftern und dies umso mehr, wenn Weine wie in Discountmärkten üblich, verstärkt in ihren Transportkartons angeboten werden. In diesem Umfeld kommt häufig vor, dass der Wein nicht nur im Karton, sondern direkt von der Transportpalette abverkauft wird. Insofern spielt auch das Paletten-Bild eine entscheidende Rolle. Das Paletten-Bild, das sich aus der Zusammensetzung der einzelnen Transportkartons als Gesamtwirkung ergibt, ist eine Gestaltungsoption, die bisher noch wenig beachtet und noch seltener genutzt wird. Auch Präsentationspaletten für die Zweitplatzierung halten im Rahmen des Kommunikations-Mix immer weiter Einzug in die Märkte. Deren Gestaltung ist häufig aktionsbezogen, sollte allerdings auf die Flaschenausstattung Bezug nehmen.

Dass die Weinflasche mehr als die Funktion eines Behältnisses erfüllt und vielmehr durch Form, Farbe und spezielles Glasdesign wesentlich zum Produktdesign beiträgt, kann hier nicht weiter vertieft werden. Für den Designer der Etikettenausstattung ist der Flaschentyp in der täglichen Praxis meist vorgegeben. Der Trend zur Designerflasche hat sich in der Weinbranche nicht durchgesetzt. Abgesehen von wenigen Ausnahmen, z.B. J. P. Chenet, dominieren klassische Flaschenformen das Bild.

Flaschenverschlüsse wie Natur- und Kunststoffkorken, Schraubverschlüsse und andere spielen für das Produktdesign ebenso eine eher sekundäre Rolle, da sie dem ersten Blick nicht so sehr ausgesetzt sind. Dennoch bieten sich auch bei deren Gestaltung Möglichkeiten zur Individualisierung und Abstimmung auf das Gesamterscheinungsbild des Produktes. Mit zunehmendem Einsatz der Longcap im Weinbereich wird deren Design ebenso wie bisher die Gestaltung von Kapseln zu einem wichtigen Gestaltungselement der Flaschenausstattung. Es bleibt jedoch festzuhalten, dass für die visuelle Kommunikation die Etikettenausstattung das wichtigste Element der Weinflasche ist.

9.2 Relevanz der Etiketten-Ausstattung im Wein-Verpackungs-Design

Etiketten haben die elementare Aufgabe, Botschaften zu kommunizieren, Botschaften in Form von Sachinformation über den Inhalt, Motivation zum Kauf und Hilfestellung zur Wiedererkennung. Haben in früheren Zeiten einfache Textetiketten deren originären Zweck der informativen Deklaration und Inhaltsbeschreibung erfüllt, trat mit zunehmender Breite des Angebots im Wettbewerb um den Käufer die Motivationsaufgabe in den Vordergrund.

❚❚ Die **kommunikative Funktion** des Etiketts teilt sich auf in *Information* (sachlicher Wissenstransfer) und **Motivation** (emotionale Ansprache).

Ihre **Informationsfunktion** erfüllen Etiketten im Wesentlichen mit Wortangaben, die das sachlich notwendige Wissen über den Flascheninhalt und somit über den Wein vermitteln. Informationsfunktion kommt allerdings im weitesten Sinne betrachtet nicht nur dem Etikett zu. Bereits Flaschenform und Farbe können Signalwirkung haben und damit Information vermitteln. So hat allein die Form der Flasche bereits Informationscharakter bezüglich bestimmter Markenweine, wie das Flaschendesign der Marke J.P. Chenet deutlich macht. Ebenso kann schon die Flaschenform alleine, die Herkunft des Weins offenbaren wie dies zum Beispiel beim Bocksbeutel der Fall ist.

Die Bedeutung der **Motivationsfunktion** der Flaschenausstattung wird klar, wenn man sich vorstellt, dass alle Weine auf dem Markt zum Beispiel mit einheitlichen Textetiketten ausgestattet wären. Diese Etiketten würden die engere Informationsfunktion bereits erfüllen. Sachlich wäre das ausreichend. Zum gezielten Verkauf und Marketing bedarf es jedoch mehr: der Motivation des Verbrauchers, der Beeinflussung seines Verhaltens.

Das bedeutet: Die Flaschenausstattung soll ansprechen, kommunizieren, beeinflussen und somit motivieren, etwas bewegen, Stimmung vermitteln, zum Genuss und zum Kauf anregen. Dies konkret ist Aufgabe von Wein-Verpackungs-Design – hier auch Wein-Design genannt. Gängige Charakterisierungen des Weinetiketts sprechen von der Visitenkarte des Weines, seiner Identitätskarte – oder sie bezeichnen das Etikett als das „Gesicht" des Weines. Diese und ähnliche Bezeichnungen stellen jedoch nur einen Teil seiner wesentlichen Funktionen und Optionen dar. Um die Relevanz der Etiketten-Ausstattung im Wein-Verpackungs-Design zu verdeutlichen, betrachten wir das Weinetikett als Instrument der visuellen Kommunikation mit dem Ziel, Motivation zum Kauf und Wiedererkennung des Produkts zu erreichen.

❚❚ Das Weinetikett ist ein **Instrument zur visuellen Kommunikation** mit dem Ziel beim Konsumenten **Kaufmotivation** und **Wiedererkennung** zu erreichen.

Diese grundlegenden Ausführungen unterstreichen die Bedeutung der Etiketten-Ausstattung für den Erfolg eines Produktauftritts am Markt und formulieren damit generell die Anforderungen an das Etiketten-Design. Etiketten beeinflussen mit Optik und Ausstrahlung die persönliche Kaufentscheidung, lösen Emotionen aus, die letztlich maßgeblich darüber bestimmen, zu welchem Produkt, welcher Marke, welchem Wein der Kunde greift. Professionelle Marktuntersuchungen haben gezeigt, dass ebenso Geschmacksvorstellungen und -empfindungen durch Etiketten beeinflusst werden.[1] Das Design für einen Wein oder eine Weinlinie entscheidet also maßgeblich mit über den Markterfolg.

---

[1] Besonders interessant und aufschlussreich sind dazu die Forschungsergebnisse des französischen Wissenschaftlers Frédéric Brochet, Professor für Weinkunde an der Universität Bordeaux.

9.3 Wein-Design als Spezialdisziplin des Verpackungs-Designs

Erfolgreiches Verpackungs-Design speziell für Wein setzt nicht nur Kenntnis des Produkts und seines Marktes, sondern auch Bewusstsein über sein kulturelles Umfeld voraus. Wein ist das älteste Kulturgetränk der Menschheit mit maßgeblichem Stellenwert in unserer Geschichte, in Religion, Medizin und Literatur. Sicher auch aufgrund seiner geschichtlichen Bedeutung ist Wein bis heute mehr als nur ein Getränk. Wein ist mit Emotion verbunden und für viele Konsumenten auch Ausdruck des persönlichen Stils. Weingenuss ist Ausdruck für die Kunst des Genießens.

Mehr als bei vielen anderen Getränken ist der Genuss von Wein häufig Gegenstand und Anlass von zwischenmenschlicher Kommunikation über das Produkt selbst. Man führt Gespräche über Wein und es gehört in Gesellschaft heute zum guten Ton, Weinwissen auszutauschen. Dabei ist das Interesse an Informationen über Wein in unserer Zeit gewiss ausgeprägter als früher. Ein Fakt, der beim Wein-Verpackungs-Design berücksichtigt werden muss. Wein ist in der Tat mehr als ein Konsumgut. Wein ist ein Kulturgetränk, das den Menschen seit Jahrtausenden begleitet. Diesem besonderen Stellenwert hat Wein-Design Rechnung zu tragen durch wertige und seriöse und zudem jeweils zeitgemäße Gestaltung. Kurzlebige, affektierte Konsumoptik auf der Weinflasche widerspricht diesem Verständnis und schadet dem Ansehen des Weines – und nicht zuletzt seinem qualitätsgerechten Preisniveau.

Wein ist heute ein komplexes Produkt, das sich durch eine Vielzahl von Attributen unterscheidet: durch Sorte, Geschmackstypus, Weinstil, Herkunft, Qualitätsstufe und vieles mehr. Zudem hat die Globalisierung der Branche zu einer unüberschaubaren Angebotsbreite und Präsenz in den Regalen der Lebensmittelhändler und Discounter geführt. Bei diesen Gegebenheiten, insbesondere der Vielfalt im Angebot, ein Produkt-Design zu konzipieren, das den potenziellen Käufer gezielt hin zu einem bestimmten Produkt lenkt, ist eine Herausforderung, die neben systematischem, strategischem Vorgehen viel Erfahrung und Fachkompetenz des Designers erfordert. An welchen Kriterien kann und muss sich das Wein-Design konkret orientieren, um diese anspruchsvolle Aufgabe zu erfüllen? Neben der Erfahrung des Designers hilft es die Etikettenausstattung genauer zu konzeptionalisieren und mit klaren Aufgabenstellungen zu umreißen. Ein wirkungsvolles Etikettendesign muss demnach:

- informieren
- ansprechen
- zum möglichst wiederholten Kauf motivieren
- im Wettbewerb bestehen, sich einprägen
- dazu Emotionen transportieren

Um diese Aufgaben erfüllen zu können muss sich zuerst der Auftraggeber des Designs über die genaue Marketingzielsetzung bewusst werden. Steht diese fest, kann sie in Kommunikationskriterien umgesetzt werden, die im Briefing dem Etikettendesigner mitgeteilt werden. Der Etikettendesigner wandelt diese dann in konkrete Gestaltungsmerkmale um.

9.4 Kommunikationskriterien als Basis für die Etikettengestaltung

Die für das Design relevanten Kriterien, die den Konsumenten in der „Kaufsituation" beeinflussen, sind zahlreich und in komplexen Zusammenhängen miteinander verbunden. Sie sind zudem abhängig von subjektiven Präferenzen des Verbrauchers und seiner situativ emotionalen Grundeinstellung. Die nachstehende **Abbildung 9.1** zeigt ein ausgewähltes Bündel von Kommunikationskriterien. Die Überkreuzung der Begriffe symbolisiert die Überschneidung und Verwobenheit der Einflussfaktoren in der Praxis.

Abbildung 9.1   Kommunikationskriterien für Weinetiketten

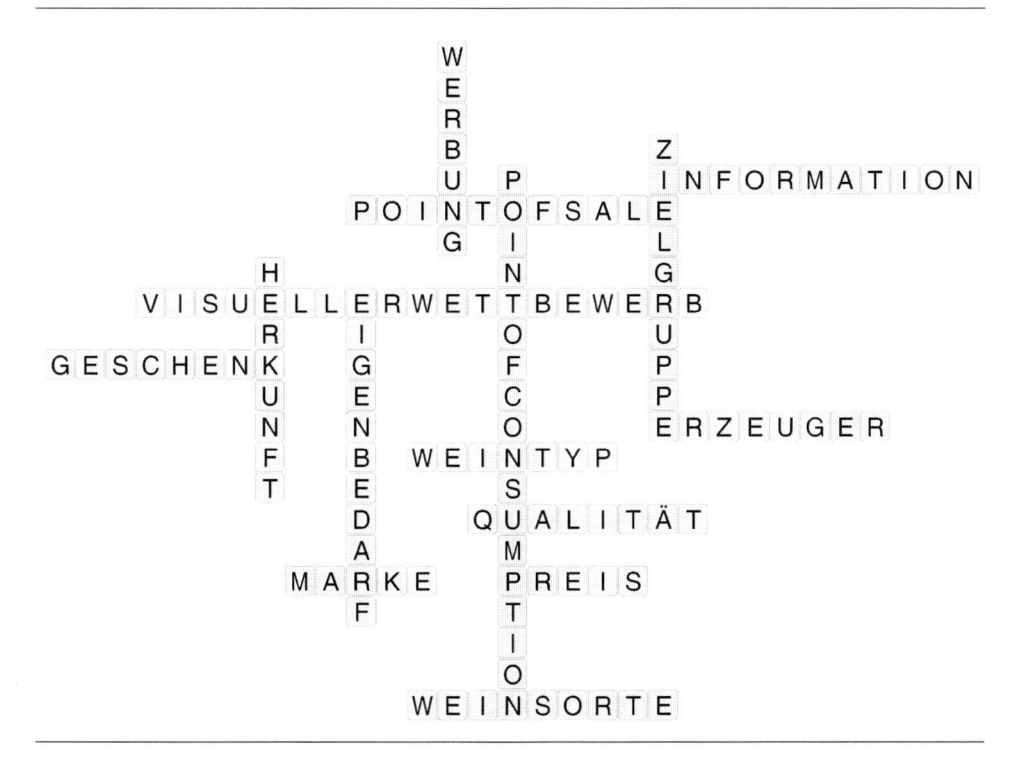

```
                        W
                        E
                        R
                        B                       Z
                        U        P              I N F O R M A T I O N
                P O I N T O F S A L E
                        G        I              L
        H               N                       G
        E   V I S U E L L E R W E T T B E W E R B
        R               I                O      U
G E S C H E N K         G                F      P
        U               E                C      P
        N               N                O      E R Z E U G E R
        F               B      W E I N T Y P
        T               E                S
                        D      Q U A L I T Ä T
                        A                M
                M A R K E      P R E I S
                        F                T
                                         I
                                         O
                        W E I N S O R T E
```

Zwei in der Abbildung aufgeführte Aspekte verdienen hier besondere Aufmerksamkeit. Einerseits muss die Gestaltung genau auf den spezifischen **Point of Sale** (POS) – den Ort des Verkaufs – des Weins abgestimmt werden. Andererseits gilt es ebenso den wahrscheinlichen **Point of Consumption** (POC) – den Ort und die Umstände des Konsums – mit in die Überlegungen zur Gestaltung einzubeziehen.

In Bezug auf den POS ist darauf zu achten, ob ein Wein im Discount-Markt, beim Weinfachhändler, im Direktvertrieb, im Restaurant oder im persönlichen Verkauf beim Erzeuger angeboten wird. Jeder dieser Orte hat seine eigene Charakteristik und sein eigenes Konkurrenzumfeld, welche äußerst unterschiedliche Ansprüche an das Wein-Design stellen. Allgemeingültige Regeln bezüglich der Ausrichtung des Designstils auf den jeweiligen POS lassen sich jedoch nicht aufstellen, denn heute wird in beinahe allen POS-Kategorien die ganze Bandbreite von Weintypen angeboten. Zudem zeigt die Erfahrung, dass die im Weiteren aufgeführten Kriterien das Design in weit größerem Maße beeinflussen. Generell sei jedoch darauf hingewiesen, dass die optische Differenzierung über das Weindesign die Sortimentsdifferenzierung nach Vertriebskanälen oft unterstützt.

Wenig thematisiert wird die Verbrauchersituation am POC, dem Ort des Konsums, obwohl ja gerade dort der Konsument wesentlich länger und intensiver mit der Verpackung interagiert als am Regal. Unter diesem Gesichtspunkt ergeben sich für die Gestaltung der Wein-Ausstattung erweiterte, interessante Optionen. Wir hatten bereits ausgeführt, dass Weingenuss gerade am POC häufig Gegenstand und Anlass von Gesprächen ist. Das Interesse an Information und Gesprächsstoff über Wein ist verbreitet gegeben. Die Informationsmöglichkeiten, die sich auf der Weinflasche bieten, sind allerdings bislang auf die wenigen Quadratzentimeter der Etiketten begrenzt. In dieser Hinsicht sehen wir eine zukunftsweisende Option im „Wein-Tagging". Eine innovative Form der visuellen Kommunikation erweitert die Möglichkeiten der Produktinformation über das Etikett hinaus. Diese neue Art der Kommunikationsgestaltung heißt „Wein-Tagging".[2] Der Schlüssel für das Wein-Tagging ist ein in das Etikett eingedrucktes Codebild, wie hier am Beispiel eines Data-Matrix-Codes[3] gezeigt.

Abbildung 9.2   Beispiel eines Data-Matrix-Codes

---

[2] In Anlehnung an den generellen Begriff „Mobile-Tagging" (to tag = engl. für identifizieren). Beim Mobile-Tagging wird mit Hilfe der Kamera eines mobilen Gerätes ein Codebild ausgelesen.

[3] Data-Matrix-Codes sind neben QR-Codes (quick response = schnelle Antwort) für Anwendungen, wie hier beschrieben, wohl am meisten verbreitet.

Ein Data-Matrix-Code ist ein zweidimensionales Rasterbild in binären Symbolen, das es ermöglicht, Informationen auf kleine Bildflächen zu verdichten und zu verschlüsseln. In dem Code können verschiedenste Daten gespeichert werden. Um diesen Code zu entschlüsseln, genügt ein normales Fotohandy, ausgestattet mit der passenden Software, die in modernen Geräten zur Standardausstattung gehört oder problemlos per Download installiert werden kann.

Abbildung 9.3 Die Funktionsweise von Wein-Tagging – vom Foto mit dem Fotohandy zur Webseite des Erzeugers

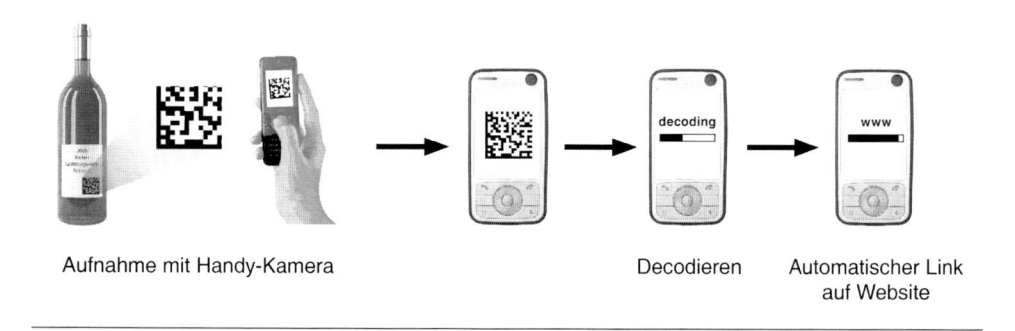

Aufnahme mit Handy-Kamera   Decodieren   Automatischer Link auf Website

Der Code wird mit der Handykamera aufgenommen, das quadratische Raster gescannt und mit dem installierten Code-Reader decodiert. Nun wird entweder die codierte Kontextinformation angezeigt oder man wird, soweit das Handy über einen Internetzugang verfügt, über eine Internetadresse nach der Decodierung direkt über den Handy-Browser auf eine mobile Website weitergeleitet, die zusätzliche Informationen enthält oder sogar Interaktionsoptionen bietet.

Wein-Tagging ermöglicht auf diese Weise umfassende Produktinformation weit über das Etikett hinaus und bietet zudem unmittelbar alle Online-Optionen wie Empfehlung, Bestellung, Verbraucherbefragungen und -tests, Eventhinweise, Gewinnspiele u.v.m. Schließlich lassen sich die entsprechenden Zugriffe erfassen und für das Weinmarketing auswerten. Dies bietet hervorragende Möglichkeiten für Responseanalysen und Messung der Kundenzufriedenheit. Direkt vom Etikett ins Internet: Das Handy als ein immer verfügbares Medium gewinnt rasant an Aufmerksamkeit. Vor allem Dienste aus dem mobilen Internet werden in letzter Zeit vermehrt auch von einer breiten Zielgruppe genutzt. Wein-Tagging wird damit zu einer Option innovativer Kommunikation mit dem Verbraucher, die bereits am Weinregal, aber vor allem am POC genutzt werden kann.

Zwischen **Verkaufspreis** und Design besteht insofern Ambivalenz, als dass sich der potenzielle Käufer selbst bei ansprechendem, attraktivem Design gegen das Produkt entscheidet, wenn es nicht in seine Preisvorstellung passt. Andererseits wissen wir, empirisch belegt, dass Design auch Preisvorstellungen beeinflussen kann – nach oben und unten.[4] In diesem Kontext ergibt sich eine wichtige Anforderung an das Wein-Design: Das Design sollte preisadäquat sein und mit dem Verkaufspreis korrespondieren. Das heißt weder, dass einfache, preisgünstige Trinkweine mit einfarbig bedruckten Packpapieretiketten ausgestattet werden sollen, noch dass hochwertige Weine vor Prunk auf der Flasche strotzen müssen. Oft ist gerade bei Premium-Qualitäten eher edles Understatement zu finden. Sensibilität bei der Gestaltung ist gefordert, damit die Erwartungen, die durch die Optik auf der Flasche geweckt werden, durch den Inhalt und den Genuss auch befriedigt werden. Äußerer und innerer Wert müssen übereinstimmen, um dem Konsumenten gegenüber glaubwürdig zu bleiben.

Die geografische **Herkunft** eines Weines ist gewiss einer der ganz bedeutenden Entscheidungsfaktoren für den Konsumenten – oft natürlich, wie bei den meisten anderen Faktoren, von der spezifischen Kauf- und Entscheidungssituation abhängig und je nach emotionaler Stimmung unterschiedlich. Zudem wird sie beeinflusst von Image und Werbemaßnahmen für Weinregionen oder -länder, von Urlaubserlebnissen oder positiver medialer Präsenz. Speziell die geografische Herkunft ist ein Kriterium für das Wein-Design, das bildlich und mit typischer Symbolik sehr gut auch visuell kommuniziert werden kann. Hierzu bieten beispielsweise Bildinhalte des speziellen Kulturraums des Kontinents, Landes oder der Region an. Es können je nach Bekanntheit der genauen Herkunft ebenso Inhalte gewählt werden, die eindeutig den Ort oder die spezifische Weinlage verkörpern. Es geht hierbei darum, Typizität in das visuelle Erscheinungsbild des Weins einzubinden, also ein visuelles Profil für die Herkunft des Weines zu schaffen.[5]

Werbung als weiteres Kriterium, das die Kaufentscheidung beeinflusst, kann ebenso Auswirkungen auf die Gestaltung des Wein-Designs haben, gerade im Zusammenhang mit der Werbung für Weinbaugebiete, ob kontinental, regional oder enger gefasst. Synergie-Effekte durch Verwendung entsprechender Motive, Logos und Gestaltungsstile sollten ausgeschöpft werden ohne die Individualität der einzelnen Wein-Ausstattung zu vernachlässigen.

Der **visuelle Wettbewerb** spielt bei einer grafischen Konzeption von Wein-Ausstattungen eine bedeutende Rolle. Die ausgeprägte Konkurrenzsituation am Weinmarkt macht es erforderlich, die direkten Wettbewerber zu kennen. Das heißt konkret: Der Gestalter muss wissen, mit welchen Designs die zu schaffende Wein-Ausstattung optisch im Wettbewerb steht, um mit neuem Design erfolgreich zu sein. Denn Konzeption von Verpackungs-Design nimmt Bezug auf Bestehendes – ob in Richtung Kontrapunkt oder Adaption von

---

[4] German Wine Institute (2000) The Power of Packaging, *Research Findings*, DWI, Mainz

[5] Siehe hierzu auch die Ausführungen von Petra Eichberger zum ‚Country-of-Origin-Effekt' im Weinetikett. Petra Eichberger, Die äußere Produktgestaltung von Wein als kommunikatives Element bei der Vermarktung – unter besonderer Berücksichtigung des Weinetiketts, Diplomarbeit Hochschule Heilbronn 2006, S.54 ff.

Designstilen. Auch bei Letzterem hat das Design der Prämisse Alleinstellung durch grafische Profilierung und Eigenständigkeit zu folgen.

Verpackungs-Design, auch Weindesign, entwickelt sich nicht im luftleeren Raum. Design-Stile entwickeln sich permanent – in allen Bereichen des Lebens. Überall wo visuelle Kommunikation stattfindet, wird hin- und abgeschaut – abschauen hier ganz neutral gemeint. Ob im Bereich der Mode, des Auto-Designs oder des Wohnens – Design-Trends entstehen durch wechselseitige Beeinflussung. Dabei bildet sich zumeist ein „Mainstream" heraus, der die Richtung für einen Lebensbereich oder eine Produktgruppe für eine gewisse Zeit maßgeblich bestimmt und der dem Zeitgeist und dem Lifestyle entspricht. Ebenso wie Produkt-Lebenszyklen gibt es Design-Lebenszyklen. Der Trend zur Kurzlebigkeit bestimmt unsere Zeit. Bestehende Designs müssen in kürzeren Intervallen auf den Prüfstand, um stets auf der Höhe der Zeit zu sein, d.h. den Zeitgeschmack zu treffen, und auf die visuellen Erwartungen des potenziellen Käufers ausgerichtet zu sein. Gerade im Trend zur Kurzlebigkeit besteht jedoch alternativ die Option, Design nachhaltig auszurichten. Zeitbeständig, schnelllebige Trends überdauernd. Dies ist u.E. grundsätzlich auch der Weg für das Wein-Design. Denn, wie bereits erläutert, hat Wein als Kulturgut und Erzeugnis der Natur auch aus Sicht des Konsumenten einen besonderen Stellenwert, der gepflegt werden muss – auch durch nachhaltiges, klassisches Design.

Weinmarketing orientiert sich an **Zielgruppen**. Dies gilt dementsprechend auch für das Wein-Verpackungs-Design. Die Marketingforschung befasst sich mit diesem Thema gerade auch mit Blick auf „den" Weinmarkt seit geraumer Zeit. Die nachstehende Matrix „Zielgruppen für Wein" ist ein Beispiel dafür. Wein-Design auf bestimmte Zielgruppen von Verbrauchern auszurichten, erweist sich in der Praxis allerdings als recht anspruchsvolle Aufgabe, weil allgemeingültige und klare analytische Zuordnungen von Designstilen und Gestaltungselementen zu den definierten Zielgruppen nur begrenzt möglich sind. Zudem lässt sich Verbraucherverhalten nur grob und idealtypisch kategorisieren, denn der Konsument kauft heute ein Edelparfüm für 90 Euro, morgen die Billigseife für einen Euro beim Discounter. Offensichtlich fällt ein solcher Rollenwechsel immer leichter. Der Konsument, das unberechenbare Wesen. So kommt es bei den begrenzten Möglichkeiten, Wein-Design zielgruppenorientiert auszurichten, vor allem auf die Erfahrung und Intuition des Designers an.

An dieser Stelle sollen nur zwei generelle Kategorien von Zielgruppen thematisiert werden, die oft in Marketingbetrachtungen der Weinbranche eher geringe Beachtung finden. Zum einen handelt es hier um die Zielgruppen der **jungen Konsumenten**. Zum anderen soll hier die wachsende Gruppe der **älteren Konsumenten** betrachtet werden. Die Zielgruppe der „jungen" Weintrinker steht seit Jahren im Fokus der Anbieter. Mit „jungem" Design, gezielt weg vom klassischen oder gar traditionellen Stil, wurden bereits vor über 20 Jahren neue Wege beschritten. Viel kurzlebiges Design entstand dabei, das, weil zu modisch und emotional, nicht dem Produkt Wein angemessen war. Man erkannte bald, dass auch die Konsumenten jüngeren Alters Weingenuss mit eher gehobenem Lifestyle verbinden und entsprechend gestaltetes Design auch auf der Flasche erwarten. Wenig Beachtung im Weinmarketing findet unseres Erachtens die sogenannte Zielgruppe der

„Generation 60 plus". Eine neue Zielgruppe für das Weinmarketing, die „Best Ager", wie die „jungen Alten" im englischsprachigen Marketing auch genannt werden. Diese Generation zeichnet sich zunehmend aus durch aktive Freizeitgestaltung mit sportlicher Betätigung sowie überdurchschnittliches Interesse an Kultur, Reisen, Erlebnis und Genuss. Sie haben nach Abschluss ihrer beruflichen Aktivitäten mehr Zeit fürs Leben und sind im Durchschnitt finanziell nicht schlecht gestellt. Immerhin verfügt diese Altersgruppe in Deutschland heute schon über die Hälfte der gesamten Kaufkraft und des Geldvermögens. Die Werbewirtschaft nimmt sich diese Verbrauchergruppe zunehmend zum Ziel – wie zum Beispiel die Pro-Age-Werbekampagnen namhafter Kosmetikhersteller zeigen. Für Best Ager zählt Qualität, nicht nur der Preis. Der Best Ager hat ein ausgeprägtes Markenbewusstsein und stellt besondere Ansprüche an Produkte und Verpackungen. Die Verpackung muss aus seiner Sicht positive Emotionen wecken und vor allem auch informativ sein. Dabei darf das Design aber keinesfalls „seniorenmäßig" wirken, denn Studien zeigen: Die „jungen Alten" fühlen sich nicht alt und wollen sich auch nicht alt fühlen. Der Auftritt soll daher frisch, reif, gepflegt und hochwertig sein, um der Zielgruppe zu entsprechen. Anlehnungen an internationale Erfolgskonzepte können gewagt werden, da diese Gruppe viel gereist ist, mehrsprachig ist und sich mit Produkten aus aller Welt auskennt. Einig sind sich die Fachleute aber auch darin: Ist der „60plus"-Kunde erst einmal von einem Produkt angetan, belohnt er dies meist mit überdurchschnittlich hoher Markentreue. Es scheint höchste Zeit, auch im Weinmarketing auf die Generation 60 plus zu fokussieren. Die Best Ager werden aufgrund der demoskopischen Entwicklung bald die größte Bevölkerungsschicht ausmachen. „Amerika und Japan haben das bereits erkannt und sind Europa um Längen voraus."[6]

Die nachstehende Tabelle 9.1 der Zielgruppen für Wein wurde im Auftrag des deutschen Weinfonds entwickelt auf der Basis sogenannter Sinus-Milieus. Die Sinus-Milieus® sind als wissenschaftlich fundiertes Modell etabliert. Diese Milieus wurden auf typische Einstellungen und Verhaltensmuster bezüglich Wein und Weinkonsum hin untersucht. Daraus wurden sechs marketingrelevante, milieuspezifische Zielgruppen für Weinkonsumenten abgeleitet.[7]

Die grundlegenden Produkteigenschaften von Wein – Weinsorte, Qualitätsstufe und Weintyp – sind Basisfaktoren für Verbraucherentscheidungen. Sie werden jedoch im Allgemeinen nicht als primär designrelevante Kriterien betrachtet, sondern vielmehr als Bestandteil der Textangaben, die der Informationsfunktion des Etiketts nachkommen. Näher betrachtet bietet Wein-Design jedoch Möglichkeiten der visuellen Kommunikation auch im Bezug auf diese Kriterien.

---

[6] o.V. (2008) Generation 60 plus – Die jungen Alten: www.familie-und-tipps.de/.../Generation-60-plus.html

[7] www.sociovision.de/loesungen/sinus-milieus.html

Tabelle 9.1   Zielgruppen anhand von Sinus-Milieus (Quelle: DWI)

	Soziales Profil	Einstellung zu Wein	Weinkonsum	Kriterien bei der Weinauswahl	Flaschen-Ausstattungen
Klassische Weinkenner (2,8%)	Älter; Hohe Bildungsabschlüsse und Einkommen	Selbstsicher; Souverän; Weinkultur; Ansprüche	Hoher Pro-Kopf-Konsum; Trockene Weine	Komplexes Zusammenspiel unterschiedlicher Kriterien	Große Toleranz; Harmonie jenseits von Extremen
Moderne Weintrinker (7,8%)	Überwiegend männlich; Mittleres Alter; Hohe Bildungsabschlüsse und Einkommen	Selbstsicher, Souverän; Prestige/Lifestyle; Entdeckungsfreude; Suche nach Geheimtipps	Höchster Pro-Kopf-Konsum; Trockene Weine	Komplexes Zusammenspiel unterschiedlicher Kriterien	Moderne, avantgardistische Ausstattungen; Strikte Ablehnung trad. Designs
Ambitionierte Trendfollower (15,6%)	Überwiegend jung; Einfache Bildung; Angestellte mit gehobenem Einkommen	Streben nach Kennerschaft; Gewisse Unsicherheiten, deshalb hohe Bedeutung der Ausstattung	Regelmäßiger Konsum; Durchschnittlicher Pro-Kopf-Konsum	Region; Qualitätsstufe; Auszeichnungen; Ausstattung	Große Bandbreite; Präferenz für Bordeauxflaschen/extravagante Designs
Junge Unkomplizierte (6,5%)	Junges/mittleres Alter; Höhere Bildungsabschlüsse; Niedrige Einkommen	Unkomplizierter alltäglicher Umgang; Keine hohen Ansprüche	Leicht überdurchschnittlicher Konsum; Rotwein	Einfachstes Orientierungsschema	Orientierung an einfachen 1-Liter-Flaschen
Unsicherer Mainstream (20,8%)	Viele Frauen; Mittleres/hohes Alter; Einfache Bildung; Mittlere Einkommen	Gefühl der Unsicherheit und Überforderung	Unterdurchschnittlicher Weinkonsum/Pro-Kopf-Konsum	Geschmacksrichtung; Farbe; Preis	Präferenz für vertraute Ausstattungen; Nicht modern
Anspruchslose Traditionelle (8,5%)	Viele Frauen; Hohes Alter; Untere bis mittlere Einkommen	Wein als fremde Welt	Sehr geringer Pro-Kopf-Konsum; Liebliche Weine	Preis	Präferenz für trad. Ausstattungen; Nicht modern

So kann beispielsweise durch farbliche Differenzierung die optische Unterscheidung verschiedener Rebsorten einer Weinlinie erreicht werden, um bei der Kaufentscheidung oder auch am POC die Orientierung zu erleichtern. Farbliche Differenzierung findet ebenso Anwendung zur Markierung der Geschmacksrichtung von Weinen, wenn auch mit rückläufiger Tendenz. Insbesondere der Einsatz von Gelbtönen bei der Etikettengestaltung für trockene Weine hat in Deutschland breite Anwendung erfahren, letzteres vor allem für die Orientierung im Lebensmittelregal wie auch in der Gastronomie. Auch bezüglich des spezifischen Weintyps bietet Wein-Design eine Vielfalt gestalterischer Möglichkeiten: Leichtes, frisches Design für leichte, frische Weine – unterstützt durch entsprechende bildliche Symbolik wie Schmetterling und Blüten. Alternativ: Dunkle, satte Töne und Gestaltungselemente, die gehaltvollere, schwere Weine optisch charakterisieren.

In Analogie zur Weinsprache auch hier: „Typizität" des Designs abgestimmt auf den Weintyp. Das Etiketten-Design sollte der Weinqualität adäquat sein! Dieses Postulat ist gewiss besonders diskussionswürdig, kann jedoch in diesem Kontext nur generell angesprochen werden. Definitiv bietet Verpackungsdesign die Möglichkeit, Wertanmutung visuell zu kommunizieren und damit auch gezielt zu differenzieren. Verbreitet werden diese Optionen auch strategisch sinnvoll genutzt. Andererseits ist zunehmend festzustellen, dass der „Wettbewerb der Verpackungen" dazu führt, Basisqualitäten optisch so auszustatten, dass die Wertanmutung der Verpackung den „inneren Wert" des Erzeugnisses übertrifft. Diese Praxis ist in allen Bereichen des Designs von Konsumverpackungen festzustellen. Umso mehr muss gerade bei Wein-Design die Glaubwürdigkeit bezüglich der Wertanmutung im Vordergrund stehen, wenn es als Instrument im Marketing-Mix nachhaltig erfolgreich sein soll.

Differenzierte **Kaufanlässe und -motive** implizieren unterschiedliche Ansprüche an das Wein-Design. Eine spezielle Kategorie für die Verpackungs-Gestaltung stellen die sogenannten „Anlass-Weine" dar. Für solche Anlassweine bieten sich zum Beispiel folgende an:

- **Saison-Weine:** Jahreszeiten-Serien und Frühlings-/Sommer-/Weihnachts-/Glühwein
- **Speisebegleiter:** Wein zum Spargel / Wein zum Wild ... etc.
- **Geschenk-Weine:** Sternzeichen-Weinlinien als Geburtstagsgeschenk
- **Wein als Werbemittel** mit kundenspezifischer Individualisierung
- **Jubiläums-/Sondereditionen**

Die Etiketten-Gestaltung für solche Anlass-Weine ist meist geprägt von Designs, bei denen dem Anlass entsprechende Bildsymbolik im Vordergrund steht.

Vornehmste Aufgabe von Wein-Design ist, einen Erzeuger, ein Erzeugnis zur **Marke** zu entwickeln – für das kleine Weingut genauso wie für die Discount-Handelsmarke. Hauptziel ist, das eigene Erzeugnis von den Erzeugnissen der Wettbewerber positiv abzuheben bzw. den Erzeuger von anderen zu differenzieren. Im Sinne des Designs verstehen wir die Marke als ein Bild, ein Zeichen, das man sich merkt, das sich einprägt und eigenständig ist.

Ein Herausstellungsmerkmal, um dem Verbraucher zu mehr Orientierung im Markt vieler gleichartig erscheinender Produkte zu verhelfen, mit dem Ziel, auf das eigene Erzeugnis zu fokussieren. Die Logo-Gestaltung ist hierfür das grafische Instrument. Dabei geht es ganz einfach um das Schaffen von Bildern oder „visuellen Merkmalen", wie es in der Kommunikationsforschung heißt. Denn Bilder bleiben haften, Bilder kann sich der Mensch wesentlich besser und einfacher einprägen als Texte oder Zahlen. Das belegen nicht nur entsprechende Methoden des Gedächtnistrainings, darauf basiert auch Alltägliches wie beispielsweise Verkehrszeichen oder Piktogramme. Ein gelungenes Erscheinungsbild, welches das Produkt zugleich unverwechselbar und eigenständig macht, ist Voraussetzung dafür, eine erfolgreiche Marke zu schaffen und zu etablieren. Das Erscheinungsbild muss aber auch zum typischen Charakter des Produkts passen und beim Wein vor allem zum Charakter und Auftreten des Erzeugerbetriebes und zur geografischen Herkunft.

Ein besonderes Augenmerk verdient die Schaffung und Pflege von **Erzeuger-Marken**. Sie vermitteln dem Konsumenten personalisierte Herkunft und Vertrauen in das Produkt. Erzeuger-Marken, das gilt im Kleinen wie im Großen, stellen dem Etiketten-Designer eine klare Aufgabe: Dem Erzeuger auf der Produktausstattung ein Markenbild, visuelle Identität zu geben. In der Praxis geschieht dies durch Wort- und Bildlogos. Ein gutes Erzeuger-Logo sollte prägnant und unverwechselbar sein, um als Identifikationsmerkmal für das gesamte Unternehmen zu stehen, denn die Kreation und Pflege eines Erzeuger-Logos ist von immenser Bedeutung für das komplette Corporate Design eines Betriebes. Es muss auch deshalb so konzipiert sein, dass es den Erzeuger nachhaltig verkörpert, um auf lange Sicht Identität mittels visueller Kommunikation zu sichern.

Schließlich noch ein Blick auf die Kategorie der **Wein-Handelsmarken**, bei denen die Identität des Erzeugers bei der Verpackungs-Gestaltung völlig in den Hintergrund tritt. Hier kommen in aller Regel Fantasiebezeichnungen als Markennamen zum Einsatz wie Viala, Yellow Tail, Flamenco u.v.m. Der Designer hat bei der Etikettengestaltung entsprechend mehr Freiheit, muss jedoch stets auch den bisher genannten Kriterien gerecht werden, um den Zuspruch des Konsumenten zu finden.

Die Erhaltung der **Marken-Identität** ist so wichtig wie deren Neugestaltung. Design-Update und -Relaunch sichern die Aktualität des visuellen Produktauftritts und damit die eigene Kontinuität im Weinmarkt. Grundsätzlich sind wir auf diese Zusammenhänge im Rahmen der Ausführungen zum „visuellen Wettbewerb" bereits eingegangen.

Markenpflege muss jedoch mit viel Erfahrung und vor allem mit Bedacht erfolgen. Zu große Änderungen an Etiketten eingeführter Marken gefährden die Wiedererkennung und verunsichern den Verbraucher. Produktpersistenz – bewusstes Beibehalten der elementaren Designelemente – heißt der Grundsatz, um den Wechsel zu einem Konkurrenzprodukt zu vermeiden.

9.5 Design-Entwicklung im Dialog

Die bisher aufgezeigten Kommunikationskriterien für Wein-Design, produktspezifisch vom Marketing definiert, stellen für den Designer die Basis für seine kreative Aufgabe dar. **Briefing** ist die etablierte Bezeichnung in der Werbe- und Designbranche für die projektspezifische Aufgabenstellung an den Designer. Das Briefing legt das Fundament für jedes Gestaltungskonzept. Die folgende Checkliste gibt dem Leser eine erste Orientierung, auf welche Punkte es zu achten gilt.

- Geht es um eine **Neugestaltung**, **Relaunch** oder **Update**?
- Was ist die **Zielsetzung** des Produkts?
- Um welchen **Weintyp** handelt es sich?
- In welcher **Qualitätsstufe** und welchem **Preisniveau** ist der Wein angesiedelt?
- Ist es ein **Serienprodukt** oder ein **Einzelprodukt**?
- Handelt es sich um eine **Erzeugermarke** oder eine **Handelsmarke**?
- Was ist der **primäre Absatzweg** des Produkts?
- Welche **Zielgruppe** soll angesprochen werden?
- Welcher **grundsätzliche Designstil** wird gewünscht?
- Sind **Designelemente** wie z.B. Logos schon vorgegeben oder sollten sie entwickelt werden?
- Werden spezielle **Druckveredelungen** wie z.B. Prägefolien oder Duftlacke gewünscht?
- Gibt es spezielle **Textvorgaben** z.B. Slogan für Front-, Hals- oder Rückenetikett?
- Ist eine **weinrechtliche Prüfung** notwendig?
- Was ist der vergebene **EAN-Code**?
- Welche **technischen Vorgaben** z.B. Flasche/Verschluss müssen berücksichtigt werden?
- Welche **Etikettiertechnik** (Selbstklebe- oder Nassleimetiketten) wird verwendet?
- Gibt es **Material-** oder **Formatvorgaben**?
- Sind darüber hinaus **weitere spezielle Vorgaben** zu beachten?

Die Briefing-Checkliste macht nochmals deutlich, wie wichtig es ist, die Aufgabenstellung an das Verpackungsdesign gemeinsam detailliert zu entwickeln – im Dialog zwischen Designer und Editor,[8] der das Produkt, die Verpackung auf den Markt bringt.

---

[8] Als Editor bezeichnen wir im Folgenden den Erzeuger, Hersteller, Abfüller oder die Vertriebsinstitution, die das jeweilige Produkt und das entsprechende Wein-Design auf den Markt bringt.

Auch im **Verlauf des Design-Prozesses** ist der permanente Dialog zwischen Auftraggeber und Designer maßgeblich für den Erfolg der Gestaltung. Dabei sollte das Vertrauen in die fachliche Kompetenz des Designers gegeben sein. Nicht selten ist in der Praxis festzustellen, dass zu weit gehende Änderungswünsche in Details nur zu suboptimalen Gestaltungslösungen führen. Neben der fachlichen Qualifikation des Designers ist Erfahrung speziell im Weinmarkt von Vorteil. Das betrifft die Kenntnis der visuellen Wettbewerbssituation ebenso wie die Fähigkeit, Design auf kleinstem Raum umzusetzen. Denn Etikettengestaltung erfordert, eine Botschaft, Produkt- und Markenimage sowie Sachinformation auf wenigen Quadratzentimetern zu vermitteln. Schließlich ist die Verantwortung des Etiketten-Designers für den Erfolg des Produktes am Markt erheblich. Anders als z.B. bei der Gestaltung einer kurzlebigen Werbeanzeige in einer Tageszeitung trägt der Designer mit seinem Produktdesign Verantwortung für den visuellen Auftritt der Weine über ihren gesamten Produkt-Lebenszyklus. Gerade dies macht andererseits den besonderen Reiz des Schaffens eines Verpackungs-Designers aus: durch professionelles Design zum langfristigen Markterfolg beizutragen. Den Abschluss des Designprozesses bildet die endgültige Erstellung der Druckdaten, der oft die Erstellung von Reinzeichnungen und die finale Bildbearbeitung vorausgeht. In dieser dritten Stufe der Designentwicklung ist es von Vorteil, den Etikettendrucker mit einzubinden. Der Ablauf der Gestaltungsphase findet idealtypisch in drei Schritten statt:

- Kreative Idee und Layout führt zu Konzeptentwürfen/ Vorentwürfen
- Konkretisierung bildet Präsentationsentwürfe heraus
- Finales Design wird in Druckdaten/ „Artwork" umgesetzt

Am Beginn des kreativen Entwicklungsprozesses steht die Analyse der Anforderungen, die sich aus dem Briefing ergeben. Der Designer entwickelt auf dieser Basis gestalterische Grundideen und entwirft erste Gestaltungskonzepte in Form der Kombination von Schrift und Bild oder Schriftbild und Illustration. Bereits die Auswahl der Schriften und Bilder ist elementar für das zu schaffende Erscheinungsbild des Produktes. Speziell bei der Gestaltung von Weinetiketten ist typografisches Können in besonderem Maße gefordert, denn Schrift wird hier zum Gestaltungselement. Andererseits ist in Punkto Schrift den gesetzlichen Bestimmungen des Weinbezeichnungsrechts zu entsprechen, sowohl was Schriftgrößen als auch Positionierung betrifft. Ergebnis dieser ersten Gestaltungsphase sind Basislayouts, die meist noch nicht mit dem Editor oder Auftraggeber kommuniziert werden, sondern dem Designer vielmehr für die nächste Stufe der Konkretisierung und Schaffung von Präsentationsentwürfen Orientierung verschaffen.

Die Gestaltungsmittel des Designers sind vielfältig und durch die hoch entwickelten digitalen Instrumente und Grafikprogramme mit nahezu unbegrenzten Möglichkeiten einsetzbar. Daher wird oft die Frage nach Grundregeln oder Richtlinien im Etikettendesign gestellt. Trotz mancher Ansätze in der Literatur, Antworten auf diese Frage zu finden, z.B. mit Erkenntnissen aus der Wahrnehmungspsychologie, konnten die uns bekannten bisherigen Arbeiten allenfalls nur marginalen Aufschluss bringen. Ein „Rezeptbuch" für Weinetiketten-Design gibt es nicht. Anforderungen und Möglichkeiten sind so weitreichend, dass generalisierende Aussagen oder gar Regeln nicht aufgestellt werden können. Die Kompetenz des Designers und konstruktiver Dialog in der Gestaltungsphase führen letztlich zu erfolgreichen Gestaltungsergebnissen.

Dabei muss gerade in der zweiten Phase des Gestaltungsprozesses bei der gemeinsamen Auseinandersetzung mit den Präsentationsentwürfen Erfahrung und Gespür für die zu erwartende Marktakzeptanz des Designs eingebracht werden. Zeitdruck sollte gerade in diesem Stadium nicht gegeben sein, um das Design im Detail gegebenenfalls in mehreren Optimierungsrunden auf den Punkt bringen zu können. Hierbei ist vor allem auch die Qualität der Entwürfe, der Proofs, entscheidend. Die digitale Design- und Drucktechnologie bietet dafür heutzutage ausgezeichnete Optionen. Mittels der **Digitaltechnik** können in jedem Stadium des Prozesses Entwürfe per PDF verschickt und genutzt werden, ein immenser Vorteil sowohl für die Kommunikation zwischen Designer und Auftraggeber als auch für die frühzeitige Abstimmung mit dem Etikettendrucker So kann der erforderliche Dialog auch auf Distanz geführt werden, was erheblich mehr Zeit und Reaktionsmöglichkeiten bringt. Freilich ist dabei auch, wie in vielen anderen Lebensbereichen, in denen digitale Datentechnik umfassend verfügbar ist, maßvoller Umgang mit den Möglichkeiten geboten, um den Gestaltungsprozess nicht durch eine ‚Immer schneller und immer mehr'-Haltung zu forcieren und letztlich vermeidbare Kosten zu verursachen.

Für den hochwertigen Verpackungsbereich bieten spezielle Grafik-Programme Darstellungsmöglichkeiten, mit denen durch digitale Animation Druckveredelung simuliert werden kann und eine Vorstellung davon vermitteln, wie das Endprodukt aussehen wird: Glänzend metallische Folienprägung können ebenso dargestellt werden wie geprägte Reliefs oder Papierstrukturen. Professionelle Design-Softwareprogramme, die allerdings aufgrund ihrer Anschaffungskosten nicht so sehr verbreitet sind, ermöglichen sogar, einen digital erstellten Etiketten-Entwurf im 3-D-Effekt auf die Flasche zu ziehen. PDFs werden deshalb oft auch am einfachen Büro-Drucker ausgedruckt. Farbverbindlich sind diese selbst ausgedruckten „Proofs" in aller Regel jedoch nicht. Das funktioniert nur über professionelle Geräte, die nach festgelegten Standards kalibriert sein müssen.

Analoge Proofverfahren werden mit herkömmlicher Technik meist auf fototechnischem Weg erzeugt. Sie treten in der Designpraxis jedoch immer mehr in den Hintergrund. Andrucke auf Druckmaschinen sind nach wie vor das einzige Verfahren, das zu einem realistischen Endergebnis in allen Details führt. Digitale Proof-Druckgeräte sind meist nur für bestimmte Papiersorten geeignet. Bei den heute verbreiteten Spezial-Etikettenpapieren mit natürlicher, offenporiger oder geprägter Oberflächenstruktur streiken sie zumeist und nur wenige ermöglichen den passgenauen Transfer von Prägefolien. Andrucke sind, vordergründig betrachtet, die teuerste Form des Proofings. In Relation zu den Entwicklungskosten und auf die Jahre der späteren Nutzung des Designs betrachtet, rechnet sich dies jedoch zum Vorteil für den Editor. Zumal der Andruck eine ganze Reihe von Optionen bietet, das endgültige Design zur Perfektion zu optimieren: Der Einsatz verschiedener Papiere, verschiedenartiger Prägefolien, unterschiedlicher Druckbilder im Detail, Farbvarianten und deren Wirkung auf diversen Druckmaterialien. Insbesondere auch für Akzeptanztests in Verbraucher- und Marktstudien im Vorfeld der Markteinführung bieten Original-Andrucke das realistischste Erscheinungsbild. Daneben werden heute für entsprechende Online-Tests und -Befragungen digitale Möglichkeiten der Visualisierung genutzt. Für tiefere Einblicke hierzu verweisen wir auf das Marktforschungskapitel in diesem Band.

Den Abschluss des Design-Prozesses bildet die Erstellung der Druckdaten – im angloamerikanischen Sprachgebrauch ‚artwork'. Das „Kunstwerk" wird zur Druckreife gebracht. Spätestens in diesem Stadium ist es von Vorteil, den Etikettendrucker mit einzubinden, um das optimale Endergebnis auf der Flasche zu erzielen.

9.6 Vom Design zum Etikett

Vor der endgültigen drucktechnischen Ausführung steht die Abstimmung zwischen Designer und dem qualifizierten Wein-Etikettendrucker. Dabei geht es um die dem Design angemessenen Druck- und Veredelungsverfahren, die definitive Festlegung des Bedruckstoffes und nicht zuletzt gemeinsam mit dem Auftraggeber um die Fertigungskosten. Die drucktechnischen Möglichkeiten sind heute ebenso vielfältig wie das Angebot an Materialien. Daher kann im Rahmen dieses Beitrags keine umfangreiche Darstellung derselben erfolgen. Es erscheint uns vielmehr wichtig, hier generell auf Optimierungsoptionen hinzuweisen, die letztlich zum besten Ergebnis für Editor, Designer und Etikettendrucker führen. Es geht dabei im Wesentlichen um den Input, den der erfahrene und kreativ mitwirkende Drucktechniker in der finalen Umsetzung leisten kann.

Nach Prüfung der Daten und Druckunterlagen, die der Designer bereitstellt, gilt es, im Detail die Realisierbarkeit zu besprechen. Je nach Druckverfahren können Anpassungen in den letzten Feinheiten erforderlich werden, z.B. bei Stanzkonturen, die sehr nahe am Druckbild liegen oder bei Haarlinien im Bereich von Folien- und Reliefprägungen. Dabei geht es keineswegs darum, dem geschaffenen Design durch technische Einschränkungen die gewünschte Wirkung zu nehmen, sondern vielmehr, die Details für den Druckprozess realisierbar zu gestalten und das Gewünschte optimal zur Geltung zu bringen. Gerade im Bereich der Druckveredelung stehen dem spezialisierten Etikettendrucker verschiedene Techniken zur Verfügung, die geeignet sind, das Design der Produktausstattung zu optimaler Wirkung zu bringen. So können beispielsweise durch partielle Feinstrukturen in metallischen Prägefoliendesigns und durch spezielle Formgebung von Reliefs in Schriften sowohl die Attraktivität des Etiketts wie auch die Lesbarkeit erhöht werden.[9]

Auch bei der Spezifikation der einzusetzenden Materialien ist das Know-how des Etikettendruckers gefordert. Dies gilt vornehmlich für den Bedruckstoff. Für Weinetiketten werden verbreitet spezielle Etikettenpapiere eingesetzt, aber auch geprägte und metallisch oder mit Kunststoff beschichtete Papiere. Daneben sind auch zunehmend transparente PE-Folien als Druckträger insbesondere für sogenannte No-Label-Look-Ausstattungen im

---

[9] Anschauliche Beispiele dazu auf www.ak-praegefoliendruck.de/verfahren. Zudem sind dort auch die verschiedensten Verfahren sehr gut dargestellt und beschrieben.

Einsatz. Bei der Auswahl des Materials sind verschiedene Gesichtspunkte zu berücksichtigen. Im hier behandelten Kontext wollen wir besonders den optischen und haptischen Aspekt herausstellen, denn das Papier, der Bedruckstoff, ist elementares Gestaltungselement im Sinne des Produkt-Designs. Es transportiert Emotionen und verleiht dem Etikett, perfekt abgestimmt auf das Design, Eigenständigkeit und Persönlichkeit. Andererseits sind die technischen Eigenschaften des Bedruckstoffes unbedingt zu berücksichtigen, damit die Etiketten letztendlich auf der Flasche bis hin zum POC unbeschadet ihre Wirkung entfalten können. Das betrifft die Anforderungen im Druckprozess ebenso wie die Etikettierbarkeit sowie Sicherheitsaspekte beim Transport der etikettierten Flaschen. Sowohl für Nassleim- als auch für Haft-Etiketten steht am Markt eine Fülle von unterschiedlichsten Materialien zur Verfügung, die einerseits eine breite Auswahl ermöglichen. Andererseits bedarf es gerade deshalb entsprechender Kompetenz für die Auswahl des richtigen Bedruckstoffes, der sowohl den Ansprüchen des Verpackungs-Designs wie den technischen Anforderungen gerecht wird. Diese Kompetenz hat der Etikettenhersteller aufgrund seiner technischen Kenntnisse und Erfahrungen einzubringen.

Schließlich ist der Input des Etikettendruckers speziell auch gefragt in punkto Innovationen, sowohl im Bereich der Drucktechnik als auch bei Materialien. Thermosensitive Druckfarben ermöglichen z.B. die Anzeige der richtigen Temperierung des Weines. In das Etikettendesign integriert, können sie über den praktischen Zusatznutzen hinaus das Design unterstützen. Duftlacke, bei der Ausstattung spezieller Weine eingesetzt, transportieren beispielsweise Frühlingsduft oder weihnachtlich duftendes Flair – also Emotionen. Von wichtigem Nutzen für die Qualität des Verpackungs-Designs bis zum POC sind speziell wasserresistente Etikettenpapiere, die in jüngster Zeit entwickelt wurden, um der Faltenbildung im Weinkühler vorzubeugen.

9.7 Mit Weindesign zum Erfolg

Erfolgreiche Arbeit auf dem Weinmarkt ist in der Breite nur möglich mit dem richtigen Verpackungs-Design. Dies ist eine permanente Herausforderung und Aufgabe für Gestalter und Entwickler von Verpackungen, aber auch für die Weinwirtschaft insgesamt. Der optischen Präsentation von Wein kommt auch generell und überbetrieblich große Bedeutung zu. Muss es nicht der Weinbranche insgesamt darum gehen, das Image des Erzeugnisses Wein in der Gesellschaft als Teil des Lebensstils, der Trinkkultur zu sichern und weiter zu etablieren? Dabei permanent auch seriöse Wertanmutung zu vermitteln, die wiederum einträgliche Verkaufspreise sichert? Wein-Design ist dafür das probate Mittel.

Weindesign ist ein ebenso kreatives wie verantwortungsvolles Aufgabenfeld. Das wollten wir in diesem Beitrag näher aufzeigen. Es ist eine Spezial-Disziplin des Verpackungs-Designs, die Professionalität und konstruktives Zusammenwirken erfordert und nur dann mit Erfolg erfüllt werden kann, wenn sie auf Basis der spezifischen, grundlegenden Zusammenhänge erfolgt. Diese Zusammenhänge aus der praktischen Erfahrung heraus aufzuzeigen, war Ziel unseres Beitrags.

10 Verpackungsdesign und Preiskommunikation

Isabel Lupold, MSc, Christian-Albrechts-Universität zu Kiel

Inhalt

10.1	Einleitung	219
10.2	Theoretische Grundlagen	219
10.2.1	Verpackungsdesign	219
10.2.2	Decoy-Theorie	220
10.2.3	Fragestellung	222
10.3	Studie 1	222
10.3.1	Stimuli und Sample	223
10.3.2	Messkonstrukte und Vorgehensweise	223
10.3.3	Ergebnisse und Diskussion	224
10.4	Studie 2	224
10.4.1	Stimuli und Sample	225
10.4.2	Messkonstrukte und Vorgehensweise	225
10.4.3	Ergebnisse und Diskussion	226
10.5	Allgemeine Diskussion	231
10.5.1	Theoretische Relevanz	231
10.5.2	Praktische Relevanz	231
10.5.3	Limitationen und zukünftige Forschung	233
	Glossar	233
	Literatur	235

10.1 Einleitung

Die Verpackung besitzt auf dem Weg vom Hersteller über den Händler zum Konsumenten verschiedene Funktionen. In den Einkaufsmärkten von heute kommt ihr im Verkaufsprozess eine bedeutende Rolle zu. Zu Recht wird sie als „The Silent Salesman" (Lewin, 1981) betitelt. Zur Identifizierung und Differenzierung von Konkurrenzprodukten trägt maßgeblich das Verpackungsdesign bei. Des Weiteren informiert es, neben anderen Produkteigenschaften, über den Preis.

Daraus ergibt sich die Frage, in welcher Verbindung das Verpackungsdesign und die Preiserwartung des Konsumenten stehen bzw. welches Design den tatsächlichen Preis erfolgreich vermittelt.

Auch für Weinvermarkter ist dieser Aspekt von Bedeutung. Allein die Preissetzung stellt eine Herausforderung dar, wobei das Ziel ist, die Weine zu möglichst hohen Preisen abzusetzen. Tatsächlich aber werden die größten Mengen in unteren und mittleren Preissegmenten verkauft. Konkret stellt sich deshalb die Frage, ob, und wenn ja, wie der Konsument durch das Verpackungsdesign dahingehend beeinflusst werden kann, sich für höherpreisigen Wein zu entscheiden.

Zur Beantwortung dieser Fragen werden Ergebnisse aus Design-, Marketing- und Nachfragetheorie betrachtet und weiterentwickelt. Schwerpunkte liegen dabei auf dem Verpackungsdesign und der Decoy-Theorie.

10.2 Theoretische Grundlagen

10.2.1 Verpackungsdesign

In der Forschung wurde das Verpackungsdesign aus unterschiedlichen Blickwinkeln betrachtet. Dabei ging es z.B. um die Klassifikation des Designs an sich, aber auch um den Zusammenhang zwischen Verpackungsdesign und Preiserwartung des Konsumenten.

Orth und Malkewitz (2008) beschäftigten sich mit dem Verpackungsdesign von Wein und Parfüm. Sie aggregierten die Vielzahl der einzelnen Designelemente von Wein- und Parfümflaschen in Designfaktoren. Mit Hilfe dieser Faktoren identifizierten die Autoren fünf holistische Designcluster, welche sich in der Ausprägung der einzelnen Designfaktoren voneinander unterscheiden. Diese Cluster werden mit robust, kontrastreich, natürlich, zart und unauffällig benannt. Eine nähere Beschreibung dieser einzelnen Designcluster findet sich im Beitrag von Prof. Dr. Ulrich R. Orth in diesem Band.

Mehrere Autoren (z.B. Dawar & Parker, 1994; Dodds, 1995; Lee & Lou, 1995/96; Sweeny & Soutar, 2001; Teas & Agarwal, 2000; Jun, MacInnis & Park, 2005) ermittelten für den Zusammenhang zwischen Design und Preiserwartung, dass der Konsument seine Preiserwartung aufgrund visueller Eigenschaften der Produkte bildet. Speziell für die Produktkategorie Wein leitet der Konsument seine Preiserwartung vom Design der Flasche ab (Orth, Campana & Malkewitz, 2010): In mehreren Studien wurden sechs generische Designfaktoren, die sich aus unterschiedlichen Designelementen zusammensetzen, identifiziert. Darüber hinaus wurden die kognitiven und affektiven Reaktionen des Konsumenten über den Qualitäts- und Attraktivitätseindruck gemessen. Diese Reaktionen wurden als Mediator des Designeinflusses auf die Preiserwartung bestimmt. Dabei dienten die beiden individuellen Eigenschaften „Involvement" und „centrality of visual product aesthetics" (Sinn für Ästhetik) als Indikatoren für die Verarbeitung von Verpackungsdesign. Da der Konsument divergierende Verarbeitungsmechanismen aufweist, schlussfolgerten die Autoren basierend auf der „dual process theory of persuasion", dass die Ableitung des Preises sowohl über kognitive als auch über affektive Prozesse erfolgt. Derjenige, der ein hohes Involvement aufweist, verarbeitet das Verpackungsdesign über kognitive Prozesse und den zentralen Weg der Qualität, wohingegen derjenige, der einen ausgeprägten Sinn für Ästhetik besitzt, das Verpackungsdesign über affektive Prozesse und den zentralen Weg der Attraktivität verarbeitet.

Alle diese Aspekte bestätigen den Einfluss visueller Eindrücke auf die Auswahl des Konsumenten. Bisher beschäftigten sich jedoch nur wenige Forscher (Jarvis, Rungie, Goodman & Lockshin, 2006) mit der Frage, inwieweit die visuelle Wahrnehmung der Verpackungsgestaltung den Konsumenten beeinflusst, Wein in bestimmte Preissegmente einzuordnen.

10.2.2 Decoy-Theorie

Die Decoy-Theorie beschäftigt sich mit dem Nachfrageverhalten des Konsumenten und untersucht, ob und wie sich die Einführung einer weiteren Produktalternative in ein bereits existierendes Portfolio auf sein Nachfrageverhalten auswirkt (z.B. Tversky & Simonson, 1993; Slaughter, Sinar & Highhouse, 1999; Simonson & Tversky, 1992; Pettibone & Wedell, 2000; Simonson, 1989; Huber, Payne & Puto, 1982; Mishra, Umesh & Stem Jr., 1993; Huber & Puto, 1983). Das Produkt, um welches das Angebot erweitert wird, wird als Decoy bezeichnet. Dieser Begriff steht im Englischen für Lockvogel und impliziert, dass der Konsument bei seiner Produktentscheidung in eine bestimmte Richtung gelenkt werden soll. In der Praxis gibt es unterschiedliche Klassen von Decoys (Pettibone & Wedell, 2000). In der vorliegenden Arbeit werden die so genannten compromise Decoys betrachtet.

Einfach ausgedrückt bedeutet ein Compromise Decoy eine neue Alternative, die einem extremen (z.B. dem tief- oder hochpreisigen) Ende eines bereits existierenden Portfolios hinzugefügt wird. Aufgrund der Einführung dieses neuen Produkts werden die Optionen des Ursprungsportfolios vom möglichen Käufer attraktiver als zuvor beurteilt (Simonson, 1989), da die nun in der Mitte des Portfolios liegenden Produkte als Kompromiss angesehen werden (Simonson & Tversky, 1992). Egal, an welchem Ende des Portfolios das Alternativprodukt eingeführt wird – es lockt den Konsumenten bei seiner Nachfrage in die eine oder andere Richtung. Bisher wurde dieser Effekt nur bei Produkten wie Kameras (Tversky & Simonson, 1993; Simonson & Tversky, 1992) und Brotbackautomaten

Theoretische Grundlagen 221

(Simonson & Tversky, 1992) untersucht. Im Bereich des Weinmarketings wurden jedoch noch keine Untersuchungen des Decoy-Effektes durchgeführt. **Abbildung 10.1** zeigt den Compromise-Decoy-Effekt, wie er bei der Einführung eines hochpreisigen Weines vorstellbar wäre.

Abbildung 10.1 Prinzip des Compromise-Decoy-Effektes

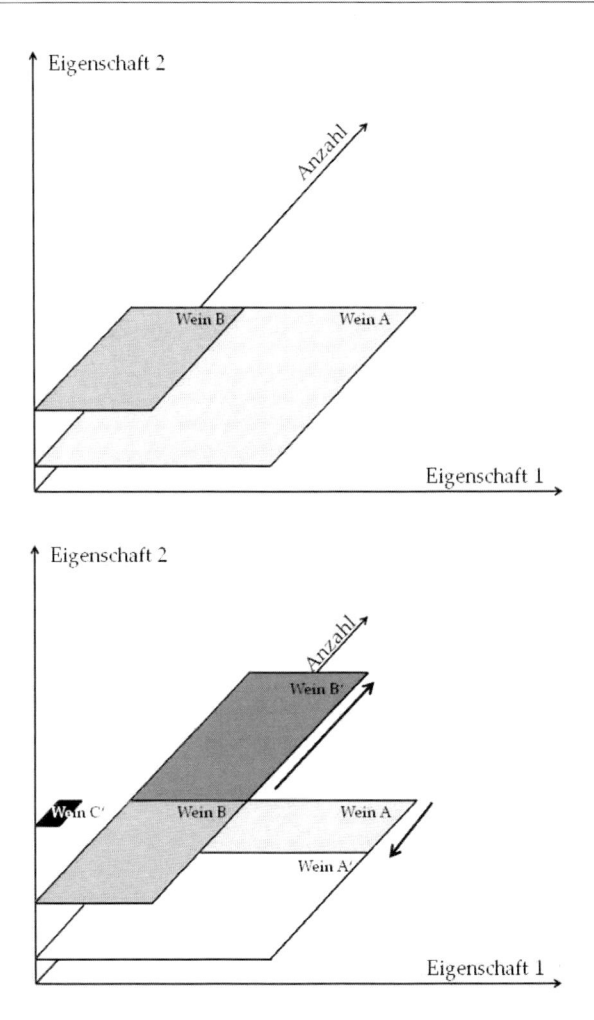

Die Weine A und B bilden das Ursprungsportfolio (siehe oberer Teil der **Abbildung 10.1**). Wein A ist am unteren Ende einer Preisskala, Wein B in der Mitte der Skala angesiedelt. Somit stellt Wein B die teuerste Alternative des Ursprungsportfolios dar. Außerdem unterscheiden sich beide Weine hinsichtlich der Eigenschaften 1 und 2 und werden zu unterschiedlichen Mengen nachgefragt. Als Compromise Decoy wird der hochpreisige Wein C' dem Ursprungsportfolio hinzugefügt (siehe unterer Teil der **Abbildung 10.1**). In der Konsequenz wird Wein B häufiger (siehe Position Wein B') und Wein A seltener (siehe Position Wein A') gewählt: Geht derjenige, der die Wahl trifft, davon aus, dass seine Entscheidung von anderen beurteilt wird, ihm die Präferenz der Beurteilenden jedoch nicht bekannt ist, begeht er mit der Wahl des Weines B, der einen Kompromiss zwischen den beiden an den extremen Enden der Preisskala positionierten Weinen darstellt, den kleinsten maximalen Fehler. Außerdem kann die Entscheidung für den Kompromiss damit begründet werden, dass diese Alternative beide Produkteigenschaften miteinander kombiniert (Simonson, 1989). Wein B besitzt nur kleine Vor- und Nachteile gegenüber den beiden extremen Positionen des Portfolios (Simonson & Tversky, 1992). Zusammenfassend ist festzuhalten, dass Marken Marktanteile gewinnen, wenn sie innerhalb eines Portfolios zu Kompromissen werden (Simonson, 1989; Simonson & Tversky, 1992; Tversky & Simonson, 1993).

10.2.3 Fragestellung

Die Kombination von Design- (Verpackungsdesign; Orth & Malkewitz, 2008), Marketing- und Nachfragetheorie (Decoy-Theorie; Tversky & Simonson, 1993; Simonson & Tversky, 1992) erlaubt die Beantwortung folgender Fragestellungen.

> Wie ist das Verpackungsdesign von Wein mit der Preiserwartung des Konsumenten verknüpft?
>
> Existiert der Compromise Decoy-Effekt in der Produktkategorie Wein?

Hierzu wurden zwei Studien durchgeführt. Studie 1 ermittelte die Preiserwartung (über Einordnung des Weins in ein bestimmtes Preissegment), die der Konsument vom Flaschendesign ableitet. Aufgrund der Existenz fünf holistischer Designcluster wurde angenommen, dass für diese auch unterschiedliche Preiserwartungen gebildet werden. Im Rahmen des Compromise-Decoy-Effektes wurde in Studie 2 untersucht, wie sich die Einführung eines hochpreisigen Weines auf das Nachfrageverhalten auswirkt. Interessant hierbei war, dass die Preise aller Alternativen nicht explizit, sondern implizit über das Verpackungsdesign kommuniziert wurden. Grundlage für Studie 2 waren somit die Ergebnisse der Studie 1. Es wurde angenommen, dass sich die Nachfrage zugunsten der die Kompromissstellung innehabenden Weine verschiebt.

10.3 Studie 1

In Studie 1 wird die Verbindung zwischen Design und Preiserwartung (NICHT Kaufbereitschaft) des Konsumenten betrachtet. Es wurde angenommen, dass die holistischen Designcluster der Weinflasche (Orth & Malkewitz, 2008) systematisch mit den Preiserwartungen des Konsumenten verbunden sind.

10.3.1 Stimuli und Sample

Als Stimuli wurden 153 digitale Fotos der Weinflaschen, die bei Orth und Malkewitz (2008) zum Einsatz kamen, verwendet. Sie wurden in der Größe DIN A4 in hoher Auflösung und Farbe ausgedruckt und laminiert, um bis zum Ende der Befragung eine gleich bleibende Qualität zu garantieren. Neben der Tatsache, dass diese Stimuli bereits systematisch erfasst und von Designexperten beurteilt waren, bietet die Produktkategorie Wein als Untersuchungsobjekt den Vorteil, dass sie in ihrer ästhetischen und preislichen Gestaltung eine hohe Spanne aufweist und die Ergebnisse somit auf andere Produktkategorien übertragbar sind (Zeithaml, 1988). Bei den verwendeten Weinen handelte es sich um solche, die größtenteils auf dem US-amerikanischen Markt zu finden sind. Bei den Probanden handelte es sich um ein Convenience Sample aus 158 Studenten einer norddeutschen Universität, die auf dem Campus persönlich angesprochen wurden. Da die Weine diesen Probanden unbekannt waren, konnte ihre Reaktion direkt auf das Verpackungsdesign zurückgeführt werden. Das Involvement für die Produktkategorie Wein war bei den Teilnehmern gering ausgeprägt. Knapp zwei Drittel der Probanden waren weiblich. Im Durchschnitt waren die Teilnehmer 23,6 Jahre alt.

10.3.2 Messkonstrukte und Vorgehensweise

In der vorliegenden Arbeit kamen bereits bewährte Messkonstrukte zum Einsatz. Das Involvement der Probanden für die Produktkategorie Wein wurde mit den drei Items der Sieben-Punkte-Likert-Skala von De Wulf, Oedekerken-Schröder und Iacobucci (2001) gemessen. Die Preissegmente, mit denen die Preiserwartung des Konsumenten beschrieben wurde, stammen aus der „DeutschWeinVision 2020" (Nickenig, 2004: 141; Tabelle 10.1).

Den Teilnehmern wurden je acht Stimuli zufällig zugeordnet. Hierzu beantworteten sie je einen Fragebogen, der die Markenpersönlichkeit nach Aaker (1997; diese wird in der vorliegenden Arbeit nicht näher betrachtet), das erwartete Preissegment und das Involvement für die Produktkategorie Wein maß. Dies dauerte etwa 15 Minuten.

Tabelle 10.1 Preissegmente und Preisspannen, Quelle: Nickenig, 2004, S. 141

Preissegment	Preisspanne
1	< 1,50 €
2	1,50 – 4,00 €
3	4,01 – 10,00 €
4	10,01 – 20,00 €
5	> 20,00 €

10.3.3 Ergebnisse und Diskussion

Es wurde untersucht, welches Potenzial das Verpackungsdesign bei der Einordnung von Wein in unterschiedliche Preissegmente besitzt. **Tabelle 10.2** verdeutlicht, dass zartes Design am teuersten, robustes Design dagegen am billigsten eingeschätzt wird. Die Designcluster kontrastreich, unauffällig und natürlich fallen in die dazwischen liegenden Preissegmente.

Tabelle 10.2 Preiserwartung des Konsumenten in Abhängigkeit des Designclusters (Anmerkung: Zur Berechnung der Ränge wurde der Kruskal-Wallis-Test verwendet. Die Unterschiede zwischen den einzelnen Ränge wurden mit Hilfe eines Mann-Whitney-U-Test identifiziert: Die Buchstaben *a* und *b* kennzeichnen auf dem fünf Prozentniveau signifikante Unterschiede bzgl. der Preiserwartung zwischen den holistischen Designclustern.)

Designcluster	mittlerer Rang
robust	$55{,}20^{ab}$
contra	$64{,}94$
unauffällig	$76{,}77$
natürlich	$83{,}73^{a}$
zart	$88{,}83^{b}$
Kruskal-Wallis	$p = {,}029$

Diese Ergebnisse zeigen, dass hinsichtlich der Preiserwartung zwischen den holistischen Designclustern signifikante Unterschiede existieren. Das bedeutet, dass der Konsument entsprechend des Flaschendesigns den Wein in unterschiedliche Preissegmente einordnet. Dies steht im Einklang mit der Preisinformationsbeschaffung des Konsumenten, wie sie von Orth et al. (2010) bei Vorliegen niedrigen Involvements für Wein ermittelt wurde.

10.4 Studie 2

Basierend auf den Ergebnissen von Studie 1 wurden die Stimuli für Studie 2 ausgewählt. Mit ihnen wurde der Compromise-Decoy-Effekt, der allein auf das Verpackungsdesign als

Preisindikator zurückgeführt werden sollte, untersucht. Die zugrundeliegende Annahme hierfür war, dass die Nachfrage des Konsumenten sich zugunsten der die Kompromissstellung innehabenden Weine verschiebt, nachdem ein hochpreisiger Wein dem gegebenen Portfolio hinzugefügt worden ist.

10.4.1 Stimuli und Sample

Die Stimuli für Studie 2 wurden unter Berücksichtigung folgender Überlegungen ausgewählt: Um mögliche Störvariablen hinsichtlich der Weinfarbe auszuschließen, wurden nur Rotweine bzw. dunkle Flaschen gewählt. Die ausgewählten Stimuli waren für das entsprechende holistische Designcluster repräsentativ und deckten die gesamte Bandbreite der Preiserwartungen ab. Die Stimuli, die als Decoys gewählt wurden, waren am oberen Ende der Preisskala angesiedelt.

Insgesamt wurden zwölf Weine ausgewählt; zehn von ihnen bildeten das Basisportfolio A, die zwei weiteren waren die Compromise Decoys für das erweiterte Portfolio B. Ein Decoy steht stellvertretend für das natürliche Designcluster. Er wurde in die Untersuchung eingeschlossen, da er in Studie 1 über alle Weinflaschen hinweg die höchste Preiserwartung hervorgerufen hatte. Der andere Decoy wurde in das Portfolio aufgenommen, da er für das zarte Designcluster, das den höchsten Durchschnittspreis beim Konsumenten hervorgerufen hatte, repräsentativ ist. Die beiden Portfolios sind in **Abbildung 10.2** auf der folgenden Seite dargestellt.

Die Probanden der Studie 2 waren Studenten derselben norddeutschen Universität; sie hatten jedoch nicht an Studie 1 teilgenommen. Damit stellten sie ebenfalls ein Convenience Sample dar. Diese Probanden wurden gewählt, um ein zu Studie 1 passendes sample zu erhalten. Die Teilnehmer wurden auf dem Campus persönlich angesprochen und in zwei gleich große Gruppen von je 50 Personen aufgeteilt. Diese beiden Gruppen wiesen hinsichtlich Alter, Geschlechterverteilung und Involvement für die Produktkategorie Wein keine signifikanten Unterschiede auf.

10.4.2 Messkonstrukte und Vorgehensweise

Vorausgegangene Studien ergaben, dass der Konsumanlass die Wahl des Weines beeinflusst (Orth, 2005; Quester & Smart, 1998). Deshalb musste jeder Proband aus dem ihm gezeigten Portfolio (Portfolio A mit zehn oder Portfolio B mit zwölf Weinen) je einen Wein für die drei verschiedenen Gelegenheiten „Eigenkonsum", „Konsum mit Freunden" und „Geschenk" auswählen. Diese Wahl vermerkte er neben seinem Involvement, Alter und Geschlecht in einem Fragebogen. Dafür benötigte er ungefähr fünf Minuten. Es ist zu beachten, dass dem Teilnehmer keine Preisinformationen gegeben wurden. So konnte seine Wahl ausschließlich auf das Verpackungsdesign zurückgeführt werden.

Abbildung 10.2 Portfolios A (ohne Decoys) und B (mit Decoys) (Anmerkungen: blau: Preiserwartungen der Decoys; rot: durchschnittliche Preiserwartung für das jeweilige Designcluster), Fotos: Orth & Malkewitz, 2008

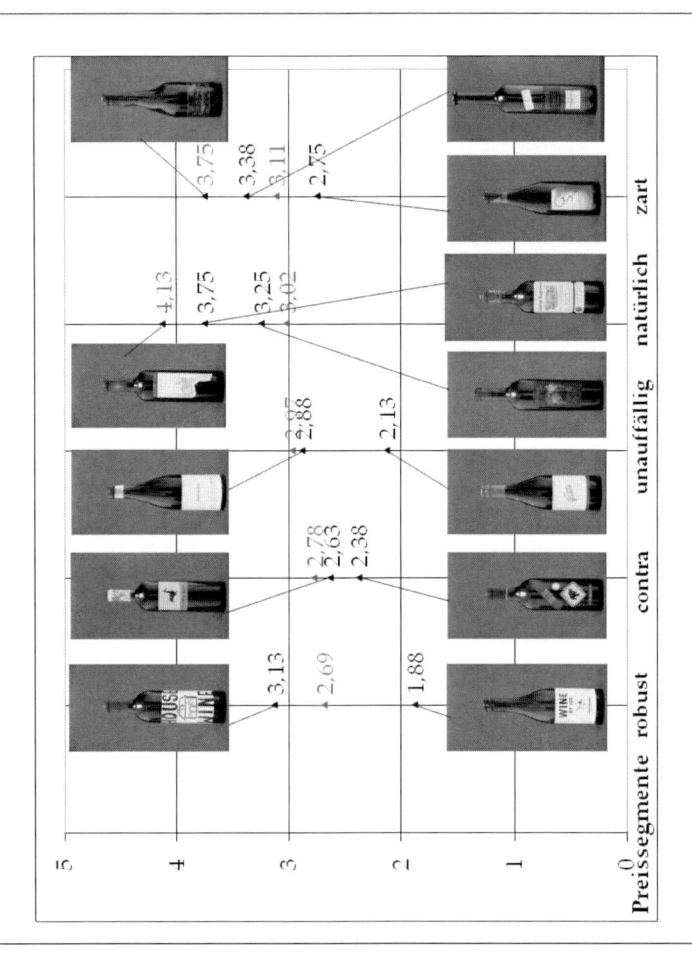

10.4.3 Ergebnisse und Diskussion

Es wurde untersucht, ob der Decoy-Effekt in der Produktkategorie Wein existiert, d.h. ob die Einführung eines hochpreisigen Weines (der Preis wurde bei diesem Experiment nicht explizit genannt, sondern indirekt über das Verpackungsdesign kommuniziert) zu einer erhöht auftretenden Wahl von Weinen aus höheren Preissegmenten führt. Diese Vermutung bestätigt sich in den Ergebnissen eines Mann-Whitney-U-Tests (Vergleich von Rängen; $M_{Portfolio\ A} = 138{,}76$ versus $M_{Portfolio\ B} = 162{,}24$, $p = {,}006$). Die Konsumentenentscheidung wird im Folgenden zusätzlich zu dieser globalen Betrachtung getrennt nach der Wahl der einzelnen Weine, Designcluster und Preissegmente untersucht.

Für die Wahl der einzelnen Weine nach der Einführung der beiden Decoys wird Folgendes festgehalten: Der Wein des Preissegmentes 2 erfuhr einen Nachfragerückgang. Ein Wein aus dem Preissegment 3 hatte keine Nachfrageänderung zu verzeichnen, drei Weine wurden seltener, ein Wein häufiger nachgefragt. Zwei Weine aus dem Preissegment 4 erfuhren einen Nachfragerückgang (einer davon sogar signifikant: $p = ,006$), zwei andere eine Nachfragesteigerung. Alle Änderungen (bis auf die genannte Ausnahme) waren nicht signifikant. Die beiden Decoys wurden, wenn sie zur Auswahl standen, von den Probanden signifikant von Null verschieden oft gewählt. Demzufolge sind teilweise Tendenzen für die Bestätigung der Decoy-Theorie zu verzeichnen (Rückgang der Wahl des Weines des Niedrigpreissegmentes 2, überwiegender Nachfragerückgang nach Weinen des weiteren Niedrigpreissegmentes 3, zum Teil auftretende Nachfragesteigerung nach Weinen des ehemaligen Hochpreissegmentes 4). Nicht der Decoy-Theorie entspricht die signifikant von Null verschieden gewählte Anzahl der beiden Decoys. Sie selbst sollten nicht von ihrer Einführung in das Portfolio profitieren.

Beim Vergleich der Konsumentenentscheidung vor und nach der Einführung der beiden Decoys fällt hinsichtlich der holistischen Designcluster, aus denen der Proband die Weine wählte, Folgendes auf: Das robuste Design wurde häufiger gewählt. Der Konsument fragte sowohl aus dem kontrastreichen als auch aus dem unauffälligen Designcluster weniger Weine nach. Für Weine, deren Flaschen in einem natürlichen Design gehalten waren, entschied sich der Konsument häufiger, für Flaschen in einem zarten Design hingegen seltener. Alle Veränderungen waren nicht signifikant. Auch hier sind nur teilweise Tendenzen für die Decoy-Effekte zu erkennen (reduziert auftretende Wahl der in Studie 1 mit niedrigen Preiserwartungen bedachten kontrastreichen und unauffälligen Designcluster, erhöht auftretende Wahl des in Studie 1 der zweithöchsten Preiserwartung zugeordneten natürlichen Designclusters, reduziert auftretende Wahl des in Studie 1 mit der höchsten Preiserwartung versehenen zarten Designclusters). Die erhöht auftretende Wahl von Weinen des robusten Designclusters, welchem in Studie 1 die niedrigste Preiserwartung zugeordnet worden ist, entspricht jedoch nicht der Decoy-Theorie. Hier sollte die Anzahl der gewählten Weine zurückgehen.

Wird die Konsumentenentscheidung hinsichtlich der gewählten Preissegmente untersucht, wird deutlich, dass die Preissegmente 2, 3 und 4 aus Portfolio B nominal seltener gewählt wurden als aus Portfolio A. Dies hatte zur Folge, dass aus dem neu eingeführten Hochpreissegment 5 signifikant oft Weine nachgefragt wurden. Die Decoy-Theorie wird tendenziell nur für die beiden Niedrigpreissegmente 2 und 3 bestätigt. Das vormals höchste Preissegment 4 sollte der Theorie nach häufiger gewählt werden, das neue höchste Preissegment 5 aber nicht von seiner eigenen Einführung profitieren.

Es ist zusammenzufassen, dass die Decoy-Theorie für die Produktkategorie Wein nur teilweise und nur tendenziell von den Daten bestätigt wird.

Aufgrund der wichtigen Rolle des Konsumanlasses bei der Wahl von Wein wurde untersucht, ob dieser einen Einfluss auf die Decoy-Effekte hat. Als unterschiedliche Konsumanlässe wurden der „Eigenkonsum" (eigener Genuss, Verwendung zum Kochen und Backen), der „Konsum mit Freunden" (Konsum in Gesellschaft) und der Wein als „Geschenk" ausgewählt. Grund für die differenzierte Wahl ist das subjektiv empfundene steigende Risiko, die Normen der jeweiligen Referenzgruppe zu verletzen (Orth, 2005).

Die Ergebnisse in Tabelle 10.3 zeigen einen signifikanten Anstieg der durchschnittlichen Preissegmente mit zunehmendem Risiko, das der Konsument mit dem Kauf assoziiert (Orth, 2005; Quester & Smart, 1998).

Tabelle 10.3 Wahl des Preissegmentes in Abhängigkeit des Konsumanlasses (Anmerkung: Vergleich von Rängen mit dem Kruskal-Wallis-Test. Die Buchstaben *a* und *b* zeigen die auf dem fünf Prozentniveau signifikanten Unterschiede zwischen den Konsumanlässen; errechnet mit dem Mann-Whitney-U-Test.)

	Eigenkonsum	Freunde	Geschenk	*p*
mittlerer Rang des Preissegmentes	125,85^a	133,32^b	192,33^{ab}	,000

Um zu untersuchen, ob der Konsumanlass für das Auftreten der Decoy-Effekte eine substantielle Rolle spielt, wurden die Daten für die drei Konsumanlässe „Eigenkonsum", „Konsum mit Freunden" und „Geschenk" einzeln analysiert. Dabei werden die Wahl der einzelnen Weine, Designcluster und Preissegmente jeweils getrennt voneinander betrachtet.

Wird für den „Eigenkonsum" die Wahl der Weine nach der Einführung der beiden Decoys betrachtet, wird deutlich, dass der Wein aus dem Preissegment 2 seltener nachgefragt wurde. Je zwei Weine aus dem Preissegment 3 wurden gleich oft bzw. seltener, ein Wein häufiger gewählt. Ebenfalls je zwei Weine des Preissegmentes 4 hatten einen Nachfragerückgang bzw. einen Nachfrageanstieg zu verzeichnen. Alle Änderungen waren nicht signifikant. Der Konsument entschied sich für die beiden Decoys, wenn sie Bestandteile des Portfolios waren. Jedoch war nur die Anzahl des hochpreisigen Decoys signifikant (p = ,042) von Null verschieden. Zusammenfassend lässt sich für die Wahl der einzelnen Weine festhalten, dass Tendenzen für die Bestätigung der Decoy-Theorie zu erkennen sind (verringert und teilweise verringert auftretende Wahl der Weine aus den Niedrigpreissegmenten 2 und 3, teilweise erhöht auftretende Wahl des ehemals höchsten Preissegmentes 4). Nicht ganz der Theorie entspricht die signifikant von Null verschieden auftretende Wahl des hochpreisigen Decoys.

Die Wahl der holistischen Designcluster unterscheidet sich bei Vorliegen des Portfolios B von Portfolio A folgendermaßen: Weine, deren Flaschen ein robustes, kontrastreiches oder unauffälliges Design besitzen, wurden seltener nachgefragt. Aus den beiden anderen Designclustern, dem natürlichen und dem zarten Design, wurden häufiger Weine gewählt. Diese Veränderungen waren alle nicht signifikant. Sie lassen allerdings für die Wahl der Designcluster die Tendenz erkennen, dass die niedrigpreisigen Alternativen (robust, kontrastreich, unauffällig) die Verlierer, und die höherpreisigen Produkte (natürlich, zart) die Gewinner der Einführung der Decoys sind. Allerdings sollte laut Decoy-Theorie das in Studie 1 mit der höchsten Preiserwartung bedachte zarte Design nicht von der Einführung der beiden Decoys profitieren.

Bei Anwesenheit der beiden Decoys wurden die Preissegmente 2 und 3 seltener, das Preissegment 4 häufiger gewählt, wobei diese nominalen Veränderungen nicht signifikant waren. Das neu eingeführte Preissegment 5 wurde von den Probanden so oft gewählt, dass die nominale Veränderung signifikant war. Für die Wahl der Preissegmente wird festgehalten, dass Tendenzen für die Decoy-Theorie existieren (verringert auftretende Wahl der Niedrigpreissegmente 2 und 3, erhöht auftretende Wahl des ehemaligen Hochpreissegmentes 4). Nicht der Decoy-Theorie entspricht die signifikant von Null verschieden auftretende Wahl des neuen Hochpreissegmentes 5. Dieses selbst sollte von seiner Einführung in ein bestehendes Portfolio nicht profitieren. Das Fazit für den „Eigenkonsum" lautet: Tendenzen zur Bestätigung der Decoy-Theorie sind in der Produktkategorie Wein zu finden.

Für den „Konsum mit Freunden" wird für die Wahl der einzelnen Weine nach der Erweiterung des Portfolios um die beiden Decoys Folgendes festgehalten: Der aus dem Preissegment 2 stammende Wein wurde häufiger gewählt. Vier Weine aus dem Preissegment 3 wurden seltener, ein Wein häufiger nachgefragt. Bis auf eine Ausnahme entschied sich der Konsument häufiger für Weine aus dem Preissegment 4. Alle Veränderungen waren nicht signifikant. Die beiden Decoys wurden, wenn sie Bestandteil des Portfolios waren, von den Probanden gewählt. Jedoch war nur die Wahl des hochpreisigen Decoys signifikant von Null verschieden ($p = ,042$). Für die Wahl der einzelnen Weine ergeben sich Tendenzen für die Bestätigung der Decoy-Theorie (verringert auftretende Wahl von Weinen aus dem Niedrigpreissegment 3, verstärkt auftretende Wahl von Weinen aus dem ehemaligen Hochpreissegment 4). Nicht im Einklang mit der Decoy-Theorie steht die teilweise signifikant von Null verschieden auftretende Wahl der Decoy-Weine sowie die erhöht auftretende Wahl des Weines aus dem Niedrigpreissegment 2.

Werden die gewählten Designcluster nach der Einführung der beiden Decoys betrachtet, fällt auf, dass das robuste Design häufiger gewählt wurde. Das kontrastreiche und das unauffällige Design erfuhren einen Nachfragerückgang. Alle Veränderungen waren nicht signifikant. Das natürliche Design wurde häufiger nachgefragt. Diese Erhöhung war signifikant ($p = ,026$). Das zarte Design wurde seltener gewählt. Diese Änderung war nicht signifikant. Insgesamt wurden für die Wahl der Designcluster teilweise Tendenzen für die Bestätigung der Decoy-Theorie gefunden (reduziert auftretende Wahl des in Studie 1 mit der zweitniedrigsten Preiserwartung bedachten kontrastreichen Designclusters, erhöht auftretende Wahl des in Studie 1 mit der zweithöchsten Preiserwartung versehenen natürlichen Designclusters, reduziert auftretende Wahl des in Studie 1 am teuersten eingeschätzten zarten Designclusters). Gegen die Theorie des Decoy-Effektes spricht die erhöht auftretende Wahl der Weine des robusten Designs. Dieses als am billigsten eingeschätzte Designcluster sollte entsprechend der Decoy-Theorie seltener gewählt werden.

Wird ausschließlich die Wahl der Preissegmente für Portfolio B im Vergleich zu Portfolio A betrachtet, wird deutlich, dass das Niedrigpreissegment 2 häufiger gewählt wurde. Diese Veränderung war nicht signifikant. Das andere Niedrigpreissegment 3 wurde signifikant seltener nachgefragt. Für das ehemals höchste Preissegment 4 entschied sich der Konsument häufiger. Diese Veränderung war nicht signifikant. Das Preissegment 5 selbst wurde signifikant von Null verschieden oft gewählt, wenn es dem Portfolio zugefügt worden war (p = ,042). Zusammenfassend ist festzuhalten, dass die Wahl der Preissegmente teilweise signifikante Hinweise für die Bestätigung der Decoy-Theorie liefern (reduziert auftretende Wahl des Preissegmentes 3, erhöht auftretende Wahl des Preissegmentes 4). Dagegen entspricht die signifikant erhöht auftretende Wahl des Preissegmentes 5 nicht der Decoy-Theorie, nach der das höchste, neu eingeführte Preissegment nicht von der eigenen Einführung profitieren sollte.

> Generell treten beim „Konsum mit Freunden" die Decoy-Effekte stärker auf als beim „Eigenkonsum".

Der Konsumanlass „Geschenk" wird ebenfalls genauer betrachtet. Bei der Wahl der einzelnen Weine wird deutlich, dass der Wein aus dem Preissegment 2 aus keinem der beiden Portfolios gewählt wurde. Nach der Einführung der Decoys wurden zwei der Weine aus dem Preissegment 3 überhaupt nicht, zwei weitere häufiger und ein Wein seltener nachgefragt. Für die Weine des ehemals teuersten Preissegmentes 4 entschied sich der Konsument bis auf eine Ausnahme (dieser Wein wurde aus keinem der beiden Portfolios als Geschenk gewählt) seltener. Alle Veränderungen waren nicht signifikant. Die beiden Decoys wurden signifikant von Null verschieden oft gewählt, wenn sie zur Auswahl standen ($p_{\text{Decoy 1/ Preissegment 4}}$ = ,011; $p_{\text{Decoy 2/ Preissegment 5}}$ = ,001). Zusammenfassend lässt sich festhalten, dass für die Wahl der einzelnen Weine keine Tendenzen für die Bestätigung der Decoy-Theorie zu finden sind.

Für die Wahl der verschiedenen Designcluster ergibt sich nach der Einführung der beiden Decoys Folgendes: Das mit der niedrigsten Preiserwartung versehene robuste Design wurde bei Anwesenheit der Decoys genauso oft, das kontrastreiche Design häufiger gewählt. Auch das unauffällige Designcluster hatte einen Nachfrageanstieg zu verzeichnen. Für das natürliche, zweitteuerste Design entschied sich der Konsument seltener. Alle Veränderungen waren nicht signifikant. Weine des zarten Designcluster wurden weder verstärkt noch seltener nachgefragt. Festzuhalten ist, dass auch die Betrachtung der einzelnen Designcluster die Decoy-Theorie nicht bestätigt.

Werden nur die Preissegmente betrachtet, wird festgestellt, dass aus dem Preissegment 2 bei beiden Portfolios kein Wein als Geschenk gewählt wurde. Nach Erweiterung des Portfolios um die beiden Decoys wurden die Weine aus dem Preissegment 3 häufiger gewählt. Dieser Anstieg war nicht signifikant. Aus dem Preissegment 4 wurden signifikant (p = ,001) weniger Weine nachgefragt. Dafür entschied sich der Konsument für Weine aus dem neu eingeführten Preissegment 5 in einer signifikant (p = ,002) von Null verschiedene auftretenden Menge. Auch für die Wahl der Preissegmente können zusammenfassend keine Tendenzen festgestellt werden, die auf die Bestätigung der Decoy-Theorie hinweisen.

Allgemein liefern die Ergebnisse für den Konsumanlass „Geschenk" keine Bestätigung der Decoy-Theorie für die Produktkategorie Wein. In Abhängigkeit des Konsumanlasses ergibt sich, dass die deutlichsten Compromise-Decoy-Effekte für den „Konsum mit Freunden" zu verzeichnen sind.

10.5 Allgemeine Diskussion

10.5.1 Theoretische Relevanz

Das Ergebnis, dass der Konsument eine vom Verpackungsdesign abhängige Preiserwartung bildet, korrespondiert mit der Existenz holistischer Designcluster (Orth & Malkewitz, 2008). Von diesen wurden signifikant unterschiedliche Preiserwartungen abgeleitet. Die Assoziation robuster Designs mit einer niedrigen Preiserwartung sowie zarter Designs mit einer hohen Preiserwartung wurde sowohl in der vorliegenden Arbeit als auch in der Studie von Orth und Malkewitz (2008) gefunden. Letztere wurde in den USA durchgeführt. Daraus ergibt sich, dass für die Verbindung von Verpackungsdesign und Preiserwartung keine kulturellen Unterschiede zwischen den USA und Deutschland zu erwarten sind.

Die tendenzielle, teilweise signifikante Verschiebung der Nachfrage in Richtung höherpreisiger Alternativen als Folge der Einführung eines Compromise Decoys zeigt, dass die Decoy-Effekte eines höherpreisigen Weines die gleichen sind wie bei den bisher untersuchten Produktattributen (z.B. Huber & Puto, 1983). Interessant und zu beachten ist, dass der Preis in der vorliegenden Arbeit nur implizit über das Verpackungsdesign kommuniziert wurde. Dies verdeutlicht, welche wichtige Rolle das Verpackungsdesign bei der Kommunikation des Preises spielt.

10.5.2 Praktische Relevanz

Das Ziel der Weinvermarkter ist der Absatz zu möglichst hohen Preisen. Am Anfang dieses Kapitels wurde die Frage gestellt, ob und wie das Verpackungsdesign für die Umsetzung dieses Vermarktungsziel geeignet ist.

Die Ergebnisse dieser Arbeit zeigen zunächst, dass das Verpackungsdesign ein nützliches Hilfsmittel für das Absatzziel darstellt: Mit dem Verpackungsdesign werden bestimmte Preissegmente assoziiert. Die Verknüpfung der holistischen Designcluster der Studie von Orth und Malkewitz (2008) mit den Preissegmenten der „DeutschWeinVision 2020" bietet den Weinvermarktern eine Orientierung, für das beabsichtigte Preissegment das angemessene Design zu finden. Sie erhalten folgenden Hinweis:

- Ein niedriger Preis wird durch robustes oder kontrastreiches Design,
- ein mittlerer Preis wird durch unauffälliges Design und
- ein hoher Preis wird durch natürliches oder zartes Design kommuniziert.

Die Weinvermarkter werden für die detaillierte Beschreibung der holistischen Designcluster auf den Beitrag von Orth zu Verpackungsdesign in diesem Band verwiesen.

Allerdings ist zu berücksichtigen, dass das Verpackungsdesign über den Preis hinaus auch Informationen über andere Markenwerte und Produktvorteile, z.B. Qualität bietet. Während der Nutzungsphase des Weines prüft der Konsument, ob seine Erwartungen, die er aufgrund des Verpackungsdesigns generiert hat, wirklich erfüllt werden. Ist dies nicht der Fall, ist der Konsument unzufrieden und enttäuscht. Folgen können z.B. Markenwechsel, negative Mundpropaganda oder Reklamationen sein (Seeger, 2009: 51). Das bedeutet, dass das Verpackungsdesign neben dem Preis auch den gewählten Markenwerten gerecht werden muss.

Die Ergebnisse der Studie 2 bestätigen dem Verpackungsdesign das Potenzial, die Nachfrage in Richtung höherer Preissegmente zu verschieben. Deshalb wird empfohlen, das Angebot um einen hochpreisigen Wein zu ergänzen und damit den Konsumenten zum Kauf eines höher- oder gar des hochpreisigen Weines zu veranlassen. Dabei muss allerdings kalkuliert werden, dass die Verkaufszahlen niedrigpreisiger Weine zurückgehen könnten.

Der beobachtete Effekt der Einführung eines hochpreisigen Weines kann in der Praxis evtl. verstärkt werden. Als Decoys wurden Weine verwendet, denen aufgrund ihres Verpackungsdesigns in Studie 1 eine hohe Preiserwartung zugeordnet wurde. In Studie 2 wurde diese Preiserwartung nur implizit über das Verpackungsdesign kommuniziert. Bei expliziter Kommunikation des Preises in Kombination mit dem diesem Preis entsprechenden Verpackungsdesign könnte die Verlagerung der Nachfrage in der Praxis deutlicher ausfallen.

Bevor jedoch das bestehende Portfolio verändert wird, muss geprüft werden, ob die realisierten Gewinnspannen eine Umstrukturierung des Portfolios überhaupt erfordern. Wenn niedrig- und mittelpreisige Weine zufriedenstellende Gewinnspannen bringen und wenn diese mit dem hochpreisigen Wein erzielten nicht signifikant größer sein werden, ist von einer Ergänzung des Portfolios abzusehen. Sind jedoch größere Gewinne zu erwarten, kann der Betrieb von der Ausweitung des Sortiments und damit von den Decoy-Effekten profitieren.

Diese beiden Studien bescheinigen dem Verpackungsdesign eine wichtige Rolle in der Weinvermarktung und verdeutlichen dessen Potenzial bei der Manipulation von Konsumentscheidungen.

10.5.3 Limitationen und zukünftige Forschung

Bei der kritischen Betrachtung der vorliegenden Arbeit müssen folgende Aspekte berücksichtigt werden: Die Ergebnisse der Studie 2 lassen nur Tendenzen, die auf die Existenz von Compromise-Decoy-Effekten in der Produktkategorie Wein schließen lassen, erkennen. Bei Erhöhung des Stichprobenumfangs könnten möglicherweise signifikante Ergebnisse erzielt werden. Auch die Zusammensetzung des Samples ist ausbaufähig. Da nur Studenten als Probanden mitwirkten, kann nicht ausgeschlossen werden, dass andere Effekte auftreten, wenn die Studie mit Probanden, die sich im präferierten Preissegment, in der Reaktion auf Verpackungsdesign oder im Involvement für die Produktkategorie Wein unterscheiden, durchgeführt wird.

In diesen Limitationen können Anhaltspunkte für die zukünftige Forschung gefunden werden. Darüber hinaus stellt sich die Frage, wie sich individuelle Unterschiede, z.B. der kulturelle Hintergrund, auf die Beziehung zwischen Verpackungsdesign und Preiserwartung auswirken. Die Entwicklung konkreter Richtlinien, wie mit entsprechendem Verpackungsdesign Vermarktungsziele erreicht werden können, ist nötig, um die Marken(ein)führung effizient zu gestalten.

Glossar

Decoy

Decoy bedeutet wörtlich übersetzt Lockvogel. Die Decoy-Theorie beschäftigt sich damit, ob und wie sich die Einführung einer weiteren Produktalternative auf das Nachfrageverhalten des Konsumenten auswirkt (z.B. Tversky & Simonson, 1993; Simonson & Tversky, 1992). Das Phänomen des Decoys wird somit zur Erklärung der Tatsache verwendet, dass dem Konsumenten selten nur ein Modell eines Produktes angeboten wird, und es erklärt ebenfalls, warum Firmen in der Lage sind, den Verkauf eines Produktes durch die Einführung einer Alternative zu erhöhen (Slaughter, Sinar & Highhouse, 1999).

In mehreren Studien haben sich zwei Klassen von Decoys herauskristallisiert: Dominierte (dominated) Decoys und nicht-dominierte (non-dominated) Decoys. Zu den nicht-dominierten Decoys gehören die Compromise Decoys, die für diese Arbeit relevant sind. Unter einem Compromise Decoy wird eine dem Portfolio neu hinzugefügt Alternative, durch die ein sich bereits im Portfolio befindliches Produkt als Kompromiss und dadurch attraktiver erscheint und deshalb häufiger vom Konsumenten gewählt wird, verstanden (Simonson, 1989). Die hinter diesem Compromise-Decoy-Effekt stehende Hypothese ist die der „extremeness aversion" (Simonson & Tversky, 1992).

Als Compromise Decoy kann sowohl eine minder- als auch eine höherwertige Alternative zu den sich im Portfolio befindlichen Produkten eingesetzt werden (Huber & Puto, 1983).

Design

Das Design eines Produktes ist die „Erscheinungsgestalt, in der die Ware ihrer äußeren Form oder ihrer Verpackung nach auf dem Markte erscheint" (Bräuer, 1958: 17). Konkret lässt sich die Ausstattung nach Gutenberg (1984: 530) als besonders auffallende und einprägsame Formgebung, Umhüllung, Verpackung, Beschriftung, Farbmuster, Farbzusammensetzung, Textinhalt oder graphische Gestaltung definieren.

Bloch (1995) definiert Verpackungsdesign derart, dass es von einzelnen Elementen, die in einem holistischen Design miteinander kombiniert werden, geformt wird und als Einheit einen Sinneseindruck hervorruft. Anders ausgedrückt heißt das, dass der Gesamteindruck nicht von den einzelnen Elementen herrührt, sondern von der Gestalt aller Elemente zusammen (Orth & Malkewitz, 2008).

Die Weinflasche stellt im Bereich Design eine Besonderheit dar, da sie bei Gebrauch unmittelbar auf den für andere sichtbaren und gestalteten Lebensbereich des Verbrauchers Einfluss nimmt. Dies bedeutet, dass die Gestaltung der Weinflasche eine wichtige optische Funktion hat (Hoffmann, 1994).

holistisch

Veryzer (1999) ermittelte, dass einzelne Designelemente (z.B. Farbe, Oberflächenstruktur,...) in komplexen Komponenten wahrgenommen und organisiert werden. Bestimmte Eigenschaften, die in einer bestimmten Beziehung zueinander stehen, werden holistisch als eine Einheit, als Ganzes, als ein Typ wahrgenommen. Jedes generische Design wird mit Hilfe eines bestimmten Satzes von Designfaktoren und mit Hilfe von Designelementen, die in einer bestimmten Beziehung zueinander stehen, definiert (Pepper, 1949).

Involvement

Laut Trommsdorff (2004: 56) ist das Involvement „der Aktivierungsgrad bzw. die Motivstärke zur objektgerichteten Informationssuche, -aufnahme, -verarbeitung und -speicherung." Das Involvement wird von der Person, dem Produkt, dem Medium, der Botschaft und der Situation beeinflusst. Des Weiteren wird zwischen hohem und niedrigem Involvement differenziert.

Portfolio

Als Portfolio wird in dieser Arbeit eine Kollektion von Produkten der gleichen Kategorie verstanden, also eine Sammlung von zehn bzw. zwölf Weinflaschen, unter denen der Konsument seine Wahl zu treffen hat.

Preiserwartung

Preiserwartung bedeutet in dieser Arbeit der Preis, den der Konsument aufgrund des Designs der Weinflasche erwartet. Dieser erwartete Preis ist nicht mit dem Erwartungswert im statistischen Sinne identisch.

Verpackung

Verpackung wird in dieser Arbeit wie folgt definiert: „Verpackung wird als vollständige oder teilweise, nach dem Verpackungsprozeß feste, relativ leicht zu beseitigende Umhüllung zum Zwecke des Inhalts- und Umweltschutzes, der Lagerungs-, Transport-, Verkaufs- und Verwendungserleichterung verstanden." (Koppelmann, 1971: 22)

Literatur

[1] Aaker, J.L. (1997). Dimensions of Brand Personality. *Journal of Marketing Research, 34*(3), 347-356.
[2] Bloch, P.H. (1995). Seeking the Ideal Form: Product Design and Consumer Response. *Journal of Marketing, 59*(3), 16-29.
[3] Bräuer, H. (1958). *Die Verpackung als absatzwirtschaftliches Problem. Eine absatzwirtschaftliche und werbepsychologische Untersuchung des deutschen Verpackungswesens.* Nürnberg: Gesellschaft für Konsumforschung.
[4] Dawar, N., & Parker, P. (1994). Marketing Universals: Consumers' Use of Brand Name, Price, Physical Appearance, and Retailer Reputation as Signals of Product Quality. *Journal of Marketing, 58*(2), 81-95.
[5] De Wulf, K., Odekerken-Schröder, G., & Iacobucci, D. (2001). Investments in Consumer Relationships: A Cross-Country and Cross-Industry Exploration. *Journal of Marketing, 65*(4), 33-50.
[6] Dodds, W.B. (1995). Market Cues Affect on Consumers' Product Evaluations. *Journal of Marketing Theory & Practice, 3*(2), 50-63.
[7] Gutenberg, E. (1984). *Grundlagen der Betriebswirtschaftslehre. Zweiter Band. Der Absatz.* Berlin; Heidelberg; New York; Tokyo: Springer.
[8] Hoffmann, D. (1994). Moderne Weinflaschengestaltung. In: *Das Wichtigste, 38. Kreuznacher Wintertagung für Weinbau und Landwirtschaft 1994*, 115-121.
[9] Huber, J., Payne, J.W., & Puto, C. (1982). Adding Asymmetrically Dominated Alternatives: Violations of Regularity and the Similarity Hypothesis. *Journal of Consumer Research, 9*(1), 90-98.
[10] Huber, J., & Puto, C. (1983). Market Boundaries and Product Choice: Illustrating Attraction and Substitution Effects. *Journal of Consumer Research, 10*(1), 31-44.
[11] Jarvis, W., Rungie, C., Goodman, S., & Lockshin, L. (2006). Using Polarisation to Identify Variations in Behavioural Loyalty to Price Tiers. *Journal of Product & Brand Management, 15*(4/5), 257-264.
[12] Jun, S.Y., MacInnis, D. J., & Park, C. W. (2005). Formation of Price Expectation in Brand Extensions and Impact on Brand Extensions Evaluation. *Advances on Consumer Research, 32*(1), 137-142.
[13] Koppelmann, U. (1971). *Grundlagen der Verpackungsgestaltung. Ein Beitrag zur marketingorientierten Produktforschung.* Herne; Berlin: Neue Wirtschafts-Briefe.
[14] Lee, M., & Lou, Y.-Ch. (1995/96). Consumer Reliance on Intrinsic and Extrinsic Cues in Product Evaluations: A Conjoint Approach. *Journal of Applied Business Research, 12*(1), 21-29.
[15] Lewin, M.Z. (1981). *The Silent Salesman.* Berkley: Perennial Library.
[16] Mishra, S., Umesh, U.N., & Stem Jr., D. E. (1993). Antecedents of the Attraction Effect: An Information-Processing Approach. *Journal of Marketing Research, 30* (3), 331-349.
[17] Nickenig, R. (2004). DeutschWeinVision 2020: „Deutscher Weißwein ist Kult". In Leyrer, H.-J., Strecker, O., & Elles A. (Eds.), *Erfolgsstrategien für Lebensmittel – Business-Trends, Analysen, Fallbeispiele* (138-145). Frankfurt am Main: DLG-Verlags-GmbH.
[18] Orth, U. R. (2005). Consumer Personality and other Factors in Situational Brand Choice Variation. *Journal of Brand Management, 13*(2), 115-133.
[19] Orth, U.R., Campana, D., & Malkewitz, K. (2010). Formation of Consumer Price Expectation Based on Package Design: Central and Peripheral Routes. *Journal of Marketing Theory and Practice, 18*(1), 23-40.

[20] Orth, U.R., & Malkewitz, K. (2008). Holistic Package Design and Consumer Brand Impressions. *Journal of Marketing, 72*(3), 64-81.
[21] Pepper, S. C. (1949). *Principles of Art Appreciation.* New York: Harcourt, Brace and World.
[22] Pettibone, J.C., & Wedell, D.H. (2000). Examining Models of Nondominated Decoy Effects across Judgement and Choice. *Organizational Behaviour and Human Desicion Process, 81*(2), 300-328.
[23] Quester, P.G., & Smart, J. (1998). The Influence of Consumption Situation and Product Involvement over Consumers' Use of Product Attribute. *Journal of Consumer Marketing, 15*(3), 220-238.
[24] Seeger, H. (2009). *Praxisbuch Packaging. Wie Verpackungsdesgin Produkte verkauft.* München: mi-Wirtschaftsbuch, FinanzBuch Verlag GmbH.
[25] Simonson, I. (1989). Choice Based on Reasons: The Case of Attraction and Compromise Effects. *Journal of Consumer Research, 16*(2), 158-174.
[26] Simonson, I., & Tversky, A. (1992). Choice in Context: Tradeoff Contrast and Extremeness Aversion. *Journal of Marketing Research, 24*(3), 281-295.
[27] Slaughter, J.E., Sinar, E.F., & Highhouse, S. (1999). Decoy Effects and Attribute-Level Inferences. *Journal of Applied Psychology, 84*(5), 823-828.
[28] Sweeney, J.C., & Soutar, G.N. (2001). Consumer perceived value: The Development of a Multiple Item Scale. *Journal of Retailing, 77*(2), 203-220.
[29] **Teas**, R.K., & Agarwal, S. (2000). The Effects of Extrinsic Product Cues on Consumers' Perceptions of Quality, Sacrifice, and Value. *Journal of the Academy of Marketing Science, 28*(2), 278-290.
[30] Trommsdorff, V. (2004). *Konsumentenverhalten.* Stuttgart: Kohlhammer.
[31] Tversky, A., & Simonson, I. (1993). Context-dependent Preferences. *Management Science, 39*(10), 1179-1189.
[32] Underwood, R.L., & Klein, N.M. (2002). Packaging as Brand Communication: Effects of Product Pictures on Consumer Response to the Package and Brand. *Journal of Marketing, 10*(4), 58-68.
[33] Veryzer, R.W. (1999). A Nonconscious Processing Explanation of Consumer Response to Product Design. *Psychology and Marketing, 16*(6), 497-522.
[34] Zeithaml, V.A. (1988). Consumer Perception of Price, Quality, and Value: A Means-End Model and Synthesis of Evidence. *Journal of Marketing, 52*(3), 2-22.

11 Die Botschaften internationaler Weinwerbung

Roger Saunders, University of Warwick

Inhalt

11.1	Einleitung	239
11.2	Der Sender	241
11.3	Die Botschaft	243
11.4	Format	244
11.5	Rhetorische (Stil-)Mittel	245
11.6	Personifikation	248
11.7	Rationale und emotionale Anreize im Vergleich	249
11.8	Humor	250
11.9	Medium	250
11.10	Empfänger	251
11.11	Involvement	252
11.12	Fazit	253
	Literatur	263

11.1 Einleitung

Werbung stellt eine der direktesten Formen von Kommunikation zwischen einer Organisation und ihren Konsumenten dar (Arens et al. 2008: 7-8). Letztlich soll sie den Konsumenten in seinem Denken, Fühlen und Verhalten bezogen auf ein bestimmtes Produkt oder eine Marke positiv beeinflussen. Das bedeutet, dass Werbung als eine Art von so genannter „persuasiver Kommunikation" (Corbett 1990) verstanden werden muss und somit grundsätzlich eine Form von Rhetorik darstellt (McQuarrie and Mick 1993). Historisch betrachtet bezieht sich der Begriff Rhetorik auf die Sprache. In seiner modernen Bedeutung jedoch beinhaltet er sowohl Text als auch Bilder. Nichtsdestotrotz benutzen auch diese Arten der Kommunikation immer noch die drei traditionellen Formen des rhetorischen Arguments:

- Ethos
- Pathos
- Logos (Root 1987).

Ethos vergleicht geteilte Wertvorstellungen des Schreibers/Erzählers mit denen der Leser/Zuhörer. Seine Bedeutung für die Werbung bezieht sich vor allem auf die Bedeutungsebene, die es ermöglicht, die Werbebotschaft trotz individueller Unterschiede ähnlich bzw. gleich zu verstehen. Die Wahrscheinlichkeit, dass ein bestimmter Konsument ein bestimmtes Produkt kauft, hängt zu großen Teilen davon ab, inwiefern dieses seine eigenen Meinungen und Einstellungen widerspiegelt. Pathos bezieht sich auf emotionale Reize. Im Fall von Werbung kann es sich dabei um Bezüge auf Spaß oder Freude handeln. Genauso können sich diese Reize jedoch auch auf Furcht und Schuld beziehen. Konsumenten bevorzugen in der Regel Marken, denen sie sich auf emotional verbunden fühlen. Viele Kaufentscheidungen beruhen eigentlich auf Emotionen statt auf rationalen Überlegungen.

Logos beschreibt ein logisches, rationales Argument. Dieses Stilmittel wird in der Werbung eher selten gebraucht, außer es gibt einen spezifischen, klaren und substantiellen Punkt bzw. eine solche Eigenschaft, die das Produkt/die Marke von der Konkurrenz abgrenzt. Im Fall von Wein kann dies eine Auszeichnung sein. Wenn sie gebraucht werden, wirken logische Argumente innerhalb von Werbebotschaften weniger durch ihre Überzeugungskraft, sondern eher durch ihre Anzahl. Dieses Kapitel widmet sich insbesondere der Verwendung rhetorischer Stilmittel in der deutschen Weinwerbung. Die Reaktion von Konsumenten auf Werbung und Werbebotschaften wird oftmals auf der Basis sogenannter Hierarchiemodelle (Hierarchy of Effects Models) bewertet (Duncan 2005: 139). Als wohl bekanntestes Beispiel ist hier das AIDA-Modell zu nennen:

- Attention
- Interest
- Desire
- Action

Ein solches Modell hilft uns, die einzelnen Schritte, die ein Konsument durchlaufen muss, damit die Werbung als effektiv gelten kann, besser zu verstehen. Eine Werbebotschaft muss die Aufmerksamkeit (Attention) des Rezipienten packen. Andernfalls kommuniziert sie gar nicht. Im Fall von TV-Werbung bezieht sich dies hauptsächlich auf die ersten wenigen Sekunden. Für Printwerbung kann es zum Beispiel die Überschrift sein oder der Einfluss des Bildes, was die Bedeutung dieser Bestandteile unterstreicht. Das Interesse des Konsumenten (Interest) hängt davon ab, wie gut das beworbene Produkt den Bedürfnissen des Publikums gerecht wird. Verlangen (Desire) bezieht sich auf die emotionale Reaktion, die eine Werbebotschaft hervorruft. Folglich müssen Werbetreibende verstehen, wer ihre Konsumenten sind und was diese motiviert, Produkte aus der beworbenen Kategorie zu erwerben. Es hilft ebenfalls, wenn der Konsument an der Werbung Gefallen findet, da ein positives Gefühl für die Werbung sich positiv auf das Empfinden der Marke gegenüber auswirkt. Die letzte Stufe des Modells ist der Kaufakt (Action). Dieser kann sich entweder in der Aufforderung „jetzt zuschlagen" im Falle eines einmaligen Angebotes oder auch in Kontaktdaten für weitere Informationen ausdrücken. Da für viele Produkte, insbesondere Produkte, die nur geringes Involvement hervorrufen, eine Kaufentscheidung beim Betrachten der Werbebotschaft nicht direkt bevorsteht, wandelt sich hier der Aufruf zumeist in eine Betonung der Marke mit dem Ziel, die Marke beim nächsten Einkauf an die Spitze der Auswahlliste zu setzen.

Werbebotschaften werden ebenso von den Eigenschaften der Produktkategorie beeinflusst wie von ihrer Beziehung zum Konsumenten. Es ist und bleibt jedoch schwierig, Wein in eine bestimmte Kategorie zu sortieren. Handelt es sich bei Wein nun um ein Convenience-Produkt, ein normales oder spezielles Produkt oder gar um einen Notfallkauf? In der Tat kann Wein alles sein.

Was jedoch alle diese Anlässe vereint, ist die Tatsache, dass Wein immer symbolische und hedonistische Bedürfnisse zu befriedigen versucht (Ang 2002). Das bedeutet: Wein ist gleichbedeutend mit Genuss. In den meisten Fällen wird er zum persönlichen Vergnügen gekauft. Dies grenzt Wein eindeutig von Gebrauchsprodukten ab, die hauptsächlich wegen ihrer Funktion gekauft werden (Hirschman 1980), wie zum Beispiel ein einfaches Werkzeug. Im Fall von Wein ist es leicht, den symbolischen Wert zu erkennen (Vergnügen, Status, etc.). Wein hat jedoch ebenso Erfahrungswert (Holbrook & Hirschman 1982), denn der Kern des Produkts kann nicht mit letzter Sicherheit bestimmt werden, bis man den Wein probiert hat. Diese Eigenschaft teilt sich Wein zum Beispiel mit (Brett-)Spielen, die ebenfalls erst bewertet werden können, wenn man sie ausprobiert hat. Das bedeutet, dass die Mehrheit von Konsumenten auf Werbung und Werbebotschaften zurückgreifen muss, um sich mit dem Erlebnischarakter des Weins vertraut zu machen.

Werbung, wie alle anderen Formen von Kommunikation, besteht aus einzelnen Komponenten: Jede dieser Komponente soll im Folgenden adressiert werden, indem wir Beispiele von deutscher Weinwerbung als Illustration verwenden.

> Die Komponenten von Werbung:
>
> Sender
>
> Botschaft
>
> Format
>
> Medium
>
> Rezipient

11.2 Der Sender

Der Sender ist die sprechende Person. Es liegt zwar nahe, diese mit der Organisation oder der Werbeagentur gleichzusetzen. Im hier diskutierten Fall der Weinwerbung wollen wir den Sender jedoch als die Marke begreifen. Markenbildung ist eine Form von Personifizierung, da sie es dem Konsumenten erlaubt, Produkte als Persönlichkeiten wahrzunehmen (Solomon et al. 2009: 228). Im Rückschluss ermöglicht dies der Werbung, eine bestimmte „Stimme" zu verwenden. Zum Beispiel wird ein traditioneller Wein einen seriösen Ton verwenden, wohingegen ein Wein, der „Spaß" zum Ausdruck bringen will, auf einen eher frivolen, humoristischen Ansatz zurückgreift. Werbetreibende müssen somit alle schon bestehenden Assoziationen von Konsumenten mit der Marke in Betracht ziehen, da dies ihre Antwort auf die benutzte „Stimme" stark beeinflussen wird. Passt die benutzte „Stimme" zum Bild der Marke in den Köpfen der Konsumenten?

Qualität kann auf viele Arten ausgedrückt werden. Zum Beispiel indem man ein Produkt neben ein anderes legt. In der Werbung in (**Abbildung 11.6**; Bild 1) wurde der Slogan von Hand mit einem Füllfederhalter geschrieben. Dieser wird mit feiner, anspruchsvoller Schrift und Klasse gleichgesetzt. Das Bild soll sich auf die Qualität des Produkts, also des Weins, übertragen. Dieser Effekt wird als „borrowed interest" bezeichnet. Die Überschrift „Viel mehr als nur Wein" bezieht sich auf den Lebensstil und den Status, die mit dem Schreibgerät einhergehen. Der Wein an sich hingegen wird einfach im Glas präsentiert und damit blank jedes Statussymbols, das sich möglicherweise auf der Flasche oder dem Etikett wiederfindet. Dies zwingt den Rezipient dazu, diese Lücke im Kopf zu füllen. In der Rhetorik spricht man hier von Ellipsis. Dieses Stilmittel führt zu engerer Auseinandersetzung mit dem Inhalt der Werbung und steigert somit das Einprägen der Werbebotschaft.

Wein macht sich oftmals historische Referenzen zu Nutze, um seine Legitimität und Authentizität zu unterstreichen (Beverland & Luxton 2005). Beides ist für einen (hochwertigen) Wein von enormer Wichtigkeit. Erfolgreiche Weinmarken werden oft mit Langlebigkeit gleichgesetzt und beziehen sich zumeist auf eine gewisse Nostalgie, um Konsumenten zu ermutigen, positive Erinnerungen abzurufen.

Die Implikation des Prints in **Abbildung 11.9** (Bild 2) ist eindeutig, nämlich, dass Langlebigkeit Qualität bedingt. Eine Marke, die es schon so lange gibt, muss als gute, qualitativ hochwertige Marke angesehen werden. Der Copy-Text betont die „Tradition und den exquisiten Charakter". Solche feinen Eigenschaften stehen normalerweise nur Kindern aus reichem und alteingesessenem Elternhaus zu Gesicht. Es existiert ein generell akzeptiertes Anerkenntnis, dass solche Familien einen Aspekt von Qualität repräsentieren, sei es in feinen Manieren, Stammbaum, Geschmack oder auch Reichtum. Während es sich hierbei um einen offensichtlichen Stereotyp handelt, sind es genau solche Stereotypen, auf die sich Werbung normalerweise stützt. Solche weithin anerkannten Denkmuster machen eine schnelle Kommunikation erst möglich.

Chaudhure und Holbrook (2002: 36) definieren das Konstrukt von hedonistischem/ funktionellem Nutzen als „the pleasure potential of a product class relative to its ability to perform everyday functions in the life of a consumer". Für den Konsument mag diese Alltagsfunktion in der Begleitung eines Essen bestehen oder als Getränk für soziale Anlässe. Jedoch hat Wein auch und gerade die Aufgabe, das Selbstbild und die soziale Position des Konsumenten zu definieren (Ang & Lim 2006: 39) sowie positive Gefühle von persönlicher Freude und Genuss hervorzurufen (Woods 1960). Demnach ist es wahrscheinlich, dass Wein stärker auf Basis von emotionalen Einflüssen, d.h. wie er aussieht, sich anfühlt oder schmeckt, beurteilt wird (Ryu et al. 2006: 491) als ausgehend von rein rationalen Kriterien. Es ist klar, dass Wein auf Grundlage seiner Herkunft, der Qualität der Trauben oder des Jahrgangs relativ gut beurteilt werden kann. Es ist jedoch deutlich wahrscheinlicher, dass der durchschnittliche Konsument sich die Qualität des Weins anhand von anderen Produktmerkmalen herleitet, wie zum Beispiel der Flasche, dem Etikett, der Kapsel oder auch dem Korken. Es wird erwartet, dass qualitativ hochwertige Weine traditionelle Flaschenformen und -Farben sowie ein seriöses Etikett, eine dickwandige Kapsel und einen Naturkorken verwenden. Wohingegen qualitativ minderwertiger Weine eher mit Bag-in-Box-Verpackungen oder ungewöhnlichen Flaschenformen in Verbindung gebracht werden. Man erwartet auf ihnen ebenfalls eher ein modernes Etikett mit einem farbenfrohen, abstrakten Design, keine Kapsel und wahrscheinlich einen Schraubverschluss.

Voss et al. (2003) haben herausgefunden, dass Produkte, die primär aus hedonistischen Motiven gekauft werden, generell mehr kosten und länger aufbewahrt werden. Ersteres ist sicherlich für die allermeisten Weine richtig, während sich die letztere Aussage wohl eher auf den Ultra-Premium-Bereich von Weinen bezieht, die oft mit der Intention zur Lagerung gekauft werden. Es ist jedoch klar, dass Wein ein breites Spektrum von Preisen – von einigen wenigen Cents bis zu mehreren tausend Euro – abdeckt und zumeist mit einem sehr kurzen Konsumhorizont gekauft wird.

Des Weiteren sollte man sich bei der Diskussion des Senders der Tatsache bewusst sein, dass die Herkunft (das Land bzw. die Region) ebenfalls als ein Mittel zur Differenzierung verwendet werden kann (Felzensztein and Dinnie 2005). Im Speziellen wird dies relevant, wenn die Herkunft über einen positiven Wert beim Konsument verfügt. Zum Beispiel wird eine französische Herkunft von vielen Konsumenten als positiv wahrgenommen, da das Land eng mit dem Produkt Wein verknüpft ist. Andererseits kann die französische Herkunft ebenso gut mit negativen Assoziationen verbunden sein. In den USA zum Beispiel werden französische Weine oft als „intimidating and aloof" (Ebenkamp 2008: 12) wahrgenommen. Südafrikanische Weine haben ihre Popularität im letzten Jahrzehnt deutlich gesteigert. Sie werden heute in fast allen Ländern beworben. Oftmals bezieht man sich dabei auf die Fremdheit des Kontinents. Dabei nimmt man positive Stereotypen von faszinierender Kultur, ursprünglicher Natur und speziellem Klima gerne in die Gestaltung mit auf (**Abbildung 11.9**; Bild 3 und 4).

11.3 Die Botschaft

Was in der Werbeanzeige gesagt wird, fokussiert sich zumeist auf den „reason to buy", welcher der USP, der Unique Selling Purpose, sein mag (Arens et al. 2008: 44). Jedoch wird dies schwierig, wenn das eigentliche Produkt, zum Beispiel zwei Chardonnays, eher undifferenziert ist oder wenn der Konsument nicht fähig ist, eine Unterscheidung anhand von Kerneigenschaften zu treffen. Letzteres könnte zum Beispiel bei der Unterscheidung eines Merlot von einem Cabernet der Fall sein. Hat der Konsument keine vorherige Erfahrung mit diesen Rebsorten gesammelt, so handelt es sich schlicht um zwei Rotweine.

Ganz klar versucht der Copy-Text in einer Print-Anzeige ein bestimmtes Markenimage zu etablieren. Im Fall der Anzeige in **Abbildung 11.1** (Bild 2) geht es eindeutig um den Geist von Lafite in den Worten „Exzellenz, Finesse und Eleganz". Dies sind dienliche Markierungen für die Positionierung der Marke. Selbige wird durch visuelle Manipulation verstärkt, indem die Schatten der Weinflaschen zu einem herrschaftlichen Haus werden, um den Status der Weine zu unterstreichen. Exzellenz ist ein Indikator für Qualität, Finesse suggeriert die Eleganz des Mundgefühls und Eleganz ist ein Terminus, der aus Modewelt entliehen wurde. Daher verknüpfen sich Text und Bild zu einer Metapher für die Struktur des Weins. Sie unterstützen sich gegenseitig, um ein konkretes Bild im Kopf des Betrachters zu schaffen.

Beverland und Luxton (2005) zufolge suchen Konsumenten insbesondere authentische Marken und Erfahrungen, da diese Ernsthaftigkeit, Unschuld, und Originalität widerspiegeln. Insbesondere gilt das für den Premium-Bereich im Weinmarkt. Genauso müssen Weine sich jedoch auch an Veränderungen im Geschmack anpassen, speziell wenn sie sich an jüngere Konsumenten richten. Die Anzeige in **Abbildung 11.1** (Bild 1) versucht ganz explizit, diese zwei Welten miteinander zu vereinen. Sie nimmt den Wechsel von Geschmäckern auf und fragt in ihrer Überschrift: „Und wenn Modernität bedeuten würde, die Tradition weiterzuführen?". In der Realität ist dieses Ideal jedoch nur schwer zu erreichen, da Moderne und Tradition sich eigentlich diametral gegenüberstehen und die meisten Weine schon seit Jahren auf die gleiche Weise produziert werden. Es bedeutet ebenfalls, dass ein Werbetreibender zwar versuchen mag, zwei unterschiedliche Zielgruppen anzusprechen, dies in der Regel jedoch nur zu Dissonanzen in der Kommunikation und Wahrnehmung führt. Die ältere Generation wendet sich von Moderne und Innovation ab, während die jüngeren Kunden die Marke als altbacken wahrnehmen. Eine duale Botschaft kann bestenfalls als schwach wahrgenommen werden, schlimmstenfalls kann sie die Konsumenten verwirren und mit negativen Gefühlen zur Marke zurücklassen.

Beverland und Luxton (2005) fassen zusammen: „ Firms looking to build a position around being authentic need to convey sincere messages to consumers." Sie fahren fort und sagen, dass Ernsthaftigkeit nur durch kontinuierliche Entwicklung und Erweiterung der Markengeschichte erreicht werden kann. Gleichzeitig sagen sie jedoch auch, dass die Markengeschichte nicht unbedingt mit größtem Detailreichtum zu jedem einzelnen Aspekt der Firmengeschichte glänzen muss, da dies leicht als Überkommerzialisierung verstanden werden kann. Stattdessen schlagen sie vor, um die Balance zwischen Authentizität und wahrgenommenen Wert zu erhalten, dass Weinproduzenten eindeutig zwischen dem Story-Image und der Realität ihres Geschäfts unterscheiden sollen. Dies ist jedoch nur bedingt auf Ultra-Premium-Weingüter anwendbar, deren Positionierung hauptsächlich aus ihrer Tradition besteht.

Im Fall von Wein kann die Botschaft durchaus auch einen Konsumanlass bzw. -Kontext beinhalten. Man kann zum Beispiel einen Ort (einen Strand) oder eine Zeit (Weihnachten) vorschlagen und das Marketing direkt daran ausrichten. Das hilft Konsumenten, sich an den Wein bzw. die Marke zu erinnern. Das Marketing muss es verstehen, das Produkt mit einem Ort oder einer Aktivität zu verbinden (Charters and Pettigrew 2008: 23). Es kann auch hilfreich sein, neue Wege des Konsums aufzuzeigen, wie zum Beispiel Roséwein auf Eis zu trinken (Charles 2008). Wein wird in der Werbung oft in Zusammenhang mit (gutem) Essen gebracht, um eine Verbindung zur täglichen Routine von Konsumenten zu bringen. Im Gegenzug kann die Fixierung auf einen ganz bestimmten Konsumanlass andere Anlässe natürlich ausschließen. Rioja wurde zum Beispiel stark als „der Wein zum Essen" positioniert. Der zuständige Weinverband hat im letzten Jahr eine Agentur mit der klaren Zielsetzung angeheuert, dieses Image in Richtung von anderen, nicht mit Essen verbundenen Konsumanlässen zu verändern (Anon 2008).

11.4 Format

Wie eine Botschaft vermittelt wird, hängt von der Art der Botschaft ab, dem Medium, in welchem sie umgesetzt wird, sowie der Beziehung, die diese beiden Entscheidungspunkte zum Konsumenten haben. Es ist vor allem wichtig, dieses Argument im Licht des weithin bekannten und validierten Elaboration Likelihood Model (ELM) von Petty and Cacioppo (1986) zu betrachten. Das ELM sagt aus, dass, um wirkungsvoll zu sein, jede Art von Botschaft zuerst verarbeitet werden muss. Im Fall von Printanzeigen muss es einen Reiz geben, der die Aufmerksamkeit des Betrachters auf sich zieht. Am einfachsten lässt sich dies durch ein Bild erreichen, dass unerwartet oder ungewöhnlich ist. Auch das Nebeneinanderstellen von Bildern, die auf den ersten Blick nichts miteinander zu tun haben, kann Aufmerksamkeit bewirken. Aufmerksamkeit kann ebenso durch den Text der Überschrift erzielt werden, speziell wenn die Überschrift eine Frage stellt, die die Anzeige verspricht zu beantworten. Die Anzeige kann auch ein Rätsel sein, das der Betrachter lösen muss.

Die nächste Voraussetzung des Modells ist die Motivation des Lesers, sich mit der Anzeige auseinanderzusetzen. Motivation kann aus der Relevanz des Produktes entstehen und insbesondere aus dem Grad von Involvement stammen, welches der Konsument mit dem Produkt hat. Ein Konsument, der persönlichen Alkoholkonsum oder auch den Konsum von Alkohol bei öffentlichen Veranstaltungen als etwas Positives begreift, wird sich mit höherer Wahrscheinlichkeit enger mit einer Weinwerbung auseinandersetzen. Motivation kann jedoch auch durch ein Rätsel in der Anzeige erreicht werden, da viele Betrachter einerseits den Drang verspüren, hinter das Rätsel zu kommen und dies andererseits mit Spaß verbinden.

Neben der Motivation muss der Betrachter ebenfalls die Fähigkeit mitbringen, die Botschaft verarbeiten zu können. Daher darf die Werbung nicht zu kompliziert sein oder ihre Kernaussage verschleiern. Die Werbung muss eine Sprache finden bzw. einen Ton treffen, den der Betrachter versteht. Damit wird das Verstehen des Publikums (der Zielgruppe) und im Speziellen die Art und Weise, wie dieses über das Produkt spricht, sehr relevant. Zum Beispiel ist denkbar, dass die Konsumenten, die erst noch ihren Weg in die Welt des Weins finden müssen, von technischen Fachbegriffen eher abgeschreckt werden, während es genau diese Fachsprache ist, die den Connoisseur anzieht.

Der Grad an Motivation und Fähigkeit, eine Botschaft zu verarbeiten, entscheidet über die Richtung und Menge an Elaboration, also welche Teile der Anzeige angeschaut und wie vollständig diese aufgenommen und durchdacht werden. Petty und Cacioppo (1986) konnten zeigen, dass zwei verschiedene Arten von Verarbeitung stattfinden können: (1) zentrale und (2) periphere Reizverarbeitung. Bei zentraler Reizverarbeitung beschäftigt sich der Konsument im Detail mit den Argumenten der Botschaft und tendiert dazu, rationalere, logischere Schlussfolgerungen zu ziehen. Aus dieser engeren Beschäftigung mit dem Reiz ergibt sich logischerweise eine stärkere Wirkung der Werbung. Sie hält länger an und führt wahrscheinlicher zu Reaktionen im Verhalten. Periphere Reizverarbeitung basiert auf eher emotionalen Reizen wie Musik oder ein Testimonial einer Berühmtheit um ihren Inhalt zu kommunizieren. Daraus folgt, dass die Resultate, die hierbei erzielt werden, generell schwächer ausgeprägt sind. Es muss jedoch betont werden, dass die allermeiste Werbung ausschließlich peripher verarbeitet wird. Konsumenten sehen sich jeden Tag mit einer unüberschaubaren Menge von Botschaften konfrontiert, ihre Aufmerksamkeit nimmt entsprechend ab. Daraus folgt, dass rhetorische Mittel speziell da nützlich einzusetzen sind, wo sie es ermöglichen, den Betrachter zur zentralen Reizverarbeitung zu bringen.

11.5 Rhetorische (Stil-)Mittel

Rhetorik im Sinne von persuasiver Kommunikation macht sich eine breite Auswahl von Mitteln zu Nutze. Aus einer textuellen Perspektive kommen verschiedene Formen der figurativen (nicht literarischen) Sprache zum Tragen. Dieses Schema kann auch auf visuelle Reize erweitert werden. McQuarrie und Mick (1996: 426) haben eine Taxonomie von rhetorischen Mitteln entwickelt. Sie unterscheiden zwei Modi: Schemata zeichnen sich durch große Treue zu geregelten Botschaften aus, wie zum Beispiel durch Wiederholung, im Gegensatz dazu sind Tropen dazu gedacht, ungewöhnliche Verbindungen zu ziehen, wie zum Beispiel die Metapher. Diese Mittel werden in der Werbung benutzt, um eine kunstvolle Abweichung vom Standard zu repräsentieren, somit helfen sie dem Betrachter, die Botschaft in Einklang mit seinen Erwartungen zu bringen. Ebenso zwingen sie Betrachter, sich mit der Marketing-Kommunikation länger und damit tief greifender auseinanderzusetzen.

Wie die Wissenschaft bestätigt, sind Metaphern besonders wichtig, da sie einen fundamentalen Anteil daran haben, wie Menschen ihre Umwelt wahrnehmen (Lakoff and Johnson 1999), ihre Gedanken organisieren (Ortony 1993) und diese ausdrücken (Fillis & Rentschler 2008: 499). Nach Gibbs (1992: 594) sind Metaphern „ pervasive in everyday life, not just in language but in our structuring of experience". Bei genauerer Betrachtung überrascht es daher wenig, dass Metaphern das gebräuchlichste rhetorische Mittel in der Werbung sind. In der Tat hat ihr Gebrauch in der zweiten Hälfte des 20. Jahrhunderts deutlich zugenommen (Philips & McQuarrie 2002). Metaphern laden das Publikum ein, zwei Objekte oder Ideen miteinander zu vergleichen, da sie die Ähnlichkeit des einen mit dem anderen Objekt nahe legen. Dies führt zu dem natürlichen Drang nach Beziehungen zu suchen, die aus den beiden jeweiligen Bereichen stammen. Die Reaktionen sollten demnach neuartige, interessantere und stärkere Assoziationen wecken und die Wahrnehmung des beworbenen Produkts verstärken.

Metaphern können den Grad der Verarbeitung durch den Rezipienten steigern (McInnis 2004) und die Anzahl der generierten Gedanken erhöhen (McQuarrie & Mick 1999). Dies hilft, die zentrale Eigenschaft des Produkts bzw. der Marke in den Vordergrund zu bringen. Sie führen ebenfalls zu einer tieferen Verarbeitung, was nahe legt, dass der Betrachter die Botschaft besser und länger behält. Ebenso scheint es einen positiven Zusammenhang zwischen der Tiefe der Verarbeitung und dem positiven Empfinden einer Werbung gegenüber zu geben (Bremer & Lee 1997: McQuarrie & Mick 1999; Tom & Eves 1999; McQuarrie & Phillips 2005). Daraus folgt, dass es weniger wahrscheinlich ist, dass Rezipienten Gegenargumente zu Botschaften kreieren, die sie selbst aus der Werbung herausgelesen haben (Lee & Otshavasky 1995). Der Anstieg in der Informationsverarbeitung kann ebenfalls zur Änderung des Verhaltens führen, was bedeutet, dass Konsumenten durch Metaphern sehr stark beeinflusst werden können.

Aus der Werbeforschung wird klar, dass alle rhetorischen Stilmittel die kognitive Verarbeitung der Botschaft erhöhen (Kardes 1988; Toncar & Munch 2001: 63) und der Werbebotschaft den Reiz des Neuen verleihen. Sie erhöhen so die Motivation des Betrachters, den Claim zu verstehen und positiv darauf zu reagieren (Goodstein 1993: 87). Metaphern resultieren ebenso in interner Belohnung des Betrachters, die einfach aus dem Vergnügen an der Entzifferung des Texts entsteht. Dieses Vergnügen führt wiederum zu positiven Gefühlen der Werbung gegenüber (McQuarrie & Mick 1999) und resultiert in positiveren Gefühlen der Marke gegenüber.

Die Forschung schlussfolgert, dass visuelle Metaphern einen größeren Einfluss auf die Gefühle haben, die mit der Werbung sowie der Kaufabsicht verbunden sind als rein verbale Metaphern (Peracchio & Meyers-Levy 1994). Darüber hinaus behauptet eine kürzlich erstellte Studie (McQuarrie & Phillips 2005), dass visuelle Metaphern durch ihre Fähigkeit zur Anregung von spontanen positiven Gefühlen über das beworbene Produkt sowie durch reduzierten Verarbeitungsbarrieren, bessere Wirkung erzielen als rein schriftbasierte Anzeigen. Kaplan (1992) stellt fest, dass visuelle Metaphern deutlich flexibler sind, da die Verbindung zwischen Grundstimmung und Übertragungsmethode enger verknüpft ist, während verbale Metaphern nur in eine Richtung arbeiten.

In der in **Abbildung 11.5** (Bild 4) gezeigten Anzeige ist der Ausspruch „300 Sonnentage im Glas" eindeutig nicht wörtlich zu verstehen. Er bezieht sich vielmehr auf die ausgedehnte Reifephase, die den Reben in Südtirol möglich ist. Um dies jedoch verstehen zu können, muss der Betrachter zunächst die Konzepte Weinglas und Sonnentage begreifen und diese sinnvoll verknüpfen. Der Bezug auf Sonnentage bringt den Leser wahrscheinlich auch dazu, positive Assoziationen auf Basis seiner eigenen Erfahrungen zu entwickeln wie z.B. Sommer, Urlaub oder Freunde (Sperber & Wilson 1986). Da man davon ausgehen kann, dass es sich hierbei hauptsächlich um positive Assoziationen handelt, ist es als positiv zu bewerten, dass sich diese auf die Werbebotschaft bzw. die Marke oder Produkt übertragen. Es werden also eine Menge Gefühle, Assoziationen und Ideen übertragen. Entscheidend dabei ist jedoch, dass es sich hier nicht um die Hirngespinste eines Werbetreibenden handelt, sondern um die echten, selbst generierten Gedanken des Betrachters. Da Weine ausschließlich aus Trauben mit einem gewissen Reifegrad gewonnen werden, ist der Claim der Südtiroler nicht wirklich einzigartig oder gar ein klares Kaufargument im klassischen Sinne. Seine Stärke beruht auf dem emotionalen Impuls, den er hervorruft.

Der Wert von Metaphern für die werbliche Kommunikation ergibt sich ebenfalls aus dem poetischen Anreiz, der sich in metaphorischen Ausdrücken findet (Stern 1990). Dies hilft, einiges der Ermüdung zu überwinden, die sich oft aus rein schriftlichen Werbeargumenten ergibt. Petrie and Oshlag (1993: 583) zeigen ebenfalls, dass Metaphern es Konsumenten vereinfachen, von altem zu neuem Wissen zu wechseln. Somit eignen sich Metaphern besonders für Produktneueinführungen.

In der Werbung in **Abbildung 11.5** (Bild 1 und 2) gibt es sowohl eine visuelle (der Wein verwandelt sich in ein Seidentuch) als auch eine verbale („Am Tisch entdeckt man die schönsten Hügel der Toskana") Metapher. Erstere suggeriert die weiche Textur des Weins. Letztere bezieht sich darauf, dass der Wein die Schönheit der Topographie und das Terroir der Toskana in sich aufnimmt und widerspiegelt.

Die Anzeige in **Abbildung 11.3** (Bild 3) beinhaltet ein Beispiel für eine doppelte Metapher, da Gläser nicht wirklich Geschichten beginnen und Schlösser nicht wirklich den Beginn eines jeden Märchens darstellen. Dies gibt uns ebenfalls ein Beispiel von Parallelität, einem weiteren rhetorischen Stilmittel: Das Glas verhält sich zur Geschichte wie das Schloss zum Märchen. Da der Leser mit großer Wahrschenlich eines oder mehrere Märchen kennt, bringt ihn diese Anzeige dazu den Rest der Aussage selbst hinzuzufügen und eine ganze Reihe von Gedanken und Emotionen mit ihr zu assoziieren, die auf andere Weise nur schwer hervorzurufen wären. In der Tat verändert die verbale Metapher hier die Bedeutung des visuellen Teils der Anzeige, der allein betrachtet nur einen Konsumanlass (ein

Picknick) darstellt. Es findet sich jedoch noch ein weiteres rhetorisches Stilmittel in dieser Anzeige: Ellipsis. Da die Personen, die man normalerweise im Bild erwartet dort nicht vorkommen, wird der Betrachter unterbewusst dazu aufgefordert sich selbst ins Bild einzufügen.

Die Anzeige in **Abbildung 11.7** (Bild 2) setzt direkt auf das Herkunftsland. Sie ruft dazu auf, Chile zu entdecken und hebt es heraus als Land „zwischen den Anden und dem Pazifik". Sie verwendet jedoch eben das rhetorische Stilmittel der Metonymie. Eis wird als Indikator für hohe Berge verwendet. Als Metapher wird die Hitze der Ebenen als Feuer ausdrückt. Es gibt ebenfalls eine komplexere rhetorische Konstruktion des *antithetischen Chiasmus*. Dies bezeichnet den Vergleich eines Paares von Gegensätzen mit einem anderen Paar von Gegensätzen, jedoch in umgedrehter Reihenfolge: Feuer/Eis im Vergleich mit Anden/Pazifik. Gegensätze äußern sich in Kontrast, welcher immer nützlich für Werbung ist, da er Betonung erlaubt. Es sollte jedoch zur Kenntnis genommen werden, dass sich in diesem Fall der Kontrast nicht direkt auf das Produkt bezieht.

Die Anzeige in **Abbildung 11.4** (Bild 1) scheint auf den ersten Blick sehr standardisiert zu sein. Sie zeigt eine Serie von Bildern aus dem Keller, dem Weingut und dem Weinberg. Der Slogan jedoch sagt: „Holen Sie sich die Sommerfrische Spaniens ins Haus". Dies legt nahe, dass der Wein eine ganze Situation beeinflussen kann anstatt nur einzelne Personen bzw. eine Gruppe von Individuen. Diese Idee findet sich in zahlreichen Werbeanzeigen für Wein wieder. Der Wein ändert eine Situation, fast so als wäre das Produkt eine andere Person.

Es mag scheinen, dass Metaphern eine Art Wunderwaffe des Werbetreibenden darstellen, wenn es darum geht, Aufmerksamkeit von einem sonst desinteressierten und abgelenkten Publikum zu erringen. Es besteht jedoch die Gefahr, dass Konsumenten sich an die Übermenge von metaphorischen Inhalten gewöhnen und diese nicht mehr weiter beachten. Sie verarbeiten sie nicht mehr in besonderer Tiefe, sondern verwenden nur noch ein Set von einfachen heuristischen Abkürzungen (Bremer & Lee 1997). Es kann ebenso gut sein, dass sie Metaphern als ein Mittel der Ablenkung versehen, das vom eigentlichen Kaufanreiz der Anzeige wegzieht (Messaris 1997: 202). Somit kann es passieren, dass Konsumenten resistent gegen den Einfluss von Metaphern werden, da sie sich grundsätzlich in die Irre geführt fühlen (Velasco-Sacristan & Fuertes-Olivera 2006). Ang und Lim (2006: 49) sagen trotzdem, dass Marken „using metaphors were generally perceived to be more sophisticated and exciting, but also less sincere and competent, than brands using literal words and pictures."

11.6 Personifikation

Personifikation kann die Form von Anthropomorphismus annehmen. Das bedeutet, dass man menschliche Eigenschaften auf Objekte überträgt. In dem vorliegenden Fall geht es darum, Produkte so auszustatten, dass sie auf menschliche Attribute anspielen. Im entgegengesetzten Fall kann dies auch bedeuten, das Produkt durch eine Person zu ersetzen, die dann die Eigenschaften der Marke verkörpert. In beiden Fällen profitiert der Werbetreibende davon, dass die Flasche oder die Marke dann fähig, ist aktiv zu handeln oder in Situationen gebracht werden kann, die die Zielgruppe widerspiegeln, mit der sich die Marke identifizieren will. In der ersten Werbeanzeige wird dem Publikum die Frage gestellt, wo man echte Kerle findet. Die Frage wird durch die Präsentation des Weins als Macho und ‚cool' beantwortet.

Einen Wein tatsächlich in eine Person zu transformieren, ob real oder imaginär, trägt Personifikation eine Stufe weiter und ermöglicht, größere Attraktivität zur Zielgruppe herzustellen (**Abbildung 11.6**; Bild 2, 3 und 4). Diese Serie von Werbeanzeigen spielt nicht nur mit der visuellen Komik, die sich mit den Charakteren verbindet, sondern bietet darüber hinaus auch eine Personifikation des Weins, um zu zeigen, wie er zu einer gemeinschaftlichen Gelegenheit wie einem Essen beiträgt. In jedem der Fälle ist der Charakter, der den Wein verkörpert, größer als die anderen Teilnehmer dargestellt. Er wird ebenfalls durch seine Kleidung und die Farbgebung, die die Farbe des Weins verkörpert, hervorgehoben. Die Intimität der Szenen entsteht durch den Blickkontakt des Wein-Charakters zum Publikum. Der Wein ist somit Teil der Szene, die der Betrachter wahrnimmt. Andererseits bewegt er sich über die Szene hinaus und lädt den Betrachter ein, sich auf die Anzeige einzulassen, indem er ihn oder sie geradewegs anschaut. Der Betrachter wird damit Beobachter und Teilnehmer.

In **Abbildung 11.1** (Bild 4) findet sich ein weiteres Beispiel von Personifikation als ein Teil einer visuellen Metapher. Der Wein erscheint als Schauspieler auf einer Bühne vor einem Publikum aus Weingläsern. Das Gesamtbild vermittelt die Idee von großer Bühnenkunst, die den Wert und Wertigkeit der Marke übermittelt. Der Begriff „klassisch" wird zumeist für Dinge verwendet, die von allgemein anerkanntem historischem Wert sind wie zum Beispiel ein Oldtimer. Die Anzeige übermittelt Qualität und legt allgemeine Anerkennung nahe, da sie den Text und das Bild durch eine gut gesetzte Metapher effektiv verbindet.

11.7 Rationale und emotionale Anreize im Vergleich

Scott (1994) sagt aus, dass jede persuasive Botschaft immer eine Verbindung zwischen Sprecher und Leser und somit immer einen gewissen Grad von Ethos beinhaltet. Albers-Miller und Stafford (1999: 44) bestätigen, dass emotionale Botschaften für emotionale Produkte effektiver sind. Im Gegenzug funktionieren rationale Botschaften besser für rationale Produkte. Jedoch weisen uns Holbrook und O'Shaughnessy (1984: 54) darauf hin, dass die Art der Ansprache von zahlreichen Faktoren abhängt, die natürlich auch die Art des Produkts miteinschließen. Im Fall der Weinwerbung scheint es, dass Metaphern zumeist im Zusammenhang mit emotionalen Anreizen verwendet werden.

Die beiden Anzeigen in **Abbildung 11.3** (Bild 1 und 2) beziehen sich direkt auf das Gefühl des Konsumenten. In einem Fall wird der Statusgewinn gezeigt, der sich aus relativ kleinen Kosten ergibt, dies unterstreicht den Wert der Marke. Die andere Anzeige zeigt negative Folgen, die eine falsche Produktwahl haben kann. Die beworbene Marke hilft dem männlichen Konsument, negative Gefühle zu vermeiden.

11.8 Humor

Die Anzeige in **Abbildung 11.5** (Bild 3) zeigt eindeutig ein Element von visueller Inkongruenz (ein Weingutsmitarbeiter in einem Tutu), was eine humoristische Reaktion provozieren soll. Dies wird durch den verbalen Rahmen der Anzeige unterstützt, der dem Leser die Situation erklärt. „Wetten, dass wir es nicht schaffen, dieses Jahr einen guten Wein zu machen." Das Weingut hat niemals einen schlechten Wein gemacht, was im Rückschluss bedeutet, dass andere Weingüter dies durchaus tun. Um diese komplexe Botschaft zu verstehen ist jedoch eindeutig zentrale Reizverarbeitung vom Leser gefragt. Andererseits kann die Anzeige ebenfalls als peripherer Reiz funktionieren (Zhang & Zinkhan 2006: 114); Humor ruft grundsätzlich eine positive Antwort hervor. Im Rückschluss bedeutet dies, dass auch die Markenpräferenz positiv verändert wird (Fam & Waller 2004). Dieser Kommunikationsansatz scheint entgegengesetzt der kulturellen Einstellung des Publikums zu laufen, was für Deutsche bedeutet, besonders risikoavers zu sein (Lee & Lim 2008: 73).

11.9 Medium

Bei der Wahl des geeigneten Mediums zur Weinkommunikation ist es zuvorderst wichtig, sich Gedanken über die Medienkonsumgewohnheiten des Zielmarktes zu machen. Welche Magazine lesen sie? Welche Fernsehprogramme werden angeschaut? Selbst wenn das geeignete Medium gefunden ist, gibt es immer noch eine Vielzahl von Gründen, die es schwer machen, die gewünschte Botschaft zu übermitteln. Das Umfeld, in der die Kommunikation stattfinden soll, kann so ein Grund sein. Sind viele andere Anzeigen mit ähnlichen Produkten, ähnlichen Positionierungen und ähnlichen Botschaften im gleichen Medium vorhanden, kommt es leicht zu so genanntem Clutter. In dieser Situation wird vom Konsumenten vor allem die Anzeige wahrgenommen und potenziell behalten, die am ungewöhnlichsten ist. Wie schon zuvor herausgestellt, ist der beste Weg, ungewöhnlich zu sein, eine ungewöhnliche Überschrift oder ein Bild in den Vordergrund zu stellen.

Die Natur des Mediums beeinflusst ebenfalls, wie die Werbung gestaltet ist. Print-Anzeigen, die im Mittelpunkt dieses Kapitels stehen, sind ein statisches Medium und funktionieren deshalb am besten, wenn ein Bild präsentiert wird, das interessant, attraktiv oder unerwartet ist, denn das Fenster zur Aufmerksamkeit des Betrachters ist sehr klein. Wenn Text in einer Anzeige verwendet wird, so sollte dieser möglichst groß sein, sich auf das Wesentliche beschränken und entweder ein Rätsel anregen oder eine Frage stellen. Wo TV-Werbung die Zeit hat dem Publikum zu zeigen, was die Marke ist, wie sie funktioniert und wo sie verwendet wird, sieht sich Print-Werbung eingeschränkt und muss so oftmals auf den Konsumenten vertrauen, dass er oder sie die fehlende Information entsprechend richtig einfügt bzw. richtig über den Zeitpunkt, der in der Anzeige präsentiert wird hinausdenkt.

11.10 Empfänger

Verstehen, wen genau man ansprechen will bedeutet, seine Zielgruppe richtig zu verstehen und in Beziehung zur Marke zu setzen. Das Mit-Einschließen der Zielgruppe ist wohl der einfachste Weg, den Zielmarkt für eine Anzeige darzustellen, zum Beispiel wird in der Anzeige in **Abbildung 11.8** (Bild 2) eine Gruppe von Freunden klar so platziert, dass sie Kultiviertheit und Reichtum wiederspiegeln. Da es sich um ein eng gerahmtes Bild handelt und es praktisch keinen zusätzlichen, erklärenden Text außer der Marke und dem Text auf dem Flaschenetikett gibt, müssen alle Bezüge aus den Charakteren in der Anzeige kommen. Ihre Kleidung und die Ecke, die anscheinend zu einem Flugzeug gehört, vermitteln den Eindruck von Reichtum und Status. Sie sind die Zielgruppe, oder was wahrscheinlicher ist, sie sind die Gruppe, die die Zielgruppe gerne wäre. Diese Anzeige zielt auf Konsumenten, die sich den dargestellten Lebensstil nicht leisten können, den Wein aber wohl bezahlen können und sich so ein Stück dieses Traums sichern.

In der Anzeige in **Abbildung 11.7** (Bild 1) ist der Zielmarkt eindeutig weiblich. Dies wird schon durch das Markenzeichen ausgedrückt, eine Rose, die generell mit Weiblichkeit assoziiert wird. Die Botschaft, dass dies für Leute ist, die sich nicht um Fußball scheren, also in der Regel Frauen und insbesondere die Menschen in der Anzeige, die alle Frauen sind. Die Anzeige verknüpft gekonnt Erstrebenswertes mit Erstrebbarem. Die Zielgruppe kann ebenfalls durch den Text der Anzeige (**Abbildung 11.8**; Bild 1) widergegeben werden, während die Personen in diesen Anzeigen entweder abwesend oder durch die Qualität des Produkts verdeckt sind, weist der Text eindeutig darauf hin, dass es sich hier um Weine für den Connoisseur handelt.

Die Forschung (Barber et al. 2008a) zeigt, dass Konsumenten mit höherem Weinwissen weit mehr daran interessiert sind, Informationsquellen wie Werbung zu verwenden, um ihr Wissen zu erweitern. Jüngere Konsumenten reagieren auf Anzeigen positiver, die sich auf soziale Interaktion fokussieren als auf solche, die sich auf Weinberge, Flaschen oder Weinmacher (alles Motive, die gerne in deutscher Weinwerbung eingesetzt werden) konzentrieren. Die Wirksamkeit von Werbung hängt direkt von der genauen Festlegung der Zielgruppe(n) ab (Dubow 1992; Rodríguez Santos et al. 2006).

Die Zielgruppe zu verstehen ist wichtig. Es geht nicht nur darum zu wissen wer sie sind, sondern auch ihr Involvement mit dem Medium zu kennen, ihr Interesse an Wein und Vorwissen über die Marke zu klären. Dies ist besonders relevant, wenn sie schon eine bestehende Markenpräferenz haben oder eine Gruppe von Marken haben, aus der sie immer ihre Entscheidung treffen. Innerhalb dieses Spektrums ist es wahrscheinlich, nochmals verschiedene Ausprägungen von Involvement zu finden. Weiter wird diese Analyse durch das Auftreten verschiedener Konsumanlässe verkompliziert. Zum Beispiel wird jemand, der den Wein nur für sich selbst kauft, andere Kriterien anlegen als jemand, der vorhat, den Wein zu verschenken (Williams 2002). Käufe zum Eigengebrauch können weiter nach Werten unterteilt werden. So konzeptioniert die VALS (Blackwell et al. 2006: 280) Einteilung solches Verhalten in „action, status and principle orientated consumers". Ein Beispiel einer Anzeige, die sich besonders an die letzte Gruppe richtet ist KAYA (**Abbildung 11.9**; Bild 1).

In diesem Fall unterstützt der Weinhersteller die „Cheetah Outreach Foundation". Eine solche Verbindung zu einer gemeinnützigen Vereinigung schafft einen Anreiz für Konsumenten auf der Basis von ökologischem Altruismus. Viele Weine schaffen Anreize hauptsächlich auf der Basis von Status, insbesondere hohem Status, da sie von Connoisseuren getrunken werden, einen hohen Preis haben oder viele Preise gewonnen haben. Wenige Weine sind wahrscheinlich fähig, Anreize auf der Basis von „action" zu schaffen, da dies einen hohen Input des Konsumenten im Produktionsprozess impliziert und somit eher zur Vermarktung von Produkten wie „Brew your own beer kits" passt.

Da viele Weinwerbungen, die hier diskutiert werden, ausländische Weine bewerben und auch deutsche Weine exportiert und in anderen Ländern beworben werden, darf man die Kultur nicht außer Acht lassen. Nach de Mooij (2005) hat Deutschland folgende kulturelle Dimensionen (basierend auf Hofstede): hohe Maskulinität, starke Unsicherheitsvermeidung, geringen Individualismus, geringe „power distance", relative Kurzzeitorientierung. Deutsche tendieren ebenfalls dazu, sehr genau auf die Zeit zu achten. Dieses Set an Eigenschaften wird in deutscher Werbung durch den Gebrauch von expliziter Kommunikation, die oft rationale Argumente verwendet, und klaren Bildern widergespiegelt. Ein gesteigertes europäisches Selbstverständnis verbunden mit den engen regionalen Verbindungen zu Nachbarstaaten erklärt einen Teil der diversen Reaktionen, die hier aufgezeigt wurden. Der Gebrauch von rhetorischen Stilmitteln, insbesondere der Metapher, wenn auch nicht explizit, mag ein Eingeständnis sein, den Clutter irgendwie durchschneiden zu müssen, um größere Verbundenheit mit der Anzeige und der Marke zu ermutigen.

De Mooij (2005: 7) demonstriert, dass deutsche Werbung weniger Humor einsetzt, weil dies den kulturell hohen Grad von Risikoaversion widerspiegelt und ein stärkerer Einsatz von rationalen Argumenten zielführender ist. Als eine stark maskulin geprägte Kultur vertraut deutsche Werbung auch eher auf Helden als auf Heldinnen, um Botschaften zu vermitteln. So auch in dem Fall, wenn die dritte Generation in Person von Matt Gallo ihren preisgekrönten Wein präsentiert (**Abbildung 11.7**; Bild 3). Da 48 von 112 Anzeigen, die für dieses Kapitel betrachtet wurden, als Bild entweder nur eine Flasche oder eine Flasche und Weinberge zeigten, mag der Winzer durchaus als Held durchgehen. In diesem Fall repräsentiert der Held den Haupt-Charakter der Geschichte, genau wie der Held in einem Buch oder einem Film.

11.11 Involvement

Involvement spielt eine bedeutende Rolle wenn es darum geht, über den Einsatz zu entscheiden, den der Betrachter aufwendet, um die angebotenen Informationen zu verarbeiten. Anzeigen, die mit Metaphern arbeiten setzen ein relativ hohes Involvement voraus, um die Metapher richtig zu dechiffrieren (Mick 1992). Es ist somit klar, dass wir Involvement mit in die Gleichung einbeziehen müssen. Frühere Studien haben schon gezeigt, dass implizite Claims intensive Verarbeitung benötigen und Betrachter nur in der Lage sind, die fehlende Information einzufüllen, wenn sie ausreichend involviert mit dem Zusammenhang sind (Thistlethwaite et al. 1955). Das Gleiche gilt, wenn es sich um inkonsistente Informationen handelt (Kardes 1988). Hinzu kommt, dass, wenn das Involvement hoch ist, es eine Tendenz dazu gibt, größere kognitive Ressourcen zu verwenden, was in sich gesteigerter Verarbeitung zeigt (Toncar & Munch 2001: 63) und somit mit größerer Wahrscheinlichkeit zur Überzeugung führt.

Aitkin et al. (2008) identifizieren zwei Typen von Involvement, einerseits die Aufmerksamkeit, die man einem bestimmten Medium gegenüber bringt, in dem sich die Werbung abspielt und andererseits die Beziehung des Konsumenten zum Produkt. Der Grad des Involvement bestimmt die Reaktion auf Marketing-Kommunikation, da er den Grad der Aufmerksamkeit steuert, die der Konsument auf die Anzeige verwendet. Zum Beispiel hat jemand, der ein Weinfachmagazin liest, mit großer Wahrscheinlichkeit ein spezielles Interesse an und damit auch ein höheres Involvement mit Wein. Es kann sein, dass der Leser ein gesteigertes Interesse an einer bestimmten Rebsorte oder vielleicht auch einem bestimmten Set von Marken hat. Passt das beworbene Produkt in dieses Schema, so wirkt sich dies ebenfalls steigernd auf das Involvement aus.

Toncar und Munch (2001) zeigen, dass in Situationen, wo das Involvement gering ist, die Überraschung einer effektiven Metapher das Verlangen diese zu verstehen steigern kann. Kardes (1998) widerspricht diesen Ergebnissen, indem er aufzeigt, dass periphere Überzeugungstechniken nur dann funktionieren, wenn der Konsument stärker involviert ist. Dies zeigt auf, wie wichtig es ist, jede Anzeige zuerst zu testen, präferierbar in einem „embedded setting", also als richtige Anzeige in einem speziell zusammengestellten, aber real aussehenden Magazin.

11.12 Fazit

Zusammenfassend wird klar, dass eine Anzeige auf verschiedene Säulen gestellt werden kann: die Marke, den USP, die Konstruktion, den Kontext, die Zielgruppe oder am besten auf eine Kombination aus den genannten. Ungeachtet der Faktoren, die die Konstruktion einer Anzeige beeinflussen, ist klar, dass die Überzeugungskraft insbesondere von rhetorischen Stilmitteln abhängt, im Speziellen von Wortspielen und Metaphern, wo eine Idee durch eine andere ausgedrückt wird, was mehr Freude bei der Dechiffrierung bringt.

My thanks to Mareike Rüffer, Christian Schnee and Dagmar Sharples for providing translations. *Roger Saunders*

Abbildung 11.1   Verschiedene Varianten von Flaschenabbildungen in der Werbung

Bild 1

Bild 2

Bild 3

Bild 4

Fazit 255

Abbildung 11.2 Beispiel für Inkonsistenz des Werbeauftritts

Bild 1

Bild 2

Bild 3

Bild 4

Abbildung 11.3   Beispiel für einen konsistenten Werbeauftritt

Bild 1

Bild 2

Bild 3

Bild 4

Fazit 257

Abbildung 11.4 Beispiele für Überladung

Bild 1

Bild 2

Bild 3

Abbildung 11.5   Vermischte Beispiele

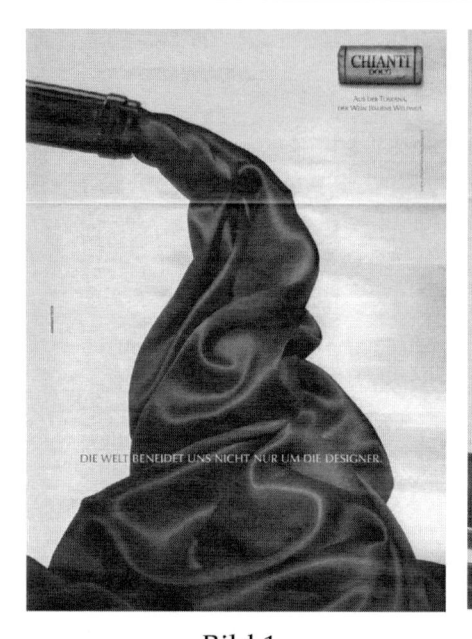

Bild 1   Bild 2

Bild 3   Bild 4

Fazit

Abbildung 11.6   Beispiele für unklare Botschaft

Bild 1   Bild 2

Bild 3   Bild 4

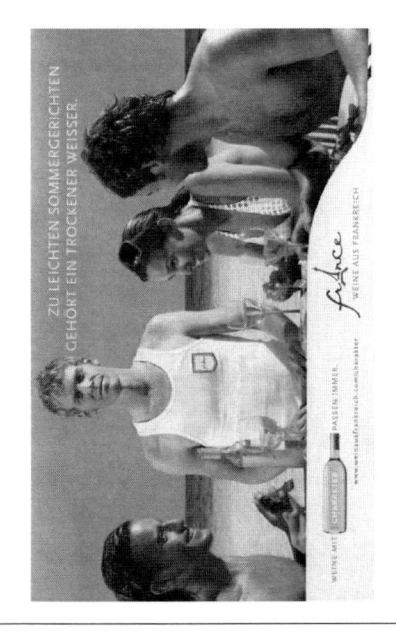

Abbildung 11.7   Vermischte Beispiele 2

Bild 1

Bild 2

Bild 3

Bild 4

Fazit   261

Abbildung 11.8   Vermischte Beispiele 3

Bild 1    Bild 2

Bild 3   Bild 4

Abbildung 11.9   Vermischte Beispiele 4

Bild 1   Bild 2

Bild 3   Bild 4

Literatur

[1] Aitkin, R., Gray, B. & Lawson, R. (2008). Advertising Effectiveness from a Consumer Perspective. *International Journal of Advertising, 27*(2), 279-297.
[2] Albers-Miller, N. & Stafford, M. (1999). An International Analysis of Emotional and Rational Appeals in Services vs Goods Advertising. *Journal of Consumer Marketing, 16*(1), 42-57.
[3] Ang, S. H. (2002). Effects of metaphoric advertising among mainland Chinese consumers. *Journal of Marketing Communications, 8*, 179-188.
[4] Ang, S. & Lim, E. (2006). The influence of metaphors and product type on brand personality perceptions and attitudes. *Journal of Advertising, 35*(2), 39-53.
[5] Anon. (2008). Rioja body hires Space for UK job. *Marketing*, 23 April, 10.
[6] Arens, W., Weigold, M. & Arens, C. (2008). *Contemporary Advertising*. New York: McGraw-Hill Irwin.
[7] Barber, N., Dodd, T. & Ghiselli, R. (2008a). Capturing the Younger Wine Consumer. *Journal of Wine Research, 19*(2), 123-141.
[8] Barber, N., Ismail, J. & Dodd, T. (2008b). Purchase Attributes of Wine Consumers. *Journal of Food Products Marketing, 14*(1), 69-86.
[9] Barthes, R. (1986). The Rhetoric of the Image. In *The Responsibility of Forms* (pp. 21-40). New York: Hill and Wang.
[10] Beverland, M. & Luxton, S. (2005). Managing Integrated Marketing Communication (IMC) through Strategic Decoupling. *Journal of Adevrtising, 34*(4), 103-116.
[11] Blackwell, R., Miniard, P. & Engel, J. (2006). *Consumer Behavior* (10th edition). Ohio: Tomson South-Western.
[12] Bremer, K. & Lee, M. Y. (1997). Metaphors in Marketing: Review and Implications for Marketers. *Advances in Consumer Research, 24*, 419-424.
[13] Britton, P. (1992). The Wine Label: Genie on a Bottle. *Wines & Vines, 73*(8), 31.
[14] Charles, G. (2008). E&J Gallo to run summer rosé activity. *Marketing*, 14 May, 4.
[15] Charters, S. & Pettigrew, S. (2008). Why Do People Drink Wine? A Consumer-Focused Exploration. *Journal of Food Products Marketing, 14*(3), 13-32.
[16] Chaudhuri, A. & Holbrook, M. (2002) Product-class effects on brand commitment and brand outcomes: The role of brand trust and brand affect. *Journal of Brand Management, 10*(1), 33-58.
[17] Corbitt, E. (1990). *Classical Rhetoric for the Modern Student* (3rd edition). Oxford: OUP.
[18] De Mooij, M. (2005). *Global Marketing and Advertising* (2nd edition). London: Sage Publications Ltd.
[19] Duncan, T. (2005) *Principles of Advertising and IM* (2nd edition). New York: McGraw-Hill.
[20] Dubow, J. (1992). Occasion-Based vs. User-Based Benefit Segmentation. *Journal of Advertising Research, 32*(2), 11-18.
[21] Ebenkamp, B. (2008). Tableaux? Tableau? Let's Work The Whole Thing Out. *Brandweek, 49*(24), 12.
[22] Fam, K-S. & Waller, D. (2004). Ad Likeability and Brand Recall in Asia: A Cross-Cultural Study. *Brand Management, 12*(2), 93-104.
[23] Felzensztein, C. & Dinnie, K. (2005). The Effects of Country of Origin on UK Consumers' Perceptions of Imported Wines. *Journal of Food Products Marketing, 11*(4), 109-117.
[24] Fillis, I. & Rentschler, R. (2008). Exploring metaphor as an alternative marketing language. *European Business Review, 20*(6), 492-514.
[25] Finn, A. (1988). Print Ad Recognition Readership Scores: An Information Processing Perspective. *Journal of Marketing Research, 25*, 168-177.
[26] Gibbs, R. W. (1992). When is metaphor? The idea of understanding in theories of metaphor. *Poetics Today, 13*(4), 575-606.
[27] Goodstein, R. C. (1993). Category-based applications and extensions in advertising: motivating more extensive ad processing. *Journal of Consumer Research, 20*(1), 87-00.
[28] Hall, J., Shaw, M., Lascheit, J. & Robertson, N. (2000). Gender Differences in a Modified Perceived Value Construct for Intangible Products. *ANZMAC 2000*. Retrieved 07.10.2009, from http://smib.vuw.ac.nz:8081/www/ANZMAC2000/CDsite/papers/h/Hall2.PDF

[29] Hirschman, E. C. (1980). Attributes and Layers of Meaning. *Advances in Consumer Research, 7*, 101–118.
[30] Holbrook, M. & O'Shaughnessy, J. (1984). The Role of Emotion in Advertising. *Psychology and Marketing, 1*(2), 45-64.
[31] Kaplan, S. (1992). A Conceptual Analysis of Forma and Content in Visual metaphors. *Communication, 13*, 197-201.
[32] Kardes, F. R. (1988). Spontaneous Inference Processes in Advertising: The Effects of Conclusion Omission and Involvement on Persuasion. *Journal of Consumer Research, 15* (September), 225-233.
[33] Lakoff, G. & Johnson, M. (1999). *Philosophy in the Flesh: The Embodied Mind and Its Challenge to Western Thought*, New York: Basic Books.
[34] Lee, Y. H. & Lim, E. A. C. (2008). What's Funny and What's Not. *Journal of Advertising. 37*(2), 71-84.
[35] Lee, D. H. & Olshavsky, R. W. (1995). Conditions and Consequences of Spontaneous Inference Generation: A Concurrent Protocol Approach. *Organizational Behavior and Human Decision Processes, 6l*(2), 177-189.
[36] MacInnis, D. J. (2004). Crystal Clear Concepts: Using Metaphors to Expand Dimensional Thinking. *ACR News*, (Winter), 1–4.
[37] Kaplan, S. (1992). A Conceptual Analysis of Forma and Content in Visual metaphors. *Communication, 13*, 197-201.
[38] McQuarrie, E. F. & Mick, D. G. (1996). Figures of rhetoric in advertising language. *Journal of Consumer Research, 22*(4), 424-438.
[39] McQuarrie, E. F. & Mick, D. G. (1999). Visual Rhetoric in Advertising: Text-Interpretative, Experimental, and Reader-Response Analyses. *Journal of Consumer Research, 26*(June), 37–54.
[40] McQuarrie, E. F. & Phillips, B. J. (2005). Indirect Persuasion in Advertising. *Journal of Advertising, 34*(2), 7-20.
[41] Messaris, P. (1997). *Visual Persuasion: The Role of Images in Advertising*. Thousand Oaks, CA: Sage.
[42] Mick, D. G. (1992). Levels of Subjective Comprehension in Advertising Processing and their Relations to Ad Perceptions, Attitudes, and Memory. *Journal of Consumer Research, 18*(4), 411-424.
[43] Ortony, A. (1993). *Metaphor and Thought* (2nd edition). Cambridge: Cambridge University Press.
[44] Peracchio, L. A. & Meyers-Levy, J. (1994). How Ambiguous Cropped Objects in Ad Photos can Affect Product Evaluations. *Journal of Consumer Research, 21*(1), 190.
[45] Petire, H. G. & Oshlag, R. S. (1993). Metaphor and learning. In A. Ortony (Ed.), *Metaphor & Thought* (2nd edition). Cambridge: Cambridge University Press.
[46] Petty, R. & Cacioppo, J. (1986). *Communication and Persuasion: Central and peripheral routes to attitude chang.e* New York: Springer-Verlag.
[47] Phillips, B. J. & McQuarrie, E. F. (2002). Consumer Response to Visual Metaphor: Change and Constancy Over Time. *Advances in Consumer Research, 29*, 265.
[48] Rodríguez Santos, C., Cervates Blanco, M. & González Fernández, A. (2006). Segmenting wine consumers according to their involvement with appellations of origin. *Brand Management, 13*(4/5), 300-312.
[49] Root, R. (1987). *The Rhetorics of Popular Culture: Advertising, Advocacy and Entertainment*. Connecticut: Greenwood Publishing Group.
[50] Ryu, G., Park, J. & Feick, L. (2006). The Role of Product Type and Country-of-Origin in Decisions about Choice of Endorser Ethnicity in Advertising. *Psychology and Marketing, 23*(6), 487-513.
[51] Scott, L. (1994). The Bridge from Text to Mind: Adapting Reader-Response Theory to Consumer Research. *Journal of Consumer Research, 21*(3), 461-480.
[52] Solomon, M., Marshall, G., Stuart, E., Mitchell, V. & Barnes, B. (2009). *Marketing: real People, Real Decisions*. Harlow: Pearson Education Limited.
[53] Spawton, T. (1991). Of Wine and Live Asses: An Introduction to the Wine Economy and State of Wine Marketing. *European Journal of Marketing, 25*(3), 19-31.
[54] Sperber, D. & Wilson, D. (1986). *Relevance: Communication and Cognition*. Cambridge: Harvard University Press.

[55] Stern, B. (1990). Beauty and Joy in Metaphorical Advertising: The Poetic Dimension. *Advances in Consumer Research, 17*(1), 71-77.

[56] Thistlethwaite, D. L., Haan, H. & Kamenetzky, J. (1955). The Effects of Directive and Non-directive Communication Procedures on Attitudes. *Journal of Abnormal and Social Psychology, 51*, 107-113.

[57] Tom, G. & Eves, A. (1999). The Use of Rhetorical Devices in Advertising. *Journal of Advertising Research, 39*(July/August), 39–43.

[58] Toncar, M. & Munch, J. (2001), Consumer Responses to Tropes in Print Advertising. *Journal of Advertising, 30*(1), 55–65.

[59] Tootelian, D. & Ross, K. (2000). Product Labels: What Information Do Consumers Want, and Will They Believe It? *Journal of Food Products Marketing, 6*(1), 25-38.

[60] Velasco-Sacristan, M. & Fuertes-Olivera, P. A. (2006). Towards a Critical Cognitive-pragmatic approach to gender metaphors in Advertising English. *Journal of Pragmatics, 38*, 1982-2002.

[61] Voss, K., Spangenberg, E. & Grohmann, B. (2003). Measuring the Hedonic and Utilitarian Dimensions of Consumer Attitude. *Journal of Marketing Research, 40*(3), 310-320.

[62] Williams, A. (2002). *Understanding the Hospitality Consumer.* Oxford: Elsevier-Butterworth-Heinemann.

[63] Woods, W. (1960). Psychological Dimensions of Consumer Decision. *Journal of Marketing, 24*(1), 15–19.

[64] Zhang, Y. & Zinkhan, G. (2006). Responses to Humorous Ads. *Journal of Advertising Research, 35*(4), 113-127.

12 Wie funktioniert Weinkommunikation? ... Und wie nicht?

Dr. Ulrich Lachmann, Lachmann Werbeberatung Hamburg

René C.G. Arnold, Diplombetriebswirt (FH), University of Edinburgh

Inhalt

12.1	Reizüberflutung und selektive Wahrnehmung	269
12.1.1	Involvement	270
12.1.2	Gedächtnis steuert Wahrnehmung	271
12.2	Premium vs. Standard – Wer wählt warum welchen Wein?	272
12.2.1	Premium vs. Standard – Definition und Hintergrundinformationen	272
12.2.2	Welche Verhaltensweisen stehen hinter Premium und Standard?	273
12.3	Mittel der Weinkommunikation	276
12.3.1	Weinkommunikation rund um den POS	277
12.3.1.1	Etikett	277
12.3.1.2	Flyer und Aufsteller	278
12.3.1.3	Screens	278
12.3.1.4	Plakat	278
12.3.1.5	Persönliche VKF-Maßnahmen	279
12.3.2	Weinkommunikation außerhalb des POS	279
12.3.2.1	Internet	279
12.3.2.2	Anzeigen in Fachmagazinen	280
12.3.2.3	Qualifiziertes Mailing	280
12.3.2.4	TV- und Radio-Spots	280
12.3.2.5	Anzeigen in Publikumszeitschriften	280
12.4	Gestaltung der Weinkommunikation	280
12.4.1	Kommunikation mit an Wein Niedrig-Involvierten	280
12.4.2	Kommunikation mit am Wein kurzzeitig Hoch-Involvierten	281
12.4.3	Kommunikation mit an Wein dauerhaft-Hoch-Involvierten	283
12.4.4	Typische Gestaltungsfehler vermeiden	283
12.4.4.1	Fehler gegen Kontrast	283
12.4.4.2	Fehler gegen Konsistenz	283
12.4.4.3	Fehler gegen Klarheit	284
	Überladung der Anzeige	284
	Wahrnehmungs- und Leseaufwand zu hoch	284
	Zu geringe Emotionalität	284
	Unklare Botschaft	284

12.4.5	Positive Beispiele der Weinkommunikation	285
12.4.6	Zur Gestaltung der Flaschenetiketten	285
12.5	Fazit	285
	Literatur	287

12.1 Reizüberflutung und selektive Wahrnehmung

Einleitend wollen wir zunächst einen Blick auf die generellen Kommunikationsbedingungen werfen, denen auch die Weinkommunikation unterliegt. Es gilt zu erörtern, wann und wie Menschen Reize aufnehmen und verarbeiten.

Die viel zitierte Überflutung der Menschen mit Reizen, Signalen, mit Botschaften und Werbung überfordert generell die Gehirne der Empfänger. Man wehrt sich durch „selektive Wahrnehmung", in dem man sich nur den Signalen zuwendet, die einen interessieren. Dann kommt es zur bewussten Verarbeitung der Reize, der sog. zentralen Reizverarbeitung. Man liest, studiert die Botschaft, setzt sich mit ihr (auch kritisch) auseinander, man memoriert. Selektive Wahrnehmung bedeutet also Zuwendung zu und Verarbeitung von Informationsangeboten, die den Empfänger interessieren.

Abbildung 12.1 Periphere und zentrale Reizverarbeitung

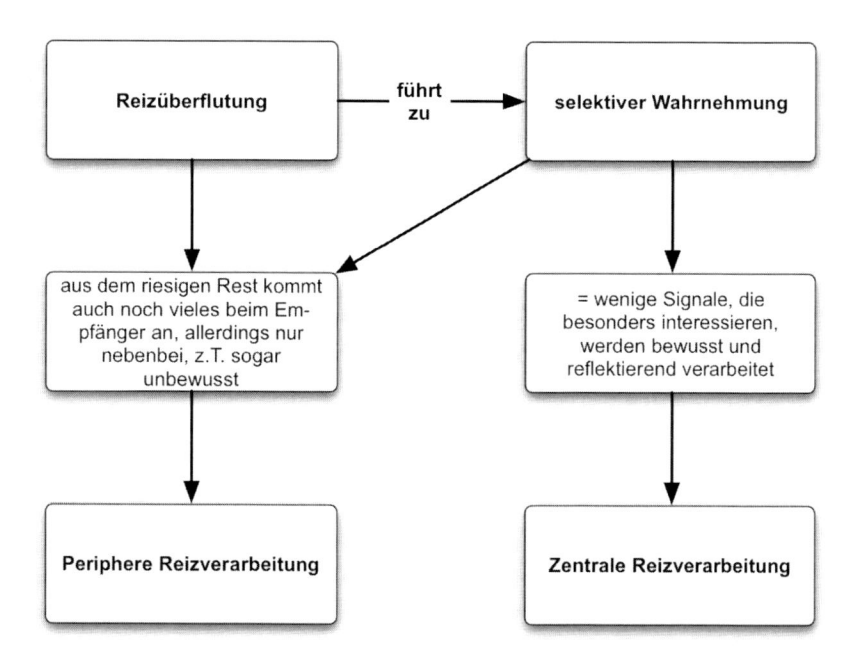

```
Reizüberflutung  --führt zu-->  selektiver Wahrnehmung
      |                                |
      v                                v
aus dem riesigen Rest kommt       = wenige Signale, die
auch noch vieles beim Em-         besonders interessieren,
pfänger an, allerdings nur        werden bewusst und
nebenbei, z.T. sogar              reflektierend verarbeitet
unbewusst
      |                                |
      v                                v
Periphere Reizverarbeitung        Zentrale Reizverarbeitung
```

Da dieser Vorgang zeitaufwändig ist, kann nur ein Bruchteil der angebotenen Signale (Werbung) derart intensiv verarbeitet werden. Die Masse der Reize wird allenfalls beiläufig registriert. Wir sprechen dann von peripherer Reizverarbeitung. Auch hierüber kann eine Botschaft ins Gehirn der Empfänger gelangen, zum Teil sogar unbewusst (implizit). Allerdings erfolgt das ohne Reflexion, Lesen usw. Eindrücke werden einfach nur hingenommen (siehe **Abbildung 12.1**). Diese Dichotomie wurde im Elaboration Likelihood

Model (Petty & Cacioppo, 1996) theoretisiert und vielfach empirisch nachgewiesen (z.B. DeRosia, 2008; Frewer, Howard, Hedderley, & Shepherd, 1997; Miniard, Bhatla, Lord, Dickson, & Unnava, 1991).

12.1.1 Involvement

Wie kommt es nun zur Selektion, zur Auswahl der „interessierenden" Signale? Es gibt zwei Wege, solche Zuwendungen zu erreichen (Lachmann, 2003):

- Der Reiz muss sich aufdrängen und so Zuwendung erzeugen. Dieses erfolgt durch Reizstärke oder durch Ungewöhnlichkeit

- Die andere Möglichkeit, zentrale Reizverarbeitung zu erreichen besteht darin, solche Empfänger anzusprechen, die **von sich aus** am Thema interessiert sind (**Abbildung 12.2**)

Abbildung 12.2   Wie erreicht man zentrale Reizverarbeitung?

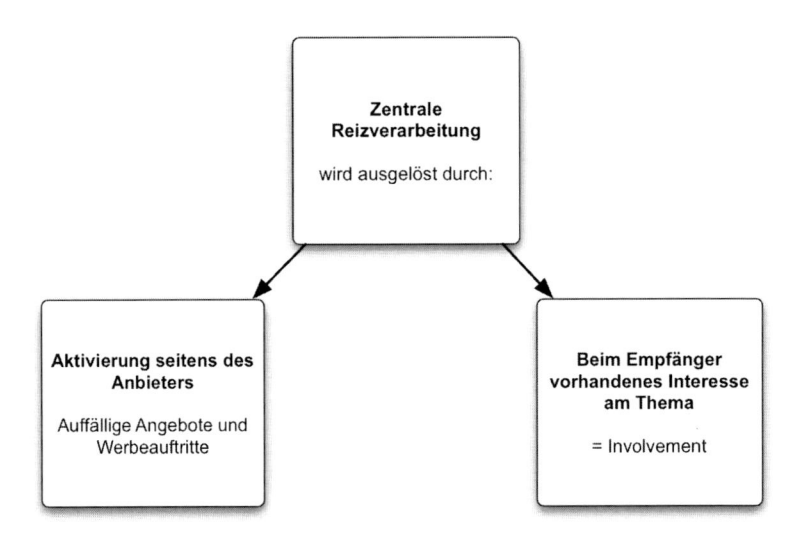

```
                    Zentrale
                Reizverarbeitung
                wird ausgelöst durch:
                    /        \
                   /          \
        Aktivierung seitens des        Beim Empfänger
             Anbieters              vorhandenes Interesse
                                         am Thema
        Auffällige Angebote und
           Werbeauftritte              = Involvement
```

Dieses Interesse, sich einem Thema zuzuwenden, wird Involvement genannt. Dieses ist meist abhängig von der Situation:

> Wenn der Weinkeller gut gefüllt ist, sind wir wenig an Informationen über Wein interessiert. Das Involvement ist dann eher niedrig. Wenn wir aber plötzlich feststellen, dass der Weinbestand im Keller zur Neige geht, steigt unser Involvement am Thema Wein. Wenn jetzt Weinwerbung kommt, sind die Chancen gut, dass wir uns damit bewusst befassen. Es kommt dann zur zentralen Reizverarbeitung.

Das Involvement kann also je nach Anlass mal hoch, mal niedrig sein. Meist ist es allerdings nur niedrig. Bei kleinen Teilgruppen besteht hohes Involvement sogar auf Dauer (z.B. bei Weinkennern, Personen aus dem Weinhandel usw.). Generell jedoch gilt: Jede Weinkommunikation an breitere Zielgruppen trifft auf winzige Minderheiten, die genau zu diesem Zeitpunkt ein hohes Involvement für Wein haben. Und auf riesige Mehrheiten von am Thema Wein niedrig Involvierten.

12.1.2 Gedächtnis steuert Wahrnehmung

Die Wahrnehmung verläuft allgemeinen in drei Stufen (**Abbildung 12.3**) Man wendet sich einem der unzähligen angebotenen Reize zu. Dieser Reiz wird dann anschließend verarbeitet: Was ist das? Wohin gehört das? Ist das wichtig? (Falls nein: Löschen! Falls ja: im Gedächtnis speichern).

Abbildung 12.3   Reizselektion, Reizverarbeitung und Speicherung

Reizselektion → Reizverarbeitung → Langzeit-Gedächtnis

Dieser Prozess kann, wie oben dargelegt, exzessiv erfolgen (zentrale Reizverarbeitung) oder nur blitzschnell, oft unbewusst (periphere Reizverarbeitung). In jedem Falle spielen die Inhalte des Empfängergedächtnisses bei dieser Verarbeitung eine zentrale Rolle:

> Sie ermöglichen eine Identifikation des selektierten Signals.
>
> Sie steuern die Bewertung des Signals (des Werbeauftritts, des Anbieters, des Produktes, der Botschaft) und später auch die Entscheidungen. (**Abbildung 12.4**)

Abbildung 12.4   Zusammenhang von Reizselektion, Reizverarbeitung und Langzeitgedächtnis

Reizselektion → Reizverarbeitung ⇄ Langzeit-Gedächtnis

Das begründet die hohe Bedeutung der Marke (= Vorstellungsbündel über den Anbieter, das Produkt im Gedächtnis des Empfängers). Im Zweifelsfall kauft man eine Weinmarke, bei einem Winzer, bei einer Genossenschaft oder ein individuelles Weinlabel, wenn man sie kennt. Man vertraut also auf frühere positive Erfahrungen oder Erkenntnisse im Gedächtnis.

> **Konsequenzen für das Marketing:**
>
> Marktforschung ist nötig, um herauszufinden, wie viel und was Zielgruppen über uns, über unsere Marke, über unser Produkt wissen
>
> Werblich kommt es nicht nur darauf an, kurzfristig Produktabsatz zu generieren, sondern mittelfristig in den Köpfen der Kunden (Marken-)Vorstellungen aufzubauen und zu pflegen

12.2 Premium vs. Standard - Wer wählt warum welchen Wein?

12.2.1 Premium vs. Standard - Definition und Hintergrundinformationen

Die Qualität des Produkts beschäftigt die Weinbranche seitdem die ersten Reben gesetzt wurden. Doch die tatsächliche Weinqualität ist nur schwer fassbar. Die Grundlagen für eine mögliche objektive Bewertung sind umstritten und unterscheiden sich von Land zu Land. Auch Qualitätsklassifizierungen bieten hier nur bedingt eine Hilfestellung, da inzwischen viele etablierte und anerkannte Weine aus traditionellen Qualitätssystemen ausbrechen (z.B. die sogenannten Super-Tuscans) bzw. in vielen Ländern, vor allem der Neuen Welt, keine eindeutigen Qualitätsklassifizierungen bestehen. Für den Konsument entscheidet letztendlich der eigene Geschmackseindruck. Dementsprechend ist eine Einteilung des Marktes in Standard und Premium schwierig. Für die Zwecke unseres Beitrags möchten wir uns der Kategorisierung von Heijbroek (Heijbroek, 2006) anschließen. Er fasst alle Weine über 5 Euro als Premium auf. Diese Unterscheidung wird aufgrund der Marktanteile der verschiedenen Preiskategorien getroffen. Auch auf dem deutschen Weinmarkt machen Weine über fünf Euro nur einen äußerst kleinen Marktanteil aus und kommen für die meisten Käufer nicht in Frage.

Da wir zunächst das Umfeld für die Werbekommunikation kennen sollten, ist es angebracht, vor der eigentlichen Diskussion kurz auf den deutschen Weinmarkt und die Konsumenten einzugehen. Der Weinmarkt insgesamt ist in den letzten 10 Jahren gewachsen. Immer mehr Deutsche trinken Wein. Wein ist schon lange kein Nischenprodukt mehr, so haben 61% der deutschen Haushalte im Jahr 2008 mindestens einmal Wein gekauft (DWI, 2009). Das Wachstum kommt vor allem aus dem Standardbereich. Ein Blick auf die langfristige Preisentwicklung im Markt zeigt dies deutlich auf. Wein entwickelt sich vom Luxus- zum Alltagsgut mit Aldi als größtem Weinhändler Deutschlands. Die Preisentwicklung deutet ebenfalls in diese Richtung. Im Jahr 2000 gaben die deutschen Verbraucher noch durchschnittlich 3,08€ pro Liter (2,31€ pro 0,75 Liter Flasche) aus (GfK, 2004). Im Jahr

2007 waren es dagegen nur noch 2,37€ (1,78€ pro 0,75 Liter Flasche) (DWI, 2008). Ein weiteres Indiz für diesen Trend zeigt sich in der Einkaufsstättenwahl. Inzwischen werden 52,6 Prozent aller Weine im Discounter verkauft (DWI, 2008). Im Jahr 2004 waren es „nur" 42,1 Prozent, die auf Discounter, also Aldi, Lidl, Penny und andere entfielen.

Generell können wir davon ausgehen, dass die meisten Weine, die im Discounter verkauft werden, dem entsprechen, was wir soeben als Standard definiert haben, also sich im Preisspektrum unter fünf Euro bewegen. Da im Discounter vor allem Umschlaggeschwindigkeit zählt, setzt dieser Absatzweg eine große Produktionsmenge bei gleich bleibender Qualität voraus. Dies gilt ebenso für den traditionellen Lebensmitteleinzelhandel (LEH), wo sich jedoch auch Weine des Premiumsegments finden lassen. Zumeist sind diese mit einer Sonderplatzierung versehen z.B. in einem Holzregal. Fachgeschäfte und der Direktverkauf beim Winzer sowie große Teile des Online-Handels befassen sich überwiegend mit Premium-Weinen über fünf Euro pro Flasche. Menge und Absatzkanal bedingen die Kommunikationsmöglichkeiten des einzelnen Produzenten. Für den direkt vermarktenden Winzer sind insbesondere Broschüren, Preislisten, Mailings und u.U. auch Aufsteller und Poster auf Messen sowie Anzeigen auf lokaler Ebene zu nennen. Große Weinproduzenten, die mit ihren Marken den LEH und die Discounter beliefern, stützen sich dagegen auf klassische Mittel der werblichen Kommunikation wie TV, Radio und Print. Neben diesen Einschränkungen müssen wir in der folgenden Betrachtung der Weinkommunikation auch die Zielsetzung des einzelnen Produzenten beachten. Das Hauptaugenmerk wollen wir für diesen Beitrag hierbei auf die Unterscheidung zwischen kurzfristiger Aufmerksamkeit und langfristigem Imageaufbau bzw. dem Aufbau einer Marke legen.

12.2.2 Welche Verhaltensweisen stehen hinter Premium und Standard?

Die Unterscheidung von Standard und Premium-Weinen anhand des Preises verleitet zum Eindruck, dass die Kaufkraft der entscheidende Faktor für die Kundensegmentierung ist. Dies ist jedoch nur bedingt der Fall. Aufgrund des hedonistischen und symbolischen Charakters des Produkts Wein (Charters, 2006) spielen oftmals andere Beweggründe wie z.B. die Erfüllung oder die Kommunikation eines Selbstbildes eine tragende Rolle. Deshalb ist der Erklärungsbeitrag sozio-demografischer Faktoren für das Verhalten als relativ gering einzuschätzen. Mehr Aussagekraft haben hierfür insbesondere das Involvement und der Anlass, für den der Wein gekauft wird. Wir sollten die deutschen Wein-Konsumenten demnach nicht als einheitliche Gruppe auffassen, sondern segmentieren. Für die Zwecke dieses Beitrags unterscheiden wir drei Gruppen von Konsumenten:

- Niedrig involvierte Konsumenten
- Dauerhaft hoch involvierte Konsumenten
- Kurzzeitig hoch involvierte Konsumenten

Abbildung 12.5 Niedrig, hoch, und kurzzeitig hoch involvierte Konsumenten (v.l.)

Niedrig involvierte Konsumenten, welche die Mehrheit im deutschen Weinmarkt bilden, wollen so wenig wie möglich Anstrengung auf die Informationssuche und das Vergleichen von Alternativen verwenden. Häufig verwenden sie habituelle Prozesse, um die Güter des täglichen Bedarfs zu kaufen. Wein wird jedoch deutlich seltener gekauft als zum Beispiel Milch oder Brot. Der durchschnittliche deutsche Konsument kauft Wein nur etwa zehn Mal pro Jahr (DWI, 2008). Das bedeutet, dass niedrig involvierte Konsumenten für den Weineinkauf nur sehr bedingt, wenn überhaupt, auf habitualisierte Prozesse zurückgreifen können. Für viele Verbraucher ist die Weinauswahl nicht zuletzt deshalb schwierig. Hinzu kommt, dass keine andere Produktkategorie eine so vielfältige Produktauswahl bietet (Lockshin, 2005). In Situationen, in denen sich der Verbraucher nicht in der Kategorie zurechtfindet, tendiert er dazu, auf eine ihm bekannte Marke zurückzugreifen. Diese ‚sichere' Wahl kann auch durch latent aufrufbare Informationen initiiert werden (Miniard, Sirdeshmukh, & Innis, 1992). Solche latenten Informationen können aber nur vorhanden sein, wenn sie der Konsument zuvor lernen konnte. Zentrale Reizverarbeitung kommt aufgrund des geringen Interesses an Wein aber nicht für die Informationskommunikation in Frage. Um eine erfolgreiche periphere Reizverarbeitung zu gewährleisten, sind für die Weinkommunikation insbesondere zwei Faktoren entscheidend: Kontaktfrequenz und Kontaktkonsistenz. Eine hohe Kontaktfrequenz ermöglicht es, die Botschaft trotz der geringen Aufmerksamkeit des Rezipienten im Gedächtnis zu verankern. Diese Bedingung ist für den einzelnen deutschen Weinproduzenten – wenn überhaupt – nur sehr bedingt, zu erfüllen. Der Zusammenschluss zu regionalen oder nationalen Werbekonsortien kann hier helfen. Hierbei wird nicht ein einzelner Wein oder einzelnes Weingut beworben, sondern vielmehr die Region oder das Land als solches in den Mittelpunkt gestellt. Es geht darum, eine bestimmte Gegend mit Inhalten zu verknüpfen und sie in den Köpfen der Verbraucher zu positionieren. Besonders im Bezug auf den gering involvierten Verbraucher scheint dies sinnvoll. Da die meisten Weinregale nach Regionen geordnet sind, gibt ihm die Werbung einen Ankerpunkt für seine Auswahl und verleiht ihm die Sicherheit, die richtige Entscheidung zu treffen. Entscheidend für den Erfolg einer solchen Strategie ist neben der Kontaktfrequenz auch die Konsistenz der Kommunikation. Ein einheitliches Auftreten und die Teilnahme jedes Beteiligten, also jedes Winzers und jeder Winzergenossenschaft, ist für den Erfolg unerlässlich. Um ein gemeinsames Auftreten zu schaffen ist es notwendig, dass auf allen verwendeten Kommunikationsmitteln also auch auf Preislisten, Flyern, Aufstellern, etc. das gemeinsame optische Steuersignal (Logo, Farbcode usw.) abgebildet ist. Andernfalls gefährdet man die Wiedererkennung der Region erheblich.

Der dauerhaft gering involvierte Konsument kann situationsbedingt auch zum kurzzeitig hoch involvierten Konsumenten werden. Eine solche Situation kann zum Beispiel eine Einladung zum Essen oder ein wichtiger Geburtstag sein. Man sollte dieses Involvement jedoch nicht mit dem langfristigen Produktinteresse und der Motivation des dauerhaft hoch Involvierten verwechseln. Es handelt sich hierbei vielmehr um ein Produktrisiko-Involvement. Die Entscheidung einen Wein zu kaufen, ist aufgrund des Anlasses mit deutlich mehr Risiko verknüpft als es bei einem normalen Kauf für den Hausgebrauch der Fall wäre. Es konnte gezeigt werden, dass in solchen Situationen insbesondere die Sicherheit der Entscheidung wichtig ist. Diese kann aus persönlichem Wissen und Erfahrung stammen, z.B. den Kauf einer zuverlässigen Marke. Auf diese Erfahrung können dauerhaft niedrig involvierte Konsumenten nur sehr bedingt zurückgreifen. Wenn die Entscheidung am Point of Sale (POS) ansteht, versuchen kurzzeitig hoch involvierte Konsumenten entweder Beratung durch Fachpersonal zu bekommen oder benutzen einfache Heuristiken. Die Produktgestaltung kann hier wichtig sein. Solche Konsumenten versuchen so wenig wie möglich Risiko einzugehen und tendieren zu einer Verpackung, die möglichst kongruent mit der sozial geprägten Idealvorstellung ist (Campbell & Goodstein, 2001).

Dauerhaft hoch involvierte Konsumenten stellen das Gegenteil des niedrig involvierten Konsumenten dar. Wie im Segmentierungsbeitrag (Arnold & Fleuchaus, in diesem Band) dargestellt, interessieren sie sich für Wein, haben ein hohes Maß an Weinwissen und investieren viel Zeit und Geld in ihre Weinauswahl. Sie lesen spezielle Weinzeitschriften, in denen auch die meiste Weinwerbung zu finden ist. Trotz relativ geringer Größe ist diese Konsumentengruppe von enormer Wichtigkeit (Goldsmith & d'Hauteville, 1998). Da sie mehr Wein trinken und in erster Linie Premium-Weine kaufen, generieren sie erheblich mehr Umsatz als niedrig involvierten Konsumenten. Bei hoch involvierten Konsumenten kommt eindeutig die zentrale Reizverarbeitung zum Tragen. Sie suchen gezielt interessante Informationen im Bild- und Textinhalt. Um Werbung für hoch Involvierte interessant zu machen, sind relevante Bild- und Textinhalte notwendig (DeRosia, 2008; Miniard et al., 1991). Aus der Aufteilung des Marktes in Standard- und Premium-Weine sowie den verschiedenen Konsumententypen ergeben sich verschiedene mögliche Kommunikationsstrategien, die wie folgend zusammengefasst werden können:

- Mit Premium-Weinen hoch involvierte Konsumenten ansprechen → beeinflussen und informieren
- Mit Premium-(Standard-)Weinen kurzzeitig hoch involvierte Konsumenten ansprechen → bei der Produktwahl unterstützen
- Mit Standard-(Premium-)Weinen gering involvierte Konsumenten ansprechen → vorprägen auf Marke/Region/Herkunft

12.3 Mittel der Weinkommunikation

Bevor wir näher auf die Wirkungsweise und Umsetzung von Kommunikationsmitteln eingehen, wollen wir diese zuerst kurz vorstellen, um dem Leser einen Überblick über die Möglichkeiten der Kommunikation am und außerhalb des POS zu geben. Da Produkt- und Etikettengestaltung und ihr Einfluss auf die Kommunikation in einem anderen Kapitel dieses Buchs behandelt werden, wollen wir uns hier auf andere Kommunikationselemente am POS wie Poster, Informationstafeln oder Shelf-Talker beschränken. Grundsätzlich lassen sich Kommunikationsmittel in selektive und nicht-selektive Kommunikationsmittel unterscheiden (**Abbildung 12.6**). Des Weiteren wollen wir die einzelnen Kommunikationsmittel anhand ihrer Entfernung vom Produkt aufteilen (**Abbildung 12.7**). Selektion bedeutet in diesem Zusammenhang, dass es möglich ist, mit den genannten Kommunikationsmitteln spezielle Zielgruppen fokussiert anzusprechen und speziell abgestimmte Botschaften zu vermitteln. Letzterer Punkt ist von besonderer Wichtigkeit, da aufgrund der unterschiedlichen Charakteristika hoch und niedrig involvierte Konsumenten anders angesprochen werden müssen. Für den POS wurde die Unterscheidung in selektiv und nicht selektiv in dieser Form nicht getroffen, da hier schon die Warengruppe zu einem gewissen Maß vorselektiert. Wer sich nicht für Wein im Speziellen interessiert, wird zum Beispiel nicht in den Regalbereich gehen, der exklusivere Weine anbietet beziehungsweise gar nicht erst aufs Weingut fahren, um Wein zu kaufen. Einen Sonderfall in dieser Aufteilung stellt die Zweit- oder Sonderplatzierung im Handel da. Hier ist jedoch die Maßgabe, vor allem kurzzeitig hoch involvierte Konsumenten anzusprechen und bei besonders Interessierten das Produkt in Erinnerung zu rufen. Hier trifft der Selektionsgedanke nicht zu. Im folgenden Kapitel werden die Einsatzmöglichkeiten der verschiedenen Kommunikationsmittel beschrieben, bevor danach näher auf die konkrete Gestaltung eingegangen wird.

Abbildung 12.6   Selektive vs. Nicht-Selektive Kommunikationsmittel

SELEKTIV	NICHT SELEKTIV
Internet Anzeigen in Fachmagazinen Qualifiziertes Mailing	TV-Spots Radio-Spots Anzeigen in allgemeinen Pbulikumszeitschriften

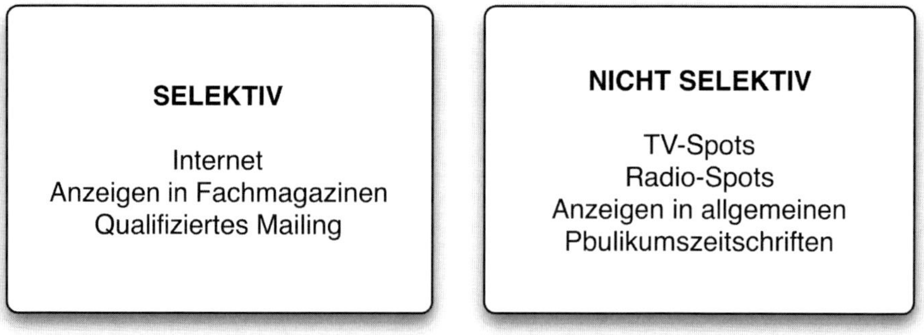

Abbildung 12.7 Aufteilung von Kommunikationsmitteln nach Entfernung vom Produkt

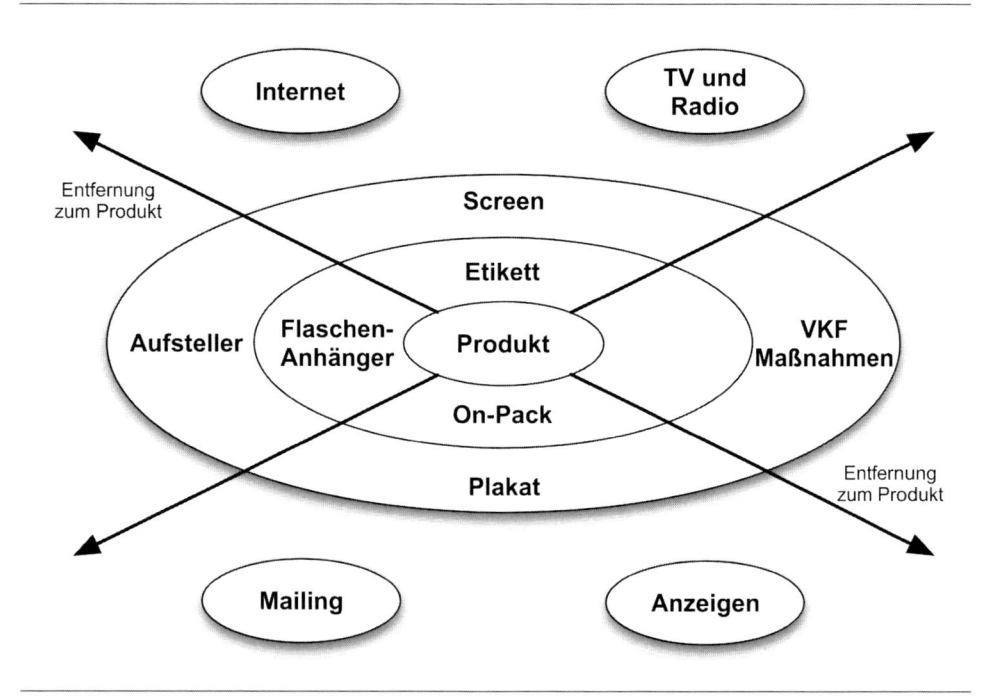

12.3.1 Weinkommunikation rund um den POS

12.3.1.1 Etikett

Dem Etikett kommt nicht nur beim Kauf enorme Bedeutung zu. Es ist auch Visitenkarte des Winzers und des Weins, wenn der Wein konsumiert oder verschenkt wird (Kidd, 1999). Bei der Gestaltung des Etiketts muss man sich genau dies vor Augen führen. Grundsätzlich ist es wichtig, das Etikett so zu gestalten, dass es sich einprägt und für den Konsumenten leicht wiederzuerkennen ist. Dies gilt nicht nur für den Verkauf im Handel sondern auch für den erklärungsintensiven Verkauf im Weingut. Auch hier spielt die Wiedererkennung zu Hause und nicht zuletzt wenn der Wein verschenkt oder mit Freunden und Bekannten getrunken wird eine entscheidende Rolle. Die Wirkung des Etiketts reicht also weit über den POS hinaus.

Generell bietet das Etikett dem Winzer vielfältige gestalterische Möglichkeiten, die im Beiträgen von Orth sowie von Vollherbst & Urben in diesem Band im Detail beschrieben werden. An dieser Stelle möchten wir jedoch vor allem die Trennungsmöglichkeit zwischen Image schaffenden Elementen, wie zum Beispiel dem Logo des Betriebs beziehungsweise dem Symbol der Weinlinie/Marke und den obligatorischen und fakultativen Angaben auf dem Etikett hervorheben. Rückenetiketten sind heute technisch und finanziell auch für kleinere Betriebe umsetzbar. Einer Aufteilung in ein klar am Markengedanken des Weinguts ausgerichtetes Frontetikett und ein alle notwendigen Angaben enthaltendes Rückenetikett steht somit nichts im Weg. Rebsorten innerhalb einer Weinlinie sollten klar durch ihre Farbgebung abgegrenzt werden, ohne dabei den Grundcharakter und die Wiedererkennbarkeit der Marke zu verwässern. Je weniger Rebsorten in einer Linie sind, desto einfacher ist dies möglich. Daher sind auch aus gestalterischer Sicht schlanke Sortimente zu gestalten und das Rebsortenprofil des Weinguts zu schärfen.

12.3.1.2 Flyer und Aufsteller

Flyer und Aufsteller können, ähnlich wie Kommunikationsmittel außerhalb des POS, entweder sehr gezielt oder eher breit zum Aufbau eines langfristigen Images benutzt werden. Grundsätzlich kann man aber ein etwas höheres Involvement bei Konsumenten, die sich die Mühe machen, in der Weinabteilung Flyer und Aufsteller zu lesen, voraussetzen. Da hierbei auch kurzzeitig hoch involvierte Konsumenten angesprochen werden, sollte man vom umfangreichen Gebrauch von Fachjargon absehen. Dieses wird allgemein von niedrig involvierten Konsumenten als unverständlich empfunden und löst daher oft Abwehrreaktionen aus. Neben der Abstimmung auf den anzusprechenden Konsumenten sollten solche Maßnahmen auch auf den Charakter des Produktes abgestimmt werden. Für Premium-Weine ist es hierbei angebracht, sich stärker auf das Produkt zu konzentrieren, während es bei Standard-Weinen wichtiger ist, die Marke und ihre Eigenschaften hervorzuheben und in den Köpfen der Verbraucher zu positionieren. Ebenso sollte in diesem Fall die Hilfestellung für den niedrig involvierten und damit auch oft wenig informierten Weinkonsumenten nicht zu kurz kommen. Zu dieser Hilfestellung könnten zum Beispiel konkrete Essensempfehlungen gehören. Allgemeine Floskeln wie „passt zu Fleisch, Fisch, Geflügel und ist zum Genuss in geselliger Runde geeignet" helfen hier nur wenig.

12.3.1.3 Screens

Screens werden im Weinbereich bisher nur selten eingesetzt, obwohl sie eine hohe Aufmerksamkeit erregen und Kunden zum Beispiel Weinlandschaften, die Weinproduktion oder ein bestimmtes Weingut sehr lebendig nahe bringen können. Zwei Probleme schränken den Einsatz von Screens jedoch ein: (1) Es ist praktisch unmöglich, vertontes Filmmaterial zu verwenden, da normalerweise kaum ein Handelspartner vertonte Werbefilme in seinen Verkaufsräumen erlaubt. Die Bilder müssen also für sich sprechen. (2) Man weiß nie zu welchem Zeitpunkt wer in den Bildlauf einsteigt. Folglich müssen die Bildzyklen kurz gewählt werden, um jedem Konsument das Anschauen des kompletten Films zu ermöglichen.

12.3.1.4 Plakat

Plakate können prinzipiell ortsunabhängig eingesetzt werden. Grundsätzlich kann man sagen: Je dichter ein Plakat am POS platziert wird, desto wahrscheinlicher ist es, dass es die Aufmerksamkeit der Konsumenten erregt und zum Kauf führt. Plakate, die außerhalb des POS platziert werden, dienen folglich mehr dem langfristigen Imageaufbau. Kurzfristig hoch involvierte Konsumenten werden aber am besten direkt am POS angesprochen. Ebenso kann durch Plakate am POS das Impulskaufverhalten von Konsumenten unterstützt werden.

12.3.1.5 Persönliche VKF-Maßnahmen

Unter persönlichen Verkaufs-Förderungs-Maßnahmen (VKF) sind im Weinbereich vor allem Verkostungen zu verstehen. Diese geben dem Konsument die Gelegenheit, die Weine direkt zu probieren und sich ein eigenes Bild von der Qualität und dem Geschmack des Angebots zu machen. Als Verkaufsinstrument sind die Maßnahmen nicht zuletzt durch den persönlichen Einsatz besonders effektiv. Sie erfordern jedoch einen hohen finanziellen und logistischen Aufwand und wirken oftmals nur kurzfristig. Sie sprechen daher auch im Speziellen kurzzeitig hoch involvierte Konsumenten direkt am POS an.

12.3.2 Weinkommunikation außerhalb des POS

Kommen wir nun zu den Werbemitteln außerhalb des POS. Hierbei unterscheiden wir zwischen selektiv und nicht-selektiv. Zuerst sollen selektive Mittel betrachtet werden und dann nicht-selektive (**Abbildung 12.6**).

12.3.2.1 Internet

Das Internet ermöglicht es in besonderer Weise, Konsumenten und Kommunikationsinhalte zusammen zu bringen. Die eigene Internetseite ist heute ein Muss für jeden Winzer und jede Winzergenossenschaft. Sie gibt hoch involvierten Konsumenten nicht nur die Gelegenheit, mehr über ein bestimmtes Weingut, seine Weine und Veranstaltungen zu erfahren, sondern vermittelt auch allgemein Kompetenz, auch und gerade für gering involvierte Besucher. Deshalb darf die Internetadresse auf keinem Kommunikationsmittel fehlen, hierzu zählt auch ausdrücklich das Etikett. Daneben ist es wichtig, dass die Internetseite gut in den entsprechenden Internet-Suchmaschinen platziert ist und unter den ersten Ergebnissen für die relevanten Suchbegriffe erscheint, da der Konsument ansonsten schnell die Suche entweder einstellt oder auf eine andere, möglicherweise konkurrierende Seite gelangt. Daneben bietet das Internet auch die Möglichkeit, Konsumenten direkt anzusprechen. So können zum Beispiel Banner auf ausgewählten Seiten geschaltet werden, die bestimmte Zielgruppen ansprechen, z.B. Weinkenner. Andererseits lassen sich über das Internet mit geringem finanziellem Aufwand qualifizierte Mailings erstellen und so Kundenpflege betreiben. Das Internet kann aber auch als nicht-selektives Kommunikationsmittel verwendet werden, indem man z.B. die Werbung auf Seiten des allgemeinen Interesses schaltet. Darüber hinaus bieten die neuen Möglichkeiten von Web 2.0 eine Gelegenheit den Konsumenten direkt in den Kommunikationsprozess mit einzubeziehen. Dies soll im Rahmen dieses Beitrags jedoch nicht weiter verfolgt werden, es sei aber auf den Beitrag von De Mitri in diesem Band verwiesen.

12.3.2.2 Anzeigen in Fachmagazinen

Anzeigen in Fachmagazinen wie z.B. Weinwelt bieten eine ähnlich selektive Kommunikationsmöglichkeit wie Fachseiten im Internet. Das Publikum selektiert sich selbst. Dauerhaft hoch involvierte Konsumenten können so gezielt angesprochen werden. Welche speziellen gestalterischen Maßnahmen hierfür getroffen werden sollten, wird im Folgenden noch näher erläutert. Obwohl diese Titel sehr selektiv sind, können sie auch mit nicht selektiven Inhalten gefüllt werden d.h. mit allgemeinen Image-Kampagnen.

12.3.2.3 Qualifiziertes Mailing

Ein Mailing, das nur an ausgewählte Adressen versendet wird. Entweder können diese Adressen aus der Kundenkartei stammen oder auch eingekauft werden. Grundsätzlich gilt: Je mehr man über den einzelnen Konsumenten weiß desto besser. So kann man beispielsweise Kunden, die bisher Rotwein gekauft haben, gezielt Angebote für Rotwein zusenden.

12.3.2.4 TV- und Radio-Spots

TV- und Radio-Spots sind wenig selektiv. Sie bieten jedoch eine große Kontaktbreite, haben relativ geringe Einzel-Kontakt-Kosten und eignen sich daher insbesondere für Image-Kampagnen für bestimmte Weinregionen oder -Länder. Sie können in Ausnahmefällen auch selektiv werden. So gibt es in Deutschland beispielsweise Digital-Sender für Feinschmecker. Hier gibt es auch spezielle Sendungen zum Thema Wein, die mit hoher Wahrscheinlichkeit hauptsächlich von dauerhaft hoch involvierten Konsumenten geschaut werden. Somit kann auch hier eine gewisse Selektion stattfinden.

12.3.2.5 Anzeigen in Publikumszeitschriften

Ähnlich verhält es sich mit Anzeigen in Publikumszeitschriften. Auch sie haben eine relativ große Kontaktbreite und eignen sich insbesondere für allgemeine Imagekampagnen. Ausnahmen stellen in gewissem Maße spezielle Beilagen oder Sonderbeiträge zum Thema Wein in allgemeinen Publikationen dar. Hier kann man davon ausgehen, dass relativ viele dauerhaft hoch involvierte Konsumenten als Leser in Frage kommen. Jedoch sollten die Inhalte immer noch so verständlich aufbereitet sein, dass auch der kurzzeitig interessierte Laie sie versteht und positiv beeindruckt wird.

12.4 Gestaltung der Weinkommunikation

12.4.1 Kommunikation mit an Wein niedrig Involvierten

Da es sich bei dieser Zielgruppe um die mit Abstand größte handelt, kommen hierfür die meisten Kommunikationsmaßnahmen in Frage, also vom Flaschenetikett über Anhänger und Displays bis zu Anzeigen und Mailings.

Die Reizverarbeitung erfolgt bei dieser Zielgruppe überwiegend peripher. Daher sollte sich die Botschaft auf folgende Punkte beschränken:

- Sorte, Marke, Herkunft
- Positionierung (das Besondere …)
- Emotion/emotionaler Stil

Details werden kaum erfasst und könnten sogar von einer Beachtung abhalten. Sie wären allenfalls als „Alibi"-Eindruck geeignet („Da muss ja was dran sein, wenn es so viel darüber zu erzählen gibt!"). Die periphere Reizverarbeitung in dieser Zielgruppe erfordert die Einhaltung entsprechender Gestaltungsregeln. Dies sind vor allem die sogenannten „3 K":

Kontrast

Die werbliche Gestaltung muss sich von der Gestaltung der Wettbewerbsprodukte und -Kampagnen unterscheiden, um Aufmerksamkeit zu erreichen und danach als eigentypisch wiedererkannt zu werden.

Konsistenz

Periphere Reizverarbeitung geschieht durch Andocken neuer Eindrücke an bereits im Gedächtnis vorhandene und das ohne größeren gedanklichen Aufwand. Daher muss jeder kommunikative Auftritt konsistent sein, d.h. zu bisherigen Auftritten passen. Ein (zu starker) Wechsel in typischen Merkmalen (Logo, Farbe, Typografie, Layout usw.) würde die Automatik des Prozesses blockieren und den Effekt (zer-)stören.

Klarheit

Die nur flüchtige Beachtung seitens der Empfänger erfordert zum dritten Klarheit. Hier geht es um Folgendes: (1) Kommunikationsmittel nicht überladen, Reduktion auf ein bis zwei Inhalte, Stichworte. (2) Die Botschaft schnell deutlich werden lassen (= Prägnanz in Bild und Text, generell möglichst wenig Text)

12.4.2 Kommunikation mit an Wein kurzzeitig hoch Involvierten

Diese Zielgruppe ist situativ definiert. Das zeitlich begrenzte erhöhte Involvement hängt mit speziellen Anlässen zusammen (Einladungen u.Ä.). Es gilt also, diese Personen in der spezifischen Situation anzusprechen. Das lässt sich am besten am POS erreichen. Dem Flaschenetikett kommt dabei eine zentrale Rolle zu. Inhaltlich muss die Hochwertigkeit des Weins betont werden. Das kann über die (vorher aufgebaute) Marke oder den optischen Eindruck der Kommunikationsmittel erreicht werden, auch der gehobene Preis signalisiert im allgemeinen Hochwertigkeit. In der Gestaltung ist auch bei dieser Zielsetzung die Befolgung der 3K-Regel vorteilhaft. Dabei könnte hier eine gewisse Menge an Detailinformationen (als „Alibi") durchaus angebracht sein.

Abbildung 12.8 Kommunikationswege und -regeln nach Zielgruppen

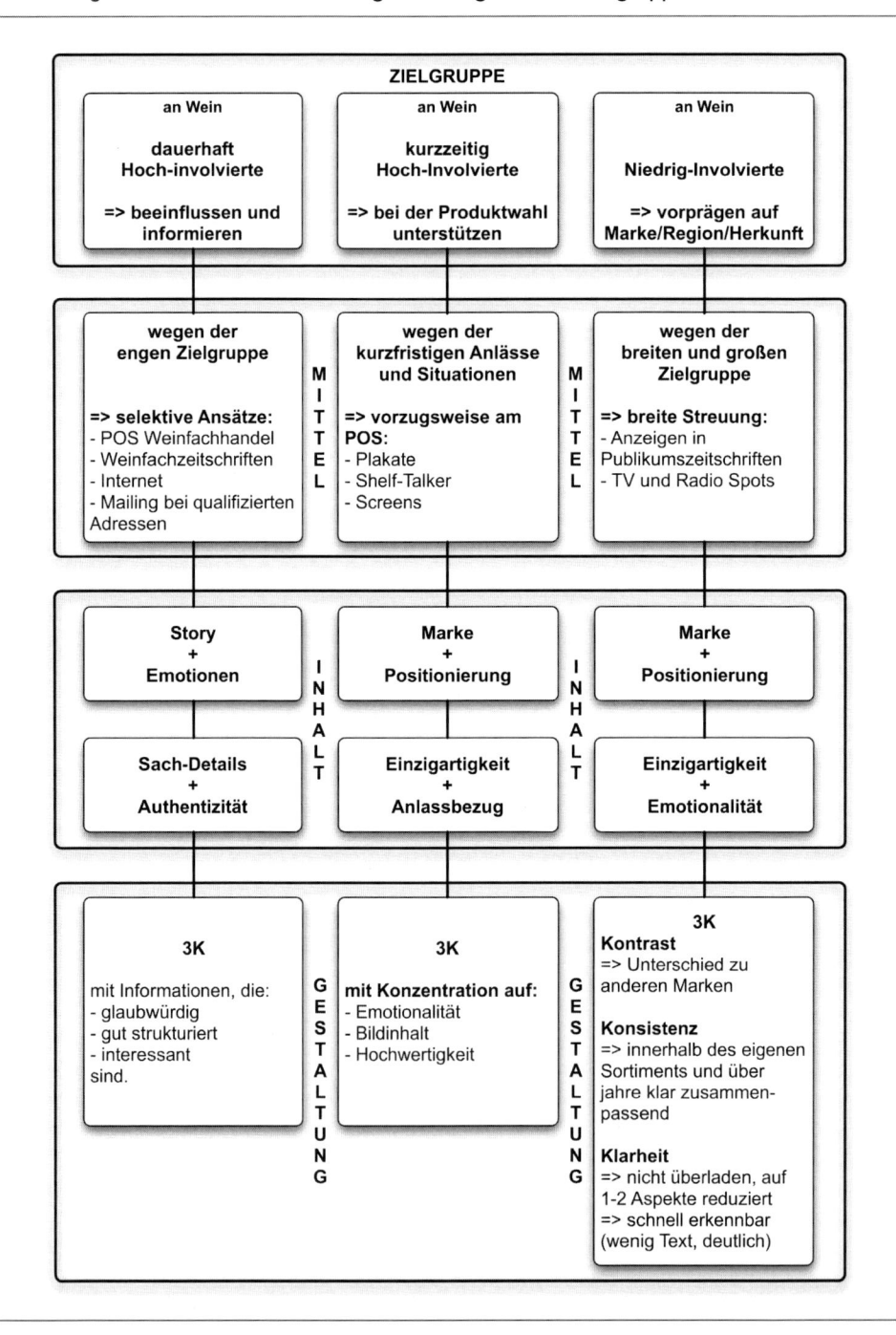

ZIELGRUPPE

an Wein	an Wein	an Wein
dauerhaft Hoch-involvierte	kurzzeitig Hoch-Involvierte	Niedrig-Involvierte
=> beeinflussen und informieren	=> bei der Produktwahl unterstützen	=> vorprägen auf Marke/Region/Herkunft

MITTEL

wegen der engen Zielgruppe	wegen der kurzfristigen Anlässe und Situationen	wegen der breiten und großen Zielgruppe
=> selektive Ansätze: - POS Weinfachhandel - Weinfachzeitschriften - Internet - Mailing bei qualifizierten Adressen	=> vorzugsweise am POS: - Plakate - Shelf-Talker - Screens	=> breite Streuung: - Anzeigen in Publikumszeitschriften - TV und Radio Spots

INHALT

Story + Emotionen	Marke + Positionierung	Marke + Positionierung
Sach-Details + Authentizität	Einzigartigkeit + Anlassbezug	Einzigartigkeit + Emotionalität

GESTALTUNG

3K	3K	3K
mit Informationen, die: - glaubwürdig - gut strukturiert - interessant sind.	mit Konzentration auf: - Emotionalität - Bildinhalt - Hochwertigkeit	Kontrast => Unterschied zu anderen Marken Konsistenz => innerhalb des eigenen Sortiments und über Jahre klar zusammenpassend Klarheit => nicht überladen, auf 1-2 Aspekte reduziert => schnell erkennbar (wenig Text, deutlich)

12.4.3 Kommunikation mit an Wein dauerhaft hoch Involvierten

Diese Zielgruppe aus Weininteressierten und Brancheninsidern ist zahlenmäßig gegenüber der Bevölkerung klein und benötigt daher gezielte, selektive mediale Maßnahmen (Abbildung 12.8). Um also die Fehlstreuung möglichst klein zu halten, kommen Kommunikation im Weinfachhandel, Werbung in Fachzeitschriften bzw. Zeitschriften für gehobenen Lifestyle und Mailings an ausgesuchte Adressen in Frage. Natürlich spielt hier auch das Internet mit seiner Möglichkeit, speziell Interessierte über einschlägige Websites und Foren zu erreichen, eine zunehmende Rolle.

Inhaltlich erwartet diese Zielgruppe durchaus Detailinformationen. Allerdings darf dabei der emotionale Eindruck nicht zu kurz kommen. Wegen der z.T. vielfältigen Detailinformationen sollte bei der Gestaltung auf klare Struktur der Angaben geachtet werden. Menü-Konzepte wie im Online-Bereich, Hervorhebungen und Navigationshilfen, sind dabei von Nutzen. Außerdem ist bei Hoch-Involvierten in der zentralen Reizverarbeitung die Glaubwürdigkeit der Aussagen sehr bedeutsam (bei niedrigem Involvement eher unbedeutend). Die Nutzung von offiziellen Prämierungen, Gutachten und von Testimonials anerkannter Experten ist hier zu nennen.

12.4.4 Typische Gestaltungsfehler vermeiden

Anzeigenwerbung wird peripher verarbeitet. Gerade hier aber finden sich diverse typische Gestaltungsfehler in der Weinwerbung. Folgen wir den 3-K-Regeln, sind dies:

12.4.4.1 Fehler gegen Kontrast

Viele Anbieter beschränken sich darauf, in der Werbung die Weinflasche zu präsentieren, begleitet allenfalls von einem mehr oder minder originellen Spruch (Abbildung 11.1). Da sich aber die Flaschen (und die meisten Etiketten) nur marginal unterscheiden, ist solche „Flaschenwerbung" weder ein „Hingucker" (es gibt davon ja reichlich…) noch in der Lage, ein unterscheidbares Bild des Produkts bzw. des Anbieters in den Köpfen der Zielgruppe aufzubauen.

12.4.4.2 Fehler gegen Konsistenz

Bedenklich sind Brüche in der Werbekampagne eines Anbieters: Motive, die sich weit voneinander unterscheiden. Die Automatik des Andockens eines neuen Werbeauftritts an früher im Empfängergedächtnis gespeicherte Eindrücke wird dadurch zerstört. Es kann nicht zum (peripheren) Aufbau eines Markeneindrucks kommen (Abbildung 11.2). Vorbildlich in Punkto Konsistenz (Wiedererkennbarkeit) ist dagegen die Kampagne für Bordeaux-Weine (Abbildung 11.3).

12.4.4.3 Fehler gegen Klarheit

Überladung der Anzeige

Der verständliche Wunsch der Anbieter, die diversen Vorzüge des Angebots herauszustellen, führt sehr oft zur Überfrachtung der Kommunikation mit Aspekten, Elementen, Themen. Die Forschung zeigt: Unter niedrigem Involvement führt dies zum Abbruch der Beachtung. Es gelangt kaum etwas ins Langzeitgedächtnis der Empfänger (**Abbildung 11.4**). Bei erhöht Involvierten, die einzelne Aspekte und Informationen erwarten, muss die Gestaltung für Ordnung und Struktur sorgen, um Verärgerung und Reaktanz beim Empfänger zu vermeiden. Allerdings ist auch hier zu bedenken: eine Anzeige ist keine Katalog- oder Prospektseite! (siehe **Abbildung 11.4**)

Wahrnehmungs- und Leseaufwand zu hoch

Hier geht es darum, blitzschnelles Erkennen und Einordnen der Botschaft zu ermöglichen. Sehr hinderlich dabei sind die folgenden Merkmale:

- Elemente und Text heben sich nicht genug vom Hintergrund ab,
- das gilt insbesondere, wenn Text auf ein Bild gesetzt wird (bzw. bildmäßig unterlegt wird) (siehe **Abbildung 11.5 – Bild 1**)
- wenn längere Texte in Negativschrift dargestellt werden (siehe **Abbildung 11.9**) und
- wenn Text redundante Worte und Passagen enthält.

Erneut gilt: Bei niedrigem Involvement blockieren diese Fehler in der Regel jegliche Wirkung. Bei erhöhtem Involvement können sie mindestens irritieren.

Gerade in der Wein-Kommunikation ist darüber hinaus häufig eine Platzierung von Anzeigen links und rechts am Rande einer Doppelseite anzutreffen. Auch das stellt eine Komplizierung dar mit erheblichen Risiken. In Tests hat die Mehrheit der Probanden bei solchen Ansätzen die Zusammengehörigkeit der beiden Anzeigenteile nicht erkannt bzw. nur eine davon beachtet (**Abbildung 11.8 – Bild 1**).

Zu geringe Emotionalität

Periphere Reizverarbeitung läuft in hohem Maße über emotionale Reize. Hinzukommt, dass gerade die Weinpositionierung vielfach emotional bestimmt ist. Angesichts dessen wirken textlastige Anzeigen und schlichte Flaschen-Präsentationen (siehe **Abbildung 11.1**) eher als Teile eines Kataloges ohne emotionalen Anreiz.

Unklare Botschaft

Durch die Verwendung von produktfernen Bildern kommt es in der Regel nicht zu korrekten Speicherungen beim Empfänger. Manche Anbieter erhoffen sich durch verblüffende Bilder Aufmerksamkeit zu generieren. Die Werbeforschung zeigte allerdings, dass solche

„Rätselwerbung", wie sie in **Abbildung 11.6** und **Abbildung 11.8** (Bild 3) dargestellt wird, fast nie funktioniert (Lachmann 2003). Die Nutzung unklarer Bilder und Texte kann bewirken, dass die angestrebte Botschaft nicht transportiert bzw. verstanden wird.

12.4.5 Positive Beispiele der Weinkommunikation

Leider finden sich besonders positive Beispiele von Werbung mit hoher Wahrnehmungschance eher selten. Das gilt auch für die Weinwerbung. Die Beispiele in **Abbildung 11.7** (Bild 2 und 3) und **Abbildung 11.8** (Bild 1 und 4) zeichnen sich aus durch:

- Konzentration auf **eine** Aussage
- Verwendung stark emotionaler Bilder
- Bilder lassen sofort den Zusammenhang mit dem Thema erkennen
- Bilder unterscheiden sich von der üblichen Weinwerbung
- Bilder sind gut „lesbar"

Das Motiv „Entdecken Sie Chile" transportiert darüber hinaus eine deutliche, herkunftsbezogene und damit nicht kopierbare Positionierung.

12.4.6 Zur Gestaltung der Flaschenetiketten

Dieses für alle drei Zielbereiche wichtige Kommunikationsmittel hat die Basisaufgabe, den Inhalt der Flasche zu definieren. Viele Etiketten kommen über diese Grundfunktion nicht hinaus. Das volle Potenzial des Etiketts wird erst ausgeschöpft, wenn folgende zusätzlichen Aufgaben erfüllt werden:

- Prägnanz: Das Etikett muss sich aus dem Umfeld der vielen anderen Etiketten abheben, ein auffälliges, eigentypisches Bild bieten und damit auch aus größerer Entfernung blitzschnell (wieder-)erkannt werden.
- Positionierungshinweis: Das Etikett sollte die Positionierung des Weines optisch sichtbar machen (was ist das Besondere, das andere Weine so nicht haben?).
- Assoziationen auslösen: Das Etikett sollte positive, emotionale Signale übermitteln.

12.5 Fazit

Weinwerbung gehorcht grundsätzlich den gleichen Gesetzen wie Werbung für andere Produkte. Die Reizverarbeitung der Konsumenten unterscheidet nicht nach Produktarten. Dieser Beitrag hat nach einem kurzen Überblick zur Situation auf dem deutschen Weinmarkt und dem Konsumentenverhalten die verschiedenen Wege der Weinkommunikation aufgezeigt und sich dann hauptsächlich auf die Weinkommunikation durch Anzeigen fokussiert. Viele der hier vorgestellten Kommunikationsmittel kommen trotz ihrer guten Eignung in der Weinbranche noch kaum oder gar nicht zum Einsatz. Hier werden Möglichkeiten verschenkt, sich im Handel signifikant von der Konkurrenz abzuheben. Für alle Kommunikationsmittel, aber insbesondere für die am häufigsten verwendete Form der werblichen Ansprache in der Weinwirtschaft, der Print-Anzeige, sind die vorgestellten Richtlinien der 3K zu beachten. Bei der Gestaltung von Weinkommunikation sollte man sich also immer fragen:

- Ist meine Weinkommunikation **kontrastreich**?
- Ist meine Weinkommunikation **konsistent**?
- Ist meine Weinkommunikation **klar**?

Werden diese Richtlinien befolgt, lassen sich zumindest grundsätzliche Fehler leicht vermeiden. Die Gewichtung der einzelnen Punkte ergibt sich dabei aus der Zielgruppe, an die sich die Kommunikationsmaßnahme richten soll (**Abbildung 12.8**). Ebenso sollten der Bild- und der Text-Inhalt genau auf die Zielgruppe abgestimmt werden. Hierbei gilt es, die Unverwechselbarkeit des Weins herauszustellen. Flaschen hat jeder, eine echte Positionierung nur wenige!

Literatur

[1] Campbell, M. C., & Goodstein, R. C. (2001). The Moderating Effect of Perceived Risk on Consumers' Evaluations of Product Incongruity: Preference for the Norm. *Journal of Consumer Research, 28*(3), 439-449.

[2] Charters, S. (2006). *Wine and society: the social and cultural context of a drink*. Oxford: Elsevier Butterworth-Heinemann.

[3] DeRosia, E. D. (2008). The Effectiveness of Nonverbal Symbolic Signs and metaphors in Advertisements: An Experimenteal Inquiry. *Psychology and Marketing, 25*(3), 298-316.

[4] DWI. (2008). *Verbraucheranalysen zum Weinmarkt 2007 – basierend auf GfK ConsumerScan*. Mainz: Deutsches Weininstitut (DWI)o. Document Number)

[5] DWI. (2009). *Weineinkauf privater Haushalte in Deutschland im Handel – 4. Quartal 2008*. Mainz: Deutsches Weininstitut (DWI)o. Document Number)

[6] Frewer, L. J., Howard, C., Hedderley, D., & Shepherd, R. (1997). The Elaboration Likelihood Model and Communication About Food Risks. *Risk Analysis, 17*(6), 759-770.

[7] GfK. (2004). *Weinmarktentwicklung in Deutschland (2000 bis 2004)*. Nürnberg: Gesellschaft für Konsumforschung (GfK)o. Document Number)

[8] Goldsmith, R. E., & d'Hauteville, F. (1998). Heavy wine consumption empirical and theoretical perspectives. *British Food Journal, 100*(4), 184-190.

[9] Heijbroek, A. M. (2006). Winning strategies in the wine industry – growth opportunities in a competitive market: Rabobank International.

[10] Karmasin, H. (2004). *Produkte als Botschaften*. Frankfurt am Main: Wirtschaftsverlag Carl Ueberreuter.

[11] Kidd, I. (1999). The good, the bad and the ugly – Branding and packaging can make or break a wine sale. *Australian and New Zealand Wine Industry Journal, 19*(6), 84-85.

[12] Lachmann, U. (2003). *Wahrnehmung und Gestaltung von Werbung* (2 ed.). Hamburg: Gruner + Jahr.

[13] Lockshin, L. (2005). The schizophrenic nature of wine. *Australian and New Zealand Wine Industry Journal, 20*(1), 32-33.

[14] Miniard, P. W., Bhatla, S., Lord, K. R., Dickson, P. R., & Unnava, H. R. (1991). Picture-based Persuasion Processes and the Moderating Role of Involvement. *Journal of Consumer Research, 18*(1), 92-107.

[15] Miniard, P. W., Sirdeshmukh, D., & Innis, D. E. (1992). Peripheral Persuasion and Brand Choice. *Journal of Consumer Research, 19*(2), 226-239.

[16] Petty, R. E., & Cacioppo, J. T. (1996). *Attitudes and persuasion : classic and contemporary approaches*. Boulder, Colo.: Westview Press.

13 Die neuen Medien effizient für Wein nutzen - Social Networking & Co.

Antonio De Mitri, va bene communications GmbH

Inhalt

13.1	Einführung: Europas Gespenst	291
13.2	Web 2.0 – ein Begriff geht um die Welt	292
13.3	Wie sich das neue Internet emanzipiert hat	293
13.4	Die populärsten Kanäle	294
13.4.1	Blogs	295
13.4.2	Mikroblogs	297
13.4.3	Communities	301
13.5	Marketing 2.0: Es lebe der Prosument	303
13.6	Teile und herrsche: Das Internet als Empfehlungsmedium	304
13.7	Lokale Suche	309
13.8	Fazit: Jetzt die Chance nutzen!	312

13.1 Einführung: Europas Gespenst

Ein Gespenst geht um in Europa. Das Gespenst heißt Social Media. Während in den USA Unternehmer – angefangen bei den Vorstandsetagen multinationaler Konzerne bis zum Pizzabäcker in der 101. Straße – bloggen, twittern oder sich und ihre Produkte auf Facebook vorstellen, herrscht diesseits des Großen Teichs eine regelrechte Angststarre, wenn es um den Umgang mit dem Internet geht, wie es sich heute präsentiert.

Dass eine eigene Website einfach zum Geschäftsleben gehört wie die Visitenkarte beim Termin vor Ort, haben inzwischen selbst kleinste Unternehmen verstanden. Die Präsenz im Internet ist heute so wichtig wie der Firmensitz selbst – je nach Branche sogar wichtiger. Was zählt, ist, gefunden zu werden – ob in der realen oder virtuellen Welt, hängt ganz vom Geschäftsmodell ab. Das Internet als Fenster nach draußen.

Aber jetzt kann das Web auf einmal viel mehr. Plötzlich ist es 2.0. Plötzlich kann jeder, der will, seine eigene Internet-Präsenz aufbauen, in wenigen Minuten und ohne technische Vorkenntnisse. Im Nullkommanichts kann ich meine eigenen Gedanken ins Netz stellen und meinen Freunden, Bekannten oder Geschäftspartnern mitteilen. Diese haben die Möglichkeit, die Gedanken aufzugreifen, zu kommentieren oder mit einem einfachen Klick an andere Freunde und Bekannte weiterzuleiten, die wiederum darauf reagieren können. Ist der Gedanke spannend genug, so verbreitet er sich blitzschnell durchs Netz, von einem Freundeskreis zum nächsten oder, wie es im Internet-Jargon heißt, quer durch die Communities.

Im Marketing ist dieses Phänomen bekannt als „viraler Effekt" – eine Botschaft breitet sich wie ein Virus aus, quasi von selbst. Doch mit Marketing-Sprache kommt man bei kleinen und mittelständischen Unternehmen nicht weit. In der Regel haben sie keine eigene Kommunikationsabteilung, oft ist es der Chef selbst, der entscheidet, in welcher Zeitung eine Anzeige geschaltet werden soll oder wann der nächste Produktflyer in Druck geht. Viralmarketing? Web 2.0? Gehört haben wir ja davon, aber wir haben keine Zeit für sowas, und unsere Kunden wollen einen klaren Mehrwert von uns.

Da ist sie wieder, diese Angststarre. Überall liest und hört man von diesem neuen Internet, die eigenen Kinder posten ihre Fotos auf Facebook, und jeder kennt irgendjemanden, der schon selbst bloggt oder twittert. Man hat das Gefühl, da baut sich mit ungeheurem Tempo eine Parallelwelt auf, aber was habe ich als Unternehmer damit zu schaffen? Social Media. Social Web. Web 2.0. Muss ich da unbedingt rein, und was passiert, wenn ich nicht mitmache?

Genau auf diese Fragen soll das Kapitel Antworten liefern. Und die Antworten sollen vor allem den Kleineren in der Weinbranche helfen. Denn gerade in einem Sektor, der sich so sehr über seine Tradition und sein handwerkliches Können definiert, tut Aufklärung not. Wein, das sind Erde, Luft, Wasser, Gerüche, Geschmack, Beisammensein, Genießen. Es gibt kaum ein sinnlicheres Gewerbe. Ob ich Wein herstelle oder ihn verkaufe – das Geschäft mit dem guten Tropfen lebt von den Emotionen, die der Kunde beim Trinken einer

Flasche Wein erlebt. Wie um alles in der Welt passt da die sterile Welt der Klicks und Buttons, der Up- und Downloads hinein?

13.2 Web 2.0 - ein Begriff geht um die Welt

Twittern, pingen, bookmarken – das Internet hat seine eigene Sprache entwickelt. Und wie das mit neuen Sprachen so ist: Die Jungen erlernen sie als Erste. Was für einen 15-Jährigen völlig normal ist, stößt ältere Semester erst einmal vor den Kopf. Wieso bitteschön soll ein gestandener Winzer sich mit einem solchen Quatsch abgeben? Was interessieren den Weinhändler mit fester Stammkundschaft Blogs von Weinfreunden? Und was bedeutet das überhaupt, einen Inhalt zu „sharen"? Der Reihe nach ...

Ende 2003 passierte etwas Merkwürdiges. Das amerikanische Fachmagazin „CIO" (für Chief Information Officer) sprach in einem Ausblick auf die weitere Entwicklung des Internet von einem grundlegenden Wandel hin zu einer interaktiven Plattform, dem „Web 2.0".[1] Den Begriff hatte das Magazin von Scott Dietzen aufgeschnappt, dem damaligen Technikchef eines kalifornischen Softwarehauses. Wenige Monate danach organisierte der findige Internet-Pionier Tim O'Reilly mit seinem Fachverlag die erste Web-2.0-Konferenz der Welt überhaupt. Die Avantgarde der Branche traf sich in San Francisco und fachsimpelte drei Tage lang über die Zukunft des Netzes. Die Konferenz im exklusiven Hotel Nikko, 222 Mason Street, war der Startschuss für den Siegeszug eines neuen Wortes und, damit verbunden, Internet-Konzeptes. Keine zwei Jahre später warf Google bereits zehn Millionen Treffer aus, wenn man „Web 2.0" als Suchbegriff eingab.

Was war passiert? Um die Jahrtausendwende machten neuartige Internet-Programme in der Fachwelt immer mehr von sich reden. Webservices, wie sie genannt wurden, ermöglichten es anhand spezieller Schnittstellen, Dienste verschiedener Anbieter automatisiert in einem neuen Dienst zu integrieren.

Ganz neue Online-Angebote entstanden, die nur dem direkten Austausch von Inhalten mit und zwischen den Usern dienten. Anfang 2004 brachten beispielsweise die beiden Programmierer Caterina Fake und ihr Ehemann Stewart Butterfield eine Plattform an den Start, auf der jeder Teilnehmer Bilder hochladen, mit anderen vergleichen und kommentieren konnte. Die neue Community nannte sich Flickr, abgeleitet von „to flick" (durchblättern), und war so erfolgreich, dass Yahoo sie nur elf Monate nach dem Start für schätzungsweise satte 30 bis 50 Millionen Dollar kaufte. Im selben Jahr richtete der Student Mark Zuckerberg zusammen mit einigen Kommilitonen an der Universität von Harvard eine Plattform ein, auf der sich die Studenten selbst vorstellen und untereinander kommunizieren konnten. Die Tüftler tauften diese Plattform Facebook. Heute hat Facebook an die 400 Millionen Mitglieder weltweit.

---

[1] Eric Knorr: „The Year of Web Services". „CIO", Dezember 2003, S. 90

13.3 Wie sich das neue Internet emanzipiert hat

Keine Frage, im Netz hat sich etwas Dramatisches getan. Hatte das Web 1.0 immer etwas weitgehend Statisches – Firma stellt Seite ins Netz, User geht auf die Seite, liest Inhalte, verlässt Seite wieder -– so kam mit dem Web 2.0 auf einmal reges Treiben in die weltweite Online-Kommunikation. Millionen von Usern fingen an, eigene Inhalte ins Netz zu stellen: selbstgeschossene Bilder, selbstgeschriebene Texte, selbstgedrehte Videos, selbstbesprochene Ton-Beiträge. Inhalte, die ihnen gefielen, kommentierten sie oder leiteten sie an ihr eigenes Netzwerk weiter. Möglich war das alles zwar schon Jahre vorher. Aber erst mit der radikalen Vereinfachung der Anwendungen und dem Siegeszug der Internet-Breitbandanschlüsse konnte das neue Web richtig durchstarten. Es wurde zum Treffpunkt, an dem man sich austauscht. Jederzeit, überall, mit jedem. **Und plötzlich war da die Rede von Social Web und Social Media.** Der Bundesverband Digitale Wirtschaft hat dafür folgende Definition gefunden:

> Der User von heute: Produzent und Konsument in einem
>
> „Social Media sind eine Vielfalt digitaler Medien und Technologien, die es Nutzern ermöglichen, sich untereinander auszutauschen und mediale Inhalte einzeln oder in Gemeinschaft zu gestalten. Die Interaktion umfasst den gegenseitigen Austausch von Informationen, Meinungen, Eindrücken und Erfahrungen sowie das Mitwirken an der Erstellung von Inhalten. Die Nutzer nehmen durch Kommentare, Bewertungen und Empfehlungen aktiv auf die Inhalte Bezug und bauen auf diese Weise eine soziale Beziehung untereinander auf. Die Grenze zwischen Produzent und Konsument verschwimmt. Diese Faktoren unterscheiden Social Media von den traditionellen Massenmedien. Als Kommunikationsmittel setzt Social Media einzeln oder in Kombination auf Text, Bild, Audio oder Video und kann plattformunabhängig stattfinden."[2]

Seit 2009 verdrängt der Begriff Social Media den älteren Terminus Web 2.0 zunehmend. Laut Analysedienst Google Trends hat er ihn zum Jahreswechsel 2009/2010 erstmals überholt (**Abbildung 13.1** nächste Seite).

Was zeigt uns das? Bezeichnete „Web 2.0" das neue Internet noch in erster Linie als ein rein technisches Phänomen, so signalisiert „Social Media" etwas grundlegend anderes: Das Internet von heute, mit all seinen Möglichkeiten der Interaktion, Kreativität und Spontaneität, ist zu einem Massenmedium von höchster gesellschaftlicher Relevanz geworden – und damit zwangsläufig auch ein unverzichtbares Thema für jeden, der sich mit Marketing beschäftigt.

---

[2] Bundesverband Digitale Wirtschaft (Hg.): *Social Media Kompass*, Düsseldorf 2009

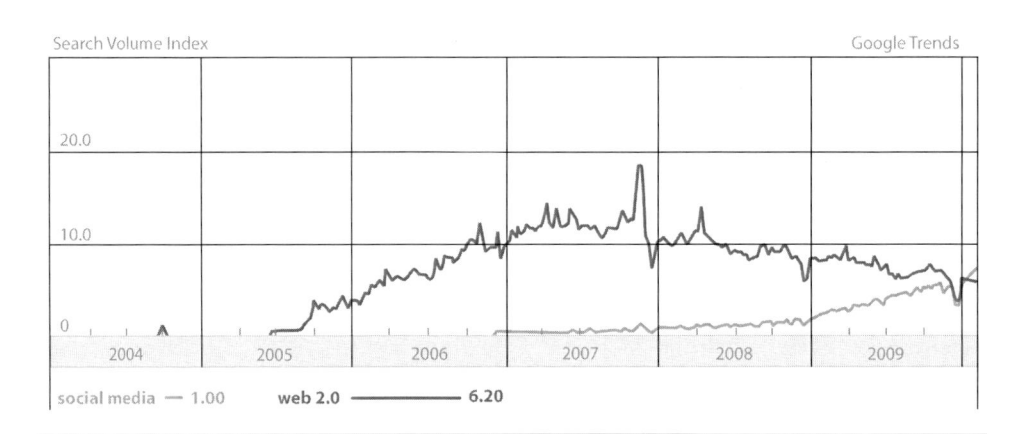

Abbildung 13.1 Die Begriffe Social Media und Web 2.0 im Vergleich

```
Search Volume Index                                    Google Trends
20.0
10.0
  0
       2004    2005    2006    2007    2008    2009

social media — 1.00      web 2.0 ———— 6.20
```

Jeder vierte Deutsche ab 14 Jahren nutzt laut einer Online-Studie von ARD und ZDF heute einmal pro Woche oder häufiger private Netzwerke und Communities.[3] Die Medienberatung Universal McCann zählt hierzulande 23 Millionen aktive Internetnutzer, die täglich online sind.[4]

Wurde das Web 2.0 einst als Spielwiese besessener Techno-Freaks und mitteilungsbedürftiger Selbstdarsteller belächelt, so beschreiben Social Media die Art und Weise, wie Hunderte von Millionen Menschen heute weltweit, Tag für Tag, miteinander Inhalte austauschen. Das Internet ist keine Sache einiger weniger Experten mehr, es ist für alle da. Mit anderen Worten: **Die Revolution entlässt ihre Kinder.**

13.4 Die populärsten Kanäle

Bevor wir uns anschauen, welche Konsequenzen die Entwicklung der Social Media für das Marketing hat, sollten wir ein Gespür dafür bekommen, wie Social Media funktionieren. Es gibt unzählige Facetten, aber hier beschränken wir uns auf drei große Trends: Bloggen, Mikrobloggen (am Beispiel Twitter) und Communities (am Beispiel Facebook).

---

[3] Katrin Busemann, Christoph Gscheidle: „Web 2.0: Communitys bei jungen Nutzern beliebt", *Media Perspektiven* Nr. 7/2009, S. 356 ff.

[4] „Wave 4", www.universalmccann.de

Abbildung 13.2 Nutzerzahlen sozialer Netzwerke in Deutschland (Quelle: Compass Heading Nutzerzahlen für Deutschland in Mio.)

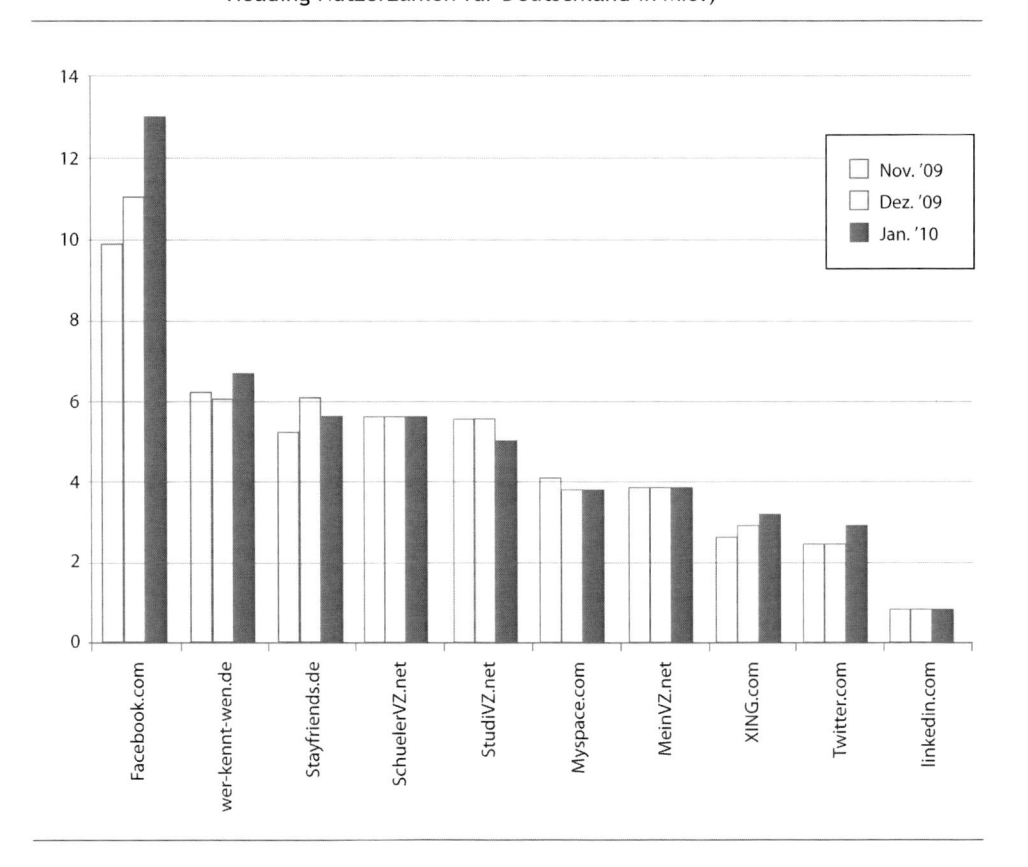

13.4.1 Blogs

Blogs gehören in Deutschland zu den am meisten missverstandenen Erscheinungsformen des Internets. Das hat mit ihrer Entstehungsgeschichte zu tun. Der Begriff „Blog" ist die Kurzform von „Weblog" und bezeichnet im wörtlichen Sinn also ein Tagebuch im Internet. In der Tat waren Blogs bis vor wenigen Jahren fast ausschließlich privat geführte Webseiten, deren Betreiber vielfach einfach alles veröffentlichten, was ihnen persönlich wichtig erschien, egal ob das irgendjemanden interessierte oder nicht. Wenn man so will, sind Blogs in der Geschichte des Internet die wichtigste Keimzelle für User Generated Content. Jeder Mensch wird mit seinem Blog zum Anbieter von Inhalten. Bloggen erfreut sich weltweit gigantischer Popularität. Die Blogosphäre, wie die Gesamtheit aller Blogger auch genannt wird, wächst rasant. Die Suchmaschine BlogPulse, die zum Markt- und Medienforscher Nielsen Company gehört, kannte im Februar 2010 mehr als 120 Millionen Blogs. Jede Stunde kamen 42.000 hinzu.

Der Reiz des Bloggens liegt neben der Möglichkeit, mit eigenen Inhalten kreativ umzugehen, vor allem in der Einfachheit der Technik. Früher war der eigene Internet-Auftritt nur möglich, wenn man sich mit der Programmiersprache HTML, der Hypertext Markup Language, auskannte. Blogging-Systeme machen das Einstellen von Texten, Fotos und Videos (fast) so einfach wie der Umgang mit marktgängigen Office-Anwendungen für den PC. Mit Diensten wie Googles Blogger oder Wordpress lässt sich die eigene Seite schnell und einfach einrichten – und vor allem oft kostenlos.

Wer heute von Blogs redet, der sollte deshalb hierunter in erster Linie eine technische Anwendung zur Veröffentlichung von Inhalten im Internet verstehen und sich vom Image der banalen Online-Tagebücher lösen. Das lenkt nur ab vom ungeheuren Potenzial, das Blogs auch für Marketing-Zwecke in sich bergen.

Heutzutage nutzen immer mehr Menschen Blogs, auch um berufliches Networking zu betreiben und mit ihren Textbeiträgen ihre fachliche Kompetenz zu demonstrieren. Gerade in der Marketingszene haben viele Blogger mit ihren Inhalten mittlerweile journalistische Qualität erreicht. Und auch Firmen bloggen immer mehr in eigener Sache.

Was macht das Bloggen für Unternehmer so interessant? Blogs sind ideal, um Communities aufzubauen und Marken zu positionieren. Bei einem privaten Blog würde man von einem Netzwerk von Freunden und Bekannten sprechen, die regelmäßig die neusten Einträge lesen, kommentieren und an ihre eigenen Freunde weiterleiten. Haben wir es mit einem Firmenblog – in Fachkreisen auch Corporate Blog genannt – zu tun, so reden wir über Begriffe wie Kundenbindung, Kundenpflege und Kundengewinnung.

Das Prinzip ist in beiden Fällen das gleiche: Leser mit Inhalten locken. Kommentare zu den Beiträgen zulassen und darauf reagieren, mit den Besuchern des Blogs diskutieren und ihnen so das Gefühl geben, dass man sie ernst nimmt. Das schafft dankbare Leser, die immer gerne wiederkommen oder auf ihren eigenen Blogs sogar einen Link zu diesem Blog setzen, weil sie ihn ihren eigenen Lesern ans Herz legen. Es schadet auch nicht, bei Blogs anzuklopfen, die man selbst gut findet und eine gegenseitige Verlinkung vorzuschlagen.

Gerade die gegenseitige Verlinkung mit anderen Blogs ist sehr wichtig. Denn je mehr Links auf ein Blog verweisen, desto besser wird diese Seite auf Google gefunden. Die Reichweite und damit das eigene Netzwerk können dadurch nur umso schneller wachsen. Bloggen, richtig angepackt, ist ein hervorragendes Instrument der Suchmaschinenoptimierung und deshalb auch für Marketingleute attraktiv.

Um beim Bloggen Erfolg zu haben, muss man freilich die Spielregeln kennen und befolgen. Die Blogosphäre hat ihren eigenen Ehrenkodex. Authentizität und Glaubwürdigkeit sind die Grundpfeiler. Wer bloggt, spricht in lockerer Umgangssprache und gibt sich, wie er ist. Das ist auch der Grund, warum Blogger auf PR- und Werbesprache so allergisch reagieren. Wer meint, er müsse als Unternehmen oder Unternehmer in seinem Blog Pressemitteilungen verbreiten, sollte es lieber gleich sein lassen.

Firmen haben mit eigenen Blogs immer dann Erfolg, wenn sie – wenn man es mal so ausdrücken darf – dem Volk aufs Maul schauen und mit ihm einen echten Dialog führen. Verlautbarungskommunikation war gestern, in den Social Media spricht man auf gleicher Augenhöhe miteinander.

Auch in deutschsprachigen Weinkreisen wird übrigens kräftig gebloggt – man muss nur mal das Suchwort „weinblog" bei Google eingeben … Winzer, Weinhändler, Weingenießer – das Spektrum ist schier unendlich. Schauen Sie sich die zahlreichen unterschiedlichen Blogs in der Branche einmal selbst genau an und überlegen hinterher, welche Sie am meisten angesprochen haben. Es sind sicher nicht die gewesen, die vor Werbebotschaften strotzen.

Der beste Weg, ein Gefühl für das Bloggen und seine Wirkungsweisen zu bekommen, ist, es selbst auszuprobieren. Man muss nicht gleich ganze Teile seines Marketingbudgets für diesen neuen Kommunikationskanal abzwacken. Vielleicht starten Sie mit einem eigenen kleinen privaten Blog. Wer selbst erfahren hat, was authentisches Bloggen im Kern ausmacht, kann dieses Know-how später nutz- und hoffentlich auch gewinnbringend für seine Firma einsetzen.

Und bitte: Der wahre Blogger sagt immer „**das** Blog", nicht „**der** Blog"! Daran scheidet sich in Bloggerkreisen die Spreu vom Weizen. Kleine Eselsbrücke: Man sagt im Deutschen schließlich auch „**das** Tagebuch".

13.4.2 Mikroblogs

Der bekannteste Vertreter dieser „Spezies" ist Twitter. Das Wichtigste dazu ist eigentlich schon gesagt, denn der vieldiskutierte Dienst ist im Prinzip nichts anderes als eine Blogging-Plattform. Genauer gesagt spricht man bei Twitter von Mikroblogging. Man könnte es auch „Blogging light" nennen. Denn Twitter hat das Bloggen auf die denkbar simpelste Stufe herunter gebrochen: Posts bestehen aus maximal 140 Zeichen, und wer einen Account einrichtet, hat automatisch seine eigene Seite. Geschätzter Aufwand: eine Minute fürs Einrichten, zehn Sekunden für einen Beitrag. Kein Wunder eigentlich, dass der Dienst Twitter heißt, zu Deutsch: Gezwitscher oder Geschnatter. Denn mehr als Gezwitscher kommt bei derart kurzen Beiträgen nicht heraus. Oder doch?

Schauen wir uns den Dienst einmal genauer an. Wenn man im Kreis von Freunden, Bekannten oder Kollegen den Namen Twitter fallen lässt, so ist die Reaktion noch immer fast die gleiche: Kopfschütteln. „Twitter? Kann ich gar nichts mit anfangen", heißt es dann nahezu einhellig. Die Reaktion erklärt sich auch hier, wie bei den Blogs, aus der Entstehungsgeschichte.

„Was gibt's Neues?" – so begrüßt Twitter seine Teilnehmer und fordert sie damit auf, kurz etwas über sich zu schreiben. Wer seinem Gegenüber eine solche Frage stellt, will keine gesellschaftskritischen Themen diskutieren und signalisiert auch kein Interesse für große Politik. Er sucht Small-Talk. Und genau das ist es, was das Gros der Nutzer denn auch tut:

„Sitze gerade im Zug nach Köln". „Komme gerade von Mega-Konzert zurück. Jetzt erst mal Hunger." „Irgendjemand noch wach? Sichzutodelangweil."

Verständlich, dass angesichts von Äußerungen auf derartigem Niveau die Skepsis gegenüber Twitter nach wie vor relativ groß ist. Hinzu kommt die Unsicherheit hinsichtlich der tatsächlichen Reichweite: Die Schätzungen schwanken zwischen 500.000 und bis zu drei Millionen Nutzern hierzulande. Laut Google Trends besuchen in Deutschland täglich 60.000 User den Dienst.

Abbildung 13.3 Twitter hat mehr als 600.000 Besucher am Tag (Quelle: Google Trends)

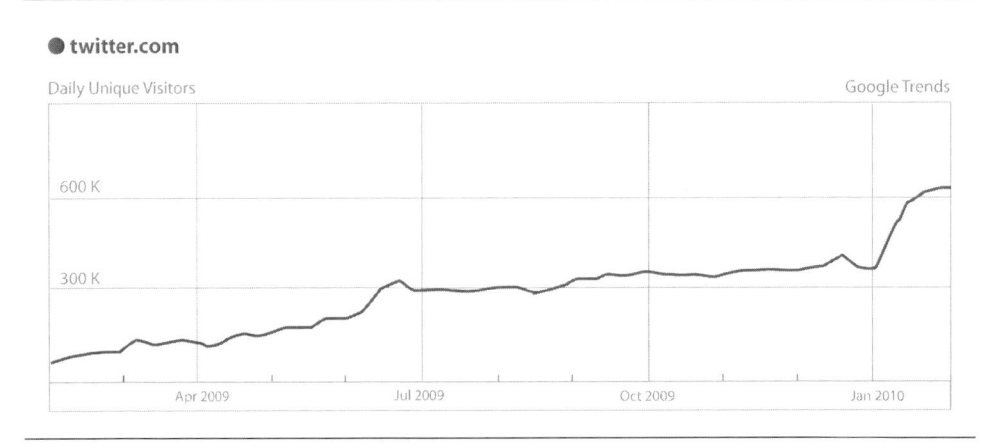

Aber wie bei Blogs, so gilt auch hier: Dem Medium wird mit vorschnellen Urteilen Unrecht getan, denn es bietet bei näherer Betrachtung auch im Marketing viele spannende Einsatzmöglichkeiten. Man muss sich mit Social Media auseinandersetzen, bevor man sie als Unsinn abtut und damit womöglich eine Riesenchance vergibt. Schließlich stößt sich mit Sicherheit auch kein Marketingverantwortlicher unter Ihnen daran, dass man unter dem Suchbegriff „Marketing" bei Google über 480 Millionen Treffer genannt bekommt, oder? Und wer von Ihnen hat den Fernseher abgeschafft, weil er auf mehr als 100 verfügbaren Kanälen jeden Abend höchstens zwei oder drei interessant findet.

Es geht also nicht um die Masse, es geht um die Klasse. Man könnte auch sagen: um Medienkompetenz, als Nutzer wie auch als Anbieter von Inhalten.

Das Anlegen und die Pflege eines Accounts ist leicht. Als erstes sollte man seine bestehenden Kontakte importieren und von Twitter prüfen lassen, wer davon bereits mitmacht. An diese Kontakte schickt man als erstes eine sogenannte Anfrage als „Follower", wie die verbundenen Teilnehmer hier heißen. Alles dreht sich darum, miteinander im Gespräch zu bleiben. Die 140-Zeichen-Kurznachricht heißt hier „Tweet", und wenn man bei einem Follower oder jemandem, dem man selbst folgt, einen interessanten Tweet liest und weiterleitet, dann ist dies ein „Retweet". Das können auch Fotos sein. Viele Twitter-User posten auch interessante Beiträge, die sie im Web aufgeschnappt haben, und tweeten und retweeten sie quer durch die Community: „Lese gerade …". So können sich auch Unternehmensbotschaften in Windeseile ausbreiten.

Das verborgene Gold von Twitter findet sich in seiner Funktionsweise. Twitter ist Echtzeitsuche im Internet. Soll heißen: Wer wissen will, was die „Tweeple", die Twitter-People, jetzt im Moment zu einem bestimmten Thema diskutieren, der ist hier genau richtig. Und dieses Thema könnte zum Beispiel eine Marke oder ein Unternehmen sein. Oder auch ein Trend:

> „Was gibt's Neues?"
>
> „Schlürfe gerade den ersten Riesling vom Winzer Müller. Bin begeistert. Wer hat auch schon?"

Man ahnt es bereits: Unter Beachtung der Grundregeln der Blogosphäre (s. o.) kann man sich auch Twitter als Empfehlungsmedium zunutze machen und Kaufentscheidungen beeinflussen.

„Es ist frappierend, mit welcher Geschwindigkeit sich Branchen-Insidernews weiterverbreiten lassen. Wesentlich schneller als PR, News oder andere Medien", meint Axel Amthor, Geschäftsführer der Internet-Beratung Contentmetrics. Und Michael Konitzer von der Agentur Ray Sono bekräftigt: „Nirgendwo anders bekommt man so aktuelle Hinweise und Informationen zu aktuellen Themen und Zeitgeist/Trends wie hier."[5]

Weithin bekannt ist das Beispiel des Airbus, der Anfang 2009 im Hudson River notlanden musste. Die Bilder des „Wunders von New York" gingen als erstes über Twitter um die Welt.

Sogar die Politik hat das Potenzial des Echtzeitmediums erkannt: Israels Ministerpräsident Netanjahu sprach sich Ende 2009 dafür aus, mit Hilfe von Twitter Propaganda gegen den Iran zu machen.[6]

Aber bleiben wir beim klassischen Marketing: Die Anbieter der nach Werbeausgaben gemessen größten Marken in Deutschland nutzen den Dienst als bevorzugten Social-Media-Kanal: 60 Prozent der Top-100-Marken sind in Social Media vertreten, 40 Prozent davon allein bei Twitter.[7] Otto, eBay, Kodak, Daimler, Allianz, Vodafone, Lufthansa – sie alle schnattern mit. Der Baur-Versand machte im November 2009 Schlagzeilen, als er einen Tag lang jedem Besucher seines Accounts einen Gutschein über 20 Euro gab und damit die

---

[5] Beide Zitate aus: Frank Puscher: „Werbe-Frühgeburt", „Internet World Business" Nr. 10/2009 vom 11. Mai 2009, S. 22

[6] „Netanjahu rät zu Twitter-Propaganda", Spiegel Online vom 7. Dezember 2009

[7] „Twitter beliebteste Social-Media-Plattform für Unternehmen", www.internetworld.de vom 7. Dezember 2009

Zahl seiner Follower von 165 auf 274 steigerte.[8] Zugegeben, hier wuchs ein noch zartes Pflänzchen. Der Mehrwert solcher Marketing-Aktionen liegt jedoch ganz woanders: Ihre Response ist plötzlich eins zu eins messbar und sie schaffen nachweislich neue Kunden Somit sind sie ein funktionierendes Instrument im Kommunikationsmix.

Ganz andere Dimensionen kommen jedoch ins Spiel, wenn man sich den Umsatz vor Augen führt, den der PC-Anbieter Dell nach eigenen Angaben über Twitter gemacht hat: 6,5 Millionen Dollar in zwei Jahren. Und das nur mit dem Verkauf von Restposten! Für einen Konzern wie Dell zwar immer noch Peanuts, aber: „Es ist ein stark pulsierender Kanal, und er wächst mit großer Dynamik", freute sich Manish Mehta, Vizepräsident der Online-Sparte von Dell.[9]

Und dennoch: Größe ist keine Voraussetzung für Marketing auf Twitter. Das Social Web kennt nicht groß oder klein, es kennt nur viele Follower/Fans/Freunde oder wenige. Was zählt, ist die Aufmerksamkeit, die eine Botschaft bekommt. Das ist die einzige Währung im Internet. Und die können kleine und mittelständische Unternehmen ganz genauso einsetzen. Auch in der Weinbranche.

Abbildung 13.4 Wein kann man nicht nur beißen, sondern auch zwitschern! (Quelle: http://twitter.com/rieslingmosel)

Wer also erst einmal auf Tuchfühlung mit dem noch fremden Mikroblogging-Dienst gehen will, sollte in Beobachterposition gehen und schauen, ob, wie oft und in welcher Form über

---

[8] „Baur Versand holt sich über Twitter neue Kunden", www.onetoone.de vom 26. November 2009

[9] Connie Guglielmo: „Dell Rings Up $6.5 Million in Sales Using Twitter (Update2)", www.bloomberg.com vom 8. Dezember 2009 (Übersetzung vom Autor)

die eigene Marke, eigene Produkte oder Dienste „getwittert" wird. Sie wären übrigens nicht der erste Winzer oder Weinhändler, der hier seine neusten Erzeugnisse bekanntmacht.

13.4.3 Communities

Eine der populärsten Communities weltweit ist Facebook, in Deutschland außerdem bekannt sind unter anderem wer-kennt-wen oder studiVZ. Mitglieder können hier gezielt Netzwerke aufbauen, indem sie zunächst ihre Freunde und Bekannten kontaktieren und über sie weitere Bekanntschaften schließen. Die heißen bei Facebook übrigens nach gut amerikanischer Sitte grundsätzlich „Freunde". Facebook macht jedem Teilnehmer regelmäßig Vorschläge, wie er mehr Freunde bekommen kann und hilft ihm so beim zügigen Ausbau seines Netzwerks.

Was man auf seiner Facebook-Seite einstellt, ist jedem selbst überlassen. Das können kurze Texte sein, Fotos, die man unterwegs schießt oder Videoclips, die einem besonders gut gefallen. Technische Kenntnisse sind nicht erforderlich, der Dienst ist weitestgehend selbsterklärend.

Das Einrichten einer eigenen Seite ist eine Sache von wenigen Minuten, danach sollte man sich regelmäßig mit den Möglichkeiten auf Facebook auseinandersetzen und immer wieder etwas Zeit damit verbringen.

Längst haben auch Unternehmen die Vorteile von Facebook für ihr Marketing erkannt. Firmen können bei Facebook mitmachen, indem sie eine sogenannte Fan-Page einrichten und dort über ihre Produkte und Services sprechen. Dies sollte freilich im typischen Stil der Community erfolgen – also möglichst lockere Alltagssprache statt gestelzter Werbebotschaften oder vorgefertigter Verlautbarungen.

Je authentischer sich ein Unternehmen auf Facebook gibt, desto glaubwürdiger ist es für die Teilnehmer und desto höher ist die Wahrscheinlichkeit, dass sie den Button „Fan werden" anklicken. Ab dann sieht der neue Fan alle aktuellen Infos des Unternehmens – ob Texte, Fotos, Videos, Gewinn- oder Coupon-Aktionen – automatisch auf seiner eigenen Seite.

Freunde, die die Seite dieses Teilnehmers besuchen, werden ebenfalls auf die Marke aufmerksam. Bestenfalls tragen sie sich auch als Fans ein oder teilen den Beitrag mit ihren Freunden. So verbreiten sich gut gemachte News schnell und ohne zeitlichen und finanziellen Aufwand durch die Facebook-Community.

So wie im Fall Ikea: Marktleiter Gordon Gustavsson gewann binnen weniger Tage 700 Freunde bei Facebook mit einer einfachen Idee: Wer in Gustavsson Fotoalbum als erster ein Möbelstück mit seinem Namen verknüpfte – eine spezielle Facebook-Funktion –, erhielt dieses Möbelstück geschenkt. Tausende Facebook-Nutzer wurden auf die Aktion aufmerksam. Schließlich stellte Ikea noch einen Videoclip hierzu bei YouTube ein – und erreichte damit weitere 35.000 User. Ein Schneeball-Effekt.[10]

Das Beispiel zeigt: Je mehr Fans ein Unternehmen hat und je mehr Kommentare auf der Fan-Seite abgegeben werden, desto höher ist die Zahl der Links auf diese Fan-Page – damit wird der Facebook-Auftritt zum Instrument der Suchmaschinenoptimierung. Denn häufige Verlinkungen im Web führen bei Google zu besseren Treffer-Ergebnissen. Der zusätzliche Reiz: Fan-Seiten können auch von Usern ohne eigenen Facebook-Zugang besucht werden. Firmen können die Zahl ihrer Anhänger übrigens noch schneller wachsen lassen, wenn sie mit einem Facebook-Button von ihrer Homepage auf die Fan-Seite verlinken.

Abbildung 13.5 Wein genießt man am besten in der Community (Quelle: Facebook)

Eine Alternative zur offiziellen Seite eines Unternehmens ist natürlich, dass Mitarbeiter eigene, private Seiten einrichten, zum Beispiel der Firmenchef oder der Marketingverantwortliche. Allerdings dürfen sie dann nicht als Sprachrohr ihres Unternehmens auftreten. Wer privat auf Facebook erscheint, kann interessante Infos aus seinem beruflichen Umfeld veröffentlichen und damit seine Kompetenz in einem bestimmten Fachgebiet demonstrieren, er darf aber nie auch die menschliche Seite vergessen. Fotos, News oder Videos, die den Mitarbeiter privat interessieren, gehören hier unbedingt dazu. Wer seinen privaten Account für die Verbreitung von Werbebotschaften seines Unternehmens missbraucht, wird schnell abgestraft. Zu Persönliches sollte man jedoch nicht preisgeben. Das Netz vergisst nie.

---

[10] Claudia Frickel: „Ikeas Facebook-Werbezug", *„Focus Online"* am 25. November 2009

13.5 Marketing 2.0: Es lebe der Prosument

Eins haben wir aus der Betrachtung der verschiedenen Kanäle gelernt: Social Media ersetzen den passiven Konsumenten von Inhalten aus den Zeiten des Web 1.0 durch den aktiven Produzenten von Inhalten, von „User Generated Content". Der „Prosument" stellt sich einer breiten Öffentlichkeit dar. Sehen und gesehen werden – Fernsehformate wie „Big Brother" und „Deutschland sucht den Superstar" haben es vorgemacht. „Der im Menschen verankerte Exhibitionismus trifft auf seinen Zwillingsbruder Voyeurismus", sagt der einstige Kreativchef von BBDO Deutschland, Ralf Zilligen.[11]

Ob Konzern, mittelständischer Hersteller oder Handwerksbetrieb – wer heute darüber nachdenkt, wie er Käufer findet und bindet, muss also radikal umdenken. Vorbei die Zeiten, in denen die Zielgruppe aus einer undefinierbaren Masse passiver Rezipienten bestand. Aus dem Monolog früherer Unternehmenskommunikation wird der Dialog, die Diskussion mit Kunden und Interessenten meiner Marke oder meiner Produkte.

„Das alte Sender-Empfänger-Modell funktioniert nicht mehr: Konsumenten übernehmen in Teilen die Markenführung", schrieb schon 2007 „Werben & Verkaufen".[12] Consumer Generated Marketing, so taufte das Fachmagazin den neuen Trend in Zeiten von Social Media, Marketing also, dass der Verbraucher selbst vorantreibt. Das Magazin „Advertising Age" ernannte schon im Jahr zuvor zur Agentur des Jahres – den Verbraucher. Die Begründung:

> Amateure besser als Werbe-Profis
>
> „Das Problem für die großen Tiere unter den Kreativ-Direktoren 2006 war, dass der überzeugendste Inhalt nicht von hochbezahlten Teams der Werbeagenturen stammte und im Fernsehen ausgestrahlt wurde. Niemand war besser als Amateure auf YouTube, die nur mit ihren Videokameras und Macs gearbeitet haben. Was sie uns gezeigt haben: Man braucht kein großes Medien- oder Produktionsbudget, um packende Ergebnisse zu liefern."[13]

Letzten Endes, resümierte das Magazin, verlören klassische Werbeagenturen zunehmend die Kontrolle im Marketing-Prozess. Der Gewinner sei der Verbraucher. **Die Nachricht schlug in der Welt der Werber ein wie eine Bombe.**

---

[11] K. Richter, M. Weber: „Du bist die Marke!", „W&V" Nr. 7/2007, S. 14
[12] K. Richter, M. Weber: „Du bist die Marke!", „W&V" Nr. 7/2007, S. 14 ff.
[13] Matthew Creamer: „Ad Age Agency of the Year: The Consumer", www.adage.com, 8. Januar 2007 (Übersetzung des Autors)

13.6 Teile und herrsche: Das Internet als Empfehlungsmedium

Was Social Media jedoch erst so richtig interessant fürs Marketing macht, ist ihr Charakter als Empfehlungsmedium. Wer sich auf Blogs und Communitys wie Facebook oder StudiVZ bewegt, findet zu jedem Beitrag, Post genannt („to post" heißt absenden, bekanntmachen oder auch ankleben), einen Button oder einen Link, mit dem der Leser den Inhalt dieses Beitrags an sein Netzwerk weiterleiten kann.

Bei Facebook und vielen deutschsprachigen Online-Magazinen heißt diese Funktion „Teilen", bei Twitter spricht man vom „Retweet", also dem Weiterzwitschern, und im englischsprachigen Raum wird man meist aufgefordert: „Share this".

Genauso heißt auch ein Internet-Dienst, der nichts anderes anbietet als einen kleinen grünen Button, den jeder ohne viel Aufwand in seine Website oder seinen Browser einbinden kann. Klickt man auf diesen Button, so öffnet sich ein Pop-up-Fenster, in dem man auswählen kann, in welcher Community man den Inhalt der aktuellen Website an seine Freunde und Bekannten weiterleiten möchte.

Abbildung 13.6 Interessante Inhalte mit einem Klick empfehlen und weiterleiten (Quelle: ShareThis)

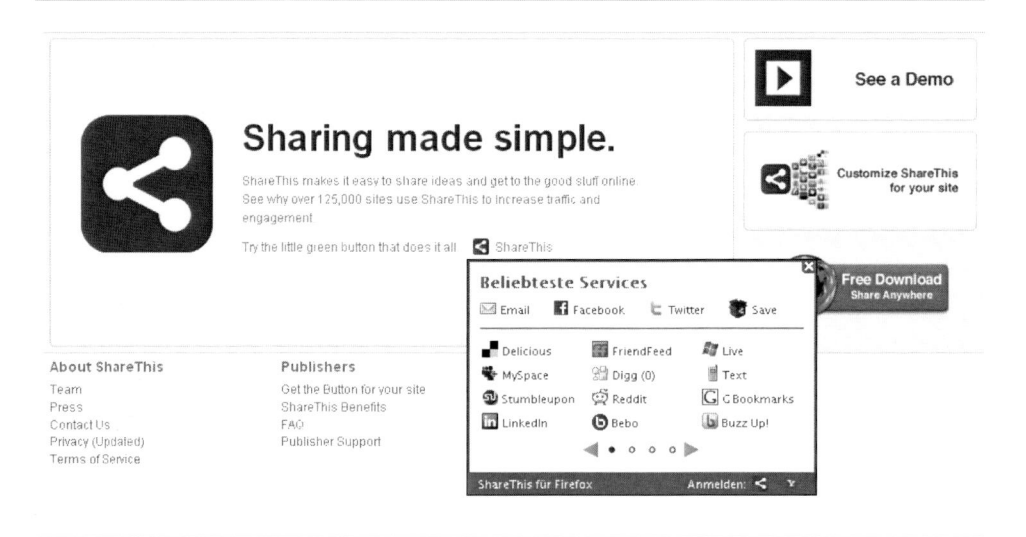

Eine andere Form des Teilens ist das sogenannte Bookmarken, das sich aus dem englischen „to bookmark" herleitet, zu Deutsch: ein Lesezeichen setzen. Zu den bekanntesten Bookmark-Communities gehören Delicious und Digg oder im deutschsprachigen Raum Mister Wong. Sie alle funktionieren nach demselben Prinzip: Der User findet einen interessanten Beitrag im Netz und möchte ihn anderen Nutzern bekanntmachen. Wenn wir beim Beispiel ShareThis bleiben, dann muss er im Pop-up-Fenster nur auf das Logo der Bookmark-Community klicken, der er selbst angehört, und schon kann er den Link dort verschlagworten und speichern. Im Prinzip handelt es sich also um eine gigantische Online-Bibliothek, die jedem User nach Themengebieten sortiert die populärsten Links für seine Recherchen und Informationsbedürfnisse anbietet.

Neben dem Teilen von Inhalten sind das Kommentieren und Bewerten die wichtigsten Empfehlungsfunktionen in Social Media. Wer bei Facebook das Post eines Freundes liest, hat hinterher die Möglichkeit, dazu einen Kommentar zu hinterlassen oder durch Klick auf den Link „Gefällt mir" seine Sympathie für den Eintrag auszudrücken.

Abbildung 13.7 Kommentieren und sein Gefallen ausdrücken – Das Netzwerk freut sich (Quelle: Facebook)

Empfehlungen: Das Salz in der Suppe von Social Media

Etwa jeder zweite Internet-Nutzer ist laut einer Erhebung der Marktforscher von Fittkau & Maaß bereits durch User-Bewertungen zum Kauf eines Produktes animiert oder davon abgehalten worden. Fast die Hälfte der Befragten in der Studie war der Meinung: „Nutzermeinungen/-bewertungen im Internet sind informativer als andere Informationsquellen." Fazit: „Von Nutzern verfasste Rezensionen zeigen deutliche Wirkung: Sie beeinflussen erheblich Markenbilder sowie die konkrete Produktwahl", heißt es bei Fittkau & Maaß.[14]

---

[14] „Nutzermeinungen im Internet beeinflussen Kaufverhalten erheblich", Pressemitteilung von Fittkau & Maaß vom 8. Dezember 2009, www.w3b.org

Abbildung 13.8 Die Macht der Masse – Kaufentscheidungen durch Social Media
(Quelle: Fittkau & Maaß)

Nutzermeinungen und Produktbewertungen zeigen Wirkung
Erheblicher Einfluss auf Marken und Kaufentscheidungen

Nutzermeinungen haben schon ...

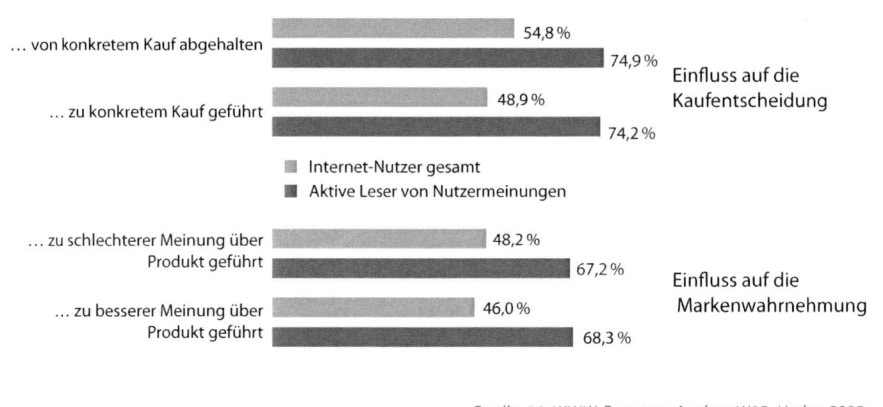

... von konkretem Kauf abgehalten: 54,8 % / 74,9 %
... zu konkretem Kauf geführt: 48,9 % / 74,2 %
Einfluss auf die Kaufentscheidung

- Internet-Nutzer gesamt
- Aktive Leser von Nutzermeinungen

... zu schlechterer Meinung über Produkt geführt: 48,2 % / 67,2 %
... zu besserer Meinung über Produkt geführt: 46,0 % / 68,3 %
Einfluss auf die Markenwahrnehmung

© 2009 www.fittkaumaass.de
Quelle: 29. WWW-Benutzer-Analyse W3B, Herbst 2009
Basis: Internet-Gesamtnutzerschaft, Nennungen: trifft voll und ganz zu, trifft zu

Eine Untersuchung im Auftrag des Marketing-Lehrstuhls an der TU Dortmund bestätigt: Nutzerbewertungen gelten nach der Internetseite des Anbieters selbst als wichtigste Informationsquelle im Web, weit vor Werbung im Fernsehen, Radio oder in Zeitschriften. Foren, Blogs und Bewertungsportale erfreuen sich dabei bester Umfragewerte. Sie gelten vor allem als kompetent, glaubwürdig, kritisch und seriös.[15] Besonders hoch ist der virale Effekt bei Facebook. Jedes dritte Mitglied hat dort nach Angaben des Düsseldorfer Marktforschungsinstitut Innofact bereits neue Marken kennengelernt, indem es sich zum Beispiel durch einfachen Klick auf den entsprechenden Button als „Fan" einer Marke eingetragen hat. 28 Prozent der Befragten gaben an, dass der Kontakt zu Marken auf Facebook deren Image verbessert habe. Die meisten Empfehler (63 Prozent) stammen übrigens aus der Altersgruppe der über 30-Jährigen.[16]

---

[15] „Die Macht der Blogs", Internet World Business Nr. 6/2009 vom 16. März 2009, S. 16
[16] „facebook-Nutzer betreiben virales Marketing", Pressemitteilung vom 5. Februar 2010,

Abbildung 13.9 Communities wie Facebook bessern das Markenimage auf
(Quelle: Innofact)

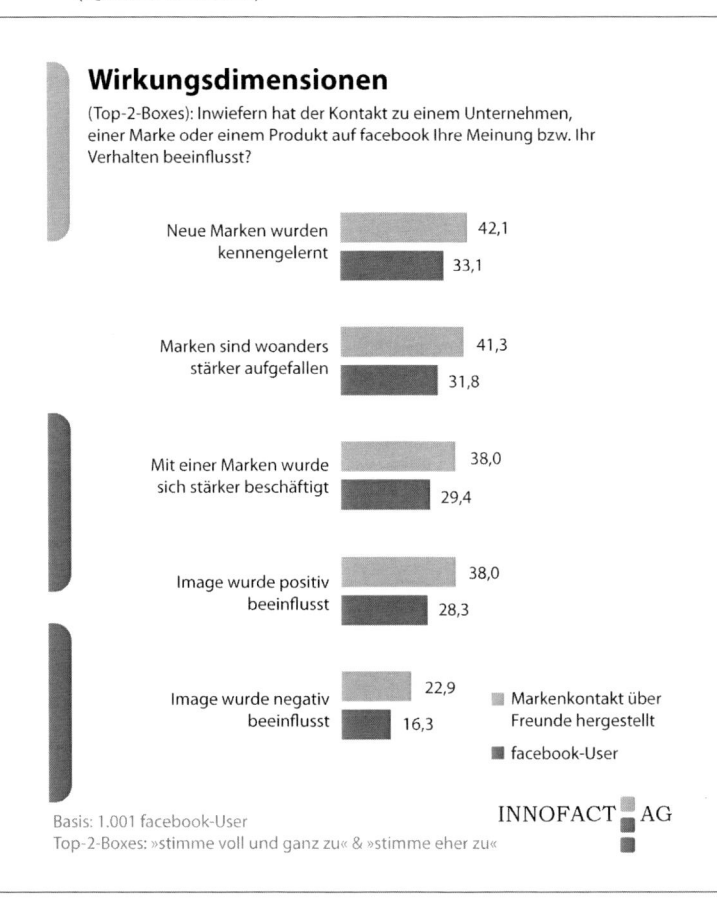

Wirkungsdimensionen

(Top-2-Boxes): Inwiefern hat der Kontakt zu einem Unternehmen, einer Marke oder einem Produkt auf facebook Ihre Meinung bzw. Ihr Verhalten beeinflusst?

Wirkungsdimension	Markenkontakt über Freunde hergestellt	facebook-User
Neue Marken wurden kennengelernt	42,1	33,1
Marken sind woanders stärker aufgefallen	41,3	31,8
Mit einer Marken wurde sich stärker beschäftigt	38,0	29,4
Image wurde positiv beeinflusst	38,0	28,3
Image wurde negativ beeinflusst	22,9	16,3

Basis: 1.001 facebook-User
Top-2-Boxes: »stimme voll und ganz zu« & »stimme eher zu«

INNOFACT AG

Der Werbevermarkter Burda Community Network (BCN) hat die Zeichen der Zeit erkannt. Die 2010er Ausgabe der Studie „Typologie der Wünsche", kurz TdW, berücksichtigte erstmals das Empfehlungsmarketing in Social Media. „Persönliche Empfehlungen von Freunden oder Bekannten in privaten Gesprächen, Blogs oder digitalen Communities gewinnen im Marketing derzeit massiv an Bedeutung, denn kein anderer Kommunikationskanal verfügt über einen derart hohen Vertrauensbonus wie sie", erklärt die Burda-Tochter dazu. BCN befragt in Stichproben jeden Monat 1.000 Bürger repräsentativ zu ihrem Kaufverhalten und zur Mediennutzung und dient Unternehmen in ganz Deutschland zur Mediaplanung.[17]

---

[17] „Typologie der Wünsche 2010 integriert erstmals Empfehlungsmarketing", www.burda--community-network.com

Eine spezielle Form der Empfehlungs-Communities im Social Web sind Bewertungsportale. Hier können die User ihre Meinung zu Produkten und Dienstleistungen abgeben. Anbieter wie eBay und Amazon sind die Supertanker in dieser Branche. Darüber hinaus gibt es zahlreiche Dienste, die sich auf die Bewertung örtlicher Anbieter spezialisiert haben. Zu den bekanntesten in Deutschland gehören Qype, GoLocal, KennstDuEinen und Townster.

Bewertungsportale funktionieren im Prinzip wie die Gelben Seiten, sind aber zusätzlich garniert mit Kundenmeinungen. Beispiel: Der User sucht in einer Stadt einen Anbieter in einer bestimmten Branche, zum Beispiel einen Handwerker, ein Restaurant oder einen Weinhändler. Er gibt den entsprechenden Suchbegriff ein und erhält als Ergebnis die Liste aller passenden Geschäfte in der gewünschten Stadt, zu denen Mitglieder der Community bereits ihre Meinung abgegeben haben. Sternchen oder Gesamtnoten zu jedem Treffer erleichtern ihm die Orientierung. Weinhändler Schmitz in der Waldallee hat fünf Sterne, aber die Vinothek zwei Straßen weiter nur drei. Warum eigentlich? Mal schauen. Mit einem Klick auf den Eintrag zur Vinothek öffnet sich dann die Liste mit den Kommentaren der Kunden. Wie weit der User diesen Kommentaren vertraut, muss er freilich selbst entscheiden.

Abbildung 13.10 Auf der Suche nach dem guten Tropfen (Quelle: GoLocal)

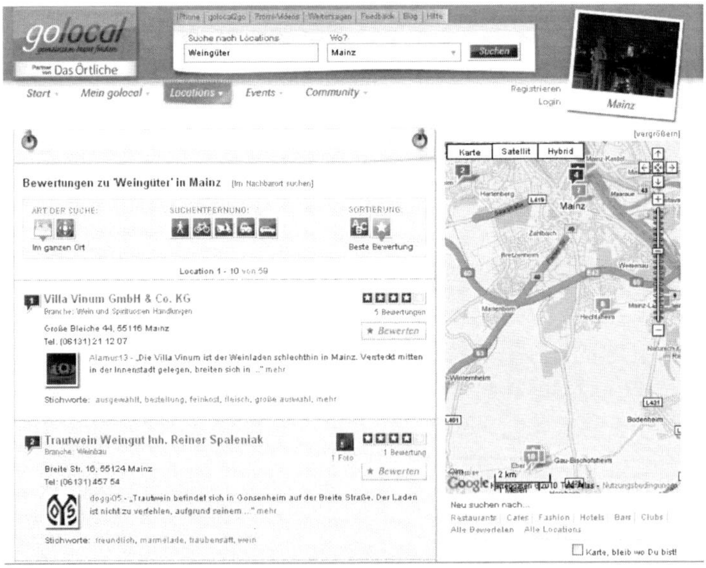

Eine Untersuchung der Deutschen Telekom und der Hamburger Hochschule für Angewandte Wissenschaft unterstreicht die Bedeutung von Bewertungen für den User. Vielen ist bewusst, dass mit solchen Funktionen auch Missbrauch betrieben werden kann, aber: „Bewertungen im Internet helfen bei der Auswahl der gefundenen Suchergebnisse. Sie erleichtern die Orientierung beim Navigieren. Das gilt vor allem bei hohen Trefferzahlen", fasst Suchmaschinenexpertin Sonja Quirmbach zusammen. Viele User, so die Telekom-Managerin, wollten nicht nur wissen, wo sie ein Unternehmen mit den von ihm gewünschten Produkten oder Dienstleistungen fänden, sondern, welche Erfahrungen dessen Kunden damit gemacht hätten.[18]

13.7 Lokale Suche

Ein neues Internet. Ein Empfehlungsmedium, mit dem ich bei geringem Aufwand neue Kontakte knüpfen und für meine Produkte interessieren kann. Schön und gut, werden manche jetzt sagen, aber wenn ich meine Kunden vor allem in der Region oder der eigenen Stadt habe? Das Internet ist doch ein globales Medium.

Falsch!

Social Media machen das Internet zum idealen Kanal für lokales Marketing und zur Kommunikationsplattform für kleine und mittelständische Unternehmen. Denn so wie die heutigen Networking-Plattformen dem User einerseits erlauben, völlig unabhängig von seinem Wohn- oder Arbeitsort neue Kontakte zu knüpfen, so bieten sie ihm andererseits die Möglichkeit, dies auch bezogen auf seine Heimatregion zu tun und sich über interessante Events, Locations oder Anbieter vor Ort auszutauschen. Die Beispiele zu den Bewertungsportalen haben dies bereits gezeigt.

Mit anderen Worten: Web 2.0 macht das Internet zum lokalen Marketinginstrument.

Schauen wir uns das genauer an. Social Web – dieser Begriff ist eigentlich paradox. Das Web an sich ist eine einsame Angelegenheit. Wir kommunizieren zwar mit der ganzen Welt, aber Menschen aus Fleisch und Blut sehen wir nicht (es sei denn mit Hilfe einer Web-Cam – aber wollen wir das wirklich zwischenmenschliches Beisammensein nennen?).

Zwischen zwei Menschen, die im Internet Kontakt aufnehmen, steht immer der Computer. Daran ändert auch der salbungsvolle Zusatz „Social" erst einmal nichts, was man nach Belieben als „gesellschaftlich" oder bestenfalls „gesellig" übersetzen kann. Aber wie das mit so vielen Begriffen ist, die wir aus dem Englischen übernehmen, ohne darüber nachzudenken: Bei näherer Betrachtung passen sie nicht wirklich.

Social Web – das gesellige Netz? Was soll daran gesellig sein, wenn ich abends vor dem Rechner hocke und mit vermeintlichen „Freunden" in Amerika chatte, die mir ein Datenbanksystem vermittelt und die ich noch nie gesehen habe. **So kommen wir nicht weiter.**

Was also macht das Web „social"? Das genau ist der Punkt, an dem wir zum eben bereits erwähnten lokalen Rahmen zurückkehren. Wirklich sozial ist das Netz erst, wenn es eine Brücke zur Realität schlägt, zum täglichen Leben vor meiner Haustür. „Der Ortsbezug",

---

[18] Quelle: Interview des Autors am 18. Februar 2010

resümiert der Blogger MG Siegler vom Online-Fachmagazin TechCrunch, „ist der Missing Link zwischen sozialen Netzwerken und der realen Welt."[19] Die Marketing-Fachzeitschrift „acquisa" widmete dem Thema ein Special unter treffenden Überschrift „Nähe im virtuellen Raum".[20] Immerhin hat inzwischen Schätzungen zufolge jede dritte Suchanfrage im Internet einen solchen Ortsbezug.

Abbildung 13.11 Wen oder was suchst Du in Deiner Stadt? (Quelle: VDAV)

Nutzung von Verzeichnismedien 2009 gesamt
Angaben in Prozent; Mehrfachnennung möglich

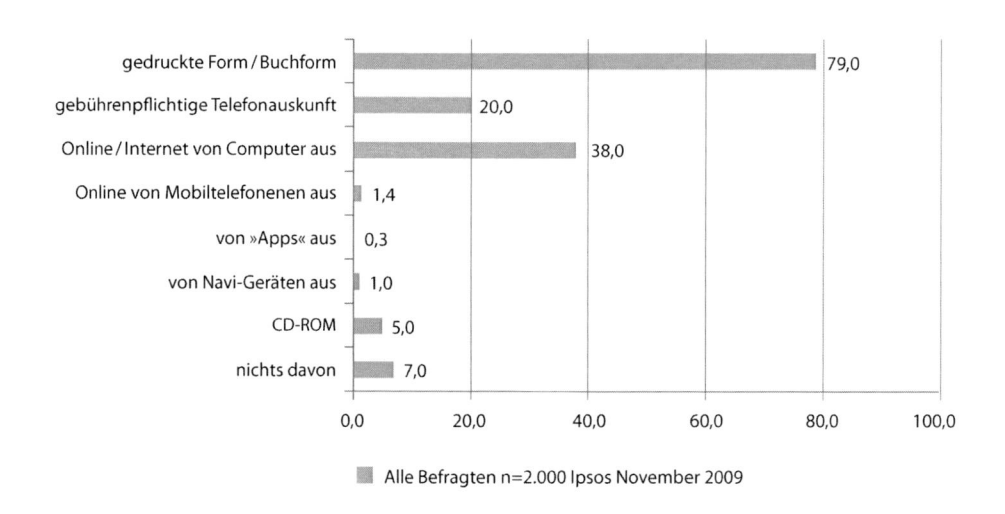

Kategorie	Prozent
gedruckte Form / Buchform	79,0
gebührenpflichtige Telefonauskunft	20,0
Online / Internet von Computer aus	38,0
Online von Mobiltelefonen aus	1,4
von »Apps« aus	0,3
von Navi-Geräten aus	1,0
CD-ROM	5,0
nichts davon	7,0

Alle Befragten n=2.000 Ipsos November 2009

Quelle: [vdav]-Studie zur Nutzung von Auskunfts- und Verzeichnismedien 2009. Ipsos November 2009. Grafik [vdav]

Und warum nutzen beispielsweise nach wie vor über 90 Prozent aller Deutschen regelmäßig Verzeichnisse wie das Telefonbuch oder die Gelben Seiten?[21] Weil sie hier Informationen finden, die ihnen dort helfen, wo sich 80 Prozent ihres Lebens abspielen – im Umkreis von 50 Kilometern um ihre Wohnung.

---

[19] MG Siegler: „Location Is The Missing Link Between Social Networks And The Real World", TechCrunch.com vom 18. November 2009 (Übersetzung vom Autor)

[20] Karsten Zunke: „Nähe im virtuellen Raum", *acquisa* Nr. 11/2009, S. 46 ff.

[21] Verband Deutscher Auskunfts- und Verzeichnismedien: „Studie zur Nutzung von Auskunfts- und Verzeichnismedien", Pressemitteilung vom 19. Januar 2010 ,www.vdav.de

Immer geht es dabei um die simple Frage: „Wen oder was suchst Du in Deiner Stadt?" Die Suchmasken der Online-Verzeichnisse wie GoYellow.de oder DasOertliche.de funktionieren fast alle nach diesem Muster.

In der Fachwelt hat sich hierfür der Terminus „Lokale Suche" eingebürgert oder auch Location-Based Services, also standortbezogene Dienste. Foursquare, Gowalla, Loopt, Lokalisten, Aka-aki – schier unüberschaubar ist die Liste der Dienste, die alle auf ein Prinzip setzen: User tauschen ihre Interessen aus, teilen sich gegenseitig mit, wo sie gerade sind und verabreden sich, wenn sie gerade zufällig in der Nähe sind.

Besonders beliebt sind im Moment die sogenannten Check-in-Dienste. Damit tut man vereinfacht gesagt nichts anderes, als seiner Community mitzuteilen, in welchem Café oder Club man sich gerade aufhält. Auch Twitter ist inzwischen auf diesen Zug aufgesprungen. Seit Anfang 2010 kann man seine Tweets mit seinem aktuellen Standort kennzeichnen.[22]

Viele Anbieter schlagen Kapital aus diesem Trend, indem sie ihn durch raffiniertes Marketing in bare Münze umsetzen: Mit Loopt in den USA zum Beispiel können ortsansässige Geschäfte Usern, die sich in ihrer Nähe aufhalten, per Handy Aktionsangebote machen – zum Beispiel Rabatte aufs Mittagsmenü im Sushi-Laden um die Ecke oder Coupons für den nächsten Einkauf im Modegeschäft drei Straßen weiter. Das funktioniert, weil jedes Handy sich orten lässt, wenn es eingebucht ist.

Marketing-Experten freuen sich: Suchmaschinenoptimierung wird durch das Zusammengehen von Lokaler Suche und Social Media neue Dimensionen annehmen und immer mehr zum lokalen oder regionalen Suchmaschinenmarketing. Damit öffnet sich das Internet kleinen und mittelständischen Unternehmen, die vorwiegend in ihrem eigenen Umkreis operieren, als schlagkräftiges Instrument. „Durch das regionale Suchmaschinenmarketing wird eine Firma nicht nur bekannter, sondern auch besser gefunden", so der Marketing-Experte Karsten Zunke.[23] Denn je mehr User sich in Communities wie Qype oder GoLocal über einen Anbieter in ihrer Stadt äußern, desto besser wird er von anderen Usern im Netz gefunden. So einfach ist die „Logik" der Suchmaschinen. Viele Links, viele Nennungen = hohe Relevanz! Fertig.

Welch gigantischer Markt sich hier auftut, zeigt das Beispiel Google. Fast alle neuen Dienste, die der Suchmaschinenriese aus Mountain View 2009 auf den Markt brachte, hatten lokalen Bezug: Los ging es mit „Latitude" (zu Deutsch: Breitengrad) zum Auffinden von Freunden in der Nähe. Es folgten: die automatische Anzeige von Geschäften im Umkreis des Users, die zu seinem Suchbegriff passen; die automatische Anzeige von Online-Werbung aus der Region des Users, automatisch erzeugte Übersichtsseiten mit allen im Web verfügbaren Informationen rund um einen gesuchten Standort („Place Pages"); das

---

[22] Zunächst nur in einigen wenigen Ländern.
[23] Karsten Zunke: „Nähe im virtuellen Raum", *acquisa* Nr. 11/2009, S. 46 ff.

Navigationssystem fürs Auto mit Informationen zum gegenwärtigen Aufenthaltsort. Und wer unterwegs wissen will, ob es irgendwo in der Nähe zum Beispiel ein Restaurant gibt und wie andere Gäste es beurteilen, klickt auf seinem Handy bei Google einfach auf „Near me now".[24]

Gerade in Kombination mit dem Handy wird der Markt für Lokale Suche und lokales Marketing in den nächsten Jahren mächtig an Fahrt gewinnen. Denn was erscheint sinnvoller, als einen Handy-Nutzer anzusprechen, wenn er gerade in der Nähe meines Geschäfts ist? Die Marktforscher von BIA Kelsey erwarten, dass ein Drittel aller Suchanfragen in den USA 2013 nur noch vom Handy aus erfolgt und gar nicht mehr am PC. 3,1 Milliarden Dollar könnten dann in das Geschäft mit ortsbezogenen Anzeigen für Handy-Dienste fließen – allein in den Vereinigten Staaten. „Der Anstieg der mobilen Datennutzung wird lokales Marketing zum großen Gewinner machen", gibt sich Analyst Michael Boland zuversichtlich. Und das gilt dann nicht nur für die USA …

13.8 Fazit: Jetzt die Chance nutzen!

Zugegeben: Die Fülle an verschiedenen Plattformen in der Welt der Social Media ist verwirrend und für Einsteiger bisweilen erschlagend. Die Beispiele in diesem Kapitel sind nur ein ganz kleiner Ausschnitt. Dienste wie Flickr, wo Privatpersonen wie Unternehmen ihre spannendsten Fotos ins Netz stellen, oder YouTube, wo das Gleiche mit Videos geschieht, haben wir hier überhaupt nicht erwähnt.

Wer in das Social Web einsteigt, sollte dies Schritt für Schritt tun, um allmählich ein Gespür dafür zu entwickeln, was ihn persönlich oder sein Unternehmen dort weiterbringt. Es muss nicht sofort die groß angelegte Online-Marketingkampagne sein, die dann vielleicht mangels Erfahrung völlig ins Leere läuft.

Wichtiger ist es, erst einmal selbst hinein zu schnuppern, um die nötige Sicherheit im Umgang mit dem Medium zu gewinnen, auch für den späteren Einsatz in der Firma.

Beweisen Sie Spaß am Entdecken! Legen Sie ein Blog an und schreiben Sie über die Themen, die Sie interessieren. Sie verdienen mit Wein nicht nur Ihr Geld, sondern haben im Rebensaft auch ihre Passion gefunden? Umso besser. Faszinieren Sie Ihre Leser für *vitis vinifera*, erzählen Sie, was es für Sie bedeutet, mit Kunden den neuen Wein zu verkosten, oder warum Sie es auch nach 20 Jahren immer noch lieben, bei Wind und Wetter im Weinberg zu stehen. Erzählen Sie Geschichten, betreiben Sie Story-Telling, verkaufen Sie Emotionen – eine der wichtigsten Grundregeln für jeden versierten Marketingverantwortlichen, der sein Publikum fesseln will. **Aber vor allem: Bleiben Sie immer ganz Sie selbst und verstellen Sie sich nicht.**

---

[24] Einige der hier beschriebenen Merkmale standen Anfang 2010 vorerst nur in den USA zur Verfügung.

Vertrauen entsteht durch Transparenz, Offenheit und Ehrlichkeit. Und es braucht Zeit. Geben Sie sich und Ihren künftigen Fans ein paar Monate, bis sich zwischen Ihnen eine enge Beziehung aufgebaut hat.

Das gilt für Privatpersonen, das gilt für Unternehmen noch mehr. Firmen gewinnen dann das volle Vertrauen ihrer User, wenn sie mit ihnen ganz offen diskutieren, sich ihre Kritik anhören und sachlich und freundlich darauf reagieren. Es ist doch wie auch im realen Leben: Der treueste Kunde ist der, der sich vom Hersteller ernst und wichtig genommen fühlt. Das funktioniert im Netz nicht anders.

Viele Unternehmen schrecken vor Social Media zurück. „Wenn wir bloggen oder in die Communities reingehen, dann verlieren wir doch die Kontrolle über unsere Marke", hört man immer wieder. Seien wir ehrlich: Die hundertprozentige Kontrolle über die eigene Marke und das eigene Image hat doch praktisch jeder Anbieter im Online-Zeitalter schon verloren. Wenn man durch die vielen Foren im Internet surft und dort nach Diskussionen zu bestimmten Produkten oder Services sucht, dann können sich einem schon mal die Nackenhaare aufstellen angesichts des Unsinns, der dort bisweilen geredet wird. Innerhalb eines Tages kann da durch einen einzigen Eintrag eine Lawine losgetreten werden, die im schlimmsten Fall einen herben Imageschaden für ein Unternehmen bedeutet.

Manchmal ist das betroffene Unternehmen gänzlich unschuldig und einfach nur Opfer der Online-Gerüchteküche. Manchmal tritt es aber die Lawine auch selbst los, und sei es nur aus Unbedachtheit. So wie im Fall der Outdoor-Marke Jack Wolfskin mit dem bekannten Tatzen-Logo. Das Unternehmen fing im Oktober 2009 an, Hobby-Schneider, die auf dem Online-Marktplatz Dawanda Mode oder Accessoires mit Tatzen-Muster verkauften, wegen der Verletzung von Markenrechten abzumahnen. Die Aktion löste einen regelrechten Protest-Tsunami in Blogs und Foren aus. Ergebnis: Jack Wolfskin zog die Abmahnungen ganz schnell wieder zurück.

> **Den Kunden da abholen, wo er ist**
>
> Es führt zu nichts, die Macht der Blogs und des Social Web zu ignorieren. Sie sind Medien der öffentlichen Meinung genauso wie die Tageszeitung, das Radio oder das Fernsehen und sie verdienen die gleiche Aufmerksamkeit wie die anderen Kanäle. Einer der meiststrapazierten Marketingsprüche schlechthin ist: Man muss den Kunden da abholen, wo er ist. Heute ist er immer öfter im Social Web. Ob es einem gefällt oder nicht. Deshalb muss sich jeder Marketingverantwortliche die Frage stellen: Kann ich es mir noch länger erlauben, diesen Teil in meinem Medienmix auszublenden?

Viele haben Angst vor Kritik und negativen Kommentaren. Aber ist es nicht besser, sich der Kritik zu stellen, auf sie einzugehen und damit aktiv etwas für die Imagepflege zu tun als hilf- und tatenlos zuzusehen, wie über mich geredet oder gar hergezogen wird?

Gerhard Gottwald, Marketing-Manager beim Bewertungsportal GoLocal in München, sieht das so: „Wenn es um Social Media geht, packt viele Marketingverantwortliche die Angst vor der eigenen Courage." Zusammen mit der Gesellschaft für Konsumforschung GfK befragte GoLocal Ende 2009 insgesamt 500 kleine und mittelständische Unternehmen, was sie über Kundenbewertungen im Internet denken. Das Ergebnis: Kundenkritik wird wichtig genommen und immerhin reagiert die Hälfte im Internet darauf. Aber nur jeder dritte Befragte konnte sich vorstellen, Bewertungsportale aktiv zu nutzen. Und das, obwohl vier von fünf Studienteilnehmern negative Kritik als Chance für Produktverbesserungen sehen und drei Viertel glauben, dass die Bedeutung von Online-Empfehlungen in den nächsten Jahren weiter wachsen wird. Gottwald: „Fazit ist, dass bei kleinen und mittelständischen Unternehmen noch sehr viel Beratungsbedarf für den richtigen Umgang mit Online-Marketing herrscht. Sie sehen die Notwendigkeit, scheuen aber den ersten Schritt."[25]

Sehen Sie den Weg ins Social Web als Riesenchance für Ihr Marketing. Nirgendwo sonst erreicht Sie so ungefiltert die unmittelbare und ehrliche Meinung des Verbrauchers. Sie können für viel Geld Marktforschung betreiben und danach versuchen, Ihre Produkte zu optimieren. Sie können auch ganz darauf verzichten und sich dann wundern, warum die Absatzzahlen zurückgehen. Oder Sie binden Ihre Kunden und Interessenten in Ihre Marke oder Ihre Produkte aktiv ein, machen sie zu Multiplikatoren, zu Botschaftern Ihrer Produkte. Schreiben Sie über Ihre neusten Weine, beschreiben Sie die Vorzüge, aber bitten Sie Ihre Kunden um eine Meinung und zeigen Ihnen damit Ihre ganze Wertschätzung. Bei einer Degustation vor Ort würden Sie es ja genauso tun.

Kundenbindung ist Ihnen wichtig? Machen Sie aus Ihrer Firma einen Betrieb, den man „anfassen" und erleben kann. Betreiben Sie Customer Relationship Management à la Social Media: Eine kleine Gewinnaktion mit Gratis-Trinkproben, ein Online-Coupon für jeden, der innerhalb der nächsten 14 Tage bei Ihnen einkauft, eine Exklusiv-Verkostung der allerersten Abfüllungen für besonders treue Kunden. Mit wenigen Kniffen erreichen Sie eines der wichtigsten Ziele im Marketing: Wissen, was die Zielgruppe über die Produkte denkt. Social Media als Marktforschung für kleines Geld und als Marketing mit minimalem Streuverlust. Je mehr begeisterte Kunden im Internet über Sie berichten, desto besser werden Sie bei Google und Co. von anderen potenziellen Interessenten gefunden.

Nutzen Sie die ortsbezogenen Möglichkeiten, die das Social Web bietet. Lassen Sie sich bei Bewertungsportalen eintragen. Suchen Sie bei Facebook vor allem Kontakt zu Teilnehmern aus Ihrer Region. Hilfreich ist es außerdem, seine Social-Media-Strategie durch klassische Maßnahmen zu flankieren.

Ein Beispiel hierfür ist Suchmaschinenmarketing mit dem Google-Anzeigendienst Ad Words. Der Vorteil: Die Textanzeigen können geografisch eingegrenzt werden. Das heißt: Der Inserent kann festlegen, dass nur Google-Nutzer aus einer bestimmten Region oder Stadt die Anzeige sehen, wenn sie ein zum Angebot des Unternehmens passendes Suchwort eingeben. Das spart Geld und minimiert den Streuverlust. Ein anderes Beispiel ist die Verknüpfung von Print- und Online-Kampagnen. „Um auffindbar zu sein, müssen sich Mittelständler und Gewerbetreibende möglichst regional flächendeckend und parallel

---

[25] Quelle: Interview des Autors am 17. Februar 2010

über alle Medien hinweg präsentieren", so Uwe Frigge, Marketingchef der Gelben Seiten.[26] Ob man in der Lokalzeitung wirbt, seinen Fuhrpark mit dem Firmenlogo beklebt oder neue Visitenkarten in Auftrag gibt – jetzt ist der Zeitpunkt, auf allen Druckschriften immer auch für die eigene Präsenz im Netz zu werben.

Optimal für die Kommunikation nach außen sind sogenannte Landing Pages: Das sind Internet-Adressen, die man extra einrichtet und beispielsweise nur im Rahmen einer Plakataktion bekanntgibt. Wenn dann irgendwann einige Hundert oder Tausend User diese Landing Page angeklickt haben, dann weiß man: Die Plakataktion war erfolgreich. So wird das Internet zum Messinstrument für die Effizienz klassischer Printkampagnen.

Vorsicht bei der Frage nach dem Return of Investment! Erstens hält sich das Investment im Vergleich zu Maßnahmen wie klassischer Werbung in Zeitung, Radio und Fernsehen deutlich in Grenzen. Zweitens haben Sie einen überaus wertvollen Return: Wenn ein Firmenblog zum Beispiel 4.000 Besucher im Monat zählt, mag das aus herkömmlicher Perspektive wenig sein. Aber wichtiger als die Zahl der Seitenaufrufe oder Unique Visitors ist bei Social Media der „Share of Buzz", also das Hintergrundrauschen, das ein bestimmtes Thema erzeugt, wenn immer mehr Blogs oder Communities ein Thema aufgreifen und dazu eigene Beiträge posten.

Niemand weiß, ob und wie lange einzelne Plattformen wie Facebook oder Twitter im Netz Bestand haben. Wer erinnert sich noch an Second Life? Eins jedoch steht fest: Das Social Web lebt. Und die Menschen, die sich in diesem Social Web bewegen, sind real. Das Netzwerk, die Community, die wir aufbauen, geht nicht unter, wenn eine einzelne Plattform verschwindet.

Fast alle führenden Social-Media-Dienste haben zum Beispiel eine sogenannte Connect-Funktion. Wer sich bei Facebook anmeldet, kann seine Kontakte aus Outlook oder Google Mail importieren und sich dann auch hier mit ihnen verknüpfen. Ganz ähnlich läuft das bei Twitter und vielen anderen Social-Media-Kanälen. Wann immer und wo immer sich im Netz eine neue Plattform öffnet, die wir spannend finden und die wir mit unseren Freunde und Bekannten teilen möchten, können wir unsere Kontakte dorthin also mitnehmen. Und das sollten Sie unbedingt jedes Mal tun. **Es sind Ihre Kundendaten.**

Communities in Zeiten von Web 2.0 sind wie ein Vogelschwarm aus Bits und Bytes. Ziehen Sie mit und lassen Sie sich empfehlen.

---

[26] Kristina Schreiber: „Blüten im Verborgenen", „acquisa" Nr. 11/2009, S. 52

Vertriebskanäle und Marketingpotenzial: Zielgruppen richtig nutzen

14 Wine on the Web – Online-Weinhandel

Prof. Dr. Grégory Bressolles, Bordeaux Ecole de Management

Prof. Dr. François Durrieu, Bordeaux Ecole de Management

Prof. Dr. Gerald Lang, Bordeaux Ecole de Management

Inhalt

14.1	Einleitung	321
14.2	Literaturüberblick	322
14.2.1	Servicequalität von Webseiten	322
14.2.1.1	Definition und Unterschiede zur traditionellen Servicequalität	322
14.2.1.2	Hauptdimensionen der Servicequalität von Webseiten	323
14.2.2	Typologie von Online-Kunden	325
14.2.3	Konsumententypologie in der Weinindustrie	325
14.3	Empirische Studie	327
14.3.1	Stimuli und Sample	327
14.3.2	Methode	327
14.3.3	Ergebnisse	328
14.3.3.1	Profil der Online-Weinkäufer	328
14.3.3.2	Typologie von Online-Weinkäufern	329
14.4	Diskussion	331
14.4.1	Implikationen für die Praxis	331
14.4.2	Grenzen der Studie	334
14.4.3	Zukünftige Forschungsansätze	334
	Anhang	335
	Literatur	336

14.1 Einleitung

Die Weinwirtschaft verfügt über einen großen Erfahrungsschatz auf den Gebieten Direktmarketing und Direktverkauf ihrer Produkte auf Weingütern und in Vinotheken. Darüber hinaus war Wein eines der ersten Produkte, auf welches reine Online-Händler aufmerksam wurden (Gebauer & Ginsburg, 2003).

Die Pioniere des Onlinehandels sahen das Internet als eine Plattform neuer Absatzmärkte in globaler Dimension mit grenzenloser Produktauswahl, engen Kundenbeziehungen, geringen Kosten und rationalisierten Distributionsketten (Mougayar, 1998). Diese Erwartungen basierten auf den Eigenschaften des Internets, welche neue Distributionskanäle, weltweiten Kundenzugang und den Einsatz von Direktmarketingmaßnahmen ermöglichten, ohne dass physische Anwesenheit und direkter Kontakt zwischen Produzenten und Kunden erforderlich waren (Afuah & Tucci, 2000).

Der Kunde hat über das Internet Zugang zu allen Weinen der Welt. Hohe Transportkosten (Transport z.T. per Schiff) begrenzen jedoch vor allem bei großen Distanzen die online erzielten Verkaufsraten in der Praxis auf eine eher nationale Reichweite (Stricker, Mueller & Sumner, 2006).

Online ausgeführte Weinverkäufe folgen dem Muster anderer Konsumgüter und sind sowohl in Frankreich als auch weltweit zunehmend erfolgreich. Obwohl dieser Markt noch immer einen sehr kleinen Anteil des Gesamtmarktes ausmacht, besitzt er in Frankreich schätzungsweise ein Volumen von 176 Millionen Euro, weltweit von knapp 4 Milliarden Euro. Das sind fünf Prozent der weltweiten Weinverkäufe, die über alle Absatzkanäle getätigt werden. Jährlich wächst dieser Markt schätzungsweise um 30 Prozent.

In Frankreich teilen sich diesen Markt mehr als 280 Handelswebseiten diesen. Allerdings erwirtschaften nur drei Anbieter jeweils mehr als fünf Millionen Euro Umsatz (1855.com: 14,7 Mio. Euro; chateauonline.com: 9,4 Mio. Euro; WineandCo.com: 5,5 Mio. Euro). In Deutschland, wo ein Fünftel des Weines direkt beim Weingut gekauft wird (Grosche, 2009), wird das Internet für Marketing- und Verkaufszwecke immer stärker genutzt. In einer Befragung von Stricker, Mueller und Sumner (2006) zeigte sich, dass bisher aber nur 42 Prozent der deutschen Weingüter das Internet als Absatzkanal nutzen, während dies 73 Prozent der kalifornischen und 59 Prozent der australischen Weingüter tun.

Die Marktakteure halten sich bezüglich ihrer Profitabilität bedeckt. 1855.com, eines der wenigen börsennotierten Unternehmen in diesem Bereich in Frankreich, meldete für die erste Hälfte des Jahres 2009 einen Umsatz von 6,1 Millionen Euro und einen Verkaufsgewinn von 250.000 Euro (4%). Dabei verzeichnete 1855.com zum ersten Mal seit der Firmengründung im Jahr 1995 einen Gewinn.

Der Vertrieb über das Internet basiert auf ähnlichen Erfolgsfaktoren wie der konventionelle Handel. Es genügt für einen funktionierenden Online-Verkauf nicht, einfach eine Webseite einzurichten. Die größte Schwachstelle dieser Verkaufsmethode ist (genauso wie bei Versandbestellungen im Allgemeinen), dass der Kunde das Produkt nicht begutachten kann, was jedoch vor allem dann schwierig ist, wenn das Produkt schwer, bruchanfällig, teuer und schwierig zu transportieren ist. Da Wein kein standardisiertes Produkt (wie zum Beispiel ein Buch) ist und eine physische Umhüllung (die Flasche) benötigt, muss der Onlinehandel von Wein all diese Hindernisse überwinden.

Begutachtung und Verkostung, die Bestandteile des Weinkaufes in einer Vinothek oder in einem Weinkeller sind, erleichtern dem Kunden die Wahl. Diese beiden wichtigen Aspekte können beim Online-Verkauf jedoch nicht angeboten werden. Für die Auslieferung der schweren und bruchanfälligen Flaschen ist ein spezialisierter Lieferservice zwingend notwendig. Somit hängt der Online-Händler von einem Transportdienstleister ab, wobei er jedoch nur begrenzt Kontrolle über dessen Servicequalität (Sicherheit, Pünktlichkeit, Freundlichkeit des Personals) besitzt. Gerade aber der Lieferservice übt einen starken Einfluss auf das Einkaufserlebnis sowie die Zufriedenheit der Kunden aus. Zusätzlich erschwert der Transportaspekt Rückgabe und Umtausch eines z.B. aufgrund von Kork im Wert geminderten oder eines nicht den geschmacklichen Erwartungen entsprechenden Produktes.

Aufgrund dieser problematischen Aspekte muss der Online-Händler auf Servicequalität basierende Vertrauensbeziehungen mit seinen Kunden aufbauen. Mit Hilfe der daraus resultierenden hohen Reputation können die Hindernisse dieser Vertriebsform überwältigt werden.

Die zunehmend systematische Verwendung des Internets im Entscheidungsprozess des Konsumenten hat, verbunden mit der Entwicklung des Onlinehandels, Forscher und Praktiker motiviert, in diesem Zusammenhang den Aspekt der Servicequalität zu untersuchen. Das Kernstück dieses Kapitels ist die Entwicklung einer Typologie von Online-Weinkäufern, die auf den Servicequalitätsdimensionen von Weinwebseiten basiert. Der Literaturüberblick ist dem Konzept der Webseitenqualität und unterschiedlichen Typologien von Online-Kunden gewidmet. Die Darstellung der empirischen Studie mit einem Abriss über Stimuli, Sample, Methode und Ergebnisse folgt direkt im Anschluss. Das Kapitel schließt mit einer Diskussion der praktischen Implikationen und Limitationen sowie einem Ausblick auf zukünftige Forschung.

14.2 Literaturüberblick

14.2.1 Servicequalität von Webseiten

14.2.1.1 Definition und Unterschiede zur traditionellen Servicequalität

In den letzten 20 Jahren hat die Forschung hinsichtlich der traditionellen Servicequalität (d.h. der interpersonellen Serviceerfahrung) zu einem verbesserten Verständnis dieses Konzeptes beigetragen (Dimensionen, Voraussetzungen, Konsequenzen etc.). Die Untersuchung der Servicequalität von Webseiten steht dagegen noch am Anfang. Als traditionelles

Merkmal der Servicequalität wird das Konsumentenurteil über die Leistung eines Händlers verstanden (Parasuraman, Zeithaml & Berry, 1988). Die Servicequalität von Webseiten beschreibt das Ausmaß, in dem eine Webseite Einkauf, Erwerb und Lieferung effizient und effektiv ermöglicht (Parasuraman, Zeithaml & Malhotra, 2005). Sie beurteilt die transaktionale Qualität, welche u. a. sowohl Prä- als auch Post-Serviceerfahrungen einschließt.

Der größte und möglicherweise einer der deutlichsten Unterschiede zwischen der Servicequalität im traditionellen und im Onlinehandel besteht im Ersetzen eines interpersonellen Kontaktes mit der Interaktion zwischen Mensch und Maschine. Die Schnittstelle zwischen Kunde und Serviceanbieter kann beim Onlinehandel als eine dynamische und interaktive Beziehung gesehen werden, in deren Zentrum die Technologie steht (Dabholkar, 2000). Internet-spezifische Charakteristika lassen die Anwendung der Dimensionen der traditionellen Servicequalität auf Webseiten unpassend erscheinen, da diese nicht alle Elemente beinhalten, die für die Beurteilung der kommerziellen Servicequalität von Webseiten notwendig sind. Beispiele hierfür sind einfache Handhabung und Aspekte der Sicherheit und des Datenschutzes. Die meisten der neuen Dimensionen sind somit auf die technische Natur der Interaktion zwischen Mensch und Maschine zurückzuführen.

Die Beurteilung des Servicebereiches durch den Kunden ist von großer Bedeutung. Deshalb ist die Identifikation der Dimensionen, in denen die Servicequalität wahrgenommen wird, ein wichtiger Aspekt. Das Einkaufserlebnis unterscheidet sich stark zwischen dem traditionellen und dem Onlinehandel, auch wenn die gleichen Güter oder Dienstleistungen erworben werden. Onlinekäufe sind überwiegend unpersönlich und automatisiert, sie bieten weniger unmittelbare Reize und weniger direkte Befriedigung. Sie bergen größere gesetzliche Unsicherheit und ein höheres Risiko für Betrug oder Missbrauch. Parasuraman und Grewal (2000) beschäftigen sich mit diesen Aspekten und betonen die Bedeutung der Dimensionen, anhand derer die wahrgenommene Qualität der online vermittelten Serviceleistungen beurteilt wird. Die klassischen Dimensionen des traditionellen Service sind greifbare Elemente (tangible elements), Sicherheit (reliability), Reaktivität (reactivity), Gewissheit (assurance) und Empathie des Anbieters (empathy of the supplier). Für die Servicequalität von Webseiten stimmen Forscher hinsichtlich ähnlicher Dimensionen nicht überein. Einige Dimensionen wurden in einzelnen Arbeiten vorgeschlagen, andere wurden beinahe in systematischer Weise genannt: Information, einfache Handhabung, Design, Seriösität, Sicherheit/Datenschutz, Angebot und Interaktivität.

14.2.1.2 Hauptdimensionen der Servicequalität von Webseiten

Der für die Servicequalität von Webseiten relevanten Literatur ist zu entnehmen, dass eine Webseite nicht nur bei der Information über die Qualität oder bei der Bestellung eines Produktes oder einer Dienstleistung nützlich ist. Vielmehr wurden in Studien schrittweise andere Dimensionen identifiziert, aufgrund derer der Nutzer gern die Webseite besucht und mit ihr in Interaktion tritt.

Aus einem Literaturüberblick sowie einer explorativen qualitativen Studie, die mit Internetkonsumenten und Onlinekauf-Experten durchgeführt wurde (Bressolles, 2006), ergeben sich sieben Hauptdimensionen der Servicequalität von Webseiten (NetQual):

- **Qualität und Quantität der Information** (quality and quantity of information): Diese Elemente werden häufig als signifikante Gründe für den Onlinekauf genannt (z.B. Barnes & Vidgen, 2003; Wolfinbarger & Gilly, 2003). Sie fließen aber nicht direkt in die Beurteilung der traditionellen Servicequalität ein. Der fehlende Kontakt mit dem Serviceanbieter während des Onlinekaufes erhöht die Notwendigkeit für klare und genaue Informationen. Diese Dimension misst die Wahrnehmung des Internetnutzers von Qualität und Quantität kommerzieller sowie technischer Informationen bzgl. des Services oder des angebotenen Produktes.

- **Einfache Handhabung** (ease of use): Transaktionen, die über das Internet getätigt werden, erscheinen komplex und können daher viele Konsumenten abschrecken. Die einfache Handhabung der Webseite ist deshalb ein wichtiger Faktor der Servicequalität von Webseiten (Eighmey, 1997). Lange Zeit wurde unter einfacher Handhabung die Benutzerfreundlichkeit des Internets an sich verstanden (Swaminathan, Lepkowska-White & Rao, 1999). Die Benutzerfreundlichkeit einer einzelnen Webseite hängt dagegen nicht nur von der Handhabung der Interaktion zwischen Nutzer und Seite ab, sondern auch von der Wahrnehmung der Seite durch den Nutzer (Nielsen, 1999). Im Vergleich dazu bezeichnet die Benutzerfreundlichkeit im traditionellen Handel das gut strukturierte Ladengeschäft, in dem sich der Kunde leicht zurechtfindet.

- **Design der Webseite** (website design): Die ästhetischen Elemente bestimmen zusammen mit den formalen Elementen (Steuer, 1992) wie Grafiken, Farben, Bildern, Symbolen, animierten Sequenzen, Videos und Pop-ups den Auftritt der Webseite und damit die Atmosphäre, die von ihr ausgeht.

- **Verlässlichkeit und Einhaltung von Verpflichtungen** (reliability and respect of commitments): Genauso wie im traditionellen Handel müssen auch im Onlinehandel vom Händler gegebene Versprechen eingehalten werden. Das Produkt muss in der bestellten Menge, zum ausgezeichneten Preis und entsprechend der Beschreibung unter Berücksichtigung zeitlicher Abstimmungen geliefert werden (Parasuraman, Zeithaml & Berry, 1988).

- **Sicherheit und Datenschutz** (security and privacy): Sicherheit bezieht sich auf den Schutz des Nutzers vor Betrug und finanziellem Schaden. Datenschutz bezieht sich auf den Schutz der persönlichen Angaben, die der Kunde während der Nutzung des Services macht. Dabei gilt explizit oder implizit die Vereinbarung, diese Daten nicht zu verkaufen oder an Dritte weiterzugeben. Diese Dimension ist spezifisch für den Onlinehandel (Yoo & Donthu, 2001).

- **Angebot** (offer): Es misst die Fülle, Vielfalt und Menge der Produkte auf der Webseite.

- **Interaktivität** (interactivity): Sie erlaubt dem Kunden, das Angebot für sich selbst so zu definieren und zusammenzustellen, dass es perfekt auf seine Bedürfnisse abgestimmt ist. Dadurch entsteht zwischen ihm und der Webseite eine privilegierte Beziehung (Steuer, 1992). Folge der Interaktivität sind darauf abgestimmte Reaktionen (Ghose & Dou, 1998) und individuelle Betreuung über den Kontakt zum Kundenservice (Bitner, Brown & Meuter, 2000).

14.2.2 Typologie von Online-Kunden

Es existieren einige Typologien von Online-Kunden (Rohm & Swaminathan, 2004). In der Forschung wurden vor allem Online-Käufer mit Nicht-online-Käufern hinsichtlich folgender Merkmale verglichen: Repräsentativität, sozio-demographische Eigenschaften, utilitaristische Motivation, Innovativität (Barnes, Bauer, Neuman & Huber, 2007; Gattiker, Perlusz & Bohmann, 2000; Mathwick, Malhotra & Rigdon, 2001), Einstellung gegenüber Online-Käufen (Nyeck, Xuereb, Ladhari & Guemarra, 2000), Risikobereitschaft, Hang zu Impulskäufen, Erwartungen an Produktvielfalt (Donthu & Garcia, 1999) und die Bedeutung des Datenschutzes (Sheehan, 2002).

Aus diesen Vergleichen ergibt sich, dass Online-Käufer älter sind und über ein höheres Einkommen verfügen als Nicht-online-Käufer. Sie zeichnen sich durch den Wunsch nach Komfort und Vielfalt aus, sind innovativ, impulsiv und risikofreudig. Für Werbung und Direktmarketingmaßnahmen sind sie empfänglicher als Nicht-online-Käufer. Keng Kau, Tang und Ghose (2003) ermittelten bei der Befragung von 3.700 Internetnutzern sechs Kundengruppen, die sich hinsichtlich der Art der Informationssuche, der Motivation und der Haltung gegenüber dem Onlinehandel voneinander unterscheiden. Rohm und Swaminathan (2004) entwickelten eine Typologie von Online-Kunden, die auf der Kaufmotivation basiert. Vier Konsumentengruppen wurden identifiziert:

- **Komfortorientierte Käufer** (convenience shoppers): Ihre Motivation liegt hauptsächlich in den praktischen Aspekten des Online-Kaufes (Wirtschaftlichkeit von Zeit und Aufwand).
- **Vielfaltorientierte Käufer** (variety seekers): Sie motiviert die Suche nach neuen Seiten, Produkten und Marken.
- **Ladenorientierte Käufer** (store oriented shoppers): Ihre Motivation liegt vor allem in den Charakteristika des traditionellen Einkaufes (soziale Kontakte, umgehender Besitz der erworbenen Produkte).
- **Abwechslungsorientierte Käufer** (balanced buyers): Sie weisen bei den vorgenannten Kaufmotivationen durchschnittliche Werte auf. Sie planen ihre Einkäufe selten und tendieren daher zu Impulskäufen.

14.2.3 Konsumententypologie in der Weinindustrie

Wein ist ein Produkt, das zahlreiche Erfahrungseigenschaften aufweist. Diese können ausschließlich durch den Konsum beziehungsweise die Verkostung beurteilt werden (Lockshin & Hall, 2003). Aus diesem Grund kann der Konsument nur begrenzt Qualität, Geschmack und andere Eigenschaften unmittelbar und direkt beim Kauf feststellen. Folglich verwendet er für die Beurteilung des Weines extrinsische Merkmale wie Rebsorte/n, Anbaugebiet, Produzent, Erzeugerland, Preis inklusive Rabatte, Farbe, Flaschendesign und Verpackung (Lockshin & Hall, 2003).

Konsumententypologien in der Weinwirtschaft besitzen unterschiedliche Ausrichtungen mit demografischen, geografischen, psychografischen und verhaltensorientierten Schwerpunkten (Thach & Olsen, 2006). Sanchez und Gil (1998) unterschieden in Abhängigkeit der Form des Einzelhandels zwischen Segmenten von Weinkonsumenten. Unter Verknüpfung des Lifestyle-Ansatzes mit dem Weinkonsum fanden Bruwer, Li und Reid (2002) fünf Konsumtypen:

- **Genussorientierte, gesellige Weintrinker** (enjoyment-oriented social wine drinker)
- **Mode- bzw. imageorientierte Weintrinker** (fashion/image-oriented wine drinker)
- **Ritual- und prestigeorientierte Weinenthusiasten** (ritual-oriented conspicuous wine enthusiast)
- **Zielorientierte, zurückhaltend auftretende Premiumweintrinker** (purposeful inconspicuous premium wine drinker)
- **Basisweintrinker** (basic wine drinker)

Auf dieser Arbeit aufbauend erarbeitete Trent (2003) eine Wein-Konsumententypologie. Einige Gruppen sind in beiden Typologien gleich (Basisweintrinker und genussorientierte gesellige Weintrinker), manche Gruppen ändern sich (von ritual- und prestigeorientierten Weintrinkern zu imageorientierten, nach Wissen strebenden Weintrinkern, von zielorientierten, zurückhaltend auftretenden Premiumweintrinkern zu konservativen, sachkundigen Weintrinkern), die experimentierfreudigen, sehr kundigen Weintrinker traten als neue Gruppe hervor.

Für den Besuch einer Webseite scheint der Kauf nicht die Hauptmotivation zur sein. Bruwer und Wood (2005) ermittelten, dass Preisvergleich und Informationsgewinnung die Hauptbeweggründe sind. Der Datenschutz ist bei Online-Weinkäufen der wichtigste Gesichtspunkt (wie auch generell für den online-Kauf). Des Weiteren sind angemessener Preis, Produktinhalt, Funktionsweise der Webseite und des E-Mail-Services sowie Menüvorschläge für Online-Weinkäufer sehr wichtig (Bruwer & Wood, 2005).

Die Hauptfaktoren, die das Konsumentenverhalten auf Weinwebseiten erklären, sind also nicht mit dem Produkt, sondern mit der Einkaufsumgebung und der Beurteilung der Servicequalität verbunden.

Ein Literaturvergleich hinsichtlich des Verhaltens von Online-Kunden und Weinkunden ergibt, dass für Weinwebseiten noch keine Typologie von Online-Kunden existiert. Bestehende Typologien berücksichtigen nicht, wie die Servicequalität von Webseiten die Motivation der Online-Käufer beeinflussen kann. Moe (2003) nahm einige Dimensionen wie Surfen oder Informationssuche in ihre Typologie von online-Kunden auf.

In diesem Kapitel soll nicht die Motivation für Online-Käufe identifiziert oder Online- mit Nicht-online-Käufern im Weinsektor verglichen werden. Es soll vielmehr eine Typologie von Online-Käufern entwickelt werden, die auf der Evaluierung der Dimensionen der Servicequalität von Weinwebseiten basiert.

14.3 Empirische Studie

Der folgende Abschnitt schildert die Vorgehensweise bei der Ermittlung der Typologie von Online-Weinkäufern und beschreibt diese Konsumentensegmente.

14.3.1 Stimuli und Sample

Die Webseiten, die für diese Studie verwendet wurden, wurden unter dem Stichwort "*purchase wine*" mit Suchmaschinen (z.B. Google) identifiziert. Mit Google wurden mehr als 1,8 Millionen Seiten gefunden. Um aussagekräftige Ergebnisse zu erhalten, wurden die ersten 20 französischen Webseiten, auf welchen Wein direkt an den Konsumenten verkauft wird, sowie die bekanntesten internationalen Weinwebseiten ausgewählt. Die Liste der insgesamt 28 Webseiten (20 französische, zwei englische, eine italienische, eine deutsche, eine spanische, zwei nordamerikanische und eine australische) ist im Anhang zu finden.

Alle Probanden dieser Untersuchung waren Mitglieder der Online-Gruppe des Ciao Survey[1]. Über für Hauptvariablen gesetzte Quoten wurde die Repräsentativität des Samples für Internetnutzer geprüft und bestätigt. 49 Prozent der Teilnehmer waren Frauen. 60 Prozent waren jünger als 35 Jahre, 31 Prozent waren zwischen 35 und 55 Jahren alt. Das Abitur oder einen Bachelorabschluss hatten 40 Prozent der Befragten, 15 Prozent einen Master- oder einen höheren Bildungsabschluss. 85 Prozent der Probanden waren Mitglieder einer mindestens zweiköpfigen Familie. Das Sample enthielt zu 28 Prozent Angestellte, zu 33 Prozent Arbeiter. Über ein jährliches Nettoeinkommen zwischen 20.000 und 50.000 Euro verfügten 50 Prozent der Teilnehmer. Das Internet nutzten 65 Prozent seit mehr als fünf Jahren und 56 Prozent tätigten Online-Käufe seit mindestens drei Jahren (27 Prozent seit mindestens fünf Jahren). 54 Prozent der Befragten hatten innerhalb der letzten zwölf Monate fünf Online-Käufe getätigt. 33,8 Prozent gaben an, bereits eine Weinwebseite besucht zu haben, wobei 10,2 Prozent Wein auch schon online erworben hatten. Als Informationsquelle für Wein nannten 83 Prozent vor allem Freunde und Familie. Zusätzlich zogen 45 Prozent bei der Informationssuche Internetseiten und 56 Prozent Experten zu Rate.

14.3.2 Methode

Jede der 28 Weinwebseiten wurde von jeweils 100 Internetnutzern beurteilt. Dazu wurde ihnen die Aufgabe gestellt, mit einem Budget von 150 Euro einen Weinkauf zu simulieren. Nur so konnte garantiert werden, dass sich die Probanden eine gewisse Zeit mit der Webseite beschäftigten. Nach Abschluss der Aufgabe füllten die Teilnehmer einen Online-Fragebogen aus, der die Servicequalität von Webseiten mit Items der NetQual-Skala (Bressoles, 2006) maß. Außerdem wurden sozio-demografische sowie das Internetverhalten und den Weinkonsum betreffende Variablen abgefragt.

---

[1] Ciao Survey: Unternehmen, welches Markt- und Absatzanalysen durchführt

81 Prozent der Teilnehmer hatten keine Schwierigkeiten, die gestellte Aufgabe zu lösen. Durchschnittlich verbrachten sie 15 Minuten auf der Weinwebseite. Insgesamt beantworteten 2.813 Internetnutzer (Franzosen, Engländer, Italiener, Deutsche, Spanier, Nordamerikaner und Australier) den Online-Fragebogen.

Chateauonline in Deutschland

Chateauonline, ein französischer Online-Weinhändler, begann seine Tätigkeit im Jahr 1998. Einige Monate nach dem Start in Frankreich eröffnete er Webseiten auf Englisch für den britischen und auf Deutsch für den deutschen Markt. Die Seiten waren anfangs reine Übersetzungen der französischen Seite, die vom französischen Betreiber eingerichtet wurden und ein fast identisches Produktangebot bereithielten. In Frankreich dominieren französische Weine weitgehend die Verkäufe über alle Verkaufskanäle hinweg. Deutsche und Briten konsumieren dagegen üblicherweise Weine aus unterschiedlichen Ländern und Regionen. Daher hat Chateauonline für den deutschen und britischen Markt eine internationale Produktpalette einschließlich spanischer, italienischer, kalifornischer und anderer Weine entwickelt.

Abgesehen von diesen unterschiedlichen Erwartungen hinsichtlich des Produktangebotes hat Chateauonline keine großen Unterschiede beim Konsumentenverhalten seiner französischen, britischen oder deutschen Kunden identifiziert.

Um die Zielgruppenansprache in den unterschiedlichen Ländern zu erhöhen, entwickelt Chateauonline für seine internationalen Kunden individuelle elektronische Newsletter, die nicht länger nur die englische oder deutsche Übersetzung des französischen Originals sein werden.

14.3.3 Ergebnisse

Dieser Abschnitt präsentiert das Profil und die Typologie von Online-Weinkäufern in Abhängigkeit ihres Internetverhaltens, ihres Weinkonsums, individueller soziodemografischer Merkmale sowie ihrer Anforderungen an Webseiten.

14.3.3.1 Profil der Online-Weinkäufer

33,8 Prozent der 2.813 Befragten hatten bereits eine Weinwebseite besucht, 10,2 Prozent im Internet schon Wein gekauft. Auf Basis ihrer Antworten wurde ein spezifisches Profil der online-Weinkäufer erstellt.

Online-Weinkäufer sind überwiegend männlich (69,5% vs. 51% aller Befragten), signifikant älter (über 35 Jahre; 48% vs. 37%). Sie besitzen einen höheren Bildungsabschluss (Masterabschluss oder höher; 31% vs. 15%). Manager und Geschäftsleute sind überrepräsentiert (31% vs. 15%). Sie verfügen über ein höheres jährliches Nettoeinkommen (30.000 bis 60.000 Euro; 46% vs. 34%).

Online-Weinkäufer sind mit dem Internet und Online-Käufen vertraut. 75 Prozent (vs. 65%) nutzen das Internet seit mehr als fünf Jahren extensiv, 43 Prozent (vs. 27%) tätigen ebenfalls seit mehr als fünf Jahren Online-Käufe. In den letzten zwölf Monaten kauften 73 Prozent (vs. 54%) mehr als fünfmal Wein über das Internet.

Online-Weinkäufer beschreiben sich selbst auf dem Gebiet Wein als kompetent (informierte Laien; 44% vs. 27%). Sie kaufen generell teurere Weine (10 bis 20 Euro; 46% vs. 34%).

Hinsichtlich der Einkaufsstätte und der Kaufhäufigkeit unterscheiden sich die Online-Käufer von allen Befragten wie folgt: Das Internet ist als Einkaufsstätte unter den Online-Käufern logischerweise überrepräsentiert. Unter allen Befragten wird überwiegend im Einzelhandel Wein gekauft. Online-Käufer erwerben häufiger Wein (mindestens einmal im Monat), wobei sie alle Distributionskanäle nutzen (44% vs. 35%). Einen Weinkeller oder Weinbestand besitzen vor allem die online-Weinkäufer (75% vs. 51%).

Zwischen den online-Weinkäufern und allen Befragten wurden hinsichtlich der Kaufmotive bzw. der Hierarchie der Motivationsfaktoren (für den eigenen Konsum, für den Konsum mit der Familie, als Geschenk, für ein Abendessen mit Freunden,...) keine Unterschiede festgestellt – die Hauptmotivation ist durchgehend das Essen mit Freunden.

Um eine Weinwebseite zu erreichen, nutzen 70 Prozent aller Befragten eine Online-Suchmaschine. Online-Weinkäufer geben auch direkt die Adresse ein (41,6%) oder haben sie unter den Favoriten ihres Internet-Browsers gespeichert (40%).

14.3.3.2 Typologie von Online-Weinkäufern

Die Auswertung der Daten aus den Online-Fragebögen bezüglich der sieben NetQual-Dimensionen führte zur Identifizierung der folgenden Typologie von Online-Weinkäufern.

- **Sicherheitsorientierte** (reassurance seeker; 16%): Angehörige dieser Gruppe suchen Informationen zu Datenschutz, Lagerbestand und Lieferung. Bei Problemen ist ihnen der Kontakt zum Unternehmen wichtig. Teilweise können sie aber weder die erwünschten Informationen finden, noch den Betreiber der Webseite kontaktieren. Sie sind auf dem Gebiet Online-Kauf noch neu und sehr loyal. Sie konsumieren gelegentlich (mindestens einmal im Monat) Wein. Dabei weisen sie eine größere Vielfalt hinsichtlich des Herkunftslandes (Frankreich, Spanien, USA, Chile) auf als andere Gruppen. Beim Weinkauf vergleichen sie keine Preise. Einen Weinkeller besitzen sie nicht. Diese Gruppe von Online-Weinkäufern ist entweder jung (18 bis 24 Jahre) oder alt (55 bis 65 Jahre), verfügt über ein geringes jährliches Einkommen (weniger als 20.000 Euro) und besitzt einen durchschnittlichen Bildungsabschluss (zweijährige Berufsausbildung oder Studium). Die Webseiten, die diese Gruppe charakterisieren, sind lesavourclub.fr, lavinia.es, laithwaites.co.uk und chateauonline.it.

- **Opportunisten** (opportunist; 20%): Angehörige dieser Gruppe suchen auf der Webseite Informationen über Sonderangebote, können sie aber teilweise nicht finden. Sie sind Experten für Online-Käufe, sehr zufrieden und weisen eine starke Kaufabsicht auf. Sie konsumieren gelegentlich (mindestens einmal pro Monat) und dabei vor allem französischen Wein. Beim Weinkauf vergleichen sie Preise und holen sich Rat bei Freunden, Experten und aus Berichten. Opportunisten sind älter (45 bis 54 Jahre), verfügen über ein geringes jährliches Einkommen (weniger als 20.000 Euro) und besitzen einen durchschnittlichen Bildungsabschluss (zweijährige Berufsausbildung oder Studium). Die Webseiten, die diese Gruppe charakterisieren, sind millesima.com, sodivin.com, 1855.com und vin-fr.com.

- **Anfänger** (novice; 21%): Angehörige dieser Gruppe beurteilen eine Seite anhand ihrer Ästhetik, der Informationen über Produktverfügbarkeit und Lieferverzögerungen sowie der Kontaktmöglichkeiten zum Unternehmen. Sie sind neu auf den Gebieten Internet und Wein. Da sie keine großen Bedürfnisse oder hohe Erwartungen haben, sind sie sehr zufrieden und loyal. Der Konsum US-amerikanischer und australischer Weine ist bei dieser Gruppe stärker ausgeprägt als bei anderen Konsumentengruppen. Beim Weinkauf hören sie auf den Rat anderer. Sie verfügen über ein durchschnittliches jährliches Einkommen (20.000 bis 30.000 Euro) und besitzen entweder einen niedrigen (bis zum Alter von 18 Jahren) oder einen hohen Bildungsabschluss (vier Jahre Studium). Die Webseiten, die diese Gruppe charakterisieren, sind vin-online.net, vinatis.com und wine.com.

- **Kundenserviceorientierte** (customer service seeker; 14 %): Angehörige dieser Gruppe können auf einer Seite keine Informationen finden. Deshalb kontaktieren sie den Kundenservice. Auf dem Gebiet Online-Kauf sind sie Experten. Gelegentlich (mindestens einmal pro Monat) konsumieren sie Wein, wobei sie hinsichtlich der Weine jedoch keine Präferenzen aufweisen und beim Kauf keinen Rat benötigen. Diese online-Weinkäufer sind älter (35 bis 44 Jahre), verfügen über ein durchschnittliches jährliches Einkommen (30.000 bis 40.000 Euro) und besitzen einen niedrigen Bildungsabschluss (bis zum Alter von 18 Jahren). Die Webseiten, die diese Gruppe charakterisieren, sind bountyhunterwine.com, chateauonline.de, intercaves.fr und oovin.com.

- **Funktionsorientierte** (rational browser; 14%): Angehörige dieser Gruppe suchen auf einer Webseite nach Informationen über Produkte oder Dienstleistungen, wobei die Ergonomie der Webseite jedoch nicht ihren Anforderungen entspricht. Sie sind Experten in den Bereichen Internet und Onlinekauf, aber neu auf dem Gebiet Wein, da sie ihn nur selten (einmal im halben Jahr) konsumieren. Ihre Präferenz liegt bei US-amerikanischen und spanischen Weinen. Sie besitzen einen Weinkeller und benötigen beim Weinkauf keinen Rat. Sie verfügen über ein hohes jährliches Einkommen (mehr als 40.000 Euro) und besitzen einen hohen Bildungsabschluss (fünf Jahre Studium). Die Webseiten, die diese Gruppe charakterisieren, sind wineandco.com, 1855.com und vin-fr.com.

- **Spaßorientierte** (hedonic browser; 15%): Angehörige dieser Gruppe suchen auf einer Webseite Informationen über Produkte, wobei die Ästhetik der Webseite nicht ihrem Geschmack entspricht. Sie wünschen sich lieber zweckgerechte und effiziente Webseiten. Sie sind Experten auf dem Gebiet Internet. Beim Weinkauf sind sie sehr zufrieden, zeigen eine starke Kaufabsicht und tendieren zu positiver Mundpropaganda. Wein konsumieren sie regelmäßig (mindestens einmal pro Woche). Ihre Präferenzen liegen bei französischen und australischen Weinen. Sie besitzen einen Weinkeller und verwenden beim Weinkauf den Rat anderer und Suchmaschinen. Sie sind entweder jung (18 bis 24 Jahre) oder alt (55 bis 65 Jahre), verfügen über ein durchschnittliches jährliches Einkommen (20.000 bis 30.000 Euro) und besitzen einen niedrigen Bildungsabschluss (bis zum Alter von 18 Jahren). Die Webseiten, die diese Gruppe charakterisieren, sind vin.fr, cave-spirituelle.com, nicolas.com und chateauonline.fr.

14.4 Diskussion

In diesem Abschnitt werden aus den vorgenannten Ergebnissen Handlungsempfehlungen für die Praxis abgeleitet, Grenzen der vorliegenden Studie und Ansatzpunkte für zukünftige Forschungsarbeiten genannt.

14.4.1 Implikationen für die Praxis

Die Untersuchung der Qualität von Webseiten ist sowohl im Marketing generell als auch insbesondere in der Weinliteratur relativ neu. Die Struktur der NetQual-Skala, die in anderen Bereichen (kulturelle Güter, Online-Reiseangeboten etc.) entwickelt und validiert wurde, wurde auch für den Online-Weinsektor bestätigt. Sieben Dimensionen der Servicequalität von Webseiten sind für den Konsumenten wichtig, wenn er Weinwebseiten beurteilt: einfache Handhabung, Information, Sicherheit/Datenschutz, Design der Webseite, Verlässlichkeit, Angebot und Interaktivität. In diesem Kapitel wurden sechs Gruppen von Internetnutzern identifiziert, die anhand der Dimensionen der Servicequalität von Webseiten unterschieden werden können. Sicherheitsorientierte, Opportunisten, Anfänger, Kundenserviceorientierte, Funktionsorientierte und Spaßorientierte.

- **Sicherheitsorientierte** suchen sowohl beim Online- als auch beim traditionellen Handel Vertrauen und Verlässlichkeit (Parasuraman, Zeithaml & Berry, 1988). Um den Bedürfnissen der Sicherheitsorientierten gerecht zu werden, sollten Weinhändler ihre Lagerbestände in Echtzeit anzeigen, verschiedene Liefermodelle anbieten, die Nachverfolgung der Lieferung auf der Seite oder per E-Mail gewährleisten, so dass der Kunde über jeden Schritt informiert ist. Zusätzlich sollte er im Falle von z.B. zu Bruch gegangenen und verspäteten Lieferungen einen effizienten und sehr guten Kundenservice anbieten.

- **Opportunisten** sind unzufrieden, wenn sie auf der Webseite keine Sonderangebote finden. Sie suchen laut Rohm und Swaminathan (2004) die Vielfalt. Online-Weinhändler sollten daher die Angebotsbreite regelmäßig überarbeiten und aktualisieren. Opportunisten entdecken gerne neue Weine, weshalb Händler eine große Produktpalette unterschiedlicher Preise und Eigenschaften anbieten und Werbeaktionen durchführen sollten, um Kaufimpulse zu setzen (Bressolles, Durrieu & Giraud, 2007) sowie den Verkauf und häufige Besuche der Webseite anzuregen.

- **Anfänger** haben an die Weinwebseite geringe Erwartungen, wünschen sich jedoch zwischen dem Weinhändler und sich eine hohe Interaktivität, die von visuellen Elementen auf der Seite unterstützt wird (Emmanouilides & Hammond, 2000). So ist es für sie z.B. wichtig, den Önologen der Seite kontaktieren zu können (per E-Mail, im direkten Chat), um Antworten auf ihre Fragen zu bekommen. Um den visuellen Kontakt zum Kunden herzustellen, könnte in Videos der Weinberg gezeigt und ein Liefernachverfolgungssystem eingerichtet werden. Auf der Webseite könnten zudem Direktmarketingtechniken angewandt werden, um den Kunden besser kennenzulernen.

- **Kundenserviceorientierte** benötigen genauso wie risikoaverse Skeptiker (Barnes et al., 2007) Informationen, um dem Onlinekauf zu vertrauen. Außerdem ist es ihnen wichtig, bei Fragen den Kundenservice kontaktieren zu können. Für diese Kunden sollten Online-Weinhändler jeden Wein genau über illustrierte Informationskarten beschreiben, sowie mehr über unterschiedliche Weinjahrgänge, Geschmacksbewertungen (durch Önologen der Webseite und/oder unabhängige Experten), Bodeneigenschaften, Herkunftsland, Lagerpotenzial und Menüvorschläge berichten.

- **Funktionsorientierte** erwarten eine zufriedenstellende Navigation. Deshalb sollten Online-Weinhändler 'Frustration' während des Surfens vermeiden (Nantel, Mekki-Berrada & Bressolles, 2005) und stattdessen eine benutzerfreundliche Oberfläche bieten. Die Suche des Internetnutzers kann durch verschiedene Suchoptionen (nach Preis, Region, Rebsortenvielfalt, Farbe, Konsumanlass etc.) und eine interne Suchmaschine vereinfacht werden.

- **Spaßorientierte** berücksichtigen neben der Ergonomie auch die Ästhetik der Webseite. Online-Weinhändler sollten ein grafisches Gestaltungskonzept anbieten, welches klar ist und dabei mit den angebotenen Produkten und der Positionierung der Seite in Einklang steht. Spaßorientierte legen wenig Wert auf komplizierte Auswahlmechanismen, sondern schenken vielmehr den verschiedenen gestalterischen Elementen oder der stilistischen Erscheinung der Seite Aufmerksamkeit (Gounaris, Dimitriadis & Stathakopoulos, 2005).

Die Dimension der Sicherheit bzw. des Datenschutzes ist zwischen den Gruppen kein diskriminierender Faktor. Sie scheint für alle wichtig zu sein. Bruwer und Wood (2005) ermittelten, dass der Datenschutz das am höchsten wahrgenommene Risiko bei online-Weinkäufen darstellt. Online-Weinhändler müssen diese Dimension berücksichtigen und verschiedene Zahlungsmethoden anbieten, um dem Internetnutzer zum Zeitpunkt des Kaufes Sicherheit zu bieten (Banklogos, Qualitätssiegel etc.). Auf der Seite müssen Geschäftsbedingungen und Informationen hinsichtlich des Datenschutzes (Abmeldung von Newslettern etc.) leicht zugänglich sein.

Weinhändler, die sowohl online als auch über den traditionellen Absatzkanal des Ladens verkaufen (virtueller und nicht-virtueller Verkauf; „click and mortar"), müssen sich Folgendes bewusst machen: Online-Käufer übertragen ihre Wahrnehmung und ihre Erfahrungen mit dem Ladengeschäft eines Händlers auf dessen Webseite und umgekehrt. Sie erwarten den gleichen Service und dieselben Informationen (Heinemann, 2008). Sobald diese Erwartungen nicht erfüllt werden, tendieren die Kunden dazu, schlechte Erfahrungen von einem Absatzkanal auf den anderen zu übertragen und ihre Kaufgewohnheiten dementsprechend anzupassen; im schlimmsten Fall kaufen sie nicht mehr in diesem Laden ein. Andererseits werden im Mehrkanalsystem die Vorteile der verschiedenen Absatzmöglichkeiten kombiniert. Mehrkanal-Käufer realisieren einen höheren Umsatz bei einem Händler als Einkanal-Käufer (z.B. Vanheems, 2009). Es könnte deshalb für reine Online-Händler interessant sein, traditionelle Läden zu eröffnen. Obwohl sie nicht dieselbe geografische Reichweite wie eine Webseite besitzen, könnten die Vorteile der traditionellen Läden den Online-Verkauf positiv beeinflussen. Bilder vom Laden, Berichte über die letzte veranstaltete Weinprobe oder die sich im Laden am besten verkaufenden Weine könnten den Online-Käufern Sicherheit bieten und dazu beitragen, die Kluft zwischen stationärem und virtuellem Weinhandel zu schließen.

Ein Produzent, der seine Weine über Groß- und Einzelhändler verkauft, muss potenzielle Konflikte zwischen den Verkaufskanälen berücksichtigen, wenn er einen Online-Handel eröffnet. Er sollte gegebenenfalls nur einen Teil seines Angebotes oder sogar nur ein webspezifisches Angebot über das Internet verkaufen, um nicht in das Angebot seiner Vertriebspartner einzugreifen.

> **Wein im deutschen Web**
>
> Der deutsche Online-Weinhandel ist noch nicht so weit entwickelt wie der französische. Einige Akteure haben in Frankreich starke Marken mit hohem Bekanntheitsgrad aufgebaut. Der Online-Weinhandel in Deutschland erscheint dagegen weniger strukturiert.
>
> Obwohl es keine Marktanalysen mit offiziellen Zahlen von online-Verkäufen gibt, können einige allgemeine Charakteristika beobachtet werden. Es existieren einige reine online-Weinhändler. Beispiele sind ebrosia.de (seit zehn Jahren), meevio.de oder genussreich.de. Sie machen intensiven Gebrauch vom Online-Marketing und Online-Verkauf.
>
> Traditionelle Weinläden oder Weinhändler, bei denen per Versand bestellt werden kann, richten Handelswebseiten ein, um ihre Produkte über diesen neuen Kanal zu bewerben und zu verkaufen. Dadurch werden sie zu Multi-Kanal-Akteuren.
>
> Neben Ketten wie Jacques' Wein-Depot (270 Läden) oder Weinkontor Rindchen (17 Läden) bietet eine bedeutende Zahl unabhängiger Weinhändler ihre Produkte auch online an.
>
> Hawesko, der führende Weinhändler, der auf allen Kanälen (per Versand, im Einzelhandel über Jacques' Wein-Depot und online) präsent ist, spielt im Onlinehandel von Wein eine wichtige Rolle.
>
> Spezielle Partnerschaften wie der Welt am Sonntag Weinclub, bei dem eine Zeitung ihren Lesern eine Sondersammlung von Weinen in Kooperation mit (ausländischen) Online-Weinhändlern anbietet, komplettieren das Angebot der Weine, die in Deutschland im Internet erworben werden können.
>
> Michael Pleitgen von der Weinakademie Berlin sieht vor allem solche Weinhändler in Deutschland vorne, die ihre Produkte sowohl in Läden als auch im Internet anbieten.

14.4.2 Grenzen der Studie

Das Hauptziel der vorliegenden Studie war die Beurteilung von 28 Webseiten durch jeweils 100 Internetnutzer. Die Befragten sind repräsentativ für die Internetnutzer jedes Landes. Die Beurteilung erfolgte also durch wirkliche Internetnutzer und potenzielle Kunden der untersuchten Seiten und nicht nur durch ein oder zwei Internetexperten. Jedoch kann diese Stärke auch als Schwäche gesehen werden, weil die Probanden nicht dem Profil der Kunden der untersuchten Webseiten entsprechen könnten. Um die Ergebnisse verallgemeinern zu können, sollte diese Studie mit einer Käuferstichprobe jeder einzelnen Webseite wiederholt werden. Des Weiteren stellt der überdurchschnittliche Anteil der französischen Webseiten (20 der 28 untersuchten Webseiten) einen begrenzenden Faktor dar.

14.4.3 Zukünftige Forschungsansätze

Die oben genannten Limitationen bieten Ansatzpunkte für zukünftige Forschungsansätze. Es sollten mehr nicht-französische Webseiten untersucht werden, um einen Vergleich kultureller Unterschiede sowie einen interkulturellen Vergleich der Servicequalität von Weinwebseiten durchführen zu können. Außerdem könnte zukünftige Forschung die NetQual-Skala für Weinwebseiten mit Hilfe einer Faktorenanalyse bestätigen. Das Gewicht jeder Dimension für jede Konsumentengruppe könnte mit einer Multi-Group-Analyse ermittelt werden. Eine solche Untersuchung würde einen Blick hinter die Kulissen des Onlinehandels und auf die Erfolgsfaktoren dieses Absatzkanales ermöglichen, und dies in einem Sektor, in dem Informationen auf dem Markt streng vertraulich behandelt werden.

Anhang

Liste der verwendeten Weinwebseiten

www.nicolas.com
www.rouge-blanc.com
www.vin.fr
www.chateaunet.com
www.cave-spirituelle.com
www.chateauonline.fr
www.vinatis.com
www.1855.com
www.lesavourclub.fr
www.vin-online.net
www.vin-fr.com
www.75cl.com
www.vintageandco.com
www.wineandco.com
www.mondovino.com
www.lavinia.fr
www.sodivin.com
www.millesima.com
www.oovin.com
www.intercaves.fr
www.wine.com (USA)
www.bountyhunterwine.com (Australien)
www.vintagecellars.com (Australien)
www.chateauonline.it (Italien)
www.chateauonline.co.uk (Großbritannien)
www.laithwaites.co.uk (Großbritannien)
www.chateauonline.de (Deutschland)
www.lavinia.es (Spanien)

Literatur

[1] Afuah, A., & Tucci, C.L. (2000). *Internet business models and Strategies: Text and Cases.* Burr Ridge: IL, McGraw-Hill Irwin.
[2] Barnes, S.J., & Vidgen, R.T. (2003). An integrative approach to the assessment of e-commerce quality. *Journal of Electronic Commerce Research, 3*(3), 114-127.
[3] Barnes, S.J., Bauer, H.H., Neuman, M.M., & Huber, F. (2007). Segmenting cyberspace: a typology for the Internet. *European Journal of Marketing, 41*(1), 71-93.
[4] Bitner, M.J., Brown, S.B., & Meuter, M.L. (2000). Technology Infusion in Service Encounters. *Journal of the Academy of Marketing Science, 28*(1), 138-149.
[5] Bressolles G., Durrieu F. & Giraud M. (2007), The Impact of Electronic Service Quality Dimensions on Customer Satisfaction and Buying impulse, *Journal of Customer Behaviour, Special issue on Online Customer Behaviour, 6*(1), 37-56.
[6] Bressolles, G. (2006). "La qualité de service électronique : NetQual. Proposition d'une échelle de mesure appliquée aux sites marchands et effets modérateurs [Electronic service quality: NetQual – Proposition of a measurement scale to commercial websites and moderating effects. *Recherche et Applications en Marketing, 21*(3), 19-45.
[7] Bruwer J., Li E., & Reid, M. (2002). Segmentation of the Australian Wine Market Using a Wine-Related Lifestyle Approach. *Journal of Wine Research, 13*(3): 217-242.
[8] Bruwer, J. & Wood, G. (2005). The Australian online wine-buying consumer: Motivational and behavioural perspectives. *Journal of Wine Research, 16*(3), 193-211.
[9] Dabholkar, P.A. (2000). Technology in service delivery: implications for self-service and service support, In Swartz T.A. and Iacobucci D. (Eds.), *Handbook of Services Marketing* (pp.103-110). New York, NY: Sage Publications.
[10] Donthu, N., & Garcia, A. (1999). The Internet shopper. *Journal of Advertising Research, 39*(3), 52-58.
[11] Eighmey, J. (1997). Profiling user responses to commercial web sites. *Journal of Advertising Research, 37*(3), 59-66.
[12] Emmanouilides C. & Hammond K (2000). Internet usage: active users and frequency of use. *Journal of Interactive Marketing, 14*(2), 17-32.
[13] Gattiker, U.E., Perlusz, S., & Bohmann, K. (2000). Using the Internet for B2B activities: a review and future directions for research. *Internet Research: Electronic Networking Applications and Policy, 10*(2), 126-140.
[14] Gebauer, J. & Ginsburg, M. (2003). The US wine industry and the internet: an analysis of success factors for online business models. *Electronic Markets, 13*(1), 59-66.
[15] Ghose, S. & Dou, W. (1998). Interactive Functions and their Impact on the Appeal of Internet Presence Sites, *Journal of Advertising Research, 38*(2), 29-43.
[16] Gounaris S., Dimitriadis S., Stathakopoulos V. (2005). Antecedents of perceived quality in the context of internet retail stores, *Journal of Marketing Management, 21*(7), 669-691.
[17] Grosche, R. (2009). Germany Trades Up. *Meininger's Wine Business International,* 6/2009, 38-41.
[18] Heinemann, G. (2008). *Multi-Channel-Handel – Erfolgsfaktoren und Best Practices,* 2. Auflage, Wiesbaden: Gabler Verlag.
[19] Keng Kau, A., Tang, Y.E., & Ghose, S. (2003). Typology of online shoppers. Journal of Consumer Marketing, 20(2), 139-156.
[20] Lockshin L. & Hall J. (2003), Consumer purchasing behaviour for wine: What we know and where we are going. *Proceeding of the 1st Annual Wine Marketing Colloquium,* Adelaide: July (CD-Rom).
[21] Lohse, G.L., & Spiller, P. (1999). Internet retail store design: how the user interface influences traffic and sales. *Journal of Computer Mediated Communication, 5*(2), from http://jcmc.indiana.edu/vol5/issue2/lohse.htm
[22] Mathwick, C., Malhotra, N., & Rigdon, E. (2001). Experiential value: conceptualization, measurement and application in the catalogue and Internet shopping environment. *Journal of Retailing, 77*(1), 39-56.

[23] Moe, W. (2003). Buying, searching, or browsing: differentiation between online shoppers using in-store navigation clickstream. *Journal of Consumer Psychology, 13*(1), 29-39.
[24] Mougayar, W. (1998). *Opening digital markets. Battle plans and business strategies for Internet commerce.* New York: McGraw-Hill.
[25] Nantel J., Mekki-Berrada A. & Bressolles G. (2005), L'efficacité des sites Web : Quand les consommateurs s'en mêlent, *Revue Internationale de Gestion,* printemps, 16-23.
[26] Nielsen, J. (1999). *Designing web usability: the practice of simplicity.* Indianapolis: New Riders Publishing.
[27] Nyeck, S., Xuereb, J.M., Ladhari, R., & Guemarra, L. (2000). Typologie d'attitudes de shopping sur le Web : une recherche exploratoire. *Proceedings from the 16th Congress of the French Marketing Association,* Montréal. 619-630.
[28] Parasuraman, A. & Grewal, D. (2000). The impact of technology on the quality-value-loyalty chain: a research agenda. *Journal of The Academy of Marketing Science, 28*(1), 168-174.
[29] Parasuraman, A., Zeithaml, V.A, & Malhotra, A. (2005). E-S-Qual: a multi-item scale for assessing electronic service quality. *Journal of Service Research, 7*(3), 213-233.
[30] Parasuraman, A., Zeithaml, V.A., & Berry, L.L. (1988). SERVQUAL: a multiple-item scale for measuring consumer perceptions of service quality. *Journal of Retailing, 64*(1), 12-40.
[31] Rohm, A.J., & Swaminathan V. (2004). A typology of online shoppers based on shopping motivations. *Journal of Business Research, 57*(7), 748-757.
[32] Sanchez M. and Gil, J.M. (1998). Consumer preferences for Wines Attributes in Different Retail Stores: a Conjoint Approach, *International Journal of Wine Marketing, 10* (1): 25-38.
[33] Sheehan, K.B. (2002). Toward a typology of internet users and online privacy concerns. *The Information Society, 18*(1), 21-32.
[34] Steuer, J. (1992). Defining virtual reality: dimensions determining telepresence. *Journal of Communication, 42*(4), 73-93.
[35] Stricker, S., Mueller, R.A.E., Sumner, D.A. (2006). Marketing Wine on the Web. *Poster prepared for presentation at the International Association of Agricultural Economists Conference,* Gold Coast, Australia, August 12-18, 2006.
[36] Swaminathan, V., Lepkowska-White, E., & Rao, B. (1999). Browsers or buyers in cyberspace? An investigation of factors influencing electronic exchange. *Journal of Computer Mediated Communication, 5*(2), from http://jcmc.indiana.edu/vol5/issue2/swaminathan.htm
[37] Thach, E.C. & Olsen, J.E. (2006), Market segmentation analysis to target young adult wine drinkers, *Agribusiness, 22*(3), 307-322.
[38] Trent, J. (2003), An Empirical Confirmation of Wine-Related Lifestyle Segments in the Australian Wine Market. *International Journal of Wine Marketing, 15*(1): 5-32.
[39] Vanheems, Régine (2009) Distribution Multicanal – Pourquoi les clients mixtes doivent faire l'objet d'une attention particulière ?, *Décisions Marketing,* No. 55, Juillet-Septembre, 41-52.
[40] Wolfinbarger, M., & Gilly, M.C. (2003). eTailQ: dimensionalizing, measuring and predicting etail quality. *Journal of Retailing, 79*(3), 183-198.
[41] Yoo, B., & Donthu, N. (2001). Developing a scale to measure the perceived quality of Internet shopping sites (SITEQUAL). *Quarterly Journal of Electronic Commerce, 2*(1), 31-47.

15 Welche Weine braucht die Gastronomie?

Sabine Ernest-Hahn, Wein-Consulting

Inhalt

15.1	Einleitung	341
15.2	Welche Weine braucht die Gastronomie?	341
15.2.1	Weintyp und Geschmack	341
15.2.2	Konsumsituation – Wein zu Speisen	342
15.2.3	Qualität	342
15.2.4	Mehrwert	342
15.2.5	Berücksichtigung der Wettbewerbssituation	343
15.3	Preise und Kalkulation	343
15.3.1	Kalkulation und Preisgestaltung	343
15.3.2	Einstiegsbereich versus Gehobene Qualitäten	344
15.4	Zielgruppen in der Gastronomie	344
15.4.1	Weinversierte Gastronomie	344
15.4.2	Topgastronomie mit Sommelier	344
15.4.3	Weinunerfahrene Gastronomie	346
15.4.4	Ketten / Großgastronomie	346
15.5	Verkaufsförderung und Kundenbindung	346
15.5.1	Beratung	346
15.5.1.1	Weinsortiment	346
15.5.1.2	Kalkulation und Preisgestaltung	347
15.5.1.3	Weinkartengestaltung	347
15.5.2	Verkaufsförderung	347
15.5.2.1	Mehrwert anbieten: Emotionen, Erlebnisse	347
15.5.2.2	Themenbezogene Aktionen	347
15.5.2.3	Weinverkostungen beim Gastronomen	347
15.5.2.4	Reisen zum Weinproduzenten	348
15.5.3	Informationsfluss	348
15.5.3.1	Mitarbeiterschulungen	348
15.5.3.2	Kommunikation	349
15.5.3.3	Messen, Weinverkostungen	349
15.6	Fazit	350

15.1 Einleitung

Wie oft bestellen selbst Sie als Weinprofi Bier anstatt Wein in der deutschen Gastronomie? Häufig nicht deshalb, weil Sie beruflich schon so viel Wein verkostet haben, sondern weil der gastronomische Betrieb kein überzeugendes Angebot bietet: Präsentation, Qualität, Ausschankmenge und/oder Preis schrecken ab. Würde Wein in der Gastronomie professioneller angeboten, könnte der Absatz stark gesteigert werden. Davon würden Weinproduzenten, Händler und nicht zuletzt Gastronomen profitieren.

Da sehr viele Wirte mit dem Thema Wein überfordert sind, müsste das nötige Know-how von Produzenten und Großhändlern angeboten werden. Letztere tun sich jedoch schwer, da es sich bei der Gastronomie um eine komplizierte Zielgruppe handelt: Kleinere Abnehmer, – wenn überhaupt – sehr unterschiedliche Konzepte, teilweise schlechte Zahlungsmoral, meist akute Zeitnot sind nur einige Punkte, die für sich sprechen.

Dennoch bietet gerade die Gastronomie eine ideale Plattform für den Weinproduzenten. Selten ist der Verbraucherkontakt so intensiv und sind die Verkaufsförderungsmöglichkeiten so groß. Dazu kommt, dass deutscher Wein in der Gastronomie prozentual stärker vertreten ist als im Handel. Es gilt also, ein praxisnahes Geschäftskunden-Marketing zu entwickeln. Das heißt, auf das jeweilige Gastronomiekonzept abgestimmte Weine anzubieten, die geschmacklich sowie preislich passen und durch Verkaufsförderungsmaßnahmen und Kundenbindung den Absatz anzukurbeln.

15.2 Welche Weine braucht die Gastronomie?

15.2.1 Weintyp und Geschmack

Natürlich variieren die Bedürfnisse der Gastronomie je nach Betriebstyp, Gästeprofil und Standort. Es gilt, den Stil des Lokals zu erfassen, das Niveau richtig einzuschätzen und den Geschmack der Gäste zu berücksichtigen. So herrschen in und in der Nähe von Weinbaugebieten andere Voraussetzungen als auf weinbaufernen Märkten. Städtische/ ländliche Strukturen, sowie Urlaubsregionen sollten spezifische Berücksichtigung finden.

> Ein Beispiel aus dem Leben
>
> Das Restaurant eines Sporthotels an der Mecklenburger Seenplatte, das auf seiner Karte vorwiegend deutsche Weine anbietet, viele davon lieblich, auch im Rotweinbereich, mag den Geschmack vieler Gäste aus Mecklenburg-Vorpommern treffen. Da allerdings achtzig Prozent der Gäste aus den alten Bundesländern kommen, kann es mit diesem Angebot nicht punkten.

15.2.2 Konsumsituation - Wein zu Speisen

Um Gastronomen und Barbesitzer zu überzeugen, ist gezielte Beratung notwendig. Das bedeutet, dass beim Weinverkauf die Konsumsituation berücksichtigt werden muss. Die Weine sollten zu den angebotenen Speisen passen bzw. alleine genossen munden. Wird Wein – wie in Bars oder Cafés – häufig ohne Speisen genossen, sollten entsprechend zugängliche Weine ohne zu viel Säure und Tannine angeboten werden. Als Speisenbegleiter eignen sich meist Weine, die nicht zu „satt" machen, d.h. Weine mit gemäßigtem Alkoholgehalt und Extrakt.

Aromatisch dezentere Weine mit gutem Körper und fester Struktur sind zu vielen Speisen die richtige Wahl, da sie mit den Aromen und dem Fett in den Speisen besser harmonieren als schlanke, aromatisch intensive Weine. Während erstere ein ganzes Menü begleiten, können letztere gezielt zu bestimmten Speisen eingesetzt werden (beispielsweise schlanker Sauvignon blanc zum Ziegenfrischkäse, frischer Riesling zum Salat mit Riesengarnelen und Orangenfilets). Vorraussetzung hierfür ist ein informierter Service, der Empfehlungen ausspricht.

15.2.3 Qualität

Grundsätzlich muss gute Qualität angeboten werden, egal in welcher Preiskategorie. Wie ein Weingut meist nach der Qualität seines einfachen Gutsweines beurteilt wird, muss ein gastronomischer Betrieb zunächst mit der Qualität seiner Weine im offenen Ausschank überzeugen. Es gilt, Gäste zum Weintrinken zu bewegen, die normalerweise andere Getränke bevorzugen. Sind Weintrinker gewonnen, werden diese auch für höherwertige Weinqualitäten offen sein. Der Gastronom kann sich mit seinem Weinangebot profilieren, der Produzent höhere Qualitäten anbieten und verkaufen.

15.2.4 Mehrwert

Wein als Kulturgetränk bietet dem Gastronomen mehr denn je die Möglichkeit, seine Gäste zu unterhalten. Er braucht folglich Weine, die eine Geschichte haben, mit denen er Erlebnis und Emotionen anbieten kann. Dies bietet Mehrwert für den Gast, der dafür auch gerne etwas mehr zahlt.

Dieser Mehrwert wird natürlich nur genutzt, wenn Geschichten und Emotionen an den Gast vermittelt werden. Dies kann durch Beschreibungen in der Weinkarte und/oder durch das Servicepersonal geschehen. Da der Platz in vielen Weinkarten beschränkt ist, ist es von Vorteil, wenn der Wein selbst schon einen ansprechenden, Neugier erweckenden Namen hat. Beispiele wären das Weingut Horst Sauer aus Franken, dass einen Silvaner mit dem Namen SEHNSUCHT führt oder das Weingut Köwerich von der Mosel, deren Weinbezeichnungen EINBLICK und FÜR FEEN UND ELFEN die Phantasie des Gastes anregen und die Kommunikation mit dem Service fördern.

15.2.5 Berücksichtigung der Wettbewerbssituation

Nicht zuletzt benötigt ein Gastronom Weine, die er gut kalkulieren kann – also Weine, die nicht zu stark im Preiswettbewerb stehen. Ein Produzent sollte ihm, wenn nicht andere Weine, so wenigstens unterschiedliche Etiketten anbieten. Für größere gastronomische Betriebe ist auch ein eigenes Etikett interessant, wenn dies zu einem vernünftigen Preis realisierbar ist, was durch technische Fortschritte immer leichter möglich ist.

Will ein Produzent die verkaufsfördernden Möglichkeiten in ausgesuchten gastronomischen Betrieben nutzen, empfiehlt es sich, auch bei kleineren Abnahmemengen gute Rabatte zu gewähren. Die Gäste werden auf den Wein aufmerksam und nicht selten besuchen sie daraufhin den Weinproduzenten. So lassen sich neue Privatkunden gewinnen. Natürlich funktioniert das nur, wenn der Gastronom den Wein vernünftig kalkulieren kann.

> **Dies funktioniert nicht nur in Weinbauregionen:**
>
> Ein Gast kostete in einem oberbayrischen Lokal einen interessanten Riesling von der Mosel. Den Namen des Weinguts vergisst er. Als er sich dann auf einer Geschäftsreise in der Nähe der Mosel befindet, ruft er im Lokal an, will Namen und Adresse des Weinguts erfahren um dieses zu besuchen. So nimmt er nachhaltige Eindrücke von den Steillagen der Mosel mit zurück nach Bayern. Das Weingut hat einen neuen Kunden gewonnen, der seine Erlebnisse wiederum Freunden und Bekannten mitteilen wird.

15.3 Preise und Kalkulation

15.3.1 Kalkulation und Preisgestaltung

Wein wird in der deutschen Gastronomie im Vergleich mit Urlaubsländern wie Österreich, Italien oder Spanien häufig noch teuer angeboten. Die Folge ist, dass weniger Wein außer Haus konsumiert wird und Umsatzmöglichkeiten nicht optimal genutzt werden.

Sicherlich hat dies etwas mit den höheren Gemeinkosten in der deutschen Gastronomie zu tun, aber viele Gastronomen orientieren sich nicht an dem Preis, der dem Gast attraktiv erscheint, sondern halten an unflexiblen Kalkulationsmodellen fest. So ist die Kalkulation mit Faktoren – üblich sind Faktor 3 bis 6 — zumindest jenseits der 7,- €-Grenze Nettoeinkaufspreis nicht marktgerecht. Derartige Kalkulation macht es unmöglich, eine überzeugende Weinauswahl anzubieten, weil die Preise höherwertiger Weine für den Gast unakzeptable Höhen erreichen können.

Will der Weinproduzent nicht nur Weine im Einstiegsbereich verkaufen, sollte er bei Bedarf das Thema Kalkulation mit dem Gastronom besprechen. Empfehlenswert ist eine Kombination aus einem geringen Kalkulationsfaktor von 1,5 bis 2, der sich am Fachhandel orientiert, und einem Serviceaufschlag von 5,- bis 15,- €, je nach Niveau und Standort des gastronomischen Betriebs.

Diese Kalkulation ermöglicht es dem Gastronom, zusätzlich einen Außer-Haus-Verkauf aufzubauen. Zufriedene Gäste nehmen sich gerne eine oder mehrere Flaschen mit nach Hause. Dies bedeutet zusätzlichen Umsatz für Gastronom und Produzenten – ein weiteres Argument, die Preisgestaltung zu überdenken. Eine ausführlichere Darstellung dieser Kalkulation findet sich in **Abbildung 15.1** auf der folgenden Seite.

15.3.2 Einstiegsbereich versus Gehobene Qualitäten

Die meisten Gastronomen benötigen zweifellos günstige Weine, um den Umsatz anzukurbeln. Interessanter – und das nicht nur rein wirtschaftlich betrachtet — wird es aber für Gastronomen, Händler und Produzenten, wenn es gelingt, viele Gäste für die besseren und höherpreisigen Weine zu interessieren.

Da leider zu viele Gastronomen im Umgang mit Wein nicht sicher sind und selbst nicht selten Bier dem Wein vorziehen, wird Wein teilweise ohne Verkostung nur nach dem Preis eingekauft. Um vor diesem Hintergrund erfolgreich gehobene Weinqualitäten verkaufen zu können, muss der Betrieb für Weinqualität sensibilisiert werden. Dies geschieht am besten durch persönlichen Kontakt und Mitarbeiterschulungen.

15.4 Zielgruppen in der Gastronomie

15.4.1 Weinversierte Gastronomie

Gastronomen mit Leidenschaft und großem Fachwissen gibt es nicht nur in der gehobenen Gastronomie. Diese Zielgruppe ist leicht zu begeistern und es ist für Händler und Produzenten meist eine Freude, mit ihr zusammenzuarbeiten. Allerdings muss darauf geachtet werden, dass bei allem Enthusiasmus betriebswirtschaftlich sinnvoll gehandelt wird. Ein zu großes, diversifiziertes Angebot kann die Gäste überfordern und vor allem den Gastronomen durch zu hohen Lageraufwand belasten. Für Lieferanten gilt also auch hier: Eine weitsichtige Beratung des Gastronom ist das A und O einer erfolgreichen Zusammenarbeit.

15.4.2 Topgastronomie mit Sommelier

Jeder Produzent freut sich, wenn er in einem Prestige-Betrieb gelistet ist. Dies ist vor allem erfreulich, da diese Listung werbewirksam auf andere Kunden wirkt. So sagt sich ein eher unerfahrener Gastronom, dass dieser oder jener Wein gut sein muss, da ein bekannter Sommelier ihn ins Weinangebot aufgenommen hat. Eine badische Winzergenossenschaft liefert zum Beispiel den Hauswein -- einen Spätburgunder -- an die Hamburger Traditionsgastronomie Louis C. Jakob und lässt diese Tatsache gern in das Verkaufsgespräche mit anderen Kunden einfließen.

Zielgruppen in der Gastronomie 345

Abbildung 15.1 Kalkulation der Verkaufspreise (0,75l Fl. außer Haus) durch Kombination aus Kalkulationsfaktor und Serviceaufschlag

Anmerkungen:	Je nach Kosten und Umfeld: Faktor von 1,1 bis 2 (30 bis 100%):		Je nach Kosten und Umfeld: 5,- bis 15,- €:			
Einkaufspreis ohne Mwst	plus Aufschlag x Faktor 1,5 (50%)	(Außer Haus Verkauf plus 19% MwSt:)	plus Servicepauschale: 8,- €	(Deckungsbeitrag bei VK-Preis nicht gerundet:)	Verkaufspreis nicht gerundet: plus 19% Mwst	Verkaufpreis Gastronomie gerundet 0,75l Flasche:
3,00 €	4,50 €	5,36 €	13,36 €	10,36 €	15,89 €	16,00 €
3,50 €	5,25 €	6,25 €	14,25 €	10,75 €	16,95 €	17,00 €
4,00 €	6,00 €	7,14 €	15,14 €	11,14 €	18,02 €	18,00 €
4,50 €	6,75 €	8,03 €	16,03 €	11,53 €	19,08 €	19,00 €
5,00 €	7,50 €	8,93 €	16,93 €	11,93 €	20,14 €	20,00 €
6,00 €	9,00 €	10,71 €	18,71 €	12,71 €	22,26 €	22,20 €
7,00 €	10,50 €	12,50 €	20,50 €	13,50 €	24,39 €	24,50 €
8,00 €	12,00 €	14,28 €	22,28 €	14,28 €	26,51 €	26,50 €
9,00 €	13,50 €	16,07 €	24,07 €	15,07 €	28,64 €	29,00 €
	plus Aufschlag x 1,3 (30%)					
10,00 €	13,00 €	15,47 €	23,47 €	13,47 €	27,93 €	28,00 €
11,00 €	14,30 €	17,02 €	25,02 €	14,02 €	29,77 €	29,80 €
12,00 €	15,60 €	18,56 €	26,56 €	14,56 €	31,61 €	31,50 €
13,00 €	16,90 €	20,11 €	28,11 €	15,11 €	33,45 €	33,50 €
14,00 €	18,20 €	21,66 €	29,66 €	15,66 €	35,29 €	35,50 €
15,00 €	19,50 €	23,21 €	31,21 €	16,21 €	37,13 €	37,00 €
20,00 €	26,00 €	30,94 €	38,94 €	18,94 €	46,34 €	46,00 €
25,00 €	32,50 €	38,68 €	46,68 €	21,68 €	55,54 €	55,50 €
	plus Aufschlag x 1,2 (20%)					
30,00 €	36,00 €	42,84 €	50,84 €	20,84 €	60,50 €	61,00 €
35,00 €	42,00 €	49,98 €	57,98 €	22,98 €	69,00 €	69,00 €
40,00 €	48,00 €	57,12 €	65,12 €	25,12 €	77,49 €	78,00 €
45,00 €	54,00 €	64,26 €	72,26 €	27,26 €	85,99 €	86,00 €
50,00 €	60,00 €	71,40 €	79,40 €	29,40 €	94,49 €	95,00 €

15.4.3 Weinunerfahrene Gastronomie

Wie zuvor schon angesprochen, beschäftigt sich ein Großteil der gastronomischen Betriebe wenig mit dem Thema Wein. Daher gilt es als Weinverkäufer, herauszufinden, ob grundsätzlich Interesse an mehr Wein-Know-how und damit Entwicklungspotenzial besteht. Immer mehr Gastronomen erkennen bereits, dass die Klientel, die über die finanziellen Mittel verfügt und häufig Gastronomiebetriebe besucht, heute meist aus Weintrinkern besteht. Um zahlungskräftige Gäste anzuziehen, wollen sie ihr Weinkonzept verbessern, wissen aber nicht genau wie. Hier kann der Produzent/ Händler durch persönlichen Kontakt und Beratung wertvolle Hilfe leisten. Eine Partnerschaft kann entstehen, die sowohl für den Gastronom als auch für den Anbieter ertragreich und bereichernd sein kann.

15.4.4 Ketten / Großgastronomie

In Deutschland gibt es noch sehr wenige gastronomische Ketten, die ihren Weineinkauf bündeln. Es kann aber gut sein, dass sich hier in den kommenden Jahren etwas bewegen wird und die Gastronomie vom Handel lernt. So entstehen, vor allem für große Produzenten, interessante neue Zielgruppen für den Weinabsatz. Es macht Sinn, Großgastronomie mit mehreren Betrieben und „Ketten" zu kontaktieren, vor allem, wenn man mehr anzubieten hat als das Produkt Wein, nämlich überzeugende verkaufsfördernde Konzepte.

15.5 Verkaufsförderung und Kundenbindung

15.5.1 Beratung

15.5.1.1 Weinsortiment

Da viele Gastronomen nicht das nötige Fachwissen haben und es ihnen an Zeit mangelt, sich mit Wein auseinanderzusetzen, wäre es gut, wenn sich Produzenten/ Händler mehr um eine Beratung hinsichtlich eines überzeugenden, zielgruppengerechten Weinangebots bemühen würden. Diese Beratung muss sich gezielt nach den Bedürfnissen des Betriebs richten. Eine seriöse, zielgruppengerechte Beratung ist immer mit vielen Fragen verbunden. Es sollten das Gästeprofil und die betrieblichen Möglichkeiten analysiert werden:

- Besteht die Klientel für ein höherwertiges Weinsortiment?
- Kann der Service mit besseren Weinqualitäten umgehen?
- Wie viele Weine sollten offen ausgeschenkt werden?
- Welche Qualitäten sind gefragt?
- In welchen Einheiten?
- Kann der gastronomische Betrieb einen vergrößerten Offenausschank bewältigen?

15.5.1.2 Kalkulation und Preisgestaltung

Wie schon dargelegt, sollten möglichst vielen Wirten neue Kalkulationsmodelle nahe gelegt werden. Hat der Produzent Kunden in der Gastronomie, die erfolgreich neue Wege der Preisgestaltung gegangen sind, kann er diese als Beispiel benutzen, um mehr Gastronomen zu einer flexibleren, umsatzsteigernden Kalkulation zu bewegen.

15.5.1.3 Weinkartengestaltung

Die Weinkarte ist die Visitenkarte des gastronomischen Betriebs. Sie sollte daher fehlerfrei und ansprechend gestaltet sein. Da korrekte Angaben und animierende Beschreibungen dem Gastronom oft Schwierigkeiten bereiten, ist die Hilfe eines professionell arbeitenden Weinlieferanten sinnvoll. Je nach technischer Ausstattung des gastronomischen Betriebs und Fähigkeiten der verantwortlichen Mitarbeiter gibt es vom Korrekturlesen bis hin zur Gestaltung und Pflege der Weinkarte verschiedene Möglichkeiten der Unterstützung.

15.5.2 Verkaufsförderung

15.5.2.1 Mehrwert anbieten: Emotionen, Erlebnisse

Wie oben angesprochen, benötigt die Gastronomie Weine, die nicht nur gut schmecken, sondern zusätzlich positive Emotionen auslösen, deren Genuss für den Gast zum Erlebnis wird. Heute kommt fast kein Gast mehr nur wegen einer guten Mahlzeit in ein Lokal. Eine hohe Qualität bei Speisen und Getränken wird quasi vorausgesetzt, aber zusätzlich spielen soziale Komponenten wie Erlebnis, Emotion und Kommunikation eine zunehmende Rolle. Wein bietet wie kein anderes Getränk die Möglichkeit, diese Bedürfnisse zu erfüllen. Daher sollte der Produzent verkaufsfördernde „Geschichten" rund um seine Weine aufspüren und sie regelmäßig an seine Kunden kommunizieren. Dies kann eine interessante Familiengeschichte des Weinguts oder die Legende um einen Weinberg sein, aber auch der Verlauf der Vegetationsperiode und der Lese kann unterhaltend sein und spannend dargestellt werden.

15.5.2.2 Themenbezogene Aktionen

Die Gastronomie sucht immer nach Möglichkeiten, Gäste anzuziehen. Dabei können themenbezogene Aktionen rund um Wein interessant sein. Der Produzent/Händler bietet die Idee und entsprechendes Material wie Rezepte, Wein-/Speisekarte und Dekorationsmaterial. So kann z.B. für Pfälzer Weine in Zusammenarbeit mit der Küche des gastronomischen Betriebs eine Pfälzer Woche ausgelobt werden. Prädestiniert für Aktionen ist auch die Spargelzeit oder im Herbst/Winter eine Spätburgunder-Aktion zu Wildgerichten.

15.5.2.3 Weinverkostungen beim Gastronomen

Besonders beliebt sind animierte Weinabende, bei denen der Produzent verschiedene Weine zu einem ausgewählten Menü präsentiert. Der Zweck solcher Aktionen ist es, das Interesse und Vertrauen der Gäste zu gewinnen und zu pflegen und damit den Weinumsatz zu steigern.

Je nach Art und Größe des gastronomischen Betriebs variieren die Möglichkeiten: Erlauben die Räumlichkeiten keine Präsentation im klassischen Sinne mit Ansprachen, kann der Winzer persönlich von Tisch zu Tisch gehen. Der Service muss dafür natürlich im Vorfeld aktiv die Weine verkaufen und sollte vom Winzer als erstes „gebrieft" werden. Die Mitarbeiter bekommen dadurch einen besonderen Bezug zu den empfohlenen Weinen und werden diese auch in Zukunft aktiver verkaufen. Es empfiehlt sich also, dass der Winzer rechtzeitig im Betrieb erscheint und sich Zeit für die Servicemitarbeiter nimmt. In großen Betrieben mit Außengastronomie bieten sich Weinfeste mit mehreren anwesenden Winzern an.

15.5.2.4 Reisen zum Weinproduzenten

Außerdem empfiehlt es sich, den Gastronom ins Weingut, die Genossenschaft oder die Kellerei einzuladen, denn Erlebnisse vor Ort sind prägend. Keine andere Maßnahme wirkt so kundenbindend wie eine erlebnisreiche, stimmungsvolle Weinprobe im Weingut oder ein Picknick in den Weinbergen. Gerne darf der Gastronom seine Mitarbeiter mitbringen, die dem Gast später die verkosteten Weine kenntnisreich und aktiv anbieten können. Nicht zuletzt kann Nachfrage entstehen, Stammgäste zu einer Reise ins Weinbaugebiet einzuladen. Die dankbarste Zielgruppe für diese verkaufsfördernde Maßnahme findet sich in der weinversierten Gastronomie (siehe oben).

15.5.3 Informationsfluss

15.5.3.1 Mitarbeiterschulungen

Nichts hat einen so hohen verkaufsfördernden Effekt wie eine einfühlsame Beratung durch Servicemitarbeiter, die mit den angebotenen Weinen vertraut sind und den Gast mit den richtigen Argumenten überzeugen können. Am besten werden informative Details zu Geschmack, Hersteller, Weinbaugebiet bei Schulungen vermittelt. Daher ist es sinnvoll, wenn der Produzent Schulungsunterlagen und Probeflaschen zur Verfügung stellt.

Da selbst Gastronomen, die mit dem Thema Wein vertraut sind und die nötige Fachkenntnis hätten, Mitarbeiterschulungen durchzuführen, aus Zeitgründen häufig nicht in der Lage sind, genügend zu schulen, wäre es wünschenswert, wenn sich der Produzent/Händler anbietet, dies zu übernehmen. Am besten wird ein „klassisches" Seminar angesetzt, bei dem möglichst alle Mitarbeiter zur Probe zusammenkommen. Alternativ kann der Produzent aber auch während des Service ruhige Zeiten nutzen, um die Mitarbeiter in die Besonderheiten seiner Weine einzuweisen. Außerdem könnte er den Gästen persönlich mit informativen Details zur Verfügung stehen und seine Wein selbst servieren. Dies würde den Service entlasten, dieser könnte direkt vom Winzer lernen und nicht zuletzt hätte der Gast ein besonderes Erlebnis.

15.5.3.2 Kommunikation

Moderne Kommunikationsmöglichkeiten, vor allem E-Mail und Internet, haben den Informationsaustausch wesentlich verbessert. Kommunikation ist wichtig, sollte aber für beide Seiten nicht zu viel Zeit in Anspruch nehmen. So empfiehlt es sich, die Informationen knapp und trotzdem interessant zu vermitteln. Von zu häufigen und zu textlastigen Mailings ist eher abzuraten.

Kommt ein Wein auf die Karte, sollte der Produzent eine Expertise zur Verfügung stellen, auf der die Analysewerte, aber auch interessante Details zu Weinbau, Weinbereitung, Geschichte des Weines und Empfehlung zu Speisen nachzulesen sind. Weiterhin können gute Bewertungen in der Presse und bei Wettbewerben verkaufsfördernd eingesetzt werden.

Die meisten jungen und jung gebliebenen Servicemitarbeiter sind mit modernen Medien vertraut. Daher macht es Sinn, sie zu einem Besuch der Website anzuregen — vorausgesetzt natürlich, dass diese attraktiv ist. Zusätzliche moderne Möglichkeiten der Kommunikation bieten Blogs.

Es stellt einen guten Service und eine tragfähige Basis für erfolgreiche Zusammenarbeit dar, wenn der Produzent den Gastronom und seine Mitarbeiter regelmäßig mit Neuigkeiten aus der Welt der Weine versorgt (Trends, Sensationen, Erkenntnisse über Wein und Gesundheit, Verlauf des Jahrgangs usw.). Dies kann gleichzeitig für Diskussionsstoff mit interessierten Gästen sorgen.

Hat der Produzent ein persönliches Verhältnis zum Gastronom und seinen Mitarbeitern aufgebaut, sind diese offen für die Informationen, die er ihnen schickt. Das bedeutet zwar anfangs zeitintensiven persönlichen Einsatz vor Ort, der dann jedoch relativ leicht durch regelmäßigen Kontakt per E-Mail, Post und Telefon aufrecht erhalten werden kann.

15.5.3.3 Messen, Weinverkostungen

Zur Kundenneugewinnung und Kundenpflege ist die Präsenz auf Weinmessen und gezielt organisierten Weinverkostungen (z.B. Hausmessen der Großhändler, Präsentationen der Verbände) unerlässlich. Im Vorfeld gilt es, bestehende Kunden einzuladen und mit interessanten Aktionen zu locken. Beliebt ist die Präsentation durch bekannte Sommeliers oder Weinjournalisten. Es können aber auch Seminare zu Themen wie Wein & Speisen oder Terroir angeboten werden.

Hat man als Produzent ein stimmiges, ansprechendes Konzept und gute Weine zu einem überzeugenden Preis-Genuss-Verhältnis empfiehlt es sich, seine Weine persönlich vorzustellen. Dies kann auch im Rahmen einer gezielt geplanten Weinpräsentation ohne die Anwesenheit von Mitbewerbern geschehen. Vorteil ist hier, dass ungeteilte Aufmerksamkeit herrscht. Voraussetzung hierfür ist meist die Zusammenarbeit mit aktiven Großhändlern bzw. deren Agenturen vor Ort.

15.6 Fazit

Wie gezeigt, birgt die Gastronomie ein interessantes, aber nicht einfach zu erschließendes Absatzpotenzial. Voraussetzung für mehr Umsatz ist, dass der gastronomische Betrieb Weinkompetenz ausstrahlt, der Gast Vertrauen in das Weinangebot hat und von diesem Angebot angesprochen wird. Um diese Ziele zu erreichen, sind die Lieferanten –- seien es Produzenten oder Händler – gefragt.

In keiner anderen Verkaufssituation verbringt der Verbraucher so viel Zeit mit dem Produkt Wein. So bietet gerade die Gastronomie eine Plattform für erfolgreiche Weinvermarktung –- auch und vor allem in gehobenen Qualitätsbereichen. Hier können Trends gesetzt und neue Produkte zielorientiert eingeführt werden.

Dafür bedarf es einer vertrauensvollen und nachhaltigen Beziehung zwischen Produzent und Mitarbeitern der Gastronomie. Nur dann kann die Kommunikation stattfinden, die ermöglicht, nicht nur Wein zu verkaufen, sondern ebenso Emotionen und Erlebnisse. Der Weinlieferant darf nicht nur Lieferant, sondern muss auch guter Berater sein. Im Idealfall entsteht eine Partnerschaft, von der beide Seiten profitieren: Mehr Umsatz, mehr Ertrag und bessere Profilierung.

16 Weinmarketing und Kulturtourismus

Kornelia Doren, FH Chur

H. Juergen Kagelmann, FH Chur

Noelene Orsolini, FH Chur

Inhalt

16.1	Einleitung: Einige Vorbemerkungen zum Begriff des „Weintourismus"	353
16.2	Prosecco: Die Region und das Getränk	354
16.2.1	Weinbau und Weintourismus in der venetischen Provinz Treviso	354
16.2.2	Die soziale Relevanz eines weinhaltigen Getränks	355
16.3	Markenaufwertungstrategien: Vom Label zum Event	356
16.3.1	Das DOC-Label	356
16.3.2	Die DOC+, DOC-Superior-Strategie	356
16.3.3	DOC + Kultur: Die UNESCO-Strategie	357
16.3.4	Eventstrategie: Kultur und Wein	357
16.4	Fazit	359

16.1 Einleitung: Einige Vorbemerkungen zum Begriff des „Weintourismus"

Vor dem Hintergrund der existierenden Entwürfe und Definitionsversuche sind wir nicht unbedingt davon überzeugt, dass es leicht und sinnvoll ist, eine eigene Kategorie oder einen Typus von touristischen Angeboten zu konstruieren, der ausschließlich (bzw. primär) durch Tätigkeiten und Motive gekennzeichnet sein sollte, die sich um den Begriff „Wein" ranken. Von der Tourismuswissenschaft, besonders der angewandten Tourismuspsychologie, ist allerdings in den letzten Jahren herausgestellt worden, dass es den Touristen, der aus der „Lust" an einer einzigen Beschäftigung reist oder dies eines einzigen Motives wegen tut, eindeutig nicht gibt. Für die überwiegende Mehrzahl der heutigen Touristen gilt, dass ihr Interesse am Reisen multimotivisch geprägt ist.

Das ist für Marketingvertreter der Regionen, die durch den Weinbau geprägt sind, in Ländern wie Italien, Frankreich, Spanien und auch Deutschland, nur schwer zu akzeptieren – denn es ist vergleichsweise einfach, Marketingmedien zu entwerfen, die sich um die meist sehr eindrucksvollen Bilder von Weinbergen, glücklichen Winzern und noch glücklicheren Urlaubern und Weintrinkern ranken – und für diese angebliche „Zielgruppe" die üblichen Angebote und „Pakete" zu konstruieren. Und doch ist es so, dass der heutige Tourist vor allem dann zufrieden ist – und dementsprechend dann Reiseentscheidungen, sprich Buchungen, trifft –, wenn er an einer Region oder Destination eine große Palette von möglichen Aktivitäten aktiver und passiver Art wahrnehmen kann, die ihm das Gefühl großer individueller Wahlmöglichkeiten und den Vorteil spontanen Handelnkönnens im „Urlaubssetting" vermitteln.

Darüberhinaus geht die üblicherweise vorgenommene Definition von Weintourismus – also eine Urlaubsform, die weitgehend durch das Aufsuchen oder Besuchen von Weinbaugebieten in entsprechend dominierten Regionen, insbesondere ihrer Herstellungs- und Verkaufstypen (Weinlese, Weinkauf), sowie das Verkosten von Wein in allen Formen geprägt ist, d.h. die hier implizierte Konzentration auf die „Tätigkeiten" der Touristen – auch an der Realität vorbei. Wenn wir die vergleichsweise geringe Sparte der expliziten Weintouristen, der Connoisseure, beiseitelassen, die es natürlich immer schon und zu allen Zeiten gab und die bereit waren und sind, für ihr Hobby – das Weinkosten und das Weinkaufen, mit dem Zweck, den eigenen Weinkeller zu füllen – weite, große und teure Reisen zu unternehmen, dann stellen wir immer wieder fest, dass die Touristen, die wir auf den Weinrouten finden, alles Mögliche tun: Vor allem wollen sie Dinge sehen, also Attraktionen besichtigen, an Events teilnehmen, Kontakte mit der lokalen Bevölkerung anbahnen, selbst auch etwas aktiv tun, wie wandern, Rad fahren etc. – und, last but not least, sie wollen auch „shoppen". Die Besichtigung von Weinkellereien ist dann nur eine von vielen Tätigkeiten während eines kürzeren oder längeren Urlaubs und steht in einer „Erlebniskonkurrenz" zu anderen Angeboten am Urlaubsort.

Hinter dieser Feststellung steht eine für das Verständnis von Urlaub wichtige Erkenntnis: Der Urlaub ist in der Realität viel weniger von dem geprägt, was gemeinhin angenommen wird und viele Touristikmarketingleute immer behaupten, der Idee, im Urlaub die einzigartige Anderswelt zu finden, also vom „unvergesslichen, einmaligen" Erlebnis, vom völligen Kontrast zum Alltag. Eigentlich ist der Urlaub vieler Menschen viel profaner; sie haben die bescheidene Absicht, sich möglichst oft und lange unterhalten zu lassen, einen angenehmen, entspannenden Zeitvertreib zu haben, ihre Freizeit ohne viel große Höhen und schon gar nicht Tiefen problemlos zu genießen. Denn der Urlauber hat sehr viel Zeit – und ihm wird schnell langweilig. Alles andere ist ein Mythos. Deshalb wird auch ein Besuch im Weinkeller immer nur eine nette Abwechslung im „eintönigen" Touristenleben sein können – und nur selten das zentrale Moment im Urlaubsgeschehen.

Daraus folgt für die dem Weinbau bestimmten Urlaubsregionen, dass sie darauf verzichten sollten, den „Wein" als Unique Selling Purpose (USP) in den Vordergrund zu stellen. Stattdessen sollten sie die Perspektive des „normalen" Urlaubers einnehmen und den „Wein" in ein ganzheitliches Urlaubskonzept einbetten. So fraglos angenehm und faszinierend wie die „Materie Wein" auch ist, sie ist nur ein Mosaiksteinchen in einem multioptionalen Urlaubssetting, das reich an vielfältigen Angeboten und Attraktionen, Eindrücken und Erlebnissen ist.

Anders herum gesehen: Wein alleine reicht nicht aus, um eine interessant große Zahl an Touristen „anzulocken". Es braucht mehr. Das und wie dies möglich ist, wollen wir versuchen, am Beispiel des Tourismus in einer europäischen Weinregion zu verdeutlichen.

16.2 Prosecco: Die Region und das Getränk

16.2.1 Weinbau und Weintourismus in der venetischen Provinz Treviso

Uns geht es um den Angebotszusammenhang von Wein und Kultur. Unser Beispiel ist das Anbaugebiet des Prosecco in Nord-Italien. Es liegt in der Provinz Treviso in Venetien, etwa eine halbe Autostunde westlich von Venedig entfernt, in den Hügeln der Trevisaner Voralpen, und umfasst zwei Anbaugebiete mit insgesamt fünfzehn Gemeinden. Der Fluss Soligo markiert die Grenze zwischen den beiden Anbaugebieten Valdobbiadene und Conegliano. Die bekanntesten Weindörfer sind außer den Hauptorten Valdobbiadene und Conegliano unter anderem San Pietro di Barboza, Santo Stefano, Guia, Col San Martino, Refrontolo, Rolle, Arfanta di Tarzo. Diese letzteren zeichnen sich nicht nur durch den Weinbau, sondern aufgrund ihrer reizvollen Lage in den Hügeln der Altamarca Trevigiana auch als Touristenmagnet aus.

Nur 4.000 Hektar des 20.000 Hektar großen Hügelgebiets werden von rund 3.500 Bauern mit Weinreben bepflanzt. Entsprechend groß ist die Konkurrenz, aber auch der Anspruch der Winzer an die (Ursprungs-)Qualität ihrer Erzeugnisse.

Da der Prosecco den Namen einer Traubensorte trägt, könnte er grundsätzlich überall hergestellt werden. Jedoch dürfen nur Prosecco aus einer gesetzlich festgelegten Region um die Gemeinden Valdobbiadene und Conegliano den Status eines „DOC"-Prosecco bei Einhaltung vorgeschriebener Qualitätsstandards tragen. Weine, Perlweine und Sekte aus der gleichen Traube, aber aus anderen Teilen Italiens dürfen nur die Bezeichnung „IGT" tragen.

Den Prosecco aus der gleichnamigen, spät reifenden, weißen Rebsorte gibt es in vier Herstellungsvarianten. Er wird entweder als Stillwein (Tranquillo), Perlwein (Frizzante) oder Schaumwein (Spumante) ausgebaut. Eine vierte Art, der „Cartizze", gilt als „König" der Prosecchi. Nur in wenigen, nahe Valdobbiadene gelegenen Lagen wird er gekeltert und ist wegen seiner geringen Herstellungsmenge außerhalb Italiens kaum zu kaufen. Die beste Hügellage macht ihn zum begehrten, kostbaren Produkt. Ein Hektar Weinreben in den Hügeln von Cartizze kostet eine Million Euro. Nur wenigen Winzern gelingt es noch, eine Cartizze-Fläche zu erstehen.

> Einige Zahlen zur Bedeutung des Prosecco:
>
> 3.500 Winzereien, zwei zentrale Anbaugebiete (Valdobbiadene und Conegliano), 57 Millionen abgefüllte Flaschen, davon 30% Exporte (17,1 Millionen Flaschen). Zu den wichtigsten Exportländern zählen Deutschland, die Schweiz und Österreich, gefolgt von den USA und Großbritannien.

16.2.2 Die soziale Relevanz eines weinhaltigen Getränks

Der „Prosecco" als in Flaschen abgefülltes, aber in Bars, Restaurants und Bistros meist in Einzelgläsern serviertes Getränk gilt in vielen Städten und Ländern Europas seit zwei Jahrzehnten als definitiver „Kult"-Drink. Heute ist es schon fast nicht mehr eruierbar, wann und aus welchen Gründen die Begeisterung für ein Getränk begann, die weniger mit Genuß zu tun hat(te) als vielmehr mit seinem „Einsatz" in sozialen Interaktionen. Anders formuliert, der Prosecco wurde – nicht nur in Deutschland – als Party-Getränk bekannt, als typischer Begleiter für Snacks und Smalltalk, häufig als billiger Champagnerersatz – mit durchaus interessantem wirtschaftlichen Erfolg, aber mit der entscheidenden Einschränkung, dass die Marke, die Herkunft, die Sorten, die feinen qualitativen Unterschiede etc. für Konsumenten eigentlich keine Rolle spielten bzw. spielen.

> Marken-Aufbau und Abbau?
>
> Eine solche Entwicklung kann für ein Produkt sehr nachteilige Auswirkungen haben. Es kann die „Idee", die Marke „Prosecco" langsam zerstören. Wir denken dabei besonders an die Billigangebote in den Läden der Discounter – deren Herkunft zumindest zweifelhaft ist, und weil hier nicht selten verschiedenste Trauben aus unterschiedlichen Anbaugebieten, z.T. auch aus ferneren Regionen, zu einem Weinprodukt zusammengemischt werden, so dass das Endprodukt zwar unter dem Etikett „Prosecco" angeboten wird, aber damit eigentlich nicht mehr viel gemein hat.

16.3 Markenaufwertungstrategien: Vom Label zum Event

Schon aus dem nahe liegenden Grund, dass die Produzenten des „originalen" Produktes – die Winzer in der erwähnten Region von Valdobbiadene — nichts mit dem Billig-Discount-Angebot zu tun haben wollen, ist es verständlich, dass sie seit Jahren über geeignete Marketing- und andere Strategien nachdenken, das Produkt aufzuwerten und das „Billig-Image" zu verbessern. Die Phasen dieser strategischen Produktaufwertung können wie folgt benannt werden:

16.3.1 Das DOC-Label

Im Jahr 1969 wurde das Konsortium der Proseccohersteller gegründet. Seit 2000 begann man mit der Aufwertungsarbeit des Produktes „Prosecco" durch die Einrichtung einer Herkunftsbezeichnung (das DOC-Label). Der Erfolg der DOC-Strategie war und ist allerdings sehr begrenzt. Weder konnte dadurch eine – über die Konsumenten verschiedenster Länder und Schichten gerechnet – breite Verbesserung der Sensibilität für ein qualitativ hochwertiges Weinprodukt erreicht werden, noch konnte die „Verwässerung" der Marke gestoppt werden. Im Gegenteil: In kritischen Medienartikeln machen sich Kenner der Materie darüber lustig, wie aus einem (tatsächlich) quantitativ beschränkten Anbaugebiet Millionen von Flaschen zustande kommen können und unterstellen den Verantwortlichen für die Markenqualifizierungsstrategie Halbherzigkeit.

Was nun den Wein-Tourismus anbetrifft, ist die Wirkung der DOC-Strategie als begrenzt anzusehen. Sicherlich ist es bei geführten Touren möglich, die Touristen für die Qualitätslage zu sensibilisieren – wenn sie erst einmal da sind.

Nicht unterschätzen darf man auch, dass hinter dem Besuch eines Weingutes, einer Weinkellerei andere Motive stehen können – wie z.B. „Erlebnis-Motive". Gerade der Besuch von Produktionseinheiten – womöglich „unter der Erde" – erfüllt das, was der Soziologe Erving Goffman in seiner noch zu wenig von der Tourismuswissenschaft adaptierten Theorie der Front- und Back-Stages meinte – die Faszination daran, zu erfahren, wie die Dinge gemacht werden. (Das gilt für Weinproduktionsstätten ebenso wie für Zoos, Musicals, etc.)

16.3.2 Die DOC+, DOC-Superior-Strategie

2000 wurde mit einer neuen Strategie der Aufwertung begonnen: Ausnahmslos alle Prosecco-Winzer aus dem Ursprungsgebiet (Conegliano – Valdobbiadene) sollten sich zur Einhaltung vorgeschriebener DOC-Qualitätsstandards verpflichten. Seit 2007 wird diese Strategie umgesetzt. Nun tragen alle Original-Prosecchi aus dem Ursprungsgebiet das DOC-Etikett auf ihren Flaschen. Zur Präzision: DOC ("Denominazione di Origine Controllata") ist die Kennzeichnung von Weinen aus einer gesetzlich definierten Anbauzone (in diesem Fall: „Prosecco di Valdobbiadene e Conegliano"). Die oberste Stufe ist der

DOCG-Wein: „Denominazione di Origine Controllata e Garantita". Sie sind durch rote, nummerierte Banderolen gekennzeichnet (wie z.B. Chianti und Chianti Classico).

Die neue Entwicklung, die vom Präsidenten des Prosecco-DOC-Konsortiums beim Festival „Vino in Villa" 2009 verkündet wurde, lautet: Ab 2010 wird der Endkonsument diese rote Banderole auf jeder Original-Proseccoflasche sehen. Das bedeutet auch: Die DOCG-Weine müssen im Anbaugebiet auf Flaschen gezogen werden, sie dürfen also nicht in Tanks anderswohin transportiert und dort abgefüllt werden.

16.3.3 DOC + Kultur: Die UNESCO-Strategie

Da sich in der Vergangenheit aber zeigte, dass es mehr als nur ein Genussprodukt braucht, um kontinuierlichen touristischen Erfolg zu haben, werden aktuell originelle und gewichtige Bemühungen unternommen, das Produkt kulturell aufzuwerten. Es geht nicht mehr allein um den – ja unbestrittenen – önologischen, weinkulturellen Wert der Traube und ihrer vollendeten Verarbeitung, sondern darum, die Weinhügel von Conegliano und Valdobbiadene in ihrer Gesamtheit als kulturelles Erbe der Menschheit herauszustellen. Es geht darum, die Ganzheitlichkeit der Region als Synthese von kultureller und weinzentrierter Entwicklung neu zu begreifen – und dafür eignet sich hervorragend ein weltweit hoch anerkanntes Label: das UNESCO-Weltkulturerbe.

In den letzten Monaten hat das Schutzkonsortium der DOC-Proseccohersteller daher Anstrengungen unternommen, die Hügellandschaft zwischen Valdobbiadene und Conegliano als Weltkulturerbe anerkennen zu lassen, um so um die „Schönheit" des Gebiets als Wert zu bewahren. Vertreter der UNESCO haben die Region bereits besucht. Die Aussichten auf eine Anerkennung sind gut. Allerdings ist derzeit nicht absehbar, wie viel Zeit dieser Prozess der Anerkennungsfindung in Anspruch nehmen wird.

16.3.4 Eventstrategie: Kultur und Wein

Hervorzuheben ist aber auch das Engagement einiger norditalienischer Winzer, die sich, ganz gleich, ob sie als „große" oder „kleine" Weinproduzenten gelten, dem Kulturgut ihrer Prosecco-Heimat über Jahrhunderte hinweg verbunden fühlen. Mit einer Vielzahl von traditionellen Events, die insbesondere jedes Jahr im Frühling stattfinden, wollen sie nicht nur auf ihre Produkte, die Prosecchi, sondern auch auf den kulturellen Reichtum ihrer Heimat aufmerksam machen. Dafür einige Beispiele.

- Das Weingut „Le Colture" der Familie Ruggeri unterstützt beispielsweise seit zwei Jahren den Literaturpreis „Giovanni Comisso". Benannt ist der Preis nach einem bekannten, noch lebenden Schriftsteller aus Treviso. Er wird für literarische Werke vergeben, die in Zusammenhang mit dem Prosecco-Anbaugebiet in Venetien stehen. 2009 wurde der Preis zum 28. Mal verliehen. Auch Autoren und Schriftsteller aus dem Ausland können diesen Preis gewinnen, wenn ihre literarische Arbeit die Umgebung von Valdobbiadene und Congeliano thematisiert.

■ Die Winzerfamilie Ruggeri unterstützte 2009 auch den venezianischen Künstler Bruno Donadel, indem sie ihm eine Ausstellung im namhaften, historischen Gebäude „Ca' dei Carraresi" in Treviso ermöglichte. Donadel ist ein inzwischen 80-jähriger Maler, der es sensibel versteht, die Landschaft zwischen Valdobiaddene und Conegliano und seine Einheimischen in Form von Stillleben, Landschaftsmalerei und Porträts zu charakterisieren.

■ Der Kontext zwischen Wein und Kunst wird von vielen traditionsbewussten Winzern und Verbänden der Region Venetien gefördert – vor allem, da sie stolz darauf sind, dass Touristen nicht nur ihrer önologischen Erzeugnisse wegen ins Veneto reisen, sondern auch um die Ausstellungen ihrer berühmten Ahnen zu besuchen, die aus dem Prosecco-Anbaugebiet stammen, wie etwa Cima aus Conegliano oder Giorgione aus Castelfranco Veneto. Beides sind Renaissancemaler, die das Venetien des 15. Jahrhunderts repräsentieren. Damit möglichst viele Besucher deren Werke betrachten, aber auch das große Freizeitangebot der Region Venetien und deren Weine kennenlernen können, bietet der Fremdenverkehrsverband „Marca Treviso" z.B. in diesem Jahr (2010) subventionierte Wochenendprogramme an. Diese „Packages" enthalten für einen vergleichsweise günstigen Pauschalpreis den Eintritt in die -– seltenen -– Ausstellungen von Cima und Giorgione, zwei bis drei Übernachtungen in Premium-Hotels, einen Stadtrundgang, einen lokalen Weinkellerei-Besuch sowie ein Abendessen mit lokalen Speisen. Der günstige Preis, das reizvolle Programm und das milde Klima machen es vor allem Individualtouristen aus angrenzenden Gebieten wie Bayern und Österreich leicht, dieses Angebot wahrzunehmen.

■ Das Weinunternehmen „Villa Sandi" liefert seine Prosecchi vorwiegend an Großkunden aus der ganzen Welt sowie an den Vatikan. Gleichwohl liegt dem bedeutenden Weinproduzenten sehr daran, Besucher der Region für das Jahrhunderte alte architektonische, aber auch für das kulinarische Erbe Venetiens zu sensibilisieren. Die repräsentative „Villa Sandi" in Crocetta del Montello – 1622 vom Architekten Andrea Pagnossin im Stil der palladinischen Schule erbaut – wird von der Winzerfamilie Familie Polegati bereits in dritter Generation als Wohnhaus genutzt. Inzwischen dient sie aber auch "Eventzwecken", etwa als Showroom, in welchem die Weine ansprechend präsentiert werden, als Verkaufsstätte und als Begegnungsort für Geschäftsgespräche. Auch Besuchergruppen können die Besichtigung des etwa zwei Kilometer langen Gewölbekellers mit anschließender Degustation bereits als Freizeitereignis erleben. Das daran angrenzende Landgut „Locanda Sandi" aus dem 19. Jahrhundert hält für Weintouristen sechs Gästezimmer und ein Restaurant mit originärer, rustikaler venezianischer Küche bereit. Dieses soll den Aufenthalt im unberührten, grünen Prosecco-Weinanbaugebiet zu einem kulinarisch-sinnlichen Genuss machen.

■ Sehr bemerkenswert ist schließlich ein neues Bildungsangebot. Um die Essens- und Weinkultur des Veneto so praxisnah wie möglich zu erforschen, hat die Universität von Venedig „Ca' Foscari" 2009 einen neuartigen, interdisziplinären, dreisemestrigen Masterstudiengang eingerichtet. Er basiert auf der gesellschaftlichen Erkenntnis, dass die gesellschaftliche Akzeptanz von Essens- und Weinkultur (in Europa) gestiegen ist und Studienabsolventen wie Management-Profis Interesse und Bedarf an innovativer

Weiterbildung haben. Daher richtet sich der neuartige Studiengang insbesondere an Organisatoren von Kultur-, Food- und Weinevents, aber auch an Berater von öffentlichen Einrichtungen und Privatunternehmen sowie an Fachjournalisten, Archiv- und sozialgeschichtliche Forscher. Die Idee dazu stammt von Professor Gianni Moriani und wird seit Januar 2010 von Professor Roberto Stevanato begleitet. Neben dem Ministerium für Landwirtschaft der Region Venetien, der Gemeinde Valdobbiadene, dem Konsortium des roten Radicchios aus Treviso und Castelfranco sowie weiteren Firmen und Verbänden wurde das Konzept nicht unwesentlich von der Winzer-Familie Bisol unterstützt. Gianluca Bisol, Generaldirektor des Familienunternehmens, das Weinanbau in Valdobiaddene schon seit dem 16. Jahrhundert betreibt, ist davon überzeugt, dass der Prosecco-Anbau zu einem der wichtigsten Faktoren der italienischen Wirtschaft gehört, sodass es zunehmend elementar geworden ist, Fachleute im Bereich der Essens- und Weinkultur auszubilden. Eine Besonderheit dieses Masterstudiengangs ist es, dass er nicht etwa an der Universität „Ca'Foscari" in Venedig gelehrt wird, sondern mitten im Weinanbaugebiet von Valdobbiadene. Nach Ansicht von Gianluca Bisol stellt das einen fundamentalen Mehrwert dar: Die Studenten können ihr Studium praxisnah, ohne große Entfernungen zwischen Studien- und Wohnort sowie authentisch zwischen Weinreben und Winzerbetrieben erleben. Zugleich bietet sich dabei die unmittelbare Gelegenheit, Kontakte zu lokalen Winzern und Firmeninhabern, also potenziellen Auftrags- und Arbeitgebern, zu knüpfen.

- Eine weitere Strategie ist das Verknüpfen der regionalen (Wein-)Produkte mit kulturellen Großveranstaltungen – wie die prestigereiche, in Fachkreisen stark beachtete *Canaletto-Ausstellung* 2009 in Treviso: Touristische Angebote wurden zwischen dem Konsortium der Proseccohersteller und dem Tourismusverband „Marca Treviso" geknüpft, um bei deutschsprachigen Touristen bzw. Weinliebhabern Reiseanreize für Treviso zu wecken. Fast parallel zur bedeutenden Ausstellung über venezianische Vedutenmalerei aus dem 17. und 18. Jahrhundert fand bis April 2009 auch die jährliche Wein-Ausstellung „Primavera del Prosecco" (Proseccofrühling) statt. Die günstigen Kombiangebote gaben interessierten Reisenden die Möglichkeit, den Original-Prosecco *und* seltene Kunstwerke kennenzulernen.

16.4 Fazit

Weinmarketing und Weintourismus müssen sich aktuell auf eine veränderte Motivlage bei den Interessenten einstellen, vor allem auf das Vorhandensein multipler Motive. Daher lohnt es sich, wie das Beispiel Treviso zeigen sollte, die üblichen Strategien um die Aufwertung und um das Branding von Weinsorten/-regionen durch solche der Verknüpfung mit kulturellen Events zu erweitern. Die Aufwertung des Images der Weinprodukte und die Angebotsschärfung in Richtung auf einen Qualitätstourismus können die positiven Folgen sein.

Qualität, Nachhaltigkeit und Controlling als Garanten des Erfolgs

17 Einführung eines Qualitäts-Management-Systems im Weingut

Prof. Dr. Eleftherios H. Drosinos, Agricultural University of Athens

Maria Gialtaki, Agricultural University of Athens

C. Metaxopoulos, Agricultural University of Athens

Inhalt

17.1	Einleitung	365
17.1.1	Die ISO 9000 Familie im Überblick	365
17.1.2	Das Weingut dieser Fallstudie	365
17.1.2.1	Das Weingut und seine Eigenschaften	366
17.2	Die Entwicklung und Implementierung des QMS	366
17.2.1	Die Verantwortung des Managements	367
17.2.2	Dokumentation	368
17.2.2.1	Prozess-Ansatz	369
17.2.2.2	Dokumentierte Prozesse	372
17.2.2.3	Arbeitsanweisungen	374
17.3	Implementierungshindernisse	376
17.4	Die Kosten der QMS Planung, Einführung und Zertifizierung	377
17.5	Der Nutzen des QMS	378
17.6	Marketing und die ISO 9001	380
	Literatur	381

17.1 Einleitung

17.1.1 Die ISO 9000 Familie im Überblick

Die Qualität eines Weins bezieht sich in der Regel auf sein Aussehen, seine Akzeptanz, seinen Geschmack und Aroma sowie seine Farbe und Zusammensetzung (Alkohol, Säure etc.) – schlicht alle die Eigenschaften, von denen seine Akzeptanz beim Konsumenten abhängt (Christaki & Tzia, 2002). Die Weinherstellung ist ein äußerst komplexer Prozess. Aus diesem Grund sind Kontrolle und Qualitätssicherung während des gesamten Prozesses unerlässlich.

Das Implementieren eines Qualitätsmanagementsystems (im Folgenden QMS) in Übereinstimmung mit der ISO-Norm 9001:2008 und die Einführung eines Food-Safety-Systems wie zum Beispiel HACCP im Weinbereich können zahlreiche Vorteile mit sich bringen. Diese Vorteile können sich einerseits intern bemerkbar machen, da Prozesse effizienter gestaltet werden, besser dokumentiert, gesteuert und kontrolliert werden können. Ebenfalls sorgt ein QMS dafür, dass Mitarbeiter qualitätsbewusster werden und qualitätsorientierter handeln. Es vermeidet ebenso Produktionsüberschüsse, nachträgliche Produktanpassungen und Produktablenungen. Die aus einem QMS resultierenden Vorteile erstrecken sich jedoch auch über die interne Ebene hinaus. So wird es leichter für das Unternehmen, mit seiner Umwelt (u.a. Stakeholdern) zu kommunizieren, was letztlich zur Steigerung der Kundenzufriedenheit, einer verbesserten Zuliefererbewertung und einer positiveren Außenwahrnehmung führt.

17.1.2 Das Weingut dieser Fallstudie

Die in diesem Kapitel geschilderte Fallstudie bezieht sich auf ein kleines traditionelles Weingut auf einer griechischen Insel. Das Weingut wurde 1917 gegründet. Es beschäftigt derzeit 12 ständige Mitarbeiter. Die durchschnittliche Jahresproduktion liegt bei etwas unter 600.000 Flaschen pro Jahr. Die Zielsetzungen des Managements des Weinguts bei der Einführung eines QMS entsprechend eines ISO 9000-Standards bestanden aus der Verbesserung der internen Prozesse, dem Erschließen neuer Märkte und der Steigerung des bestehenden Marktanteils. Kein Mitglied der Geschäftsführung hatte vorherige Erfahrungen mit der Einführung eines QMS. Somit bestand die erste Aufgabe darin, sich hinreichend über die ISO 9000-Familie zu informieren. Hierzu wurden die drei Hauptdokumente beschafft (ISO 9000/9001/9004). Nach kurzer Zeit wurde klar, dass es sehr schwer wäre, die Einführung eines solchen QMS ganz allein durchzusetzen, daher wurde ein externer Qualitätsberater hinzugezogen, der über das nötige Vor- und Fachwissen verfügte, um das geplante QMS umzusetzen.

17.1.2.1 Das Weingut und seine Eigenschaften

Das Weingut, das wir in diesem Beitrag unter die Lupe nehmen, hat aufgrund seiner kleinen Größe ganz bestimmte Eigenschaften:

- es wird direkt vom Geschäftsführer geführt,
- es bestehen sehr flache Hierarchien, das Personal hat ständig direkten Kontakt zur Geschäftsleitung,
- es gibt ein einfaches und effektives System zur internen Kommunikation,
- es gibt wenige permanente Mitarbeiter,
- aber eine relativ große Anzahl von Saisonarbeitern,
- viele Traubenzulieferbetriebe
- direkter Kontakt zum Endkunden
- relativ kurze Planungseinheiten.

17.2 Die Entwicklung und Implementierung des QMS

Die Entwicklung und Implementierung des QMS war das Ergebnis eines gut geplanten Programms von Prozessen mit dem Ziel, den effektiven Einsatz des QMS im täglichen Geschäft des Weinguts zu garantieren. Im Folgenden wollen wir die einzelnen Prozesse näher betrachten, die zwischen dem Entschluss der Geschäftsführung für ein QMS und der erfolgreichen Einführung des Systems standen.

Schritt 1:

- Die Geschäftsführung trifft die Entscheidung zur Implementierung eines QMS im Rahmen der ISO 9000-Familie.
- Abstechen des Anwendungsbereichs für das QMS
- Bereitstellung der notwendigen Ressourcen
- Durchführung einer Gap Analysis (Soll-Ist-Vergleich)
- Identifikation und Analyse aller für das QMS relevanten Prozesse im Unternehmen

Schritt 2:

- Dokumentation des QMS.
- Training und Weiterbildung der Angestellten

Schritt 3:

- Implementierung des ISO 9001/2008 QMS
- Internes Audit
- Zertifikations Audit

Die drei Schritte der Einführung des Systems dauerten insgesamt acht Monate. Der Zeitverlauf wird in der unten stehenden **Tabelle 17.1** illustriert.

Tabelle 17.1   Zeitlicher Ablauf der QMS Implementierung

Schritt	Dauer	Jahr											
		1	2	3	4	5	6	7	8	9	10	11	12
1	60 Tage	■	■										
2	90 Tage			■	■	■							
3	90 Tage						■	■	■				

17.2.1 Die Verantwortung des Managements

Die Rolle und Verantwortung des Managements ist es, das QMS auf das Unternehmen abzustimmen und zu unterstützen. Die Hauptverantwortung liegt dabei auf folgenden Punkten:

- Die Geschäftsführung muss ihrer Führungsrolle auch für das QMS gerecht werden.
- Sie muss Hingabe zur Einrichtung und zur Unterstützung des Systems demonstrieren.
- Sie muss die Übereinstimmung mit der dokumentierten Qualitätskriterien sicherstellen.
- Sie sich auf den Kunden konzentrieren.
- Sie muss die Ressourcen zu Verfügung stellen, die für die Implementierung notwendig sind, genauso wie Training und Unterstützung für die Angestellten.
- Sie muss kontinuierlich die Pläne für weitere Verbesserungen des gesamten Systems neu bewerten, gegebenenfalls abändern und implementieren.
- Erfolgreiche Arbeit muss anerkannt und entsprechend gewürdigt werden. (Wilson, 2002)

17.2.2 Dokumentation

Dokumentation ist eine Art, die operativen Prozesse des Weinguts zu kontrollieren und sicherzustellen, dass diese einheitlich ausgeführt werden. Die ISO 9001:2008-Dokumentationsstruktur teilt sich in drei Arten von Dokumenten auf: Qualitätshandbuch, Qualitätsabläufe und Arbeitsanweisungen, die immer auch die Qualitätspolitik und Qualitätszielsetzungen der Organisation miteinschließen. Unterstützende Dokumentation wie zum Beispiel Formulare, Aufzeichnungen, Richtlinien und andere Referenzen gehören ebenso zur ISO 9001:2008-Dokumentation.

Das Ausmaß der notwendigen Dokumentation für das QMS richtet sich an der Größe und den Prozessen des Betriebs aus, maßgeblich sind insbesondere die Komplexität und der Zusammenhang der Prozesse, die Kompetenz der Mitarbeiter und die Vorgaben des Qualitätsplans. Die Struktur der Dokumentation wird in **Abbildung 17.1** näher gezeigt.

Abbildung 17.1   Die verschiedenen Ebenen der Dokumentation des QMS

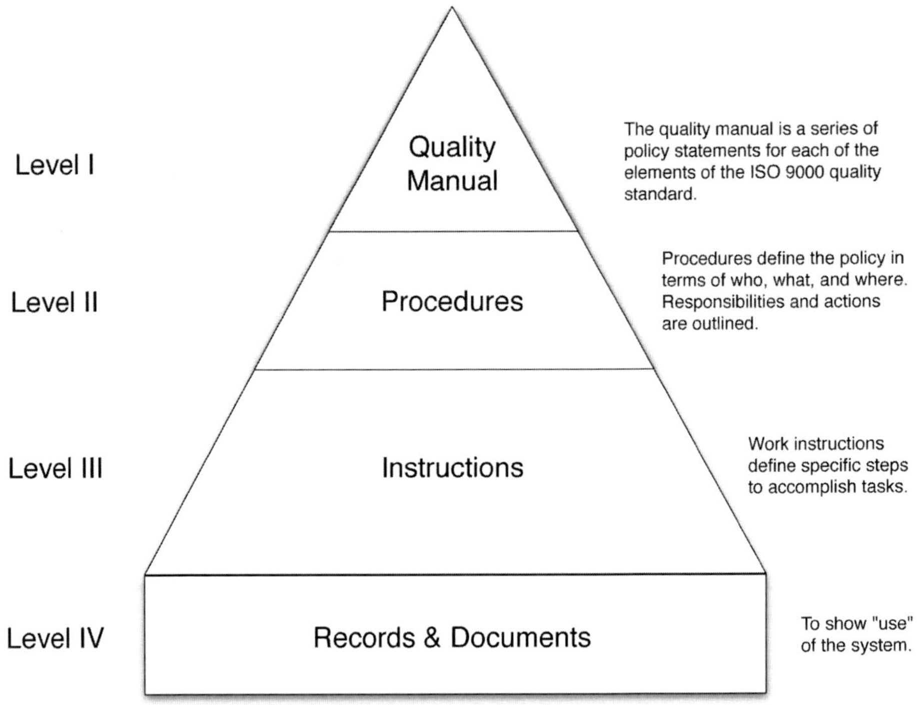

Level I	Quality Manual	The quality manual is a series of policy statements for each of the elements of the ISO 9000 quality standard.
Level II	Procedures	Procedures define the policy in terms of who, what, and where. Responsibilities and actions are outlined.
Level III	Instructions	Work instructions define specific steps to accomplish tasks.
Level IV	Records & Documents	To show "use" of the system.

Qualitäts-Aufzeichnungen formen die Basis eines jeden QMS, während das Handbuch das umfangreichste Dokument ist. Das Prozesshandbuch beinhaltet die Dokumentation der qualitätssichernden Prozesse und die Qualitätssicherungsformulare. Das Arbeitsprozesshandbuch beschreibt die wichtigsten Stellen und ihre Aufgaben im Unternehmen mit Relevanz für die reibungslose Durchführung des QMS, wie zum Beispiel Hygienevorschriften für die Mitarbeiter, Reinigungspläne für die Anlagen sowie die Ausstattung, Bewertung und Auswahl von Traubenzulieferern.

In der hier betrachteten Fallstudie hat das Weingut das Handbuch, das die ISO 9001:2008-Regelungen umfasst, eingeführt und entsprechend fortgeführt. Es beinhaltet in diesem Fall unter anderem folgende wichtige Punkte: detaillierte Informationen über alle Punkte, die von der ISO-Zertifizierung ausgenommen wurden, mit zugehöriger Begründung; die dokumentierte Qualitätspolitik; der Organisationsplan; Referenzen zu den dokumentierten Qualitätssicherungsprozessen; eine Beschreibung der Wechselbeziehungen zwischen den Hauptprozessen des QMS und einen Prozessplan.

Das QMS des Weinguts wurde speziell auf die Bedürfnisse des Unternehmens zugeschnitten und entsprechend implementiert, es soll sich im Kern mit allen Prozessen befassen, die mit „der Produktion und der Vermarktung von Rotwein und Retsina in Griechenland sowie im internationalen Umfeld" zu tun haben. Das QMS umfasst nicht die Regelung 7.5.4 „customer property", da keinerlei Warenbestände von Kunden im Weingut eingelagert oder benutzt werden.

17.2.2.1 Prozess-Ansatz

Einer der wichtigsten Aspekte der Überarbeitung des ISO 9001-Standards im Jahr 2000 war die Integration des Prozess-Ansatzes innerhalb des QMS (Hooper, 2002). In dieser Beziehung hat sich in der aktuellsten Fassung des Standards nichts geändert. Die ISO 9001:2008 spricht sich immer noch deutlich für den Prozess-Ansatz aus, wenn es darum geht, das QMS zu entwickeln, implementieren und verbessern. Der Prozess-Ansatz ist eines von acht QMS-Prinzipien, auf denen sich die gesamte Familie der ISO 9000-Zertifizierung aufbaut. Der Prozess-Ansatz stellt eine wertvolle Perspektive dar, wie Arbeitsabläufe im Unternehmen Werte schaffen und wie man diese am besten organisiert und verwaltet.

Dies hat der alten Konzeptionalisierung gegenüber entscheidende Vorteile. Während man früher Arbeitsabläufe vertikal nach Funktionen organisierte und verwaltete, stellt der neue Ansatz den Prozess in den Mittelpunkt. In der Tat fallen viele Problemstellungen, mit denen sich ein QMS auseinandersetzt, auf die Grenzlinie zwischen verschiedene Funktionen im Unternehmen. Der Prozess-Ansatz konzeptionalisiert horizontal, also in der gleichen Richtung, wie die Wertschöpfungskette. Die horizontale Verbindung zwischen Zulieferern und Kunden ist überlegen wenn es darum geht, die Effektivität der Wertschöpfungskette zu verwalten und zu verbessern.

Sind die für das QMS relevanten Prozesse, ihre Abläufe und Interaktionen einmal identifiziert, ist es notwendig, die Führungsverantwortlichkeiten und Rechenschaftspflichten für die Leistung der einzelnen Prozesse festzulegen. Darüber hinaus sollte die Geschäftsführung passende Messgrößen für die Leistung der wichtigsten Prozesse etablieren, um sie richtig überwachen, verwalten, und verbessern zu können (Geraedts, Montenarie & Rijk,

2001). Die Geschäftsführung des Weinguts hat die relevantesten Prozesse für das einzuführende QMS identifiziert und ihre speziellen Abläufe und Interaktionen unter die Lupe genommen (siehe **Abbildung 17.2** nächste Seite). Alle notwendigen, oben beschriebenen Schritte wurden entsprechend eingeleitet, um eine effektive Überwachung und Gestaltung aller Prozesse zu gewährleisten.

Abbildung 17.2 Das Zusammenwirken der Hauptprozesse des Weinguts (main processes - MPs) und der Prozessindikatoren (PIs)

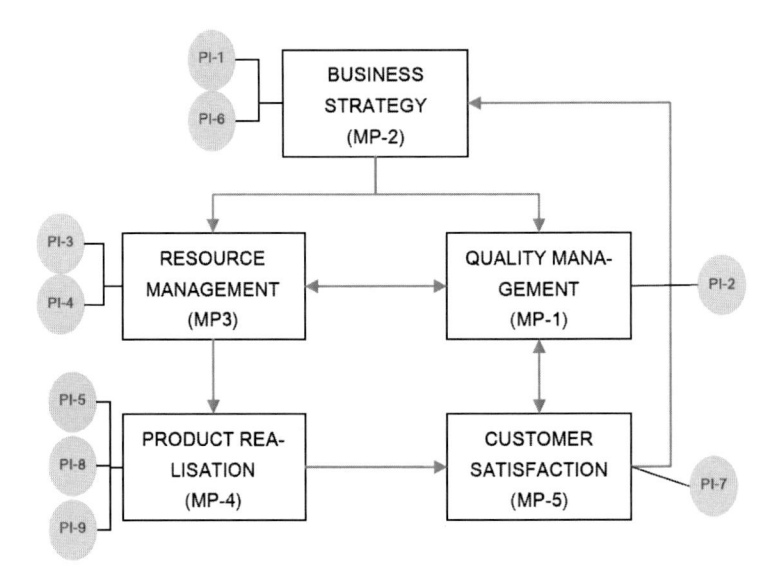

Für alle Hauptprozesse des Weinguts wurden Input und Output identifiziert. Erst diese Indikatoren machen eine effektive Messung der Prozesse möglich. Sie dienen zur Kontrolle und als Leistungsindikatoren. Alle diese Elemente sind nochmals im Folgenden (**Tabelle 17.2** und **Tabelle 17.3**) illustriert.

Tabelle 17.2   Plan der Hauptprozesse (MPs) mit ihren Prozessindikatoren (PIs) Teil 1

Inputs	Outputs	Acceptance criteria	Monitoring - Process control	Performance indicators
MP1: Quality Management				
Process performance and product conformity. Results of audits.	Decisions on changes of the QMS. Corrective and preventive actions.	Achievement of quality objectives. Continual improvement of the QMS.	Review of the QMS a time per year. Internal audits.	PI-2 QMS effectiveness indicator: The average score on internal audits in one year
MP2: Business strategy				
Customer feedback. Supplier's evaluation. Environmental opportunities.	SWOT analysis	Increase in the market share.	Monitoring turnover and sales.	PI-1 turnover indicator: Average turnover of 3 years. PI-6 sales indicator: quantity of wine sold / year
MP-3: Resource management				
Needs of personnel training. Maintenance needs. Calibration and maintenance needs of monitoring and measuring devices.	Decisions for the realization of training programmes. Maintenance of mechanical equipment. Calibration of monitoring and measuring devices.	Trained personnel. Calibrated devices. Well functioning equipment.	Monitoring and control of training programmes. Monitoring and control of calibration programmes. Monitoring and control of maintainance programmes.	PI-3 Mean Time Between Failures. PI-4 employees' satisfaction: Questionnaire score.

Tabelle 17.3   Plan der Hauptprozesse (MPs) mit ihren Prozessindikatoren (PIs) Teil 2

Inputs	Outputs	Acceptance criteria	Monitoring - Process control	Performance indicators
MP-4: Production				
Customer's requirements. Specifications and characteristics of final products. Work instructions.	Final products	Satisfied quality inspection of final products.	Monitoring production control measures. Maintenance and control of the appropriate records.	PI-5 order response: the time between order and delivery. PI-8 Percentage of nonconforming products. PI-9: Percentage of nonconforming suppliers.
MP-5: Customer satisfaction				
Customer-Organisation Contacts: Customer's satisfaction questionnaire. Customer's complaints.	Corrective and preventive actions. Resolved complaints. Satisfied customers.	Written down and worked out customer's complaints.	Control of questionnaires sending. Evaluation of answered questionnaire by top management.	PI-7 Percentage of very satisfied customers on the total of answered questionnaires.

17.2.2.2   Dokumentierte Prozesse

Im ISO 9001:2008-Standard werden nur sechs Prozesse zwingend dokumentiert:

- Kontrolle der Dokumente (4.2.3)
- Kontrolle der Aufzeichnungen (4.2.4)
- Interne Audits (8.2.2)
- Kontrolle von nicht-konformen Produkten (4.3)
- Korrigierende Maßnahmen (4.5.2)
- Vorsorgliche Handlungen (4.5.3)

Diese zwingend notwendige Dokumentation der Prozesse ist dazu gedacht, die für das Funktionieren des QMS absolut kritischen Prozesse für alle Teilnehmer immer in schriftlicher Form bereit zu halten. Es steht dem Unternehmen frei, auch andere QMS-Prozesse zu dokumentieren. Das übliche Kriterium um zu entscheiden, ob ein Prozess mit in die Dokumentation aufgenommen werden soll oder nicht, ist seine Relevanz für das reibungslose Funktionieren des QMS. Fast alle Unternehmen haben entschieden, dass ein gewisses Maß an schriftlich festgehaltenen Prozessen notwendig ist um die gewünschte Funktion des QMS sicherzustellen. Prozesse, die der Organisation helfen, Leitlinien und Zielsetzungen zu entwickeln, die die Kundenzufriedenheit verbessern, die Bindung mit den Stakeholdern fördern oder sich mit gesetzlichen Gegebenheiten beschäftigen sind mit Sicherheit Kandidaten, die es zu beachten gilt.

Dokumentierte Prozesse sollten immer so geschrieben werden, dass sie verständlich für den Anwender sind. Somit sollten sie eine einfache, verständliche Sprache verwenden. Ebenso sollte man die einzelnen Beschreibungen kurz halten und nur Informationen mit einbeziehen, die wirklich relevant sind. Jede Organisation und jedes Unternehmen kann flexibel das Format und die Struktur dieser Dokumentationen bestimmen, sodass sie möglichst gut ihre Bedürfnisse erfüllen. Alle Prozesse bestehen normalerweise auch aus administrativen Elementen, um die Dokumentationskontrolle zu gewährleisten. Diese beinhalten i.d.R. den Titel des Prozesses, seine Codenummer, die das Dokument identifiziert, Revisionsstatus, den Namen des Verfassers bzw. seine Unterschrift. Somit sollten diese dokumentierten Prozesse auf jeden Fall die folgenden Fragen klären:

- Was muss getan werden?
- Wie soll es gemacht werden?
- Werden speziellen Einrichtungen oder Werkzeuge benötigt?
- Wer trägt die Entscheidungsverantwortung?
- Welche Aufzeichnungen sind wichtig?

Die Geschäftsführung des betrachteten Weinguts hat sich entschlossen, neben sechs Prozessen, die verpflichtend dokumentiert werden müssen, noch insgesamt zehn weitere Prozesse zu dokumentieren. Die Prozesse, die das Weingut sich entschlossen hat zu dokumentieren, sind in **Tabelle 17.4** zusammengefasst. Alle dokumentierten Prozesse im Weingut werden in derselben Weise aufgezeichnet. Dies beinhaltet den Umfang des Prozesses, seine Anwendung, die verantwortlichen Mitarbeiter, die die Einführung, Implementierung und Wartung der Prozesse verantwortlich betreuen, die Relevanz des Prozesses innerhalb der Dokumentation sowie eine analytische Beschreibung des Prozesses.

Tabelle 17.4   Prozesse, die durch das QMS dokumentiert werden

Code	Titel
SOP[1]-4.2/01	Control of documents
SOP-4.2/02	Control of records
SOP-5.6/01	Management review
SOP-6.2/01	Personnel training
SOP-6.3/01	Plant and equipment maintenance
SOP-7.1/01	Planning of product realization
SOP-7.2/01	Customer communication
SOP-7.2/02	Management of customer's complaints
SOP-7.4/01	Control of suppliers and purchasing
SOP-7.5/01	Storage of supplies and final products
SOP-7.5/02	Identification and traceability
SOP-7.6/01	Control of monitoring and measuring devices
SOP-8.2/01	Customer satisfaction
SOP-8.2/02	Internal audit
SOP-8.3/01	Control of nonconforming product
SOP-8.5/01	Corrective and preventive action

17.2.2.3 Arbeitsanweisungen

Zusätzlich zum Qualitätshandbuch und den dokumentierten Prozessen, die sich mit den übergreifenden Prozessen des QMS beschäftigen, muss die Organisation ebenfalls andere Dokumentationen zur Prozesskontrollen bereithalten. Die Art und das Ausmaß dieser

---

[1] SOP: Standard Operation Procedure

Dokumentation werden durch die Bedürfnisse der Organisation entschieden. Diese Dokumente werden gemeinhin als Arbeitsanweisungen bezeichnet.

Tabelle 17.5 Die Arbeitsanweisungen im betrachteten Weingut

Code	Title
ARBEITSANWEISUNG-1	Landwirtschaftliche Best Practice
ARBEITSANWEISUNG-2	Auswahl der Zulieferbetriebe
ARBEITSANWEISUNG-3	Anlieferung der Trauben
ARBEITSANWEISUNG-4	Reinigung und Desinfektion der Produktionsanlagen
ARBEITSANWEISUNG-5	Persönliche Hygienevorschriften
ARBEITSANWEISUNG-6	Pflichten und Zuständigkeiten von Saisonkräften
ARBEITSANWEISUNG-7	Distribution der Endprodukte

Arbeitsanweisungen sind dazu gedacht, den Mitarbeitern bei der Umsetzung der Prozesse auch im Detail zu helfen, da die Aufgaben innerhalb des QMS immer auf die gleiche Weise erledigt werden müssen, selbst wenn die Intervalle, in denen sie durchgeführt werden müssen, relativ lange auseinander liegen. Das Ausmaß von Detailgenauigkeit in diesem Typ von Dokument ist normalerweise vom Training und der Erfahrung der ausführenden Mitarbeiter abhängig. Arbeitsanweisungen sind insbesondere dann wichtig, wenn der Arbeitsablauf komplex ist, wenn das Ausbildungsniveau der Arbeiter eher gering ist und wenn das Fehlen solcher Anweisungen die Fähigkeit der Organisation einschränken würde, die Spezifikationen des QMS zu erfüllen. Ähnliche Betrachtungen gelten für die Fülle an Details, die in der Arbeitsanweisung genannt werden. Wenn der Arbeitsablauf einfach ist und die Arbeiter qualifiziert sind, ist generell eine weniger detaillierte Darstellung notwendig. Die Geschäftsführung des Weinguts hat sich aufgrund der geringen Ausbildung der Arbeiter dazu entschieden, ihre Arbeitsanweisungen in schriftlicher Form festzuhalten. Arbeitsanweisungen bezüglich der dokumentierten Prozesse sollten das Anwendungsfeld, die spezielle Anwendung, die verantwortlichen Mitarbeiter und eine analytische Beschreibung der Anweisung enthalten. Die einzelnen Bereiche des Handbuchs mit Arbeitsanweisungen im betrachteten Weingut finden sich in **Tabelle 17.5**.

17.3 Implementierungshindernisse

Eine Anzahl von Organisationen hat immer wieder über große Probleme bei der Planung und Implementierung von QMS der ISO 9000-Familie berichtet. Die kritischsten Probleme betreffen den Dokumentationsprozess, das geringe Vorwissen über ISO 9000-Standards sowie die mangelnde Erfahrung in der Umsetzung der Standards. Oftmals mangelt es auch an Zeit und Ressourcen, Hingabe der Geschäftsführung und des Personals, sowie der Integration des Systems (Pallet, 1994; Stevenson & Barnes, 2002). Diese Hemmnisse werden umso offensichtlicher, je kleiner das zu zertifizierende Unternehmen ist. Als besonders kritisch erweisen sich Zeitbeanspruchung sowie die Bereitstellung finanzieller und anderer Ressourcen. Es ist erkennbar, dass es in kleinen Unternehmen nicht möglich ist, eine ausreichende Zahl von Mitarbeitern während und nach der ISO 9000-Einführung freizustellen. Ebenfalls ist es nicht möglich, die Vorbereitung, Entwicklung und Registrierung des Projektes ausreichend zu finanzieren (Aldowaisan & Youssef, 2006).

Nach der ersten Einschätzung der Struktur des Weinguts wurde klar, dass die bestehende Struktur der Organisation weit von dem durch ISO 9001:2008 geforderten Standard abwich. Die Ergebnisse der Begutachtung zeigten, dass die kritischsten Abweichungen mit der Kontrolle von Dokumenten, internen Audits und der Einstellung des Equipments zu tun hatten. Wie zuvor schon gesagt, hatte kein Mitglied der Geschäftsführung vorherige Erfahrungen mit der Implementierung eines QMS. Nichtsdestotrotz entschloss man sich, aus Mangel an finanziellen Mitteln die Entwicklung des QMS in die eigenen Hände zu nehmen. Nach kurzer Zeit wurde klar, dass dies ein äußerst zeitaufwendiger Prozess sein würde, dessen Ergebnisse nur schwer vorherzusehen waren. So wurde die Zusammenarbeit mit einem externen Berater zwingend erforderlich, um die richtige Dokumentation aller notwendigen Prozesse sowie die grundsätzliche Funktion des QMS sicherzustellen.

Der Mangel an Wissen und Erfahrung mit ISO 9000-Zertifizierungen, der alle Mitarbeiter betraf, war ein weiteres schwerwiegendes Hemmnis, dass es zu überwinden galt. Dies wurde durch interne sowie externe Trainingsprogramme auf allen Ebenen des Weinguts erreicht. Das interne Training wurde vom Qualitätsmanager und dem externen Berater durchgeführt. Alle Mitarbeiter wurden in zwei Bereichen geschult. Zuerst ging es darum ein grundlegendes Verständnis für das ISO 9000-Vokabular, die Rolle der Dokumente/Dokumentation und die notwendigen Aufzeichnungen für das QMS zu schaffen. Ebenso waren die individuellen Verantwortlichkeiten und Vorteile, die sich aus dem QMS ergeben Bestandteil dieses ersten Trainingsteils. Der zweite Teil konzentrierte sich auf die tatsächlichen täglichen Prozesse und Arbeitsabläufe, die die ständige Verbesserung aller Prozesse im Blick haben müssen. Darüber hinaus gab Seminare zu „Food Safety Hazards", Lebensmittelhygiene und Reinhaltung des Arbeitsbereiches. Ebenfalls halfen dem Weingut Besuche von Qualitätsmanagern aus Weingütern, die bereits ein QMS eingeführt hatten, sehr weiter. Neben diesen Maßnahmen mussten auch für Saisonkräfte effektive Trainingsmethoden entwickelt werden. Bekanntermaßen ist die Weinherstellung ein komplexer Prozess. Während der Lese steigt der Arbeitsaufwand immens an und Saisonarbeiter sind notwendig, um mit der Belastung fertig zu werden. Im betrachteten Weingut wurden alle Saisonkräfte vor Arbeitsantritt mit einem kurzen Seminar in die wichtigsten und für sie relevanten Bereiche des QMS eingewiesen.

Wie bereits beschrieben, benötigt die Implementierung des ISO 9001-QMS eine große Menge an Zeit, Ressourcen und Einsatz. Die Zeit, die für die Produktion aufgewendet werden kann, ist immer noch von großer Relevanz für die Organisation. Der Planungs- und Einführungsprozess, der das Zertifizierungs-Audit miteinschloss, nahm insgesamt zwölf Monate in Anspruch, während dieser Zeit leistete das Personal des Weinguts viele Überstunden ab. Finanzielle und menschliche Ressourcen sowie die Infrastruktur verursachten zahlreiche Probleme, mit denen sich die Organisation auseinandersetzen musste. Das Weingut konnte es sich aufgrund seiner geringen Größe nicht leisten, einzelne Personen oder ganze Abteilungen einzig und allein für die reibungslose Durchführung der Zertifizierung bzw. die spätere Überwachung der Qualitätsstandards abzustellen. Der einzige Weg war, diese neuen Aufgaben in schon bestehende Verantwortungsstrukturen einzubauen. Ebenso erschwerte das Fehlen der finanziellen Ressourcen im Weingut vor allem das Bezahlen des externen Beraters und der Zertifizierung. Die Lösung für dieses Problem kam vom griechischen Ministerium für Entwicklung durch einen Plan zur Stärkung der Wettbewerbsfähigkeit von kleinen und mittleren Unternehmen (KMUs). Dieser Plan ermöglicht finanzielle Unterstützung von KMUs bei der Implementierung und Zertifizierung von QMS innerhalb des ISO 9001:2008-Standards.

Ein weiteres Hemmnis war, die Mitarbeiter vom Nutzen des QMS zu überzeugen, da nur so das langfristige Funktionieren des QMS sichergestellt werden kann. Um dies zu erreichen, stellte die Geschäftsführung sicher, dass alle Mitarbeiter umfassend über das QMS und die seine individuellen Vorteile informiert wurden. Insbesondere wurden folgende Punkte von der Geschäftsführung hervorgehoben: die Reduktion von fehlerhaften Produkten, die Verbesserung der internen Kommunikation, der Anstieg der Kundenzufriedenheit sowie von Marktanteilen und die Gelegenheit, neue Märkte zu erschließen.

17.4 Die Kosten der QMS Planung, Einführung und Zertifizierung

Es gab vier Faktoren, die für das betrachtete Weingut von entscheidender Bedeutung bei der Planung, Einführung und Zertifizierung des QMS von entscheidender Bedeutung waren. Die Hauptelemente, aus denen sich die Gesamtkosten ergaben, können in den folgenden vier Punkten zusammengefasst werden:

- Die Ausgaben für den externen Berater, etwa 10.000€
- Trainingskosten, etwa 4,000€
- Registrationsgebühren, inkl. Gebühren für die Zertifizierung (2.000€), etwa 4.000€
- Kosten, die durch die Mehrbeanspruchung von Mitarbeitern entstehen sowie das Gehalt des Qualitätsmanagers (18.000€) sind als inhärente Kosten zu verstehen.

Um alle Kriterien des ISO 9001:2008 zu erfüllen, war es notwendig, in neue Ausstattung zu investieren und Modifikationen auf der funktionalen Ebene vorzunehmen. Das Weingut realisierte folgende Änderungen im Rahmen der Zertifizierung:

- Verbesserung des Feuerlöschsystems
- Verbesserung der Beleuchtung
- Verbesserung des Weinlabors
- Einführung eines Programms zur Eliminierung von Ratten und anderem Ungeziefer
- Ankauf von Dienstkleidung und Arbeitsschutzausstattung für die Mitarbeiter
- Zusammenarbeit mit einem externen Labor

Die Kosten der oben genannten Änderungen beliefen sich auf insgesamt 10.000€. Zuletzt sind noch die Kosten für den Kauf der ISO 9000-Standardhandbücher zu nennen, die sich auf etwa 100€ belaufen.

17.5 Der Nutzen des QMS

Die Einführung des QMS hat die Funktion des Weinguts in kritischen Bereichen verbessert. So konnten schadhafte Produkte reduziert und die interne Kommunikation verbessert werden. Ebenso wurden die Kundenzufriedenheit und der Marktanteil gesteigert. Es wurden neue Möglichkeiten geschaffen, in bisher unbearbeitete Märkte vorzudringen und globaler zu agieren. Darüber hinaus hat das QMS die allgemeinen Kosten zur Qualitätssicherung (langfristig) gesenkt und Fehler werden nun effizienter vermieden. Eine höhere Weinqualität, die Reduktion des Abfalls, weniger Lieferengpässe, gesteigerte Produktivität, weniger Produktretouren und bessere Außendarstellung waren die Folge. Das Verständnis für diese Vorteile bestärkt die Mitarbeiter wie auch die Führung des Weinguts, weiterhin die Qualitätsmanagementmaßnahmen zu verbessern.

Mit der Publikation des ISO 22000:2005-Standards haben zahlreiche Unternehmen der Lebensmittelbranche den Zertifizierungsprozess für diesen neuen Standard begonnen. ISO 22000 beinhaltet die grundsätzlichen Bestandteile der bekannten und hier besprochenen ISO 9001. Alle Weinbaubetriebe, die schon eine ISO 9001-Zertifizierung haben, können somit mit wenig Aufwand auch eine ISO 22000-Zertifizierung erhalten. Für die Weinbranche als solche ist die ISO 22000-Zertifizierung die beste Wahl. Weingüter müssen die Regularien erfüllen, die in den EU-Richtlinien festgelegt wurden (EC 852/2004). Dies bedeutet jedoch nicht, dass die ISO 22000 die ISO 9001 vollständig ersetzen oder aufwiegen könnte, obwohl dies der landläufigen Meinung in der Lebensmittelbranche entspricht.

HACCP ist ein systematischer Ansatz für die Lebensmittelsicherheit, der diese dramatisch verbessert und leicht in ein bestehendes QMS wie z.B. die ISO 9001 eingebaut werden kann. HACCP hilft, Lebensmittelsicherheit von der primären Produktion bis zum Endverbraucher effektiv durchzusetzen.

Statistiken wie die Foodborne Surveillance zeigen deutlich, dass Lebensmitteleinkaufsstätten einen erheblichen Anteil an Sicherstellung der Gesundheit des Endverbrauchers haben. Die Implementierung des HACCP-Programms durch die Lebensmittelindustrie hat deren Rolle und Position für den Schutz der öffentlichen Gesundheit deutlich gestärkt. Diese reicht nun über traditionelle Schwerpunkte hinaus. Letztere bezogen sich vornehmlich auf die Entwicklung, Wartung, Pflege, Reinigung der Produktionsanlagen und Geräte sowie die technisch saubere und effektive Herstellung von Produkten. Die Ausbildung und das Training des gesamten Personals sind kritisch für den Erfolg und die effektive Umsetzung eines jeden HACCP-Protokolls. Die ISO 22000:2005 betont die Anwendung der HACCP-Prinzipien sowie die Verantwortlichkeitsregelungen unter Management und Mitarbeitern. Spezifische HACCP-Pläne müssen für jedes Produkt entwickelt und implementiert werden, um optimale Lebensmittelsicherheit gewährleisten zu können. Da sich die Lebensmittelbranche aus großen, mittleren und kleinen Unternehmen, die entweder ihre spezielle Rolle in einer Kette von Prozessen übernehmen oder unabhängig arbeiten, besteht, variiert der Grad an Lebensmittelsicherheitsexpertise erheblich. Ungeachtet der Größe muss ein HACCP-Protokoll für die Gewährleistung der sicheren Herstellung und des sicheren Verkaufs entwickelt, eingerichtet und verifiziert werden. Lebensmittelhersteller haben die primäre Verantwortung für die Lebensmittelsicherheit. Die Entwicklung und Implementierung von HACCP-Programmen stellt einen zuverlässigen und verantwortungsvollen Schritt dar, Lebensmittelsicherheit für die Endverbraucher herzustellen. Der ISO 22000:2005 Standard ist voll mit der ISO 9001:2008 kompatibel (siehe Tabelle 17.6). Alle kongruenten Punkte der zwei Regelwerke werden im Anhang A der ISO 22000 aufgeführt.

Tabelle 17.6   Überschneidungen von ISO 22000:2005 und ISO 9001:2008

ISO 22000:2005	ISO 9001:2008
Introduction	Introduction
1. Scope	1.Scope
2 Normative Reference	2. Normative reference
3 Terms and Definitions	3. Terms and definitions
4. Food safety management system	4. Quality management system
5. Management responsibility	5. Management responsibility
6. Resource management	6. Resource management
7. Planning and realization of safe products	7. Product realization
8. Verification, validation and updating of the food safety management system	8. Measurement, analysis and improvement

17.6 Marketing und die ISO 9001

Die Management-Prinzipien, die durch den ISO 9001:2008-Standard vorgegeben werden schließen nicht nur die bekannten vier P's des Marketing – Product, Price, Promotion, Place – ein, sondern beinhalten ebenso die Erweiterung dieses Kategorisierungsansatzes, die 4 C's – Consumer, Cost, Convenience und Communication. In Griechenland kam der Anstoß für die verbreitete Einführung und Anwendung des ISO 9001-Standard von den Handelsunternehmen, die nach Wegen suchten, wie sie die Qualität der Produkte und Serviceleistungen, die sie ein- und verkauften sicherstellen können. Folglich wurde die ISO 9001 in den Jahren 1999 bis 2006 mehr als je zuvor zur Notwendigkeit in der Lebensmittelindustrie. Die Nachfrage von Handelsunternehmen nach der ISO 9001-Zertifizierung brachte auch erstmals kleinere Weingüter dazu, ein QMS in Betracht zu ziehen. Die Geschäftsführungen einer großen Anzahl von Weingütern sahen die Vorteile, die ihnen ein QMS brachte vor allem in Prozessstandardisierung, Produktionsaufzeichnungen, Nachverfolgbarkeit, Prozesskontrolle und dem Setzen von Leistungszielen.

Der wichtigste Nutzen für kleine griechische Weingüter ist, dass ihnen solche Zertifizierungen ermöglichen, in den Kontakt mit größeren Kunden zu treten, die ansonsten nicht (mehr) für sie erreichbar wären. Kundenzufriedenheit, Beschwerdemanagement und die Verbesserung der externen Kommunikation haben das Weingutsmanagement und den Kundenkontakt nachhaltig verändert. Von jetzt an wurden die Aufgaben neu definiert, es geht nicht mehr nur darum, qualitativ hochwertigen Wein zu produzieren, sondern auch besseres Management, bessere Kundenkommunikation und Handelsmacht zu haben. Auf diesem Weg haben viele kleine griechische Weingüter ihren Weg in den heimischen wie auch den globalen Markt gefunden. Die häufigsten positiven Auswirkungen auf das Marketing und die Kommunikationsaktivitäten von griechischen, die durch die Einführung eines QMS entstehen, können wie folgt zusammengefasst werden:

- **Standardisierung externer Kommunikation:** Die Verantwortung für die externe Kommunikation ist klar zu regeln. Alle Kommunikation findet in standardisierter Form statt. Soweit angebracht, wird die externe Kommunikation dokumentiert.

- **Konzentration auf den Konsumenten:** Kleine Weingüter sehen sich oftmals durch Einführung eines QMS zum ersten Mal gezwungen, die Kundenzufriedenheit zu bewerten und Prozesse zu installieren, die Kundenbeschwerden effektiv vorbeugen anstatt sie im Nachhinein bereinigen zu müssen.

- **Auftragsannahmeprozesse:** Eine durchdachte Auftragsannahme sichert einheitliche Preispolitik und fördert die möglichst direkte Bearbeitung von Kundenanfragen.

- **Prozesskontrolle:** Das Setzen und Überprüfen von Zielen für Kernprozesse des Weinguts wie Produktion, Vertrieb und Kundenzufriedenheit hat Weingüter mit QMS dazu gebracht ihre Ressourcen effektiver zu verwenden und sich kontinuierlich zu verbessern. Darüber hinaus können diese Maßnahmen auch auf periphere Prozesse übertragen werden und auch hier die Leistungsfähigkeit verbessern.

- **Nachverfolgbarkeit und Aufzeichnung**: Diese Prozesse sitzen im Kern des QMS, was bedeutet, dass mit der Einführung des QMS Materialbeschaffung, Kundenbindung, Produktion und Lieferung des finalen Produktes neues Potenzial auch für das Marketing eröffnen (z.B. lassen sich so die Produkte mit geographischer Herkunftsangabe, z.B. DOC,ausstatten; sie können so als traditionelle Spezialitäten vermarktet werden). Ebenso wurden der Kundenservice und die Marketingkommunikation signifikant verbessert.

Literatur

[1] Aldowaisan, T.A., & Youssef, A.S. (2006). An ISO 9001:2000 – based framework for realizing quality in small businesses. Omega, *The International Journal of Management Science*, 34(3), 231-235.
[2] Christaki, T., & Tzia, C. (2002). Quality and safety assurance in winemaking. *Food Control*, 13(8), 503-517
[3] Geraedts, H.P.A., Montenarie, R., & van Rijk, P.P. (2001). The benefits of total quality management. *Computerized Medical Imaging and Graphics*, 25(2), 217-220
[4] Hooper, J. (2002). The Process Approach to Quality Management Systems. In C.A. Cianfrani, J.J. Tsiakals, & J.E. West, *The ASQ ISO 9000:2000 Handbook* (pp. 11-16). Milwaukee, ASQ Quality Press.
[5] ISO (2005). *International Standard ISO 9000:2005, Quality management systems – Fundamentals and vocabulary*. Geneva: ISO.
[6] ISO (2008). *International Standard ISO 9001:2000, Quality management systems – Requirements*. Geneva: ISO.
[7] ISO (2000). *International Standard ISO 9004:2000, Quality management systems – Guidelines for performance improvements*. Geneva: ISO.
[8] Pallet, A.J.M. (1994). ISO 9000 – The Company's Viewpoint. *Food Technology*, 48(9), 60-62.
[9] Stevenson, T.H., & Barnes F.B. (2002). What industrial marketers need to know about ISO 9000 certification: A review, update, and integration with marketing. *Industrial Marketing Management*, 31(8), 695-703.
[10] Wilson, L.A. (2002). The Quality Management System. In C.A. Cianfrani, J.J. Tsiakals, & J.E. West, *The ASQ ISO 9000:2000 Handbook* (pp. 107-128). Milwaukee: ASQ Quality Press.

18 Qualitätssicherung und Qualitätsmanagement in einer Weinregion

Prof. Dr. Siegfried Pöchtrager, Universität für Bodenkultur Wien

Stefan Grossauer, Universität für Bodenkultur Wien

Inhalt

18.1	Einleitung	385
18.2	Qualitätsmanagementsysteme in der österreichischen Weinwirtschaft	385
18.3	Anforderungen an Top-Weingüter	387
18.3.1	Einführung	387
18.3.2	Befragungsintension und Ablauf	388
18.3.3	Auszug aus den Ergebnissen der Befragung	388
18.4	WEINVIERTEL[PLUS] – Ein regions- und betriebsspezifisches QMS	390
18.4.1	Projektbeschreibung	390
18.4.2	Aufbau und Systematik des Qualitätsstandards WEINVIERTEL[PLUS]	391
18.4.3	Anforderungskatalog der Qualitätsstandards Weinviertel [PLUS]	393
18.4.4	Durchführung und Kontrolle	394
18.5	Fazit: Qualitätsmanagement als Schlüssel zum Erfolg	397
	Literatur	397

18.1 Einleitung

WEINVIERTEL^PLUS, das Zertifikat für Weinviertler Weinbaubetriebe, ist das bis dato erste derart umfassende und speziell an den Winzerbetrieb angepasste Qualitätsmanagementsystem in Österreich. Es wurde vom Weinkomitee Weinviertel in Begleitung des Instituts für Marketing und Innovation der Universität für Bodenkultur Wien erarbeitet, mit dem Ziel, die hohe Wein- und Servicequalität zu sichern und zu steigern. Für den Konsumenten stellt WEINVIERTEL^PLUS eine gute Orientierungshilfe auf der Suche nach bester Weinqualität dar. Um objektive Bewertungskriterien zu finden, wurden die wichtigsten Weinexperten und Opinion Leader der Weinbranche aus den Bereichen Gastronomie, Sommelier, Wissenschaft, Weinbauliche Praxis, Weinjournalismus undHandel sowie Personen der Öffentlichkeit mit Naheverhältnis zur Weinbranche befragt und deren Einschätzungen in einem strukturierten Qualitätsstandard umgesetzt.

Der folgende Beitrag beschreibt die Projektabwicklung der Einführung des Qualitätsstandards WEINVIERTEL^PLUS in Österreichs größtem Weinbaugebiet. Des Weiteren werden sämtliche Projektschritte von der Zielfindung über die methodische Herangehensweise bis hin zur Implementierung des fertig gestellten Standards kritisch beleuchtet.

18.2 Qualitätsmanagementsysteme in der österreichischen Weinwirtschaft

Die österreichische Weinwirtschaft ist permanenten Veränderungen unterzogen. Veränderungen im Konsumentenverhalten bewirken Änderungen in den Absatzwegen und im Qualitätsstreben der österreichischen Winzer. Als Beispiel zeigt folgende Abbildung die Veränderung der Verkaufskanäle von 1995 bis 2009 in Österreich. Der Verkauf im Lebensmitteleinzelhandel konnte in der näheren Vergangenheit auf Kosten des Ab-Hof-Verkaufes ständig steigende Marktanteile generieren.

Zusätzlich bringt die voranschreitende Internationalisierung der Weinwirtschaft Chancen für die österreichischen Winzer, setzt diese aber auf der anderen Seite in direkte Konkurrenz mit der weltweiten Winzerschaft.

Österreich ist mit rund 2,5 Millionen Hektoliter Gesamtweinproduktion und rund 52.000 Hektar Rebfläche ein kleines Weinland. Nur rund 3 Prozent der weltweit produzierten Weinmenge wird in Österreich gekeltert (vgl. ÖWM, 2009, 3).

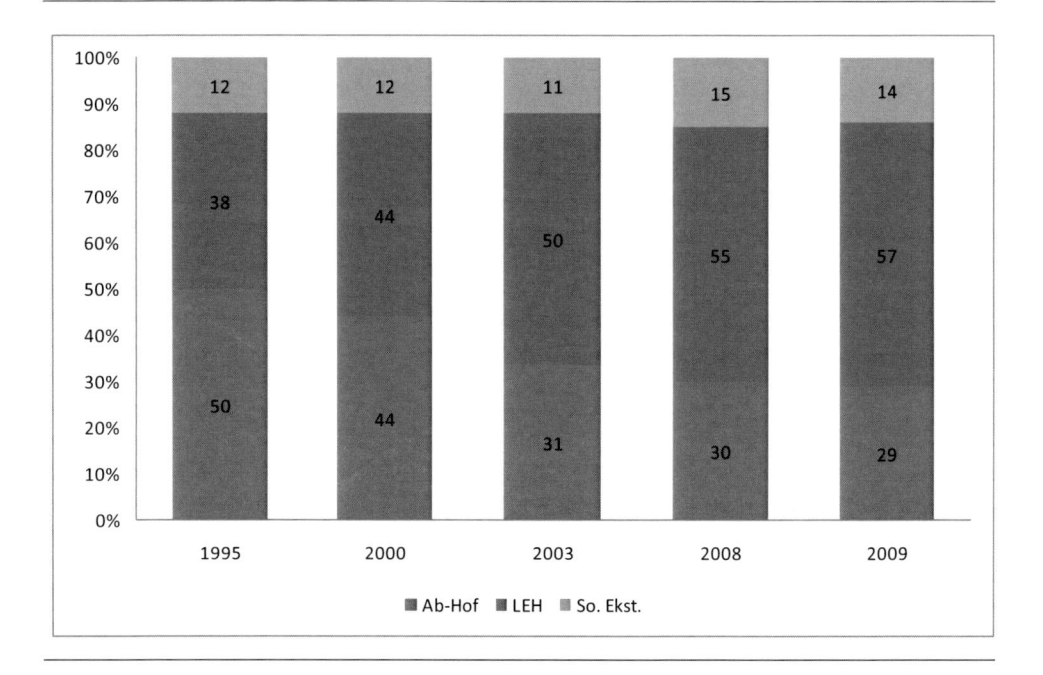

Abbildung 18.1   Entwicklung der Verkaufskanäle – 1996 bis 2009

Jahr	Ab-Hof	LEH	So. Ekst.
1995	50	38	12
2000	44	44	12
2003	31	50	11
2008	30	55	15
2009	29	57	14

Die Produktion von Wein in Österreich ist durch das Bundesgesetz über den Verkehr mit Wein und Obstwein (vgl. BGBl. 1999/141) und das Lebensmittelgesetz (vgl. BGBl. I2006/13) geregelt. Als gesetzliche Mindestanforderung in Bezug auf die Produktsicherheit sind laut Verordnung der Europäischen Union (vgl. VO 178/2002) die Anwendung eines HACCP-Systems sowie die Aufzeichnungspflichten des „Kellerbuches Neu" (vgl. VO 149/2005) und die damit gegebene Chargenverfolgung vorgeschrieben.

Daneben existiert noch eine Reihe privatrechtlicher Standards. Neben den Vorgaben diverser Markengemeinschaften gehören insbesondere die im Lebensmittelbereich ohnehin bekannten und vielfach angewendeten Qualitätsmanagementstandards dazu. In der österreichischen Weinwirtschaft relevant sind vor allem der International Food Standard(vgl. IFS, s.a.) und die Zertifizierung nach ISO 9001/2008 (vgl. ISO, s.a.). Diese Standards werden in Österreich allerdings relativ selten angewendet. Anwender sind hier hauptsächlich große Kellereien und Winzer, die den Lebensmitteleinzelhandel beliefern.

Der Qualitätsstandard WEINVIERTEL^{PLUS} wird in der Weinbauregion Weinviertel angewendet und ist der erste betriebs- und winzerspezifische Qualitätsstandard in Österreich (vgl. WEINVIERTEL DAC, 2007).

18.3 Anforderungen an Top-Weingüter

18.3.1 Einführung

In Österreich herrscht bezüglich der qualitativen Ausrichtung unter den 6.000 flaschenfüllenden Winzerbetrieben eine Dreiklassengesellschaft. Im unteren Drittel des Qualitätsspektrums befinden sich jene Winzer, die gezwungen sind, ihre Produkte als Fasswein oder preiswerten Landwein zu vermarkten. Den mittleren Teil bearbeiten jene Weinbaubetriebe, die ihre Produkte in der Flasche oder als Qualitätswein mit günstigem Preis-Leistungs-Verhältnis vermarkten können. Die Spitze der Dreiklassengesellschaft bilden jene Winzer, die fast ausschließlich Qualitätswein in der 0,75 Liter Flasche zu überdurchschnittlichen Preisen an die Kunden absetzen können. Die Anforderungen, die an jene Betriebe gestellt werden, die sich im oberen Qualitätsbereich positionieren, sind äußerst vielfältig. Der Marktdruck zwingt die Winzer, sich ständig vom Mitbewerber zu differenzieren, um so eine attraktive Stellung im Wahrnehmungsraum der Konsumenten einzunehmen.

Eine unbestritten wirkungsvolle Methode sich am Markt zu positionieren ist es, Herkunftsmarketing zu betreiben, indem man einen bestimmten Weintypus mit einer bestimmten Herkunftsregion verknüpft. Auch in Österreich wurde dies erkannt und mit der Einführung verschiedenster DAC-Weine umgesetzt.

Die Bezeichnung DAC wird von regionalen Weinkomitees an jene Weine vergeben, die ihre Herkunftsregion in unverkennbarer Weise repräsentieren. Im Jahr 2002 wurde mit der Einführung des Appellationssystems DAC (Districtus Austriae Controllatus) in Österreichs Weinhierarchie erstmals die Herkunft über die Rebsorte gestellt. Ziel ist es, typische Weine einer Region unter einer gemeinsamen Marke zusammenzufassen und damit größere Weinmengen mit einer zuordenbaren Stilistik zu schaffen.

In den DAC-Weinbauregionen dürfen auch Weine ohne DAC-Bezeichnung produziert werden. So dürfen auch nicht für den DAC zugelassene Rebsorten verwendet werden. Allerdings darf dann der Wein nicht mit der geografischen Angabe, die dem DAC entspricht, bezeichnet werden. Stattdessen kann eine übergeordnete Regionsbezeichnung verwendet werden, zum Beispiel Niederösterreich an Stelle von Weinviertel (Wikipedia, 2010).

Damit fügen sich eine Reihe österreichischer Weinbaugebiete in die Riege der Vermarktungssysteme großer Weinbauländer wie Italien (DOC), Frankreich (AOC) oder Spanien (DO) ein, wo der Regionsname zur Marke wurde (z.B. Chianti, Rioja oder Chablis).

Neben der Differenzierung nach Gebieten finden sich in allen bedeutenden weinproduzierenden Ländern Klassifikationen bezüglich der Qualität, wie zum Beispiel das „Chateau-System" in Frankreich oder die Qualitätsklassen der Vinea Wachau. Die Fülle der Qualitätsklassen und deren Benennungen sind atemberaubend. Oft ist die Einordnung der einzelnen Weingüter bzw. der einzelnen Weine aufgrund der fehlenden Transparenz der Bewertungskriterien auch für den interessierten Konsumenten nicht nachvollziehbar.

Unbestritten ist allerdings, dass eine Differenzierung der Gebietsmarken nach qualitativen Kriterien ein wichtiges Instrument ist, um verschiedene Konsumentenschichten erreichen zu können.

Die von der Weinwirtschaft eingebrachte Idee des Herkunftsmarketings wurde von den Winzern im kleinstrukturierten Weinviertel sehr gut angenommen und umgesetzt. Weinviertel DAC wurde ein großer wirtschaftlicher Erfolg – auch durch die Vorgabe der Mindest-Ab-Hof-Preise. So kann ein starkes Wachstum bei Vermarktungsbetrieben festgestellt werden (vgl. Pleil, 2010).

Um objektive Bewertungskriterien zu finden, wurden einige der bedeutendsten Weinexperten und Opinion Leader der Weinbranche befragt. Im Folgenden werden die Ergebnisse der Expertenbefragung dargestellt.

18.3.2 Befragungsintension und Ablauf

Im Zeitraum zwischen 22. November 2006 bis zum 16. Jänner 2007 wurden 16 Experten und Opinion Leader aus den Bereichen Gastronomie, Sommelier, Wissenschaft, Weinbauliche Praxis, Weinjournalismus und Handel sowie Personen der Öffentlichkeit mit Naheverhältnis zur Weinbranche befragt. Die einzelnen Interviews dauerten je nach Bereitschaft der befragten Experten zwischen 25 und 90 Minuten. Die Auswahl der Experten erfolgte anhand von zwei Kriterien: Zum ersten mussten die Befragten als Experten unbestritten anerkannt sein. Zum zweiten wurden, um Eindimensionalität zu vermeiden, Experten aus unterschiedlichen Fachgebieten in die Befragung mit einbezogen. Als Befragungsmethode wurde eine Splittung in ein offenes, strukturiertes Interview und eine Befragung mittels geschlossenem Fragebogen festgelegt. Diese Methode kombiniert die Vorteile der offenen Befragung, und zwar das Einbringen von zuvor nicht angedachten Faktoren durch die freie Assoziation der Experten, mit der Quantifizierbarkeit einer geschlossenen Befragung. Die Vorteile dieser Befragungsmethode liegen in der natürlichen Gesprächssituation und in der Tatsache, dass die befragten Experten, im Gegensatz zum geschlossenen Fragebogen, nicht in ihren Antworten und Wertmaßstäben eingeschränkt werden. Ziel der Befragung war es, jene Faktoren, die unter Umständen in ein Zertifizierungskonzept aufgenommen werden können, von anerkannten Experten der Weinbranche evaluieren zu lassen sowie neue Anregungen aus Expertensicht zu erheben.

18.3.3 Auszug aus den Ergebnissen der Befragung

Der erste Teil der Befragung wurde in Form eines strukturierten Interviews durchgeführt, das insgesamt fünf Hauptbereiche abtastete. Die Experten wurden nach den generellen Anforderungen an Top-Weingüter befragt, nach den Anforderungen bezüglich Weinqualität, nach den Anforderungen bezüglich des Images, nach den Anforderungen bezüglich der Infrastruktur und nach den Anforderungen in Bezug auf die Produktsicherheit.

> Generelle Anforderungen an Top-Weingüter aus der Sicht österreichischer Experten

- Lagenweine
- Marke und Image
- Autochtone Rebsorten
- Verfügbarkeit der Ware bzw. Menge
- Lagenplanung
- Bewertungen

Wie dargestellt, wurden auf die Fragen nach den generellen Anforderungen an Top-Weingüter als Schlüsselfaktoren vor allem die Bereiche Weinqualität, Aufbau des entsprechenden Images, Verwendung autochthoner Sorten, Bereitstellung entsprechender Mengen um Verfügbarkeit gewährleisten zu können, Professionalität des täglichen Geschäftsablaufes und eine entsprechende Preispolitik genannt.

In Bezug auf die Anforderungen der befragten Experten an die gebotene Weinqualität von Top-Weingütern zeichnet sich das nachfolgend dargestellte Ergebnis ab. Von Top-Weingütern wird überdurchschnittlich hohe Qualität erwartet, d.h., dass die Qualität innerhalb des Sortiments nicht unter ein bestimmtes Mindestlevel fallen darf. Des Weiteren wird erwartet, dass die Weinqualität kontinuierlich geboten werden kann.

Bei der Diskussion der Fragen nach den Anforderungen an die Qualität der Weingartenarbeit wurde deutlich, dass bei vielen der Befragten das Hauptinteresse auf das Produkt fokussiert ist und das Wissen und Interesse um die Weingartenarbeit eher in den Hintergrund rückt. Die Antworten der Befragten zu diesem Bereich lassen sich grob in drei Themenkreise einordnen: „Ökologie", „Qualitätsorientiertes Arbeiten" und „Sortenwahl".

In Bezug auf die Wichtigkeit der Imagebildung bei Top-Weingütern waren sich alle Befragten einig, dass eine gewisse Medienpräsenz für Winzer des gehobenen Bereiches wichtig ist. Hierbei wurde zwischen Fachmedien und Publikumsmedien unterschieden. In Bezug auf die Öffentlichkeitsarbeit wurde auch die Medienpräsenz als besonders wichtig erkannt. Ebenfalls als bedeutend wurde die Präsenz bei Messen gesehen. Auch die Präsenz der Top-Winzer in der Gastronomie scheint besonders wichtig zu sein.

Bei dem Punkt „Produktpreis" wurde von den Befragten die Forderung gestellt, dass innerhalb des Produktsortimentes ein gewisser preislicher Zusammenhang bestehen soll. Die Preisfestsetzung soll vom Kunden verstanden werden können, das heißt die Preise müssen argumentiert werden, der höhere Preis muss schmeckbar, erlebbar sein. Da der Preis auch eine imagebildende Funktion hat, ist es wichtig, ein gutes Produkt nicht zu billig zu verkaufen, da es dann vom Konsumenten als weniger gut wahrgenommen werden würde. In der Befragung wurde konkret nach der unteren Preisgrenze für einen Grünen Veltliner Qualitätswein gefragt. Die Untergrenze wurde hierbei bei einem Endkundenpreis zwischen 5 und 6 Euro festgelegt. Eng verbunden mit der Preispolitik ist die

Sortimentsgestaltung. Hier gaben die Befragten an, dass die Sortimente der österreichischen Winzer etwas zu breit angelegt zu sein scheinen.

In Bezug auf die geforderte Produktsicherheit waren die Aussagen der Befragten eindeutig. Die Qualität muss über die gesamte Palette über Jahre hinweg garantiert werden können. Dabei ist es den Befragten nicht so wichtig, ob der Winzer die geforderte Qualität durch zertifizierte Qualitätsmanagementsysteme belegen kann. Auf konkretes Nachfragen, ob zertifizierte Produkt- oder Qualitätssicherheitssysteme, wie ISO 9001/2008 oder IFS für Winzerbetriebe eine Rolle spielen, wurde geantwortet, dass keiner der Befragten dies von Winzern erwarte, da die Produktsicherheit ohnehin über die staatliche Prüfnummer garantiert werde. Einig war man sich aber auch, dass es für Winzer, die den Lebensmitteleinzelhandel beliefern, wichtig ist, ein zertifiziertes System zu führen.

18.4 WEINVIERTEL^{PLUS} - Ein regions- und betriebsspezifisches QMS

18.4.1 Projektbeschreibung

Das Weinviertel ist mit ca. 16.000 Hektar, rund einem Drittel der gesamten weinbaulich genutzten Fläche, Österreichs größtes Weinbaugebiet. Jährlich werden hier zwischen 80 und 90 Millionen Liter Wein erzeugt. Mit der Einführung des Weinviertel DAC hat dieses Weinbaugebiet in Bezug auf Herkunftsmarketing eine Vorreiterrolle in der Weinwirtschaft bewiesen. Zurzeit produzieren rund 600 Weinviertler Winzer rund 1,5 Millionen Liter Weinviertel DAC Weine. Das Gesamtvolumen der potenziellen Weinviertel DAC-Produktion wird auf rund 7 Millionen Liter geschätzt.

Die Weinwirtschaft befindet sich im Umbruch. Sinkender Ab-Hof-Verkauf bei steigendem Verkauf über den Lebensmitteleinzelhandel wie schon in **Abbildung 18.1** gezeigt, verstärktes Qualitätsbewusstsein bei den Konsumenten, geändertes Verhalten bei der Weinkonsumation in der Gastronomie und stetige Internationalisierung zwingen auch die Weinviertler Winzer zur Reaktion.

Aus diesem Grund sah sich das Regionale Weinkomitee veranlasst, gemeinsam mit den Autoren dieses Artikels einen gemeinsamen Qualitätsstandard für Weinviertler Betriebe zu entwickeln. Das Regionale Weinkomitee setzt sich aus Mitgliedern zusammen, die paritätisch von der Landwirtschaftskammer, der Wirtschaftskammer und dem Bundesminister für Land- und Forstwirtschaft, Umwelt und Wasserwirtschaft vorgeschlagen werden. Die Aufgabe des Regionalen Weinkomitees Weinviertel ist es, gemeinsame Marketing- und Produktionsstrategien für das Weinviertel festzulegen und umzusetzen.

Der Qualitätsstandard WEINVIERTEL^{PLUS} verfolgt mehrere Ziele. Zum einen soll die bestehende Wein- und Servicequalität der Weinviertler Betriebe gesichert und gesteigert werden. Zusätzlich soll eine Auszeichnung nach dem Qualitätsstandard WEINVIERTEL^{PLUS}

dem Konsumenten eine bessere Orientierung innerhalb des Qualitätsspektrums ermöglichen. Mit der Schaffung eines transparenten Beurteilungssystems für Weinviertler Betriebe sollen diese Ziele mittelfristig erreicht werden können.

Dabei wurden mit dem Regionalen Weinkomitee folgende Bedingungen bei der Entwicklung und Implementierung vereinbart: Zu Beginn musste in den Betrieben die inhaltliche Verständlichkeit des Standards erreicht werden sowie die Motivation, diesen umzusetzen. Des Weiteren sollte die Objektivität der Beurteilung gewährleistet werden. Ebenso wichtig waren die Transparenz der Beurteilung und die Durchlässigkeit nach oben und unten. Besonderes Augenmerk wurde auf die praktische Umsetzbarkeit der geforderten Kriterien gelegt. Zwei weitere zentrale Anforderungen waren, dass die Bewertung die tatsächlich erlebte Qualitätsklasse des Betriebes widerspiegeln muss und das Ergebnis dem Endkonsumenten kommunizierbar sein muss.

18.4.2 Aufbau und Systematik des Qualitätsstandards WEINVIERTEL^{PLUS}

Der Qualitätsstandard WEINVIERTEL^{PLUS} besteht aus einem Anforderungskatalog, der in zwölf Kapitel gegliedert ist. Neben generellen Anforderungen zu Vertrags- und Lizenzbedingungen umfasst der Standard Kapitel zur Anforderung an die Weinqualität, an die Traubenproduktion, an die Traubenqualität/Lese, an Reinigung/Hygiene im Keller, an die Qualität der Kellerarbeit, an die Qualität der Abfüllung, an das Marketing, an den Service, an die Infrastruktur des Betriebes, an Weiterbildung und Schulung und an die Produktsicherheit.

Abbildung 18.2 Gliederung des Qualitätsstandards WEINVIERTEL^{PLUS}

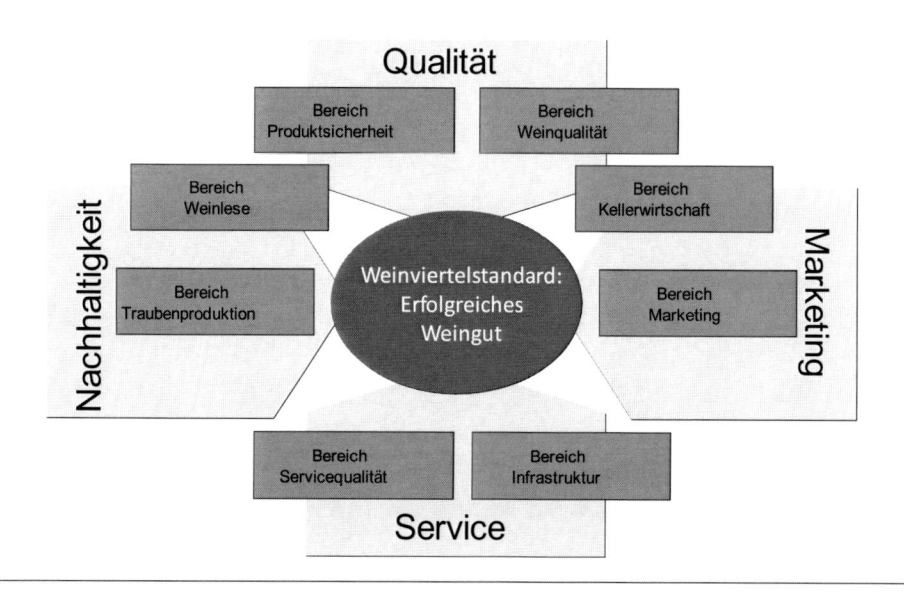

Insgesamt können 100 Punkte erreicht werden, wobei jedes Kriterium gewichtet ist, z.B. sind Kriterien zur Weinqualität stärker gewichtet als technische Details. Die Bewertung richtet sich nach dem Erfüllungsgrad der einzelnen Kriterien. Von A (beste Bewertung) abweichende Bewertungen müssen detailliert begründet werden, um daraus Verbesserungen ableiten zu können. Des Weiteren gibt es sogenannte K.O.-Kriterien, die unbedingt erfüllt werden müssen, um einen positiven Abschluss des Audits zu ermöglichen. Die Gewichtung der einzelnen Kapitel des Standards wird in **Abbildung 18.3** gezeigt.

Abbildung 18.3   Gewichtung der einzelnen Kapitel des Qualitätsstandards WEINVIERTEL^{PLUS}

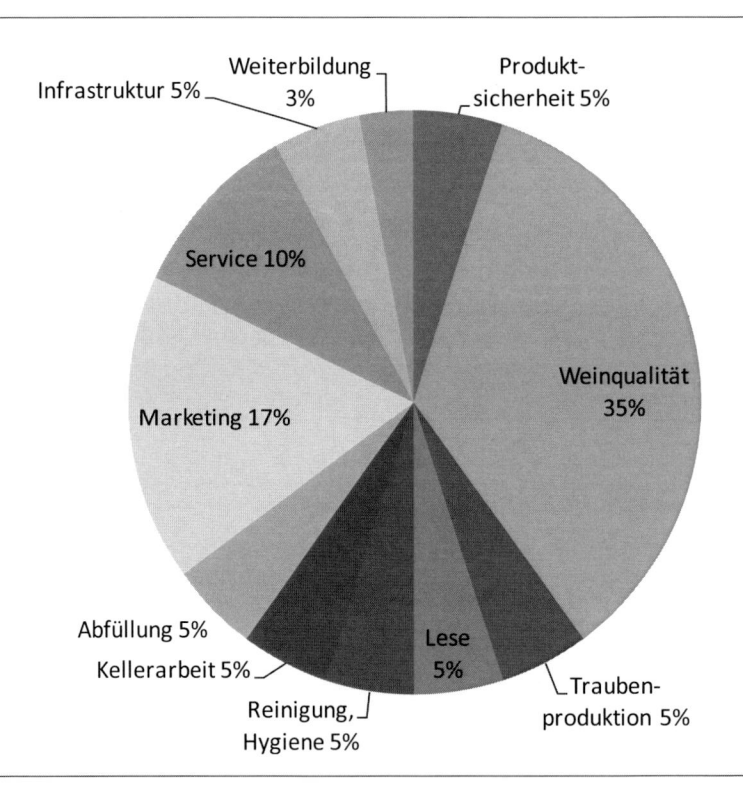

Damit ein Betrieb als WEINVIERTEL^{PLUS}-Betrieb in Erscheinung treten kann und ein Zertifikat erhält, müssen mindestens 70 Punkte erreicht werden. Die Betriebe werden aufgrund der erreichten Punkteanzahl in drei Kategorien eingeteilt: Leitbetrieb, Vorzeigebetrieb und Aufsteigerbetrieb (siehe **Abbildung 18.4**).

18.4.3 Anforderungskatalog der Qualitätsstandards Weinviertel ^{PLUS}

Eines der ersten Kapitel des Qualitätsstandards beinhaltet die Weinqualität als zentrales Thema. Hier stellt sich die Schwierigkeit, die Weinqualität des jeweiligen Betriebes zu objektivieren. Zu diesem Zweck werden unter anderem der Anteil des Qualitätsweines an der Gesamtproduktion, die Verkostungsergebnisse anerkannter Verkostungen, der am Markt erzielbare Durchschnittspreis und die Präsenz in der gehobenen Gastronomie als Beurteilungskriterien herangezogen. Im Qualitätsstandard WEINVIERTEL^{PLUS} werden nur jene Verkostungen zur Bewertung herangezogen, die vom Regionalen Weinkomitee Weinviertel als objektiv anerkannt werden. Diese sind in einer Positivliste zur Gänze im Standard festgehalten.

Abbildung 18.4 Die verschiedenen Auszeichnungsstufen des Qualitätsstandards WEINVIERTEL^{PLUS}

WEINVIERTEL^{PLUS} Leitbetrieb

WEINVIERTEL^{PLUS} Vorzeigebetrieb

WEINVIERTEL^{PLUS} Aufsteigerbetrieb

Danach folgen Kapitel zur technischen Umsetzung in Bezug auf Qualität und Sicherheit. Die Anforderungen an die Traubenproduktion werden im Wesentlichen anhand des Gesamteindrucks der Weingärten, der Aufzeichnungen zu Bearbeitung, Düngung und Schädlingsbekämpfung beurteilt.

In Bezug auf die Weinlese fordert der Standard unter anderem eine systematische Ermittlung des Lesezeitpunktes, eine entsprechende Erntetechnik und die funktionierende Qualitätssicherung bei Traubenzukauf.

Der Arbeitshygiene in Keller und sonstigen Produktionsräumen wird ebenfalls große Wichtigkeit zugemessen. Im Qualitätsstandard WEINVIERTEL^{PLUS} äußert sich das unter anderem in Forderungen nach strukturierten Reinigungsplänen, in der entsprechenden Lagerung der Reinigungsgeräte und -mittel und Anforderungen zum baulichen Zustand der Produktionsräumlichkeiten.

Die Arbeit im Keller ist neben der Weingartenarbeit ein bestimmender Punkt für die angestrebte Weinqualität. Der Standard fordert hier Angepasstheit der Produktionsverfahren entsprechend der Betriebsphilosophie und dem angestrebten Weintyp. Weitere zentrale Punkte des Anforderungskataloges sind die Dokumentation sämtlicher Verfahrensschritte und Hilfsstoffe im Kellerbuch, die verpflichtende Jungweinanalyse sowie entsprechende Lagerbedingungen. In Bezug auf die Abfüllung stellt der Qualitätsstandard unter anderem Anforderungen an Reinigung und Hygiene, Dokumentation und Kontrolle der Ergebnisse.

Da der Qualitätsstandard WEINVIERTEL^{PLUS} als betriebsspezifischer Standard konzipiert wurde, finden sich neben diesen technischen Anforderungen auch Kriterien bezüglich der Kundenzufriedenheit. So wird zum Beispiel Wert auf eine genaue und durchdachte Darstellung der Betriebsphilosophie gelegt. Anforderungen betreffend die Pressearbeit, die Messepräsenz und die eingesetzten Marketingmittel werden ebenfalls erhoben. Auch in Bezug auf den Kundenservice stellt der Qualitätsstandard WEINVIERTEL^{PLUS} Anforderungen. So soll gewährleistet werden, dass neben der Hebung der Weinqualität auch die Betreuung der Kunden sichergestellt ist.

In Bezug auf die Infrastruktur des Betriebes unterwirft sich der teilnehmende Winzer Anforderungen bezüglich Aufbau und Systematik des Qualitätsstandards WEINVIERTEL^{PLUS}, insbesondere was Verkaufsraum, Betriebsumgebung, Beschilderung und der verwendeten Gläser angeht.

Der Qualitätsstandard WEINVIERTEL^{PLUS} wünscht sich auch die persönliche Entwicklung der teilnehmenden Winzer. Daher wurden auch Anforderungen bezüglich Schulung und Weiterbildung in den Kriterienkatalog aufgenommen.

In dem wichtigen Punkt Produktsicherheit überprüft der Standard die Umsetzung der HACCP-Richtlinie und die Rückverfolgbarkeit der eingesetzten Rohstoffe.

18.4.4 Durchführung und Kontrolle

Nach intensiver Schulung und Beratung durch den Weinbauberater der Region und der innerbetrieblichen Umsetzung des Qualitätsstandards WEINVIERTEL^{PLUS} ist der Weinbaubetrieb reif für die Auditierung. Die Audits finden in einem 2-Jahres-Intervall statt. Erreicht ein Winzer die geforderte Mindestpunktezahl nicht, kann er bereits im nächsten Jahr ein neuerliches Audit durchführen. Die durchführende Stelle ist die DLG Testservice GmbH, die sehr viel Erfahrung mit Zertifizierungen im Weinbereich aufweist. Darüber hinaus können auch Kontrollaudits, die außerhalb des vorgegebenen Auditintervalls stattfinden, durchgeführt werden. Diese müssen einstimmig vom Regionalen Weinkomitee beschlossen werden. Kontrollaudits sind mindestens 3 Tage vor der Durchführung dem Winzer mitzuteilen.

Die Auditdauer ist dem Winzer in Form eines Auditplanes im Vorfeld bekannt zu geben. Die Dauer ist von der Weingartenfläche und von der Produktionsmenge des Betriebes abhängig. Die Kosten in der Höhe von rund 800,- € je Audit werden vom teilnehmenden Betrieb übernommen.

Basis des Audits bildet eine auf den Qualitätsstandard WEINVIERTEL^PLUS aufbauende Bewertungsmatrix, in der die getroffenen Bewertungen und Verbesserungspotenziale eingetragen werden. Die Matrix ermöglicht eine sofortige Auswertung der Auditergebnisse und eine anschauliche Darstellung des Verbesserungspotenziales des teilnehmenden Betriebes.

Abbildung 18.5 Die Bewertungsmatrix des Qualitätsstandards WEINVIERTEL^PLUS

2. Anforderungen an die Weinqualität	A	B	C	D	KO	n.B.	Bemerkungen
(a) Mind. 60 % der angebotenen Weine sind geprüfte Qualitätsweine	x						
(b) Es ist mind. alle 2 Jahre ein Weinviertel DAC im Sortiment zu führen	x						
(c) Die jährlich abgesetzten Stückzahlen an Weinviertel DAC werden wie folgt	x						
(d) Die Verkostungsergebnisse entsprechen den Vorgaben werden wie folgt beurteilt:	x						
(e) Der Durchschnittspreis wird wie folgt beurteilt:			x				Der Durchschnittspreis pro verkaufte Flasche solle noch auf 7.- € angehoben werden.
(f) Die Präsenz in der Gastronomie wird wie folgt beurteilt:			x				Die Listung in den Haubenlokalen sollte von 9 auf 15 erhöht werden
3. Anforderungen an die Qualität der Arbeit in der Traubenproduktion	A	B	C	D	KO	n.B.	Bemerkungen
(a) Ein Plan der Rebflächen ist vorhanden	x						
(b) Die Anlage vermittelt einen der Jahreszeit entsprechenden guten Gesamteindruck (Vitalität, Pflege, Schädlings- und Krankheitsbefall, Ertragsregulierung, Laubarbeit, etc)			x				Der Bestand sollte im Bezug auf den Krankheits- und Schädlingsbefall sorgfältiger geführt werden.
(c) Der Winzer arbeitet nach den KIP- Richtlinien	x						
(d) Entsprechende Arbeitsaufzeichnungen über Düngung, Krankheits- und Schädlingsbekämpfung sind vorhanden (KIP- Aufzeichnungen und Formblatt Weingarten)	x						

Abbildung 18.6 Die Auswertung zeigt klar Verbesserungspotenziale auf (1)

Gesamtergebnis	Erreichbare Punkte	Erreichte Punkte	Erreichungsgrad in %	Anzahl der K.O.
Ergebnis Kapitel 2: Anforderungen an die Weinqualität	35	26,25	75,00	0
Ergebnis Kapitel 3: Anforderungen an die Qualität der Arbeit in der Traubenproduktion	5	3,5	70,00	0
Ergebnis Kapitel 4: Anforderungen and die Qualität der Arbeit bei der Lese	5	4	80,00	0
Ergebnis Kapitel 5: Anforderungen an die Qualität der Kellerarbeit - Reinigung/ Hygiene	5	3	55,56	0
Ergebnis Kapitel 6: Anforderungen an die Qualität der Kellerarbeit - Produktion	5	4,5	90,00	0
Ergebnis Kapitel 7: Anforderungen an die Qualität der Abfüllung	5	3	69,44	0
Ergebnis Kapitel 8: Anforderungen an das Marketing	17	13,75	80,88	0
Ergebnis Kapitel 9: Anforderungen an den Service	10	9,28	92,80	0
Ergebnis Kapitel 10: Anforderungen an die Infrastruktur des Betriebs	5	3,25	65,00	0
Ergebnis Kapitel 11: Anforderungen an die Weiterbildung und Schulung	3	3	100,00	0
Ergebnis Kapitel 12: Anforderungen an die Produktsicherheit	5	4,5	90,00	0
Gesamtergebnis	100	78,28	78,28	0

Abbildung 18.7 Die Auswertung zeigt klar Verbesserungspotenziale auf (2)

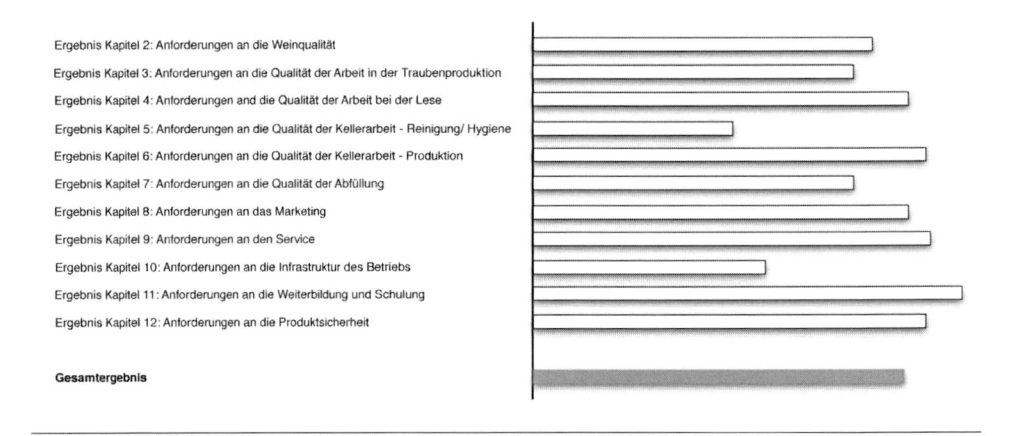

Das Ergebnis des Audits und dessen Begründung wird dem teilnehmenden Betrieb am Tag des Audits durch den Auditor mitgeteilt und mit dem teilnehmenden Winzer diskutiert. Ein schriftlicher Auditbericht inklusive der vom Auditor empfohlenen Verbesserungsvorschläge wird binnen 14 Tagen zugestellt.

18.5 Fazit: Qualitätsmanagement als Schlüssel zum Erfolg

WEINVIERTEL^{PLUS}, das Zertifikat für Weinviertler Weinbaubetriebe, ist das bis dato erste derart umfassende und im Gegensatz zu anderen Lebensmittelsicherheitsstandards speziell an den Winzerbetrieb angepasste Qualitätsmanagementsystem in Österreich. Der besondere Fokus auf die Produktqualität fördert sowohl die Akzeptanz bei den teilnehmenden Winzerbetrieben wie auch bei den Kunden. Ein weiterer Vorteil liegt in der Möglichkeit einer vergleichsweise preiswerten Umsetzung des WEINVIERTEL^{PLUS}-Standards in den Weinbaubetrieben. Zudem ist es dem Weinviertel gelungen, durch die Etablierung eines anerkannten Standards sein Profil als innovativer Impulsgeber innerhalb der österreichischen Weinwirtschaft weiter zu schärfen.

Die Projektbetreiber sind überzeugt, dass mit dem Qualitätsstandard WEINVIERTEL^{PLUS} eine weiterer Quantensprung für das Weinviertel erreicht wurde, der die Vorreiterrolle des Weinviertels weiter festigen und somit das Image des Weinviertels zusätzlich steigern wird. In der Zusammenarbeit mit der Landeslandwirtschaftkammer und der DLG Testservice GmbH liegt großes Potenzial, um die Systematik des Qualitätsstandards WEINVIERTEL^{PLUS} auch in anderen österreichischen Weinbaugebieten als führenden Standard zu etablieren.

Literatur

[1] BGBl (1999/141). Bundesgesetz über den Verkehr mit Wein und Obstwein (Weingesetz 1999). BGBl 1999/141.
[2] BGBl (2006/13). Lebensmittelsicherheits- und Verbraucherschutzgesetz, LMSVG. BGBl I 2006/13.
[3] IFS (s.a.). *IFS Food 5*. http://www.ifs-certification.com/index.php?page=home&content=public_content&desc=ifs_standards_food_5&language=german, (26.01.2010).
[4] ISO (s.a.): *ISO 9001:2008*. http://www.iso.org/iso/iso_catalogue/management_standards/iso_9000_iso_14000/iso_9001_2008.htm, (26.01.2010).
[5] ÖWM (2009). *Dokumentation "Österreichischer Wein" Teil 1, Aufbau des Weinlandes Österreich*. Österreich Wein Marketing GmbH (ÖWM).
[6] Pleil, J. (s.a.). *5 Jahre Weinviertel DAC*. http://www.weinvierteldac.at/index.php? id=153&L=0, (26.02.2010).
[7] VO (149/2005). *Verordnung des Bundesministers für Land- und Forstwirtschaft, Umwelt und Wasserwirtschaft über Ein- und Ausgangsbücher im Weinsektor (Kellerbuchverordnung) StF: BGBl. II Nr. 149/2005*.
[8] VO (178/2002). *Verordnung (EG) Nr. 178/2002 des Europäischen Parlaments und des Rates vom 28. Januar 2002 zur Festlegung der allgemeinen Grundsätze und Anforderungen des Lebensmittelrechts, zur Errichtung der Europäischen Behörde für Lebensmittelsicherheit und zur Festlegung von Verfahren zur Lebensmittelsicherheit, LMSVG*. ABl 2002 L 31/1ff.
[9] Weinviertel DAC (2007). *Qualitätsstandard WeinviertelPLUS*. http://www.weinvierteldac.at/ index.php?id=157&L=0, (26.01.2010).
[10] Wikipedia (2010). *Districtus Austriae Controllatus*. http://de.wikipedia.org/wiki/Districtus_Austriae_ Controllatus, (26.01.2010).

19 Nachhaltigkeit im Weingut. Nachhaltigkeit im Marketing

Prof. Dr. Armin R. Gemmrich, Hochschule Heilbronn

Ellen Bezner, B.A., Hochschule Heilbronn

Inhalt

19.1	Einleitung	401
19.2	Gestaltung eines zukunftsfähigen Weinbaus	401
19.2.1	Grundsätze eines nachhaltigen Weinbaus	402
19.3	Corporate Social Responsibility	403
19.3.1	Freiwilligkeit	404
19.3.2	Ausrichtung am Kerngeschäft	404
19.3.3	Offener Dialog zu Anspruchsgruppen	405
19.4	CSR in Weinbaubetrieben	406
19.4.1	Schritte zu einem unternehmensstrategischen CSR	406
19.4.1.1	Die Vorbereitungsphase	407
	Schritt 1: Grundsatzentscheidung für ein unternehmensstrategisches CSR	407
	Schritt 2: Ist-Aufnahme	407
19.4.1.2	Die Aktionsphase	408
	Schritt 3: Konzeption des Gesamtengagements	408
	Schritt 4: Konzeption strategischer Projektmix	408
	Schritt 5: Projektdurchführung, Steuerung, Kontrolle und externe Kommunikation	409
19.4.1.3	Externe Kommunikation	409
19.5	CSR-Handlungsfelder in Weinbaubetrieben	409
19.5.1	Handlungsfeld Umwelt	410
	Mögliche Maßnahmen im Bereich Umwelt (Gemmrich, 1998)	410
19.5.1.1	Umweltmanagementsysteme – EMAS II und ISO 14001	411
	ISO 14001	411
	EMAS II	412
19.5.2	Handlungsfeld Arbeitsplatz	412
	Mögliche Maßnahmen im Bereich Arbeitsplatz	412
19.5.3	Handlungsfeld Markt	413
	Mögliche Maßnahmen im Bereich Markt	413
19.5.4	Handlungsfeld Gesellschaft	414
	Mögliche Maßnahmen im Bereich Gesellschaft	415

19.6	Nutzen eines nachhaltigen Weinbaus	415
19.6.1	Wettbewerbsvorteil Nachhaltigkeit	415
19.6.2	Stärkung einer nachhaltigen Weinbranche	416
	Literatur	417

19.1 Einleitung

Das Thema Nachhaltigkeit ist heute Bestandteil jeglicher gesellschaftlicher, politischer und wirtschaftlicher Diskussion. Die Betriebe aller Wirtschaftsbranchen werden sich über kurz oder lang mit einer nachhaltigen Entwicklung des eigenen Betriebs und seines Umfeldes befassen müssen. Dies bedingt eine nachhaltige Produktion, die wiederum dementsprechend erfolgreich nach außen kommuniziert werden muss.

Auch in der internationalen Weinbranche hat sich eine Diskussion um einen nachhaltigen Weinbau entwickelt. Die jahrtausendealte Weinbaukultur sieht sich drastischen Veränderungen ausgesetzt. Der ökonomische, ökologische und gesellschaftliche Druck auf die Weingüter hat sich in den vergangenen Jahren stark erhöht. Die negativen Auswirkungen der Globalisierung, die Gefährdung der weinbaulichen Produktionsgrundlagen und die Weltwirtschaftskrise sind dabei nur eine kleine Auswahl der Umstände, mit denen sich die Betriebe heutzutage aktiv auseinander setzen müssen.

19.2 Gestaltung eines zukunftsfähigen Weinbaus

Aufgrund der verschärften weinbaulichen Rahmenbedingungen sind sich Weinbauexperten und Wissenschaftler weitgehend einig, dass sich ein zukunftsfähiger Weinbau am Leitbild des 21. Jahrhunderts, der nachhaltigen Entwicklung, orientieren muss (Gemmrich und Bezner, 2010).

Die **Grundidee der Nachhaltigkeit** wurde bereits Ende des 18. Jahrhunderts in der Forstwirtschaft entwickelt. Aufgrund von Übernutzungserscheinungen der Wälder sah man sich gezwungen, nur noch so viele Bäume in den Wäldern abzuholzen, wie nachwachsen können (Promberger, Spiess und Kössler, 2006). Zu diesem Zeitpunkt beschränkte sich die Nachhaltigkeit jedoch vorrangig auf ökologische Aspekte. Erst später gewannen die ökonomischen und sozialen Aspekte an Bedeutung. Die heutige Definition der nachhaltigen Entwicklung basiert auf den drei Säulen Ökonomie, Ökologie und Soziales. Das Konzept der Nachhaltigkeit betrachtet die Problemstellungen dieser Bereiche nicht mehr getrennt voneinander, sondern setzt diese in Bezug zueinander.

Ein nachhaltiger Weinbau beschränkt sich folglich nicht allein auf eine umweltschonende Bearbeitung der Weinberge und Weinproduktion, er zielt vielmehr auch auf eine langfristig gesicherte Wirtschaftlichkeit des Weinguts und damit verbunden auf eine soziale Absicherung des Inhabers und aller Angestellten. Hier zeigt sich, dass das Konzept des nachhaltigen Weinbaus viel weiter greift als die bisher bekannten Alternativkonzepte zum konventionellen Weinbau. Denn während der biologische Weinbau vorrangig die Umweltaspekte des Weinbaus berücksichtigt, wodurch auch ein Ungleichgewicht zwischen den sozialen, ökonomischen und ökologischen Aspekten im Betrieb entstehen kann, so bezieht sich der nachhaltige Weinbau auf alle drei Aspekte.

19.2.1 Grundsätze eines nachhaltigen Weinbaus

Durch einen nachhaltigen Weinbau soll die Existenz der Weingüter langfristig gesichert werden. Folgende Grundsätze lassen sich daraus ableiten (Gemmrich, 2005):

Intergenerationelle Gerechtigkeit

Der Weinbaubetrieb sollte so geführt werden, dass er an die künftigen Generationen weitergegeben werden kann und in der Lage ist, deren Existenz abzusichern.

Ressourcenschonung

Die weinbaulichen Produktionsgrundlagen Boden, Wasser und Luft sollen geschützt und langfristig erhalten werden. Die Regenerationsfähigkeit dieser Ressourcen darf nie gefährdet werden.

Biodiversität und Artenschutz

Der Schutz der Flora und Fauna im Weinberg fördert ein intaktes Ökosystem.

Erhalt der Kulturlandschaft Weinberg

Der Weinberg stellt eine zum Teil jahrtausendealte Kulturlandschaft dar. Er bietet Menschen ein Rückzugsgebiet zur Erholung und sollte deshalb geschützt werden.

Schutz des Ökosystems

Das Gleichgewicht der Ökosysteme soll erhalten werden. So darf die Freisetzung von Schadstoffen in der Umwelt nicht deren Regenerationsfähigkeit übersteigen.

Hohe Weinqualität und Verbraucherschutz

Der nachhaltige Weinbau strebt eine höchstmögliche Produktqualität und -sicherheit an. Dies soll vor allem die Konsumenten am Markt schützen.

Existenzsicherung durch den Betrieb

Langfristiger und nachhaltiger Erfolg kann die Mitarbeiter sozial absichern.

Rentabilität der Investitionen

Die Investitionen in den Weinbaubetrieb müssen für den Investor rentabel sein. Langfristig soll diese Rentabilität gesteigert werden.

Langfristige Geschäftsbeziehungen

Langfristige Geschäftsbeziehungen sichern Unternehmenserfolg und mindern Risiken.

Gute Einbindung in das lokale Umfeld

Sie mindert Auseinandersetzungen und fördert einen offenen Dialog. Ein nachhaltig wirtschaftender Betrieb trägt langfristig zur nachhaltigen Entwicklung der Region bei.

> Die große Herausforderung eines nachhaltigen Weinbaus ist jedoch seine Umsetzung in die weinbauliche Praxis.

Besonders fortschrittlich in der Entwicklung weinbaulicher Nachhaltigkeitskonzepte zeigte sich die Neue Welt in den vergangenen Jahren. In Kooperation zwischen Wissenschaft, Politik und Produzenten wurden gemeinsam Programme erstellt und erfolgreich realisiert. Doch auch in der deutschen Weinbranche wurde mit der Gründung eines Nachhaltigkeitsinstituts an der Hochschule Heilbronn der Grundstein für ein branchenspezifisches Konzept gelegt. Bei der Umsetzung eines nachhaltigen Weinbaus in die Praxis kann vor allem das Managementkonzept Corporate Social Responsibility wirksam eingesetzt werden. Mit Eigeninitiative und dem Willen, Verantwortung sowohl für das eigene Handeln als auch für die Gesellschaft zu übernehmen, kann hier ein betriebsspezifischer Weg ausgearbeitet werden (Gemmrich und Bezner, 2010).

19.3 Corporate Social Responsibility

Corporate Social Responsibility wird in Deutschland oftmals mit den Worten ‚verantwortungsbewusstes Unternehmertum' oder die ‚freiwillige gesellschaftliche Verantwortung der Unternehmen' umschrieben. Unternehmen reagieren mit einem verantwortungsbewussten Unternehmertum auf den wachsenden ökologischen, ökonomischen und sozialen Druck und leisten damit einen Beitrag zur Zukunftsfähigkeit des eigenen Unternehmens und der Gesellschaft. Das Konzept hinter dem Begriff CSR hat sich im 20. Jahrhundert in den USA entwickelt und mit der Diskussion um eine nachhaltige Entwicklung weltweit an Bedeutung gewonnen. Eine einheitliche Definition von CSR gibt es dabei jedoch nicht. In Europa und somit auch in Deutschland, hat sich die CSR-Definition der Europäischen Kommission weitgehend durchgesetzt (Zimmer, 2005). Diese hat im Jahr 2001 ein Manuskript über die soziale Verantwortung der Unternehmen in der Europäischen Union veröffentlicht, indem sie CSR folgendermaßen definiert hat:

> Soziale Verantwortung der Unternehmen bzw. Corporate Social Responsibility ist ein „Konzept, das den Unternehmen als Grundlage dient, auf freiwilliger Basis soziale Belange und Umweltbelange in ihre Unternehmenstätigkeit und in die Wechselbeziehungen mit den Stakeholdern zu integrieren." (Europäische Kommission, 2001: 7)

Demnach ist CSR ein Konzept zur Umsetzung der unternehmerischen Nachhaltigkeit, das sich an den drei Säulen Ökonomie, Soziales und Ökologie der Nachhaltigkeit orientiert und diese durch CSR-Strategien und -Projekte in den unternehmerischen Alltag integriert.

19.3.1 Freiwilligkeit

Die einzelnen CSR-Maßnahmen finden dabei auf freiwilliger Basis statt und übersteigen damit die gesetzlichen Vorgaben. Die Grundlage für jegliche freiwillige Maßnahme im Weinbaubetrieb ist ein erfolgreich wirtschaftendes Weingut, das alle gesetzlichen Mindestvorgaben erfüllt (**Abbildung 19.1**).

Abbildung 19.1 Corporate Social Responsibility

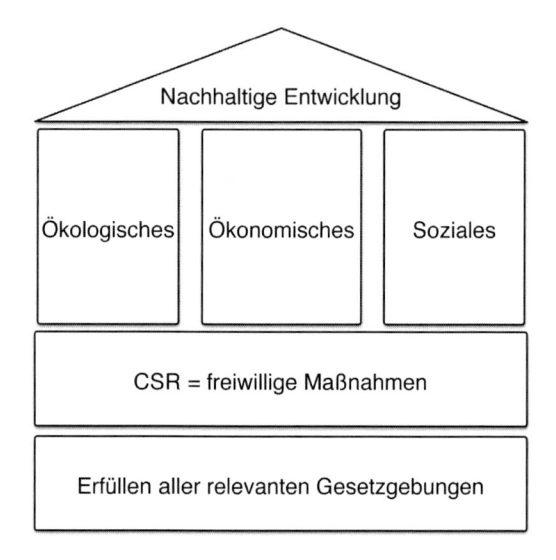

```
                    Nachhaltige Entwicklung
        ┌─────────────┬─────────────┬─────────────┐
        │ Ökologisches│ Ökonomisches│   Soziales  │
        └─────────────┴─────────────┴─────────────┘
        ┌───────────────────────────────────────┐
        │      CSR = freiwillige Maßnahmen      │
        └───────────────────────────────────────┘
        ┌───────────────────────────────────────┐
        │ Erfüllen aller relevanten Gesetzgebungen │
        └───────────────────────────────────────┘
```

Quelle: Gemmrich und Bezner, 2010: S. 119

19.3.2 Ausrichtung am Kerngeschäft

Langfristig soll CSR das Kerngeschäft des Weinbaubetriebs stärken. Dieser positive Effekt kann sich jedoch nur dann entfalten, wenn CSR in die Unternehmensführung, in alle unternehmerischen Prozesse und in die gesamte Wertschöpfungskette integriert wird (Doll, 2007). Nur so kann ein nachhaltiger Weinbau konsequent realisiert werden.

Der Grundgedanke von CSR besagt folglich nicht, dass ein Betrieb zu Lasten der Umwelt produziert und das dadurch gesparte Geld anschließend für soziale Projekte spenden kann. Statt einer Zusatzaktivität, die parallel zum Kerngeschäft läuft, soll CSR vielmehr auf die Art und Weise, wie etwas produziert wird, Einfluss nehmen.

Die Nachhaltigkeit wird auf diesem Weg direkt in das unternehmerische Handeln integriert, indem es die natürlichen Ressourcen schont, sozial verträglich ist und dabei jedoch wirtschaftlich rentabel bleibt (Bergius, 2007).

19.3.3 Offener Dialog zu Anspruchsgruppen

Die Auswahl der einzelnen CSR-Maßnahmen orientiert sich an den Erwartungen aller relevanten betrieblichen Anspruchsgruppen bzw. Stakeholder. Betriebsintern sind hier vor allem die Angestellten des Weinguts zu nennen. Zu den wichtigsten externen Anspruchsgruppen zählen beispielsweise die Verbraucher, der Handel und die Gastronomie, Weinbauämter, Weinbauverbände, Fremdkapitalgeber oder Zulieferer (**Abbildung 19.2**).

Abbildung 19.2 Mögliche Anspruchsgruppen eines Weinguts

Die Kenntnis der verschiedenen Erwartungen wichtiger Anspruchsgruppen ist deshalb so elementar für den Geschäftserfolg, da all diese Gruppen eine Gemeinsamkeit haben:

> Sie sind direkt oder indirekt von der Geschäftstätigkeit des Weinguts betroffen oder sie sind selbst in der Lage dessen Geschäftstätigkeit positiv oder negativ zu beeinflussen (Fuchs-Gamböck, 2006).

19.4 CSR in Weinbaubetrieben

Das Konzept Corporate Social Responsibility bietet gerade kleineren und mittelständischen Betrieben die Chance, einen individuellen Weg in Richtung nachhaltiger Weinbau einzuschlagen. Es räumt den Betrieben die Möglichkeit der Ausarbeitung eines branchen- und betriebsspezifischen Konzeptes ein. Denn nur ein individuelles, an den Betrieb angepasstes Konzept kann dessen spezielle Probleme lösen und ist in der Lage, seine Wettbewerbsfähigkeit langfristig zu steigern (www.csrgermany.de).

Erste Ansätze für die Einführung von CSR bestehen in den meisten Weingütern. So existiert zumeist eine enge Beziehung zum lokalen Umfeld oder man pflegt einen rücksichtsvollen Umgang mit der Natur zum Schutz der weinbaulichen Produktionsgrundlagen. Viele dieser Maßnahmen und Handlungsweisen werden als eine Selbstverständlichkeit angesehen, es mangelt jedoch zumeist an der strategischen Ausrichtung, der professionellen Umsetzung und der Kommunikation an die wichtigen Anspruchsgruppen (Gemmrich & Bezner, 2010).

19.4.1 Schritte zu einem unternehmensstrategischen CSR

Bei den hier erwähnten fünf Schritten zu einem unternehmensstrategischen CSR handelt es sich um wichtige organisatorische Abläufe bei der Umsetzung eines betrieblichen Projektes. In erster Linie sollen sie sicherstellen, dass die unternehmensstrategischen Vorgaben in operative Prozesse umgewandelt werden, die wiederum die gewünschten Ergebnisse mit sich bringen (Fuchs-Gamböck, 2006).

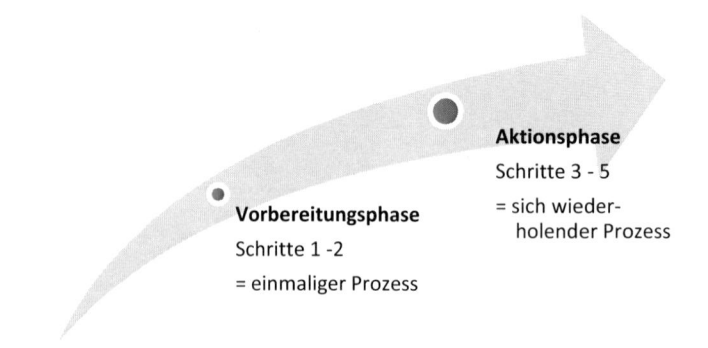

Abbildung 19.3 Die zwei Phasen im CSR-Prozess

Vorbereitungsphase
Schritte 1 -2
= einmaliger Prozess

Aktionsphase
Schritte 3 - 5
= sich wiederholender Prozess

Da es sich bei der Einführung eines nachhaltigen Weinbaus mithilfe von CSR um eine Neuausrichtung des Betriebs handelt, findet vor der eigentlichen Aktionsphase der Projekte eine Vorbereitungsphase statt (**Abbildung 19.3**).

19.4.1.1 Die Vorbereitungsphase

Die einmalige Vorbereitungsphase im CSR-Prozess umfasst zwei Schritte: Zum einen die Grundsatzentscheidung für ein unternehmensstrategisches CSR und zum anderen eine Ist-Analyse des Weinguts (Habisch, Wildner und Wenzel, 2008).

Schritt 1: Grundsatzentscheidung für ein unternehmensstrategisches CSR

Die Grundsatzentscheidung für ein unternehmensstrategisches CSR leitet den CSR-Prozess ein. Dieser Schritt legt den Grundstein für den späteren Erfolg des Konzepts. Ein Winzer, der sich für ein unternehmensstrategisches CSR entscheidet, entscheidet sich zur Umsetzung eines nachhaltigen Weinbaus und geht diese Herausforderung aktiv an. Er benennt einen CSR-Verantwortlichen im Betrieb. Darüber hinaus werden alle Arbeitnehmer von der Geschäftsleitung über diese grundlegende Entscheidung informiert. Durch diese interne Kommunikation soll der Betrieb erstens in eine Art Aufbruchsstimmung versetzt werden und zweitens sollen alle Mitarbeiter in den CSR-Prozess mit eingebunden werden. So wird den Angestellten mitgeteilt, dass Veränderungen im Betrieb anstehen, dass die bisherigen Arbeitsweisen überdacht werden und dass Vorschläge für eine nachhaltige und zeitgemäße Arbeitsweise gerne angenommen werden, vielmehr explizit erwünscht sind.

Schritt 2: Ist-Aufnahme

In der zweiten Phase, der Ist-Aufnahme des Weinbaubetriebs, sind vier Felder wichtig:

- Betriebsphilosophie

Die Betriebsphilosophie ist ein Leitbild der unternehmerischen Tätigkeit und eine Orientierungshilfe für alle Angestellten im operativen Geschäft. Sie umfasst alle für den Winzer bzw. Inhaber des Weinguts wichtigen Ziele und Werte des Betriebs. Ein nachhaltiger Weinbau oder soziales Engagement sollten bereits in der Philosophie festgehalten werden.

- SWOT-Analyse

Daraufhin wird eine SWOT-Analyse erstellt, die alle Stärken und Schwächen des Betriebs sowie alle Chancen und Risiken im Umfeld des Betriebs zeigt. So kann akuter Handlungsbedarf aufgrund von Schwächen und Risiken entdeckt werden (Kotler und Bliemel, 2001).

- Stakeholder-Analyse

Die Stakeholder-Analyse spielt eine bedeutende Rolle im CSR-Prozess. Hier werden alle relevanten Anspruchsgruppen des Betriebs ermittelt. Der Winzer stellt sich die Frage, welche Erwartungen die einzelnen Gruppen an den Betrieb haben und wie sie den Betrieb beeinflussen oder von ihm beeinflusst werden (Fuchs-Gamböck, 2006).

- Bisheriges Engagement

Das letzte Feld der Analyse betrifft das bisherige Engagement des Betriebs. Alle bisherigen und vor allem alle laufenden Projekte gesellschaftlichen Engagements werden aufgelistet und bewertet (Habisch, Wildner und Wenzel, 2008).

19.4.1.2 Die Aktionsphase

Mit der Aktionsphase beginnt nun ein sich wiederholender Zyklus.

Schritt 3: Konzeption des Gesamtengagements

Bei der Erstellung eines Konzepts für das **Gesamtengagement** greift das Weingut nun auf die in Phase zwei erstellte Analyse des Betriebs zurück. Daraus abgeleitet werden die Zielsetzungen und die strategischen Rahmenbedingungen für CSR festgelegt (Habisch, Wildner und Wenzel, 2008).

Mögliche **Zielsetzungen** sind beispielsweise eine Reduzierung der CO_2-Emissionen oder ein besseres Verhältnis zu einer bestimmten Anspruchsgruppe des Betriebs. Die **strategischen Rahmenbedingungen** umfassen Angaben zum finanziellen Aufwand sowie zum zeitlichen Rahmen der späteren CSR-Projekte. So sollte der finanzielle Aufwand, mit dem die Projekte betrieben werden, immer in einem gesunden Verhältnis zum Kerngeschäft stehen. Auch der zeitliche Rahmen wird unter Berücksichtigung der Aktivitäten im Kerngeschäft festgesetzt (Fuchs-Gamböck, 2006). Große, zeitintensive Projekte sollten nicht in Stresszeiten wie beispielsweise der Weinlese geplant und durchgeführt werden.

> Bei der Planung jeglicher freiwilliger Projekte sollte sich das Team immer darüber bewusst sein, dass das Kerngeschäft an erster Stelle steht. Dieses darf durch keines der Projekte gefährdet werden. Denn nur ein gesundes Unternehmen kann erfolgreich auf dem Markt bestehen und sich darüber hinaus positiv für die Gesellschaft und die Umwelt einsetzen.

Schritt 4: Konzeption strategischer Projektmix

Das Gesamtkonzept gibt dem Betrieb vor, in welchen Bereichen ein akuter Handlungsbedarf besteht und dient als Grundlage des strategischen Projektmixes. Insgesamt soll der Projektmix eine Reihe von CSR-Projekten umfassen, die ein in sich stimmiges Gesamtkonzept ergeben und die Zielsetzungen von CSR im Betrieb erfüllen.

Bei der **Auswahl der Projekte** wird zunächst einmal das bisherige Engagement des Betriebs betrachtet. Passen die bisherigen Projekte nicht in das Gesamtkonzept, können sie eventuell verändert werden oder es können neue Projekte ausgearbeitet werden (Habisch, Wildner und Wenzel, 2008).

Die **Größe und Anzahl der Projekte** sollten im Rahmen der finanziellen und zeitlichen Möglichkeiten liegen. Es kann beispielsweise eine Reihe kleinerer Projekte durchgeführt werden, wie Spenden oder Sponsoring. Der Betrieb kann sich aber auch auf ein oder zwei größere Projekte konzentrieren – beispielsweise die Einführung eines Umweltmanagementsystems.

Nachdem die Auswahl der einzelnen Projekte getroffen wurde, wird für jedes einzelne CSR-Projekt ein **Projektplan** erstellt. Darin wird es detailliert beschrieben und sein geplanter Ablauf festgelegt (Fuchs-Gamböck, 2006).

Schritt 5: Projektdurchführung, Steuerung, Kontrolle und externe Kommunikation

In dieser Phase des Prozesses ist besonders der **CSR-Verantwortliche** gefordert. Er ist verantwortlich für die Durchführung und Steuerung der einzelnen Projekte. Dabei sollte immer auf **Professionalität** geachtet werden. Die CSR-Projekte sollten mit der gleichen Sorgfalt und Ernsthaftigkeit wie das weinbauliche Kerngeschäft realisiert werden.

Eine **regelmäßige Kontrolle** sichert den Erfolg der Projekte. Sie kann nach Ende einer Projektphase oder einmal jährlich bei der Kontrolle des Gesamtengagements erfolgen. Weichen Projekte von ihrer ursprünglichen Zielsetzung ab, sollte eine Anpassung erfolgen (Habisch, Wildner und Wenzel, 2008).

19.4.1.3 Externe Kommunikation

Ebenso wichtig wie eine erfolgreiche Planung und Durchführung der Projekte ist die anschließende externe Kommunikation des Ergebnisses. Findet diese gezielte Kommunikation nicht statt, so wurde das Ziel eines nachhaltigen Weinbaus zwar im Betrieb selbst realisiert, aber die Anspruchsgruppen haben keine Kenntnis davon. Ziel ist es aber, den Betrieb durch CSR nicht nur zu verändern, sondern dadurch auch an Ansehen zu gewinnen. Aus diesem Grund spielt die **Glaubwürdigkeit** bei der externen Kommunikation eine tragende Rolle. Denn freiwilliges Engagement, das als nicht glaubwürdig und authentisch erscheint, wird als PR-Masche abgetan und schadet dem Image des Betriebs (Fuchs-Gamböck, 2006).

Die **Art der CSR-Kommunikation** kann sehr verschieden gestaltet werden. So ist es möglich, die Maßnahmen auf der Homepage, in einem Newsletter oder in der Firmenbroschüre zu veröffentlichen. Häufig kann ein Winzer auch in Kundengesprächen Details zum freiwilligen Engagement einfließen lassen. Es besteht jedoch auch die Möglichkeit, speziell für die CSR-Projekte einen CSR-Bericht bzw. einen Nachhaltigkeitsbericht zu veröffentlichen.

19.5 CSR-Handlungsfelder in Weinbaubetrieben

Die CSR-Handlungsfelder durchziehen den gesamten Weinbaubetrieb und betreffen sämtliche soziale, ökologische und ökonomische Aspekte. Besonders charakteristisch für CSR ist, dass es über eine komplexe und vielfältige Anzahl an Themen verfügt, die bearbeitet werden können. Dennoch muss jeder Betrieb und jede Branche sein eigenes Gleichgewicht in der Bearbeitung der einzelnen Themen finden (www.csrgermany.de). Im Weinbau spielen beispielsweise der Umweltschutz und das Qualitätsmanagement eine sehr bedeutende Rolle. In anderen Branchen kann der Schwerpunkt jedoch auch auf anderen Themen liegen. Der Sinn von CSR ist es nicht, nach einer allgemeingültigen Schablone zu handeln, sondern dass jeder Betrieb frei seine ökologischen und sozialen Maßnahmen auswählen und damit auf die speziellen Erwartungen seiner Anspruchsgruppen reagieren kann.

Abbildung 19.4 Die vier Handlungsfelder von CSR

Umwelt	Arbeitsplatz
CSR Handlungsfelder	
Markt	Gesellschaft

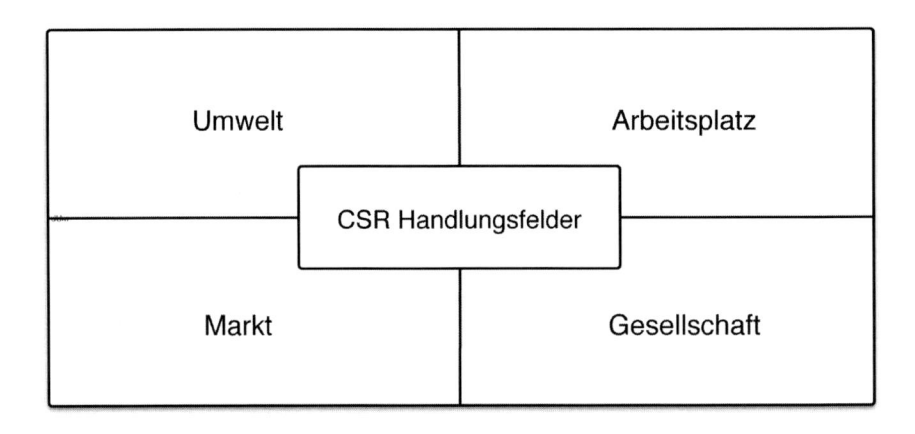

Bei den vier Handlungsfeldern von CSR handelt es sich um die Umwelt, den Arbeitsplatz, den Markt und die Gesellschaft (**Abbildung 19.4**). Ziel ist, die freiwilligen Maßnahmen in allen vier Bereichen aufeinander abzustimmen, sodass ein in sich stimmiges Gesamtkonzept entsteht, das eine nachhaltige Unternehmensentwicklung anstrebt (Bechert, 2007).

19.5.1   Handlungsfeld Umwelt

In der landwirtschaftlichen Produktion kommt dem Handlungsfeld Umwelt eine besondere Bedeutung zu, denn die freiwilligen Maßnahmen, die der Winzer hier treffen kann, sind ein wichtiger Beitrag zum dauerhaften Erhalt seiner natürlichen Produktionsgrundlagen Wasser, Boden und Luft. Eine Gefährdung dieser Produktionsgrundlagen führt zunächst zu Qualitätseinbußen, langfristig sogar zu einer Existenzbedrohung des Betriebs und ganzer Weinbauregionen. Mit einem ökologisch verantwortungsbewussten Handeln reagiert der Winzer jedoch nicht nur auf die unmittelbare Gefahr, die von Umweltverschmutzungen und den negativen Auswirkungen des Klimawandels auf seinen Betrieb ausgeht. Das Thema Umweltschutz hat sich in den letzten Jahrzehnten vielmehr zu einem globalen Problemfeld entwickelt, das heute nicht nur Einzelne sondern die gesamte Menschheit betrifft. Diese Entwicklung führt dazu, dass ein ökologisches Verantwortungsbewusstsein von jedem Einzelnen und somit auch von Unternehmen erwartet wird.

Mögliche Maßnahmen im Bereich Umwelt (Gemmrich, 1998)

- Umweltschonende Bewirtschaftung der Weinberge
    - Auswahl bestimmter Erziehungsformen und Rebsorten
    - Schonende Bodenbearbeitung und Begrünung, Düngen nach Maß
    - Moderner Pflanzenschutz, Verzicht auf chemische Pflanzenschutzmittel, vorbeugende Maßnahmen wie die Stärkung der Widerstandskräfte treffen

- Umweltschonende Produktion im Keller
  - Energie- und Wassereinsparungen
  - Nutzen von regenerativen Energien
  - Optimierter Ressourceneinsatz
  - Einsatz von umweltverträglicher Technik, Betriebs- und Hilfsstoffen
- Umweltschonende Distribution
  - Einsatz umweltfreundlicher Verpackungsmaterialien wie z.B. Bag-in-Box
  - Zur Lagerung und zum Transport der Weine Weinkisten und Boxen verwenden, statt Einwegkartons
  - Einsatz umweltschonender Transportmittel
  - Optimierung der Logistikplanung, bessere Auslastung der Transportmittel, Vermeiden unnötiger Fahrten
- Weitere mögliche Maßnahmen
  - Verwendung von umweltfreundlichen Materialien im Vertrieb und Marketing, z. B. umweltfreundliches Papier im Büro
  - Stärkere Integrierung des Umweltschutzes in die weinbauliche Aus- und Weiterbildung
  - Förderung von Initiativen für eine branchenspezifische Nachhaltigkeitsstrategie

19.5.1.1 Umweltmanagementsysteme - EMAS II und ISO 14001

Zur kontinuierlichen Verbesserung der Umweltleistung bietet sich auch die Einrichtung eines Umweltmanagementsystems an. Gerade im deutschen Weinbau machen diese Systeme Sinn. Denn während in Australien oder Neuseeland speziell Nachhaltigkeitsmanagementsysteme eingeführt wurden, so gibt es für die deutsche Weinproduktion bisher kein speziell für den nachhaltigen Weinbau entwickeltes Managementsystem. Durch die Einführung eines Umweltmanagementsystems, idealerweise in Kombination mit einem Qualitätsmanagementsystem, können deutsche Weinbaubetriebe dieses Defizit in der heimischen Branche umgehen und zumindest Teilbereiche der Nachhaltigkeit zertifizieren lassen. Die Kosten, die bei der Einführung eines Umweltmanagementsystems anfallen, sind kurzfristig gesehen gerade für kleine Betriebe eine große Hürde. Doch langfristig gesehen rentiert sich das Umweltmanagementsystem, indem der Ressourceneinsatz optimiert wird und die betrieblichen Kosten gesenkt werden können (Gemmrich und Arnold, 2008). Allgemein kommen im Weinbau zwei Umweltmanagementsysteme in Frage, EMAS II und ISO 14001.

ISO 14001

Die internationale Norm ISO 14001 ist eine weltweit anerkannte Norm für ein Umweltmanagementsystem. Ziel von ISO 14001 ist die kontinuierliche Verbesserung des Umweltmanagementsystems. Die Zertifizierung erfolgt durch eine private Zertifizierungsorganisation. Für die Einrichtung von ISO 14001 gibt es in kleinen Betrieben keine Sonderregelungen (www.emas.de).

EMAS II

Der europäische Öko-Audit EMAS II basiert auf einer Verordnung der EU und gilt europaweit. Sein Ziel ist die Verbesserung der Umweltleistung. Geprüft wird die Umsetzung durch einen zugelassenen Umweltgutachter. Darüber hinaus besteht die Verpflichtung zur externen Kommunikation und zur Veröffentlichung einer Umwelterklärung. Für kleine und mittlere Betriebe gibt es Erleichterungen bei der Umsetzung von EMAS II (www.emas.de). Aus diesem Grund ist EMAS II zumeist die bessere Wahl für mittelständische Weingüter. Zwar beschränkt sich EMAS II auf Europa, die Anforderungen von ISO 14001 sind in das Umweltmanagementsystem EMAS II integriert (www.14001news.de).

19.5.2 Handlungsfeld Arbeitsplatz

Dem Handlungsfeld Arbeitsplatz kommt eine große wirtschaftliche, aber auch soziale Bedeutung zu. Wirtschaftlich gesehen bietet das Weingut seinen Arbeitnehmern einen Arbeitsplatz, ein festes Gehalt sowie Sozialleistungen und sichert seine Arbeitnehmer somit ab. Darüber hinaus zahlt der Betrieb Steuern an den Staat und unterstützt somit die ökonomische Gesundheit des Gemeinwesens (Fuchs-Gamböck, 2006). Die soziale Bedeutung des Handlungsfeldes Arbeitsplatz betrifft die Zufriedenheit der Arbeitnehmer, die mehr als die Hälfte des Tages bei der Arbeit und im Betrieb verbringen. Eine Balance zwischen Arbeits- und Privatleben, eine positive Unternehmenskultur und eine herausfordernde Tätigkeit haben einen starken Einfluss auf die körperliche und geistige Gesundheit der Mitarbeiter. Doch das Abhängigkeitsverhältnis ist keineswegs einseitig. Der Betrieb profitiert maßgeblich von seinen Mitarbeitern. Er ist auf engagierte und qualifizierte Arbeitnehmer angewiesen, die einen wirtschaftlichen Erfolg überhaupt erst ermöglichen. Durch freiwillige Maßnahmen kann der Weinbaubetrieb Anreize schaffen, die Mitarbeiter langfristig an den Betrieb binden und ihre Zufriedenheit am Arbeitsplatz steigern.

Mögliche Maßnahmen im Bereich Arbeitsplatz

- ■ Chancengleichheit und Vielfalt
    - Integration benachteiligter Gruppen
    - Maßnahmen gegen Diskriminierung am Arbeitsplatz
    - Diversity Management, Förderung einer heterogenen Personalstruktur durch junge und ältere Arbeitnehmer sowie Arbeitnehmer verschiedener ethnischer Gruppen (Antoniades, 2007)
- ■ Work-Life-Balance
    - Flexible Arbeitszeiten
    - Rücksichtnahme auf (alleinerziehende) Angestellte mit kleinen Kindern
    - Motivation der Mitarbeiter
    - Reduzierung von Stress am Arbeitsplatz
    - Übertragen von Verantwortung an Mitarbeiter, jedoch keine Überlastung einzelner Arbeitnehmer

- Arbeitsschutz
  - Arbeitsschutzmanagement, Arbeitsschutzbeauftragten benennen
  - Kontrolle eingeführter Arbeitsschutzmaßnahmen, z.B. das Tragen von Schutzkleidung und Schutzbrillen kontrollieren
- Gezielte Personalentwicklung
  - Aus- und Weiterbildungsmöglichkeiten anbieten
  - Potenziale der Mitarbeiter erkennen und gezielt fördern
- Gerechte Entlohnung
  - Gerechte Lohnstruktur im Betrieb
  - Angemessene Entlohnung der Saisonarbeitskräfte

19.5.3 Handlungsfeld Markt

Im Handlungsfeld Markt steigen die Erwartungen der Kunden und Handelspartner an den Betrieb besonders in den Bereichen Qualität, Produktsicherheit und Rückverfolgbarkeit der Weine kontinuierlich. Ihr Erfüllen entscheidet maßgeblich über Erfolg oder Misserfolg des wirtschaftlichen Handelns. Wie stark die Entwicklung hin zu einem stärkeren Schutz der Verbraucher ist, zeigen die Maßnahmen, die der Gesetzgeber in den letzten Jahren getroffen hat. Durch eine transparente Produktion soll der Verbraucher geschützt werden. Dies bedingt eine lückenlose Dokumentation der Produktionsprozesse bei der Lebensmittelherstellung. Für den Winzer bedeutet dies, dass die Dokumentation bei den Arbeitsprozessen im Weinberg beginnt und bei der Auslieferung an den Kunden endet. Das kommt vor allem dem weinbaulichen Qualitätsgedanken zugute, der besagt, dass die Grundlage für einen guten Wein bereits im Weinberg gelegt wird (Stoll, Schultz u.a., 2008).

Aus dem freiwilligem Engagement im Handlungsfeld Markt zieht der Winzer zweifachen Nutzen. Zum einen erfüllt er damit seine eigenen Qualitätsansprüche. Eine hohe Weinqualität ist für den Winzer mit Prestige verbunden. Diese Qualität kann er langfristig jedoch nur durch eine nachhaltige Produktionsweise und eine hohe Produktsicherheit halten. Zum anderen fördert das Engagement auch den Aufbau und Erhalt langfristiger Geschäftsbeziehungen zu Privatkunden wie auch zu wichtigen Handelspartnern. Seltene Qualitätsmängel vermeiden Konfrontationen mit Abnehmern und Stakeholdern.

Mögliche Maßnahmen im Bereich Markt

- Produktsicherheit und hoher Qualitätsstandard
  - Grundlagen einer guten Weinqualität bereits im Weinberg legen
  - Risikominimierung bei den Zulieferprodukten wie Korken oder Flaschen durch eine fundierte Lieferantenbewertung
  - Transparente Dokumentation aller betrieblichen Arbeitsprozesse
  - Gewährleisten der Rückverfolgbarkeit der Produkte
  - Kontinuierliche Verbesserung der Produktionsprozesse

- Kundenorientierung
  - Kundenorientierte Serviceleistung
  - Kommunikation umfassender Produktinformationen
  - Bearbeitung und Dokumentation von Reklamationen, Beschwerdemanagement
- Langfristige Geschäftsbeziehungen
  - Langfristige Ausrichtung der Partnerschaften zu Lieferanten und Abnehmern
  - Gute Zahlungsmoral, Vertragstreue und angemessene Preise
  - Fehlerlose und sichere Produkte
- Faires Wettbewerbsverhalten
  - Vermeiden eines ruinösen Preiskampfes
  - Kooperationen mit anderen Winzern eingehen
  - Gemeinsam die deutsche Weinbranche stärken
- Qualitätsmanagementsysteme
  - DLG-QM Wein, IFS, ISO 9001:2008 und BRC

19.5.4 Handlungsfeld Gesellschaft

Das Handlungsfeld Gesellschaft umfasst den Teil von CSR, der auch mit dem Begriff Corporate Citizenship umschrieben wird.

> **Corporate Citizenship (CC)**
>
> Der US-amerikanische Begriff Corporate Citizenship ist wie CSR nicht einheitlich definiert. Die Fachliteratur definiert CC jedoch oftmals als Teil von CSR und begrenzt den Begriff auf das Engagement für das gesellschaftliche Gemeinwohl und Umfeld des Unternehmens (www.cccdeutschland.org). In Deutschland wird CC oftmals mit dem Begriff ‚bürgerschaftliches Engagement' umschrieben. Das Konzept hinter dem Begriff CC geht davon aus, dass sich das Unternehmen wie ein Bürger (engl. ‚citizen') der Gesellschaft verhält. Er nimmt dabei gewisse Rechte in Anspruch, im Gegenzug dazu muss er jedoch auch bestimmte Pflichten erfüllen und Verantwortung für die Gesellschaft übernehmen (Fuchs-Gamböck, 2006).

Viele kleine und mittelgroße Unternehmen engagieren sich in ihrem lokalen Umfeld oder für globale Problemfelder. Für Weinbaubetriebe ist es sehr wichtig als ‚guter Bürger' gesehen zu werden, da viele Anspruchsgruppen sich im lokalen Umfeld des Betriebs befinden. Hierzu zählen die Mitarbeiter und ihre Familien, viele der Privatkunden, die Nachbarn, andere Weingüter, örtliche Institutionen, Behörden und gemeinnützige Einrichtungen. Durch gezielte Maßnahmen kann der Weinbaubetrieb auf sein lokales Umfeld Einfluss nehmen und so zur Entwicklung der gesamten Region beitragen.

Neben der Unterstützung von sozialen, kulturellen, ökologischen oder sportlichen Einrichtungen kann sich der Betrieb auch auf Kooperationen mit Bildungseinrichtungen und

Forschungsinstituten konzentrieren. Dieses Engagement ist gerade für die Entwicklung einer Branche sehr bedeutend. Der Betrieb selbst profitiert von dieser Zusammenarbeit, indem er durch die Kenntnis wichtiger Forschungsergebnisse einen entscheidenden Wettbewerbsvorteil gegenüber der Konkurrenz erlangt. Und auch die Forschungsinstitute und die Bildungseinrichtungen ziehen einen großen Nutzen aus einer starken Beziehung zur weinbaulichen Praxis.

Mögliche Maßnahmen im Bereich Gesellschaft

- Nachbarschaftlicher Dialog
    - Gemeinsame Problemlösungen ausarbeiten, gemeinsame Fortentwicklung der Region
    - Einbezug in Veränderungen im Weingut, die Auswirkungen auf die Nachbarschaft haben können
    - Vermeiden von Streitereien oder gerichtlichen Auseinandersetzungen
- Unterstützung von sozialen, kulturellen, ökologischen und sportlichen Einrichtungen
    - Sach- und Geldspenden, Sponsoring
    - Cause-related Marketing, Spenden eines Teils des Verkaufserlöses an eine gemeinnützige Einrichtung (Fuchs-Gamböck, 2006)
    - Corporate Volunteering, betriebliche Freiwilligenprogramme oder das gezielte Unterstützen der Mitarbeiter in einem bereits bestehenden ehrenamtlichen Engagement (www.cccdeutschland.org)
- Kooperationen mit Bildungseinrichtungen
    - Gemeinsame Projekte mit Hochschulen oder Forschungsinstitute

19.6 Nutzen eines nachhaltigen Weinbaus

Richtig in die weinbauliche Praxis umgesetzt nutzt die Nachhaltigkeit dem Weingut selbst als auch allen seinen wichtigen Anspruchsgruppen. Man spricht auch von einer **Win-Win-Situation**. Alle Beteiligten ziehen einen positiven Nutzen aus dem freiwilligen Engagements des Betriebs und seinem verantwortungsbewussten Handeln.

19.6.1 Wettbewerbsvorteil Nachhaltigkeit

Für den einzelnen Weinbaubetrieb kann sich die Nachhaltigkeit zu einem klaren Wettbewerbsvorteil entwickeln, enn Konzepte zur Umsetzung eines nachhaltigen Weinbaus, wie beispielsweise das hier erläuterte Corporate Social Responsibility, haben das Ziel, dass sämtliche Grundsätze und Werte einer nachhaltigen Wirtschaftsweise nicht nur auf dem Papier bestehen, sondern tatsächlich gelebt werden.

Positive Unternehmenskultur

Eine positive Unternehmenskultur aufgrund von gelebten Werten im Arbeitsalltag fördert die Zufriedenheit der Mitarbeiter und ihre Loyalität dem Betrieb gegenüber. Dies ist besonders wichtig für die Personalentwicklung im Betrieb. Denn das betriebliche Wertesystem und der Sinn hinter dem Handeln des Betriebs ist heute ein wichtiger Aspekt für die Mitarbeitergewinnung als auch für das langfristige Halten von qualifiziertem Personal.

Positive Außenwirkung

Doch nicht nur bei den eigenen Mitarbeitern kann der Betrieb mit seinem nachhaltigen Handeln und seinem Engagement punkten. Auch Kunden und Geschäftspartner können durch gezielte Maßnahmen langfristig an den Betrieb gebunden werden.

Positive Zukunftsperspektiven

Die Zukunft eines Betriebs kann durch sämtliche freiwillige Maßnahmen abgesichert werden. Zum einen werden die natürlichen Produktionsgrundlagen des Weinguts geschützt und zum anderen wird die wirtschaftliche Leistungskraft des Unternehmens gestärkt. Aufgrund der Unternehmens- und Stakeholder-Analyse kennt die Betriebsleitung alle wichtigen Komponenten, die einen positiven oder negativen Einfluss auf den Betrieb ausüben können. Der Betrieb ist reaktionsschneller und besser gewappnet für zukünftige Herausforderungen (Fuchs-Gamböck, 2006).

19.6.2 Stärkung einer nachhaltigen Weinbranche

Winzer, die sich für einen nachhaltigen Weinbau stark machen und freiwillig Verantwortung für die Umwelt und die Gesellschaft übernehmen, stärken langfristig mit ihrem Engagement die nachhaltige Entwicklung der Weinbranche und ganzer Weinbaugebiete.

Für eine gesunde, krisenfeste Weinbranche sind Weingüter notwendig, die schnell auf Krisen und andere Veränderungen reagieren können. Ein nachhaltiger Weinbau wird heutzutage vor allem als ein zukunftsfähiger Weinbau gesehen. Je mehr Weingüter sich mit einer nachhaltigen Wirtschaftweise auseinander setzen, desto höher ist die Chance, dass sich branchenspezifische Konzepte durchsetzen. Ein Betrieb, der freiwillig Verantwortung für sein eigenes Handeln und für die Gesellschaft übernimmt, gestaltet seine eigene Zukunft und die Zukunft der gesamten Gesellschaft.

Literatur

[1] Antoniades, M. (2007). Diversity Management – Mit einer kunterbunten Belegschaft zu wirtschaftlichem Erfolg. *FORUM – Nachhaltig Wirtschaften*, 04/2007, 76-77.
[2] Bechert, S. & Gorynia-Pfeffer, N. (2007). *Gesellschaftliche Verantwortung in der Auslandsniederlassung, Ein Leitfaden für deutsche Unternehmen mit Niederlassungen in Polen*. Retrieved 2-Oct-2008. http://www.rkw.de/02_loesung/publikationen/PUB_Fuehrung/PUB_CSR_Unternehmenskultur/LF_0701_1522_CSR.pdf
[3] Bergius, S. (2007). Nachhaltig Wirtschaften und CSR sind eine Strategie, keine PR! *FORUM – Nachhaltig Wirtschaften*, 02/2007, 28-29.
[4] Doll, A. (2007). Guter Wille alleine genügt nicht: Neue Herausforderungen für CSR-Manager. *FORUM – Nachhaltig Wirtschaften*, 02/2007, 27.
[5] Europäische Kommission (2001). *Grünbuch – Europäische Rahmenbedingungen für die soziale Verantwortung der Unternehmen, KOM (2001) 366 endgültig*. Brüssel. Retrieved 25-Sept-2008. http://eur-lex.europa.eu/LexUriServ/site/de/com/2001/com2001_0366de01.pdf
[6] Fuchs-Gamböck, K. (2006). *Corporate Social Responsibility im Mittelstand – Wie Ihr Unternehmen durch gesellschaftliches Engagement gewinnt*. Heidelberg: Economica Verlag.
[7] Gemmrich, A. R. (1998). *Nachhaltige Weinwirtschaft – Wegweiser zum betrieblichen Umweltschutz in Weinbaubetrieben, Kellereien und Winzergenossenschaften*. Neustadt an der Weinstraße: Meininger Verlag.
[8] Gemmrich, A. R. (2005). Nachhaltigkeit des ökologischen Weinbaus. In H.-R. Schultz & M. Stoll (Eds.), *Deutsches Weinbau-Jahrbuch 2010*, 56. Jahrgang. Stuttgart: Verlag Eugen Ulmer. 57-62.
[9] Gemmrich, A. R. & Arnold, R. (2008). Nachhaltiger Weinbau im internationalen Überblick – neues Modewort oder ein Leitbild in der Globalisierung? In H.-R. Schultz & M. Stoll (Eds.), *Deutsches Weinbau-Jahrbuch 2010*, 59. Jahrgang. Stuttgart: Verlag Eugen Ulmer. 13-19.
[10] Gemmrich, A. R. & Bezner, E. (2010). Umsetzung eines nachhaltigen Weinbaus durch freiwilliges unternehmerisches Engagement. In H.-R. Schultz & M. Stoll (Eds.), *Deutsches Weinbau-Jahrbuch 2010*, 61. Jahrgang. Stuttgart: Verlag Eugen Ulmer. 118-124.
[11] Habisch, A., Wildner, M. & Wenzel, F. (2008). Corporate Citizenship (CC) als Bestandteil der Unternehmensstrategie. In Habisch, A., Schmidpeter, R. & Neureiter M. (Eds.): *Handbuch Corporate Citizenship – Corporate Social Responsibility für Manager*. Berlin; Heidelberg: Springer Verlag.
[12] Kotler, P. & Bliemel, F. (2001): Marktorientierte strategische Planung als Vorbereitung zum Erfolg. In Kotler, P. & Bliemel, F. (Eds.), *Marketing-Management – Analyse, Planung und Verwirklichung*, 10. Auflage. Stuttgart: Schäffer-Poeschel Verlag.
[13] Promberger, K., Spiess, H. & Kössler W. (2006). *Unternehmen und Nachhaltigkeit – Eine managementorientierte Einführung in die Grundlagen nachhaltigen Wirtschaftens*. Wien: Linde.
[14] Stoll, M., Schultz, H. R., Rühl, E.H., Gaubatz, B., Müller, Konrad, H. & Schwarz, H. P (2007). Qualitätssicherungssysteme für den weinbaulichen Außenbetrieb zur Dokumentation und Rückverfolgbarkeit. In H.-R. Schultz & M. Stoll (Eds.), *Deutsches Weinbau-Jahrbuch 2010*, 61. Jahrgang. Stuttgart: Verlag Eugen Ulmer. 20-25.
[15] *Umweltmanagement. EMAS – Mehrwert inklusive*. Retrieved 1-Oct-2008 from http://www.emas.de/datenbank/folder-EMAS+Mehrwert_klein.pdf
[16] Zimmer, R. (2006). Corporate Social Responsibility – Ausübung sozialer Verantwortung als Pflicht des Unternehmens. In Blanke, T. & Breisig, T. (Eds.): *Wirtschaftswissen für den Betriebsrat. Kompetent handeln – aktiv mitgestalten, Loseblattwerk*. Retrieved 25-Sept-2008 from http://www.euro-betriebsrat.de/pdf/wlcsr.pdf
[17] www.csrgermany.de
[18] www.cccdeutschland.org
[19] www.14001news.de

20 Kostenstrukturen im Weingut

Dr. Donald Cyr, Brock University

Inhalt

20.1	Einleitung	421
20.1.1	Grundlegende Konzepte von Investment und Cost Benefit Betrachtungen	422
20.1.1.1	Gegenwartswert und Zins	422
20.1.1.2	Net Present Value	422
20.2	Initial Investment (I_0)	424
20.2.1	Erschließungskosten für die Weinberge	424
20.2.2	Kosten für die Einrichtung eines Weinguts	427
20.3	Schätzung des durchschnittlichen Cash Flows nach Steuern	429
20.3.1	Erwartete jährliche Umsätze (Returns (R))	431
20.3.2	Erwartete jährliche operative Ausgaben (Cash Outflows) (E)	431
20.3.2.1	Operative Kosten im Weinberg	431
20.3.2.2	Operative Kosten des Weinguts	433
	Operative Fixkosten des Weinguts	433
	Operative variable Kosten	433
20.4	Finanzierungsquellen und die benötigte Ertragsrate (k)	435
20.5	Schätzung der Wachstumsrate (g)	437
20.6	Die Berechnung des NPV für die Einrichtung des Beispielweinguts	437
20.7	Die interne Ertragsrate der Investition	437
20.8	Berechnung der Amortisation	440
20.9	Schätzung des Break-Even-Preises pro Flasche	440
20.10	Investition in eine neue Rebsorte	441
	Literatur	442

20.1 Einleitung

Wie in allen geschäftlichen Umfeldern bilden Buchhaltung und Informationen zur Finanzlage des Unternehmens auch für Weingüter die Grundlage für die Mehrzahl der täglich zu treffenden Entscheidungen. Gleichermaßen dienen sie zum Erstellen von Berichten für die Stakeholder des Unternehmens. Dies schließt nicht nur die Besitzer des Unternehmens ein, sondern auch Kreditgeber sowie Behörden und Finanzämter. Insbesondere wenn es darum geht, operative wie auch langfristige strategische Entscheidungen zu treffen, sind Buchhaltung und Informationen über die Kostenstruktur unerlässlich. Sie werden gebraucht, um Ressourcen richtig auf die operativen Prozesse zu verteilen. Ebenso sind sie notwendig, um die Preise für die einzelnen Weine so festzulegen, dass das Weingut profitabel wirtschaften kann.

Aus der Investment- und Kosten-Management-Perspektive gesehen ist ein vollständig vertikal integriertes Weingut ein relativ komplexes Geschäftsmodell. Es kann in drei abgegrenzte Bereiche aufgeteilt werden:

- Außenbetrieb (vineyard operations)
- Weingut (winery operations)
- Vertrieb und Marketing (retail/ marketing operations)

Der Außenbetrieb umfasst alle operativen Prozesse, die im Weinberg stattfinden. Der Bereich Weingut umfasst entsprechend alle Prozesse, die direkt im Weingut mit der Fermentierung und den weiteren Produktionsprozessen zu tun haben. Der Bereich Vertrieb und Marketing fasst die Prozesse zusammen, die helfen den Wein zu vermarkten und zu verkaufen, wie z.B. Kosten, die mit dem Probierraum verbunden sind. Trotz der sehr speziellen operativen Prozesse unterscheiden sich diese drei Bereiche nicht grundlegend von den buchhalterischen Gegebenheiten in anderen Branchen. Der Außenbetrieb eines Weinguts ist in dieser Beziehung grundsätzlich mit jedem anderen landwirtschaftlichen Betrieb vergleichbar und hat sich ähnlichen Herausforderungen zu stellen. Das Weingut und seine Prozesse können schlicht als eine traubenverarbeitende Produktionseinheit charakterisiert werden. Ebenso gleicht der Vertriebs- und Marketingbereich dem der meisten anderen Betriebe. Die Produktions- und Vermarktungskosten, die gegen den erzielbaren Endpreis gerechnet werden müssen, ergeben letztendlich die Profitabilität des Weinguts. Ein kritisches Element für den Erfolg eines solchen Unternehmens ist – wie üblicherweise auch in anderen Branchen – ein klares Verständnis für die Bachhaltung zu haben. Die Kosten und ihre Strukturen zu kennen ist unerlässlich. Nur so kann man sie später nutzen, um grundsätzliche finanzielle Entscheidungen zu treffen. Selbstverständlich ist hierfür ebenso ein grundsätzliches Verständnis (der Geschäftsführung) für finanzielle Entscheidungen notwendig. Beide genannten Punkte will dieser Beitrag aufgreifen, indem beispielhaft die Profitabilität eines fiktiven Weinguts besprochen wird und eine Berechnung für den geringstmöglichen profitablen Preis pro Flasche durchgeführt wird. Obwohl sich das Beispiel am US-amerikanischen Umfeld orientiert und im Speziellen auf Erkenntnisse aus Napa Valley zurückgegriffen wird, wurde versucht, das Beispiel generell anwendbar zu halten.

Dabei stand das Aufzeigen grundlegender Zusammenhänge im Vordergrund. Es wurde somit weniger Wert auf höchstmögliche Genauigkeit der Zahlen oder des Fallbeispiels gelegt.

20.1.1 Grundlegende Konzepte von Investment und Cost Benefit Betrachtungen

Viele finanzielle Entscheidungen basieren auf dem erwarteten Zins. Um diesen berechnen zu können ist es jedoch zunächst notwendig, grundlegende Konzepte der Cost-Benefit-Rechnung zu kennen, die im Folgenden kurz dargestellt werden sollen. Insbesondere konzentriert sich der folgende Abschnitt auf den Gegenwartswert (Present Value).

20.1.1.1 Gegenwartswert und Zins

Der Gegenwartswert (present value – im Folgenden PV) eines zukünftigen Cash Flows bezeichnet den Wert, den es heute zu investieren gilt, um bei einer gegebenen jährlichen Zinsrate (r) den angestrebten Endwert zu erreichen. Der PV eines zu erreichenden C_t, der zu einem Zeitpunkt (t) in der Zukunft erreicht werden soll, kann durch die folgende Gleichung ausgedrückt werden:

$$PV = \frac{C_t}{(1+r)^t}$$

Will man also beispielsweise 1.000$ in drei Jahren bei einen Zinssatz von 10% erreichen, müssen jetzt 751,31$ investiert werden.

$$751,31\$ = \frac{1.000\$}{(1,10)^3}$$

Anders könnte man auch sagen, dass die 751,31$, die man heute zu 10% p.a. anlegt, in drei Jahren $ 1.000 wert sind. Ebenfalls kann man diesen Sachverhalt aus dem Blickwinkel der Verzinsung sehen. Dann müsste man sagen, dass, wenn 751,31$ nach drei Jahren1.000$ wert sind, die Verzinsung bei 10% p.a. liegt.

20.1.1.2 Net Present Value

Das Konzept des PV legt den Grundstein für alle finanziellen Entscheidungen, unabhängig von Einzelfall oder Branche. Es schließt somit natürlich auch die Produktion und den Verkauf von Wein mit ein. Der PV fließt nachfolgend in zwei fundamentale finanzielle Betrachtungen ein, die es ermöglichen die finanzielle Durchführbarkeit und Profitabilität von Projekten zu beurteilen. Ein Maß zur Beurteilung wird als Net Present Value (NPV) bezeichnet. Das zweite wird Interner Zins (Internal Rate of Return (IRR)) genannt.

Initial Investment (I0)

$$NPV = -I_0 + \sum_{t=1}^{n} \frac{C_t}{(1+k)^t}$$

In der oben stehenden Formel repräsentiert I_0 die kumulierten Investionen, die zur Einrichtung eines neuen Weinguts oder einer neuen Rebsorte erbracht werden müssen. C_t bezeichnet den erwarteten jährlichen Cash Flow, der sich aus der Weinproduktion ergibt. Er setzt sich aus dem Umsatz (Return (R_t)) abzüglich der Kosten (Expenses (E_t)) sowie abzüglich der zu entrichtenden Steuern (Taxes (T_t)) zusammen.

$$C_t = R_t - E_t - T_t$$

Der in der Formel für die Berechnung des NPV verwendete Buchstabe k gibt den notwendigen jährlichen Zinssatz an. Eine Investitionsentscheidung kann dann als finanziell durchführbar angesehen werden, wenn sich aus ihr ein jährlicher Zinssatz ergibt, der mindestens so groß ist wie k, der geforderte Zinssatz. In einem solchen Fall ergibt die Gleichung für das NPV einen positiven Wert. Ist das finanzielle Unterfangen dagegen nicht tragfähig, fällt also der tatsächliche Zinssatz unter den geforderten Zinssatz k, so ergibt sich ein negativer Wert für das NPV.

In der Formel für das NPV bezieht sich n auf die Anzahl von Jahren, die das angestrebte Projekt fortgeführt werden soll. Eine der Schwierigkeiten, die sich daraus ergeben ist, den tatsächlichen Cash Flow (C_t) exakt abschätzen zu können, sowie mit Bestimmtheit zu wissen, ob und wann das Projekt beendet wird. In den meisten Fällen ist es deshalb notwendig, einige vereinfachende Annahmen einzuführen. Im Falle der Weinproduktion zum Beispiel kann man annehmen, dass die Produktion kein Ende hat. Das Weingut wird also für immer fortgeführt. In diesem Fall kann die Gleichung für das NPV wie folgt umgeformt werden:

$$NPV = -I_0 + \frac{C_1}{k - g}$$

Hierbei repräsentiert C_t den erwarteten jährlichen Cash Flow nach Steuern, der sich aus der Weinproduktion ergibt (ab dem ersten Jahr, in dem voll produziert werden kann). Die Weinproduktion wird nie beendet. Es wird jedoch erwartet, dass die genannten Cash Flows nach Steuern jährlich mit einer Rate von g wachsen. Hierbei kann g im einfachsten Fall die jährliche Inflationsrate widerspiegeln. Wir wollen im Folgenden jede der Variablen, aus denen sich das NPV ergibt, näher betrachten. Hierfür verfolgen wir ein fiktives Beispiel eines Weinguts, das seinen Betrieb neu aufnimmt. Die hier dargestellten Berechnungen können so auf andere Weingüter übertragen werden.

20.2   Initial Investment (I_0)

Das Startkapital (Initial Investment), das für die Inbetriebnahme eines Weinguts notwendig ist, wird gewöhnlich als die Summe aller Kosten verstanden, die vor Beginn der eigentlichen Produktion entstehen. Diese Kosten variieren je nach der Produktionsmethode und der Fertigungstiefe, für die sich der jeweilige Produzent entscheidet. So wird ein weitaus höheres Startkapital benötigt, wenn das Weingut mit eigenen Weinbergen arbeiten will, vor allem im Vergleich zu reinen Zukaufbetrieben. Die Frage, welches dieser beiden Extreme – komplette Eigenproduktion der Trauben vs. Zukauf allen Traubenmaterials – favorisiert werden sollte bzw. ob eine Mischform die beste Variante darstellt, hat schon zu einiger Diskussion geführt. Es gibt zahlreiche Beispiele von Weingütern, vor allem in der Neuen Welt, die keine eigenen Weinberge besitzen und auch keine eigenen Trauben produzieren, sondern ihre Trauben extern zuliefern lassen oder Land pachten, um es zu kultivieren. Dennoch verleiht der Besitz eigener Weinberge und Traubenproduktion dem Weingut/ Winzer die größtmögliche Kontrolle über Produktionsbedingungen und Qualität. Hinzu kommt, dass eine vollkommen vertikal integrierte Weinproduktion, die Ab-Hof-Verkauf genauso mit einschließt wie weitere Nebenbetriebe, nicht nur buchhalterisch vom Wert eigener Weinberge profitieren kann. Aus der Perspektive des Marketings hilft dies entscheidend, ein Markenimage für das Weingut respektive den Wein zu etablieren. Dies gilt insbesondere, wenn Werte biologischer oder nachhaltiger Produktion vermittelt werden sollen (Hall und Mitchell, 2008). Ebenso ist Weintourismus ohne einen Besuch im Weinberg kaum vollständig (es sei hierzu auch auf der Kapitel Weintourismus in diesem Band und Goffmans Idee von Front- und Backstage verwiesen) (Olsen et al. 2004). In Italien haben sich einige Weingüter sogar dazu entschlossen, große Statuen und andere Kunstwerke in Auftrag zu geben, die in den Weinbergen platziert werden, um diese kulturell und touristisch aufzuwerten. Aus diesem Grund gehen wir für die Zwecke dieses Beitrags von der häufigsten Form, also dem voll vertikal integrierten Weingut aus, das aus Weinbergen, dem Weingut-/Kellergebäude sowie Verkaufs- und Verkostungsräumlichkeiten besteht.

Die Investition in ein Weingut kann auf verschiedene Arten erfolgen. Zum Beispiel kann einfach ein bestehendes Weingut übernommen werden. In einem solchen Fall ist das benötigte Startkapital (Intial Investment I_0) sehr einfach zu bestimmen. Es ist der Preis, den der Investor für das existierende und funktionierende Weingut bezahlt. Andererseits kann sich der Investor entschließen, ein neues Weingut auf noch nicht erschlossenem Land einzurichten. Für diesen Beitrag wird aufgrund der Komplexität das zweite Beispiel weiter erörtert. Hierzu betrachten wir zunächst die Kosten, die mit der Einrichtung eines Weinbergs verbunden sind und danach die Kosten, die mit dem Bau des Weinguts assoziiert sind.

20.2.1   Erschließungskosten für die Weinberge

Unabhängig von der geografischen Region sind in erster Linie die Kosten für das Land entscheidend für die Gesamtkosten der Weinbergserschließung. Darüber hinaus fallen Kosten für die Vor-/Aufbereitung des Lands, Reben und Befestigungssysteme sowie Arbeitslohn und Betriebsstoffe an. Es findet sich in Fachpublikationen eine große Anzahl von Studien, die die Kosten der Erschließung eines Weinbergs für einzelne Regionen genauer spezifizieren und lokale Gegebenheiten stärker mit einbeziehen (Klonsky and De Moura 2009; Webber et al. 2003 und 2005; Folwell & Ball 2003). An dieser Stelle sei auf diese und ähnliche Quelle verwiesen, um genauere regionale Kostenstrukturen zu betrachten. Diese würden den Umfang dieses Beitrags überschreiten und sollen hier nicht weiter behandelt werden.

Der Wert des zu erschließenden Landes für die geplanten Weinberge formt in der Regel die größte Einzelinvestition innerhalb des Kostenplans zur Erschließung. Die mit der Fläche assoziierten Kosten variieren stark in Abhängigkeit von klimatischen Bedingungen, dem Boden und den physischen Eigenschaften wie zum Beispiel der Hangneigung, der Hanglage und der Drainage. Die Nähe zur Stadt und damit die mögliche Umwandlung des Gebiets in Bauland kann ebenfalls ein Faktor sein, der die Kosten kritisch beeinflusst. Mithin das teuerste noch nicht erschlossene Weinbauland befindet sich in Napa Valley in Kalifornien. Hier liegt der durchschnittliche Preis für ein Acre Land (etwa 0,4 ha) bei 170.000$. Für das in diesem Beitrag diskutierte Beispiel soll jedoch ein für eher durchschnittliche Weinregionen typischer Preis von 30.000$ pro Acre angenommen werden (entspricht etwa 75.000$ pro ha).

Weitere Erschließungskosten für Roh-, Hilfs- und Betriebsstoffe und Equipment können ebenfalls stark variieren. Sie hängen hauptsächlich von der Region, den physischen Eigenschaften des Weinbergs und den gewählten weinbaulichen Methoden ab (z.B. biologischer Weinbau). Solche Entscheidungen beeinflussen ebenfalls die Auswahl von Befestigungssystemen und Pflanzungsdichte sowie je nach Region auch die Bewässerungseinrichtungen. Es müssen ebenfalls Frostschutzmaßnahmen, Wasserversorgungssysteme, Erosionskontrolle und viele andere, speziell mit dem Weinberg assoziierte Nebenkosten beachtet werden. Zusammenfassend kann aber gesagt werden, dass neben dem Land die folgenden Kosten als die kritischsten angesehen werden können:

Arbeitskosten

Hauptsächlich betreffen diese die Vorbereitung des Lands, die Bepflanzung mit Rebstöcken und das Errichten des Befestigungssystems. Sie machen einen beträchtlichen Anteil der gesamten Erschließungskosten aus.

Kosten für Equipment

Typischerweise bedarf es für die Erschließung und den folgenden Betrieb eines Weinbergs eines Transportfahrzeugs, eines Weinbergschleppers und einer Spritzvorrichtung. Maschinen, die die Lese unterstützen sind ebenfalls notwendig, dies können hydraulischen Scheren, aber ebenso gut auch ein Vollernter sein.

Diverse andere Nebenkosten

Diese beinhalten Verwaltungsausgaben, Haftpflicht- und Gebäudeversicherung, Steuern sowie Entsorgungsgebühren.

In der untenstehenden Tabelle (Tabelle 20.1) ist ein Beispiel für die Erschließungskosten aufgeführt. Kosten für das Land werden nicht genannt, sie wurden mit 30.000$ pro Acre angenommen. Im Beispiel für diesen Beitrag wollen wir uns auf ein mittelgroßes Weingut von 30 Acre (etwa 12 ha) beziehen. Die angegeben Zahlen beziehen auf dieses Beispiel und wurden aufgrund von Studien, die sich mit der Northern Coast Region in Kalifornien beschäftigten, zusammengestellt. Viele der Arbeits- und Equipmentkosten wurden in die Landerschließung und Bepflanzung eingebracht und nicht gesondert aufgeführt. Der verwendete Zinssatz für Tabelle 20.1 beträgt 6%. Dies entspricht dem üblichen Zinssatz für langfristige Kredite im (US-amerikanischen) Agrarsektor. Er wird auf die Kosten für das Land, 30 Acre zum Preis von 30.000$ pro Acre, angewendet. Hinzu kommen kumulierte Ausgaben für jedes Jahr. Generell wird davon ausgegangen, dass Weinbergsanlagen über 5 Acre keine „Economies of Scale"-Effekte mehr aufweisen.

Tabelle 20.1 Kosten der Landerschließung

Kosten pro Acre (ohne Grundstückskosten)	Jahr 1	Jahr 2	Jahr 3	Summe	in Prozent
Verwaltungsbeiträge	300 $			300 $	0.82%
Aufwendungen für die Land-Präparation	7,500 $	600 $		8,100 $	22.08%
Pflanzkosten	10,500 $	100 $		10,600 $	28.90%
Kultivierungskosten	700 $	2,500 $	1,500 $	4,700 $	12.81%
Lesekosten (Jahr 3)			500 $	500 $	1.36%
Verzinsung (7%)	1,000 $	100 $	50 $	1,150 $	3.14%
Overhead-Kosten	1,800 $	1,800 $	1,800 $	5,400 $	14.72%
Einkommensverlust im dritten Jahr			(4,000) $	(4,000) $	-10.91%
Summe	21,800 $	5,100 $	(150) $	26,750 $	72.93%
Verzinsung (Investment)	3,108 $	3,414 $	3,405 $	9,927 $	27.07%
Summe Kosten pro Acre				36,677 $	100.00%

Aus der buchhalterischen Perspektive gesehen können die Kosten für die Erschließung des Weinbergs größtenteils kapitalisiert werden und gehen in die langfristigen Investitionsgüter des Weinguts ein. Es bleibt jedoch festzuhalten, dass interne und externe Buchhaltung in diesem Punkt deutlich voneinander abweichen können. So können die Arbeitskosten für die Erschließung in einigen Steuergesetzgebungen beispielsweise steuerlich geltend gemacht werden und so die Steuerlast des Unternehmens vermindern. Für die tatsächliche finanzielle Tragfähigkeit der Erschließung des Weinbergs ist dies jedoch von untergeordneter Bedeutung. Es geht hier vielmehr darum, welche Cash Flows unabhängig von ihrer buchhalterischen Natur bei der Erschließung entstehen. Die steuerliche Absetzbarkeit beeinträchtigt aber logischerweise die entsprechenden Cash Flows nach Steuern und sollte deshalb einer gründlichen Prüfung unterzogen werden.

Geht man von den in **Tabelle 20.1** aufgeführten Kosten und dem Preis von 30.000$ pro Acre Land aus, so ergeben sich Gesamtkosten für die Erschließung des Weinbergs von:

$$30 \text{ [acre]} * \{30.000 \text{ [\$/acre]} + 36.677 \text{ [\$/acre]}\} = 1.101.210 \text{ [\$]}$$

20.2.2 Kosten für die Einrichtung eines Weinguts

Zusätzlich zu den Kosten für die Erschließung des Weinbergs sind die Kosten für die Einrichtung des Weinguts zu betrachten (für speziellere Informationen: Folwell & Castaldi 2005; Dillard 2005). Typischerweise wird ein relativ kleines Stück des erworbenen Lands für die Errichtung eines Weinguts genutzt, das Weinproduktion, Keller, Equipment, Lager, Verwaltungs- und Verkaufsräumlichkeiten beherbergt. Obwohl auch hier wieder die exakten Kosten von der Wahl der Produktionsrahmenbedingungen (z.B. biologischer Weinbau) abhängen, ist es doch so, dass der kritischste Faktor die angestrebte Größe, d.h. die Weinproduktionskapazität ist. Daher verringern sich die Stückkosten der Einrichtung des Weinguts pro Flasche bzw. Kiste, je größer das Weingut ausgelegt wird (Dillon et al., 1993 und Fickle et al., 2005).

Dieser „Economies of Scale"-Effekt ist am größten, wenn sich die jährliche Produktion von 2.000 auf 5.000 Kisten (also von 24.000 Flaschen auf 60.000 Flaschen) pro Jahr erhöht. Für kleine und Kleinstweingüter mit einer Jahresproduktion von weniger als 2.000 Kisten (24.000 Flaschen) kann durchschnittlich von Einrichtungskosten von 280$ pro Kiste (23,33$ pro Flasche) ausgegangen werden. Diese Schätzung bezieht sich auf typische Kosten in durchschnittlichen US-amerikanischen Weinbauregionen. Die Kosten für die Einrichtung eines Weinguts, dass mindestens 5.000 Kisten (60.000 Flaschen) pro Jahr produziert, reduzieren sich auf nur noch 160$ pro Kiste (13,33$ pro Flasche). Obwohl sich die Stückkosten für die Einrichtung weiter mit steigender Größe des Weinguts verringern, fällt der relative Effekt stetig geringer aus. Für ein Weingut mit einer Jahresproduktion von 20.000 Kisten (240.000 Flaschen) belaufen sich die Einrichtungskosten beispielsweise auf etwa 117$ pro Kiste (9,75$ pro Flasche). Typische Kosten, die bei der Einrichtung eines Weinguts bedacht werden müssen sind, findet der Leser auf der folgenden Seite.

Gebäude

Der Großteil des Raums im Weingutsgebäude bzw. den -Gebäuden wird für die Produktion und Lagerung genutzt. Der restliche Raum umfasst normalerweise Büro- und Verkaufsräume. Diese Bauten formen in der Regel den größten Teil der Aufwendungen für das physische Weingut.

(Barrique-)Fässer

Die erste Investition in die notwendigen Fässer zur Lagerung der Weine kann ebenso einen sehr kritischen Kostenfaktor bei der Einrichtung eines Weinguts darstellen.

Anderes Equipment

Dieses beinhaltet normalerweise Weinpresse(n), Tanks zur Fermentation und Lagerung der Weine, Abbeermaschine und anderes kleineres Equipment. Hinzu kommen u.U. Kühlsysteme oder ein Labor. Für die Verkaufsräume wird zumeist auch ein Verkostungsraum eingerichtet. Kleinere Ausgaben fallen für Büroausstattung sowie Materialien an.

Eine typische Aufteilung der verschiedenen Kategorien von Investitionsgütern, die zur Einrichtung eines Weinguts benötigt werden, wird in Tabelle 20.2 in Prozent von der Gesamtinvestition für den Bau des Weinguts angegeben.

Tabelle 20.2   Prozentuale Kostenverteilung für die Einrichtung des Weinguts

Investitionsgut	Prozent
Traubenannahme und Weiterverarbeitung	12%
Kellerausstattung allg.	2%
Kühlsysteme	6%
Fermentation und Lagerung	6%
(Barrique)-Fässer	20%
Verkostungsraum	1%
Gebäude inkl. Büro	53%
Summe	**100%**

Basierend auf den Daten aus dem 2010 Wines & Vines Annual Directory of North American Wine Producers kann man Aussagen über die Bedürfnisse eines durchschnittlichen

Weinproduzenten in der Northern Coast Region Kaliforniens mit 30 Acre Weinbergsfläche treffen. Für ein solches Weingut kann von einer benötigten Lagerkapazität (inklusive Fermentation) von 25.000 Gallonen (ca. 950 hl) und einer Produktionskapazität von durchschnittlich 6.000 Kisten (60.000 Flaschen) pro Jahr ausgegangen werden. Basierend auf der Schätzung von 160$ Einrichtungskosten pro Kiste ergibt sich benötigtes Startkapital von:

$$6.000 \text{ [Kisten]} * 160 \text{ [\$/Kiste]} = 960.000 \text{ [\$]}$$

Zusammengefasst ergeben sich kumulierte Einrichtungskosten (I_0) für unser betrachtetes 30 Acre Weingut, das durchschnittlich 6.000 Kisten pro Jahr produzieren soll von $ 2.960.310 wie in **Tabelle 20.3** dargestellt wird. Im Folgenden Teil sollen die Cash Flows nach Steuern näher betrachtet werden.

Tabelle 20.3 Gesamtschätzung der Kosten zur Einrichtung des Weinguts mit Weinbergen

Kostenfaktor	Geschätzter Preis
Grundstückskosten (30 acres zu $30,000 pro acre)	900,000 $
Summe Weinbergserschließungskosten (30 acres)	1,100,310 $
Summe (6,000 Kisten p.a.) Weingutseinrichtungskosten	960,000 $
Gesamtinvestition (I_0)	**2,960,310 $**

20.3 Schätzung des durchschnittlichen Cash Flows nach Steuern

Der Cash Flow nach Steuern setzt sich wie folgt zusammen. Von den jährlich erwirtschafteten Umsätzen (revenues (R)) müssen die Ausgaben (expenses (E)) und Steuern (taxes (T)) abgezogen werden.

$$C = R - E - T$$

Es ist jedoch kritisch, dass man für die NPV-Analyse zwischen Ausgaben und Umsätzen vielmehr aus der buchhalterischen Perspektive unterscheidet als aus der des tatsächlichen Cash Flows. Für die Analyse von finanziellen Entscheidungen sollten jedoch nur tatsächliche Cash Flows berücksichtigt werden. Ein gutes Beispiel hierfür ist die jährliche Abschreibung von Investitionsgütern. Durch den buchhalterischen Prozess der Abschreibung wird es möglich, die Kosten einer Investition über den Nutzungszeitraum abzubilden. Es handelt sich dabei jedoch nicht um einen tatsächlichen Cash Flow, es wird kein Geld „aufgewendet", um für die Abschreibungen zu „bezahlen". Es handelt sich einfach um eine Methode, Ausgaben zu kapitalisieren und die Kosten, die über den Nutzungszeitraum des abgeschriebenen Guts entstehen, buchhalterisch anzuerkennen. Der Wert der Abschreibungen hängt maßgeblich von der Wahl der Abschreibungsmethode ab. Daher werden, wenn man jährliche Ausgaben, die aus dem operativen Geschäft entstehen, betrachtet, Abschreibungen in der Regel nicht berücksichtigt. Wir werden jedoch Kosten für die Ersatzbeschaffung von Gebrauchsgütern in die folgenden Berechnungen mit einbeziehen. Diese können sich ebenso auf die Reparatur von Weinbergsanlagen oder notwendige Neuanpflanzungen beziehen. Zur Approximation dieser Kosten verwenden wir 2% der nicht landbezogenen Einrichtungskosten als Schätzwert. Wir werden diesen Wert als Cash Flow definieren, um die folgenden Rechnungen zu vereinfachen.

Unter den oben genannten Vorbehalten bezüglich der Differenzierung zwischen tatsächlichen Cash Flows und Ausgaben im steuerlichen oder buchhalterischen Sinne werden wir die Annahme treffen, dass die operativen tatsächlichen Ausgaben sich ebenso in der Verminderung der zu besteuernden Summe widerspiegeln und das alle erwirtschafteten Umsätze steuerpflichtig sind. In diesem Fall lässt sich der Cash Flow nach Steuern nach folgender Formel berechnen:

$$C = (R - E) \times (1 - t_c)$$

Hier ist t_c der Steuersatz des Unternehmens. Da sich die Besteuerung von Unternehmen weltweit stark unterscheidet, variiert der Cash Flow nach Steuern entsprechend stark je nach Land. Für den betrachteten amerikanischen Fall und die dort herrschenden steuerlichen Vorgaben (zumeist auf Bundesstaatsebene geregelt) nehmen wir einen kombinierten Steuersatz von 40% an.

Eine jährliche Ausgabe, die, obwohl sie einen Cash Flow repräsentiert, nicht ins NPV einfließen sollte, sind alle Kosten, die mit der Finanzierung des Projekts zu tun haben. Solche Kosten schließen Zinsausgaben oder Zahlungen an Stakeholder bzw. Investoren mit ein. Diese müssen aus den erwirtschafteten Gewinnen finanziert werden. Diese Kosten werden nicht zur Berechnung herangezogen, da sie direkt mit dem internen (erwarteten) Zinssatz k zusammenhängen. Im NPV-Ansatz für finanzielle Entscheidungen werden die Cash Flows, die aus dem finanziellen Unterfangen entstehen, mit dem notwendigen Zinssatz diskontiert. Diesen Zinssatz werden wir später in diesem Kapitel näher betrachten. Er soll den kombinierten notwendigen Zinssatz ausdrücken, der sowohl die Belange der Kreditgeber als auch der Stakeholder befriedigt. Somit sind jährliche Kosten wie beispielsweise Zinsaufwendungen und Dividenden an Aktieneigner inhärent schon in die Berechnungen eingeflossen, da k entsprechend diskontiert wird. Würden diese Kosten nun nochmals gesondert in die Berechnungen mit einbezogen, würden diese doppelt berücksichtigt werden. Sie werden somit aus der Berechnung gelassen.

20.3.1 Erwartete jährliche Umsätze (Returns (R))

Erwartete jährliche Umsätze ergeben sich hauptsächlich aus den jährlichen Umsätzen aus den Weinverkäufen und hängen maßgeblich von der erwarteten Anzahl der verkauften Kisten sowie dem durchsetzbaren Verkaufspreis ab. Hier wird zum ersten Mal der Flaschenpreis relevant für die Berechnungen. Wenn P den erwarteten Durchschnittspreis wiedergibt (FOB), den der Produzent für jede verkaufte Flasche (n) einnimmt, dann lassen sich die Umsätze (ohne Steuern zu berücksichtigen) wie folgt berechnen:

$$R = P \: x \: n$$

Wir nehmen für unsere Berechnungen an, dass das Weingut in unserem Beispiel alle Flaschen der erwarteten Produktion von 6.000 Kisten (72.000 Flaschen) absetzen kann. Für den durchschnittlichen Flaschenpreis setzen wir 15$ an. Es sollte jedoch bedacht werden, dass es sich hierbei um den Preis handelt, den der Produzent im Ab-Hof-Verkauf einnimmt. Werden die Flaschen im Handel oder in Restaurants verkauft ergibt sich daraus in der Regel weniger Umsatz für den Produzent, da Händler und Gastronomen ebenso ihre Margen erzielen müssen. Ebenso sind mit dem zweiten Absatzweg zusätzliche Kosten für die Distribution der Flaschen verbunden, die beim Ab-Hof-Verkauf nicht auftreten. Dies kann dazu führen, dass der Endpreis für den Konsumenten im Geschäft oder im Restaurant deutlich höher ausfällt als im Weingut selbst.

20.3.2 Erwartete jährliche operative Ausgaben (Cash Outflows) (E)

Bevor wir uns näher mit den jährlichen Ausgaben und operativen Kosten, die mit den Weinbergsanlagen und dem Weingut verbunden sind, beschäftigten, erörtern wir zunächst kurz den Unterschied zwischen fixen und variablen Kosten. Fixe Kosten sind die Kosten, die nicht in Abhängigkeit vom Ertrag stehen, das heißt sie sind unabhängig von der produzierten Traubenmenge und der Flaschenanzahl. Sie werden oft auch als „Overhead"-Kosten bezeichnet. Variable Kosten stehen stattdessen im direkten Zusammenhang mit der produzierten Mengen an Trauben bzw. Wein.

20.3.2.1 Operative Kosten im Weinberg

Im Bezug auf die operativen Vorgänge im Außenbetrieb stellen sich typischerweise die meisten Kosten als variable Kosten dar und hängen direkt mit der Größe des Weinbergs bzw. der produzierten Menge an Trauben zusammen. Beispiele für solche Kosten finden sich in den Befestigungssystemen, für deren Wartung aufzukommen ist, den Pflanzenschutzmitteln, Düngern, Maschinen- und Arbeitskosten. Solche variablen Kosten können signifikant von der Region, in der sich das Weingut befindet sowie der Rebsorte abhängen. So erhöhen sich diese Kosten beispielsweise für Weingüter, die in besonders frostreichen Gegenden liegen. Solche Weingüter benötigen ein spezielles Weinbergsmanagement, dass den Schutz der Reben vor strengen Wintern ermöglicht bzw. frostgeschädigte Reben müssen entsprechend häufiger ersetzt werden. Diese Prozesse sind arbeits- und kostenintensiv. Zusätzlich sind manche Rebsorten anspruchsvoller zu kultivieren als andere. Somit können hier die Aufwendungen für Arbeiter signifikant ansteigen und bis zu 60% der Gesamtkosten des Außenbetriebs ausmachen. Ebenso müssen Kosten für reguläre Neu- oder Ersatzbepflanzungen beachtet werden. Diese belaufen sich typischerweise auf etwa 2% der Gesamtkosten pro Jahr. All diese Kosten müssen in die Berechnung der Traubenproduktion miteinbezogen werden.

Die produzierten Trauben werden als Input-Kosten für die Weinproduktion betrachtet. Der Produzent muss somit also den Ertrag pro Acre (oder pro ha) schätzen. Dies erfolgt zumeist in Tonnen pro Acre (pro ha). Daher ist es wichtig die Kosten pro Tonne produzierten Traubenertrags zu berechnen. Wie schon zuvor erwähnt, finden sich hierzu in der Literatur Beispielberechnungen für zahlreiche (auch sehr spezielle) Fälle, die typische Kosten sehr genau wiedergeben (z.B. Klonsky & De Moura 2009; Weber et al. 2005). Es soll an dieser Stelle jedoch nicht genauer auf eventuelle Unterschiede, die aus bestimmten regionalen Gegebenheiten entstehen, eingegangen werden. Die erwartbaren typischen Kosten für unser Beispiel stellen sich wie folgt dar:

Tabelle 20.4   Kostenschätzung Traubenproduktionskosten pro Tonne

	$/acre	in Prozent
Direkte Kosten des Weinbergs	4,500 $	52.55%
Weinlese	550 $	6.42%
Indirekte Kosten des Weinbergs	2,200 $	25.69%
Reparaturen und Instandsetzungen	580 $	6.77%
2% Ersatzbepflanzung	734 $	8.57%
Summe variable Kosten	8,564 $	100.00%
Durchschnittlicher Ertrag pro Acre (in t)	3.50	
Summe variable Kosten pro Tonne	2,447 $	

Tabelle 20.4 schließt die diskutierten 2% Ausgaben für Neu- und Ersatzbepflanzung ein. Diese wurden als 2% der nicht landbezogenen Einrichtungskosten berechnet (1.100.310$). Die gesamten operativen Kosten pro Acre von 8.564$ werden dann durch die erwartete Produktionsmenge von 3,5t pro Acre geteilt, um auf die Kosten pro Tonne Traubenertrag schließen zu können. Dieser Wert beträgt in unserem Beispiel 2.447$. Der Durchschnittsertrag ist wiederum ein Faktor, der stark von regionalen und lokalen Gegebenheiten sowie der Ausrichtung des Weinguts und den verwendeten Rebsorten bestimmt wird. Typischerweise liegt der durchschnittliche Ertrag zwischen 3t und 8t pro Acre. Es besteht eine

negative Korrelation zwischen produzierter Menge und Qualität, d.h. je höher die produzierte Menge an Trauben pro Acre ist, desto geringer ist gewöhnlich die Qualität der produzierten Weine. Wir gehen von einer Premiumausrichtung unseres Beispielweinguts aus und unterstellen damit eine relativ geringe Traubenproduktion von 3,5t pro Acre. Somit produzieren die 30 Acre unseres Weinguts insgesamt 105t Trauben.

20.3.2.2 Operative Kosten des Weinguts

Die operativen Kosten des Weinguts bzw. der Weinproduktion spalten sich stärker in fixe und variable Kosten als dies bei den operativen Kosten des Außenbetriebs der Fall ist.

Operative Fixkosten des Weinguts

Die Fixkosten der Weinproduktion setzen sich typischerweise aus Versicherungsprämien, Instandhaltungsinvestitionen und Grundstückssteuern zusammen. Die Versicherungsprämien und Grundstückssteuern variieren je nach Region und Land. Letztere können u.U. auch einen Einfluss auf die Instandhaltungskosten haben. Ersatzinvestitionen können ebenso wie im Außenbetrieb auf die nicht grundstücksbezogenen Einrichtungskosten bezogen werden und drücken die Kosten für die regelmäßige Erneuerung bzw. Wiederbeschaffung von Maschinen und anderem Equipment aus. Wie für den Außenbetrieb setzen wir diese Kosten mit 2% der Einrichtungskosten an. Typische Fixkosten für unser Beispielweingut können der folgenden Tabelle entnommen werden.

Tabelle 20.5   Fixkostenschätzung Weingut

Kostenfaktor	Preis
Versicherung	6,000 $
Instandhaltung	3,200 $
Grundsteuer	12,840 $
Jährliche Ersatzbeschaffungen (2% of $960,000)	19,200 $
Summe Fixkosten im Weingut	**41,240 $**

Operative variable Kosten

Die variablen oder direkten Kosten der operativen Prozesse im Weingut fassen alle Kosten zusammen, die direkt von der produzierten Menge an Wein abhängen. Für die Weinproduktion machen die Kosten für die Traubenproduktion (selbst produziert oder zugekauft) den größten Teil der variablen Kosten aus. Obwohl sich die Zahlen in Abhängigkeit von der Rebsorte leicht unterscheiden, kann man davon ausgehen, dass eine Tonne Trauben etwa 600 bis 800 Flaschen Wein ergibt (750ml). Wenn man von einer durchschnittlichen

Menge von 700 Flaschen pro Tonne ausgeht, würde das Weingut in unserem Beispiel für die jährliche Produktion von 6.000 Kisten (72.000 Flaschen) insgesamt 103t Trauben benötigen. Dies stimmt sehr genau mit unserer angenommenen jährlichen Produktion für das betrachtete 30 Acre-Weingut überein.

Die geschätzten Kosten pro Tonne Trauben belaufen sich auf 2.447$. Also belaufen sich die Kosten für die Trauben pro Flasche auf 3,50$. Andere variable Kosten beinhalten typischerweise die Ersatzbeschaffung von (Barrique-)Fässern, die Abfüllung sowie das Verpackungsmaterial, Arbeitsstunden, Marketing, Roh-, Hilfs- und Betriebsstoffe. Abfüllung und Verpackungsaufwendungen beinhalten alle Kosten, die die letztendliche Präsentation des Weins betreffen. Sie beinhalten also sowohl Flasche und Korken als auch die Ausstattung, bis hin zur verwendeten Kartonage. Arbeitskosten müssen selbstverständlich entsprechend berücksichtigt werden. Normalerweise verfügt ein Weingut mit einer Produktion von 6.000 Kisten pro Jahr über einen Geschäftsführer, einen Wine-Maker und einen Kellermitarbeiter. Andere Tätigkeiten im Weingut werden in der Regel durch Teilzeit- oder Saisonkräfte ausgeführt. Diese sind ebenfalls Teil der Gesamtarbeitsaufwendungen. Ein Überblick zu den variablen Kosten findet sich in der folgenden Tabelle.

Tabelle 20.6   Gesamtkostenschätzung pro produzierter Flasche

Kostenfaktor	Preis pro Flasche
Trauben	3.50 $
Kosten für (Barrique)-Fässer	1.54 $
Abfüllung und Verpackung	2.50 $
Verschiedene Steuern und Gebühren	0.50 $
Arbeitslohn	2.00 $
Marketing	0.25 $
Betriebsstoffe	0.10 $
Büroausstattung	0.05 $
Anderes	0.05 $
Summe variable Kosten pro Flasche	**10.49 $**

Zusammenfassend kann die Formel zur Berechnung des Cash Flows (C_1) im ersten Jahr, das vollen Ertrag erbringt, also dem vierten Jahr des Anbaus, wie folgt aufgestellt werden:

$$C_1 = ((P - VC) \times n - FC)(1-t_c)$$

Hierbei bezeichnet VC die variablen Kosten der Weinproduktion pro Flasche, n ist die Anzahl der produzierten und verkauften Flaschen und FC bezeichnet die Fixkosten der Produktion. Für den angenommenen Preis von 15$ pro Flasche entsteht somit ein Cash Flow von 170.088$ im ersten Ertragsjahr.

$$C_1 = ((\$15 - \$10.49) \times 72{,}000 - \$41{,}240)(1-.4) = \$170{,}088$$

Diese basiert selbstverständlich auf der Annahme, dass alle 6.000 produzierten Kisten (72.000 Flaschen) auch tatsächlich während dem vierten Jahr der Inbetriebnahme verkauft werden. Dies kann natürlich nur eine Annäherung an die Realität sein. Tatsächlich ist es durchaus wahrscheinlich, dass der betreffende Winzer nicht alle produzierten Flaschen direkt im vierten Jahr der Inbetriebnahme absetzen kann. Um die Berechnung zu vereinfachen, nehmen wir an, dass das hier betrachtete vierte Jahr dem langfristigen Durchschnitt von Produktion und Verkäufen entspricht. In der Realität variiert beides selbstverständlich. Aussagekräftige Zahlen stellen sich oft nicht bis zum sechsten oder siebten Jahr des Projekts ein. Dennoch stellt die hier getroffene Annahme immer noch eine hinreichend gute Annäherung an die Realität dar, um die grundsätzliche (finanzielle) Durchführbarkeit des Projekts beurteilen zu können.

20.4 Finanzierungsquellen und die benötigte Ertragsrate (k)

Die Ertragsrate (k) des Projekts, in unserem Fall des neu etablierten Weinguts, sollte mindestens so hoch sein wie die kumulierten Kosten für die Finanzierung des Projekts nach Steuern. Die Ertragsrate wird generell auch als die Kosten für die Kapitalbeschaffung aufgefasst und reflektiert die Kosten der externen Finanzierung und die Ertragsrate, die von den Investoren/Eignern des Weinguts nachgefragt wird. Die Art und Weise, wie sich das Weingut finanziert, also das Verhältnis von externer und interner Finanzierung, wird als Kapitalstruktur bezeichnet. Generell sind die Kapitalkosten ein gewichteter Durchschnitt der verschiedenen Komponenten der Finanzierungsquellen oder der Kapitalstruktur. Er wird durch die relative Wichtigkeit der jeweiligen Finanzierungsquellen innerhalb der Finanzierung des Projekts gewichtet.

Typischerweise setzen sich die Finanzierungsquellen von Weingütern aus Bankkrediten und Eigenkapital, das zumeist vom Besitzer/von den Besitzern gestellt wird, zusammen. Die Frage nach dem optimalen Mix zwischen diesen beiden Komponenten ist immer für den Einzelfall festzustellen. Eine allgemeingültige Antwort entzieht sich bisher der Finanztheorie. Für kleinere Weingüter mag die Finanzierung allein durch Eigenkapital nicht praktikabel sein und in der Tat nicht optimal, wenn man die steuerliche Abzugsfähigkeit von Zinszahlungen mit in Betracht zieht. Die steuerliche Abzugsfähigkeit von Zinszahlungen macht die Kreditfinanzierung relativ günstig, wenn man sie mit anderen Finanzierungsquellen vergleicht. Ein hoher Anteil von Kreditfinanzierung bringt jedoch auch die Gefahr eines möglichen Bankrotts mit sich, sollten die Umsätze und die Profitabilität nicht gesichert sein. Dieser bestehende „trade-off" ist die ständige Crux der Kapitalstruktur. Aus den typischen Limitationen, denen die Eigenkapitalfinanzierung unterworfen ist, ergibt sich in der Regel ein relativ substantieller Anteil an Kreditfinanzierung.

Die Möglichkeiten zur Kreditfinanzierung sind jedoch durch die Faktoren, die von Kreditinstituten zur Bewertung von Investitionen herangezogen werden, eingeschränkt. Obwohl der Wert des Grundstücks eine wichtige Rolle für die Kreditwürdigkeit spielt, stellen ebenso die Erfahrung und das betriebswirtschaftliche Wissen der Geschäftsführung sowie die erwartbaren Cash Flows kritische Faktoren für die meisten Kreditgeber dar. Hierbei unterscheidet sich die Weinbranche und damit die Einrichtung eines Weinguts nicht von anderen Branchen. Prinzipiell entscheiden die gleichen Faktoren über die Kreditwürdigkeit des Unternehmens und damit über die für die Finanzierung aufzuwendenden Kosten.

Wenn wir den kumulierten Wert des Weinguts mit Außenbetrieb als W bezeichnen und das Verhältnis von Kredit- und Eigenkapitalfinanzierung als D/W bzw. E/W benennen, wobei der Zinssatz für Kredite mit k_d und der für das Eigenkapital mit k_e bezeichnet wird, lässt sich die gesamte notwendige Ertragsrate k berechnen:

$$k = \left(\frac{D}{W}\right)k_d(1-t_c) + \left(\frac{E}{W}\right)k_e$$

In dieser Berechnung von k wird die steuerliche Abzugsfähigkeit von Kreditzinsen berücksichtigt indem man diese Kosten mit dem Faktor (1-t_c) multipliziert. Ausgehend von einer Kreditfinanzierung von 70% zu Zinsen von 6% und entsprechend 30% Eigenkapitalfinanzierung mit einem erwarteten Ertrag von 12% sowie 40% Unternehmenssteuer ergibt sich so eine benötigte Ertragsrate von:

$$k = (.70)6\%(1-.4) + (.30)12\% = 6.12\%$$

Der erwartete Ertrag für die Eigner von 12% stellt dabei den üblichen langfristigen jährlichen Durchschnitt am Eigenkapitalmarkt dar. Es sei nochmals herausgestellt, dass sich diese Berechnung auf den Ertrag nach Steuern bezieht, da sich die Kosten der Kreditfinanzierung in den meisten Ländern absetzen lassen. Daher reduzieren sich die tatsächlichen Kosten für die Kreditfinanzierung von 6% auf nur noch 3,6% nach Steuern. Somit wird die Kreditfinanzierung von der Kostenseite her betrachtet sehr attraktiv. Jedoch sei auf die schon erwähnten Gefahren des Bankrotts hingewiesen.

20.5 Schätzung der Wachstumsrate (g)

Der bisher noch nicht besprochene Term g in der NPV-Formel drückt die durchschnittliche jährliche Wachstumsrate des Netto Cash Flows nach Steuern aus, der aus dem operativen Geschäft gewonnen wird. Typischerweise beträgt diese Wachstumsrate zwischen 3% und 5%. Eine konservative Analyse würde also von einer Wachstumsrate von 3% ausgehen, die dem langfristigen Inflationsdurchschnitt schon sehr nahe kommt. Da es sich um eine vereinfachte Annäherung an die Realität handelt, wird angenommen, dass der Preis pro Flasche, den der Produzent erhält und die mit der Produktion verbundenen Kosten mit der gleichen jährlichen Steigerung wachsen. Eine komplexere (realitätsnähere), aber auch deutlich schwierige Berechnung würde versuchen, die wahrscheinlichen Wachstumsraten für Kosten und Erträge individuell und genauer vorherzusagen, als dies hier geschieht.

20.6 Die Berechnung des NPV für die Einrichtung des Beispielweinguts

Mit allen oben angestellten Schätzwerten der notwendigen Investitionen und den operativen Kosten sowie der benötigten Ertrags- und wahrscheinlichen Wachstumsrate können wir nun das NPV berechnen und so entscheiden, ob das Weingut rentabel ist. Das NPV des Beispielweinguts kann berechnet werden als:

$$NPV = -\$2{,}960{,}310 + \frac{\$170{,}088}{.0612 - .03} = \$2{,}491{,}228 \geq 0$$

Da das berechnete NPV größer als Null ist, kann man im Rahmen der gefassten Annahmen davon ausgehen, dass die Investition in das geplante Weingut langfristig einen jährlichen Ertrag erbringen wird, der größer ist als die notwendige Ertragsrate von 6,12%.

20.7 Die interne Ertragsrate der Investition

Ein alternativer, aber durchaus ähnlicher Ansatz, um die finanzielle Lebensfähigkeit des Projekts Weingut abzuschätzen, ist es, die interne Ertragsrate zu berechnen (Internal Rate of Return (IRR)). Die IRR ist der Ertrag, der sich ergibt, wenn man die IRR als den Diskontierungssatz in die Gleichung für das NPV einsetzt und diese dann gleich Null setzt.

$$NPV = -I_0 + \frac{C_1}{IRR - g} = 0$$

Basierend auf den Annahmen der konstanten Wachstumsrate der Cash Flows nach Steuern und der Weiterführung des Projekts auf unbestimmte Zeit kann die Gleichung leicht umgestellt werden, um das IRR zu erhalten.

$$IRR = \frac{C_1}{I_0} + g$$

Die IRR repräsentiert den durchschnittlichen jährlichen Ertrag, den wir von der getätigten Investition in das Weingut erwarten können. Finanziell lebensfähig wird das Projekt, wenn die IRR größer oder gleich k ist, was bedeutet, dass das Projekt zumindest soviel Ertrag erbringt wie das benötigte Kapital kostet. Das Ergebnis bestätigt somit das Ergebnis, das wir aus der Berechnung des NPV (>0) erhalten haben. Beide Berechnungen unterstützen die Annahme, dass die Investition in das Weingut langfristig positive Erträge einbringt. Auf der Grundlage unserer Annahmen lässt sich folgender Wert für die IRR feststellen:

$$IRR = \frac{\$170,088}{\$2,960,310} + .03 = .0875 \text{ or } 8.75\%$$

Die Berechnung der IRR bestätigt, dass das Projekt finanziell tragfähig ist. Sie wurde mit 8,75% berechnet und übersteigt somit die geforderte Ertragsrate von 6,12%. Es wird also möglich sein die jährlichen finanziellen Verpflichtungen zu erfüllen und einen angemessenen Ertrag an die Eigenkapitalgeber auszuschütten.

Aus der IRR und den restlichen Angaben der Projektfinanzierung kann ebenso die Ertragsrate für die Eigenkapitalgeber berechnet werden. Ausgehend von der Formel für k:

$$k = (.70)6\%(1 - .4) + (.30)12\% = 6.12\%$$

Der Ertrag für die Eigenkapitalgeber kann errechnet werden indem man die Gleichung mit der erwarteten internen Ertragsrate gleichsetzt und nach k_e auflöst. Der durchschnittliche Eigenkapitalertrag von 20,77% ist ein Ergebnis der bekannten IRR und der Hebelwirkung der 70% Kreditfinanzierung des Projektes.

$$IRR = (.70)6\%(1 - .4) + (.30)k_e = 8.75\%$$

$$k_e = \frac{8.75\% - (.70)6\%(1 - .4)}{.3} = 20.77\%$$

Tabelle 20.7 Amortisationszeitraum der Investition in das Beispielweingut

Jahr (n)	Cash Flow nach Steuern (Wachstumsrate g = 3%) (1)	Diskont-Faktor = $(1+k)^{-n}$ (k = 6,12%) (2)	Diskontierter Cash Flow (3) = (1) x (2)	Netto Investment
0				2.960.310 $
1	170.088 $	0,9423	160.279	2.800.031 $
2	175.191 $	0,8880	155.567	2.644.464 $
3	180.446 $	0,8368	150.993	2.493.472 $
4	185.860 $	0,7885	146.554	2.346.918 $
5	191.436 $	0,7430	142.245	2.204.673 $
6	197.179 $	0,7002	138.063	2.066.611 $
7	203.094 $	0,6598	134.004	1.932.607 $
8	209.187 $	0,6218	130.064	1.802.543 $
9	215.462 $	0,5859	126.240	1.676.303 $
10	221.926 $	0,5521	122.528	1.553.775 $
11	228.584 $	0,5203	118.926	1.434.849 $
12	235.442 $	0,4903	115.429	1.319.420 $
13	242.505 $	0,4620	112.036	1.207.384 $
14	249.780 $	0,4354	108.742	1.098.643 $
15	257.273 $	0,4102	105.545	993.098 $
16	264.992 $	0,3866	102.442	890.656 $
17	272.941 $	0,3643	99.430	791.227 $
18	281.130 $	0,3433	96.506	694.720 $
19	289.563 $	0,3235	93.669	601.051 $
20	298.250 $	0,3048	90.915	510.136 $
21	307.198 $	0,2872	88.242	421.894 $
22	316.414 $	0,2707	85.648	336.246 $
23	325.906 $	0,2551	83.130	253.116 $
24	335.683 $	0,2404	80.686	172.431 $
25	345.754 $	0,2265	78.313	94.117 $
26	356.127 $	0,2134	76.011	18.107 $
27	366.810 $	0,2011	73.776	**-55.670 $**

20.8 Berechnung der Amortisation

Zusätzlich zu den schon durchgeführten Berechnungen sollte bei einer langfristigen Investition wie der Einrichtung eines Weinguts immer auch eine Amortisationsrechnung durchgeführt werden. Die Amortisation sagt aus, wie viele Jahre es dauert bis die Erstinvestitionen für das Projekt wieder erbracht worden sein werden. Der korrekte Weg, die Amortisationszeit zu berechnen ist, die diskontierten Cash Flows zu benutzen indem man die jährlichen Nettoerträge mit der geforderten Ertragsrate diskontiert. Die Anzahl von Jahren, die es für die Amortisation benötigt, kann so genau bestimmt werden. Leider gibt es hierfür keine einfache Formel. Die erwarteten jährlichen diskontierten Cash Flows müssen entsprechend von der Erstinvestitionssumme abgezogen werden, bis die Amortisation erreicht ist. In oben stehender **Tabelle 20.7** wird dies für den hier betrachteten Fall durchgeführt. Es ergibt sich, dass insgesamt zwischen 26 und 27 Jahren benötigt werden, um die Erstinvestition auszugleichen. Zum Ende des 26. Jahres sind immer noch 18.107$ auszugleichen, während zum Ende des Folgejahres schon 73.776$ zusätzlich zur Erstinvestition erwirtschaftet wurden. So lässt sich der genaue Zeitraum wie folgt berechnen:

$$Payback = 26 + \frac{\$18{,}107}{\$73{,}776} = 26.25$$

Das bedeutet, dass nach dem ersten Quartals des 27. Jahres nach der Einrichtung des Weinguts die Erstinvestition ausgeglichen ist und durchschnittlich ein jährlicher Ertrag von 12% erwirtschaftet wurde. Ein Weingut ist somit definitiv als eine Langzeitinvestition.

20.9 Schätzung des Break-Even-Preises pro Flasche

Zusätzlich zu bereits betrachteten Berechnungen von NPV und IRR kann (und sollte) noch eine weitere Berechnung durchgeführt werden, um den Preis pro Flasche näher zu bestimmen, ab dem das Projekt Ertrag erbringt (also den Break-Even-Preis pro Flasche). Wie schon zuvor ausgeführt, wird das Unterfangen finanziell tragbar, sobald es eine Ertragsrate erbringt, die über der benötigten Ertragsrate k liegt. Dies ist der Fall, wenn das NPV exakt Null ergibt. Wir können somit diese Gleichung dazu benutzen, den genauen Break-Even-Preis pro Flasche zu berechnen.

$$NPV = -I_0 + \frac{\big((P - VC) x\, n - FC\big)(1 - t_c)}{k - g} = 0$$

Durch Gleichsetzen mit Null und Umstellen der Formel nach P erreichen wir:

$$P = \frac{\frac{I_0(k - g)}{(1 - t_c)} + FC + VCxn}{n}$$

Durch Einsetzen der bekannten und geschätzten Werte ergibt sich:

$$P = \frac{\frac{\$2{,}960{,}310(.0612 - .03)}{(1 - .4)} + \$41{,}240 + \$10.49(72{,}000)}{72{,}000} = \$13.20$$

Die oben stehende Analyse zeigt, dass das geplante Weingut 72.000 Flachen oder 6.000 Kisten Wein zu einem durchschnittlichen Preis von jeweils 1320$ verkaufen müsste um finanziell tragbar zu sein.

20.10 Investition in eine neue Rebsorte

In dem bisher betrachteten Beispiel haben wir die Einrichtung eines neuen Weinguts betrachtet. Der NPV- und der IRR-Ansatz können gezielt aufzeigen, ob ein solches Projekt langfristig finanzierbar ist und Gewinn abwirft. Sie können aber ebenso gut dazu benutzt werden, um spätere Entscheidungen des Produzenten zu unterstützen. Solche Entscheidungen können sich in ihrer Natur stark voneinander unterscheiden und reichen von der finanziellen Analyse eines neuen Ausstattungsgegenstandes für das Weingut bis hin zur Investition in neue Marketingmaßnahmen oder die Umstellung auf eine neue Rebsorte.

Letztere zeigt sich als relativ komplex und soll deshalb zum Ende dieses Beitrags noch kurz erörtert werden. Grundsätzlich ähnelt diese Entscheidung relativ stark der Einrichtung eines neuen Weinguts, wie wir sie im Hauptteil dieses Beitrags betrachtet haben. So benötigt auch hier der Weinberg mindestens drei Jahre, bis der erste Ertrag fließt und u.U. müssen auch in diesem Fall neues Land erworben oder zumindest alte Reben entfernt werden. Es fallen also beträchtliche Kosten für die Einrichtung bzw. Erschließung an.

Betrachtet man die jährlichen Cash Flows nach Steuern, die sich aus der neuen Rebsorte ergeben, so sollte der Weinproduzent auch eventuelle Kannibalisierungseffekte der neuen Rebsorte zu Lasten der etablierten Sorte(n) in Erwägung ziehen. Sollten solche Effekte zu erwarten sein, so müssen der Rückgang der Verkäufe der bestehenden Sorte(n) als Kostenfaktor mit eingerechnet werden. Nur so ist eine informierte Entscheidung zu Gunsten (oder gegen) die Einführung einer neuen Rebsorte zu treffen. Um dies zu tun werden im Prinzip die gleichen Berechnungen von NPV, IRR und Break-Even-Preis wie zuvor durchgeführt, aber nur auf die neue Rebsorte bezogen.

Literatur

[1] Dillard, A. (2005). Cost estimate for establishment of a 5000 gallon winery. *Iowa Grape Growers Association Conference*, Des Moines Iowa, January 21, 2004.
[2] Dillon, C.R., Price, C. and Morris, J.R. (1993). Economic analysis of winery business operations, *Arkansas Farm Research*, 42(2), 8-9.
[3] Fickle, L.A., Folwell, R.J., Ball, T. and Clary, C. (2005). *Small winery investment and operating costs.* Washington State University Extension Division, EB1996.
[4] Folwell, R.J. and Ball, T. (2003). *Wine Grape Establishment and Production Costs in Washington.* Washing State University Extension Division, EB1955.
[5] Folwell, R.J. and Castaldi, M.A. (2004). *Bulk winery investment and operating costs.* Agricultural Research Center, Washington State University Research Bulletin XB0997E.
[6] Hall, C.M. and Mitchell, R. (2008). *Wine Marketing: A Practical Guide.* Oxford: Butterworth-Heinemann.
[7] Klonsky, K.M. and De Moura, R.L. (2009). *Sample costs to establish a vineyard and produce wine grapes.* University of California Cooperative Extension, GR-NC-09.
[8] Olsen, J., Eaton, C., & Getz, D. (2004). Direct wine sales. In Tatch, L., & Matz, T. (Eds.), *Wine: A Global Business.* Largo, FL: Miranda Press.
[9] Weber, E. A., Klonsky, K.M. and DeMoura, R.L. (2005). *Sample costs to produce organic wine grapes; (Cabernet Saugivnon): North Coast Napa County.* University of California Cooperative Extension, GR-NC-05-0
[10] Weber, E. A., Klonsky, K.M. and DeMoura, R.L. (2003). *Sample costs to establish a vineyard and produce wine grapes (Cabernet Sauvignon); North Coast Region Napa County.* University of California Cooperative Extension, GR-NC-03-0.

Starke Partner, starkes Programm: die W&V-Edition

↗

NEU

WWW.GABLER.DE

Klaus Brandmeyer / Peter Pirck / Andreas Pogoda / Luise Althanns
Markenkraft zum Nulltarif
Der Trick mit den Resonanzfeldern

2011. 217 S. mit 75 farb. Abb. Geb. EUR 42,95
ISBN 978-3-8349-2212-0

Warum Parfum nicht aus Recklinghausen kommt, wie James Bond eine Marke neu belebt und noch viel mehr dazu, wie sie kollektive Vorstellungen für ihre Marke einspannen, erfahren Marketingverantwortliche in diesem Buch.

Stefanie Brandt
Marketinghandbuch Licensing
Brands und Lizenzthemen professionell vermarkten

2011. 282 S. mit 25 Abb. Geb. EUR 44,95
ISBN 978-3-8349-1916-8

Grundlagenwerk für alle, die als Lizenzgeber oder -nehmer ins Lizenzgeschäft einsteigen und die Attraktivität ihrer Produkte erhöhen wollen. Mit Beispielen erfolgreicher Lizenzkooperationen wie Star Wars und Germany's next Topmodel.

Alexandra Ranzinger
Praxiswissen Kundenbindungsprogramme
Konzeption und operative Umsetzung

2011. 197 S. mit 31 Abb. Geb. EUR 42,95
ISBN 978-3-8349-2156-7

Eine praktische Anleitung für alle, die mit Kundenbindung ihre Kunden noch zufriedener machen und gleichzeitig Geld verdienen wollen. Mit Fallbeispielen, Prozessdarstellungen und Checklisten.

Einfach bestellen:
buch@gabler.de Telefon +49(0)611. 7878-626

KOMPETENZ IN SACHEN WIRTSCHAFT

W&V Werben & Verkaufen

GABLER

STARKES STUDIUM.
PRIMA ZUKUNFT.

Weinbetriebswirtschaft

Bachelor of Arts
(B.A.)

HHN
HOCHSCHULE HEILBRONN
TECHNIK   WIRTSCHAFT   INFORMATIK

www.hs-heilbronn.de